Nationalsozialismus in Tübingen
vorbei und vergessen

„Tübinger Kataloge"
Herausgegeben vom Kulturamt
der Universitätsstadt Tübingen
Nr. 36
Redaktion: Wilfried Setzler

Nationalsozialismus in Tübingen

vorbei und vergessen

Herausgegeben von Benigna Schönhagen

CIP-Titelaufnahme der Deutschen Bibliothek

Schönhagen, Benigna: Nationalsozialismus in Tübingen. Vorbei und vergessen.
Katalog der Ausstellung.

Tübingen: Stadt Tübingen · Kulturamt, 1992
ISBN 3-910090-02-8

Gestaltung: Hartmaier/Zimmermann, Stuttgart
Satz und Druck: B. Kemmler GmbH, Wannweil
Reproduktion: Repro-Thomas, Wolfschlugen
Bindung: Idupa, Owen
Printed in Germany

Nationalsozialismus in Tübingen. Vorbei und vergessen.
Ausstellung im Stadtmuseum, Kornhaus
9. Mai bis 15. August 1992

Veranstalter
Universitätsstadt Tübingen · Kulturamt

Projektleitung
Dr. Benigna Schönhagen

Mitarbeiter und Mitarbeiterinnen
Christopher Blum
Astrid Breith
Lothar Diehl
Wolfgang Hesse
Dina Stahn
Elisabeth Timm

Ausstellungsgestaltung
Markus Ege
Stefan Hartmaier
Martin Mangold

„Aber was da wirklich passierte . . . "
(Ein Tübinger, 1991)

„Man ist überall herumgekommen mit dem
Nationalsozialismus, aber daß man nachher in
so ein Ding reinkommt, das hat man nie denkt."
(Ein Tübinger, 1991)

„Für uns ist eine Welt zusammengebrochen. Ich
bin bis heute noch dran, dies zu verarbeiten."
(Eine Tübingerin, 1991)

Inhalt

Vorwort   8

Einleitung   9

Aufsätze

1   NACHKRIEG I

Kathrin Hoffmann-Curtius
Symbole nationaler Gemeinschaft in der Weimarer Republik   23

2   CHAOS UND ORDNUNG

Barbara Schrödl   Der Kampfbund für deutsche Kultur
und die Auseinandersetzung um die moderne Kunst   37

Thomas Vogel   Kunst und Künstler in Tübingen 1933-1945   44

Thomas Mauch   Architektur als Ordnungsmacht   54

Andrea Volz   Blickweisen: Der Lichtbildner Walter Kleinfeldt   62

Lothar Diehl   Das NS-Wirtschaftswunder   67

Dina Stahn   Frauenerwerbstätigkeit im NS-Staat   79

3   VOLKSGEMEINSCHAFT UND AUSGRENZUNG

Ulrich Morlock   Nationalsozialistische Medizin -
Das Beispiel der Zwangssterilisationen in Tübingen   93

Irmgard Bumiller   „Getarnter Schwachsinn". Der Tübinger Beitrag
zur nationalsozialistischen „Zigeuner"-Verfolgung   103

Martin Leonhardt   Der „Rektor in SA-Uniform": Hermann F. Hoffmann   112

Eva-Maria Klein, Martin Ulmer
Geschichte einer Vertreibung: Die Familie Hayum   121

Arbeitsgruppe des BAF e.V.   Auf der Spurensuche nach dem
Frauen-Alltag in der NS-Zeit: Die Tübinger Frauenarbeitsschule   131

Herbert Baum   Die Jugend des „Führers": Sinnliche
Disziplinierung durch Uniform, Grüßen und Marschieren   141

Franz Begov   Vom „Gut Heil!" zum „Gut Heil Hitler!":
Die Tübinger Sportvereine während der NS-Zeit   153

Thomas Vogel   Vom proletarischen „Kampftag der Arbeiterklasse"
zum „Tag der Volksgemeinschaft" - der 1. Mai in Tübingen   162

Alexander Loistl
Die Silcher-Pflege in Tübingen zwischen 1933 und 1945   171

Manfred Hantke   Der Philosoph als „Mitläufer" -
Theodor Haering: „Es kam ein Führer! Der Führer kam!"   179

4   LEBENSRAUM UND VERNICHTUNG

Elisabeth Timm   Der Krieg in den Kliniken: Verwundete
Soldaten und die „Geburtensiege" der Mütter   189

Dina Stahn   „Ich habe hier meine Jugend und meine Gesundheit
verloren". Zwangsarbeiter und Zwangsarbeiterinnen in Tübingen   196

Hans-Joachim Lang   Ernst Weinmann: Tübinger
Oberbürgermeister und Belgrader Deportationsminister   208

Hans-Joachim Lang   Theodor Dannecker: Ein Tübinger
Schreibtischtäter im Reichssicherheitshauptamt   221

5   NACHKRIEG II

Stefan Zowislo   Die Wiedereingliederung ehemaliger Hitler-Jungen
oder die Gründung des Internationalen Bundes für Sozialarbeit in
Tübingen   239

Objekt-Beschreibungen

1   NACHKRIEG I

Revanchismus und Totenkult   254

Kriegerdenkmal Suevia; Regimentschronik; Kriegschronik; NSDAP-Wahlplakat;
Erinnerungsbild; Kriegerdenkmal Saxonia

Das republikanische Tübingen   258

Flugblatt Lustnauer Schlacht; Mokkatasse; DGB-Bücherverzeichnis/Lesekarte; Firmenschild Weil; Märchenbuch/Konfektschale/Vase; Porträt Scheef; Schreibsekretär

Der Aufstieg der NSDAP   263

Zeitungsausschnitt „Schwäbische Tagwacht"; Mitgliederverzeichnis NSDAP;
Zeitungsbeilage „Tübinger Beobachter"; Fotos Prinz August Wilhelm

2   CHAOS UND ORDNUNG

Die Zerstörung der Republik   272

Notgeld; Topfdeckel; Bettelbrief; Stuhl; Flugblatt KPD; Flugblatt NSDAP; Wahlplakat
NSDAP; Plakat SAJ; Aufkleber; DHV-Schild; Beschwerdebrief; Protestbrief; Totschläger;
Eingabe Hayum

Ordnung: Utopie und Terror   282

Bilder Caspar-Filser/Kammerer; Werktagebuch Graevenitz; Bild Stockburger; Stadthallen-
Entwürfe; Foto: Schaufensterdekoration; Aufmarschpläne; Fotos: Parade; Film „Helden-
gedenktag"; Zeitungsausschnitt; Fotos Neue Aula/Richard Knecht; Zinnfiguren/Festzug;
Meßgeräte; AIZ; Protokollbuch Gewerkschaften; Brief Kost; Bericht Heuberg; Verbot
„Tübinger Chronik"; Protokollbuch AOK; Schreiben an die Frauenarbeitsschule

Das NS-Wirtschaftswunder   297

Motorrad; NSKK-Helm; Plakat/Plakette Motorsporttage; Foto: FAD Münsingen/
Bebenhausen/Bühl; Fotoalbum; RAD-Brosche; Arbeitsbuch; DAF-Uniform;
Volksempfänger; Motor; Skizzen

3 VOLKSGEMEINSCHAFT UND AUSGRENZUNG

Ausgrenzung 312

Lichtbilderreihe „Bevölkerungspolitik"/„Vererbungslehre"; „Ahnenschatzkästlein"; Merkblatt; Vorlesungsmitschriften „Rassekunde"; Fotos: Vermessen eines Sinto/Genealogisches Verhör/Kopfmodelle; Ölgemälde Hoffmann; Scherz-Bild; Foto: Fastnacht; Werbegeschenk Pomona; Foto: SA-Standarte; Geburtenbuch; Fotos: Synagoge; Kofferanhänger

Volksgemeinschaft 322

Hakenkreuz; Hitlerporträt; Lampions; Model; Blechschild; NSDAP-Haustafel; KdF-Fahrt; WHW-Sammelbüchse/-Abzeichen/-Bescheinigungen; NSV-Schilder; Mutterkreuz; „Die Frauenarbeitsschule"; „Die junge Dame"; Foto: HJ-Sportfest/-Fahne; BDM-Schnur/ -Halstuch/-Knoten; Lampenrahmen; JM-Heimbuch; Elastolinfiguren; Mathematikaufgaben; Aufsätze; Übungshandgranate; MG-Attrappe; Urkunden; Preis; Tür; Schulkarte; Maibaumzeichen; Tracht; Zeitung: Erntedankfest; Foto: Bauern; Postkarte: Idylle; Tischwimpel/Urkunde; Silchermodell; Fotos: Altar; Caféhaustisch

4 LEBENSRAUM UND VERNICHTUNG

Eroberung von Lebensraum 354

„Volk ohne Raum"; „Wehrmachts-Baukasten"; Geschütz; Wehrdiensturkunde; Foto: Siegesparade 1940; Handtasche; Fotoalbum Weingärtner Liederkranz; Gefolgschaftsbriefe; Film Erbe; Feldpost; Schreiben/Trauerkarte; Spielzeug; Schmuckschachtel; Relief

Vernichtung als letztes Ziel 363

„Judenstern"; Brief Löwenstein; Brosche; Schreibtisch; Transportliste; Film: Sammellager; Karte aus Theresienstadt; Antisemitische Bilderseiten; Foto: Familie Gölz; Fotoalbum Ghetto; Leichenbuch; Liste/Abschiedsbrief

Heimatfront 374

Lebensmittelheft; Schnittmuster; Lederbänder; Schuhe; LS-Hausapotheke; Gasjäckchen; Gasmasken; Tüten mit Löschsand; Feldpostschachtel/-papier; Schulheft; „Polen"-Kennzeichen; Foto: Polinnen; Luftaufnahmen; Foto: abgeschossener Flieger; Flugblätter; Plakat; Foto: zerstörte Mühlstraße; Ventil-Erbostat; Fotopostkarten: Familie

5 NACHKRIEG II

Wirtschaftsnot 394

Granatenkorb; Care-Tonne; Tagebücher; Sparherd; Waschtisch; Socken; reparierte Löschsandtüten; Handwagen; Tabakschneider

Staatliche Neuordnung und Wiederaufbau 398

Zigarettenetui; Protokollbuch Demokratische Vereinigung; Behördenschild; Porträt Hartmeyer; Schallplatte: Trizonesiensong; Ausstellungskatalog 1947; Radiogerät

Entnazifizierung und Umgang mit der Vergangenheit 403

Tagebuch; Drohbriefe; Schilder; Fahne; Fruchtsack, Fotos: Trachtenverein/Soldaten; Zeichnungen/Skulptur Bärtle; Soldatenmütze; Fragebogen; Zeichnung Schneider; Büste Scholtz-Klink; LS-Plan; Todesanzeige Spiro; Gedenkrede; Dose; Aschenbecher/Armreifen; Socke/Seife; „Ungesühnte Nazijustiz"; „notizen"; Buch: Zapf; Grabert-Verlag; Bruchstücke

Literatur und Quellen 420
Orts- und Personenregister 428
Bild- und Fotografennachweis 434
Danksagung 435
Autoren 437
Abkürzungen 438

Vorwort

Vergangenheitsbewältigung - im vereinten Deutschland neu akzentuiert - ist auch in Tübingen nicht leicht. Besonders schwierig ist, mit der Vergangenheit umzugehen, die man selbst unmittelbar erlebt hat und die ein Stück der eigenen Biographie ist. Für viele war die Zeit des Nationalsozialismus mit seinem Untergang bei Kriegsende erledigt; diese schlimme Phase deutscher Geschichte wurde abgehakt, vergessen, totgeschwiegen, verdrängt. Die Erinnerung daran war unangenehm nicht nur für jene, die in diese Geschichte verstrickt waren, sondern für alle, die sie unwissend, arglos, ohnmächtig oder duldsam miterlebt haben. Deshalb hat es lange gedauert, bis sich Tübingen zögernd und punktuell seiner nationalsozialistischen Vergangenheit stellte. Markierungspunkte für diesen Prozeß der Bewußtseinsänderung waren der 40. Jahrestag der sogenannten Reichskristallnacht, 1978, als es um den Erinnerungstext für die ehemalige Synagoge ging, oder der 50. Jahrestag der Hitlerschen Machtübernahme, 1983, als für die ehemaligen jüdischen Tübinger Bürger eine Erinnerungstafel an der Stiftskirchenmauer angebracht wurde. Auch die zweimalige Einladung der Tübinger Juden, die den Holocaust überlebt haben, in den Jahren 1981 und 1987, gehört dazu sowie die Erforschung des Gräberfeldes X auf dem Stadtfriedhof und die Dissertation von Benigna Schönhagen über „Tübingen unterm Hakenkreuz".

Auch mit der Ausstellung „Tübingen im Nationalsozialismus. Vorbei und vergessen", deren Durchführung vom Gemeinderat einmütig beschlossen wurde, kann dieses Kapitel deutscher Geschichte nicht abgelegt werden und als erledigt gelten. Es bleibt wichtig, daß aus dieser Vergangenheit die richtigen Lehren für die Zukunft gezogen werden.

In diesem Sinne wünsche ich der Ausstellung, daß sie nicht nur Erkenntnisse zusammenfaßt und präsentiert, sondern für viele zum Anstoß wird, sich mit der Vergangenheit intensiv und fruchtbar auseinanderzusetzen.

Dr. Eugen Schmid, Oberbürgermeister

Tübingen, im April 1992

Einleitung

„Nationalsozialismus in Tübingen" - unser Vorhaben, eine Ausstellung zu diesem Thema vorzubereiten, rief unterschiedliche Reaktionen hervor. Nicht selten stießen wir auf Ablehnung: „Was soll das ewige Onanieren an der Vergangenheit, die [. . .] auch manches Gute hatte. [. . .] Arbeiten Sie lieber an Projekten gegen die Gefahren des Augenblicks und der Zukunft. Was brühen Sie alten Kaffee auf, wenn's frischen gibt?" schrieb uns ein Mann aus Ammerbuch.[1] Immerhin hatte sich dieser Schreiber die Mühe gemacht, seine Haltung zu begründen. Andere lehnten ein Gespräch über ihre Erfahrungen in der Nazi-Zeit in Tübingen rundweg ab. „Nein, ich will nichts dazu sagen. Ich stehe auf dem Standpunkt, diese Zeit ist vorbei und damit hat es sich"; einige waren auch der Meinung, es lohne sich nicht, darüber zu sprechen: „Also Tübingen war eigentlich eine lahme Angelegenheit im Dritten Reich." Wieder andere gaben unmißverständlich zu verstehen, daß für sie die Zeit abgeschlossen sei: „Laßt das doch endlich ruhen!" - Nationalsozialismus in Tübingen, vorbei und vergessen.

Viele Tübinger aber waren bereit, mit uns über den Nationalsozialismus in Tübingen zu reden, und dafür sind wir ihnen dankbar. Sie taten das aus unterschiedlichen Motiven: Manche kamen, weil sie unsere Aufrufe in der Zeitung gelesen hatten und zum Gelingen der Ausstellung beitragen wollten. Andere wollten „Verständnis wecken" für ihre Generation. Wieder andere glaubten, sich und ihr Verhalten damals rechtfertigen zu müssen. Hakten wir im Gespräch aber nach, verstanden sie dies schon als persönlichen Angriff. „Das können Sie nicht verstehen, wenn Sie nicht dabei gewesen sind", hieß es dann. Nicht immer konnten wir klarmachen, daß genaues Nachfragen und das Konfrontieren mit der anderen Seite, die oft nur in Akten festgehalten ist, nicht Rechthaberei und Anklage bedeuteten, sondern von dem Wunsch getragen waren, zu verstehen und zu begreifen, was geschehen ist.

Einige aber ließen sich darauf ein, im Gespräch ihren Erfahrungen auf den Grund zu gehen. Sie wollten und konnten diesen Teil ihrer Biografie nicht einfach auf die Seite schieben: „Für uns ist bei Kriegsende eine Welt zusammengebrochen. Ich bin bis heute dran, dies zu verarbeiten." Manche waren auch bereit, ihr damaliges Verhalten von heute aus zu betrachten: „Man hat's doch an den Schuhen, gell, gerade vom Ausland aus auch, man wird doch dafür angeguckt." Nationalsozialismus in Tübingen - deutsche Geschichte.

* *

Die Erinnerungen sind völlig unterschiedlich, abhängig vom Alter, Geschlecht und der sozialen Situation der Befragten; abhängig auch davon, daß wir nicht mit direkt Verfolgten sprechen konnten und kaum mit Menschen, die damals auf Seiten der Opfer standen, bis auf eine Gruppe ehemaliger polnischer Zwangsarbeiter. Und doch wiederholen sich in den Erzählungen und Berichten unserer Gesprächspartner bestimmte Erzähl- und Deutungsmuster. Am auffallendsten ist die scheinbare Normalität des Erinnerten, die Gespaltenheit der gesamten Erinnerung und das Ausblenden der Opfer aus der Wahrnehmung und dem Gedächtnis.

Nur wenige unserer Gesprächspartner und Informanten haben das Ende der Weimarer Republik und den Beginn der Nazizeit als Erwachsene erlebt. Im Unterschied zu früheren Befragungen spielt deshalb die wirtschaftliche Not der Weimarer Zeit in ihren Erzählungen kaum eine Rolle. Sie kannten sie nur vom Hörensagen; der wirtschaftliche Aufschwung unter Hitler war für sie schon zum Mythos geworden.

Die meisten unserer Gesprächspartner erlebten die Hitlerzeit als BDM-Mädchen oder Hitlerjungen. Sie sind zu jung, um für das Geschehen verantwortlich gewesen zu sein, und doch unwiderruflich von der Zeit geprägt.[2] Sie wollten verständlich machen, was sie zum - überwiegend begeisterten - Mitmachen bewegt hatte. Da war viel von Kameradschaft, Sport, der Lust an gemeinsamen Aktivitäten die Rede: „Es war ja wirklich nicht alles schlecht, möcht' ich auch heute noch behaupten. Grad daß man die Jugend so zusammengefaßt hat und daß da einfach Disziplin herrschen mußte, das ist nichts Schlechtes", erzählte eine ehemalige Angehörige des BDM, und ein einstiger Arbeitsdienstmann schwärmte von der „sozialen Seite" und der „Sauberkeit" beim Arbeitsdienst: „Ich hab oft erlebt, daß mir Männer sagten: Das werd' ich später halten, diese Sauberkeit; da ist man ein ganz anderer Kerl vor sich selber, wenn man sauber ist und rasiert dasteht." Vor allem die modernen Seiten des Nazismus, die KdF-Reisen für alle (Vorläufer des modernen Massentourismus), die Motorisierung und der technische Fortschritt wurden als attraktiv erlebt: „Man ist überall herumgekommen mit dem Nationalsozialismus, aber daß man nachher in so ein Ding reinkommt, das hat man nie denkt."

Die Erinnerungen spiegeln einen „normalen Alltag" - bis weit in den Krieg hinein. Auf unsere Fragen nach der politischen Seite dieses Alltags, beispielsweise nach der Uniform der HJ oder nach den Marschliedern, nach der ideologischen Indoktrination, wurde oft mit Verwunderung reagiert: „Es war einfach so. Wir haben das so hingenommen, haben das geglaubt, was uns damals gesagt wurde" lautete eine Antwort; eine andere: „Wissen Sie, man hat ja jetzt 40 Jahre nicht mehr daran gedacht. Das, was Sie manchmal fragen, ich sag ja, das war für uns selbstverständlich." Erst der Krieg, genauer gesagt der Bombenkrieg, wurde als anomal, als Ausnahmezustand erlebt. Der permanente Ausnahmezustand für die Ausgegrenzten aber wurde nicht oder nur in Ausnahmefällen von den Befragten wahrgenommen, noch seltener in den Gesprächen reflektiert. Die Verfolgung der politisch und rassisch Unerwünschten, Vernichtung und Verbrechen tauchen nicht oder nur merkwürdig unverbunden und abgehoben von der eigenen Realität in den Erzählungen auf. Sie werden eben nicht als eigene Geschichte gesehen: „Da wußte man nichts, da wurde nie etwas bekannt."

Das Ausblenden der Verfolgungen aus der Erinnerung mag damit zu erklären sein, daß zu Beginn der Deportationen kaum noch Juden in Tübingen gelebt haben und die Politik der schrittweisen Diffamierung und Ausgrenzung bereits gegriffen hatte: Schon längst waren aus Nachbarn „Juden" geworden.[3] Es hängt aber auch damit zusammen, daß man die Verfolgung als normal hingenommen hat. So erzählt ein Tübinger, Jahrgang 1924, nach den emigrierten Juden befragt: „Das hat man schon mitbekommen. Aber, ja gut, denen hat es halt hier unter den Umständen nicht mehr gefallen, dann sind sie weggezogen. So unnormal hat man das eigentlich nicht empfunden." Frau K., die als junges Mädchen beim „Westeinsatz" war und dort miterlebt hat, wie elsässische Bauern von ihren Höfen vertrieben wurden, um Platz für deutsche Umsiedler zu machen, antwortete auf die Frage, wie sie darauf reagiert habe: „Das weiß ich nicht. Das hat uns nicht gekümmert. Wir haben das als gegeben hingenommen." Ein anderer Gesprächspartner erinnert sich so: „Von den Juden an und für sich habe ich im Grunde genommen auch gar nichts mitgekriegt. Daß die im Grunde genommen verfolgt wurden, da hat man gar nicht so weit gedacht."

Schließlich existiert als weiteres Muster der Erinnerung und gleichzeitigen Abwehr bedrohlicher Schuldgefühle die Janusköpfigkeit des Nazismus, der aufgespalten wird in „gute" und „böse" Seiten. So antwortete eine Interviewpartnerin auf die Frage, wie sie die Nachricht über die Vernichtungslager aufgenommen hat: „Völlig verständnislos stand ich dem gegenüber. Ich hab das nicht begreifen können, die KZs mein' ich vor allen Dingen. Also, es war mir unverständlich, daß der Nationalsozialismus zwei so verschiedene Seiten hatte. Das kann ich eigentlich bis heute nicht begreifen. Warum mußte das sein? Es war soviel Gutes dabei. [. . .] Deshalb kann ich das absolut nicht begreifen, warum Hitler, der wirklich ein Genie war auf der einen Seite [. . .], warum hat er um Gottes Willen diese Macht so ausgespielt, daß so schreckliche Dinge passieren konnten?"

In vielen Erzählungen gibt es die guten eigenen Ideale - „Da war so viel Gutes dabei!" - und die böse Gewalt der ‚anderen', die den ‚guten Kern des Nationalsozialismus' mißbrauchten, pervertierten. So hörten wir etwa: „Einsatz für andere war ganz selbstverständlich, das war das, was so großartig war. Nachher ist alles falsch gelaufen, aber diese sozialen Dinge, die waren also wirklich mitreißend." Die im Krieg überhandnehmende Bespitzelung und sich selbst verschärfende Radikalisierung der nazistischen Ausgrenzungspolitik, die am eigenen Leib erlebt wurde, wurde beispielsweise so kommentiert: „Das hatte nichts mehr mit dem Nationalsozialismus der Frühzeit zu tun."

Manche Gesprächspartner suchten auch eine Antwort in der „verführerischen Macht der Propaganda", die dann alle zu „Opfern" gemacht habe: „Ja, ja, was wurde letzten Endes in unserem Namen gemacht! Aber auch immer parallel der Gedanke, wie hättest Du Dich da verhalten. [. . .] Wie weit wärst Du mitgegangen? Dieser Gedanke war auch da. Aber ich mein, das Entsetzen dar-über..., also ich hab mich letztlich dann als Opfer gefühlt. Als Opfer dieser Propaganda, und ich konnte es, weil ich, sagen wir mal, direkter Täter nicht geworden bin."

Bei solcher Betrachtungsweise verschwinden die eigentlichen Opfer aus der Geschichte; erst vertrieben, dann vernichtet, haben sie nicht nur in der damaligen Wahrnehmung, sondern auch in der heutigen Erinnerung keinen Platz. Es gab fünf- bis sechsstündige Gespräche mit Tübinger Zeitzeugen, bei denen die Verhafteten und auf den Heuberg Verschleppten, die Zwangssterilisierten und „Euthanasie"-Toten, die Deportierten, zum Tode Verurteilten und Ermordeten mit keinem Wort erwähnt wurden. Das ist der deutlichste Ausdruck für die geteilte Erinnerung: Die Selektion wirkt noch immer. Zudem gibt es keine Rückkehrer, die das schlechte Gewissen auf sich ziehen und damit, wenn auch in verdrängter Form, die Erinnerung wach halten. Von den wenigen überlebenden Tübinger Juden kam nur einer zurück, und der ist inzwischen gestorben.

Herr M. glaubt, die moralische Schuld kleiner machen zu können, indem er aufrechnet: „Die anderen haben ebenso Verbrechen begangen; es ist auf beiden Seiten Schuld." Doch wer sich zu der bitteren Erkenntnis durchgerungen hat, daß der NS-Staat ein verbrecherischer Staat war und er - freiwillig oder nicht - daran beteiligt war, der kann wenigstens jetzt sagen: „Ich empfinde nicht Schuld, aber Scham." Und dem ist es auch ein Anliegen, über seine Verstrickung in diese Zeit zu sprechen.[4] Üblich ist diese Einstellung allerdings nicht. So erzählte eine Tübingerin: „Was ich mit den Leuten Krach hab! Ich sag immer: Das sind die Folgen, wir haben angefangen."

Mit der Dauer des Krieges wuchs bei den meisten ein dumpfes Unbehagen, die Ahnung, daß ‚irgendwas' nicht in Ordnung war, daß alles nicht gutgehen könne. Die unfaßbare Wirklichkeit der industriellen Vernichtung von Menschen war nur wenigen bekannt. „Das erste, was wir gewußt haben", erzählte eine erklärte Gegnerin des Nationalsozialismus, „das waren diese furchtbaren Bilder, die die Franzosen oder Amerikaner an der Stiftkirche aufgehängt hatten. Am Holzmarkt, da hingen diese furchtbaren Bilder, und da haben wir das erste Mal davon gehört - diese Vernichtung, diese Gaskammern, davon haben wir wirklich nichts gewußt."[5] Doch viele hatten ein Teilwissen um die Verbrechen, das sich in einem überhand nehmenden Druck äußerte: „Es war doch ein Druck immer. Man wußte ja nicht, was sie [die Nazis] noch mit einem machen würden. Es war immer ein Druck."

Wie stark die Identifizierung mit dem NS-Staat gehen konnte, zeigt folgende Äußerung: „Ja also, wir haben vor einem absoluten Ende Angst gehabt. Ich konnte mir zeitweise überhaupt nicht vorstellen, daß wir, wenn wir den Krieg verlieren, noch eine Möglichkeit haben, da weiterzuleben." Und in der Durchhalte-Vorstellung: „Wir müssen ja siegen, was passiert sonst mit uns", war das verdrängte, nicht wahrgenommene Wissen um die Katastrophe fast schon bewußt. Allerdings gab es auch nüchterne Beobachter, die sagten: „Lieber ein Ende mit Schrecken als ein Schrecken ohne Ende."

Ein weiteres Merkmal der Erzählungen ist deren Abgeschlossenheit. Die Erlebnisse werden wie losgelöst von der jetzigen Existenz erzählt, ohne Bezug zur Gegenwart, als hätten sie im Lauf des 50jährigen Lebens danach keine Rolle mehr gespielt. Selten sagte jemand: „Das geht mir heute noch nach." Es gab Befragte, die erzählten, daß sie mit uns das erste Mal über ihre NS-Vergangenheit redeten, nie mit ihren Kindern darüber gesprochen haben: „Daß das ein schwieriges Thema in unserer Familie ist, das will ich gar nicht sagen, das ist überhaupt kein Thema."

Das „große Schweigen" (Gabriele von Arnim) setzte für manche direkt mit Kriegsende ein, als sie beschlossen: „Jetzt müssen wir raus aus dem Schlamassel". Für die meisten galt wohl: „Man wollte das vergessen, weg und neu anfangen." „Man hat irgendwie einen Schlußstrich gezogen nach dem Krieg, und [es] ist jetzt vorbei." Die Entnazifizierung, die letztlich keinen Unterschied zwischen den Mitläufern, Nutznießern und Machthabern des Regimes machte und in deren Gefolge die meisten Verantwortlichen ohne Sühne wieder schnell zu Amt und Würden kamen, erleichterte das Reden nicht: „Wer will schon zugeben, wie er sich an der Nase herumführen lassen hat durch die Politik. Wer will zugeben, daß er schuldig geworden ist?"

∗   ∗

Diese geteilte Erinnerung, das Nebeneinander von normalem Alltag und gleichzeitig stattfindenden Verbrechen hat uns am meisten beschäftigt. Den Mitgliedern des Ausstellungsprojekts geht es da nicht anders als einer Befragten, die meinte: „[Die beiden Seiten zusammenzubringen], das fällt mir heute noch schwer." Wir schwanken zwischen den Schreckensbildern, wie wir sie aus den Medien kennen und der verformten Erinnerung unserer Eltern und Großeltern. Denn die Schwierigkeiten im Umgang mit der NS-Vergangenheit sind nicht auf die Generation der Beteiligten beschränkt. Sie reichen darüber hinaus, auch wenn der wachsende zeitliche Abstand manches klarer erkennen läßt und die Tatsache, daß heute kaum noch einer der Verantwortlichen in Amt und Würden ist, anklägerische Fragen in das Bemühen um Verstehen verwandelt hat. Doch „von der Schwierigkeit mit den Schatten der Vergangenheit zu leben" (Gabriele von Arnim), ist auch die zweite und dritte Generation nach Auschwitz nicht frei: „Der Leichenberg im Keller der deutschen Geschichte fragt nicht nach dem Befinden weder der Tätergeneration noch ihrer Kinder und Kindeskinder. Er ist da."[6]

Wir haben unsere Fragen als Nachgeborene gestellt - alle Mitarbeiter des Projekts gehören zur zweiten, ja dritten Generation nach dem Holocaust. Wir fragten mit dem Nachteil fehlender authentischer Erfahrung, aber mit dem Vorzug des zeitlichen Abstands. Dabei war uns klar, daß wir heute mehr wissen (wissen können) als die Beteiligten damals - dank der Kenntnisse, die eine fünfzigjährige zeithistorische und kulturwissenschaftliche Forschung über den Nazismus zur Verfügung stellt, aber auch dank einer breiten Aufklärung in den Medien.

Wir wollten wissen, was von der NS-Zeit in Tübingen geblieben ist, was - verdrängt oder präsent - noch sichtbar und spürbar ist. Welche Hoffnungen mobilisierte der Nationalsozialismus und welche Sehnsüchte erfüllte er? Welche Traditionen wurden von ihm aufgegriffen und gebündelt? Worin besteht das Spezifische dieser Bündelung und worin ihre Wirksamkeit? Wie funktionierte die Gleichzeitigkeit von Normalität und Verbrechen?[7]

Wir fragten also nach Leitbegriffen und Feindbildern, nach Kontinuitäten und Brüchen, nach den der scheinbaren Normalität zugrundeliegenden Wahrnehmungs- und Orientierungsmustern. Diesen Mustern und Strukturen wollten wir auf die Spur kommen. Wir wollten begreifen, wie die Normalität eines ganz gewöhnlichen Alltags zeitgleich mit Verfolgung, Eroberung und Vernichtung hat existieren können. Diese Frage ist zum Antrieb der Ausstellungskonzeption geworden. Deswegen konfrontieren wir die Erinnerungen mit den Akten, ergänzen die subjektive Seite der Geschichte um die ‚objektiven' Fakten und die in den Objekten vergegenständlichte Überlieferung. Es ist ein Puzzle, aus dem sich ein Bild der Wirklichkeit dieser Zeit erschließen mag.

Unser Ziel war keine vollkommene Rekonstruktion der Ereignisse, die ohnehin nicht möglich ist. „Hundert Berichte aus einer Fabrik lassen sich nicht zur Wirklichkeit der Fabrik addieren. [. . .] Die Wirklichkeit ist eine Konstruktion."[8] Für solche Gesamtdarstellungen eignen sich Bücher wesentlich besser als Ausstellungen und sind ja auch mittlerweile mit der „NS-Heimatkunde" und mit „Tübingen unterm Hakenkreuz" für den Kreis wie für die Stadt und mit der Studie von Uwe Dietrich Adam schon lange für die Universität vorhanden.[9] Das gab die Möglichkeit, uns für eine aspekthafte Darstellung zu entscheiden. Ausgehend von den Erinnerungen der befragten Tübinger haben wir Problemkreise herausgegriffen und thematisiert, die uns von heute aus gesehen für das Verstehen der NS-Zeit wichtig sind.

Da wir eine Ausstellung vorbereiteten und das Medium der Ausstellung das Exponat, der sinnlich faßbare und anschauliche Gegenstand ist, haben wir sowohl nach Erinnerungen als auch nach Objekten gefragt. Daraus entstanden fünf Themenbereiche, mit denen wir - möglichst nahe an der Chronologie der Ereignisse, ohne aber diese zum Leitfaden zu nehmen - folgende Ausstellungseinheiten zusammengestellt haben:

- Nachkrieg I: Revanchismus und Totenkult; Das republikanische Tübingen; Der Aufstieg der NSDAP
- Chaos und Ordnung: Die Zerstörung der Republik; Ordnung: Utopie und Terror; Das NS-Wirtschaftswunder
- Volksgemeinschaft und Ausgrenzung: Ausgrenzung aus der Volksgemeinschaft; Konstruktion der Volksgemeinschaft
- Lebensraum und Vernichtung: Eroberung von Lebensraum; Vernichtung als letztes Ziel der Politik
- Nachkrieg II: Wirtschaftliche Not; Staatliche Neuordnung und Wiederaufbau; Entnazifizierung und Umgang mit der Vergangenheit.

*   *

Eine solche Darstellung muß notwendig fragmentarisch sein - auch deswegen, weil sie abhängt von den zusammengetragenen Exponaten. Die meisten bekamen wir aufgrund von Zeitungsaufrufen und Artikeln, in denen wir unsere Fragestellung und unseren Umgang mit den Gegenständen vermittelten. Es sind oft Gegenstände des alltäglichen Gebrauchs. Sie sind meist banal und unscheinbar, aber aufgeladen mit persönlicher Erinnerung, wie die Vase, die an den jüdischen Arbeitgeber erinnert, oder wie der selbstgebastelte Spielzeughase. Dessen behelfsmäßige Konstruktion veraunschaulicht die Not und den Materialmangel im sowjetischen Kriegsgefangenenlager, er vermittelt aber auch etwas von der Sehnsucht nach zu Hause, nach der fernen Familie mit der kleinen Tochter, für die das Spielzeug gebastelt wurde. Die meisten Alltagsgegenstände erhielten wir aus der Kriegs- und unmittelbaren Nachkriegszeit, in der der notvolle Alltag als direkt mit den politischen Ereignissen verknüpft erlebt wurde. „Vergiß nie die Zeiten, in denen man so flicken mußte" - diese Worte, auf einem Zettel an ein Paar mehrfach gestopfte Socken geheftet, formulieren gleichzeitig den Andenkenwert, der den simplen Gegenstand zum Erinnerungsstück macht, und die Erkenntnis daraus aus heutiger Sicht.

Besonders häufig wurden uns Fotografien gebracht, oft ganze Alben, die wir im kleinformatigen Original in die Ausstellung integrierten, weil sie ebenso eine Quelle der historischen Erkenntnis sind wie schriftliche Dokumente, Archivalien und Akten. Wegen ihres privaten Entstehungszusammenhangs scheinen sie besonders geeignet, das Heute im Gestern, die Verbindung zwischen damals und jetzt zu erkennen, allerdings bedürfen sie oft der ergänzenden persönlichen Erzählung.[10]

Ein Problem stellte die unausgewogene thematische Verteilung der Gegenstände dar. So haben wir besonders viele Gegenstände zur Situation an der

„Heimatfront" erhalten - wie wir überhaupt erfuhren, daß es leichter fiel, über den Krieg, als über die (gesamte) NS-Zeit zu reden -, aber kaum etwas zu den Fronterfahrungen der Tübinger Soldaten. Auch zur Situation in der Weimarer Republik haben wir so gut wie keine privaten Gegenstände erhalten. Da mußte dann der Fundus der Städtischen Sammlungen oder anderer Institutionen weiterhelfen. Überall da, wo die geteilte Erinnerung den Blick auf Ausgrenzung und Vernichtung ausklammert, haben wir bewußt auf nichtprivate Leihgaben und offizielle Dokumente zurückgegriffen - z.B. auf die Transportliste der Tübinger Kriminalpolizei über die letzte Deportation Tübinger Juden -, um die einseitig erinnerte Geschichte mit der ausgegrenzten damaligen Wirklichkeit zu konfrontieren.

Wir haben unter den Leihgaben jene Objekte ausgewählt, an die Erinnerungen geknüpft sind, in der Hoffnung, daß sie Erinnerungen auslösen und über ihren historischen Verweischarakter hinaus ihre eigene Geschichte erzählen. Freilich können sie das nicht immer allein. Zudem erzählt etwa der Totschläger demjenigen, der die bürgerkriegsähnliche Atmosphäre am Ende der Weimarer Republik miterlebt hat, etwas anderes als demjenigen, der sie nur aus dem Geschichtsunterricht kennt. Ebenso verhält es sich mit der Aussagekraft des Waschtischs oder des Entnazifizierungsbogens über die Nachkriegszeit. Deshalb haben wir die Aussage der Objekte durch ihre Zusammen- und Gegenüberstellung verstärkt, durch Hintergrundfotos ergänzt und durch die Art der Präsentation zugespitzt. Dabei haben wir uns wissenschaftlicher und historischer Exaktheit verpflichtet gefühlt. Deswegen haben wir unter anderem auf der kommentierenden Ebene immer mit Kopien oder modernen Repliken gearbeitet.

Eine Einordnung in die zeitliche Chronologie und die nationalen Zusammenhänge ermöglicht die - buchstäblich sichtbare - Zeitschiene, die als roter Faden durch die Ausstellung läuft. Unseren erläuternden und kommentierenden Text haben wir auf die Einleitungstexte zu den fünf Ausstellungseinheiten und auf die knappen Schlagzeilen unter den Objekten beschränkt. - Wer mehr wissen will, lese den Katalog! - Dafür lassen wir unsere Gesprächspartner und Informanten möglichst oft zu Wort kommen, indem wir Zitate aus den Interviews den Objektensembles zuordnen.

Einzelne Themen ziehen sich bewußt durch alle Ausstellungseinheiten, wie etwa die Geschichte der Tübinger Juden, die wir nicht nur als Verfolgte und Opfer zeigen wollten. Indem wir in jeder Ausstellungseinheit das Verhältnis von Nichtjuden zu Juden thematisieren, soll vielmehr die schrittweise Ausgrenzung deutlich werden. Denn bevor die Tübinger Juden emigrierten und am Ende deportiert wurden, haben Tübinger sie gedemütigt und beschimpft. Ähnliches gilt für die Darstellung der Geschichte der Frauen, die nicht in eine „Frauenecke" abgedrängt werden. Vielmehr bemühen wir uns, überall da wo möglich, das Verhältnis zwischen den Geschlechtern erkennbar werden zu lassen. Daß sich das vor allem in der „Heimatfront" verdichtet, hat notwendig mit der Rolle zu tun, die das NS-System den Frauen im Krieg zugestehen mußte. Auch die spezifische Modernität der Nazi-Zeit ist immer wieder Gegenstand der Darstellung, da der Nazismus ja keineswegs in der Blut-und-Boden-Mystik aufging, sondern sich als technikorientierte und effiziente Leistungsgesellschaft darstellte und erwies. Deshalb tauchen beispielsweise kontinuierlich die modernen Medien auf, die in der Nazizeit eine wichtige Rolle spielten, wie Filme, Fotos und Rundfunk, aber auch die vielfältigen Möglichkeiten der Leistungssteigerung, wie sie der NS-Staat in seinen sozialen Einrichtungen (Deutsche Arbeitsfront, Kraft durch Freude, NS-Volkswohlfahrt) schuf. Schließlich war uns wichtig, Kontinuitäten zu zeigen, Wurzeln aufzudecken und Nachwirkungen zu verfolgen. Deshalb beschränkt sich die Ausstellung nicht auf die zwölf Jahre des „tausendjährigen Reichs", sondern beginnt mit dem Jahr 1919 und endet mit dem Jahr 1990.

Einige Themen wie die Kirchengemeinden, der Rundfunk oder die Rüstungsindustrie, die wir gerne behandelt hätten, fehlen; teils weil die Bearbeiter absagen mußten, teils weil das Material nicht zugänglich war. Aber wir hoffen, daß auch trotz dieses unumgänglichen Muts zur Lücke das Bild anschaulich wird, das wir mit den Mitteln und aus den Fragen der Gegenwart von der Vergangenheit zeichnen.

* *

Ausstellungen haben mit verschiedenen Sachzwängen zu kämpfen. Dieser Ausstellung bereitete vor allem der Ausstellungsraum Probleme. Denn er bietet wenig Raum und ist mit seinen Fachwerkbalken und -trägern schon selber ein Ausstellungsstück. Daß dieses nun weitgehend zurücktritt, ohne in seiner Eigenart zerstört zu werden, ist der Ausstellungsarchitektur von Stefan Hartmaier, Martin Mangold und Markus Ege zu verdanken. Sie entwickelten im historischen Zitat der Rampe eine strenge Führung durch die Ausstellung, die Merkmale der NS-Ästhetik aufgreift, aber mehrfach, z.B. durch das nüchterne Material oder die kommentierenden Textfahnen bricht. Zudem sollen permanente Einblicke in den Terror des Systems und Ausblicke auf Krieg und Vernichtung den Eindruck vieler Zeitgenossen brechen, es sei bis Kriegsbeginn nur aufwärts gegangen. Die strikte Wegführung durch die Ausstellung ermöglicht außerdem, ohne Vitrinen für die großen Exponate auszukommen, die nun dem Betrachter nahe, aber dennoch geschützt untergebracht sind.

Da die unfaßbare Realität der nazistischen Vernichtungspolitik jede Inszenierung verbietet, haben wir uns auf eine nüchterne Präsentation beschränkt, Inszenierungen vermieden, die doch nur den falschen Eindruck erwecken, daß die Wirklichkeit „so und nicht anders" gewesen sei. Auf die „Konstruktion" unseres Bildes, die Tatsache, daß jede Geschichte Konstruktion ist, verweist *deshalb der Archivraum, der der gesamten Darstellung vorgeschaltet ist. Er soll die gespeicherte Erinnerung veranschaulichen, mit der wir gearbeitet haben, auf die Erinnerungsstücke verweisen, die oft wirklich vom Dachboden kamen. Bruchstücke der 1990 zerstörten Gedenkplatte vom Gräberfeld X auf dem Stadtfriedhof setzen dabei Anfang und Endpunkt in einem.*

Bei dieser Art der Präsentation erhält der Katalog besondere Bedeutung. Er ist Begleitband und Ausstellungsführer in einem. So registriert er alle 238 Exponate mit jeweils einem Foto und einer ausführlichen Objektbeschreibung, und zwar in der Reihenfolge der Ausstellung, jeweils eingeleitet durch einführende kurze Essays. Ebenfalls dem Gliederungsschema der Ausstellung sind die Aufsätze zugeordnet, die entweder Einzelfragen vertiefen oder Zusammenhänge darstellen.

Unsere Darstellung ist ein Interpretationsangebot; es wird Gespräche und Auseinandersetzungen auslösen. Deswegen wird die Ausstellung von einem vielschichtigen Begleitprogramm ergänzt. Eine große Zahl von Gruppen, Institutionen und Einzelpersonen vermitteln ihren jeweils unterschiedlichen Zugang zum Thema. Das Spektrum reicht von Filmen aller Art, über Vorträge bis zu Theateraufführungen und Lesungen. Die Musikerin Esther Bejarano, Überlebende von Auschwitz und Ravensbrück, verleiht mit ihren Liedern aus Ghettos und KZs den Opfern und Überlebenden der Vernichtungspolitik Stimme.

Um aktives Lernen zu ermöglichen, gehen viele Angebote über das Zuhören hinaus: Gespräche mit Zeitzeugen, Exkursionen und ein Fotokurs „Auf den Spuren der NS-Architektur" bzw. ein Workshop über „Die Kraft der Erinnerung". Besonders gefreut haben wir uns über die Initiative der Schülermitverwaltung im Kepler-Gymnasium, Führungen für Schüler durch Schüler zu organisieren.

* *

Am Ausstellungsprojekt haben viele mitgearbeitet. Überwiegend studentische Mitarbeiter und Doktoranden sowie die Geschichtswerkstatt Tübingen und eine Arbeitsgruppe des Bildungszentrums und Archivs für Frauengeschichte Baden-Württemberg (BAF) e.V. recherchierten im Rahmen von Werkverträgen verschiedene thematische Teilbereiche, führten Interviews, verfaßten Artikel und Objektbeschreibungen für den Katalog. Insbesondere sind zu nennen Elisabeth Timm und Lothar Diehl, der im Herbst 1991 von Dina Stahn abgelöst wurde, sowie Astrid Breith. Am Projekt direkt beteiligt waren auch die städtischen Mitarbeiter Christopher Blum und Wolfgang Hesse. Außerdem steuerten Dr. Franz Begov, Dr. Kathrin Hoffmann-Curtius, Matthias Holl, Dr. Hans-Joachim Lang, Martin Leonhardt und Stefan Zowislo Artikel für den Katalog bei. Ihnen allen sei Dank gesagt.

Wenn es der Ausstellung gelingt, ein anschauliches Bild vom Nationalsozialismus in Tübingen zu vermitteln, zum Nachdenken anzuregen und unser Inter-

pretationsangebot plausibel zu machen, so ist das neben dem Engagement und der Sachkenntnis der genannten Mitarbeiter den Gestaltern Stefan Hartmaier, Martin Mangold und Markus Ege zu verdanken. Sie haben in beständiger Diskussion mit dem Ausstellungsprojekt sich auf das Thema eingelassen und ideenreich die historischen Vorgaben umgesetzt.

Unser besonderer Dank gilt Dr. Kathrin Hoffmann-Curtius und Dr. Joachim Kallinich, die uneigennützig und mit großer Sachkenntnis zu Rat und Austausch über die Konzeption bereit waren und zur problemgeschichtlichen Darstellung Mut machten, sowie Beate Rau, die sich engagiert des Begleitprogramms annahm.

Zu danken haben wir auch allen Leihgebern, Informanten, Bibliotheken und Archiven, die uns geduldig unterstützt und geholfen haben, allen voran das Tübinger Stadtarchiv mit Udo Rauch und Antje Nagel sowie das Stadtmuseum mit seinen Mitarbeitern und Mitarbeiterinnen. Wichtig waren auch die Bereitschaft von Volkmar Kleinfeldt, uns das Archiv seines Vaters zu öffnen, und die fotografische Unterstützung durch Peter Neumann. Allen Kollegen im Kulturamt, die die - selbst für das umtriebige Kulturamt - ungewöhnliche Belastung durch ein solches Projekt verständnisvoll ertragen haben, sei ebenfalls Dank gesagt, insbesondere Sabine Hahn, die viele Interviews tippte, und Wolfgang Beutter, der den Umbruch für den Katalog fachmännisch gestaltet hat.

Nicht zuletzt aber haben wir der Stadt Tübingen zu danken, die das Ausstellungsprojekt - unabhängig von jedem Gedenktag - initiiert und finanziert hat. Insbesondere sagen wir dem Leiter des städtischen Kulturamtes, Dr. Wilfried Setzler, Dank für das Vertrauen, mit dem er das Projekt begleitet hat, und für seine tatkräftige Unterstützung. Ihm vor allem ist es zu danken, daß der umfangreiche Katalog bei Ausstellungseröffnung vorliegt.

Ohne die Bereitschaft vieler Tübinger aber, sich darauf einzulassen, mit Jüngeren über ihre Erfahrungen zu reden, private Fotos auszuleihen oder uns Tagebücher und Briefe anzuvertrauen, wäre die Ausstellung so nicht zustande gekommen. Ihnen gebührt unsere besondere Anerkennung und unser herzlicher Dank.

Benigna Schönhagen

---

1 Schreiben vom 6.6.1991 an das Ausstellungsprojekt. Sämtliche weiteren Zitate sind, soweit nicht anders vermerkt, den im Literaturverzeichnis einzeln aufgeführten Interviews entnommen, die in schriftlicher Form im Stadtarchiv einsehbar sind. **2** Greiffenhagen 1989. **3** Rosenstrauch 1988. **4** Vgl. auch Giordano 1990, S.13ff. **5** Mommsen 1988. **6** Giordano 1987, S.355. **7** Vgl. Gerstenberger, Schmidt 1987. **8** Kracauer 1987, S.170. **9** Adam 1977; NS-Heimatkunde 1987; Schönhagen 1991. **10** Vgl. Hoffmann 1982.

NACH
KRIEG I

KATHRIN HOFFMANN-CURTIUS

Symbole nationaler Gemeinschaft in der Weimarer Republik

Fahne und Kriegerdenkmal. Nach dem Ersten Weltkrieg klafften in der deutschen Gesellschaft die Vorstellungen von dem, wie der Staat auszusehen habe, weit auseinander. Da Berlin sich mit der ästhetischen Inszenierung der Einheit in der Weimarer Zeit auffällig zurückhielt, gewannen die regionalen Veranstaltungen an nationaler Bedeutung. Am Beispiel der Verwendung der Reichsfarben und der Erinnerung an die Kriegstoten soll daher im folgenden die Repräsentation nationaler Einheit im Blickwechsel von nationaler und lokaler Ebene aus betrachtet werden.

Der Flaggenstreit. Daß die Weimarer Republik sich schwer mit der Darstellung ihrer nationalen Einheit tat, ist unter anderem ablesbar am Flaggenstreit jener Zeit. Drei unterschiedliche Farbkombinationen standen zur Debatte: Schwarz-Weiß-Rot, die Farben des Kaiserreichs, Rot als Symbol der Novemberrevolution und Schwarz-Rot-Gold, die Farben der demokratischen Freiheitsbewegungen des 19. Jahrhunderts. 1920 setzten SPD, DDP und Zentrum gegen die Stimmen von DNVP, DVP und USPD Schwarz-Rot-Gold durch. Doch daneben, und das ist bezeichnend für die Weimarer Zeit, wurde die schwarzweißrote Fahne als Handelsflagge (mit den Reichsfarben in der obe-

Das Ehrenmal für die Gefallenen des Ersten Weltkrieges auf dem Tübinger Stadtfriedhof: die antikisierende Tempelfassade mit dem Stahlhelmkopf von Richard Knecht

ren linken Ecke) zugelassen. Bald übernahmen sie alle zur See fahrenden Schiffe, inklusive der Marine. Schließlich hielt die gesamte Reichswehr an Schwarz-Weiß-Rot fest, obwohl General von Seeckt Schwarz-Rot-Gold akzeptierte, jedoch - und das zeigt die politische Spaltung vollends deutlich - weil er nicht „die Besudlung der alten schwarz-weiß-roten Fahne durch die Republik" wünschte.[1]

Auch in Tübingen wurden die republikanischen Farben weitgehend mißachtet. So flaggte bei der Einweihung des „Ehrendenkmals für die Gefallenen der Universität" auf der Eberhardshöhe am 21. Juni 1922 die konservative Universität selbstverständlich Schwarz-Weiß-Rot.[2] Lediglich einige AStA-Mitglieder prote-

GARVENS

DREIEINIG INNIG, MINNIG, TREU,
DAS HAKENKREUZ IST AUCH DABEI.

DIE HANDELSFLAGGE GEBET ACHT,
HAT EINE WANDLUNG DURCHGEMACHT.

MIT ROTER SOCIGÖSCH GEZIERT
IST HIER DIE EINIGUNG VOLLFÜHRT

5 FARBEN, 6 BEI DEN CHINESEN
SO WAS IST NOCH NICHT DAGEWESEN

DIE LETZTE ÖLUNG IST VOLLBRACHT
WENN SOWJET-DEUTSCHLAND WARD
GEMACHT

IN ALLER WELT MIT RUHM GENANNT,
DAS VATERLAND HAT SIE VERBANNT!

„Schwarzweißrot, Männeken ist tot, Schwarzrotgold, die Jungfrau, die ist hold."
(Spottvers aus Berlin, 1932)

„Kompromißflaggen" – Karikatur von Garvens aus der satirischen Zeitschrift „Kladderadatsch", 1926

stierten dagegen. Zur Verschärfung des reichsweiten Streites trugen die Frontkämpferverbände bei. Um ihre rechte Haltung zu markieren, legten sie sich symbolische Namen wie „Reichsflagge" und „Reichskriegsflagge" zu; SPD, DDP und Zentrum gaben ihrem zur Verteidigung der Republik gegründeten Wehrverband den Namen „Reichsbanner Schwarz-Rot-Gold". Die Gegner der Republik machten daraus „Schwarz-Rot-Senf." Als 1926 Reichspräsident von Hindenburg anordnete, daß die diplomatischen Behörden „an außereuropäischen und an solchen europäischen Plätzen, die von Seehandelsschiffen angelaufen werden",[3] auch die Handelsflagge hissen sollten, führte das zum Rücktritt des amtierenden Reichskanzlers. Aber der Flaggenstreit ging weiter. Der Wunsch des Reichstages, zu einer Einheitsflagge via Reichsflaggengesetz zu kommen, blieb in der Weimarer Republik unerfüllt.

Das Rathaus mit Doppelbeflaggung, 1933: die Farben des Kaiserreichs und die Hakenkreuzfahne, die alte und die neue Rechte an der Macht

Das Hakenkreuz wird Nationalflagge. Am 12. März 1933 zeichnete Hitler einen erneuten Erlaß des Reichspräsidenten gegen, der vorschrieb, daß „die schwarz-weiß-rote Fahne und die Hakenkreuzfahne gemeinsam zu hissen sind. Die Flaggen verbinden die ruhmreiche Vergangenheit des Deutschen Reiches und die kraftvolle Wiedergeburt der Deutschen Nation."[4] So flaggte auch Tübingen 1933 beide Fahnen nebeneinander. Auf dem Nürnberger „Reichsparteitag der Freiheit", der mit den sogenannten Nürnberger Gesetzen den Ausschluß der Juden aus der deutschen Gesellschaft legalisierte, beendete 1935 das „Reichsflaggengesetz" endgültig den Flaggenstreit. Die Einheit der „Volksgemeinschaft" wurde mit der Ausgrenzung der deutschen Juden propagiert. Das erste der drei „Nürnberger Gesetze" bestimmte: „Artikel 1 Die Reichsfarben sind schwarz-weiß-rot. Artikel 2 Reichs- und Nationalflagge ist die Hakenkreuzfahne. Sie ist zugleich Handelsflagge."[5] Mit der Haken-

Beim „Maienfestzug" 1938 parodierte die NSDAP die „Kampfzeit": mitgeführt wurde die schwarzrotgoldene Fahne mit den drei Pfeilen der antifaschistischen „Eisernen Front"

kreuzflagge, die Hitler schon 1920 als rotes Tuch mit schwarzem Hakenkreuz auf weißem Kreis entworfen hatte, kombinierte die NSDAP sowohl die Vorstellungen der rechten (schwarzweißrot) als auch der linken Gegner (rotes Tuch) der Republik, ohne sich mit ihnen zu identifizieren. Die für deutsche Lande ungewohnt uneinheitliche Demokratie wurde mit ihrem Erkennungszeichen (schwarzrotgold) getilgt.

Daß es in der Weimarer Republik den unterschiedlichen politischen Gruppierungen nicht gelang, zu einem einheitlichen Staatssymbol zu finden, wird bis heute negativ bewertet, die Ordnung also dem angeblichen Chaos vorgezogen. Der geschichtliche Verlauf der Auseinandersetzung zeigt, daß Ordnung und Einheitlichkeit in eins gesetzt werden. Vorbild für diese „Volksgemeinschaft" war aber die Zwangsordnung des sogenannten Burgfriedens im Ersten Weltkrieg: „Ich kenne keine Parteien mehr, ich kenne nur noch Deutsche." Viel zu wenig wird im Hinblick auf die politische Auseinandersetzung bedacht, daß Demokratie von Meinungsvielfalt lebt. In der jungen Republik war es notwendig, Konflikte austragen zu lernen. Es ist daher durchaus positiv im Sinne einer lebendigen Demokratie zu werten,

„Erste Flaggenhissung" von Reichsfarben und Hakenkreuzfahne neben dem Eingang zum Hauptpostamt, 9.3.1933

wenn um die Darstellung nationaler Belange aus unterschiedlichster Perspektive gerungen wurde. Schließlich artikulierte sich hier eine Vielfalt von Konzepten und Wünschen der Bürgerinnen und Bürger erstmals öffentlich. Unüberbrückbare Unterschiede auszuhalten fiel jedoch nicht nur schwer, sondern führte immer wieder zu der Strategie, dem Gegner einfach aufs Haupt zu schlagen. Der Weltkrieg hatte das zum Überdruß eingeübt und stand, wenn auch mit unerwünschtem Ausgang, vor aller Augen. Wie sollte das nationale Gedächtnis diesem einheitlich Ausdruck verleihen?

„Reichsehrenmal". Die Auseinandersetzungen um ein „Reichsehrenmal" für die toten Soldaten des Ersten Weltkriegs geben ebenfalls das überwiegend rückwärtsgewandte Geschichts- und Politikverständnis in der Weimarer Demokratie zu erkennen. Wenigstens hier, in der Erinnerung an die gemeinsame militärische Vergangenheit, trachteten besonders die bürgerlichen Gruppierungen, Gemeinschaft zu inszenieren. So erklärte der Pädagogikstudent Gerhard Pfahler bei der Einweihung des Kriegerdenkmals für die Gefallenen der Universität Tübingen schon am 21. Juni 1922: „Einen einzigen Weg nur gibt es, uns dieser Geister der Halbheit, der Würdelosigkeit und der Trennung zu erwehren, das ist der Weg zurück zum Geist der Toten."[6]

Zum zehnjährigen Gedenken an den Beginn des Weltkriegs riefen 1924 Reichspräsident und -regierung zur Errichtung eines Reichsehrenmales auf. Das Monument sollte aus freiwilligen Spenden finanziert werden. Eine breite öffentliche Diskussion reichte von grundsätzlicher Ablehnung eines Denkmals

zugunsten sozialer Einrichtungen bis zum Vorschlag gigantomaner Kriegssymbole. Man stritt heftig über den Aufstellungsort, wobei sich zwei Hauptmeinungen unterscheiden lassen: Ein Denkmal im Weichbild der Hauptstadt Berlin zum einen und ein germanisierendes Heiligtum, ein sogenannter Ehrenhain in Bad Berka, wie ihn der Frontkämpferbund „Stahlhelm" forderte, zum anderen. Auch der 1928 gebildete „Reichsausschuß für das Reichsehrenmal" brachte keine Einigung. Letztlich halten die Diskussionen über eine zentrale nationale Erinnerungsstätte für alle Kriegstoten, einschließlich der des Zweiten Weltkriegs, in Deutschland bis auf den heutigen Tag an.

Opfern am Altar des Vaterlandes. In der Begründung des Soldatentodes stimmten bis auf die KPD - und stimmen teilweise noch heute - alle politischen Gruppierungen darin überein, daß das staatlich organisierte Töten als Opfertod für das Vaterland anzusehen sei. Reichskunstwart Redslob hatte diese Auffassung 1926 in enger Anlehnung an die Frontkämpferverbände folgendermaßen formuliert: „Mittelpunkt und Zielpunkt des Haines ist die Stelle, an welcher der Opfer des Krieges symbolisch gedacht wird. Meiner Auffassung nach sollten hier nicht die Gebeine eines unbekannten Toten liegen, es müßte vielmehr die bei der Feier des zehnjährigen Kriegsausbruchs bereits versuchte Darstellung des Opfertodes zu Grunde gelegt werden."[7] Hier wird dem Opferbegriff eine Bedeutung beigemessen, die schon bei der Entstehung des modernen Staates, erstmals bei der ersten Jahrfeier des Bastillesturmes 1790 auf dem Pariser Marsfeld, dem Bürgersoldaten mit dem Bild des vaterländischen Altares vorgestellt worden war. Später schrieb ein Gesetz

Das Kriegerdenkmal der Universität auf der Eberhardshöhe, entworfen vom Stuttgarter Kunstgewerbeprofessor Bernhard Pankok

Schon 1934 veröffentlichte der nachmalige Tübinger Kunsthistoriker Hubert Schrade sein Werk über „Das Deutsche Nationaldenkmal": außen das Denkmal der Tannenbergschlacht, innen das Denkmal für den Helden des antifranzösischen Kampfs im Rheinland, Albert Leo Schlageter

jeder Stadt sogar vor, einen vaterländischen Opferaltar mit der Devise zu errichten: „Der Bürger wird geboren, lebt und stirbt für das Vaterland."[8]
Die nationalsozialistische Reichsregierung verstärkte dieses patriotische Opferverständnis, das seit den Freiheitskriegen in Deutschland Allgemeingut geworden war. Aber das Hauptinteresse der NS-Regierung lag nicht in der Errichtung eines neuen Nationaldenkmales. Sie erklärte vielmehr solche Gedenkstätten zu nationalen Ehrenmälern, die in der Weimarer Zeit schon populär waren und vor allem der Einübung des kriegerischen Opfergedankens dienten: so das Tannenberg-Denkmal von 1927, von Hitler 1935 anläßlich der Beisetzung Hindenburgs zum „Reichsehrenmal" erklärt, das Düsseldorfer Schlageter-Denkmal von 1931, von Göring 1933 zum „Nationalehrenmal" ernannt, und die Schinkelsche Neue Wache in Berlin von 1931. Schon bei der Einweihung als „Reichsehrenmal" angesprochen, wurde sie während der NS-Herrschaft zum Ort nationaler Staatsakte am Heldengedenktag.

Kriegerdenkmalskult in der Region. Da während der Weimarer Zeit die nationale Identitätsstiftung durch ein „Ehrenmal" für das ganze Reich nicht glückte, kam gerade dem regionalen Kriegerdenkmalskult für die Inszenierung von Gemeinschaft eine große Bedeutung zu. Hier prägte das neue Republikverständnis die Totenehrung noch weniger. Vielmehr gaben der Korpsgeist des Militärs und seine Kampfbereitschaft den Ton an. Der Tübinger Professor von Blume hatte schon während des Krieges geschrieben: „Erst durch den Krieg haben wir erlebt, daß wir ein Volk sind."[9] Und der Tübinger Garnisonspfarrer Dr. Meyer hatte den Ausmarschierenden 1914 versichert: „Euer Kriegsdienst ist ein Gottesdienst."[10] Für das feierliche Gedenken ihres gewaltsamen Todes nach Kriegsende waren die Vertreter der Kirchen ebenfalls zuständig. Wenn sie bei den Denkmalsenthüllungen predigten, bezeichneten

VND·AVS·DEM·EREBOS KAMEN·VIELE·SEELEN

HERAVF·DER·ABGE SCHIEDENEN·TOTEN

sie wie die Vertreter der Kommune und des Militärs den Soldatentod als ein Opfer für das Vaterland, das nicht umsonst gewesen sein solle. So sprach Dekan Faber zur Einweihung des städtischen Kriegerfriedhofes am 30. Oktober 1921 „zuversichtliche Hoffnung" aus: „Aber dennoch ist es unser Glaube: Gott sitzt im Regimente [. . .]. Seine Stunde wird auch einmal kommen, da er dem Übermut und der Ungerechtigkeit der Feinde zuruft: 'Bis hierhin und nicht weiter!' [. . .] Dann werden die großen, heiligen Opfer unserer Toten und aller Kämpfer für unser Volk nicht vergeblich sein, dann wird Gott unser Volk nicht sterben lassen."[11]

Bei der Einweihungsfeier des universitären Kriegerdenkmals auf der Eberhardshöhe betonte der württembergische Staatspräsident Hieber ein halbes Jahr später: „Sie sind einen schönen Tod gestorben. Denn auch in der eisernen Umarmung des Todes haben sie das erhabene Bewußtsein gehabt, daß ihr Blut nicht umsonst geflossen sei. [. . .] So wird der Blick auf dieses Ehrenmal zugleich ein Blick aufwärts zu immer höheren Zielen, ein Blick der Hoffnung auf ein neues Deutschland. [. . .] Dann mag dieses Denkmal uns sagen: ‚Mit dem Blut des besten Lebens ist das Vaterland geweiht. Wer uns starb, starb nicht vergebens, und sein Name leuchtet weit!'"[12] Hieber wurde in seiner politischen Exegese des Opfergedankens deutlicher als die Inschrift des Denkmals: „Aus unserem Tod erblühe Euch das Leben. Uns gleich lernt opfernd Euch für andere geben und unser Sterben wird gesegnet sein. 1914 - 1919."[13]

Sechs Jahre später, bei der Denkmalsweihe für das Infanterie-Regiment Nr. 180 in der Hegelstraße, wurde der Opfergedanke erneut propagiert, dies-

Das Erinnerungsmal in der Hegelstraße: das Eiserne Kreuz auf dem Altar des Vaterlandes

mal von Generalleutnant a.D. von Linck: „Und wenn uns angesichts der heutigen Lage manchmal das bedrückende Gefühl ankommen will, als sei ihr großes Opfer umsonst gebracht, dann soll dieses Mal uns eine stete Mahnung sein, daß es an uns ist, unseren Dank zu betätigen, indem wir mit allen Kräften, jeder an seiner Stelle, am äußeren und inneren Wiederaufbau des Vaterlandes mitarbeiten. Dann wird ihr Opfer trotzdem fruchtbar werden."[14] Der patriotische Opfergedanke stand und steht hier den Betrachtern in Denkmalsgestalt vor Augen. Architekt Mehl aus Stuttgart bildete das Denkmalszentrum in Form eines Altartisches. Schon 1922 hatte Paul Bonatz den Kriegerfriedhof auf dem Waldfriedhof in Stuttgart mit einem Altar versehen. Hier wie dort ist ein Kreuz aufgestellt. In Tübingen ist es aus Eisen und auf dem Altartisch angebracht. Es ragt über einem Eisernen Kreuz am Fuß seines Schaftes empor. Christliche Opfervorstellung und soldatischer Kriegstod sind hier bildlich wie in den Reden miteinander verbunden, die Übergänge zwischen töten und getötet werden, opfern und geopfert werden sind fließend. Gerade in der Verflechtung der Vorstellung vom Tod für das Vaterland mit dem christlichen Opfergedanken wird die Rolle aller lebenden christlichen Bürger als Gemeindeglieder verstärkt. Sie alle werden damit in die Pflicht genommen, das Opfer zu wiederholen. Somit konnte der Revanchismus in der Weimarer Zeit als kultische Handlung des Christentums legitimiert und die Schmach des „umsonst gefallen" in der mystischen Gemeinschaft der Lebenden mit den Toten aufgehoben werden.

Frauen waren keineswegs von dem Opfern ausgenommen. Seit der Französischen Revolution wurde über die weibliche Rolle als häusliche Ehefrau und Mutter die gemeinsame, aber unterschiedliche Opfertätigkeit beider Geschlechter propagiert. Eine fiktive Geschichte über eine namenlose Soldatenfrau mag das aus der Sicht eines Studenten der damaligen Zeit erläutern.[15] Dieser „Soldatenfrau", deren Mann verwundet aus dem Feld zurückgekom-

▶ Die NSDAP griff den Revanchismus auf: Wahlplakat von 1928 und 1930

NATIONAL SOZIALIST

ODER UMSONST WAREN DIE OPFER

Streiter-Verlag, Fritz Tittmann, Zwickau Sa.-Plakat Nr.17-Druck: Carl Junghänel, Zwickau Sa.

men war, hatte ein Freund gewünscht, daß ihr Mann hoffentlich nicht so bald wieder „felddienstfähig" würde. „Doch merkwürdig, ein Schatten legte sich bei diesen Worten über der Frau Gesicht", und ihr wurde die Antwort in den Mund gelegt: „Sehen Sie, das Schicksal erfordert von meinem Mann das Opfer, sein Leben einzusetzen, fordert von uns Frauen das Opfer, unser Liebstes einzusetzen: Sollen wir dieses Opfer durch Schwachheit unserer Gesinnung abschwächen?" Während also der soldatische Mann sein Leben zu opfern hatte, opferte die Soldatenfrau ihre Gefühle.

Ein „Opfer" zieht das nächste nach sich: „Revanche". Die Zweifel, die nach dem Ersten Weltkrieg an dem vaterländischen Opferdiskurs bei aller Beteuerung seiner Gültigkeit und seiner Einheit stiftenden Funktion laut wurden, suchten die Nationalsozialisten schon während der Weimarer Zeit auf eindeutige Weise auszuräumen. Nur eine Wiederholung des Opfers, so der Sinn ihrer Rede, kam für sie in Frage. Schon ihr Wahlplakat von 1928 kündete eine militärische Revanche an. Es ist in schwarz-weiß-rot gehalten und zeigt das Antlitz des Soldaten im Stahlhelm, wie er seit der Sommeschlacht 1916 getragen wurde. Überall wurde dieses Bild des kampfbereiten Frontsoldaten, mit wachen Augen und geschlossenem Mund, verbreitet. Ernst Jünger hatte ihm schon 1920 ein literarisches Denkmal gesetzt, der Tübinger Bildhauer Richard Knecht bildete ihn im Hochrelief für das Denkmal des Tübinger Kriegerfriedhofs ab. Dazu der Berichterstatter der „Tübinger Chronik": „Das feinste Gefühl für dekorative Wirkung hat der Künstler in dem Relief des Kriegers mit dem Stahlhelm bewiesen. Trotzig, unbeugsam und unerschütterlich steht dieser Held auf dem Posten seiner Pflicht. Man kann nur wünschen, daß recht viele dieses Bild auf sich wirken lassen und in sich aufnehmen."[16] Und Alfred Rosenberg beschrieb 1930 in seinem „Mythus des 20. Jahrhunderts" „den Schönheitstypus des Frontkämpfers" in bewußter Absetzung von den Leitbildern der Arbeiterbewegung: „Eine steile durchfurchte Stirn, eine starke

Am Ende des Flaggenstreits: die Zwangsordnung unter dem Hakenkreuz

gerade Nase mit kantigem Gerüst, einen fest geschlossenen Mund mit der tiefen Spalte eines angespannten Willens. Die weit geöffneten Augen blicken geradeaus vor sich hin. Bewußt in die Ferne, in die Ewigkeit. Diese willenhafte Männlichkeit des Frontsoldaten unterscheidet sich merklich vom Schönheitsideal früherer Zeiten. [. . .] Aus den Todesschauern der Schlachten, aus Kampf, Not und Elend ringt sich ein neues Geschlecht empor [. . .]"[17]

Die einzige parteiübergreifende Opfergemeinschaft, die es in der Weimarer Republik in Tübingen wie allerorten gab, versuchte die NSDAP von Anbeginn

Ein „Gruß aus Tübingen" nach der Wiedereinführung der allgemeinen Wehrpflicht: der Stahlhelmträger als Nachfolger der im Felde unbesiegten Armeen des Ersten Weltkriegs

an für sich zu gewinnen. Hieraus ließ sich eine „Volksgemeinschaft" für Vernichtung und Eroberung von neuem Lebensraum entwickeln. So wurden 1938 im Vestibül des neu erbauten Standortlazarettes auf dem Tübinger Sand die Sätze eingemeißelt: „Im Glauben an Deutschland werden wir das Schicksal meistern. Wer sein Volk liebt, beweist es einzig durch die Opfer, die er für dieses zu bringen bereit ist."

1 Ribbe 1972, S.178. 2 Wandel u. a. 1977, S.312. 3 Hattenhauer 1984, S.28. 4 Ebd. S.33. 5 Ebd. 6 TC 22.6.1922. 7 Lurz 1985, S.58. 8 Mathiez 1904/5, S.31. 9 Wandel u.a. 1977, S.286. 10 Hammer 1974, S.219. 11 TC 31.10.1921. 12 TC 22.6.1922. 13 Auch die lokale Presse ermunterte mit einem Gedicht zur Revanche; TC 31.10.1921. 14 TC 16.5.1927. 15 Stäbler 1915. 16 TC 31.10.1921. 17 Rosenberg 1930, S.448.

2

Moderne. Kunst und Künstler.

Architektur. Fotografie.

NS-Wirtschaftswunder.

Frauenerwerbstätigkeit.

CHAOS UND

ORDNUNG

BARBARA SCHRÖDL

Der Kampfbund für deutsche Kultur und die Auseinandersetzung um die moderne Kunst

Um mit Hilfe kultureller Aktivitäten „alle Schichten des Volkes" für den Nationalsozialismus zu gewinnen - vor allem jene, die Parteipolitik ablehnten -

gründete Alfred Rosenberg 1927 den „Kampfbund für deutsche Kultur".[1] Eine Tübinger Ortsgruppe, die 1932 unter Leitung des Medizinprofessors Heinz Bromeis stand, wurde im Juli 1931 ins Leben gerufen.[2] Einige ihrer Mitglieder wie Prof. Dr. Karl Hasse arbeiteten für den Kampfbund auch auf Landes- und Reichsebene.[3] Zu ihren Aktivitäten gehörte Anfang 1932 die Organisation einer Vortragsreihe mit prominenten Rednern, die die Auseinandersetzung um die moderne Kunst in die Universitätsstadt

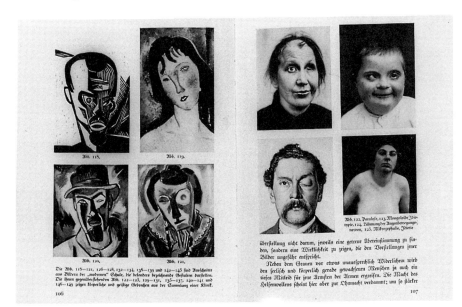

Alfred Rosenberg - Gründer und Hauptideologe des Kampfbunds für deutsche Kultur - am 31. März 1938 vor dem Hotel „Lamm" am Marktplatz

trug, wesentliche Positionen nationalsozialistischer Kulturauffassung vorstellte und deutliche Hinweise auf die Leitlinien späterer Praxis gab. So entwarf Alfred Rosenberg, der über den „Schicksalskampf der Deutschen Kultur" sprach, das Bild der kulturellen Entwicklung als einen Kampf zwischen verschiedenen „Rasseseelen", beschrieb die Situation des Jahres 1932 als den Zeitpunkt des „Endkampfes der Rassen" und warnte eindringlich vor den Bedrohungen durch die „Moderne".[4]

Paul Schultze-Naumburg, völkischer Kulturtheoretiker und seit 1930 Kultusminister der thüringischen NS-Regierung, veröffentlichte 1927 seine Kampfschrift „Kunst und Rasse": Sie wandte den sozialdarwinistischen Biologismus auf die Moderne an

Beispielhaft für den Tenor der Vorträge ist auch Paul Schultze-Naumburgs „Kampf um die Kunst". Auf der Suche nach gemeinsamen Prinzipien von kulturellen und biologischen Prozessen verglich er die „leibliche Fortpflanzung" mit der „geistigen Zeugung".[5] Dabei interpretierte er die Kunst als Ausdruck der jeweiligen Rasse und betonte die Nichtzugehörigkeit der modernen Kunst zur deutschen Rasse. Künstlerische Arbeiten erachtete Schultze-Naumburg als Wiedergabe des äußeren Erscheinungsbildes von Personen, weshalb er expressionistische Darstellungen als Bilder mißgestalteter, kranker Menschen interpretierte.

„In der deutschen Kunst tobt ein Kampf um Tod und Leben, nicht anders als auf dem Felde der Politik. Und neben dem Kampf um die Macht muß der Kampf um die Kunst mit demselben Ernst und derselben Entschlossenheit durchgeführt werden." (Paul Schultze-Naumburg, 1932)

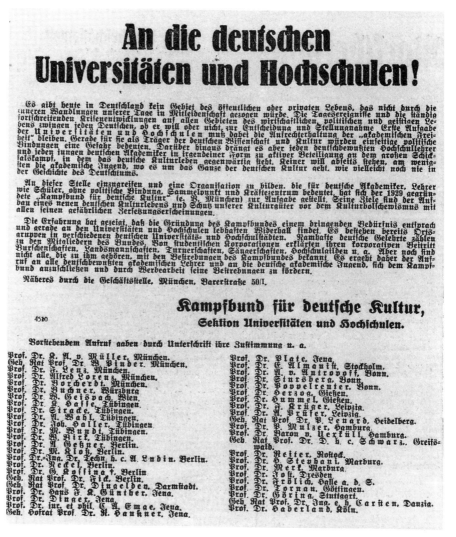

Den Gründungsaufruf des Kampfbundes für deutsche Kultur unterschrieben auch Tübinger Professoren

Einzig zugelassen und damit zur Norm erklärt wurde ein der Tradition verpflichtetes Kunstverständnis, das sich am klassischen Ideal orientierte. Diese „gesunde" Kunst, für deren Durchsetzung der Kampfbund eintrat, galt zugleich als Ausdruck und Basis einer „gesunden" Gesellschaftsordnung. Die „moderne Kunst" dagegen, die das klassische Ideal demontierte und die beunruhigenden Erfahrungen einer sich infolge der Industrialisierung modernisierenden Gesellschaft widerspiegelte, stand für die Störung dieser Ordnung und den Beginn des nicht nur von den Nationalsozialisten prophezeiten Untergangs.

Tübinger Stellungnahmen zur modernen Kunst. Auch anläßlich einer Aufführung moderner Musik mit Werken von Wolfgang Fortner und Erich Katz - nur wenige Tage nach Rosenbergs Vortrag - polemisierte die Tübinger Ortsgruppe des Kampfbundes entsprechend solchen kulturkonservativen und rassistischen Kunstideen in einer „öffentlichen Erklärung" gegen „atonale" Musik. Daran entzündete sich eine öffentliche Debatte über moderne Kunst, die sich in ungewöhnlich vielen Leserbriefen in der Lokalzeitung niederschlug.[6]

Entpolitisierung der Kunst. Einer der wenigen Fürsprecher der Moderne in Tübingen war der Architekt Dr. Karl Weidle.[7] Doch nahm er in gutbürgerlicher Tradition und entsprechend der Kantschen Vorstellung vom Kunstgenuß als „interesselosem Wohlgefallen" an der Auseinandersetzung teil.[8] Unter der Vorgabe, Kunst und Politik voneinander zu trennen, folgte er zwar nicht der Idee einer Verknüpfung von Kunst und Rassepolitik, wie sie der Kampfbund vertrat, forderte aber andererseits die „Reinhaltung der Kunst" vor unliebsamen politischen Äußerungen. Freizügigkeit forderte er lediglich für die künstlerischen Mittel. So setzte er sich für die Erprobung von Neuerungen in der Kunst ein.

Eine entschiedenere Position gegen den Kampfbund vertraten der Ordinarius des kunstgeschichtlichen Instituts Prof. Dr. Georg Weise und sein Assistent Dr. Hermann Mahn.[9] Sie versuchten der Polemik des Kampfbundes mit fachlichen Korrekturen im Einzelnen entgegenzutreten, allerdings ohne dessen Denkkategorien explizit anzugreifen. So erklärte Mahn beispielsweise den Stilwandel in der Kunst als ein stetes Schwanken zwischen Klassik und Romantik und setzte sich somit in Gegensatz zu Schultze-Naumburg, für den der Stilwandel auf der Ablösung einer Rasse durch eine andere beruhte.

> „Wer nicht den Wunsch hat, bei Goethes Gartenhäuschen einzuschlafen, wird sich vernünftigerweise nicht den Kopf darüber zerbrechen, ob nun ein flaches Dach jüdisch oder bolschewistisch ist, und welchen Neigungswinkel ein Ziegeldach haben muß, um deutsch zu sein." (Dr. Karl Weidle, Leserbrief in TC 16.2.1921)

Karl Weidles Neuapostolische Kirche in der Brunsstraße, in Tübingen eine der wenigen, dem Neuen Bauen verpflichteten Architekturen

Aufnahme und Verstärkung rassepolitischer Kriterien der Kunstbetrachtung. Doch die Stimmen derer, die sich der Argumentation des Kampfbundes anschlossen, überwogen. So schrieb der Tübinger Germanist Gerhard Schneider den Traditionalisten in der Kunst Werte wie „Ehrlichkeit" und „Innerlichkeit" zu, den Vertretern der Moderne „Konstruiertheit" und „Leere", charakterisierte deren Werke als minderwertig, nicht „lebenswert" und nicht lebensfähig.[10] In seinem Beitrag zur Kunstdiskussion klingt an, daß solche Kriterien nicht nur auf Kunstwerke, sondern auch auf Menschen bezogen werden können. In diesem Sinne äußerte sich auch der Tübinger Hochschulgruppenführer des Nationalsozialistischen Deutschen Studentenbundes, Gerhard Schumann.[11]

„Gemälde lebender schwäbischer Künstler" - Kampf um die moderne Kunst anhand einer Tübinger Ausstellung. Ein Jahr später, im Januar 1933, gab die Ausstellung „Gemälde lebender schwäbischer Künstler" auf lokaler Ebene Anlaß, den Kampf um die moderne Kunst weiterzuführen. Die Ausstellung sollte die zeitgenössische Kunst in der Universitätsstadt etablieren. Die gezeigten Werke, vorwiegend Landschaften und Stilleben, standen stilistisch zwischen Impressionismus und Expressionismus. Für die „Tübinger Chronik" waren es „allgemeinverständliche Werke anerkannter Künstler".[12]

„Folgende Erscheinungen sind es, die unsere Jugend immer wieder ganz besonders bei dieser Afterkunst abstoßen: ihr Dienst an der planmäßigen Entsittlichung des Volkes, ja der gemeinsten Gotteslästerung, ihre Einstellung zur Frau und das fast perverse Liebäugeln mit ihm fernstehenden Rassen, wie besonders den Negern, von deren Blut die ‚Norden' durch ewige Abgründe geschieden sind." (Paul Schultze-Naumburg, TC 21.6.1932)

„Wir sind im Bilde": der deutsche Weltausstellungs-Pavillon 1937 als Hort rassenreiner Kultur gegen die jüdisch-bolschewistische Formzertrümmerung, wie sie Picasso in seinem antifaschistischen Protestbild „Guernica" zeigt

CHAOS UND ORDNUNG

Ein Leserbrief schmähte die Künstler jedoch als Nichtskönner und sprach der Ausstellung ihren Kunstcharakter ab.[13] Die beiden Verfasser des Leserbriefs sahen die Arbeiten durch „technisches Unvermögen, Flüchtigkeit der Auffassung, wie Unmöglichkeit überhaupt" charakterisiert. Mit dem Argument, daß die Künstler sich in den Werken wieder vom „Rampenlicht und Asphalt" abwenden sollten, um zum Natürlichen zurückzukehren, polemisierten sie gezielt gegen die „Weimarer Kultur".

Am folgenden Tag erschien die Entgegnung eines Medizinstudenten.[14] Engagiert ergriff er Partei für die Freiheit der Künstler, die sich vom Naturvorbild abwendeten, um ihren Empfindungen Gestalt zu verleihen. Er unterstrich den Rang der Ausstellung und forderte „Ehrfurcht" vor der Kunst auch für diese Werke ein.

Die ausgestellten Gemälde waren zwar im Vergleich zur Weimarer Avantgarde eher konventionell, dennoch fanden sich später einige dieser Künstler und Künstlerinnen auf den Listen der als „entartet" beschlagnahmten Werke,[15] wurden Bestandteil einer Säuberungs-Kampagne, die bereits 1933 einsetzte.[16] Schon die Auflösung der festen Umrißlinien, wie sie dem Impressionismus eigen war, widersprach den Vorstellungen der Nationalsozialisten, die klar konturierte und fest gebaute Körperformen zur verbindlichen Norm erklärten. Berufen konnten sie sich hierbei auf die in deutschen Kunstkreisen seit langem gepflegte Ablehnung des französischen Impressionismus.

Bereits 1933 in seiner Vaterstadt gezeigt, hatte Richard Knecht mit seinem „Torso" auch auf Reichsebene Erfolg: 1937 war er in der Großen Deutschen Kunstausstellung zu sehen, heute steht er vor der Tübinger Kunsthalle

Die „Große Deutsche Kunstausstellung" und die Ausstellung „Entartete Kunst" 1937 in München. Reichsweit erreichte die Auseinandersetzung um die Kunst 1937 mit den von der nationalsozialistischen Regierung organisierten Ausstellungen „Entartete Kunst" und ihrem Gegenpol, der „Großen Deutschen Kunstausstellung", ihren Höhepunkt. Letztere zeigte die „neue deutsche" Kunst und demonstrierte sie an Werken, denen ein an der klassischen Antike orientiertes, möglichst naturgetreues Abbild des „gesunden", durchtrainierten und unversehrt ganzen Körpers zugrunde lag. Für die „Entartete Kunst" hingegen wurden Bilder ausgewählt, die, abweichend vom Naturvorbild, die Figur unvollständig, „zerstückelt" darstellten oder die Umrißlinien von Körperdarstellungen auflösten. Der Polarisierung dieser beiden Ausstellungen liegt zugleich das Prinzip nationalsozialistischer Sozial- und Gesundheitsheitspolitik zugrunde, die nur gesund und krank, „Aufzuartendes" und „Auszumerzendes" als Kategorien kannte. Die Ausstellung „Entartete Kunst" wurde nach dem Münchner Auftakt durchs Reich geschickt.[17] So fragte das Institut für deutsche Wirtschafts- und Kulturpropaganda auch bei der Tübinger Stadtverwaltung nach geeigneten Räumen für diese Wanderausstellung nach, erhielt von dort allerdings lediglich die Turnhalle der Mädchenoberschule für die Ferienzeit angeboten,[18] worauf man dankend verzichtete. Auch eine regionale „Schandausstellung" wurde in Tübingen nicht organisiert. Die „Tübinger Chronik" berichtete jedoch bereits einen Tag nach der Eröffnung der Ausstellung „Entartete Kunst" 1937 in München über das Ereignis und trug so die zentralgesteuerte Diffamierung moderner Kunst auch nach Tübingen.[19] Außerdem ist anzunehmen, daß einige der Tübinger, die die „Große Deutsche Kunstausstellung" besuchten, sich auch die gleichzeitig stattfindende Gegenausstellung „Entartete Kunst" ansahen.

Im Krieg entstanden, schmückte Gerhard Marcks' Friedensdarstellung 1947 den Katalog der heftig umstrittenen Tübinger Ausstellung „Moderne deutsche Kunst", die Werke der von den Nazis Verfemten zeigte: Disharmonische Experimente blieben gleichwohl ausgespart.

Moderne Kunst in Tübingen nach 1945: Rehabilitierung und weitere Ausgrenzungen. Nach dem Zweiten Weltkrieg bemühte man sich, moderne Kunst in Deutschland zu rehabilitieren. Tübingen nahm dabei in der unmittelbaren Nachkriegszeit eine gewisse Rolle ein. In der kaum zerstörten Universitätsstadt begann bereits kurz nach Kriegsende - zumal sie ihre Hochschule als erste deutsche Stadt noch 1945 wiedereröffnete - ein reges kulturelles Leben mit heftigen öffentlichen Diskussionen über die Moderne. 1946 wurde im Rahmen der „Tübinger und Reutlinger Kunstwochen" eine Ausstellung mit Werken von Otto Dix organisiert,[20] und 1947 veranstaltete die „Gesellschaft der Freunde des Tübinger Kunstgebäudes e.V." die Ausstellung „Moderne deutsche Kunst", eine der ersten Ausstellungen moderner Kunst in Deutschland nach dem Zusammenbruch des NS-Regimes.[21]

Die Ausstellung „Moderne deutsche Kunst" wollte einen Überblick über die „junge deutsche Kunst" seit der Jahrhundertwende geben. Dennoch blieben impressionistische, kubistische oder surrealistische Werke ebenso unberücksichtigt wie politisch engagierte Kunst, etwa dadaistische Arbeiten. Dagegen waren die Richtungen des Expressionismus und der frühen Abstraktion stark vertreten. Zwar begrüßte man die Vielfalt der Moderne, und dogmatische Vorstellungen des Erscheinungsbildes der Kunst blieben - im Unterschied zum Nationalsozialismus - weitgehend undefiniert, doch ist aus dem Begleitmaterial der Ausstellung ersichtlich, daß die Auswahl der Werke bestimmten Auffassungen der Moderne folgte. Sie knüpfte an die romantische Tradition der „Innerlichkeit" an und führte sie aktualisiert im Sinne eines entwicklungsgeschichtlichen Modells fort: Wesen der modernen Kunst sei die Zunahme des Abstraktionsgrades. Dieser Prozeß galt als „Vergeistigung". Die Geschiche der Kunst, ja die Kunst selbst galt den geistigen Urhebern der Ausstellung als unpolitisch. Für sie waren die ausgewählten Kunstwerke vom Nationalsozialismus unberührt und direkt in der Tradition der Weimarer Kunst stehend. Nationalsozialistische Kunstwerke wurden von ihnen mit dem Argument, daß sie politische und nicht künstlerisch-ästhetische Ambitionen hätten, ausgegrenzt.

Auseinandersetzung mit der nationalsozialistischen Kulturpolitik in der Nachkriegszeit. Der in Tübingen lehrende Philosoph Romano Guardini und der Denkmalpfleger Gustav Adolf Rieth bemühten sich mit der Ausstellung von 1946 um eine Rehabilitation der Moderne. Sie bezogen sich dabei zwar auf die Münchner Ausstellungen „Entartete Kunst" und „Große Deutsche Kunstausstellung", doch wiesen sie der modernen Kunst Funktionen zu, die auch die Nationalsozialisten der von ihnen propagierten Kunst aufgetragen hatten.[22] Die Kunst blieb weiterhin der Ort des „Schönen" und „Wahren", und die bürgerlich-romantische Ideologie des künstlerischen Genies, wie sie auch der Nationalsozialismus propagiert hatte, wurde weitergeführt. Entsprechend blieben Richtungen der modernen Kunst, die wie der Dadaismus die traditionelle Vorstellung von der Erhabenheit der Kunst und des Künstlers zu demontieren suchten und deswegen schon im Nationalsozialismus den Hauptangriffspunkt gebildet hatten, in den frühen Tübinger Nachkriegsausstellungen weiterhin ausgegrenzt. Angeknüpft wurde dagegen wieder an eine Vorstellung von Kultur, die es schon wieder vor einer Krankheit zu retten gelte.[23]

„Wann ist ein Werk überhaupt eine Kunst? [. . .] Die sichtbar gewordene Form einer Anbetung des Höchsten, heiße es nun Schönheit oder Gott oder Natur oder Menschlichkeit, das macht das Kunstwerk; es kommt aus einer Inbrunst der Seele, des Gefühls, der Leidenschaft, und nicht aus den kühlen Sphären der Abstraktion und des Intellektualismus." (Leserbrief einer Studentin, „Studentische Blätter" 1947)

1 Hille 1983, S.167f. **2** Tübinger Hochschulführer 1933/34; Schönhagen 1991, S.80f. und 390. **3** Karl Hasse schrieb regelmäßig Beiträge für die „Deutsche Kulturwacht", das Publikationsorgan des Kampfbundes für Deutsche Kultur. 1933 wurde er zum Fachberater der Landesleitung Württemberg-Hohenzollern für Fragen im Bereich der Musik berufen. **4** TC 11.2.1932 und TZ 11.6.1932. Zur Kunstpolitik des NS-Staats insgesamt vgl. Brenner 1963. **5** TC 21.6.1932 und TZ 21.6.1932. **6** Schönhagen 1991, S.80-83. **7** Weidle hatte die 1932 fertiggestellte Neuapostolische Kirche in der Brunsstraße entworfen. **8** TC 16.2.1932. **9** TC 22.6.1932. **10** TC 17.2.1932. **11** TC 23.6.1932. **12** TC 16.1.1933. **13** TC 1.2.1933. **14** TC 2.2.1933. **15** Wirth 1987, S.158-183; Lüttichau 1987, S.122-181. **16** Hoffmann-Curtius 1991. **17** Vgl. Zuschlag 1991. **18** SAT 150/4359. **19** TC 20.7.1937. **20** Kunstwochen 1946; Kunstwochen Almanach 1946; Kunstwochen Programm 1946. **21** Moderne Deutsche Kunst 1947. **22** Guardini 1946, S.36; Rieth o.J., S.24. **23** Spranger 1947.

THOMAS VOGEL

Kunst und Künstler in Tübingen 1933-1945

Befragt man Tübinger, die die Zeit des „Dritten Reichs" vor Ort miterlebt haben, nach bildender Kunst, so ist die Antwort „Da war nichts, da gab

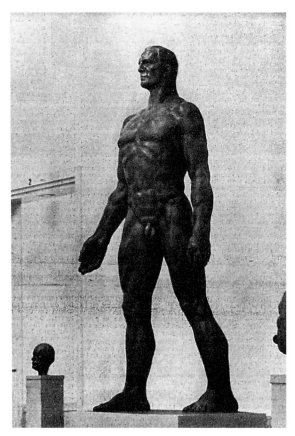

es nichts" beinahe die Regel. Wird der Maßstab dessen, was unter „Nazi-Kunst" verstanden wird, an Namen wie Breker, Thorak, Ziegler, Peiner und anderer prominenter Regime-Künstler angesetzt, dann hat es in Tübingen in der Tat „NS-Kunst" nicht gegeben. Eine solche Beschränkung der Perspektive auf die Elite und ihre programmatischen bildnerischen Formulierungen verkennt jedoch das sehr breite Feld an Kunstproduktion, die zwischen den Polen „noch erlaubt" und „protegiert" eingeordnet werden kann. Die ausführliche Beschäftigung sowohl mit der vom NS-Regime als „entartet" unterdrückten Kunst als auch mit jener, mit der sich seine Führungsspitze umgab und die deren propagierte Ideale und Tugenden visualisierte, läßt den Normalfall fast aus den Augen verlieren. Dabei war diese, auf den ersten Blick unverdächtig scheinende Durchschnittskunst die quantitativ dominierende und weitaus populärer als die verfemte Avantgarde.

In der „Tübinger Chronik" als Inbegriff neuer deutscher Kunst vorgestellt, repräsentieren Bronzen wie die von Josef Thorak den hohen Stil der Staatskunst des „Dritten Reichs": verstählten Klassizismus

Ausstellungbetrieb. Das Tübinger Kunstpublikum wurde von mehreren Veranstaltern bedient. Bis Ende 1936 organisierte zum Beispiel die Museumsgesellschaft mehrmals jährlich kleinere Ausstellungen. Dann wurde sie gezwungen, diese Aktivitäten der NS-Kulturgemeinde zu überlassen, der das Monopol über „die nunmehr einheitlich zu gestaltende kulturelle Arbeit nach ihren Grundsätzen"[1] zukommen sollte. Doch erst Ende 1938, als auch der Kunst- und Altertumsverein nach einer Vereinbarung mit der Partei seinen Ausstellungsbetrieb einstellte, war der Prozeß der Machtkonzentration auch auf diesem Gebiet abgeschlossen. Mit dem Architekten Ernst Breitling erhielt Tübingen im Oktober 1938 zwar einen „Beauftragten der Reichskammer der bildenden Künste", aber eine größere, gar ansteigende Ausstellungsdichte ist in den folgenden Jahren nicht zu beobachten. Als großes Hindernis wurde immer wieder die ungenügende Raumsituation genannt. Abhilfe sollte das Stadthallen-Projekt schaffen, das auch Räume für ein Heimatmuseum, für Sammlungen und Ausstellungen vorsah. Der Krieg vereitelte die Realisierung des ehrgeizigen Vorhabens, wie durch ihn Kulturaktivitäten generell immer mehr beschnitten wurden. Zu beachten ist aber auch, daß sich in Tübingen vor 1945 kein Galeriewesen installieren konnte, und daß ein um 1932 gegründeter Kunstverein, der „aufs Engste" mit dem Kampfbund für deutsche Kultur zusammenarbeitete, seine Aktivitäten bald wieder einstellte.[2] Tübingen blieb im Schatten des Kunstzentrums Stuttgart, dem Orientierungspunkt für die zudem relativ schmale Schicht der Sammler und Kunstinteressierten.

„Die kulturpolitische Aufgabe dieser Epoche aber heißt: Gestaltung der nationalsozialistischen Weltanschauung und damit seelische Ausrichtung der ganzen Nation zu ihren Zielen." (Reichskulturwalter Moraller)

Eines der wenigen öffentlichen Denkmäler des NS-Staats in Tübingen: der Fahnenträger am Eingang zur 1935 errichteten Hindenburg-Kaserne

Der Tag entschwindet

Ziel jene einzigartige Vereinigung der Hingabe ans Ganze und der
Zucht mit Kultur, eben jener Zusammenklang, der die Größe der Zeit
Friedrichs des Großen ausgemacht hat.

Wir wissen, wie ungeheuer schwer es ist, aus unserer augenlosen
Zeit heraus an einer Neuentfaltung künstlerischer Kultur zu arbeiten.
Gilt es doch, verschüttete Urgründe deutschen Wesens und Schick-
sals aufzuspüren.

Ob wir dies erreichen, steht und fällt mit der Frage, ob der tiefste
Gehalt von Adolf Hitlers Werk, der letzten Endes ein religiöser ist,
vom Volk erkannt und gelebt wird.

44

Lebenskräfte, die aus diesen Gründen quellen, müssen mit der Zeit
notwendigerweise wieder zu einem überzeitlich gültigen Stil deutscher
Kunst führen.

Über den letzten Wochen der Arbeit stand die Frühlingssonne.
Die Wälder und Auen grünten und blühten, Gesänge nah und fern,
und mehr als bisher schweifte der Blick ins herrliche blaue Land. Die
äußere Anerkennung von Presse und Besuchern stellte sich ein, und
es wäre unwahr, zu behaupten, daß der Widerhall meiner Arbeit
mich nicht im tiefsten beglückt hätte. Und dennoch, in gleichem Maß
als die mit Lob und Anerkennung verbundenen Gedanken in die
Seele dringen, binden sie ihre Schwingen – größer in der Erinnerung
stehen mir jene ersten, fast verzweifelten, von der Außenwelt kaum
beachteten harten, dunklen Wintertage am gefrorenen Stein, jene
Zeit, in der das Los des Gelingens oder Mißlingens noch nicht gezogen war. Was ist das Urteil der Außenwelt! Was ist Ruhm –

SA. und Stahlhelm marschieren zum Rathaus

45

Der Stuttgarter Bildhauer Fritz von Graevenitz schuf 1932/33 mit den Evangelistensymbolen am Tübinger Stiftskirchenturm eines seiner Hauptwerke: von oben geriet ihm der Blick auf SA und Stahlhelm zur Zukunftsvision nationaler Auferstehung

Öffentliche Aufträge. Auch das Engagement der Stadt
war gering und unterlag dem Sparzwang. Als beispielsweise der Haupteingang
der neuen NSKK-Motorsportschule mit dem obligatorischen Hoheitszeichen
der NSDAP ausgestattet werden sollte, bekam nicht einfach, wie so oft, ein
„alter Kämpfer der nationalen Bewegung" (gemeint war der Stuttgarter Bildhauer Beck [3]) den Zuschlag, sondern der Tübinger Bildhauer Heinrich Krauss,
der statt 500 RM nur 195 RM veranschlagt hatte.[4] „Aus finanziellen Gründen",
heißt es wenig später im Gemeinderatsprotokoll, „ist es der Stadtgemeinde
nicht möglich, an der Motorsportschule und an anderen städtischen Gebäuden Kunstmalereien anbringen zu lassen."[5] Entsprechend kurz fiel auch die
Liste der Maßnahmen aus, als im März 1936 von der Stadt Rechenschaft über
die „Heranziehung der Künstler und Kunsthandwerker bei öffentlichen Bauten" gefordert wurde.[6] Demnach war das Trauzimmer im Rathaus ebenso wie
die Turn- und Festhalle in Lustnau mit „künstlerischer Bemalung" versehen
und im Museum eine mit „figürlichen Wandmalereien" geschmückte „Münchner Bierstube" eingerichtet worden; ferner hatte die neue SA-Sanitätsschule
eine „künstlerische Ausschmückung" erhalten. Im Juni 1935 bekam der
Schwäbisch Gmündener Bildhauer Jakob Wilhelm Fehrle den Auftrag für eine
„Führerbüste" für den Universitätsfestsaal.

Keine einheitliche NS-Kunst und Kunstpolitik. Insgesamt
läßt sich im lokalen Ausstellungsbetrieb keine eindeutige Linie verfolgen. So
zeigte der Kunst- und Altertumsverein im Mai 1934 die rassistische Schau „Das

deutsche Volksgesicht", im Oktober 1936 Landschaftsbilder des Münchner
Malers Eugen Wolff. Im Mai 1934 stellten Wilhelm Buchta-Retzbach Landschaftsbilder, seine Frau Handarbeiten und im Juli 1936 der Ulmer Otto
Schmid wieder Landschaftsbilder im Museum aus, die wegen ihrer „Poesie der
Naturunmittelbarkeit" gewürdigt wurden. Keine Spur von „Blut und Boden",
„unpolitische" Kunst also? Eine umfangreiche Besprechung einer Ausstellung
des Landgerichtspräsidenten Ernst Landerer führt auf die Spur. Der Rezensent
der „Chronik" lobt vor allem den „Dilettantismus" des Künstlers. Der autodi-
daktische Charakter der Bilder bedeute das Gegenteil eines „Bildungkapitalis-
mus", ein gängiges Schlagwort der NS-Propaganda gegen „bürgerliche" Kunst.
Unversehens waren Landerers Bilder damit in einen ideologischen Kontext
integriert worden, der eng mit Legitimierungsbemühungen des NS-Staates
zusammenhängt. Es gehe „nicht darum, einer blasierten Gesellschaftsschicht
einen mehr oder minder fragwürdigen Kunstgenuß zu bieten, sondern der
Gemeinschaft des Volkes jenes tiefe Erleben der Kunst zu vermitteln, das seelische Kraft, Erhebung und Entspannung bedeutet", erläuterte „Reichskulturwalter" Moraller in der „Tübinger Chronik" am 1. Dezember 1938. „Kunst und
Volk" sollten eine „Einheit" bilden.

Dieses Schlagwort mit seiner dezidiert antiintellektuellen Stoßrichtung muß im
größeren Zusammenhang betrachtet werden, um den Anspruch einer „Kunst
für alle" einschätzen zu können. Zwar herrscht in der „Tübinger Chronik", vor
allem in den ersten Monaten nach der Machtübernahme, bei Ausstellungs-
besprechungen ein ausgesprochen martialisches Vokabular vor; die Rede ist
von „emporstrebenden Kräften und Säften", von „elementarer Wucht", mit der
ein selbstverständlich männlicher Torso „aus der ungeformten Erdmasse her-
auswächst", vom „Primat des Willens"[7] oder vom „Kampf mit dem Stoff und
[...] Ringen um die Form."[8] Das Kampfvokabular verschwindet in den folgenden Jahren entsprechend der gezeigten „Idyllenkunst".

Die elegante Pavillonarchitek- tur des Empfangsgebäudes der Montanwerke Walter von 1935 ist im Innern mit den fast lebensgroßen Allegorien ständestaatlicher Produktivi- tät geschmückt: mit Bildern von Bauer, Bergmann, Eisen- gießer, Ingenieur und - heute verschwunden - Soldat

Heinrich Wägenbaurs Wandbilder in der SA-Sanitätsschule (1934): neben dem fahnenschwingenden SA-Mann mit den Erbauern des Neuen Reichs stand mittelalterseliger Wandschmuck, der die gemütvolle Seite des Volkstümlichen ansprechen sollte

Reservate fürs Gemüt. Das Werk des Tübinger Malers Heinrich Wägenbaur steht beispielhaft für die Uneinheitlichkeit der Kunst in der NS-Zeit. Für die Sanitätsschule fertigte er, der sich sonst mit Veduten, Landschaften und Bauerngenre beschäftigte, nicht nur das mit simplen Mitteln gemalte „Fahne hoch"-Bild an, sondern ein weiteres, gemütvolles Werk: „Ritterherrlichkeit". Idyllenproduktion, naturalistische Landschaften in „gekonnter" Technik. Kunsthandwerk, das nun auch auf Kunstausstellungen zu sehen war, schuf volkstümlich-anheimelnde, emotionstrunkene Reservate fürs Gemüt, scheinbar ideologiefreie Räume, die nur indirekt mit politischem Gehalt in Verbindung zu bringen sind durch die falschen Versprechen in Folge der bewußten Ausblendung der Realität.

An die Stelle der Beschäftigung mit dem modernen Leben und seinen Konflikten und Affekten, wie sie - in aller Vergröberung - die Avantgardekunst vor 1933 charakterisiert hatte, trat nun eine Kunst, die ablenkte und verniedlichte, in keinem Fall ein kritisches Potential entfaltete. Vor dem Hintergrund der auf-

wendigen Elitekunst kann man im „Kunst für alle"-Programm einen weiteren Beleg für eine Rollentrennung von Regimespitze und Bevölkerung sehen. „Volkstümlich" bedeutet in diesem Zusammenhang Entmündigung der „Volksgenossen", letzlich ihre „Verzwergung".[9] Analog dazu stand die Kulturpolitik: in den Zentren (Berlin, aber auch Linz) die Konzentration und Präsentation bedeutender alter Meisterwerke oder zeitgenössischer Kunstproduktion (München), für die Provinz nachrangige Heimatkunst und Heimatmuseen.[10] Die gute Besucherresonanz Tübinger Ausstellungen läßt den Schluß zu, daß das, was vermeintlich dem „gesunden Volksempfinden" entsprach, auch tatsächlich beliebt war. Die Avantgarde, auch vor 1933 hier allenfalls in Privatsammlungen präsent und ohne nach außen wirkende Lobby, ließ sich so ohne nennenswerten Widerspruch aus der Öffentlichkeit eliminieren.

Verbotene Kunst. Das Schicksal des Tübinger Malers und Arztes Alfred Georg Stockburger (1907-1986) kann den Zwangscharakter dieser „Volkstümlichkeit" entlarven. Welche Gründe es nun exakt waren, die den Wankheimer Lehrersohn 1933 zum Abbruch seiner gerade erst begonnenen Künstlerkarriere zwangen, läßt sich nicht beantworten. Obwohl nicht Mitglied der KPD, soll er ihr doch nahegestanden haben. Nach seiner Studienzeit an der Stuttgarter Akademie 1930 nach Berlin gewechselt, bemühte er sich, in die Malklasse von Käthe Kollwitz aufgenommen zu werden. Er scheiterte damit aber ebenso wie mit seinem Versuch, als freischaffender Künstler Fuß zu fassen. Finanziell am Ende, kehrte er Anfang 1933 nach Stuttgart zurück, wo er an der Akademie ein Meisteratelier beziehen konnte. Doch schon bald nach

Anknüpfend an den Stil seiner frühen Jahre, malte Alfred Stockburger 1985/86 die „Totengräber", eine Erinnerung an seine Zeit als Kriegsarzt in Rußland

dem Machtwechsel wurde er gezwungen, das Atelier aufzugeben. Auslöser dafür war offensichtlich eine Ausstellungsbeteiligung im Württembergischen Kunstverein in Stuttgart, die ihm ein Ausstellungsverbot durch die NS-Zensur einbrachte. Stockburger, willensstark, eigenbrötlerisch, aufbrausend, war nicht bereit gewesen, sich anzupassen und seinen „Stil" aufzugeben. Jetzt fiel seine Malerei unter das Verdikt des „Kulturbolschewismus".[11]

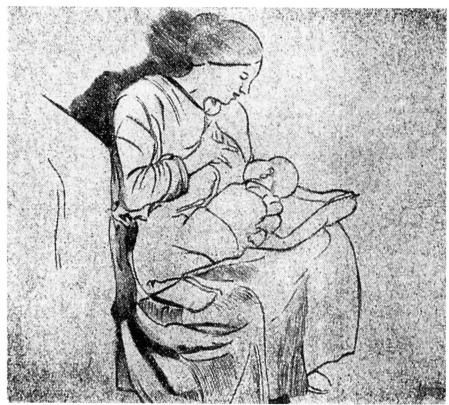

Rudolf Cammisar, seit den 20er Jahren in Tübingen ansässiger Maler und Radierer, war mit seinen feinlinigen Landschaften 1937 und 1941 auf der Großen Deutschen Kunstausstellung vertreten - die „Mutter im Abendschein" wurde aus diesem Anlaß 1941 von der Lokalzeitung veröffentlicht

Vor 1933, als innerhalb der NSDAP noch keine eindeutige Linie in der Bewertung des Expressionismus bestand, war Stockburger wohlwollend im NS-Kurier gewürdigt worden. Unter anderem heißt es dort: „Daß in seinem Innern ein glühendes Feuer entflammt ist und einen leuchtenden Schein auf die grauen Dinge der Wirklichkeit wirft, das kann und darf künstlerische Wahrheit sein. [. . .] Die Werke zeigten, daß das Ziel recht ins Auge gefaßt ist."[12] Eine individuelle Bildsprache hatte der junge Maler zu dieser Zeit noch nicht gefunden.

Nachdem Stockburgers Werdegang jäh beendet worden war, dauerte es noch vier Jahre, bis 1937 die Kampagne „Entartete Kunst" mit der gleichnamigen Münchner Ausstellung ihren Höhepunkt erreichte. Dem „Artfremden" - als solches galt der nicht anatomisch genau dargestellte, der zerstückelte Körper, wie etwa Stockburgers „Die Not" (um 1930) - stellten völkische Agitatoren als Positivbeispiel den Typus des nordisch-heldischen Menschen gegenüber, der in der parallel laufenden „Großen Deutschen Kunstausstellung" breit präsentiert wurde.

CHAOS UND ORDNUNG

Die Eingangshalle des Standortlazaretts auf dem Sand mit
umlaufendem Sinnspruch, der
das Opfer fürs Vaterland ein-
fordert

Kunst im Krieg. Der Krieg brachte das Tübinger Kunst-
leben nicht völlig zum Erliegen. Eine letzte Kunstausstellung ist im April 1944
nachweisbar. Und mittelbar war es der Krieg, der hier zum größten Kunst-am-
Bau-Programm führte. Weil die meisten für das am „Führergeburtstag" 1940
eingeweihte Standortlazarett angefertigten und angekauften Werke verloren
gingen, muß auf zeitgenössische Berichte zurückgegriffen werden: „Die Schwe-
sterkünste der Architektur, Malerei, Plastik und Kunstgewerbe, sind weitgehend herangezogen und gut vertreten. Thematisch weist die Einfahrt auf die
Bestimmung des Hauses hin, während sonst durchweg die Freude am gesunden Körper, sowie die Schönheit der Natur zur Darstellung gelangte."[13] Man
weiß, daß sich in der „Ehrenhalle", also dem Foyer, eine Büste des Führers und
ein aus Kupfer getriebenes Hoheitszeichen befanden. Der umlaufende Spruch
unter der Decke hat bis heute alle Veränderungen überstanden: „Im Glauben
an Deutschland werden wir das Schicksal meistern. Wer sein Volk liebt,
beweist es einzig durch die Opfer, die er für dieses zu bringen bereit ist." In
einem Festsaal im Obergeschoß des Bettenhauses befanden sich ein Vorhang
mit Hoheitszeichen, vier Wandtafeln mit Lasurmalerei aus der deutschen Hel-
dengeschichte[14] sowie das Gemälde „Morgendliche Wacht", ein Werk eines
Tübinger Künstlers, der bis dahin nur wenig offizielle Beachtung gefunden
hatte: Gerth Biese (1901-1980).
Über Bieses künstlerische Aktivitäten während der NS-Zeit ist wenig publiziert.
Eine Sammlerin gab die Auskunft, er sei anfangs vom Nationalsozialismus
begeistert gewesen, dann aber, nach einem Besuch bei der „Entarteten Kunst",
1937 in München, entsetzt aus der Partei ausgetreten, und zwar „mit Begründung", was ein besonderes Wagnis darstellte. Im selben Jahr wurde eines seiner Werke im Rahmen der nazistischen „Säuberung" der Stuttgarter Staatsga-

„Es hat auch Filme gegeben,
wie die von Leni Riefenstahl,
eigentlich so schöne Filme,
aber sie hat eben das verehrt
und edel gemacht, was nachher in die Katastrophe geführt
hat." (Anna T., Tübingen
1991)

Gerth Bieses „Rückenfigur" von 1936 deutet seine Suche nach monumentaler Form fern naturalistischen Pathos' an, die er nach dem Krieg zu flächiger Abstraktion weiterentwickelte

lerie 1937[15] beschlagnahmt. Biese, 1901 in Karlsruhe geboren, studierte an der Akademie Stuttgart und kam 1936 nach Tübingen, wo er mit seiner Familie unter einfachen Verhältnissen in der Gartenstraße lebte.[16] Größere Aufträge und Ausstellungen in der NS-Zeit sind nicht bekannt. Eine Ausstellung 1938 durch den Kunst- und Altertumsverein wurde von der Lokalpresse ignoriert. In dieser Zeit habe er „dunkle, schwermütige Figuren" aus der germanischen Edda-Sage gemalt, so eine Zeitzeugin. 1941 wird eines seiner Bilder (‚„Phäakenjünglinge bringen den schlafenden Odysseus nach Ithaka") in der „Weihnachtsausstellung der Tübinger Künstler" dann unvermittelt als „das bedeutendste Stück der Ausstellung"[17] bezeichnet. Auch bei diesem neuen Thema, nun aus der griechischen Mythologie, ging es Biese um die menschliche Figur, die er, wie dem nach dem Krieg entstandenen und nun auch zugänglichen Oeuvre zu entnehmen ist, bildbeherrschend einsetzte und monumentalisiert. Das Primat des Körpers und der Form und das völlige Verschwinden des Individuellen entrückt die Figuren dem Leben. Es mag durchaus sein, daß die Suche nach dem Erhabenen und dem Ideal das Werk für die Nazis interessant machte, zumal im Krieg, als generell eine Zunahme „heroischer", Ewigkeitswerte transportierender und an der Antike ausgerichteter Kunst zu beobachten ist. Der ungenannte Rezensent der Tübinger Weihnachtsausstellung lobte das Bild vor dem Hintergrund der immer noch unentschiedenen Frage einer „deutschen" und „nationalsozialistischen" Kunst, von der „auch heute für unsere gemeinsamen Überzeugungen noch nicht gemeinsam gültige Sinnbilder gefunden wurden" - „entscheidend" aber bleibe „doch der Kampf um das wahre Thema".[18]

Als NS-Künstler belastet jedoch galt Biese nach 1945 nicht. Der Künstler, der nun Einflüsse von Picasso und Braque aufnahm, wurde 1950 zum Direktor des Universitäts-Zeicheninstitutes berufen.

1 TC 12.11.1936. **2** SAT A 150/4359. **3** SAT GRP, 914, 30.7.1934. **4** SAT GRP, 1006, 13.8.1934. **5** SAT GRP, 1039, 13.8.1934. **6** SAT A 150/1212. Gemäß einem Erlaß von Propagandaminister Goebbels vom 22.5.1934, auf den sich der Bericht der Stadt bezieht, mußte bei allen Neubauten von über 10.000 RM ein angemessener Prozentsatz für Aufträge an Künstler und Kunsthandwerker verwandt werden. **7** TC 4.12.1933, Bericht über die Ausstellung „Heimische Künstler". **8** TC 6.12.1933, Bericht über die Evangelistensymbole am Stiftskirchenturm von Fritz von Graevenitz. **9** Mittig 1990. **10** Vgl. Preiß 1989. **11** Zu der Auseinandersetzung um eine der wenigen „modernen" Ausstellungen siehe den Beitrag von Barbara Schrödl, S. 37-43 **12** Eine Datierung des Berichts aus dem Archiv Katrin Stockburgers war nicht möglich. **13** Herkommer 1940, S.45. **14** Allesamt angefertigt vom Stuttgarter Künstler Yelin. Leider nennt der Verfasser des Berichts in der Tübinger Chronik vom 20.2.1940 den Vornamen nicht; sowohl Rudolf als auch Ernst Yelin waren am Programm beteiligt. **15** Siehe Wirth 1987, S.259. **16** 1932 hatte er nach eigenen Angaben ein Jahreseinkommen von lediglich 436 RM erzielt. Was seine Frau Valeska mit der Anfertigung von Schmuck dazuverdiente, war existentiell unverzichtbar. **17** TC 3.12.1941. Die Ausstellung fand vom 30.11. bis zum 14.12.1941 in der Universitätsbibliothek statt. **18** Ebd.

THOMAS MAUCH

Architektur als Ordungsmacht

„Vom Wesen der neuen Baukunst" kündete Ende der 30er Jahre in Tübingen die Schaufensterdekoration einer Buchhandlung. Wie Markenzeichen wurden darin die neuen Monumentalbauten von Staat und Partei präsentiert, als die architektonische Kulisse der „Volksgemeinschaft". Immer wieder aufs neue wurden diese Kulissen in den Medien vorgeführt. Ob als Projekt, als fertiggestellter Bau oder nur als vervielfältigtes Abbild spielte die Architektur in der nationalsozialistischen Propaganda eine bedeutende Rolle. Die nationalsozialistische Weltanschauung sollte sich dabei - als „Wort aus Stein" - direkt in den Formen der neuen Bauten abbilden. Vor allem aber ließ sich mit groß angelegten Architekturprogrammen die Aufbauleistung der neuen Machthaber bezeugen, die schließlich auch die Umformung Deutschlands zur „Volksgemeinschaft" belegen sollte. Die propagierte Wende in der Architektur und die neu formulierte Nation fallen in eins, und Garant dafür ist der „Führer". In der Gleichsetzung von Architektur mit dem Aufbau des neuen Reiches war ihm die Rolle des „Baumeisters" zugewiesen, „der das scheinbar unentwirrbare Chaos der zersplitterten Teile seines Volkes zu kraft- und sinnvollem Zusammenwirken in einer höheren Einheit ordnete."[1] Durch die Stilisierung des „Führers" als Künstler wurde dieser Analogieschluß vom Architekten auf den Politiker Hitler abgesichert.

Tübingen blieb, wie die überwiegende Zahl der deutschen Städte, von tiefgreifenden Umgestaltungsmaßnahmen verschont und hatte doch Teil am nationalsozialistischen Bauboom. Denn am

Staatskunst in Amateuraufnahmen: Modell des Nürnberger Reichsparteitagsgeländes und Ehrenhalle in München

eifrigsten gebaut wurde in der Propaganda. Der Ausbau des gewaltigen Reichsparteitagsgeländes am Nürnberger Dutzendteich zur Kultstätte des Nationalsozialismus fand so auch in Tübingen statt: In groß aufgemachten Artikeln in der „Tübinger Chronik" wurde die Bevölkerung über die Bauprojekte im Reich unterrichtet, die Wochenschauen brachten die Bilder davon in die Kinos, und selbst in kleinen Katalogbändchen des Winterhilfswerks rühmte sich der Staat seiner neuen Herrschaftsarchitektur.

Mit dieser architektonischen Selbstdarstellung prägten sich auch sichtbare Zeichen nationalsozialistischer Präsenz, und die in Tübingen nach dem Jahr
1933 errichteten Bauten wirkten vor dieser Folie
dabei wie ein Echo, die dies auf lokaler Ebene bestätigten und verstärkten.

Die „neue Zeit" in Tübingen.

Heute noch sind diese Bauten[2] zu sehen, wenn
auch zum Teil verändert, umgebaut, renoviert. Sie
gehören zum vertrauten Bild der Stadt: die Milch-
zentrale in der Unterstadt und die Jugendherberge
in der Gartenstraße, die Siedlungshäuser in Derendingen am „Waldhörnle" oder in der Lustnauer
Aichhalde wie auch das ehemalige Standortlazarett
auf dem Sand. Die NS-Zeit hat ihre Spuren auch in
Stein hinterlassen, aber verglichen mit der wuchtigen Monumentalität der sogenannten Führerbauten
scheinen die Tübinger Beispiele ihre Entstehungszeit
auf einen ersten Blick schamhaft zu verbergen. Um
zu erkennen, wie sich die Zeit in die formale Gestaltung eingeschrieben hat, muß man genauer hin-
schauen.

Zwar beschwor man im Nationalsozialismus den
Bruch mit allen Traditionen, um desto stärker den
eigenen Anteil an der Umgestaltung Deutschlands
zu konturieren; Kontinuitäten blieben dennoch
deutlich. Zu sehen ist dies bei einem der ersten

Großbauprojekte des Nationalsozialismus in Tübingen, dem Neubau der
NSKK-Motorsportschule am Galgenberg. Auch wenn ihr Erbauer, Stadtbaurat
Haug, bei der Einweihung am 21. Oktober 1934 verkündete, „daß er diese
reizvolle Bauaufgabe im Geiste unseres Führers durchgeführt habe",[3] verweist
die Gestaltung der Motorsportschule bis hinein in Details wie durchlaufende
Gesimsbänder, auf denen die Fenster aufstehen, direkt auf das Vorbild der
1927 fertiggestellten Wildermuthschule, die gleichfalls nach Plänen des Tübinger Hochbauamts errichtet wurde.

**Großbauten während der NS-
Zeit in Tübingen: die reichsweit gelobte Jugendherberge
mit HJ-Dienststelle, die nach
Hindenburg benannte Infante-
riekaserne am Burgholz und
die Motorsportschule des
NSKK**

In vertrauten, bereits erprobten Formen, die architektonisch kaum von der
„neuen Zeit" kündeten, fand die Motorsportschule ihren Ausdruck. Deutlich
aber drängte sie als Machtzeichen der Partei und ihrer Gliederungen in den
öffentlichen Raum, finanziert von der Stadt, die sich nach einem Rückgang der
Studentenzahlen seit 1933 und der damit verbundenen wirtschaftlichen Ein-
bußen als „Stadt der NS-Schulen" Ausgleich schaffen wollte.[4]
Erst mit der Zeit entwickelte sich in der Architektur ein präzisierter Formenka-

Die Wildermuthschule aus dem Jahr 1927

non. Dabei kann gerade die Gestaltung der Fenster als eine der Scheidegrenzen zwischen den Bauten der Weimarer Zeit und denen des „Dritten Reiches" betrachtet werden. Kennzeichneten die Architektur des modernen Bauens meist Dynamik suggerierende Fensterbänder, standen die Fenster jetzt vereinzelt, tief eingeschnitten, von der Wandfläche noch durch betonte Leibungen abgesetzt und zueinander auf rastergleicher Distanz als Ausdruck rigider Ordnungsphantasien, in denen jede Abweichung von der Regel unbarmherzig getilgt wurde. Ein statisches Strammstehen verdrängte alle dynamisierenden Elemente, in abgezirkelter Ordnung fügten sich die Fenster in einen disziplinierten, dumpf-dröhnenden Marschrhythmus, und hinter einer vorgeblichen, „Volksgemeinschaft" geheißenen Gleichheit wurde nur die Vereinzelung ablesbar.

Die SA-Sanitätsschule zeigt die Mittel, mit denen in der Architektur die Ordnungsphantasien der Nazis umgesetzt wurden

Auch in Tübingen übten sich die Architekten in diese spezifische Ästhetik ein. Am deutlichsten wird dies bei der SA-Sanitätsschule an der Keplerstraße, der zentralen Ausbildungsstätte für SA-Sanitäter im gesamten Reichsgebiet, die in zwei Bauabschnitten erstellt wurde und heute, nach einem Umbau, Sitz des Oberschulamtes ist. Der erste Teil, gegenüber dem Schlachthof gelegen und eingeweiht am 23. Februar 1936, in Anwesenheit des damaligen Ministerpräsidenten Mergenthaler, ist ein schlichter Zweckbau ohne jede repräsentative Prägung bei der Fassadengestaltung. Die unterschiedlichen Funktionsbereiche des Baus bleiben durch die verschiedenen Fenstergrößen ablesbar. In den Giebelfeldern sind sie zum Teil gekuppelt. Im größeren Erweiterungsbau der Sanitätsschule an der Keplerstraße, dessen Richtfest am 1. Oktober 1937 gefeiert wurde, stehen alle Fenster einzeln. In den beiden unteren Geschossen sind sie durch Leibungen noch besonders hervorgehoben. Die repräsentativ gestaltete Eingangssituation mit dem von Tuffstein und von zwei quadratischen Säulen umrahmten Hauptportal wie auch die Balkonblenden an den Seitenfronten unterstreichen, daß der ausführende Architekt der Sanitätsschule, Karl Wägenbaur (1894-1961), nun auch formal den „Geist der neuen Zeit" zu buchstabieren wußte.

Mit einer fast mustergültigen Version nationalsozialistischer Architektur paßte sich Karl Wägenbaur den neuen Machthabern an - ein Architekt, der noch Ende der 20er Jahre das moderne Bauen in Tübingen durchsetzen wollte. Waren seine ersten, zusammen mit seinem damaligen Partner Karl Weidle (dem Architekten der Neuapostolischen Kirche) entworfenen Wohnhäuser noch relativ konventionell, baute er schließlich um 1930 die ersten Flachdachhäuser Tübingens an der Haußerstraße und in der Rappenberghalde. Verschiedene Entwürfe von 1927 für ein Geschäftshaus mit Flach- und Steildachlösungen sowie Mischformen zeigen jedoch, daß sich der Architekt die stilistische Alternative zwischen Moderne und Tradition stets offenhielt. Nach 1933 übte er sich als Vorsitzender des Tübinger Stützpunktes des Kampfbundes der deutschen Architekten und Ingenieure, in Eingaben an die Stadtverwaltung ist dies nachzulesen, zuerst sprachlich in den NS-Jargon ein, bis er schließlich auch in seiner Architektursprache dem Formenkanon des Nationalsozialismus entsprach.

Hin zur „traditionalistischen" Moderne.

Im Gegensatz zu den monumentalen Staats- und Parteibauten mit ihrer Anlehnung an den Klassizismus orientierte sich die Alltagsarchitektur des „Dritten Reiches" am „Heimatschutzstil" mit dem „Erscheinungsbild einer traditionalistisch gebändigten, funktionalen Architektur",[5] wie sie von konservativen Architekten wie Paul Schmitthenner propagiert wurde. Wurde diese Baurichtung nach 1945 - als reaktionäre Antithese zum modernen Bauen des Bauhauses gesetzt - zumeist nur als rückwärtsgewandt beschrieben, urteilte man in der Zeit selbst differenzierter. Vor der Folie des Historismus und der Burgenromantik der Tübinger Verbindungshäuser konnten so Bauten von Schmitthenner in Tübingen, wie das Germanenhaus und die Deutsche Burse in der Brunnenstraße (heute Leibniz-Kolleg), durchaus als „dem modernen Stil Rechnung tragend"[6] gesehen werden.

Noch deutlicher zeigte sich der Doppelcharakter des traditionalistischen Bau-

Das Haus Schneider in der Rappenberghalde ist eines der raren Beispiele modernen, vom Bauhaus beeinflußten Bauens in Tübingen

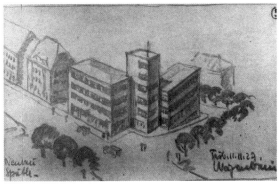

In Entwürfen für ein Geschäftshaus entwickelte Karl Wägenbaur vor 1933 moderne und urbane Bauphantasie, die er nach der Machtübergabe an die Nazis zugunsten einer Anpassung ans Gewünschte aufgab

ens dann in seiner Fortentwicklung im Nationalsozialismus. Neben der sachlichen Nüchternheit und dem Verzicht auf schmückendes Beiwerk wurde nun die formale Formierung weiter vorangetrieben, bis letztlich nur noch das übergestülpte Steildach den Bezug zur Bautradition wahrte. Ideologisch verbrämt sollten von dieser Architektur mit ihren vagen Bezügen auf lokale Bautraditionen kompensatorisch Gefühlswerte angesprochen werden, die von der offensiv zur Schau gestellten Modernität des Neuen Bauens weder eingelöst werden konnten noch wollten. In der Unterordnung der „Heimatschutzarchitektur" unter einen stetig schärfer formulierten Kasernenton spiegelten sich dann aber auch bei diesem nur scheinhaft rückwärtsgewandten Bauen die Prinzipien einer formierten, industriell organisierten Gesellschaft wider.

Für die 1930 in der Brunnenstraße nach Plänen von Paul Schmitthenner erbaute „Deutsche Burse", ein Wohnheim für auslandsdeutsche Studenten, hatte Karl Wägenbaur die örtliche Bauleitung inne

Das „Heimelige" wurde dabei nach innen, in die Gebäude selbst verlagert. Hölzerne Decken und schräge Tischfüße in der Jugendherberge erinnern den Berichterstatter der „Tübinger Chronik" „an den altdeutschen Stil und machen die Räume überaus heimelig und warm".[7] In der Kantine der Sanitätsschule sind es die eichene Balkendecke und ein handgeschnitzter und gedrechselter Leuchter, der „sein heimeliges Licht in den Raum"[8] gießt. In dieser deutschen Handwerklichkeit sollte Kameradschaft ihren Platz finden. Blut und Boden: der strenge Geruch der „Volksgemeinschaft".

Deutlich wurde in den Beschreibungen Innen von Außen abgetrennt. Hatte in den Häusern höhlengleich heimelige Geselligkeit ihren Platz, verwies die Fassade schon wieder nüchtern auf die soldatische Disziplinierung der „Volksgenossen". Strenge Zucht herrschte jedoch beiderseits dieser gedachten Grenzen. Fast schon penetrant ist so der Verweis auf die sanitären Einrichtungen bei den Tübinger Bauten:[9] „Der Stolz des Hauses sind die sanitären Anlagen, die blitzblanken Waschräume in Majolika",[10] heißt es über die Jugendherberge. In der Sanitätsschule fällt zunächst „die peinliche Sauberkeit, die in allen Diensträumen herrscht", auf. Und weiter: „Die großen Brauseräume und Badezimmer

zwingen geradezu zur Reinlichkeit".[11] Sauberkeit hatte teil an der Disziplinierung, wie auch das Exerzieren, das mit auf dem Lehrplan der Sanitätsschüler stand. In der Schule „wird er in harte Zucht genommen, um ihn in Charakterfestigkeit, Geschicklichkeit, Sauberkeit und treuem Dienst zu festigen und erhärten. Im Innern und Äußeren weist die Schule auf diesen Sinn und Zweck hin und ist so Ausdruck des nationalsozialistischen Geistes und Willensrichtung".[12]

Auch als propagandistische Aussage markieren diese Sätze präzise das Raster, in das nicht nur der Sanitätsschüler, sondern mit ihm auch der „Volksgenosse" eingespannt sein sollte. Ordnung, Sauberkeit und Disziplin waren dabei die Leitbegriffe, die auch der Architektur eingeschrieben waren. Der militärische Verband galt als Prägeformel für die formierte Gesellschaft, und in den formierten Kolonnen fanden nicht nur die Menschen den für den Nationalsozialismus charakteristischen Ausdruck. „Die Grundhaltung des neuen Stiles wird bestimmt durch die heroische Grundhaltung der nationalsozialistischen Weltanschauung. Einfachheit und Geradheit der Gesinnung fordern auch einen einfachen und geraden baulichen Ausdruck. Der organischen Gliederung und dem straffen Zug der Kolonnen entspricht die organische und straffe Ordnung des Grundrisses und des Aufbaus, dem kühnen Wurf und der Konsequenz der politischen Zielsetzung die Großzügigkeit, Kühnheit und Konsequenz der Planung"[13] - disziplinierte Architektur für ein zu disziplinierendes Volk. Stehen so

Die Kleiderkammer der SA-Sanitätsschule: braune Mützen und gewürfeltes Bettzeug in Reih und Glied

„Sauberkeit! Da hat man drauf geachtet!" (Wolfgang M., Tübingen 1991)

Die Arkaturen des Postgebäudes geben den Raster für die Aufstellung der Kolonnen bei nationalen Feiertagen: innere und äußere Ordnung im Regelmaß des Blocks

die Proportionen bei Schmitthenners Deutscher Burse noch in einem direkten Verhältnis zum Bauganzen, orientiert sich Wägenbaurs Sanitätsschule am Prinzip der Addition. Ohne entscheidende Änderung des Gesamteindrucks ließe sich der Bau um Reihen von Fensterachsen erweitern, wie auch in einer Kolonne die Menschen stets neu aufrücken können. Im Entwurf der geplanten Stadthalle ist dieses Prinzip einer aufmarschierten Architektur schließlich in strenger Rigidität ausformuliert. Der in Blöcken geordneten menschlichen Architektur auf dem Aufmarschplatz bei den Kundgebungen sollte die gebaute Architektur entsprechen.

Disziplin tilgt Regellosigkeit. Ordnung, Sauberkeit und Disziplin ist die eine Seite der Medaille, der als Revers die Gegenbilder Masse, Unordnung und Regellosigkeit aufgeprägt sind. Die rücksichtslose Durchsetzung des einen bedingte die Ablehnung des anderen. Mit dem heimatschützerischen Blick eines Paul Schultze-Naumburg machte sich der Schriftleiter der „Tübinger Chronik", Gottlob Mayer, für eine in den Wintermonaten 1938/39 erschienene Artikelserie auf einen Rundgang durch die Gemeinden des Landkreises Tübingen.[14] Unter dem Titel „Unsere Dörfer müssen schöner werden!" beschrieb er die dörfliche Architektur und verteilte, angereichert mit rassistischen Untertönen, Lob und Tadel. Es versteht sich, daß das Getadelte ausgemerzt werden sollte. Und auch auf Tübingen selbst richtete sich wenig später der Blick. In einem groß aufgemachten Bericht in der „Tübinger Chronik" unter der Überschrift „Unser Tübingen muß schöner werden!" wurde gegen die

„Blechpest" der Reklameschilder polemisiert: „Schließlich ist bei der Entrümpelung daran zu denken, daß auch in der Umgebung der Stadt mancher Reklameauswuchs festzustellen ist, manche Disziplinlosigkeit in der Gestaltung von Zäunen, Hecken und Mauern, manche Verwahrlosung im Zustand und in der Art von Gartenhäuschen, manche Unart in der Verunreinigung von Aussichtsplätzen." Gegen so viel an Verwahrlosung wäre dagegen eine „Umgestaltung des Postplatzes zu einem Aufmarsch- und Festplatz"[15] eine Verschönerung der Stadt. Stets schmiegte sich die Rede über die „Entartung" ans Gegenbild soldatisch inspirierter Disziplin.

Mit dem Zusammenbruch des NS-Staates wurde zwar das Beziehungsgeflecht zwischen Propaganda und Architektur zerstört, das erst die Wirkung der Architektur im Sinne der Nationalsozialisten kanalisierte. Stilmerkmale, die das Bauen im „Dritten Reich" charakterisierten, prägten jedoch als repräsentative Phrase auch noch in späteren Jahren Bauten in Tübingen. Die wuchtigen Fensterleibungen und das umlaufende Konsolengesims des Pharmazeutisch-Chemischen Instituts an der Wilhelmstraße aus den 50er Jahren scheinen so die Ästhetik der Staats- und Parteibauten der NS-Zeit geradezu zu imitieren.[16]

Das nach dem Krieg errichtete Physikalisch-Chemische Institut an der Nauklerstraße: Kontinuität der von den Nazis verwendeten Formensprache

Oder Kontinuitäten, inszeniert als Bruch: Nach zwölfjähriger Unterbrechung knüpfte Karl Wägenbaur wieder an seine moderne Architekturauffassung, auf den aktuellen Stand der Zeit gebracht, an. Mit dem Studiogebäude des Südwestfunks auf dem Österberg und den Planungen für das Geschäftshaus Zinser prägte er das Bild des neuen Tübingens auch wieder nach dem Krieg.

1 Troost 1939, S.10. **2** Einen Überblick geben Schönhagen 1991, S.193-216, und der Aufsatz von Martin Wörner, „Unser Tübingen muß schöner werden!", in: NS-Heimatkunde, S.118ff. Allgemein zur NS-Architektur sei verwiesen auf das entsprechende Kapitel bei Hinz 1974 und die Forschungen von Dieter Bartetzko. Wesentliches zur Funktionsweise nationalsozialistischer Ideologie beschreibt Haug 1986. **3** TC 22.10.1934. **4** Schönhagen 1991, S.193f. **5** Voigt 1985, S.234. **6** Tbl. 21 (1930), S.46. **7** TC 1.12.1936. **8** TC 22.2.1936. **9** Wie sehr „Sauberkeit" der Propaganda, weniger aber der Wirklichkeit verhaftet war, zeigt der Umstand, daß in den nationalsozialistischen „Volkswohnungen" das eigene Bad - im sozialdemokratisch geförderten sozialen Wohnungsbau der 20er Jahre bereits Standard - nicht vorgesehen war. **10** TC 1.12.1936. **11** TC 22.2.1936. **12** TC 24.2.1936. **13** Stephan 1939, S.10. **14** Vgl. NS-Heimatkunde, S.123ff. **15** TC 17.4.1939. **16** Vgl. NS-Heimatkunde, S.123.

ANDREA VOLZ

Blickweisen: Der Licht-
bildner Walter Kleinfeldt

Die Aufnahmen des seit dem Ersten Weltkrieg tätigen Hobbyfotografen Walter Kleinfeldt, der die Fotografie zu seinem Beruf machte, sind für diese Ausstellung wichtiges Illustrationsmaterial und als Dokumente des Tübinger Zeitgeschehens von besonderer Bedeutung.[1] Ihnen wurde zudem als Interpretationen der Wirklichkeit in der Lokalzeitung öffentliche Beachtung zuteil. Bei der folgenden Betrachtung stehen die bildnerischen Mittel dieser Fotografien im Vordergrund, das heißt es kommt nicht so sehr auf die fotografierten Ereignisse und Objekte an, sondern auf die Art und Weise, wie Kleinfeldt versuchte, ihnen mit der Kamera gerecht zu werden.

**Walter Kleinfeldt beim Foto-
grafieren mit der Großformat-
Kamera**

Kleinfeldt zählt neben dem Pressefotografen und Kreispropagandaleiter der NSDAP, Alfred Göhner, dessen Archiv leider nicht zugänglich ist, zu den wichtigen Fotografen der 30er Jahre in Tübingen, die bemüht waren, ihr Lebensumfeld in Bildern festzuhalten. Die Absicht, über die Zeitdokumentation hinaus dem drohenden Chaos einer aus den Fugen geratenen Welt Fotos entgegenzusetzen, die Ordnung und Schönheit verkörpern, ist charakteristisch für Walter Kleinfeldt wie für die meisten seiner Kollegen.[2]

Walter Kleinfeldt. Walter Kleinfeldt (1899-1945, gefallen beim Volkssturm vor Bebenhausen) war Autodidakt und begann an der Westfront 1915-1918 zu fotografieren. Nach dem Weltkrieg bestritt er zunächst seinen Lebensunterhalt mit dem Verkauf von Landschaftspostkarten und Industriefotos für die Textilfabrik Gminder-Leinen in Reutlingen, bis er 1928 das erste Fotospezialgeschäft Tübingens gründete. Es wurde bald in der Mühlstraße ansässig, einer guten Geschäftsstraße zwischen Bahnhof und Universität. Neben dem Verkauf von Fotozubehör an Amateure und der damit verbundenen Film- und Bildentwicklung vertrieb Kleinfeldt auch eigene Fotos. Diese doppelte Orientierung ist typisch für die Zeit: Zum einen waren die 20er und 30er Jahre in vieler Hinsicht eine Herausforderung auf dem Gebiet der Fotografie und des Films, was sich an den zahlreichen Ausstellungen, beispielsweise an „Film und Foto" (FiFo) in Stuttgart 1929, ablesen läßt. Zugleich zeugen zahlreich erhaltene Geschäftsunterlagen, Werbeannoncen in der „Tübinger Chronik", Erinnerungsfotos von Einführungskursen für Amateure usw. von einer großen Beliebtheit des neuen Massensports Fotografie, der sich in den

30er Jahren endgültig mit der Erfindung des Roll-
films und der Kleinbildkamera, vor allem aber mit
den Angeboten an Billigkameras (zum Beispiel die
„Agfa-Box" 1932 für 4 Reichsmark) durchsetzte.
Kommerzielle Vermarktung der neuen Artikel und
politische Ausnutzung durch die Nationalsozialisten
führten auch im Amateurbereich zu einem Foto-
boom, der jedoch mit Kriegsbeginn wieder zurück-
ging. Ein Großteil der Auftraggeber aus dem Militär
wurde an die Front geschickt. Zudem zeichnete sich
allmählich Materialknappheit ab.

Wer vorwärts strebt

kann die Fotografie nicht mehr entbehren.
Kein Beruf in dem sie nicht mit Vorteil zu
verwenden wäre. Anfänger und Fortgeschrit-
tene erfahren tatkräftige Mithilfe und Anleitung durch

Foto-Kleinfeldt

dem Fotohändler aus Lust und Liebe in Tü
bingens größter Fotohandlung, Ad. Hitlerstr. 16

Das Archiv. Das Fotoarchiv Walter Kleinfeldts, dessen
Hauptanteil zwischen 1936 und 1938 entstand, ist umfangreich und vielfältig:
Mit der Großbildkamera „Linhof" entstanden in erster Linie Aufnahmen von
Landschaften, Baudenkmälern und Stadtansichten aus Tübingen und Umgebung, von denen die schönsten Motive als Postkarten herausgegeben wurden.
Sie sind als Einzelnegative archiviert, als Abzüge vorwiegend im Format
9 x 12 cm auf Karton geklebt oder als Postkarten in Alben geordnet. Die Fotos
mit der leichteren und handlicheren Kleinbildkamera „Contax" zeigen dagegen
- oft als Schnappschüsse - Personen im Rahmen öffentlicher Ereignisse oder
auch Familienangehörige. Die erhaltenen Kontaktbögen ermöglichen eine
Gesamtschau der Fotos im Kontext eines oder mehrerer Filme, was normaler-
weise nicht gegeben ist, wenn ein Bild aus seinem Entstehungszusammenhang
herausgelöst überliefert wurde. Die Aufmachung der Einzelbilder hingegen
kann meist nicht mehr rekonstruiert werden.

Im „Mitteilungsblatt des Stu-
dentenführers" vom dritten
Tübinger Studententag im
Sommer 1939 warb Walter
Kleinfeldt mit der Modernität
der Fotografie

Gruppenbilder. Im Gesamtwerk Kleinfeldts dominieren
militärische Aufnahmen, was auf die Vermarktung von Ereignissen wie Rekru-
tenankunft, Vereidigung und Paraden in der Garnisonstadt zurückzuführen ist.
Als Gruppenfotos sind sie auf den Verkauf von mehreren Abzügen eines
Negativs angelegt. Über das Stereotype der gleichbleibenden Bildstrukturen
hinaus decken die zu Gebrauchszwecken zusammengestellten Kontaktbögen
unbeabsichtigt die nazistische Auffassung der Vermassung der Menschen
ebenso auf wie deren Ornamentalisierung in der Masse (vgl. Kat.-Nr. 39 und
40).[3] Persönliche Anteilnahme zeigte der Fotograf dagegen an Manövern, die
er umfangreich dokumentierte, wie die insgesamt 16 Negativfilme zu je 36 bis
40 Aufnahmen von 1935 als Auftakt der Kleinbildserien beweisen. Im Unterschied zu den stereotypen Paradeaufnahmen dominieren hier gesuchte
Motive, wechselnde Standorte und bildnerische Effekte. Fotos von eigentlichen Kriegshandlungen sind von Kleinfeldt nicht überliefert, obwohl er selbst
bei Kriegsende als Volkssturmsoldat eingesetzt war. Neben militärischem Zere-
moniell bildeten Sportveranstaltungen und deren Dokumentation durch den

Festzüge und andere Massen-ereignisse - wie hier die erste Reservistenentlassung am 12. Oktober 1935 - gehörten zu den bevorzugten Motiven von Tübinger Berufsfotografen

Fotografen eine wichtige Komponente im öffentlichen Leben. Das zeigen die Fülle an Aufnahmen im Kleinfeldt-Archiv und die zahlreichen Fotografien in der Zeitung. Vergleichsweise reich bebilderte Sportkommentare liefen in der „Tübinger Chronik" den militärischen Ereignissen fast den Rang ab und bildeten die harmlos-unverfängliche Variante eines gemeinsamen Anliegens: der Militarisierung, Entindividualisierung und Erhöhung der Kampfbereitschaft der Gesellschaft. Die Aufnahmen vorwiegend männlicher Sportler-Phalangen und Masseninszenierungen von allerdings provinziellem Zuschnitt mit Flaggen, Symbolen und Uniformen gleichen ihren militärischen Pendants und folgen einem ähnlichen Bildschema. Das Durchfotografieren solcher Veranstaltungen und die nachfolgende Presseveröffentlichung rückten die Tübinger Bildpraxis in die Nähe der Großveranstaltungen des Reichs: „Die Parteitage, Sportfeste und sonstigen Aufmärsche waren Veranstaltungen, die in einem bis dahin nie gekannten Maße auf eine einzige spezifische Erfahrung hin konzipiert waren: auf die spätere Wiedergabe in Film und Photo."[4] Ähnlich der Frauensport, der zwar zahlreiche Möglichkeiten für anmutige und heitere Darstellungen bot, der aber ebenfalls auf der Masse als lebendem Ornament beruhte und der Fotografie bedurfte (vgl. Kat.-Nr. 98).

Porträts. Porträthafte Aufnahmen in fast jeder Serie spiegeln das Interesse Kleinfeldts an Menschen wider. Sie sind einfühlsamer, individueller gestaltet als die seriellen Aufnahmen von Personengruppen und zeugen von künstlerischen Ambitionen ihres Autors, der sich auf diese Weise

CHAOS UND ORDNUNG

mit den allgemeinen Entwicklungen der Bildnisfotografie zu messen suchte: Mit Kunstgriffen wie Untersicht, silhouettenhaften Gegenlichtaufnahmen und vor allem der Nahsicht versuchte Kleinfeldt, den Personen eine monumentale, eigene Größe zu verleihen (vgl. Kat.-Nr. 116). Dazu gehören der Soldat vor der Kaserne, der Sportler im schnittigen Kurzhaarprofil, der Bauer auf dem Feld oder die Bäuerin auf dem Marktplatz, der Schmied beim Beschlagen des Pferdes, die Bürgerfamilie auf dem Ausflug und vor allem Kinderbilder.

Ansichten. Landschaften, Baudenkmäler und Stadtansichten lassen trotz ihrer Kommerzialisierung als Postkarten einen größeren Spielraum an Kreativität zu (vgl. Kat.-Nr.41 und 118). Diese zeitlosen, idyllischen oder stimmungsvollen Fotos sind in der Regel „wertneutral (im Dokumentationsbegriff) oder unpolitisch (in der klassizistischen Suche nach ewiger Schönheit), um anschließend für jedwedes politische Handeln als Legitimation verwertbar zu sein".[5] Zu dieser Gruppe gehört auch die Serie über die zerstörte Mühlstraße als einer der wenigen erhaltenen Hinweise auf die „Terrorangriffe" der Alliierten, die ebenso dokumentarisch als auch emotional oder propagandistisch hätte eingesetzt werden können, aber nie tatsächlich publiziert wurde (vgl. Kat.-Nr. 167).

Fotograf und Fotofachgeschäft. Walter Kleinfeldt als Vertreter der Berufsfotografie wie als Mittler zwischen Fotoindustrie und Knipsern leistete weniger für die Kunstfotografie als für die Verbreitung des Amateurwe-

Manöveraufnahmen Kleinfeldts - zumeist unspektakulär und nüchtern dokumentarisch - zeugen von der wachsenden Präsenz des Militärs

6. Vereine für Wissenschaft und Kunst

Deutsche Gesellschaft für Rassenhygiene
Ortsgruppe Tübingen
Vors.: Prof. Dr. Dold, Hygienisches Institut

Eheberatungsstelle der deutschen Gesellschaft für Rassenhygiene, Ortsgruppe Tübingen
Sprechstunden: jeden Donnerstag von 9—12 h im Klinischen-Jugendheim, Frondsbergstr. 16 9—: 2441, 2442, und jeden 1. und 3. Samstag im Monat, von 15—17 Uhr, in der Wildermuthschule

Lichtbildfreunde Tübingen im Verband Deutscher Amateurphotographenvereine
Vereinsführer: Walter Kleinfeldt, Adolf-Hitler-Straße 20. Eigene Bücherei und Dunkelkammer; Zusammenkünfte: jeden 1. und 3. Freitag im Monat im Hotel „Krone" (Schlagenhauff)

Als einen der „Vereine für Wissenschaft und Kunst" listet das Einwohnerbuch 1934 auch die „Lichtbildfreunde Tübingen" auf

Vorfrühling in Herrenberg — Foto W. Kleinfeldt-Tübingen

In der „Lichtbild-Post", die unregelmäßig in der Lokalzeitung erschien, verbreitete Walter Kleinfeldt seine Bilder und Erfahrungen als Anregung für Foto-Amateure

sens einen großen Beitrag in Tübingen. Durch sein Fotospezialgeschäft und die Anleitung zum „Schönen Fotografieren" trug er zur Popularisierung der heute von jedermann geschätzten Amateurfotografie bei. Seine Presseaufnahmen begründeten - wenn auch eher im Nebenberuf entstanden - die örtliche Zeitungsfotografie mit.

1 Daß dieses Material für die Ausstellung verwendet werden kann, ist dem Entgegenkommen Volkmar Kleinfeldts zu verdanken, der uns das umfangreiche Archiv seines Vaters öffnete, und dessen mündliche Auskünfte dieser Darstellung zugrunde liegen. 2 Freund 1989. 3 Bartetzko 1985. 4 Sachsse 1984, S.136. 5 Ebd., S.139.

LOTHAR DIEHL

Das NS-Wirtschaftswunder

Seit dem 20. Dezember sei er arbeitslos und vollkommen auf sich selbst angewiesen, schrieb im März 1931 ein Tübinger an den Oberbürgermeister Scheef: „Ich beziehe eine Arbeitslosenunterstützung von wöchentlich 10,80 RM. Fünf Mark muß ich für Zimmer bezahlen, dann sehen Sie schon selbst, was mir noch übrigbleibt zum Leben. Habe schon wochenlang nichts Rechtes mehr zum essen gehabt; daher bitte ich Sie inständig, helfen Sie mir ein bischen aus meiner Not".[1]

„Da ist der Teufel an der Wand verzweifelt." (Arbeitertübingen, 1980)

Geschäftsstelle
Münzgasse 6 Erdg.
Montag & Freitag 6-8.

Pol Dir. 92/1

Das furchtbare Erwerbslosenelend

wird durch das Unternehmertum künstlich vermehrt, indem es in den Betrieben

verlängerte Arbeitszeit erzwingt

um aus dem Schweiße des Proletariats die Riesengehälter der **Generaldirektoren** und die Reparationsprofite der internationalen **Bankiers** weiter bezahlen zu können. Arbeitsgenossen! Im Namen von Hunderttausenden hungernder und frierender Erwerbsloser fragen wir:

Wo ist der Achtstundentag geblieben?

Haben die sogenannten Arbeiterführer geschlafen oder auf Schwanenwerder Sekt getrunken, als die kapitalistische Reaktion die Verlängerung der Arbeitszeit wieder einschmuggelte?

Wir klagen an die S. P. D.

Sie hat es geschehen lassen, daß die auf ihre Unterstützung angewiesene Regierung Marx im Dezember 1923 durch die berüchtigte Verordnung des Arbeitsministers Brauns den Achtstundentag abwürgte.

Flugblatt Nr. 5

Gegen Bonzen und Banken richtet sich ein Flugblatt der NSDAP vom Ende der Weimarer Republik: nach der Machtergreifung wurde solche national-„sozialistische" Agitation bald aufgegeben

WINTER-HILFS-WERK.

Wir bemühen uns auf das äußerste,
dafür zu sorgen, daß wenigstens dem
Hunger in der schlimmsten Auswirkung
Einhalt geboten wird. *Ad. Hitler*

Drum opfern!

Spendeneinsendungen auf Girokonto 5300
der Oberamtssparkasse Tübingen.

Eine Anzeige vom Oktober 1933: der Führer als Garant kollektiven Kampfs gegen Not und Arbeitslosigkeit

Derart verzweifelte Gesuche Tübinger Bürger an ihren Oberbürgermeister finden sich in den Jahren der wirtschaftlichen Depression häufig; sie machen unmittelbar auf die existentielle Unsicherheit aufmerksam, die den Nazis in dieser Zeit massenhaften Zulauf brachte. Gerade der bürgerliche Mittelstand zeigte sich für die Parolen der Braunhemden empfänglich und unterstützte deren Forderung nach Beseitigung des Weimarer „Parteien- und Klassenstaates". Viele teilten die Ansicht, daß die traditionellen Parteien abgewirtschaftet hätten und erhofften sich von Hitler die Rettung aus Chaos und Anarchie.[2]

Diesem war klar, daß die innere Stabilisierung seines Regimes von der Lösung des Arbeitslosenproblems und dem wirtschaftlichen Aufschwung in Deutschland abhing. Gleichwohl richtete sich sein primäres Interesse von Anfang an auf die Aufrüstung der Wehrmacht und die Vorbereitung der militärischen Expansion. Schon vier Tage nach der Machtübernahme erklärte er vor den Befehlshabern des Heeres und der Marine, sein wichtigstes politisches Ziel sei die „Eroberung neuen Lebensraumes im Osten und dessen rücksichtslose Germanisierung".[3] Diesem Ziel sollte auch die Konjunktur und Arbeitspolitik untergeordnet sein: Ein paar Tage später wies Hitler seine Minister an, die geplanten Arbeitsbeschaffungsmaßnahmen so weit wie möglich mit dem Aufbau der Wehrmacht zu verbinden.[4]

„Man hat geglaubt, es wird besser." (Herr S., Tübingen 1991)

Arbeitsbeschaffung. In Tübingen kam es im Herbst 1933 erstmals zu Arbeitsbeschaffungsmaßnahmen der NS-Regierung. Sie belebten vor allem das Baugewerbe; die Stadt führte 1933/34 zahlreiche Straßenbau- und Kanalisationsarbeiten mit Reichsgeldern durch, darunter auch die Einführung der Schwemmkanalisation. Die wichtigste dieser Notstandsarbeiten war der Bau einer Umgehungsstraße von Lustnau zur Südstadt, ein Unternehmen, das mit der Errichtung einer neuen Neckarbrücke verbunden

Die Aufnahme der Lustnauer Neckarbrücke vermittelt die Faszination der einfachen Funktionsarchitektur als Monument der wirtschaftlichen und politischen Erneuerung

CHAOS UND ORDNUNG

war. Das Projekt wurde als eine der letzten Notstandsarbeiten im Deutschen Reich zwischen 1936 und 1938 ausgeführt, zu einer Zeit, als in weiten Teilen des Landes schon wieder Vollbeschäftigung herrschte. Gleichwohl zeigten sich auch hier die miserablen sozialen Bedingungen, unter denen die Notstandsarbeiter beschäftigt waren. Die Stadt Tübingen sah sich nach Abschluß der Bauarbeiten veranlaßt, einigen Arbeitern eine „Ehrengabe" von 25 RM zu überreichen, da sie bei einem Stundenlohn von 55 Pfennig - 1936 verdiente ein ungelernter Arbeiter im Reichsdurchschnitt 72 Pfennig - in eine „schwierige Lage" geraten seien. Insbesondere fehle den Arbeitern „die Möglichkeit, sich entsprechende Kleidung, namentlich Stiefel, zu beschaffen".[5]

Im Winterhalbjahr 1933/34 waren für die Bewertung des NS-Regimes jedoch weniger die niedrigen Löhne der Notstandsarbeiter ausschlaggebend als vielmehr der Eindruck, daß sich die Lage auf dem Arbeitsmarkt zunehmend verbessere. So hatten sich etwa in Tübingen die Arbeitslosenzahlen von Ende Januar (687 Arbeitslose) bis Ende Juli 1933 (310) schon mehr als halbiert - eine Folge des konjunkturellen Aufschwungs, der schon 1932 durch die Wirtschaftspolitik der konservativen Regierungen begonnen hatte. Die Nazis profitierten also von der Politik ihrer Vorgänger und unterstützten seit Sommer 1933 die konjunkturelle Erholung mit eigenen Programmen. Die schnelle Verringerung der Arbeitslosenzahlen und die propagandistische Verwertung der Arbeitsbeschaffungspolitik verfehlten bei der Mehrheit der Deutschen ihre Wirkung nicht. Ein Zeitgenosse notierte Anfang 1934, es sei den Nationalsozialisten im ersten Jahr ihrer Macht gelungen, „die gewaltige Mehrheit des deutschen Volkes [. . .] auf ihre Seite zu ziehen".[6]

Der Bau der Umgehungsstraße und der Neckarkorrektion bei Lustnau war zu großen Teilen schwerste Handarbeit und wurde als Aufbauleistung des „Dritten Reichs" im Rahmen der „Arbeitsschlacht" gefeiert

„Jeder Dackel hat ein Geschäft gehabt, so hat der Hitler das organisiert." (Anna T., Tübingen 1991)

Einweihung der Motorsportschule 34.

Die NSKK-Motorsportschule: Arbeitsbeschaffungsmaßnahme zur Schönung der Arbeitslosenstatistik wie zur Ausbildung späterer Soldaten

Technikbegeisterung führte viele junge Männer zum NSKK

Rüstungskonjunktur und Investitionslenkung. Die Arbeitsbeschaffung war ein Programmpunkt für eine Übergangsphase, in der das NS-Regime sich seiner Massenbasis noch nicht sicher und in der die Rüstungsproduktion noch kaum angelaufen war.[7] Spätestens seit Anfang 1935 stellte die positive Entwicklung auf dem Arbeitsmarkt eine Folge der forcierten Aufrüstung dar; die Wiedereinführung der allgemeinen Wehrpflicht sowie einer Arbeitsdienstpflicht für Männer (Frauen mußten erst ab 1940 Arbeitsdienst leisten) bewirkten im Frühjahr 1935 eine weitere Entlastung des Arbeitsmarktes. Militärausgaben hielten jetzt die Konjunktur in Gang. Der Geschäftsbericht der Tübinger Kreissparkasse von 1935 bezeichnete die Wehrpflicht als eine „geschichtliche Tat des Führers" und bemerkte, der damit verbundene Bau neuer Kasernen habe neues Leben in der Stadt entfacht und „unendlich viele Werkstätten, Gewerbebetriebe und emsige Hände in Bewegung" gesetzt.[8]

Von der nationalsozialistischen Politik der staatlichen Investitionslenkung profitierte vor allem die rüstungsrelevante Produktionsgüterindustrie (Metallindustrie, Chemie und Baugewerbe), während Investitionen und Umsätze in der Konsumgüterindustrie zurückgingen.[9] Ein erstes umfassendes Investitionsverbot traf im Juli 1934 das Textilgewerbe und damit auch einen der größten Tübinger Industriebetriebe, die Württembergische Frottierweberei Lustnau. In der gesamten Textilindustrie wurde die Errichtung von neuen und die Erweiterung von bestehenden Betrieben verboten und gleichzeitig die Arbeitszeit um 30 Prozent verkürzt. Demgegenüber vervielfachten sich die Umsätze in der Metallindustrie; die Tübinger Himmelwerke etwa, die Elektromotoren herstellten, konnten die Zahl ihrer Beschäftigten von 130 (1933) auf 750 (1938) erhöhen und ihren Umsatz in diesem Zeitraum um fast das Zehnfache steigern.[10] Der Vierjahresplan von 1936 sollte schließlich die punktuellen staatlichen Eingriffe in das Wirtschaftsleben durch eine planmäßige Lenkung der Investitionen sowie der Roh- und Ersatzstoffpolitik ersetzen und die Wirtschaft umfassend auf die Aufrüstung hin ausrichten.

Wirtschaftlicher Aufschwung. Insgesamt erlebte die deutsche Wirtschaft zwischen 1933 und 1939 einen Aufschwung, der das „Wirtschaftswunder" der 50er Jahre noch übertraf. Dabei kam die Steigerung des realen Volkseinkommens jedoch weniger der breiten Masse als vielmehr dem Staat und den Unternehmern, vor allem der Großindustrie, zugute. So waren die Gewinne der Kapitalgesellschaften 1939 etwa dreimal so hoch wie

Gegen die Fettknappheit half nur Propaganda: Deutsche Markenbutter für Großdeutschland im Jahr 1938

1928, dem letzten Vollkonjunkturjahr der Weimarer Republik; gleichzeitig stieg der Anteil der Unternehmerprofite am gesamten Volkseinkommen von 1,7 Prozent (1928) auf 5 Prozent (1939). Die Löhne dagegen blieben bis 1937 unter dem Niveau des Jahres 1928. Ebenso verbesserte sich das Angebot an Konsumgütern bis 1939 kaum, der private Verbrauch wurde trotz des wachsenden Volkseinkommens zugunsten der Rüstung und der Unternehmergewinne auf dem Niveau der späten 20er Jahre gehalten.[11]

In verschiedenen Bereichen der Güterversorgung kam es sogar zu Engpässen. So mußten ab 1. Januar 1937 Butter, Margarine und Schmalz rationiert werden. Nach dem Einfuhrverbot für Wolle aus dem Jahr 1934 fertigte man Textilien aus einem Gemisch von Baumwolle, Zellwolle und Kunstseide, wodurch sich die Qualität der Kleidung erheblich verschlechterte. Im Vergleich zur Weimarer Republik gingen im „Dritten Reich" die Ausgaben für den staatlichen und kommunalen Wohnungsbau deutlich zurück, weshalb es in Kleinstädten wie Tübingen unter den Nationalsozialisten zu einer neuen, bis dahin nicht gekannten Wohnungsnot kam. Die „Tübinger Chronik" notierte am 19. Februar 1939, es sei „eine leidige Tatsache, daß der vor noch nicht allzu langer Zeit in Tübingen vorhandene Wohnungsüberschuß rasch in einen starken Wohnungsmangel umgeschlagen hat, der heute so drückend ist, daß es für Neuzuziehende sehr schwer, ja fast unmöglich ist, in absehbarer Zeit eine Wohnung zu finden."

Nationalsozialistische Betriebszellenorganisation
Kreis Tübingen
Girokonto Nr. 5130
bei der OA.Sparkasse Tübingen

Tübingen, den 8. November 1933
Belthlestr. 4

Herrn
Heinrich Kost,
Tübingen.

Es wurde mir vom Oberamt mitgeteilt, dass
Sie sich über mich beschwerd hätten, weil ich den
Buchdrucker Kern als Betriebsrat ernannt hätte.
Ich muss Ihnen schon sagen, dass da allerhand
Frechheit dazu gehört. Gerade Sie u. Jhre Bundes-
genossen können Gott danken, dass ihr nicht in
Erholung gekommen sind. Weiter möchte ich Jhnen
mitteilen, dass Sie es meiner Gutmütigkeit zu ver-
danken haben, dass Sie noch Betriebsrat waren.
Das wissen wir auch, dass ein Betriebsrat nicht
ohne weiteres entlassen werden kann, dies brauche.
Sie als Marxist uns nicht lernen. Hätten Sie mit
Kern zusammen gearbeitet so hätte ich von Jhnen
u. Jhren anderen S.P.D. Brüdern nichts wollen, u.
wenigstens den guten Willen gesehen.
Sollte ich in Zukunft von Jhnen oder den
anderen S P D Herrschaften etwas hören, so werde
ich mit den schärfsten Mitteln eingreifen. Die
Zeit ist endlich vorbei, wo S.P.D. Gauner das Wort
führen, ihr hab lang genug von den Groschen der
Arbeiter gelebt.

[Unterschrift]

Kreisbetriebszallen Obmann

Den Schlüssel von der Bibliotheke haben Sie mir
unverzüglich abzuliefern, u. zwar bis Freitag
abend 6 Uhr. Sollten Sie denselben bis dahin
nicht bringen, so lasse ich ihn durch die Polizei holen. Sie haben in der Bibliothek nichts
mehr zu suchen, u. verbiete Jhnen den Raum zu
betreten.

Vereinzelt regte sich aus der Arbeiterbewegung Widerstand gegen die Zerschlagung oder Gleichschaltung ihrer Organisationen

Die Arbeiterschaft hatte 1933 mit der Zerschlagung der Gewerkschaften und der Abschaffung des Koalitions- und Streikrechtes den Verlust zentraler Rechte hinnehmen müssen. An die Stelle von Tarifverträgen war die staatliche Festsetzung der Löhne getreten, mit der Einführung des „Arbeitsbuches" begann 1935 eine zunehmende staatliche Kontrolle und Reglementierung der Arbeiter. Wichtige individuelle Rechte wie die freie Wahl des Arbeitsplatzes und des Berufes oder das Recht auf Freizügigkeit wurden zunächst eingeschränkt, später vollends aufgehoben.[12] Gleichwohl lag für einen Großteil der Arbeiter der Unterschied „zwischen den Jahren vor Hitler und dem 3. Reich weniger in den verlorenen Rechten als in der wiedergefundenen Arbeit".[13] Es kam daher zu keiner deutlichen Opposition der Arbeiterklasse gegen das Regime. Die Beseitigung von Massenarbeitslosigkeit und Elend trug entscheidend zur inneren Stabilität der NS-Herrschaft bei.[14]

Arbeitskräftemangel. Seit 1936/37 machten sich die Aufstellung immer neuer militärischer Verbände und der enorme Bedarf der Rüstungsindustrie in einem zunehmenden Mangel an Arbeitskräften bemerkbar. So galt noch im August 1935 der Bau der Umgehungsstraße „aus arbeitsmarktpolitischen Gründen" als ein „dringendes Erfordernis" für den Bezirk Reutlingen/Tübingen.[15] 1937 hatte sich die Situation jedoch grundlegend verändert. Jetzt erwies es sich angesichts der Hungerlöhne als unmöglich, Notstandsarbeiter aus der Region für die Baustelle zu bekommen, so daß das Projekt ernstlich gefährdet schien. Das Arbeitsamt Reutlingen erklärte zudem, es sei „auswärtigen Leuten nicht zumutbar, unter den [. . .] bestehenden Lohnverhältnissen zu arbeiten".[16] Erst nach einer Aufstockung der Löhne um 15 Pfennig pro Stunde fanden sich wieder Notstandsarbeiter aus Aachen, Danzig und anderen strukturschwachen Gebieten des Reiches.

Der Mangel an Arbeitskräften verbesserte den Verhandlungsspielraum der Arbeiter und trieb die Löhne in die Höhe. Reale sozialpolitische Verbesserun-

„Und dann kamen Kraft-durch-Freude-Fahrten: als Arbeiter oder als kleiner Mann ist man mit dem Sonderzug an den Bodensee gefahren. Man hat können nach dem Norden fahren, man hat können sogar Schiffsreisen machen. Das hat natürlich gelockt. Das war Futter vom Nationalsozialismus, da hat man gesagt: ‚Ha guck, die machen ebbes.'" (Herr S., Tübingen 1991)

Neben Fernreisen gehörten vor allem Ausflugsfahrten zum Programm „Kraft durch Freude", wie hier eine Neckarschiffahrt nach Heidelberg

gen und die Volksgemeinschafts-Propaganda weckten in der Bevölkerung ein Gefühl zunehmender sozialer Gleichheit. Neue Freizeitangebote wie die Urlaubsreisen mit „Kraft durch Freude" kamen Arbeitern und dem Mittelstand zugute und bedeuteten eine „Demokratisierung von Konsumchancen"[17] und den Abbau von Klassenprivilegien. Das Versprechen des „Führers", mit dem „Volkswagen" ein Auto für die breite Masse zu bauen, ließ im Frühjahr 1939 selbst Sozialdemokraten von einem „erste[n] sozialistische[n] Anfang Adolf Hitlers" sprechen.[18] Die „Tübinger Chronik" betonte anläßlich einer öffentlichen Vorführung des VW Anfang Mai 1939 auf dem Tübinger Marktplatz, mit dem Erscheinen des Volkswagens sei „die letzte Schranke gefallen, die unser deutsches Volk in Käuferschichten teilte [. . .]. Es gibt bei uns keine Klassen mehr, [. . .] jeder von uns kann seinen Wagen haben."[19] Initiativen wie das

Der KdF-Wagen sollte die Massen-Motorisierung durchsetzen: tatsächlich diente er nie als Volkswagen für die Kleinfamilie, sondern als Kriegsfahrzeug

Volkswagen-Projekt förderten die Zustimmung der Massen zum NS-Regime und bildeten einen Ausgleich zur politischen Repression. Der oben zitierte SPD-Mann bezeichnete das Projekt denn auch als ein „raffiniertes [. . .] Ablenkungsmanöver größten Stiles" und meinte, das Propagandaministerium nähre und lenke damit eine „Autopsychose", die die Masse „von der Beschäftigung mit der trostlosen Gegenwart" fernhalte.[20]

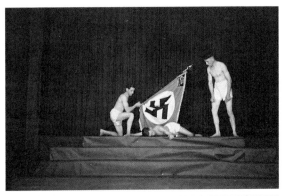

Innere Krise. Obwohl die große Mehrheit der Deutschen 1938/39 einen Lebensstandard genoß, der mindestens ebenso hoch war wie Ende der 20er Jahre, war diese Gegenwart dennoch trostlos und besorgniserregend. Das NS-Regime hatte sich mit seiner hemmungslosen Aufrüstung in eine wirtschaftspolitische Sackgasse und eine ausweglos erscheinende Krise manövriert.[21] Die Staatsfinanzen waren zerrüttet

und es herrschte akute Devisenknappheit; in Landwirtschaft und Industrie wurde der Arbeitskräftemangel zum Schlüsselproblem. Obwohl die Arbeiter aufgrund der besseren Verdienste aus der Landwirtschaft in die Fabriken abwanderten, bestand hier immer noch ein Defizit von einer Million Arbeitern, so daß die Industrie die ständig steigenden Anforderungen der Wehrmacht nicht mehr erfüllen konnte. Die Wirtschaft war an der Grenze ihrer Leistungsfähigkeit angelangt, es kam zu ersten Produktionsstockungen. Gleichzeitig nahm mit den steigenden Löhnen auch die Kaufkraft zu, was zu einer stärkeren Nachfrage nach Konsumgütern führte. Um sich die Loyalität der Massen zu erhalten, kam für die NS-Führung eine weitere Beschränkung des Konsums kaum in Frage, ein Ausbau der Verbrauchsgüterindustrie war jedoch nur auf Kosten eines Abbaus von Rüstungskapazitäten zu haben.

In der Tradition der von der Arbeiterbewegung gepflegten Lebenden Bilder gruppieren sich Männer bei einer Werksfeier der Firma Braeuning zum historischen Bilderbogen: Der Tod des Alten Kämpfers findet seine Erfüllung in der Apotheose des Schwertschwurs nach der Machtergreifung

Mit der Sammelbüchse stellten sich Prominente, wie der Stiftsephorus Professor Fezer, auf die Straße, um für das Winterhilfswerks zu sammeln

Der gleichzeitig steigende Bedarf von Wehrmacht und Verbrauchern bedeutete eine massive Überforderung der deutschen Produktionskapazitäten und des Arbeitskräftereservoirs. Die schrittweise Bewältigung der sich zuspitzenden inneren Krise wäre somit nur durch eine radikale Abrüstung zu erreichen gewesen oder durch die militärische Expansion und die Ausbeutung der Rohstoffe und Arbeitskräfte besetzter Gebiete. Hitler entschied sich in Übereinstimmung mit seinen rassenideologischen und auf Eroberung von „Lebensraum" gerichteten Grundvorstellungen für den Krieg.

Kriegswirtschaft. Die schnellen Siege der Wehrmacht in den Jahren 1939/40 führten zunächst zu einer spürbaren Entlastung des Arbeitsmarktes. In Tübingen trafen schon im November 1939 hundert polnische Kriegsgefangene ein, die Hilfsarbeiten in der Industrie verrichteten und als Landarbeiter eingesetzt wurden.[22] Die Deutschen an der „Heimatfront" mußten in den ersten beiden Kriegsjahren kaum Entbehrungen in Kauf nehmen. Zwar waren nach Kriegsbeginn die meisten Lebensmittel nur noch auf Karten erhältlich und auch für eine Vielzahl anderer Waren Bezugsscheine erforderlich; im Vergleich zur Vorkriegszeit verbesserte sich jedoch zunächst die Versorgungslage, da nun Lücken, wie sie etwa bei Fettprodukten bestanden hatten, durch die Ausplünderung der eroberten Gebiete geschlossen werden konnten. Erst mit dem Scheitern des Rußlandfeldzuges verschärfte sich die Versorgungslage; ebenso wurde durch den zunehmenden Bedarf der Wehrmacht an Soldaten der Arbeitskräftemangel wieder akut.

Ende Mai 1944 stellten die Fremdarbeiter, die meist zwangsweise aus den besetzten Ländern zum „Arbeitseinsatz" ins Reich deportiert worden waren, schließlich 20 Prozent der in der deutschen Wirtschaft Beschäftigten. In Tübingen bestanden bei Kriegsende neun Kriegsgefangenenlager und 27 Lager für

„Sie wissen ja wahrscheinlich auch, daß im Krieg niemand gehungert hat bei uns. Der Hitler hat ja aus ganz Europa Sachen zusammengestohlen. Wir hatten keinen Mangel. Ich weiß noch, wir hatten zuerst einmal Auberginen, die kamen aus Rumänien und hießen Eierfrüchte. Es gab einfach alles." (Ursula B., Tübingen 1992)

Militär wie SA sammelten auch Sachspenden von Haus zu Haus, durch Plaketten wurden die Spenden öffentlich dokumentiert: ökonomischer Nutzen und soziale Kontrolle

die sogenannten Zivilarbeiter, die unter härtesten Arbeitsbedingungen und zu Minimallöhnen zumeist in den Rüstungsbetrieben Zwangsarbeit verrichteten. Obwohl ein eklatanter Mangel an Arbeitskräften bestand, konnte sich das Regime nicht entschließen, Frauenarbeit entscheidend zu fördern. Die Quote der in der Industrie beschäftigten Frauen erhöhte sich deswegen während des Krieges nur unwesentlich, in Tübinger Betrieben blieb sie weitgehend konstant und stieg nur in ausgesprochenen Rüstungsbetrieben wie etwa der Otnima in Derendingen. Bei den Montanwerken Walter, die im Krieg vorwiegend Flugzeugersatzteile herstellten, erhöhte sich der Frauenanteil von 3,8 Prozent (1939) auf 41,2 Prozent (1945).[23]

In den Branchen, die für die Rüstung nicht unmittelbar wichtig waren, wurden aufgrund der „Auskämmaktionen" der Wehrmacht immer mehr Betriebe stillgelegt. Davon waren in Tübingen besonders die Textilindustrie und das Nah-

Die Versorgung war in Tübingen während des Krieges trotz Zwangsbewirtschaftung im wesentlichen gesichert

rungsmittelgewerbe betroffen; von den 38 Metzgereien, die es vor dem Krieg in Tübingen gab, hatten im Februar 1941 bereits zwölf ihren Betrieb einstellen müssen.[24] Gleichwohl konnte das Regime bis Ende 1944 die Versorgung der Bevölkerung mit lebensnotwendigen Gütern weitgehend sicherstellen: „In Tübingen", erklärte eine Zeitzeugin, „war eigentlich auf Marken während des Krieges noch alles kaufbar. [. . .] Ich habe es eigentlich während des Krieges nicht so schlimm empfunden wie nachher."[25] Zu Hungerkrisen kam es erst im Frühjahr 1945, jetzt fiel der Kaloriengehalt der Rationen erstmals unter das Existenzminimum, es fehlte vor allem an Kartoffeln, Mehl und anderen Grundnahrungsmitteln. Die Stimmung in der Bevölkerung hatte sich allerdings aufgrund der zunehmenden Entbehrungen und der deprimierenden Kriegslage seit 1942/43 ständig verschlechtert. An die Stelle der „Führer"-Faszination traten in einem langwierigen Prozeß der Ernüchterung Gleichgültigkeit und der innere Rückzug vom Nationalsozialismus. Im Frühjahr 1945, im Chaos der letzten Kriegswochen, nahm eine erschöpfte und desillusionierte Bevölkerung endgültig Abschied von ihrem einstigen Glauben an Hitler und das „Dritte Reich".[26]

1 SAT A 150/3993. **2** Vgl. Schoenbaum 1968, S.75. **3** Zit. nach Wendt 1987, S.187. **4** Blaich 1987, S.55ff. **5** SAT A 150/2954; Pohl u.a. 1986, S.146. **6** Eitner, 1991 S.147. **7** Hardach 1977, S.52. **8** Geschäftsbericht der Kreissparkasse Tübingen 1935. **9** Zum folgenden Blaich 1987, S.27ff. **10** Himmelwerke 1939, S.40f. **11** Eitner 1991, S.262. **12** Lampert 1986, S.189. **13** Schoenbaum 1968, S.150. **14** Eitner 1991, S.272. **15** SAT A 150/2945. **16** StAL EL 72 I, Bü 568. **17** Mooser 1984, S.201. **18** Sopade (Deutschlandberichte der Sozialdemokratischen Partei Deutschlands), 6.Jg. (1939), zit. nach Abelshauser 1985, S.367. **19** TC 26.4.1939. **20** Sopade, zit. nach Abelshauser 1985, S.368. **21** Mason 1975, S.158-188. **22** Schönhagen 1991, S.353. **23** In absoluten Zahlen: Am 1. Januar 1939 waren unter den 238 Beschäftigten der Montanwerke 9 Frauen, am 1. Januar 1945 dagegen waren von den 658 Beschäftigten 271 weiblich; SAT A 150/3666. **24** Schönhagen 1991, S.316. **25** Ebd., S.314. **26** Kershaw 1980, S.149-194.

DINA STAHN

Frauenerwerbstätigkeit
im NS-Staat

Die Bedeutung der NS-Frauenpolitik wird von der Forschung unterschiedlich eingeschätzt. Weder die Aufwertung der Mutter-Rolle noch die neuen Berufschancen innerhalb des NS-Wirtschaftswunders bedeuteten für Frauen, wie teilweise argumentiert wird, reale Emanzipationsmöglichkeiten, wurden Frauen doch nach wie vor in allen Bereichen an ihrer uneingeschränkten Entfaltung gehindert.

Geschnitzte Rollenspiele: das staatlich propagierte Familienideal in einem Foto von Walter Kleinfeldt

Auch in der Universitätsstadt Tübingen zeigten sich die Widersprüche der NS-Frauenpolitik, zum Beispiel in ihrer Wirkung auf die lokale Arbeitswelt. Wenn im folgenden von Frauen die Rede ist, so sind „arische" Frauen gemeint, denn für „nicht-arische" Nicht-Männer galten ganz andere Gesetze.

In den ersten beiden Jahren ihrer Regierung bekämpften die Nationalsozialisten die Erwerbstätigkeit von Frauen stark. Die Frau sollte ihre wahre Berufung in Ehe und Mutterschaft erkennen. Laut Goebbels hatte die Frau „den ersten, besten und ihr gemäßesten Platz [. . .] in der Familie, und die wunderbarste Aufgabe, die sie erfüllen kann, ist die, ihrem Land und Volk Kinder zu schenken."[1] Zudem rechnete sich die Staatsführung aus, daß der Rückzug der Frauen ins Heim Tausende von Arbeitsplätzen für Männer freimachen würde. Besonders scharf ging sie gegen die Erwerbstätigkeit von Ehefrauen vor: „Die Berufstätigkeit und außerhäusliche Erwerbsarbeit der Ehefrau lehnt der NS-Staat unter allen Umständen ab", war am 27. November 1933 in der „Tübinger Chronik" zu lesen. Damit betraten die Nationalsozialisten aber keineswegs

„Die Frau ist die Geschlechts- und Arbeitsgenossin des Mannes. Sie ist das immer gewesen und wird das immer bleiben. Auch bei den heutigen wirtschaftlichen Verhältnissen muß das so sein. Ehedem auf dem Felde, heute auf dem Büro. Der Mann ist der Organisator des Lebens, die Frau seine Hilfe und Ausführungsorgan." (Joseph Goebbels, 1932)

1	2	3	4	5	6
Name und Sitz des Betriebes (Unternehmers) (Firmenstempel)	Art des Betriebes oder der Betriebsabteilung	Tag des Beginns der Beschäftigung	Art der Beschäftigung (möglichst genau angeben)	Tag der Beendigung der Beschäftigung	Unterschrift des Unternehmers
Staatsminister a.D. Univ.-Prof. Dr. v. Köhler Tübingen	Haushalt	1.III.33	Hausgehilfin	31.VIII. 41.	Dr. v. Köhler
Barbara Renz Wankheim	Landwirtschaft	1.9. 1941	Mithilfe in der Landwirtschaft		
Südd. Kleiderfabrik Eugen Neubrander Reutlingen	Filiale Immenhausen	8.II.43	Näherin	27.11.43	
Südd. Kleiderfabrik Eugen Neubrander Reutlingen	Filiale Immenhausen	31.1.44	Näherin		

Ehestandsdarlehen sollten die Geburtenrate erhöhen, gleichzeitig aber auch dafür sorgen, daß Frauen ihre Arbeitsplätze für Männer räumten

Neuland, war doch dieses auch in der Weimarer Zeit ein kontrovers diskutiertes Thema. Um ihren Forderungen Nachdruck zu verleihen, bedienten sie sich des schon 1931 entworfenen Konzepts zur Bekämpfung des sogenannten Doppelverdienertums: Waren in einer Familie beide Ehepartner berufstätig, sollte die Frau ihren Arbeitsplatz freigeben. Unbeachtet blieb dabei, daß viele Ehefrauen nicht etwa aus Lust und Laune einer Arbeit nachgingen, sondern weil ihr Verdienst dringend benötigt wurde.

Die Doppelverdienerkampagne wurde zur willkommenen Waffe im Kampf gegen Frauen in gehobenen Positionen. Denn gerade diese Arbeitsplätze waren nicht nur seitens der männlichen Konkurrenz begehrt, sie widersprachen auch der Auffassung der Nazis von der untergeordneten Stellung des weiblichen Geschlechts. Die Verdrängung von Beamtinnen und Juristinnen aus den besseren Positionen wurde durch gesetzliche Bestimmungen legitimiert. Um im akademischen Sektor die Vormachtstellung des Mannes zu sichern, begrenzte der NS-Staat die Zahl der weiblichen Studierenden seit April 1933 auf eine Quote von zehn Prozent.[2]

Auf indirektem Wege sollten Ehestandsdarlehen die Frauen aus der Berufswelt abziehen. Das Gesetz „zur Verminderung der Arbeitslosigkeit" vom 1. Juni 1933 regelte die Vergabebedingungen: Ausgezahlt wurde nur, wenn eine zuvor berufstätige Frau nach der Heirat ihren Arbeitsplatz aufgab.

Interessenskonflikte zwischen Wirtschaft und NS-Ideologie.

Trotz aller Bemühungen stieg die Zahl der arbeitenden Frauen sowohl im Reich als auch in Tübingen immer weiter an (Tab.1). Dies hatte verschiedene Gründe: Ein Ersatz der Frauen durch männliche Arbeitskräfte hätte eine enorme Lohnkostensteigerung bedeutet, denn 1933 betrug die durchschnittli-

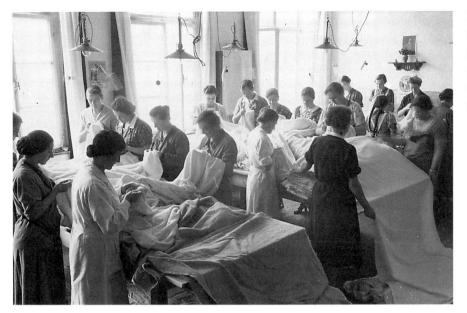

che Differenz zwischen Männer- und Frauenlöhnen rund 25 Prozent. Lohnkostensteigerung? Die Industrie winkte dankend ab und weigerte sich, ihre billigen, eingearbeiteten Arbeitskräfte zu entlassen. Das galt vor allem für Bereiche mit einem traditionell hohen weiblichen Beschäftigungsanteil, wie Textil- und Bekleidungsindustrie. Auch in Tübingen lag 1933 der Frauenanteil in dieser Branche sowie im Handel bei knapp 50 Prozent, im Gesundheitswesen sogar bei 64 Prozent.[3] In der Württembergischen Frottierweberei in Lustnau standen

Frauenarbeit in der Öffentlichkeit: (Selbst-)Stilisierung zum „Original" als Verkaufsstrategie - hier für Naziblätter

1933 241 männlichen Beschäftigten 355 weibliche gegenüber.[4] Die hochentwickelte Industrie konnte auf Frauen ebensowenig verzichten wie die Bürokratie. Gerade im NS-Staat mußte zum Beispiel im Verwaltungssektor ein Mehraufwand an Arbeit bewältigt werden, der eine ständige Erhöhung der Arbeitskräftekapazität nach sich zog. In der Stadtverwaltung Tübingen wuchs die Zahl der weiblichen Angestellten von 17 im Jahr 1933 auf 27 im Jahr 1938 an, die der Arbeiterinnen im gleichen Zeitraum von sieben auf 15.[5] Eine deutliche Sprache spricht auch ein Schreiben des Direktors der Tübinger Frauenklinik an das Rektoramt vom 9. Juni 1934. Knapp ein Jahr nach Erlaß des Sterilisationsgesetzes weist er darauf hin, daß sich eine empfindliche Mehrbelastung der Schreibgehilfinnen durch die neuen Vorschriften bezüglich standesamtlicher Anzeigen, erbgesundheitsgerichtlicher Fragen, Rückfragen der Krankenkassen usw. ergeben hätte, was die Einstellung neuer Schreibgehilfinnen dringend erforderlich mache.[6]

Braune Schwester in vorschriftsmäßiger Uniform - Abbildung aus dem Organisationshandbuch der NSDAP

„Den Arbeitsdienst lediglich im Säuglingsheim abzuleisten, ist ein Vorschlag, den ich völlig ablehnen muß, da der Arbeitsdienst neben der Schulung des Mädchens für ihren zukünftigen Mütterdienst auch im besonderen Maß die Erziehung zur Volksgemeinschaft darstellt, ein Ziel, das nur im völlig geschlossenen Lager zu erreichen ist." (Gertrud Scholtz-Klink, 1933)

Die Arbeit von Diakonissen im kirchenfeindlichen Klima. Eine besonders mißliebige Gruppe weiblicher Berufstätiger waren für die neuen Machthaber die konfessionellen Schwestern. Die Tübinger Kliniken beschäftigten sie in großer Zahl. Im Zeichen der neuen Zeit wurden sie nun einer Prüfung unterzogen: „Ich weiß noch, in der Kinderklinik haben zum Beispiel vorher Diakonissen gearbeitet und die mußten eine politische Prüfung ablegen, damit sie weiter arbeiten durften, egal wie lange sie schon vorher gearbeitet haben",[7] berichtete eine Tübingerin.

Es waren sogar ernsthafte Bemühungen im Gange, die Diakonissen durch „braune" Schwestern zu ersetzen. Das waren Mitglieder im NS-Reichsbund, die braune Schwesterntracht trugen. Letztlich scheiterten diese Bemühungen, da der NS-Reichsbund nicht in der Lage war, genügend Schwestern bereitzustellen. Insbesondere in den Kriegsjahren machte sich ein empfindlicher Mangel an Krankenschwestern bemerkbar, und die Kliniken sahen sich häufig gezwungen, vermehrt Diakonissen einzustellen. Betrug 1932 die Anzahl der Diakonissen noch 106, stieg sie 1939 auf 150 und betrug 1944 schließlich 159.[8] Auch hier mußten ideologische Forderungen den Notwendigkeiten untergeordnet werden.

„Wesensgemäßer" Einsatz der Frauen. In der Praxis wurde der NS-Führung sehr schnell klar, daß sie die Erwerbstätigkeit der Frauen weiterhin dulden mußte. Offiziell wurde diese Veränderung der Sozialpolitik allerdings nur für die ledigen Frauen eingestanden. So meldete die „Tübinger Chronik" bereits am 27. November 1933: „Die Berufstätigkeit der noch nicht verheirateten oder unverheiratet bleibenden Frau wird anerkannt, soweit sie nicht die Gebiete, die allein dem Manne vorbehalten bleiben müssen, betrifft: Politik und Recht."

Konnten die Frauen schon nicht dauerhaft der Arbeitswelt ferngehalten werden, so sollten sie doch auf „wesensgemäße" Berufe in Haus, Hof und pflegerisch-erzieherischen Diensten gelenkt oder als „Gehilfinnen des Mannes", zum Beispiel als Schreibkräfte, Fließbandarbeiterinnen etc. eingesetzt werden. In diese Richtung zielte der schon 1931 ins Leben gerufene Freiwillige Arbeitsdienst für arbeitslose Jugendliche zwischen 18 und 25 Jahren. Im 1933 eingerichteten Frauen-Arbeitsdienstlager Pulvermühle wurden die jungen Frauen vorwiegend mit hauswirtschaftlichen Arbeiten beschäftigt. Doch schon bald wurde aus der Freiwilligkeit Zwang. 1938 wurde das Pflichtjahr für Frauen unter 25 eingeführt. Alle Schulabgängerinnen mußten, bevor sie eine Ausbildung antreten konnten, ein Jahr in Land- oder Hauswirtschaft Dienst verrichten. Hinter Pflichtjahr und Arbeitsdienst verbarg sich nicht nur die Bemühung, das Interesse der jungen Frauen an Land- und Hauswirtschaft zu wecken. Ihre nur geringfügig entlohnte Arbeitskraft diente auch dazu, den Arbeitskräftemangel in der Landwirtschaft aufzufangen, der die Autarkiebestrebungen des „Dritten Reiches" gefährdete.

Aus einem Privatalbum: ohne die gekonnten Inszenierungen der Berufsideologen zerfällt die private Erinnerung in unspektakuläre Bilder, wenn auch die gleichen Motive von Arbeit, Freundschaft und Fahne immer wieder auftauchen

Kurskorrektur im Zeichen der Aufrüstung.

Seit 1936 kehrte sich im Zeichen der Aufrüstung die Lage am Arbeitsmarkt um: Arbeitskräfte wurden Mangelware, und der auf Krieg und Expansion gerichtete Staat konnte es sich nun erst recht nicht mehr leisten, auf die Frauen zu verzichten. Jetzt wurden sie nicht mehr nur zähneknirschend geduldet, sondern mit offenen Armen empfangen. So erklärte die beim Frauenamt der Deutschen Arbeitsfront (DAF) beschäftigte Alice Rilke 1936: „Es wäre nicht nur unbillig und widersinnig, sondern auch rein volkswirtschaftlich undenkbar, eine unübersehbare Masse weiblicher Menschen vom Erwerbsleben fernhalten zu wollen. Der tatfrische, junge nationalsozialistische Staat braucht tatfrische Menschen, die sich selbst normal erhalten können und durch positive Leistungen zur ordnungsgemäßen Lebenshaltung der Gesamtheit beitragen".[9]

Diese ideologische Kurskorrektur betraf auch die Ehefrauen. Gesetzlichen Niederschlag fand sie in der Änderung der Voraussetzungen zum Bezug eines Ehestandsdarlehens. Seit 1937 brauchten Frauen ihren Beruf dafür nicht mehr aufzugeben. Der Vergleich der Daten der Volks-, Berufs- und Betriebszählungen von 1933 und 1939 zeigt den kontinuierlichen Anstieg weiblicher Berufstätiger im Deutschen Reich. Dasselbe gilt für Tübingen: Gingen 1933 noch 3560 Tübingerinnen einer Arbeit nach, so waren es 1939 bereits 5115 (Tab.1). Wie aus Tabelle 2 hervorgeht, war der Zuwachs bei den Arbeiterinnen und Angestellten am größten. Bei den Himmelwerken stieg die Zahl der weiblichen Beschäftigten im Zuge der Aufrüstung zwischen 1933 und 1939 von 41 auf 335. Trotzdem arbeiteten in Tübingen nur 29,8 Prozent aller Frauen als Arbeiterinnen, auf Reichsebene waren es 41,5 Prozent. Dagegen lag in Tübingen der

Offiziöse Leitbilder: heroische Posen beim Ernteeinsatz sollten ein nationalsozialistisches Selbstbewußtsein herausbilden und die „Arbeitsschlacht" um die kriegswichtige Autarkie unterstützen

In Luftschutzübungen wurden Frauen für die Heimatfront ausgebildet - vielfach übernahmen sie die Feuerwehr, die sie nach dem Krieg wieder an die Männer übergeben mußten

Propaganda für die Arbeitsschlacht an der Heimatfront

Anteil der Frauen an den Angestellten überproportional hoch bei 50,4 Prozent, im Gegensatz zu 40,2 Prozent im Reich. Hier wird der besondere Charakter Tübingens als Universitätsstadt mit hohem Beschäftigungsgrad im öffentlichen Dienst sowie in mittelständischen Unternehmen bei geringer Industrie deutlich. Unter den Angestelltenberufen seien besonders die „Bürofräulein" hervorgehoben, besaß doch dieser Beruf eine große Attraktivität aufgrund der guten Verdienstmöglichkeiten, des Angestelltenstatus und der „sauberen" Arbeit. Aus den allgemein gestiegenen Chancen auf einen Arbeitsplatz aber erhöhte Emanzipationschancen für Frauen ableiten zu wollen, wäre falsch, denn dieser Anstieg bezog sich nicht auf die gehobenen Positionen, wo Frauenerwerbstätigkeit nach wie vor bekämpft wurde. 1943 waren bei der Stadtverwaltung Tübingen 67 Frauen angestellt. Davon übten 73 Prozent den Beruf einer Schreibgehilfin aus. Beamtin war vor und während des „Dritten Reiches" nur eine einzige Frau: die „Leichenbesorgerin". Lediglich zwei Frauen hatten leitende Positionen inne, die Hausmutter des Gutleuthauses und die Krankenschwester des Bürgerheims. Bezeichnenderweise waren in diesen beiden Geschäftsstellen ausschließlich Frauen tätig.[10] Auch arbeiteten diese Frauen genau dort, wo die Nationalsozialisten Frauen gerne sahen: in Erziehung, Fürsorge und im pflegerischen Bereich.

Frauen ersetzen Männer. Eine weitere Zäsur bildete der Zweite Weltkrieg. Um die Lücken zu füllen, die die einrückenden Männer hinterließen, wurde wie schon im Ersten Weltkrieg auf die Frauen zurückgegriffen.

Arbeit galt nun als eine mit „Stolz" zu erfüllende, nationale Pflicht. Die Möglichkeit zur Dienstverpflichtung auch der Frauen war seit 1938 durch die „Verordnung der Sicherstellung des Kräftebedarfs von besonderer staatspolitischer Bedeutung" gegeben. Wie schon im Ersten Weltkrieg zögerte die Staatsführung aber mit der Anwendung. Sie beschränkte die Anzahl der zwangsverpflichteten Frauen für die Rüstungsindustrie auf das nötigste, denn die Frauen sollten in der „Gebärschlacht" den Soldaten- und Mütternachwuchs sichern. Außerdem befürchtete die NS-Führung bei umfassender Frauendienstverpflichtung einen negativen Einfluß auf die Volksstimmung. Um dennoch die erforderlichen Arbeitskräfte beizubringen, griff der Staat auf Kriegsgefangene, freiwillige oder zwangsverpflichtete Fremdarbeiter sowie KZ-Häftlinge zurück. In Tübingen arbeiteten mindestens 1600 Zwangsarbeiter, darunter die Hälfte Frauen, die meist aus Osteuropa nach Deutschland verschleppt worden waren.[11]

Ende 1942 wurden die deutschen Truppen im Osten zurückgeschlagen, das Blatt hatte sich endgültig gewendet. Jetzt hieß es im „totalen Kriegseinsatz" alle bestehenden Reserven zu mobilisieren. Die „Verordnung über die Meldung von Männern und Frauen für die Aufgaben der Reichsverteidigung" vom 27. Januar 1943 verpflichtete Männer zwischen 16 und 65 sowie Frauen zwischen 17 und 45 zur Meldung auf den Arbeitsämtern. Die Durchführungsbestimmungen sahen aber so viele Ausnahmen vor, daß bei weitem nicht alle vorgesehenen Frauen auch tatsächlich zum Einsatz herangezogen wurden. Die unterschiedliche Behandlung verursachte viel böses Blut, besonders bei den

Mit der Inanspruchnahme der Frauen für die Kriegsproduktion wurden „Ernte-Kindergärten" geschaffen, um die Mütter für die Kriegsdienstverpflichtung freizustellen - hier in Unterjesingen

„Ich hatte 1941 geheiratet, und 1942 kam ein Gestellungsbefehl für mich, weil wir keine Kinder hatten. Ich mußte zur Wehrmacht als Stabshelferin und da war ich zwei Jahre. Ich mußte Büroarbeiten machen." (Erzählcafé, Tübingen 24.5.1991)

Frauen mußten die eingezogenen Männer ersetzen, auch im Fotogeschäft Kleinfeldt

Arbeiterinnen in den Rüstungsbetrieben, die zu immer größeren Leistungen angetrieben und durch die Doppelbelastung mit Arbeit und Haushalt mit fortschreitender Kriegsdauer immer stärker beansprucht wurden. Bummelei, unentschuldigtes Fehlen und eine angespannte Atmosphäre in den Betrieben waren die Folge. 1944 rief die Partei über die NS-Frauenschaft zum „Ehrendienst der Deutschen Frau" auf. Doch Kreisleiter Rauschnabel stellte in einem Schreiben an den Oberbürgermeister fest, daß die Frauen der Beamten und Angestellten so gut wie nicht auf den Aufruf reagiert hätten. Unter teils „auffallend nichtigen Begründungen" hätten sie jede freiwilligen Betätigung abgelehnt. Ferner sei es gang und gäbe, sich durch „Gefälligkeitsatteste von medizinischen Kapazitäten" vom Einsatz entbinden zu lassen.[12]

Gerade in der unterschiedlichen Behandlung der Frauen im Krieg wird noch einmal deutlich, was es mit der vielgepriesenen „Volksgemeinschaft" auf sich hatte: Die Arbeiterinnen wurden durch immer längere Arbeitszeiten über ihre Kräfte hinaus beansprucht, dasselbe galt für die Bäuerinnen, die während des Krieges die gesamte Landwirtschaft allein bewältigen mußten, die „hochwertigen" Frauen, meist der Mittel- und Oberschicht, hatten als „Kulturträgerinnen" die Aufgabe, Kinder zu bekommen, während die Zwangsarbeiterinnen und KZ-Häftlinge der „Vernichtung durch Arbeit" preisgegeben waren.

Um den Mangel an Lehrkräften, Ärzten und anderen hochqualifizierten Arbeitskräften zu beheben, wurde die Studienbeschränkung für Frauen während des Krieges aufgehoben. Daraufhin stieg der Anteil der Studentinnen auch in Tübingen zeitweilig auf 50 Prozent.[13] Dieser Zustand sollte aber nur solange beibehalten werden, bis der männliche Nachwuchs wieder ausreichend zur Verfügung stand.

„Reichsmarschall Göring hätte bei der Besprechung davon gesprochen: ‚Arbeitspferd und Rassepferd. Wenn das Rassepferd am Pflug eingespannt werde, verbrauche es sich schneller als das Arbeitspferd, infolgedessen könne man nie zu einer Frauendienstverpflichtung im allgemeinen kommen. Die hochwertigen Frauen hätten in erster Linie die Aufgabe, Kinder zu bekommen.'" (SS-Gruppenführer Gottlob Berger an Heinrich Himmler, 2.4.1942)

CHAOS UND ORDNUNG

Generell wurde die Frauenerwerbstätigkeit als ein lästiges, aber unvermeidliches Zwischenstadium betrachtet. Selbst wenn die Frauen wiederholt bewiesen, daß sie durchaus in der Lage waren, gleiche Arbeit wie die Männer zu verrichten, sei es als Ärztin, Schaffnerin oder Postbotin, aber auch als KZ-Aufseherin, sollte das deutsche Volk nach dem (siegreichen) Krieg „in die Lage kommen, alle deutschen Frauen und Mädchen aus allen Berufen, die wir als unfraulich und für unsere Frauen gesundheitsschädlich, die Geburtenzahl unseres Volkes gefährdend, das Familien- und Volksleben schädigend, betrachten müssen, [zu] entfernen."[14]

Der Einsatz von Frauen im Kriegsdienst vertrug sich mit dem nationalsozialistischen Frauenbild am allerwenigsten. Die eingezogenen Frauen wurden vorwiegend als Sanitätshelferinnen, als „Blitzmädel" im Nachrichtenvermittlungsdienst oder in den Büros der Wehrmacht eingesetzt. Aber auch als Flakhelferinnen hatten sie oft lebensgefährliche Positionen einzunehmen. Wenige Wochen vor Kriegsende erwog Hitler sogar die Aufstellung von Frauenbataillonen: „Ob Mädchen oder Frauen ist ganz wurscht: eingesetzt muß alles werden."[15]

Nach Kriegsende hatten die Frauen, wie schon 1918, ihre Arbeitsplätze wieder für die heimkehrenden Männer zu räumen. Bis heute ist die Erwerbstätigkeit der Frauen ein Spielball der wirtschaftlichen und politischen Interessen geblieben.

Diese Beobachtungen über die Erwerbstätigkeit von Frauen in der NS-Zeit zeigen, wie abhängig das NS-Regime von der Kooperationsbereitschaft auch der Frauen war. Ohne sie hätte dieses Regime nicht nahezu reibungslos funktionieren können.[16] Dies verweist auch auf die jüngst von der Frauenforschung

Das Aufrechterhalten der Wirtschaft wie der Privathaushalte wurde mehr und mehr Frauenarbeit - auch unter den harten Bedingungen des Bombenkriegs, hier nach einem Angriff auf die Schaffhausenstraße

„Und dann haben wir gedacht, hoffentlich muß man nicht als Blitzmädel gehen, das war so wie ein weiblicher Soldat - also nicht bei der kämpfenden Truppe - die haben dann telefoniert oder haben da solche Büroarbeiten gemacht, aber schon vielleicht an der Front oder ein bißchen hinter der Front. Und dann hat man einen Brief gekriegt, und dann bin ich ins Montanwerk gekommen, da in der Derendinger Straße" (Anna T., Tübingen 1991)

„Hilf auch Du mit!": Das Plakat aus dem Jahr 1944 stellt die Rüstungsarbeiterin gleichrangig neben Krankenschwester und Bäuerin, die vormals als „wesensgemäß" geltenden Berufe für Frauen

aufgeworfene Frage nach der Mittäterschaft von Frauen.[17] Frauen sind nicht nur als Opfer zu sehen, sondern als Menschen, die aktiv in die Gestaltung ihrer Lebenswelt einzugreifen vermögen - und deshalb Mitverantwortliche sind.[18]

CHAOS UND ORDNUNG

Tabelle 1:
Anzahl der weiblichen Erwerbstätigen in Tübingen und ihr Anteil an der Gesamtbeschäftigungszahl in Prozent

	1925		1933		1939	
	Zahl	%	Zahl	%	Zahl	%
Land- u. Forstwirtschaft	583	63,4	242	42,6	607	60,2
Industrie und Handwerk	611	22,4	569	18,8	1204	26,7
Handel und Verkehr	677	33,0	777	35,8	1024	37,7
Öffentlicher Dienst und private Dienstleistungen	573	24,2	951	33,9	1245	35,4
Häusliche Dienste	863	95,7	1021	98,5	1035	99,7
gesamt	3307	36,9	3560	37,1	5115	40,0
Deutsches Reich	11,5 Mill.	35,9	11,5 Mill.	35,5	12,7 Mill.	37,1

Quelle: Statistiken des Deutschen Reiches Band 405, Berlin, 1928. Band 456, Berlin, 1936. Band 557/26, Berlin, 1942. Prozentangaben nach eigenen Berechnungen. Zahlen für das Reich nach Bajohr 1979, S.18.

Tabelle 2:
Frauenanteil an den einzelnen Berufsgruppen in Prozent

	1925	1933	1939
Selbstständige	21,2	24,8	23,2
mithelfende Familienangehörige	90,1	89,5	95,1
Beamte		4,2	3,7
Angestellte		44,5	50,4
Angestellte und Beamte	22,1	30,8	24,2
Arbeiter	25,6	24,7	29,8
Hausangestellte	99,7	99,2	99,9

Quelle: Nach eigenen Berechnungen, denen die Zahlenangaben in den Statistiken des Deutschen Reiches, Band 405, Berlin, 1928; Band 456, Berlin, 1936; Band 557/26, Berlin, 1942; zugrunde liegen.

Das Pflichtjahr, seit September 1939 durch den RAD erweitert, sollte Mädchen, die nicht in traditionellen „Frauenberufen" beschäftigt waren, auf ihre zukünftige Rolle als „Hausfrau und Mutter" vorbereiten

1 Joseph Goebbels am 18.3.1933, zit. nach Wiggershaus 1984, S.15. 2 Gesetz gegen die Überfüllung der deutschen Hochschulen vom 25.4.1933, Reichsgesetzblatt I, 1933, S.225; vgl. Setzler 1977, S.219. 3 Statistik Deutsches Reich, Bd. 456,31, Berlin 1936, S.31/45 (Eigene Berechnung). 4 StAL E 258 IV, Bü.192. 5 SAT A 150/434. 6 UAT 117c/441. 7 Erzählcafé in der Begegnungsstätte für Ältere im Hirsch, veranstaltet in Zusammenarbeit mit dem Bildungszentrum und Archiv zur Frauengeschichte Baden-Württemberg e.V. am 24.5.1991. 8 UAT 117/1319, 117c/105. 9 Bajohr 1979, S.226. 10 SAT A 150/437. 11 Stichtag April 1945; Projektgruppe Fremde Arbeiter 1985, S.42. 12 SAT A 150/465. 13 Setzler 1977, S.220. 14 SAT A 150/3984 (Erlaß des Führers über den Generalbevollmächtigten für den Arbeitseinsatz vom 21.3.1942). 15 Westenrieder 1984, S.122. 16 Der Gruppe der Widerstandskämpferinnen, Verfolgten und Opfer des NS standen nämlich nicht nur die aktiven Nationalsozialistinnen gegenüber, sondern auch all die passiven Mitläuferinnen, Dulderinnen, Angepaßten, „Ignorantinnen und Überforderten"; vgl. Wiggershaus 1984, S.105-114 bzw. 148. 17 Vgl. Gravenhorst, Tatschmurat 1990. 18 Dieser Aspekt wurde hier nicht näher beleuchtet, weil eine Untersuchung, die zum größten Teil auf Archivmaterial und Statistiken beruht, dies nicht in zufriedenstellender Weise leisten kann.

3

Zwangssterilisation. „Zigeuner-Forschung".

SA-Rektor. Vertreibung. Frauenalltag.

Jugend. Sportvereine. 1. Mai.

Silcher-Pflege. Theodor Haering.

VOLKSGEMEINSCHAFT

UND

AUSGRENZUNG

ULRICH MORLOCK

Nationalsozialistische Medizin - Das Beispiel der Zwangssterilisationen in Tübingen

Bereits Jahrzehnte vor der Machtübernahme der Nationalsozialisten entwickelten Wissenschaftler rassistische und rassenhygienische Theorien und forderten ihre Umsetzung: Nur die Erbanlagen der angeblich Erbgesunden sollten zur Fortpflanzung kommen, die „Minderwertigen" davon ausgeschlossen werden. Zu „Ballastexistenzen" erklärte Menschen sollten nicht länger der

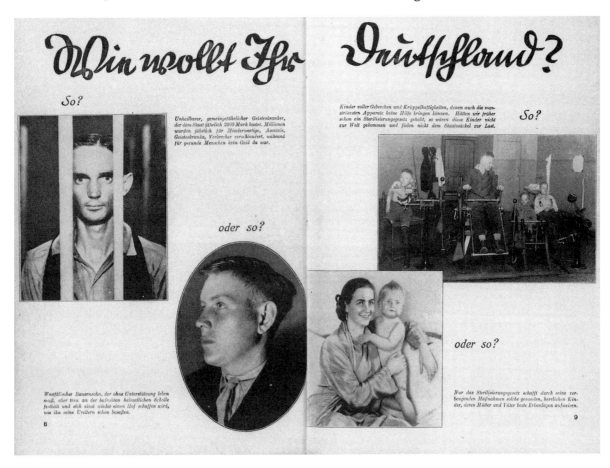

Gesellschaft zur Last fallen, sondern aus der „Gemeinschaft" ausgegrenzt und getötet werden. Von 1939 an wurde dieses Programm in den als „Euthanasie" (Gnadentod) ausgegebenen Morden an Kranken und Behinderten umgesetzt, die gleichzeitig die technisch-personelle Vorbereitung für die Vernichtung der Juden und ein Probelauf für die Reaktion der Bevölkerung waren.

Rassenhygienische Propaganda der Zeitschrift „Neues Volk" im August 1933

Tübinger Wissenschaftler. In Tübingen arbeiteten insbesondere Mediziner und Anthropologen an der Vorbereitung und wissenschaftlichen Rechtfertigung der „Rassenhygiene". Sie begrüßten das Gesetz „zur Verhütung erbkranken Nachwuchses" (GzVeN), das die NS-Regierung bereits am 14. Juli 1933 verabschiedete, und beteiligten sich an seiner Durchführung.

Einer von ihnen war Prof. Dr. Robert Gaupp, von 1906 bis 1936 Vorstand der Universitäts-Nervenklinik. Unter seiner Leitung arbeiteten mehrere Psychiater, die später wichtig für die ideologische Begründung und Durchführung der NS-Rassenhygiene wurden. Gaupp war nie Nationalsozialist. Er war ein bedeutender Psychiater und ist noch heute in der Fachwelt anerkannt. 1925 forderte er „die Unfruchtbarmachung geistig und sittlich Kranker und Minderwertiger",[1] und 1934 begrüßte er die Verabschiedung des GzVeN durch die Nationalsozialisten, die er als Befreiung aus einer seelischen Notlage erlebte.[2]

Unter Gaupp arbeitete an der Tübinger Nervenklinik in der ersten Hälfte der 20er Jahre Dr. Werner Villinger, der in der NS-Zeit in Breslau Ordentlicher Professor wurde und 1941 Gutachter der „Euthanasie"-Mordaktion war. Ein ehemaliger T4-Mitarbeiter - T4 war die Tarnbezeichnung für die „Euthanasie"-Aktion - berichtete aber, daß Villinger in den meisten Fällen die Kranken vor der Vernichtung bewahrte. Noch 1940 wurde er in Berlin gegen die „Euthanasie" vorstellig. Weshalb er dennoch als T4-Gutachter arbeitete, blieb bis heute ungeklärt.[3]

Auch an der Nervenklinik tätig war Dr.Dr. Robert Ritter, dessen in den 30er und 40er Jahren erstellte „Zigeunerkartei" große Teile der Sinti- und Roma-Bevölkerung erfaßte. Seine rassistischen Feldforschungen lieferten die „wissenschaftliche" Grundlage für die Sterilisation dieser Menschen und ihre Ermordung in Konzentrationslagern.[4]

Ebenfalls an der Tübinger Psychiatrie war der SA-Sturmhauptführer Prof.Dr. Hermann Hoffmann, der 1936 Gaupps Nachfolger als Vorstand der Nervenklinik und ein Jahr darauf Rektor der Universität wurde. Als Wissenschaftler empfahl er, die „anlagebedingten Verbrecher" von der Fortpflanzung auszuschließen. Die Nationalsozialisten benützten solche Theorien als Rechtfertigung ihrer brutalen Ausgrenzungspolitik gegenüber „Gemeinschaftsfremden", zum Beispiel Nichtseßhaften, Alkoholkranken oder Arbeitshäuslern.[5]

Der Psychiater Prof.Dr. Ernst Kretschmer, der als Oberarzt der Vorgänger Hoffmanns war und von 1946 bis 1959 die Nervenklinik leitete, äußerte sich auffallend vorsichtig zu erbbiologischen Fragen. Doch auch er begrüßte 1934 das Sterilisationsgesetz.[6]

Tübinger Gesellschaft für Rassenhygiene E. V.

Donnerstag, den 22. November, abends 8 Uhr c. t. im Festsaal der Neuen Aula:

Vortrag

des Herrn Dr. Hermann Muckermann, Abteilungsleiter im Kaiser-Wilhelm-Institut für Anthropologie in Berlin-Dahlem, über:

„Wesen und Wert der Eugenik"

Eintritt für **Nichtmitglieder:** 50 Pfennig.
Eintritt für Studenten: 25 Pfennig.

Die sozialdarwinistische Linie in den Natur- und Humanwissenschaften hatte Tradition: Vortragsankündigung vor 1933

1962 wurde der Fußweg zur Nervenklinik nach Robert Gaupp benannt

Reichsgesetzblatt

Teil I

1933	Ausgegeben zu Berlin, den 25. Juli 1933	Nr. 86

Inhalt: Gesetz zur Verhütung erbkranken Nachwuchses. Vom 14. Juli 1933 .... S. 529

Fünfte Verordnung zur Durchführung der Verordnung über die Devisenbewirtschaftung. Vom 20. Juli 1933 .... S. 531

Verordnung über die Errichtung einer vorläufigen Filmkammer. Vom 22. Juli 1933 .... S. 531

Verordnung über Zolländerungen und Ausfuhrscheine. Vom 24. Juli 1933 .... S. 533

Verordnung zur Durchführung des Gesetzes über die Aufhebung der im Kampf für die nationale Erhebung erlittenen Dienststrafen und sonstigen Maßregelungen. Vom 25. Juli 1933 .... S. 535

Gesetz zur Verhütung erbkranken Nachwuchses.
Vom 14. Juli 1933.

Die Reichsregierung hat das folgende Gesetz beschlossen, das hiermit verkündet wird:

§ 1

(1) Wer erbkrank ist, kann durch chirurgischen Eingriff unfruchtbar gemacht (sterilisiert) werden, wenn nach den Erfahrungen der ärztlichen Wissenschaft mit großer Wahrscheinlichkeit zu erwarten ist, daß seine Nachkommen an schweren körperlichen oder geistigen Erbschäden leiden werden.

(2) Erbkrank im Sinne dieses Gesetzes ist, wer an einer der folgenden Krankheiten leidet:

1. angeborenem Schwachsinn,
2. Schizophrenie,
3. zirkulärem (manisch-depressivem) Irresein,
4. erblicher Fallsucht,
5. erblichem Veitstanz (Huntingtonsche Chorea),
6. erblicher Blindheit,
7. erblicher Taubheit,
8. schwerer erblicher körperlicher Mißbildung.

(3) Ferner kann unfruchtbar gemacht werden, wer an schwerem Alkoholismus leidet.

§ 2

(1) Antragsberechtigt ist derjenige, der unfruchtbar gemacht werden soll. Ist dieser geschäftsunfähig oder wegen Geistesschwäche entmündigt oder hat er das achtzehnte Lebensjahr noch nicht vollendet, so ist der gesetzliche Vertreter antragsberechtigt; er bedarf dazu der Genehmigung des Vormundschaftsgerichts. In den übrigen Fällen beschränkter Geschäftsfähigkeit bedarf der Antrag der Zustimmung des gesetzlichen Vertreters. Hat ein Volljähriger einen Pfleger für seine Person erhalten, so ist dessen Zustimmung erforderlich.

(2) Dem Antrag ist eine Bescheinigung eines für das Deutsche Reich approbierten Arztes beizufügen, daß der Unfruchtbarzumachende über das Wesen und die Folgen der Unfruchtbarmachung aufgeklärt worden ist.

(3) Der Antrag kann zurückgenommen werden.

§ 3

Die Unfruchtbarmachung können auch beantragen
1. der beamtete Arzt,
2. für die Insassen einer Kranken-, Heil- oder Pflegeanstalt oder einer Strafanstalt der Anstaltsleiter.

§ 4

Der Antrag ist schriftlich oder zur Niederschrift der Geschäftsstelle des Erbgesundheitsgerichts zu stellen. Die dem Antrag zu Grunde liegenden Tatsachen sind durch ein ärztliches Gutachten oder auf andere Weise glaubhaft zu machen. Die Geschäftsstelle hat dem beamteten Arzt von dem Antrag Kenntnis zu geben.

§ 5

Zuständig für die Entscheidung ist das Erbgesundheitsgericht, in dessen Bezirk der Unfruchtbarzumachende seinen allgemeinen Gerichtsstand hat.

§ 6

(1) Das Erbgesundheitsgericht ist einem Amtsgericht anzugliedern. Es besteht aus einem Amtsrichter als Vorsitzenden, einem beamteten Arzt und einem weiteren für das Deutsche Reich approbierten Arzt, der mit der Erbgesundheitslehre besonders vertraut ist. Für jedes Mitglied ist ein Vertreter zu bestellen.

(2) Als Vorsitzender ist ausgeschlossen, wer über einen Antrag auf vormundschaftsgerichtliche Genehmigung nach § 2 Abs. 1 entschieden hat. Hat ein beamteter Arzt den Antrag gestellt, so kann er bei der Entscheidung nicht mitwirken.

„Und das alles, im Großen und Ganzen, fixiert auf gesunde Familien." (Frau W., Tübingen 1991)

Ein weiterer Verfechter eugenischer Sterilisierungen war in der Universitätsstadt Prof. Dr. August Mayer, Chef der Frauenklinik. Er galt als fürsorglicher Arzt, dennoch wurden die Sterilisierungen von Frauen aus der Region an seiner Klinik, die er zur zentralen Erbgesundheitsklinik des Landes machen wollte, durchgeführt.[7]

Das Sterilisationsgesetz und seine Durchführung. Bis zum 1. Oktober 1936 wurden an der Frauenklinik Tübingen 414 Frauen unfruchtbar gemacht. Eine 1938 an der Frauenklinik Tübingen angefertigte Dissertation berichtet vom Tod einer Frau durch diese Operation.[8] Die Nervenklinik Tübingen dokumentierte für das erste Jahr nach Inkrafttreten des Gesetzes, daß von ihren Patienten und Patientinnen 213 Männer, 317 Frauen und 33 Kinder im Sinne des Gesetzes als erbkrank anzuzeigen waren. Rund ein Drittel von ihnen wurde durch Beschluß des Erbgesundheitsgerichts zur Sterilisation verurteilt.[9] Insgesamt wurden in Deutschland etwa 400.000 angeblich Erbkranke zwangssterilisiert,[10] mindestens 1000 Menschen starben an dieser Operation.[11]

Zuständig für die Sterilisation von Frauen in Württemberg waren die Frauenkliniken Tübingen und Stuttgart sowie die chirurgische Klinik in Ulm.[12] Spezielle Erbgesundheitsgerichte (EGG), zusammengesetzt aus einem Amtsrichter, einem Amtsarzt und einem weiteren Arzt, entschieden über die Anträge. Vormünder und Betroffene konnten den Antrag stellen, Amtsärzte und Leiterinnen von Krankenhäusern, Heil- oder Pflegeanstalten sowie Strafanstalten waren dazu verpflichtet, außerdem alle Ärztinnen und Ärzte sowie Personen in Heil- und Pflegeberufen, vorzugsweise Fürsorgerinnen und Gemeindeschwestern. Zwischen 1935 und 1941 wurden in Württemberg nur vier Prozent der Anträge von den angeblich Erbkranken oder deren gesetzlicher Vertretung gestellt, 18 Prozent von Anstaltsärzten und 78 Prozent von Amtsärzten und -ärztinnen. Im Bereich des Gesundheitsamtes Tübingen/Rottenburg gingen in denselben Jahren nur zwei Anträge von gesetzlichen Vertretern und Vertreterinnen ein, von angeblich Erbkranken kein einziger.[13]

Hatte das Gericht, bei Einspruch das Erbgesundheitsobergericht, die Unfruchtbarmachung beschlossen, so konnte sie auch „gegen den Willen des Unfruchtbarzumachenden" ausgeführt werden, „sofern dieser nicht allein den Antrag gestellt hatte." Die „Anwendung unmittelbaren Zwangs" war ausdrücklich erlaubt.[14] Erschienen die Vorgeladenen nicht in der Klinik, so wurden sie von

Auch wenn ihn keine Zunge nennt,
wir hoffen, daß ihn jeder kennt.
Er ist im weiten Schwaben Land
und selbst noch in Berlin bekannt.
Denn August Mayer bleibt und ist
aus Tübingen der Urfaschist!

In einer studentischen Karikatur von 1943 erscheint der Leiter der Frauenklinik, Propagandist und Praktiker von Zwangssterilisierungen als „Urfaschist"

VOLKSGEMEINSCHAFT UND AUSGRENZUNG

Tübingen. Universitäts-Frauenklinik

der Polizei vorgeführt; in Württemberg war solche Gewaltanwendung bei jedem zwölften Sterilisationsopfer nötig.[15] Der „Erbkranke" war „der dauernden Kontrolle einer neugeschaffenen rassistischen Bürokratie in den Gesundheitsämtern, an Gerichten oder ‚Rassenpolitischen Ämtern der NSDAP' ausgesetzt."[16]

„Zu Tode erschrockene Kranke". Selbstverständlich konnten diese Maßnahmen nicht geheimgehalten werden - die Menschen hatten Angst. Ärzte und Ärztinnen klagten, daß das Vertrauen in sie gelitten habe: „Zum Teil fragen die Kranken vorher in der Klinik an, ob die Klinik eine Anzeige erstatten müßte, und wenn dies bejaht wird, hört man keinen Ton mehr von ihnen."[17] Mediziner berichteten, daß Eltern falsche Angaben machten, „um ihr Kind vor der Sterilisation zu retten, dem Arzt eine Gehirnentzündung oder noch öfter eine schwere Geburt als Ursache angeben"[18], also ein Ereignis während oder nach der Geburt, um die Erblichkeit einer Behinderung auszuschließen.

Angst war es auch, die neben anderen Gründen dazu führte, daß in die Klinik eingewiesene Frauen sich weigerten, eine gynäkologische Tastuntersuchung durchführen zu lassen. Von mindestens zehn Fällen zwischen 1934 und 1936 ist bekannt, daß Ärzte diesen Eingriff in Narkose, also unter Mißachtung des erklärten Willens, nachholten.[19] Bei den mit Zwang Sterilisierten, die körperlich und seelisch verletzt wurden, kam es zu Schwierigkeiten bei der Heilung, wie in der anfangs erwähnten Untersuchung der Frauenklinik Tübingen zu lesen ist: Manche Patientinnen waren unruhig und versuchten, den Verband abzureißen, andere lagen starr und entsetzt in ihren Betten: „Nur wer diesen Zustand gesehen hat, begreift, warum es bei diesen Kranken doch relativ häufig zu Bronchopneumonien [Lungenentzündung] kommen kann. Aber alle prophylaktischen Maßnahmen scheiterten an der inneren Abwehr dieser zu Tode erschrockenen Kranken, die kaum noch zu atmen wagten."[20]

„Ein starkes Geschlecht wird die Schwachen verjagen, da der Drang zum Leben in seiner letzten Form alle lächerlichen Fesseln einer sogenannten Humanität der einzelnen immer wieder zerbrechen wird, um an seine Stelle die Humanität der Natur treten zu lassen, die die Schwäche vernichtet, um der Stärke Platz zu machen." (Adolf Hitler in „Mein Kampf")

Solche Probleme traten auch bei einer Frau aus Rottenburg auf. Sie starb an den Folgen ihrer Sterilisationsoperation.[21] Eine örtliche Entzündung führte zu einer tödlichen Bauchfellentzündung. Der Sachverständigenbeirat für Volksgesundheit in der Reichsleitung der NSDAP gab jedoch „der großen Unruhe und dem Toben der Patientin" die Schuld. Seine Logik lautete: „Bei einer geistesgesunden Patientin wäre der Heilverlauf vermutlich regelrecht gewesen."[22]

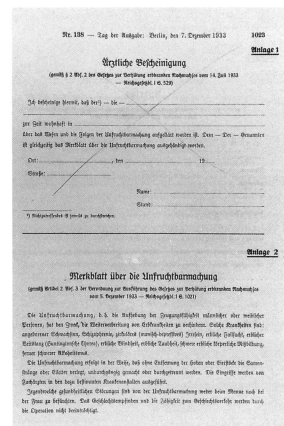

Aus den städtischen Akten: Merkblatt zur Sterilisation

Trotz Empfehlung der Ärzte und Ärztinnen erschien nur „ein verschwindend kleiner Teil der Sterilisierten"[23] zu einer Nachuntersuchung. Gefährdete oder bereits gemeldete Menschen lebten in großer Angst; durch Flucht, häufigen Wohnsitzwechsel oder Eingaben bei allen möglichen Dienst- und Parteistellen versuchten manche von ihnen, der Sterilisation zu entgehen. [24]

Die Mitarbeit der öffentlichen Verwaltung. Mit dem GzVeN und den daraus folgenden Verordnungen und Erlassen waren weite Teile der Verwaltung über die Zwangssterilisationen informiert und mit ihrem bürokratischen Vollzug beauftragt. So wies der Runderlaß vom 20. August 1934 (Nr.X, 3055) insbesondere Fürsorgebehörden an, „Fälle, in denen jemand vermutlich an einer Erbkrankheit oder an schwerem Alkoholismus leidet, dem zuständigen Oberamtsarzt mitzuteilen."[25] Allerdings monierte das württembergische Innenministerium ein knappes Jahr später, daß die Weisung nicht genügend beachtet worden wäre.[26] Daraufhin ergriff Medizinalrat Dr. Brasser, Amtsarzt des Staatlichen Gesundheitsamtes für die Kreise Tübingen/Rottenburg und Leiter des Tübinger Gesundheitsamtes bis Frühjahr 1945, die Initiative. Im Oktober 1935 beklagte er, „die pflichtgemäße Anzeige der erbkranken Personen [. . .] läßt immer noch sehr zu wünschen übrig." Die Anzeigen von Ärztinnen und Ärzten und Bürgermeisterämtern erfolge spärlich, „von den Pfarrämtern überhaupt nicht zu reden." Deshalb schlug er dem Oberamt Tübingen vor, die Bürgermeisterämter aufzufordern, sämtliche vom Erbgesundheitsgesetz Betroffenen bis spätestens 1. November 1935 anzuzeigen. Der pflichtbewußte Mediziner vergaß nicht, darauf hinzuweisen, daß „auch Verdachtsfälle zu melden sind."[27]

Drei Listen mit 58 Namen. Die Verwaltung behandelte die Aufforderung, Bürger und Bürgerinnen zu denunzieren, wie einen üblichen bürokratischen Vorgang. Am 9. Oktober 1935 wies das Oberamt Tübingen die Bürgermeisterämter an, bis spätestens 1. November 1935 direkt beim Gesundheitsamt Anzeige zu erstatten: „Die Frist ist unter allen Umständen

N.S.D.A.P.
AMT FÜR VOLKSGESUNDHEIT
VERWALTUNGSSTELLE XXIV
TÜBINGEN, HINDENBURGPLATZ 1.

Name: _____ (bei Frauen Mädchenname) Vorname: _____
geboren: _____
Tag der Eheschliessung: _____
Wohnort: _____ Strasse: _____ Nr. _____

AHNENTAFEL DER MUTTER

	Mutter	Grossvater	Grossmutter	Urgrossvater	Urgrossmutter	Urgrossvater	Urgrossmutter
Wann geboren?							
An irgend einer Krankheit leidend?							
Wann gestorben? An was?							
Wieviel Brüder?							
Wieviel Schwestern?							
Sind alle gesund?							
Wieviel gestorben?							
Wann ist der Hochzeitstag?							
Besondere Begabung?							
Besondere Krankheiten?							
Beruf?							
Konfession?							

Geschwister des Prüflings:
_____ männl. _____ weibl.
wieviel gestorben? _____ männl. _____ weibl.

Ich versichere, dass ich alle Angaben nach bestem Wissen und Gewissen gemacht und nichts verschwiegen habe.

_____, den _____ 193_

(Unterschrift) _____

Datenerhebungen und statistische Erfassung standen am Anfang der Vernichtung

pünktlich einzuhalten."[28] Daraufhin antwortete das Tübinger Bürgermeisteramt dem Staatlichen Gesundheitsamt am 30. Oktober 1935 mit einem kurzen Brief und drei Namenslisten.[29]

Auf dem Wege einer Verwaltungsangelegenheit zwischen verschiedenen Ämtern wurden 58 Menschen als erbkrank angezeigt - reibungslos und termingerecht. Eine Liste mit 32 Namen stammte vom Städtischen Wohlfahrtsamt Tübingen, die Geschäftsstelle Derendingen nannte 16 Namen und die Geschäftsstelle Lustnau schrieb zehn Namen auf ihre Liste. Die Listen nennen - wie vom Gesundheitsamt gefordert - den Namen, Geburtstag, Beruf, Familienstand und das „Erblichkeitsverhältnis" der betroffenen Menschen: Hans A. - „Alkoholiker", Hilde S. - „fallsüchtig", Franz R. - „Schwachsinn", Lena M. - „zirkuläres Irresein", Kurt S. - „geistesschwach", usw.[30] Das Wohlfahrtsamt Tübingen und die Geschäftsstelle Lustnau lieferten auch gleich auf dem Wege der Amtshilfe die Adresse.

Lina P. - Die Geschichte einer Tübingerin. In den Universitätsakten ist der Weg der ledigen Lina P. dokumentiert.[31] Sie mußte 1936 vor dem Erbgesundheitsgericht Tübingen erscheinen; den Antrag hatte das Staatliche Gesundheitsamt Tübingen gestellt. Das EGG wies Frau P. in die Nervenklinik ein, wo ein Gutachten angefertigt werden sollte. Der untersuchende Psychiater sprach sich wegen der Jugend der Frau (18 1/2 Jahre) gegen eine Unfruchtbarmachung aus, obwohl er angeborene geistige Beschränktheit diagnostizierte. „Die Frage eines angeborenen Schwachsinns im Sinne des Gesetzes zur Verhütung erbkranken Nachwuchses können wir heute [. . .] noch nicht bejahen."[32] Er empfahl zu einem späteren Zeitpunkt eine Nachuntersuchung.

„Sollte es künftig bisweilen vorkommen, daß ein Schwachsinniger [. . .] sterilisiert würde, bei dem die rein angeborene und vererbte Natur des Schwachsinns fraglich ist, so wäre ein solcher Irrtum angesichts des großen Zieles einer erfolgreichen Bekämpfung fortschreitender Zunahme der Minderwertigen nicht allzu tragisch zu nehmen." (Robert Gaupp, 1934)

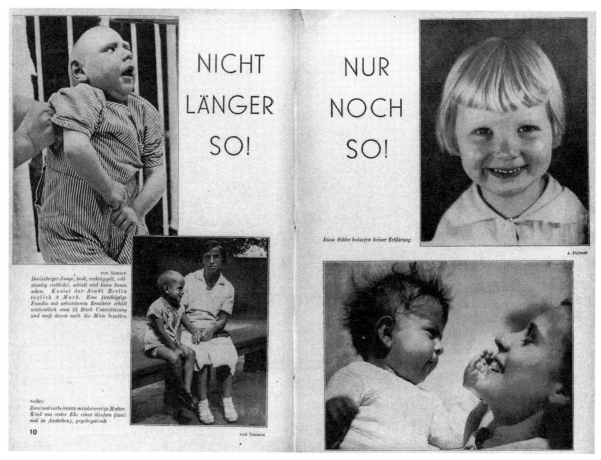

NICHT LÄNGER SO!

NUR NOCH SO!

Diese Bilder bedürfen keiner Erklärung

A. Palmer

von Samson
Dreijähriger Junge, taub, verkrüppelt, voll-
ständig verblödet, schielt und kann krans-
sehen. Kostet der Stadt Berlin
täglich 8 Mark. Eine fünfköpfige
Familie mit arbeitslosem Ernährer erhält
wöchentlich etwa 24 Mark Unterstützung
und muß davon noch die Miete bezahlen.

rechts:
Zweimal verheiratete minderwertige Mutter.
Kind aus erster Ehe eines Säufers (zwei-
mal in Anstalten), psychopatisch

10

von Samson

Propaganda für die Sozialpolitik des NS-Staates

Hatten die rassenhygienischen Kontrolleinrichtungen des NS-Staates ihr Opfer erst einmal erfaßt, hielten sie es fest: Frau P. mußte zwei Jahre später auf Beschluß des EGG erneut in der Klinik erscheinen. In der Frauenklinik wurde sie zwangsuntersucht, um herauszufinden, ob sie überhaupt Kinder bekommen könne. Die Frauenklinik bejahte dies. Die Nervenklinik stellte fest, daß eine geistige „Nachreifung" nicht stattgefunden habe und somit die Voraussetzungen des § I GzVeN erfüllt seien. Daraufhin beschloß das Erbgesundheitsgericht die Sterilisation.

Die bereits zitierte Dissertation[33] von 1934 weist ausdrücklich daraufhin, daß der Amtsarzt und das EGG in den „allermeisten Fällen" den Empfehlungen der Nervenklinik gefolgt seien. Im Bewußtsein der eigenen Kompetenz wird hier erklärt, daß für die Entscheidung über Sterilisationen an Patientinnen und Patienten der Nervenklinik Tübingen die Beurteilungen der dort arbeitenden Psychiater richtungsweisend waren. Frau P. aber erhob Einspruch beim Erbgesundheitsobergericht in Stuttgart, das sich aus Senatspräsident Dr. Göz und den Ärzten Dr. Mauthe und Dr. Lechler zusammensetzte. Diese konnten einen pathologischen Schwachsinn nicht sicher feststellen und lehnten daher die Unfruchtbarmachung ab. Lina P. wurde daraufhin zwar nicht sterilisiert, aber auch nicht aus der rassenhygienischen Überwachung entlassen: Sollte sie in Zukunft einen Antrag auf ein Ehetauglichkeitszeugnis stellen, so werde dies ein Grund für eine erneute Untersuchung sein.

„Mein Leben hat er vernichtet." (Eine Zwangssterilisierte aus dem Kreis Tübingen)

Von der Sterilisation zur Ermordung. Am 31. August 1939 beendete die 6. Durchführungsverordnung zum Erbgesundheitsgesetz weitgehend die nach dem Gesetz vorgesehenen Sterilisierungen.[34] Auf den 1. September 1939 war die Ermächtigung Hitlers zur Durchführung der „Euthanasie"-Morde zurückdatiert. Im Oktober 1939 gingen dafür in den Psychiatrischen Anstalten die ersten Meldebögen ein. Der NS-Staat ging direkt von der Sterilisation zur Ermordung der „Minderwertigen" über.

Busse transportierten tausende „Geisteskranke" in die „Euthanasie"-Anstalten: in Württemberg nach Grafeneck, hier vor der Anstalt Eichberg im Rheingau

Die eugenische Diffamierung endete nicht 1945. Der Bundestag hat das Sterilisationsgesetz erst 1988 als Unrecht moralisch verurteilt.[35] Dennoch sind die Zwangssterilisierten bis heute nicht als Verfolgte des NS-Regimes im Sinne des Bundesentschädigungsgesetzes anerkannt. In absehbarer Zeit werden diese Menschen alle gestorben sein. Den Verstümmelten bleibt eine einmalige Zahlung aus einem Härtefallfonds der Bundesregierung in Höhe von 5000 DM, laufende Leistungen werden in Ausnahmefällen zugebilligt.[36] Um das Geld bekommen zu können, ist eine ärztliche Untersuchung Voraussetzung, ebenso die Versicherung, „niemals der nationalsozialistischen Gewaltherrschaft Vorschub geleistet" zu haben. Sie müssen bestätigen: „Ich war niemals Mitglied der NSDAP oder einer ihrer Gliederungen"[37] - während diejenigen Mediziner, die sie vor 1945 zur Sterilisation vorschlugen bzw. verurteilten, trotz hoher NS-Stellungen ohne Schwierigkeiten wieder zu Rang und Würden kamen.
Wer auf die beschriebene Art und Weise den NS-Behörden ausgeliefert war, wird sicher schwerlich an die bundesrepublikanischen Behörden herantreten

„Es mehren sich die Fälle, daß sterilisierte Erbkranke um die Rückgängigmachung der Sterilisation nachsuchen." (Polikliniken an das Staatliche Gesundheitsamt Tübingen, 29.10.1945)

und das alte Leid offenlegen, alte Schmerzen noch einmal durchleben und sich mit privaten Auskünften noch einmal einer Behörde ausliefern - schon gar nicht als Bittstellerin oder Bittsteller, die keinen rechtlichen Anspruch auf Entschädigung haben, sondern um 5000 Mark für 50 leidvolle Jahre bitten müssen. So bleiben die Opfer allein und werden allein gelassen. Erst 1987 ist eine Gruppe von ihnen in Form eines Vereins, dem „Bund der ‚Euthanasie'-Geschädigten und Zwangssterilisierten e.V.", an die Öffentlichkeit getreten, die ihnen jedoch wenig Aufmerksamkeit widmet.

1 Robert Gaupp, Die Unfruchtbarmachung geistig und sittlich Kranker und Minderwertiger, Referat vor dem Deutschen Verein für Psychiatrie am 2.9.1925 in Kassel, Berlin 1925, zit. nach Projektgruppe Volk und Gesundheit 1982, S.160f; vgl. Bauer 1936, S.5f sowie Siemen 1982. **2** Projektgruppe Volk und Gesundheit 1982, S.161. **3** Schäfer 1991. **4** Projektgruppe Volk und Gesundheit 1982, S.165f; vgl. Lang 1985 sowie Winter 1988. **5** Projektgruppe Volk und Gesundheit 1982, S.161-164; vgl. Schönhagen 1991, S.271-287, sowie Schönhagen 1987, S.94-103. **6** Projektgruppe Volk und Gesundheit 1982, S.164f; Schönhagen 1991, S.151. **7** Wuttke 1988. **8** Horstmann 1938, S.13. **9** Bauer 1936, S.18-23. **10** Klee 1991. **11** Wuttke 1984, S.470. **12** Horstmann 1938, S.13. **13** Projektgruppe Volk und Gesundheit 1982, S.150. **14** Vgl. GzVeN, Reichsgesetzblatt I, 1933, S.529ff. **15** Projektgruppe Volk und Gesundheit 1982, S.150. **16** Wuttke 1984, S.472. **17** Bauer 1936, S.15. **18** Ebd., S.16. **19** Horstmann 1938, S.10. **20** Ebd., S.16. **21** Projektgruppe Volk und Gesundheit 1982, S.149. **22** Ebd. **23** Horstmann 1938, S.18. **24** Projektgruppe Volk und Gesundheit 1982, S.151. **25** SAT A 150/4858, Schreiben des württembergischen Innenministeriums, Nr.IX, 273. **26** Ebd. **27** SAT A 150/4860, Brief des Staatlichen Gesundheitsamtes für die Kreise Tübingen/Rottenburg Nr.1481 an das Oberamt Tübingen vom 8.10.1935. **28** Ebd. **29** SAT A 150/4860, Schreiben des Oberbürgermeisters der Universitätsstadt Tübingen vom 30.10.1935 an das Staatliche Gesundheitsamt für die Kreise Tübingen/Rottenburg. **30** Ebd. **31** Krankenblattarchiv der Nervenklinik Tübingen; Name geändert. **32** Ebd.; Namen geändert. **33** Bauer 1936, S.17. Werner Bauer wurde Marinesanitätsoffizier und kam am 1. Januar 1941 zur Marineärztlichen Akademie (MÄA) in Kiel, wo er beauftragt wurde, einen weniger gefährdeten Studienort zu suchen. Er nutzte die Beziehungen über seinen Vater, Dr. med. Robert Bauer, der viele Jahre Stiftsarzt gewesen war und bereitete den Umzug in das Evangelische Stift Tübingen vor, in dem die MÄA dann von Mai 1941 bis April 1945 untergebracht war; Bauer 1988. **34** Müller-Hill 1984, S.16. **35** Klee 1991. **36** Ebd. **37** Ebd.

IRMGARD BUMILLER

„Getarnter Schwachsinn" Der Tübinger Beitrag zur nationalsozialistischen „Zigeuner"-Verfolgung[1]

Der Nervenarzt und Jugendpsychiater Dr. Robert Ritter, der die nationalsozialistische „Zigeuner"-Politik wesentlich mitbestimmte, entwickelte seine grundlegenden Theorien in Tübingen. Seit 1932 betrieb er dort rassenhygienische Forschungen. Nachdem man von staatlicher Seite auf seine praxisbezogenen Schlußfolgerungen aufmerksam geworden war, wurde er 1936 als „Zigeunerexperte" in die Reichshauptstadt berufen. Auf Grund der von seinen Mitarbeitern erstellten Gutachten wurden „Zigeuner" aus der Wehrmacht entlassen, unfruchtbar gemacht, zur Zwangsarbeit verpflichtet und in Konzentrationslager eingeliefert. Außerdem bewirkten diese Gutachten die Verweigerung von

Ehegenehmigungen und den Abbruch von Schwangerschaften. Ritter erklärte mehr als 90 Prozent der „Zigeuner" zu „minderwertigen Mischlingen" und forderte für sie die Sterilisation. Seine anthropologischen Untersuchungen dienten gleichzeitig der polizeilichen Erfassung der „Zigeuner".[2] Was in der NS-Diktatur durch seine Forschungen möglich wurde, die letztlich auf sozialdarwinistischen Annahmen beruhten, wie sie sich seit der Jahrhundertwende durchgesetzt hatten, zeigt die nahezu vollständige Vernichtung der deutschen „Zigeuner".

Robert Ritter bei der Blutentnahme: seine anthropologischen Forschungen bereiteten den Völkermord an den Sinti und Roma vor

Ein vielseitig ausgebildeter Jugendpsychiater. Robert Ritter, am 14. Mai 1901 als Sohn eines deutschen Seeoffiziers in Aachen geboren, wuchs in einem streng konservativen Elternhaus in Berlin-Nikolassee auf. Mit 15 Jahren wurde er ins preußische Kadettenkorps aufgenommen. Nach dem Abitur begann er 1921 mit dem Studium der Medizin und der Psychologie in Tübingen, das er an den Universitäten Marburg, Oslo, München, Berlin und Heidelberg fortsetzte und in den Fächern Pädagogik, Philosophie, Psychiatrie und Heilpädagogik vertiefte. 1927 promovierte er an der philosophischen Fakultät der Münchner Universität mit einer pädagogischen Arbeit, 1930 folgte seine medizinische Dissertation in Heidelberg. Den Winter 1931/32 verbrachte er in Paris, um die Praxis der französischen Jugendpsychiatrie kennenzulernen. Anschließend arbeitete er ein Jahr lang als Assistenzarzt an der psychiatrischen Klinik der Universität Zürich.[3]

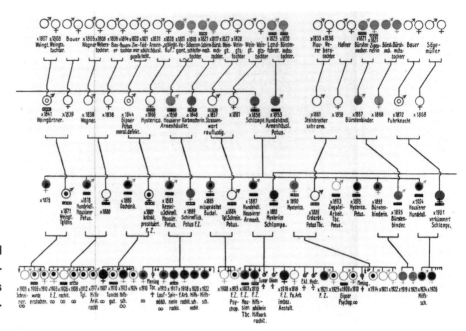

Ausschnitt aus der Stammtafel einer Tübinger Weingärtnerfamilie: Grundlage für Ritters Konstruktion eines „minderwertigen Menschenschlags"

Ritters Wandlung zum Rassenhygieniker. Als Ritter am 1. August 1932 als Assistenzarzt an der Tübinger Nervenklinik begann, war er ein vielseitig ausgebildeter Jugendpsychiater, der der Umwelt und der Erziehung größeren Einfluß als den Erbanlagen beimaß. Seit November 1933 arbeitete er, mittlerweile zum Oberarzt ernannt, vorwiegend im Jugendheim der Klinik, einem Sonderbau für nervöse, nervenkranke, epileptische, geistesschwache und schwer erziehbare Kinder und Jugendliche. Dort fielen ihm besonders Kinder von Landfahrern, sogenannten Jenischen, auf, für deren Herkunft er sich zu interessieren begann. Er unterstellte den auffallend gewitzten, aber nicht angepaßten Kindern „getarnten Schwachsinn" - ein Begriff, den er in die Psychiatrie einführte, und zwar als „Schwachsinn, der die Maske der Schlauheit trägt."[4]

„Der primitive Mensch ändert sich nicht und läßt sich nicht ändern." (Robert Ritter, 1940)

Am 15. März 1934 übernahm Ritter zusätzlich zu seiner Tätigkeit als Oberarzt die Leitung der neugegründeten Eheberatungsstelle, die ebenfalls im Jugendheim eingerichtet wurde. Zu diesem Zweck erstellte er eine „Erbgesundheitskartei" über die Tübinger Weingärtner-Bevölkerung, die er „durch ihren Alkoholismus" als „nicht wenig belastet" befand.[5]

Bei seinen weiteren genealogischen Forschungen über die jenischen Kinder und die Tübinger Weingärtner-Bevölkerung stieß er auf „Zigeuner"- und „Jauner"-Vorfahren im 18. Jahrhundert. Dies führte ihn schließlich zu der Annahme, eine über ganz Württemberg verbreitete „Zigeunermischlingsbevölkerung" sei für die Rückständigkeit weiter Teile der württembergischen Bevölkerung, ja sogar für die Entstehung asozialer, krimineller und schwachsinniger Gruppen verantwortlich.[6]

Um dies zu belegen, begann er im Herbst 1934 mit einer erbbiologischen Untersuchung in Schwaben, die er zur Grundlage seiner Habilitation machte. Möglicherweise wurde er dazu durch den Direktor der Nervenklinik, Prof.Dr.

Robert Gaupp, angeregt. Denn dieser hatte bereits 1925 in einem Vortrag über die „Unfruchtbarmachung geistig und sittlich Kranker und Minderwertiger" vermutet, daß mittels Stammbaumforschung eine Verbindung von Kriminalität und Schwachsinn nachweisbar sei und daß man zu einem ähnlichen Ergebnis kommen würde, wenn man die Genealogien mancher „Zigeuner und Schwachsinniger" genauer untersuchte.[7]

Konstruktion eines „Menschenschlags". Der ehrgeizige Tübinger Psychiater deklarierte mit seinen erbbiologischen Untersuchungen einen Bevölkerungsteil als „minderwertig". Diesen definierte er als einen „Menschenschlag", den er zuerst bei den jenischen Kindern seiner Klinik, dann in der Tübinger Weingärtner-Bevölkerung sowie in einem Schwarzwalddorf und schließlich in ganz Schwaben vorzufinden glaubte, und verfolgte ihn über zehn Generationen, das heißt 150 Jahre zurück.[8]

Anhand der Protokolle zahlreicher „Gaunerverhöre" von 1760 bis 1820 und unter Einbezug der betreffenden Kirchenbücher konnte er seinen „Menschenschlag" genealogisch bis auf „die Bande des legendären Räuberhauptmannes Hannikel" zurückverfolgen. Aus seinen umfangreichen genealogischen Nachforschungen zog er den Schluß, Kriminalität und Schwachsinn seien erblich bedingt und träten gehäuft bei „diesem Menschenschlag" auf. Noch bevor er seine Habilitation abgeschlossen hatte, referierte er bereits über seine Ergebnisse zur „Zigeunermischlingsbevölkerung", sei es in einem kleinen Kreis in Tübingen[9] oder auf dem internationalen bevölkerungsbiologischen Kongreß in Berlin. Hierbei gab er klar zu erkennen, daß er unter dieser vorsichtig unbestimmten, aber abwertenden Formulierung „ein Menschenschlag" in seiner Habilitation eine „Zigeunermischlingsbevölkerung" verstand.

Einladung zu einem halböffentlichen Vortrag: Wissenschaft und Verwaltung gingen gegen „artfremde Volksschädlinge" vor

Typisch für Ritter war, daß er sich nicht auf wissenschaftliche Hypothesen beschränkte, sondern gleich praktische Konsequenzen vorschlug. So forderte er, daß „Arbeitsscheue und Kriminelle", die er besonders unter den „Zigeunermischlingen" vertreten sah, unter bestimmten Voraussetzungen sterilisiert werden sollten.[10] Da er sich stets bemühte, seine Vorschläge in die Praxis umzusetzen, wurde er im Januar 1936 stellvertretender Amtsarzt im Erbgesundheitsgericht am Tübinger Amtsgericht und dadurch mitverantwortlich für dessen Sterilisationsentscheide. Am 1. April 1936 rief ihn das Reichsgesundheitsamt (RGA), das 1935 auf seine radikalen Vorschläge aufmerksam geworden war, nach Berlin. Noch bis Herbst 1936 konnte er seine Forschungen in Tübingen fortsetzen.

Seit August 1936 unterstützte ihn der Anthropologe Dr. Adolf Würth, der über die württembergischen Sinti arbeitete.

Im Juni 1936 nahm die medizinische Fakultät in Tübingen Ritters Habilitation „Ein Menschenschlag - Psychiatrische, erbgeschichtliche und sozialbiologische Untersuchungen über die Nachkommen alter Gaunergeschlechter in Schwaben" an, bestand allerdings darauf, „Schwaben" aus dem Titel zu streichen.[11] Mit Rücksicht auf lebende Personen hatte Ritter Namen und Daten geändert und keine genauen Angaben über die untersuchte Gruppe gemacht. Daß er in seinen genealogischen Forschungen von Tübinger „Weingärtnerkreisen" ausgeht, erfährt man nur aus seinen Briefen an die Deutsche Forschungsgemeinschaft, die seine Studien ca. acht Jahre lang finanziell unterstützte.[12]

Aus heutiger Sicht handelt es sich um eine umfassend angelegte, aber ideologisch einseitige Arbeit, die zwar Gegenargumente anführt, aber nicht widerlegt, sondern auf unwissenschaftliche Art manipuliert. So sah Ritter zwar, daß seine „Strolchennester" - ursprünglich Rückzugsgebiete armer Bevölkerungsgruppen im 18. Jahrhundert - nach wie vor wirtschaftlich unterentwickelt waren, dennoch stellte er seine „Erbtheorie" niemals in Frage. Die von ihm untersuchte Gemeinde Schloßberg, eine Ansiedlung in Bopfingen bei Aalen aus dem Dreißigjährigen Krieg, verfügte beispielsweise über keinerlei Landbesitz, so daß die Bewohner zum Hausieren gezwungen waren.

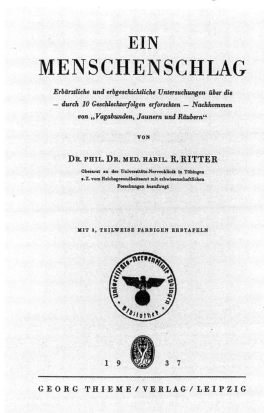

Titelblatt der Habilitation von Robert Ritter

„Die bisher bei der Bekämpfung der Zigeunerplage gesammelten Erfahrungen und die durch die rassenbiologischen Forschungen gewonnenen Erkenntnisse lassen es angezeigt erscheinen, die Regelung der Zigeunerfrage aus dem Wesen der Rasse heraus in Angriff zu nehmen." (Erlaß des Reichsführers SS und Chefs der deutschen Polizei, 8.12.1938)

„Zigeuner-Forschungsstelle Berlin-Dahlem". Nach seiner Berufung ins Reichsgesundheitsamt übernahm Ritter im November 1936 die neu geschaffene „Rassenhygienische und Bevölkerungsbiologische Forschungsstelle Berlin-Dahlem". Würth blieb in Stuttgart und richtete sich ein Arbeitszimmer bei der Kriminalpolizei ein, um deren Aktenmaterial über die württembergischen Sinti zu untersuchen.[13]

Von nun an hatte Ritter reichsweite Kompetenz und konnte seine Rassenforschung in großem Maßstab fortsetzen. In der Folge mußten sich alle „Zigeuner" von seinen Mitarbeitern „rassenkundlich" untersuchen und über ihre Verwandtschaftsverhältnisse in regelrechten Verhören ausfragen lassen. Die Polizei war seit Dezember 1938 verpflichtet, die Durchführung dieser Untersuchungen sicherzustellen,[14] die auch in Gefängnissen und Konzentrationslagern stattfinden konnten. So untersuchten Ritter und die Krankenschwester Eva Justin, die ihn von Anfang an bei seiner Forschung unterstützte und ihm nach Berlin gefolgt war, „Zigeuner" in den Konzentrationslagern Buchenwald, Sach-

senhausen und Ravensbrück. Die Anthropologin Dr. Sophie Erhardt, Ritters Mitarbeiterin von 1938 bis 1942, untersuchte Juden in den Konzentrationslagern Dachau und Sachsenhausen sowie im Ghetto von Lodz.[15]

Eva Justin fotografierte die zwölfjährigen Mädchen Rutla und Maila in der St. Josephspflege in Mulfingen: wie fast alle Sinti-Kinder von dort überlebten sie Auschwitz nicht

Zusammenarbeit mit der Kriminalpolizei. Im Zuge der Zentralisierung der Polizei wurde die Münchner „Zigeunerzentrale", die seit 1899 „Zigeuner" registrierte, im Mai 1938 dem Reichskriminalpolizeiamt (RKPA) als „Reichszentrale zur Bekämpfung des Zigeunerunwesens" in Berlin angegliedert. So gelangten 19.000 Akten über „Zigeuner" und Landfahrer in die Hände Ritters. Sie wurden Grundlage einer beispiellosen Verfolgung, die Himmler am 8. Dezember 1938 mit dem Erlaß zur „Bekämpfung der Zigeunerplage" auslöste. Noch nie wurde eine Bevölkerungsgruppe in diesem Ausmaß zugleich anthropologisch und polizeilich erfaßt.[16] Dies war nur durch die enge Zusammenarbeit zwischen Reichsgesundheitsamt und Reichskriminalpolizeiamt möglich. Ritter und seinen Mitarbeitern wurden sogar polizeiliche Befugnisse eingeräumt. Zudem wurde sein Institut zeitweise von der Polizei mitfinanziert. Darüber hinaus war Ritter mit dem Chef des Reichskriminalpolizeiamtes, Arthur Nebe, eng befreundet. Dieser soll dem Zigeunerforscher, der nicht in der Partei war, die nötige Rückendeckung gegeben haben.[17]

Ebenso eng arbeitete das Reichsministerium des Innern mit dem RKPA zusammen, um die Sterilisation an „Zigeunern" durchzuführen. Die einzelnen Polizeistellen mußten die Durchführung sicherstellen. Dies ging sogar soweit, daß Kri-

Titelblatt der Dissertation von Eva Justin

minalbeamte bei der Operation anwesend sein mußten und die Polizeikasse die Kosten vorstreckte.

Ritters Institut stellte auch hierfür die Gutachten, bis Januar 1944 insgesamt 23.822.[18] Sie veranlaßten brutale Eingriffe in das Leben der „Zigeuner" wie Zwangsarbeit, Zwangssterilisation oder KZ-Einweisung. Letztlich entschieden sie über Leben und Tod.

Der passende Mann für die nationalsozialistische „Zigeuner"-Politik. Ritter unterschied zwischen „stammechten Zigeunern" und „Zigeunermischlingen". Die „stammechten Zigeuner", die er für kaum kriminell hielt, sollten eine gewisse Bewegungsfreiheit behalten, die „Mischlinge" (ca. 90 Prozent aller „Zigeuner") dagegen unfruchtbar und in „Wanderarbeitslagern nutzbar gemacht werden", wofür Ritter einen Gesetzentwurf vorbereitete.

Im Winter 1939/40 arbeitete sein Institut mit allen Kräften an dem, was Ritter die „endgültige Lösung der Zigeunerfrage" nannte. Da er in einer Abschiebung keine endgültige Lösung sah, bemühte er sich - mit Erfolg - darum, die ersten Zigeunertransporte in den Osten zu verzögern, um die „Zigeunermischlinge" zuvor sterilisieren zu lassen.[19] Anders als bei der nationalsozialistischen Judenpolitik, bei der vor allem „Volljuden" verfolgt wurden, während „Halbjuden" eher die Chance hatten, dem Holocaust zu entgehen, führten Ritters Theorien deshalb zur verstärkten Verfolgung der „Zigeunermischlinge" bis hin zu „1/8-Zigeunern".

„Nach den [. . .] gesetzlichen Bestimmungen ist vorläufig gegen den Zuzug der Zigeunerfamilie R. nichts zu machen. Es steht jedoch [. . .] zu erwarten, dass hinsichtlich des. Aufenthalts der Zigeuner nach Beendigung des Krieges eine Regelung (Zusammenfassung in Lagern) kommen wird." (Gemeinderatsprotokoll Tübingen, 12.2.1940)

VOLKSGEMEINSCHAFT UND AUSGRENZUNG

Razzia bei Renningen, hier in einer für den Fotografen gestellten Szene

Einen Ethnologen wie Martin Block oder einen Linguisten wie Siegmund Wolf als „Zigeunerexperten" zu gewinnen, lag nicht im Interesse der nationalsozialistischen Politik, denn beide hatten die „arische Zuordnung" der „Zigeuner" und ihre Herkunft aus Indien belegt. Ritter dagegen behauptete, es gäbe fast keine „reinen Zigeuner" mehr. Sie würden der untersten Kaste Indiens entstammen und hätten sich bereits auf ihrem Weg nach Europa ständig mit Asozialen vermischt.

Unaufhaltsame Karriere über das Kriegsende hinweg. Nachdem Ritter 1939 seine „Zigeunerarbeiten" für größtenteils abgeschlossen ansah, weitete er sein Untersuchungsgebiet auf sämtliche Unterprivilegierten aus, laut Ritter „Nichtsnutzige" und „Ballastexistenzen".[20] Nun wollte er alle „kriminellen Erbströme" im deutschen Volk aufdecken und durch Sterilisation beseitigen. Im Zuge dieser „rassenhygienischen Verbrechensbekämpfung" wurde sein Institut 1940 in „Kriminalbiologisches Institut der Sicherheitspolizei" umbenannt, und Ritter stieg 1941 zum leitenden Kriminalbiologen der „Jugendschutzlager" auf. An der Neufassung des Jugendstrafrechts wirkte er beratend mit. Am 1. November 1943 wurde er zum Direktor im RGA ernannt und Mitte 1944 noch zum Regierungsrat.[21]

Rechtzeitig vor Kriegsende gelang es ihm, seine „Forschungsunterlagen" aus der gefährdeten Hauptstadt in verschiedene Ausweichquartiere zu retten, unter anderem auch in die Heilanstalt Mariaberg bei Reutlingen. Dort setzte

Ritter 1944 auch seine Gutachtertätigkeit über „Zigeuner", Jenische und kriminelle Jugendliche fort. Gleichzeitig ließ er in Stuttgart eine Erhebung über die „Sippenherkunft aller Asozialen einer Großstadt" erstellen.

Angesichts der absehbaren deutschen Niederlage sorgte der mit dem NS-Regime Aufgestiegene für die Zukunft vor, während bis zuletzt „Zigeuner" in Konzentrationslagern und Krankenhäusern unfruchtbar gemacht wurden. Noch vor Kriegsende bewarb sich Ritter von Mariaberg aus um eine Lehrermächtigung für Kriminalbiologie an der Universität Tübingen. Sie wurde ihm für das Wintersemester 1944/45 erteilt und problemlos bis 1946 verlängert.

Beim Einmarsch der Franzosen hatte sich Ritter als Anstaltsarzt und Eva Justin als Krankenschwester von Mariaberg ausgegeben. Der französischen Besatzungsmacht verschwieg er seine Funktion als Leiter des „Rassenhygiene"-Institutes sowie die dort betriebene „Zigeunerforschung" und gab nur seine kriminalbiologische Tätigkeit an. Er habe der Deutschen Arbeitsfront, der NS-Volkswohlfahrt, dem NS-Lehrerbund und seit 1941 ehrenhalber der Hitlerjugend angehört. Da ihm eine Mitgliedschaft in der NSDAP nicht nachgewiesen werden konnte, legte der Kreisuntersuchungsausschuß Reutlingen sein „sanktionsloses Verbleiben im Amt" fest.[22]

Als Anfang 1946 belastende Hinweise gegen ihn bei der Universität Tübingen eingingen, tauchten beide unter - erfolgreich.

Im Dezember 1947 wurde Ritter als Stadtjugendarzt in Frankfurt eingestellt und konnte kurz darauf Eva Justin als „Kriminalpsychologin" nachholen. Ein Verfahren, das nach Hinweisen von Sinti 1948 erneut gegen ihn eingeleitet wurde, mußte mangels Beweisen 1950 eingestellt werden. Unbehelligt starb Ritter 1951 in Frankfurt. Auch alle seine Mitarbeiter blieben straffrei.[23]

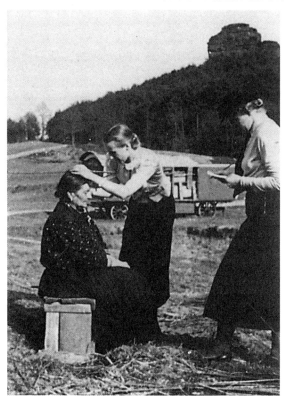

Eva Justin bei anthropologischen Messungen

Fast das ganze Volk der „Zigeuner" war von Ritter zu erblich bedingten „Gaunern" und „Schwachsinnigen" erklärt worden. Mit dieser Abstempelung hatte er einer Vernichtungspolitik die Rechtfertigung geliefert, durch die wahrscheinlich drei Viertel aller deutschen „Zigeuner" umgekommen sind.

Auch wenn Ritter vorgab, von den Vergasungen nichts gewußt zu haben, obwohl er Zugang zu den Konzentrationslagern hatte, so wollte er doch das Volk der „Zigeuner" - von wenigen hundert Familien abgesehen - durch Unfruchtbarmachung zum Verschwinden bringen.

Abb. 1 Abb. 2 Abb. 3 Abb. 10 Abb. 11 Abb. 12
Abb. 4 Abb. 5 Abb. 6 Abb. 13 Abb. 14 Abb. 15
Abb. 7 Abb. 8 Abb. 9 Abb. 16 Abb. 17 Abb. 18

1 Diesem Beitrag liegen die Recherchen für meine vor dem Abschluß stehende Doktorarbeit über „Die Verfolgung der Sinti in Württemberg und Hohenzollern zur Zeit des Nationalsozialismus" zugrunde. Sinti und Roma sind zwei „Zigeunergruppen", die sich in Lebensstil, Sitten und Sprache stark unterscheiden. Ich habe den historischen Begriff „Zigeuner" verwendet, wie er in sämtlichen Quellen erscheint. Eine negative Wertung ist damit nicht beabsichtigt. **2** BAK R 73/14005, Schreiben Ritters an die DFG vom 23.3.1943. **3** UAT 308/3201, Personalakte Ritter mit Lebenslauf. **4** Ritter, 1937, S.19. **5** BAK R 73/14005, Schreiben Ritters an die DFG vom 12.2.1935; vgl. den Brief von Robert Gaupp an die DFG vom 23.2.1935, in dem er Ritters Arbeit folgendermaßen beschreibt: „Es handelt sich um eine erbwissenschaftliche Forschung einer seßhaften, teilweise rückständig gebliebenen Weingärtnerbevölkerung sowie einer teils nomadisierenden, teils halb seßhaften Zigeunermischlingsbevölkerung, die über ganz Württemberg verbreitet ist. Vielfache Inzucht hat bei unsern Tübingern Weingärtnern zu besonderen Verhältnissen von erbbiologischem Interesse geführt." **6** Ebd. **7** Projektgruppe Volk und Gesundheit 1982, S.161. **8** Ritter 1937. **9** SAT A 150/8005. **10** Ritter 1936. **11** UAT 125/159 und 125/95. **12** BAK R 73/14005. **13** Gespräch mit Adolf Würth vom 19.11.1988. **14** RdErl. d. RFSS und CHdDtPol. im RMdI. vom 8.12.1938 (Institut für Zeitgeschichte München, Erlaßsammlung). **15** ZSL, Ermittlungsverfahren der Staatsanwaltschaft Stuttgart gegen S.Ehrhardt und A. Würth, 415 AR 314/81, S.108, S.128 und S.352. **16** BAK R 73/14005, Schreiben Ritters an die DFG vom 22.12.1937. **17** Gespräch mit Adolf Würth vom 19.11.1988. **18** BAK R 73/14005, Schreiben Ritters an die DFG vom 6.3.1944. **19** BAK R 73/14005, Schreiben Ritters an die DFG vom 30.1.1941. **20** BAK R 73/14005. Infolge der Weltwirtschaftskrise gewann diese rassenhygienische Richtung großen Zulauf; nicht nur in Deutschland forderten Wissenschaftler die Sterilisation der Asozialen. **21** BAK 73/14005; dort auch die folgenden Belege soweit nicht anders erwähnt. **22** Für die Zeit ab 1945 stütze ich mich auf Winter 1991. **23** ZSL 415 AR 314/81, Verfahren gegen S. Ehrhardt und A. Würth.

Sophie Ehrhardt illustrierte 1942 einen Artikel über „Zigeuner und Zigeunermischlinge in Ostpreußen": Steckbrieffotos

Der „Rektor in SA-Uniform": Hermann F. Hoffmann

Mit seinem Bildnis als „Rektor in SA-Uniform", das er 1939 für die Professoren-galerie der Hochschule malen ließ,[1] stellte sich der Tübinger Psychiater Prof.Dr. Hermann F. Hoffmann (1891-1944) bewußt in die Reihe der Rektoren der Universität. Allerdings hatte er zugunsten der Parteiuniform auf die traditio-nelle Darstellung im Talar verzichtet, eine Geste, die damals wie heute als pro-vokativ empfunden wurde. Unter den Rektoren, die in Tübingen zwischen 1933 und 1945 amtierten, war er der einzige, der auf diese Weise seine politi-sche Position markierte.

Tübingen a. N. Universitäts-Nervenklinik

Unter den Ärzten der Tübinger Nervenklinik waren führende Vertreter einer „Medizin ohne Menschlichkeit"

Sohn einer alten ostfriesischen Familie. 1891 in Leer geboren, war Hoffmann immer stolz auf seine Herkunft aus dem Bildungsbür-gertum, die er als Verpflichtung empfand. Seine Berufswahl traf er aus Tradi-tion und Neigung. Er war der vierte Arzt in direkter Generationenfolge. Nach dem Studium meldete er sich 1914, wie die Mehrzahl seiner Altersgenossen, freiwillig zum Militär. Er arbeitete als Militärarzt im Reservelazarett Nürtingen, bis er 1916 vom damaligen Direktor der Nervenklinik, Robert Gaupp, nach Tübingen geholt wurde. Hier begann Hoffmann seine wissenschaftliche Lauf-bahn. Sein psychiatrisches Interesse bezog er aus „ursprünglichen psychologischen Neigungen", die ihm den Weg zeichneten, „die Geheimnisse der menschlichen Seele zu ergründen, die mir ja in mir selbst als Problem gegeben waren".[2] Wie das Zitat erahnen läßt, besaß Hoffmann eine Neigung zu philosophischen und weltanschaulichen Fragen; er galt als Grübler. Seine wissenschaftliche Entwicklung war konsequent und geradlinig. Das Interesse an Familiengeschichte und Stammbaumforschung, das er zeitlebens pflegte, übertrug er Anfang der 20er Jahre auf Probleme der psychiatrischen Vererbungslehre.

Die Neuentdeckung der Mendelschen Regeln durch Correns, de Vries und Tschermak hatte bereits um die Jahrhundertwende ein neues Zeitalter erbbiologischer (humangenetischer) Forschung eingeleitet, das sich in enger Wechselwirkung mit den politischen und sozialen Strömungen der Zeit entwickelte. Hoffmann begann mit Erblichkeitsuntersuchungen von endogenen Psychosen, also von Erkrankungen aus dem Kernbereich der klassischen Psychiatrie. Die hieraus gewonnenen Vorstellungen über „Vererbung und Seelenleben" (so der Titel seiner Habilitationsschrift 1922) übertrug er etwa seit Mitte der 20er Jahre auf die Neurosenlehre und die Psychologie des Normalen. Schließlich folgten gegen Ende der 20er Jahre Beiträge zur medizinischen Psychologie, die fünf bis zehn Jahre später wiederum von einer vorwiegend weltanschaulich-naturphilosophischen Phase abgelöst wurden. Zwischen 1934 und 1935 beschäftigte er sich mit rassenhygienischen Untersuchungen über „Asozialen- und Psychopathenfamilien", über die er allerdings nur wenig publizierte. Hoffmanns eigentliche wissenschaftliche Leistung, die ihn in Fachkreisen zu einem der bekanntesten Vertreter der psychiatrischen Vererbungslehre machte, bestand in der

Dem langjährigen Leiter der Psychiatrie, Robert Gaupp, wurde in der Nervenklinik ein Denkmal gesetzt

Einführung der genealogischen Methode in die Psychiatrie. Durch Untersuchungen zur Abstammung mit dem Versuch einer differenzierten charakterologischen Beschreibung der Einzelglieder gelangte er zum Nachweis differenter Merkmale, „genische Radikale", die als „Erbpotenzen" die Persönlichkeit im Zusammenspiel von „Charakter und Umwelt" formen.[3] Endogen verankerte Triebkonflikte, die aus einer „Keimfeindschaft" unverträglicher Elterngene herrührten, sah er als wesentlich für die Entstehung psychischer Krankheiten an. Insgesamt vertrat er eine Mischung aus genetischer und psychologisch-verstehender Betrachtungsweise. Der Gedanke einer (erb-)biologischen Fundierung des Psychischen (im Sinne eines Abhängigkeitsverhältnisses) bestimmte seine theoretische Haltung als Psychiater.

Hoffmann brannte vor Ehrgeiz: „[Ich] wollte [mich] um jeden Preis produktiv wissenschaftlich betätigen, um etwas zu werden, um etwas zu gelten, um mir einen Ruf zu erwerben."[5] Tatsächlich ist die Fülle seiner wissenschaftlichen Publikationen erstaunlich. Hoffmann arbeitete sehr viel. Die patriarchalische Personalführung seines Chefs Robert Gaupp, der ihn als Leiter der Tübinger Nervenklinik zwar förderte, sich aber ebenso selbstverständlich der Abhängig-

Hermann Hoffmann in einer studentischen Karikatur: Psychiatrie als Selektionswissenschaft

keitsverhältnisse zur Durchsetzung seiner Interessen bediente, verschärften seinen Leistungsdruck. Hinzu kam, daß Hoffmann mit Ernst Kretschmer einen Kollegen hatte, der mit aufsehenerregenden Publikationen nicht nur die Fachwelt beeindruckte und bereits 1926 einen Lehrstuhl erhalten hatte. Die Lage Hoffmanns war typisch für die Situation des wissenschaftlichen Nachwuchses. Er war zwar seit 1926 Oberarzt und wurde 1927 zum außerordentlichen Professor ernannt. Doch 1933 waren elf Jahre seit seiner Habilitation vergangen und Hoffmann mittlerweile 42 Jahre alt. Bei Lehrstuhlvergaben fühlte er sich von Gaupp nicht genügend unterstützt. Trotz nachweislicher Leistungen hatte er bis dahin keinen Lehrstuhl erhalten. In dieser Situation trat er am 1. Mai 1933, kurz bevor ein befristeter Aufnahmestopp den massenweisen Eintritt der sogenannten Märzgefallenen bremste, zusammen mit zwei anderen Tübinger Oberärzten und Lehrstuhlaspiranten der NSDAP bei. Im November des Jahres schon erhielt Hoffmann die Stelle eines Direktors der Psychiatrischen Universitätsklinik Gießen. Nach allem, was wir über die Persönlichkeit Hoffmanns wissen, war er nicht der Typ des kaltberechnenden Opportunisten; aber angesichts der Möglichkeit, seinem Leben die langersehnte Wendung zu geben, wurde für ihn, wie für viele „dieser meist jüngeren, noch unbestallten Hochschulwissenschaftler",[6] der Beitritt zur NSDAP attraktiv. Psychologische und materielle Motive verwoben sich. Es gehört zum Versagen der deutschen Hochschulen gegenüber dem Nationalsozialismus, daß sie, neben der eifrigen Verbreitung antidemokratischen Gedankenguts, bereits vor dem Machtantritt der Nationalsozialisten Anpassung und Selbstgleichschaltung quasi institutionalisiert hatten.

Medizin und Gesellschaft. So wichtig psychologische und materielle Momente für Hoffmanns Parteibeitritt waren, so klären sie doch sein weiteres Engagement für den Nationalsozialismus nicht hinreichend.

Inhaltliche Übereinstimmungen kommen hinzu. Einige Punkte, die zugleich einen Erklärungswert für die weit überdurchschnittliche Aufgeschlossenheit der Ärzte für die NS-Ideologie haben, seien herausgegriffen.[7]

Hoffmann war als psychiatrischer Gerichtsgutachter bemüht, „die Psychiatrie nicht zu einem Mittel der Verteidigung für den Angeklagten herabwürdigen zu lassen. Als vorbildlicher Richter ist mir immer der erschienen, der sich den ‚Kerl' - nämlich den Kriminellen - ansah und sich das Strafmaß nach seinem Charakter, den Motiven und Umständen der Tat zurechtlegte, ehe er dazu die passenden Paragraphen suchte."[8] Wie die meisten Kollegen vertrat er die Meinung, daß hinter kriminellem Verhalten oft ein Charakterdefekt stünde, der als „moralischer Schwachsinn" Ausdruck einer (genetisch und biologisch determinierten) „Konstitution" sei. Aufgabe des psychiatrischen Gutachters sei es, durch „kriminalbiologische Persönlichkeitsforschungen" die „konstitutionelle" Verankerung des delinquenten Verhaltens zu klären. Eine solche „Lebensprognose" müsse Entscheidungshilfe sein für die „Frage der Sicherheitsverwahrung, die trotz aller Widerstände einmal kommen muß".[9]

So wurde für die Einschätzung des gesellschaftlichen Wertes, der eigentlich biologisch definiert wurde, nicht mehr das tatsächliche Verhalten entscheidend, sondern - nach Maßgabe des „Sippenwerts" - die genetische Belastung des Individuums. „Die Kriminalität [darf] kein Gradmesser für den konstitutionellen Verbrechertypus sein; oft sind es nur Zufallsmomente, die vor einer Verbrecherlaufbahn schützen." Auf diese Weise setzte die „Kriminalbiologie" das rechtsstaatliche Prinzip der Individualschuld außer Kraft und ersetzte es durch ein „biologisches Recht". Da das Biologische als weithin unveränderlich gesehen wurde, blieben als therapeutische Möglichkeiten nur Formen der „Ausmerzung derartiger Degenerierten-Familien". So sah sich Hoffmann als Arzt „vor die Aufgabe gestellt, bestimmte Maßnahmen zu treffen, mit denen man einer weiteren Bedrohung des sozialen Organismus durch diese Schädlinge begegnen kann".[10]

Was Hoffmann hier 1926 forderte, wurde nach 1933 offizielle Politik. In der Sitzung vom 14. Juli 1933 verabschiedete die NS-Regierung zusammen mit dem Sterilisationsgesetz auch ein „Gesetz gegen gefährliche Gewohnheitsverbrecher und über Maßregeln der Sicherung und Besserung". Es bildete den Anfang eines Maßnahmenbündels zum Ausschluß sogenannter Gemeinschaftsunfähiger, darunter Nichtseßhafte und Landfahrer. In seiner programmatischen Schrift „Der Psychiater und die neue Zeit" (1933) bekannte sich

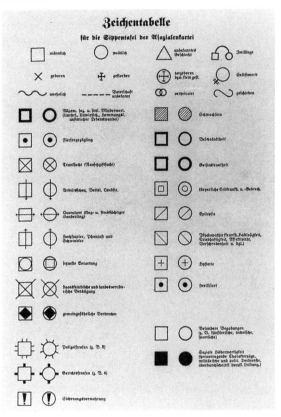

„Asozialenkartei" des Stuttgarter „Rassenpolitischen Amtes" der NSDAP: organisatorische Grundlage der „Ausmerze"

Hoffmann 1933 mit Nachdruck zur nationalsozialistischen Gesundheits- und Bevölkerungspolitik. Diese mache - so betonte er - eine Abkehr von der herkömmlichen, karitativ orientierten ärztlichen Ethik notwendig: Während „früher die Fürsorge für das individuelle Wohl der Kranken im Vordergrund stand und vielfach entscheidend war, hat der Psychiater im nationalsozialistischen Staate nicht nur das Recht, sondern die Pflicht, in erster Linie die Interessen der Gemeinschaft zu bedenken und das individuelle Interesse der Kranken in diese Grundhaltung einzubauen, ja ihr unterzuordnen [. . .]. Alle unsere praktischen Maßnahmen und auch unsere wissenschaftlichen Forschungen sollen daher unter der Leitidee stehen, Wert und Bedeutung des einzelnen für die Gemeinschaft zu steigern [. . .], Unwert aber zu beseitigen, auszumerzen oder zum mindesten sein Unwesen auszuschalten."[11]

„Extreme Fälle von moralischer Degeneration und erblichen geistigen Defekten sollten unter allen Umständen durch Zwangsmaßnahmen von der Fortpflanzung ausgeschlossen werden." (Hermann Hoffmann, Vortrag in der Gesellschaft für Rassenhygiene, Ortsgruppe Tübingen, 9.6.1926)

Das „Gesetz zur Verhütung erbkranken Nachwuchses" war in den Augen Hoffmanns und vieler seiner Kollegen nur ein „Anfang".[12] Eine „erbbiologische Bestandsaufnahme" aller Deutschen sollte „minderwertige Erbmassen" aufspüren, denn auch „äußerlich nicht kranke oder keimkranke Nachkommen [stellten] für zukünftige Geschlechter eine große Gefahr" dar.[13] Tatsächlich wurden umfangreiche Versuche zu einer lückenlosen Erfassung der Erbkranken im Deutschen Reich eingeleitet; ab 1938 mußten die Gesundheitsämter alle Menschen registrieren, „die zur negativen Auslese gerechnet werden". Darunter fielen Geisteskranke, Psychopathen, Krüppel, Geschlechts- und Tuberkulosekranke.[14] Außerdem existierten - regional unterschiedlich - eine Vielzahl spezieller Karteien. In Tübingen initiierte der Leiter des Gesundheitsamtes 1936 eine schriftliche Registrierung der Erbkranken.[15] Erinnert sei auch an die von Gaupp und Hoffmann geförderte Tübinger Habilitationsschrift des Psychiaters und „Zigeunerforschers" Robert Ritter.[16] Hoffmann selbst war wohl nicht bereit, den Schritt von der Vernichtung „unwerter" Gene zur Vernichtung von Leben im Rahmen der Massentötung Geisteskranker ab 1939 zu vollziehen.[17] Die eigentlichen Geisteskrankheiten (Psychosen, schwere Neurosen)

waren für Hoffmann weder ein forensisch-psychiatrisches noch ein vergleichbares rassenhygienisches Problem. In Hoffmanns Ablehnung gesellschaftlicher Außenseiter spiegelte sich vielmehr die latente Gewaltbereitschaft des Bürgers, der, voller Verunsicherung über den eigenen sozioökonomischen Status, nach Abgrenzungsmöglichkeiten suchte.[18] Die verunsicherten Mittelschichten suchten den Schutz in einem autoritären Staat, die Ausgrenzung der „Minderwertigen" war die andere Seite dieser Dialektik. Hoffmann drückte eine weitverbreitete Erwartung aus, als er 1923 auf den Höhepunkt der Inflationskrise behauptete: „Deutschland kann nur dann florieren, wenn es einen genialen Menschen als Despoten an der Spitze hat, der dafür sorgt, daß das Volk insgesamt möglichst wenig mit der Politik zu tun hat."[19]

NS-Hochschulpolitik. Hoffmann, der 1933 einen Ruf nach Gießen angenommen hatte, kehrte 1936 als Nachfolger Robert Gaupps nach Tübingen zurück. Seine Ernennung wurde als „ein Paradebeispiel für die Berufungspraxis im Dritten Reich" bezeichnet.[20] Weil die hochschulpolitische Lage in Tübingen durchaus noch nicht nationalsozialistischen Vorstellungen entsprach, kam Neuberufungen eine wichtige Rolle zu. Die Fakultät hatte Hoffmanns ehemaligen Kollegen Ernst Kretschmer favorisiert, mußte aber auf massiven politischen Druck die Berufung Hoffmanns akzeptieren.

Bald nach seiner Berufung wurde Hoffmann in Tübingen hochschulpolitisch aktiv. An der Gründung der „Wissenschaftlichen Akademie des NS-Dozentenbundes"[21] war er maßgeblich beteiligt. Sie war der Versuch, endgültig eine „völkische Wissenschaft"[22] zu etablieren und so die Lücke zu füllen, die die Zerstörung der traditionellen Universität hinterlassen hatte. Zudem eignete sie sich hervorragend zur ideologischen Kontrolle von Wissenschaft. Eineinhalb Jahre nach seiner Berufung auf den Tübinger Lehrstuhl wurde Hoffmann zum Rektor der Eberhard-Karls-Universität ernannt. Zeitgleich erfolgte seine Aufnahme in die SA im Rang eines Obersturmführers. Entgegen der Tradition hielt Hoffmann bei seiner Rektoratsrede keinen spezialwissenschaftlichen Vortrag, sondern ein Plädoyer für die „Durchdringung aller Wissenschaftsgebiete, ich möchte sagen: Beseelung aller Wissenschaftsgebiete durch die nationalsozialistische Weltanschauung".[23] Eines der herausragendsten Ereignisse während Hoffmanns Rektorat war der mit Wetzel gemeinsam geplante Versuch, die beiden theologischen Fakultäten aus der Universität auszugliedern. Doch da der Widerstand in Universität und auch von Seiten des Berliner Reichswissenschaftsministeriums groß war, begnügte sich Hoffmann schließlich mit einem symbolischen Schritt: Im Sommer 1939 mußten die theologischen Fakultäten den Spitzenplatz bei Universitätsveranstaltungen wie im Vorlesungsverzeichnis an die Biologie und die Medizin abtreten und wurden an das Ende verbannt.

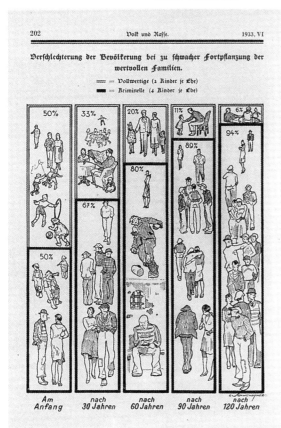

Hoffmanns Thesen, in demagogische Propaganda umgesetzt

Ein „unpolitischer" Mensch. Am politischen Tagesgeschehen war Hoffmann bis zur nationalsozialistischen Machtübernahme nur beiläufig interessiert. Er schwankte zwischen einer nationalliberalen und einer ständisch-konservativen Haltung, zwischen DVP und DNVP, und war doch bei keiner der Parteien richtig zu Hause. Er dachte sozialromantisch und war auf einen starken Staat mit einem starken Oberhaupt fixiert, notierte aber, als Hindenburg 1925 für das Reichspräsidentenamt kandidierte, dies sei „eine Unverschämtheit und Dummheit zugleich".[24] Die Nationalsozialisten, „die sich vor allem durch eine wüste antisemitische Hetze auszeichnen", lehnte er 1923 als radikale Minderheit ab.[25] Gegen Juden empfand er „eine instinktive, rassenmäßig begründete Abneigung", die ihn aber nicht an herzlichen Beziehungen zu jüdischen Kollegen hinderte. „Krassen Antisemitismus" verurteilte er aber als das „Unsinnigste" in der Politik überhaupt.[26] Er stand hinter der Versöhnungspolitik Stresemanns und plädierte zeitweise für den Pazifismus.[27] Doch seine Zustimmung zur Republik von Weimar, an der ihn erstaunte, „daß doch immer wieder etwas Gutes dabei herauskommt",[28] war aber fragmentarisch und ambivalent. Letztlich knüpfte er sie an Bedingungen und plädierte dafür, abzuwarten, was das politische System leisten würde. Hoffmann war - für Angehörige der Mittelschichten nicht untypisch - politisch heimatlos und gesellschaftlich ohne Orientierung. Er wollte seine politische „Ruhe" haben.[29] Wie ablehnend er letztlich dem Staat von Weimar gegenüberstand, zeigte sich 1933, als er - in seinen eigenen Worten - „den Anschluß" nicht fand: „Getreu dem alten überkommenen Grundsatz, daß Politik nur den Charakter verdirbt, hielt ich mich

Tübinger Chronik

Die Ursachen des Verbrechens
Prof. Dr. Hoffmann über Säuberung der Volksgemeinschaft

* Im Mittelpunkt der nationalsozialistischen Weltanschauung steht die deutsche Volksgemeinschaft, die Qualität der Leistung des deutschen Menschen und im Zusammenhang damit die Rassenhygiene, die im Dritten Reich eine alles überragende Bedeutung erhalten und in ihren wissenschaftlichen Forschungsergebnissen der letzten Jahre der Menschheit schon recht wertvolle Dienste erwiesen hat. In vorderster Linie steht hier die Deutsche Gesellschaft für Rassenhygiene, Ortsgruppe Tübingen mit ihren vielfach richtungweisenden Arbeiten. Gestern abend hatte man wieder Gelegenheit, einen Einblick in ihre Zielsetzung zu bekommen in dem Vortrag, den der Vorstand der Tübinger Nervenklinik, Professor Dr. Hoffmann über die Ursachen des Verbrechens hielt. Das Interesse war so groß, daß der Hörsaal der Nervenklinik sich zu klein erwies und mit dem Auditorium maximum vertauscht werden mußte, wo Prof. Dr. Gieseler zunächst den Wechsel in der Leitung der Ortsgruppe bekannt gab; an Stelle des nach Freiburg verzogenen Prof. Dr. Dold ist er jetzt selbst, nachdem Prof. Hoffmann aus dienstlichen Gründen abgelehnt hatte, getreten. Eine größere Zahl von Vorträgen hiesiger und auswärtiger Dozenten ist für dieses Semester geplant und es ist zu wünschen, daß für sie das große Interesse anhält, das der erste geweckt hat.

Prof. Dr. Hoffmann machte hierauf seine Zuhörer in einem historischen Gang mit den Ergebnissen der neueren Forschung bekannt. Zuerst schickte er die Lehre vom Verbrecher voraus, wie sie in der Systemzeit gang und gäbe war und nach der der Mensch, der zum Verbrecher wird, wie schon Rousseau behauptet hat, allein durch sein zufälliges äußeres Schicksal diesen Weg geht, eine Verstiegenheit, wie sie in der Lehre des Amerikaners Lindsey zum Ausdruck kommt. Demgegenüber stellte der Redner die erbbiologische Auffassung, wonach die Menschen von Natur aus anders geartet und dementsprechend auch anders zu beurteilen sind, eine Anschauung, die erst durch den Nationalsozialismus volle Anerkennung fand. Nach Lambroso, dessen Beobachtungen nur noch von geschichtlichem Interesse sind, haben sich die Milieu- und Anlagen-Theoretiker gestritten, bis dann die entscheidende Wendung die Zwillingsforschung eines englischen Naturforschers im Jahre 1876 gebracht hat, der schon damals der Vererbung eine große Bedeutung beilegte.

Seine Methode an ein- und zweieiigen Zwillingen ist in den letzten 15 Jahren zu einem feinen Instrument der Forschung ausgebildet worden und hat namentlich durch die Arbeiten der Tübinger Gelehrten Weitz und Verschuer fruchtbringend sich ausgewirkt. Festzuhalten ist, daß die eineiigen Zwillinge, entstanden aus einem weiblichen Ei und einer männlichen Samenzelle, die gleiche Erbmasse haben, die zweieiige dagegen eine verschiedene. Darauf fußt die Siemens'sche Erbregel: Je mehr die Eineiigen ein bestimmtes Merkmal aufweisen, desto mehr ist auch das Merkmal abhängig bedingt. Aus ihr zog der Breslauer Lange den Schluß: Wenn ein Mensch kriminell wird, wird er es auf Grund seiner Erbanlage.

Diese Auffassung besteht jedoch nach der neuesten Erforschung nicht mehr ganz zu Recht. Man ist zu der Erkenntnis gekommen, daß neben der Bedeutung der Erbanlage auch die des Milieus zu werten ist, wie die Untersuchungen von Stumpfe und Kranz schlagend bewiesen haben. Demnach haben wir zwischen Charakter-, Umwelt- und weiblicher Kriminalität zu unterscheiden, woraus der Schluß für die Praxis, für die Bekämpfung des Verbrechens zu ziehen ist. Die anlagebedingten Verbrecher müssen anders behandelt werden, als die Umweltverbrecher. Vor den ersteren kann man sich nur schützen, wenn man sie frühzeitig erkennt und aus unserer sozialen Gemeinschaft ausmerzt, indem man ihre Fortpflanzung unmöglich macht. Aufgabe der Diagnose ist es, festzustellen, was den Schwerkriminellen, die von schwerkriminellen Sippen stammen, gemeinsam ist. Sie kennzeichnet schlechter Schulerfolg, Mangel an Begabung und Interesse, Neigung zum Schulschwänzen, Herumstreifen, häufiger Stellenwechsel, Arbeitsscheue, Mangel an Scham und Gewissen, Lügenhaftigkeit, Hemmungslosigkeit u. a. Solche Leute neigen dazu, sich ebenbürtige Partner für die Fortpflanzung zu wählen, und nichts ist grauenhafter, als ihre minderwertige Nachkommenschaft.

Die Forschung der letzten Jahre hat zu dem Erfolg geführt, daß wir heute schon über ein brauchbares Wissen verfügen, das uns wertvolle Dienste in der Säuberung der Volksgemeinschaft von ihrem Verderb leistet. Professor Gieseler schloß den Abend mit einem Dank an den Redner.

Rassenhygiene und das in ihr angelegte Vernichtungsprogramm wurden öffentlich verhandelt: Bericht über einen Vortrag Hoffmanns 1936

von ihr fern, wie es leider viele Männer an den deutschen Hochschulen getan haben. Das hat sich später dadurch bitter gerächt, daß der deutsche Gelehrte sich in der neuen Zeit erst mühsam Ansehen und Achtung wieder erringen mußte, die ihm in der Systemzeit durch das Treiben der Juden und Judengenossen verlorengegangen waren. Als ich erst spät den Sinn der Bewegung erfaßt und begriffen habe, bin ich ihr unbedingter und treuer Anhänger geworden, auch in weltanschaulicher Beziehung."[30]

Beiläufig zeigt sich hier ein weiteres Motiv für Hoffmanns nationalsozialistisches Engagement: das Bedürfnis, mit dem Staat und seiner Gesellschaft wieder ins Reine zu kommen.[31] Aus dem ursprünglichen unpolitischen Abseitsstehen, das er vor 1933 praktiziert hatte und dessen er nun die anderen bezichtigte, erwuchs Hoffmann ein Sendungsgefühl, dessen sichtbarster Ausdruck das Gemälde „Rektor in SA-Uniform" wurde.

Als psychiatrischer Fachgelehrter ist Hoffmann längst vergessen. Sein wissenschaftliches Werk unterscheidet sich nicht von dem seiner Kollegen, die nicht als „Rektor in SA-Uniform" bekannt wurden. Denn die damalige Psychiatrie war weitgehend von dem Versuch geprägt, gesellschaftliches Verhalten einseitig biologisch abzuleiten. Dieser Sozialrassismus machte Ärzte für den Nationalsozialismus anfällig, seine antihumane Grundtendenz mündete schließlich in die physische Vernichtung. Medizin im Nationalsozialismus zeichnet sich dadurch aus, daß dem Individuum ein biologischer Wert beigemessen wurde, der eine soziale Wertung verbarg. Das ist der eigentliche Kern des „Biologismus".

1 Das Ölgemälde (vgl. Kat.-Nr. 72) verschwand nach Kriegsende in den Magazinen. Der Wunsch der Ehefrau, das Bild übermalen zu lassen, wurde nicht erfüllt. 1964 löste es als Titelblatt der Studentenzeitschrift „notizen" eine heftige Diskussion um die braune Vergangenheit der Universität aus (vgl. Kat.-Nr. 202 und 203). Siehe Planert u.a. 1990/91. **2** Hoffmann 1941. **3** Hoffmann 1928. **4** Hoffmann 1941, S.107. **5** Hermann F. Hoffmann, Tagebuch, 16.09.1922 (Archiv d. Verf.). **6** Kater 1981, S.58. **7** 45 Prozent aller Ärzte waren NSDAP-Mitglieder, Ärzte waren siebenmal häufiger in der SS als der Bevölkerungsdurchschnitt. Der Anteil der Lehrer, auf die als Beamte ein viel größerer Druck ausgeübt werden konnte, lag nur leicht über dem Durchschnitt, Kater 1979. **8** Hoffmann 1941, S.108. **9** Hoffmann 1927. **10** Hoffmann 1926, S.122. **11** Hoffmann 1933. **12** Ebd., S.164 und 166. **13** Ebd. S.165. **14** Seidler, Rett 1987, S.128. **15** Schönhagen 1991, S.286. **16** Ritter 1937. **17** Hoffmann war aller Wahrscheinlichkeit nach an den „Euthanasie"-Aktionen nicht beteiligt; zu Einzelheiten und zur Praxis der Sterilisationen unter Hoffmann siehe meine im Frühjahr 1992 erscheinende Dissertation. **18** In seinen persönlichen Aufzeichnungen reflektiert Hoffmann die Frage nach dem sozialen Wert der eigenen Person. **19** Tagebuch, 12.6.1923. **20** Adam 1977, S.141. **21** Im allgemeinen kurz als „Dozentenakademie" bezeichnet. **22** Hoffmann, Wetzel 1940. **23** Universität Tübingen 1937, S. 23-30, hier: S.28-29. Hervorhebungen im Original. **24** Tagebuch, 13.4.1925. **25** Tagebuch, 11.5.1923. **26** Tagebuch, 25.2.1924. **27** Tagebuch, 18.7.1927. **28** Tagebuch, 13.4.1925. **29** Tagebuch, 21.11.1922. **30** Hoffmann 1941, S.108. **31** Mommsen 1984.

EVA-MARIA KLEIN, MARTIN ULMER

Geschichte einer Vertreibung:
Die Familie Hayum

Der letzte Anstoß: die brennende Synagoge. „Es war [. . .] nach dem letzten Pogrom vom 9. November 1938 [. . .] bekannt, daß ein Verbleiben jüdischer Menschen in Deutschland mit Gefahr für Freiheit und Leben verbunden war."[1] So schildert Heinz Hayum den schweren Entschluß seiner Eltern Simon und Hermine Hayum, Tübingen zu verlassen. Nach dem Synagogenbrand und der wirtschaftlichen Ausplünderung der „Judenvermögens- und Sühneabgabe" sahen die beiden für sich in Tübingen keine Zukunft mehr und beschlossen schweren Herzens, ihre Heimatstadt, in der sie mehr als 40 Jahre gelebt und das öffentliche Leben mitgeprägt hatten, in Richtung Schweiz zu verlassen.

> „Denen [den Juden] hat es halt hier unter den Umständen nicht mehr gefallen, dann sind sie weggezogen. So unnormal hat man das eigentlich nicht empfunden." (Hans-Dieter E., Tübingen 1991)

Banges Warten auf Ausreisegenehmigung. Da ihre Einreiseerlaubnis in die Schweiz am 8. Februar 1939 ablief, die benötigte Ausreisegenehmigung der NS-Behörden aber noch fehlte, gerieten die Emigrationsvorbereitungen zu einem Wettlauf mit der Zeit. Um die zur Auswanderung notwendigen Zwangsabgaben zu zahlen, mußten Hayums ihr repräsentatives Haus in der Uhlandstraße 15 an die Stadt Tübingen verkaufen, die die Notlage der Familie ausnützte (vgl. Kat.-Nr. 78). Nachdem der Kaufvertrag zügig abgeschlossen war, mußten sie noch wochenlang auf die vorgeschriebene Genehmigung des Wirtschaftsministeriums warten, das nach der Reichspogromnacht alle Veräußerungsverfahren jüdischer Bürger beaufsichtigte. Erst durch die Bemühungen des Oberbürgermeisters Scheef wurde im letzten Moment der Kaufvertrag genehmigt. Am 2. Februar 1939 verließen Hayums fluchtartig die Stadt, „ein paar Stunden, nachdem mein Großvater telefonisch vom damaligen Bürgermeister informiert wurde, daß er am nächsten Tag von der Gestapo verhaftet würde."[2] Die Gestapo wollte ihn wohl mit der Verhaftung erpressen, um an sein restliches Vermögen zu kommen. Hayums durften nur Handgepäck und kaum Wertgegenstände mitnehmen.

Von der 1882 vollendeten Synagoge in der Gartenstraße sind heute nur noch Teile des Zauns erhalten

Heimat-Nachrichten

Die Fahne hoch . . .

In ihrem neuen Haus in Tübingen in der Uhlandstraße hat sich die SA.-Standarte 180 im Erdge-schoß einen Ehrenraum geschaffen, in dem die Standarte und die Sturmfahnen aufgestellt sind. Un-ser Bild gibt einen Teilausschnitt dieses Raumes.   Bild: Kleinfeldt

Im ehemals hayumschen Haus Uhlandstraße 15: „Weihe-raum" der SA-Standarte 180 mit den Kultzeichen des Par-teimilitärs

Gegen Angriffe der NS-Presse wies der Verleger der „Tübin-ger Chronik" auf die gelöste Geschäftsverbindung zum (jü-dischen) Vorbesitzer der Zei-tung hin

Was an Hab und Gut nach ihrem Weggang nicht in die USA - das eigentliche Emigrationsziel - verschifft wurde, mußten sie verschleudern: „Unter dem Druck der Judenverfolgung verkauften wir Einrichtungsgegenstände zu Preisen, die weit unter dem Wert der Gegenstände lagen", schrieb Hermine Hayum.[3] Wahrscheinlich wurden Möbel von Wohnzimmer, Salon, Eßzimmer und Töchterzimmern an den städtischen Auktionator gegeben und kamen nach Hayums Flucht in ihrer Wohnung im ersten Stock unter den Hammer. Ein Augenzeuge berichtet: „Es sind ziemlich viele Leute da gewesen. Der Versteige-rer hat das Zeug hochgehalten. Der gesamte Hausrat ist versteigert worden"[4]; „das ist ein unangenehmer Vorgang, wenn persönliches Eigentum einem anderen übertragen wird."[5]

Aus der Öffentlichkeit verdrängt. Das Frühjahr 1933 wurde für die Familie zum Wendepunkt und Beginn einer Entwicklung, die in sozialer Ausgrenzung und völligem beruflichen Ruin endete. Die Verdrängung aus dem öffentlichen Leben der Universitätsstadt vollzog sich auf verschiedenen Ebenen und verschärfte sich zusehends. Erst der Rückblick auf die persönlich und beruflich erfolgreichen Jahre vor 1933 macht den alle Lebensbereiche umfassenden Verlust nachvollziehbar.

Simon Hayum, in Hechingen am 21. Januar 1867 geboren, kam 1892 als Rechtsanwalt nach Tübingen. Sein erstes Anwaltsbüro befand sich in der Kronenstraße 15, später zog er in die Wilhelmstraße 14. 1897 heiratete er in Bad Cannstatt Hermine Weil, die Schwester des Tübinger Bankiers Weil, geboren am 8. Februar 1875 in Hechingen. 1905 kauften sie das repräsentative Haus in der Uhlandstraße 15 und richteten im Erdgeschoß eine Rechtsanwaltskanzlei ein.[6] Zwischen 1900 und 1912 wurden ihre fünf Kinder Margarete, Edith, Heinz, Julius und Dorothee geboren. Sie besuchten höhere Schulen in Tübingen.[7]

Der Rechtsanwalt war von 1919 bis 1925 und von 1929 bis 1933 führender Gemeinderat der linksliberalen Deutschen Demokratischen Partei, die in der Weimarer Republik die stärkste kommunalpolitische Kraft in Tübingen war. Er genoß hohes Ansehen in der Bürgerschaft, die ihn mit der zweithöchsten Stimmenzahl im Jahr 1928 wiederwählte.[8] Seine fachliche Kompetenz brachte er in den Rechts- und Finanzausschuß und in den Ortsschulrat der Frauenarbeitsschule ein. Ihm und seiner Kanzlei, der größten in Tübingen, war die Vertretung der Stadt bei Rechtsstreitigkeiten übertragen.

Als Gemeinderat mahnte er wiederholt zu Gerechtigkeit, Rechtmäßigkeit, Sachlichkeit und Sparsamkeit.[9] Die soziale Fürsorge für arme Menschen und wohnungssuchende Studenten, aber auch die Kulturförderung, zum Beispiel des Theaters, lag ihm besonders am Herzen. Hayum galt als Verfechter des friedlichen Miteinander in der Stadt, das in den 20er Jahren unter anderem von antisemitischen Vorfällen gestört wurde. Nach dem Einzug der Nationalsozialisten in den Gemeinderat Anfang 1932 kam es jedoch zu keinen Wortgefechten zwischen den Antisemiten und dem jüdischen Rechtsanwalt. Nach der Reichstagswahl vom 5. März 1933 übernahmen die Nazis in Tübingen die Macht, der demokratisch gewählte Gemeinderat wurde im Mai darauf gleichgeschaltet.[10] Erst diese Gleichschaltungspolitik der Nazis führte zu offenem Antisemitismus in der Stadtverwaltung, wie zum Beispiel die Auflösung der Verbindung zwischen der Stadt und dem jüdischen Bankier Weil zeigt. Diese Radikalisierung muß Simon Hayum wohl vorhergesehen haben, als er „infolge der veränderten Verhältnisse"[11] am 31. März 1933 als DDP-Gemeinderat und Fraktions-

Seit 1892 Rechtsanwalt in Tübingen, war Simon Hayum ein angesehener und einflußreicher Bürger

Oberbürgermeister S c h e e ß richtet sodann an Stadtrat Held die Bitte, seine Bedenken zurückzustellen.

Durch entsprechendes Vorgehen des Aufsichtspersonals werde auch oben auf den Spielplätzen Ordnung herrschen. Noch weiter zu gehen, halte er nicht für gut, ja er glaube, dass eine Abschrankung praktisch wertlos sei.

Damit ist die Erörterung abgeschlossen.

Es wird sodann zur Abstimmung über den Antrag der Fraktion der N.S.D.A.P. geschritten.

Jn der Abstimmung wird der Antrag mit 15 gegen 3 Stimmen angenommen.

B e s c h l u s s :

1. Zu bestimmen, dass nach wie vor die Möglichkeit des gemeinsamen Bades (Familienbades) bestehen bleiben soll. Das Spielen am Strande soll nicht verboten werden. Auch soll eine kurze Badehose mit Beinen für Männer gestattet sein (nicht aber das einfache Dreieck).

2. Das Aufsichtspersonal anzuweisen, gegen Badende, die gegen die gute Sitte verstossen, mit aller Schärfe vorzugehen.

3. Juden und Fremdrassigen ist der Zutritt zur städt. Freibadeanstalt zu verwehren.

---

§ 282.
Uhlandbad.

Der V o r s i t z e n d e teilt mit, dass aus der Mitte des Finanz- und Bauausschusses die Anregung gegeben worden sei, auch im Uhlandbad ein Familienbad (auf einige Stunden in der Woche) einzurichten. Diese Anregung müsse jedoch des Näheren geprüft werden.

Stadtpfleger S i n g e r berichtet, dass die Sache nicht so einfach sei, namentlich wegen der Abortverhält=

vorsitzender zurücktrat. Der Oberbürgermeister dankte ihm für sein langjähriges kommunalpolitisches Wirken: „Als ein Mann edelster Gesinnung haben Sie im Dienst unserer guten Stadt neben Ihrem Beruf hingebungsvolle, selbstlose, sachliche, von grossem Wissen und reichlicher Erfahrung getragene Arbeit geleistet. Immer haben Sie bei unseren oft schwierigen Gemeinderatssitzungen das richtige Wort gefunden".[12] Allerdings konnte dieses Lob nicht über das seit Scheefs Kooperation mit der NSDAP merklich abgekühlte freundschaftliche Verhältnis zwischen den beiden ehemaligen führenden DDP-Vertretern hinwegtäuschen.[13]

Das zunehmend antisemitische Klima nach der „Machtübernahme" veranlaßte Simon und Heinz Hayum auch, aus der Museumsgesellschaft, der Kultur- und Bildungsinstitution für angesehene Stadtbürger, auszutreten.

Abgewiesene Wohltätigkeiten. „Jetzt holen sie nicht mal mehr unsere Spende!"[14] Hermine Hayums Aussage spiegelt die Verletzungen wider, die der Ausschluß aus der städtischen Hilfs- und Spendengemeinschaft zugunsten der „Volksgemeinschaft" für die hilfsbereiten Hayums bedeutete, war es für sie aufgrund ihrer jüdischen Tradition doch selbstverständlich, Bedürftigen großzügig zu helfen. Eine Nachbarin schildert die Sensibilität, mit der Hayums auf soziale Not reagierten: „1931 haben die Arbeitslosen, die jungen Leute gespielt. [. . .] Da sind so schöne Birnen gestanden in dem Garten, und der Ball ist eben dauernd reingeflogen. Und dann hat er [Simon Hayum] gesagt: Ja, die haben ja nur Hunger, sonst würde der Ball nicht so oft da reinfallen."[15]

Bei der Kaserneneinweihung 1935 die alten und neuen Eliten: General von Hügel, Kreisleiter Baumert, Oberbürgermeister Scheef

Das Modehaus Degginger, als Besitz der Familie Oppenheim 1938 „arisiert"

Auch für obdach- und arbeitslose Menschen setzte sich Hermine Hayum selbstlos ein: „Unten drin, neben dem Büro, hat man das Bügelzimmer gehabt, und als es so kalt war, im Winter, hat man zweimal in der Woche das Bügelzimmer heizen müssen, und [. . .] dann haben sie Suppe gekriegt."[16] Innerhalb des Hauses hatte Hermine Hayum, wie es jüdisch-religiösen Normen entsprach, eine souveräne Stellung.[17] Eine Tübingerin erinnerte sich: „Hermine war eine ziemlich starke Persönlichkeit."[18] Wie es in großbürgerlichen Familien üblich war, wurde die Ehefrau im Haushalt und in der Kindererziehung von Dienstmädchen unterstützt. Die Fürsorge der Herrschaften entsprach dem erwarteten vorbildlichen, allzeit bereiten Verhalten des Personals. Hermine Hayum sorgte beispielsweise dafür, daß ihre Angestellten am Sonntag in die Kirche gehen konnten und vervollständigte ihren meist unverheirateten jungen Dienstmädchen die Aussteuer. Die Kindermädchen erlebten ein ihnen vertrautes Familienleben, aber gleichzeitig staunten sie über die fremde jüdische Welt des abendlichen Talmud-Lesens und der koscheren Essenszubereitung, auf die die religiös eingestellten Hayums großen Wert legten.

Bevor aus Nachbarn Juden wurden: Inge Lion als Braut beim Hochzeitspielen mit (nichtjüdischen) Nachbarskindern

In Tübingen isoliert. Auch enge soziale Beziehungen gingen nach 1933 zurück. Einzelne Freundschaften zwischen Juden und Nichtjuden zerbrachen, oft aus Angst vor staatlichen Sanktionen und gesellschaftlicher Ächtung. Zwar wurden Hayums in ihrer angestammten Wohngegend noch freundlich gegrüßt, aber in der Stadt übersah man sie lieber.[19] Mit dieser allmählichen Isolation wurde der Rückhalt in der jüdischen Gemeinde wie auch unter jüdischen Freunden immer wichtiger. Doch sahen viele keine andere Möglichkeit der Existenzsicherung, als zu emigrieren.[20] Die jüdische Gemeinde, in der die hayumsche Familie vor 1933 sehr aktiv war, hörte auch faktisch auf zu existieren. Die gravierendste Erfahrung war wohl die zunehmende Isolation aufgrund des immer kleiner werdenden Freundeskreises; zuletzt zogen die Familien Oppenheim und Katz aus der Stadt weg. Als schließlich nach 1935, dem Jahr der Nürnberger Gesetze, auch die Kinder emigrierten, blieben die alten Hayums einsam zurück.

Beruflicher Ruin. Das Rechtsanwaltsbüro Hayum & Katz war vor 1933 die größte Kanzlei in Tübingen gewesen und hatte in ganz Württemberg hohes Ansehen genossen.[21] 1912 war Hayums Neffe Julius Katz als Kompagnon eingetreten, 1929 der Sohn Heinz. Noch zu Beginn der 30er Jahre stand die Kanzlei in voller Blüte: „Die Klienten, insbesondere meines

„Daß [beim Judenboykott vom 1. April 1933] kein Protest direkt kam, ist durchaus aus der damaligen Kaufmannssituation erklärbar. Wenn der Konkurrenz Schwierigkeiten gemacht werden, dann hätte man das sicher nicht so ungern gesehen." (Hans-Dieter E., Tübingen 1991)

VOLKSGEMEINSCHAFT UND AUSGRENZUNG

Vaters, setzten sich aus allen Teilen der Bevölkerung zusammen. Die großen industriellen Firmen in Reutlingen, Tübingen und Metzingen waren ebenso Klienten wie ein großer Teil der landwirtschaftlichen Bevölkerung der Amtsgerichtsbezirke Rottenburg, Nagold und Herrenberg. Ein grosser Teil der Trikotindustrie in der Hechinger, Balinger und Tailfinger Area gehörte zu seinen regelmäßigen Klienten."[22] Die Einkünfte der Kanzlei waren für die Teilhaber überdurchschnittlich.[23] Dennoch verstand sich Simon Hayum als Anwalt aller, ohne dabei Klienten zu einem unnötigen Rechtsstreit zu animieren: „Hayum hat zu dem gesagt, ob sie jetzt einem Rechtsanwalt so viel Geld geben wollen, sagen Sie, es tut mir leid, wir wollen einander verzeihen."[24]

Die Nazis hatten bereits 1933 den jüdischen Ärzten und Rechtsanwälten, die sie als Repräsentanten der verhaßten Weimarer Republik verunglimpften, mit allen Mitteln den Kampf angesagt.[25] Neidische Berufskollegen nutzten die Gunst der Stunde, die vielen Aufträge jüdischer Rechtsanwälte zu „erben". Bereits am reichsweiten Boykott-Tag, dem 1. April 1933, waren vor dem hayumschen Haus SA-Wachen aufgezogen, die den Zugang der Klienten verhindern sollten. Noch trug es Simon Hayum mit ironischer Gelassenheit: „Es kann uns nichts mehr passieren. Wir sind bewacht."[26] Er ahnte damals noch nicht, daß er bereits im April 1934 seine Anwaltstätigkeit aufgeben mußte. Um den angesehenen Kanzleiinhaber auf administrativem Wege auszuschalten, machte das NS-Justizministerium die berufliche Wiederaufnahme des jungen Hayum vom Verzicht seines Vaters abhängig.[27]

Heinz Hayum

Zu den beruflichen Einschränkungen kam der wirtschaftliche Überlebenskampf. Das Rechtsanwaltsbüro verlor durch den schleichenden Boykott nach und nach seine Klientel, nicht allesamt Antisemiten. Denn welcher vernünftige Prozessierende hätte sich im NS-Staat ausgerechnet von einem jüdischen Rechtsanwalt vertreten lassen?[28] Immer spürbarer wurden die Einkommensverluste, so zum Beispiel 1934 über 50 Prozent. Nach neuen Verschärfungen durch die Reichsbürgergesetze, die Juden zu Ausländern stempelten, blieb die Kundschaft bei Hayums aus.[29]

Waren Simon Hayum schon nach dem ersten Boykottjahr vergleichsweise wenige Rücklagen für den erzwungenen Ruhestand geblieben, war für Julius Katz und Heinz Hayum die wirtschaftliche Lage 1935 schließlich aussichtslos geworden.

Die Familie Löwenstein war die erste, die ihr Geschäft - bereits im Herbst 1933 - aufgab und verkaufte

Julius Katz entschloß sich im Oktober 1935, in die Schweiz auszuwandern, schaffte es jedoch nicht, dort als Rechtsanwalt wieder Fuß zu fassen. Heinz Hayum gab vier Monate später auf. Bevor er mit seiner Familie in Berlin Arbeitsmöglichkeiten suchte, verabschiedete er sich von seinem früheren Kindermädchen mit der Bemerkung: „Wir fühlen uns hier nicht mehr sicher."[30] Damit war die lange Tradition der hayumschen Anwaltstätigkeit in Tübingen ausgelöscht.

Emigration. Die Flucht aus Tübingen führte zunächst nach Zürich, wo sich bereits die Eheleute Katz und Weil aufhielten. Für Hayums war die Schweiz nur als Zwischenstation gedacht, weil sich die Familie auch dort wegen eines möglichen Überfalls Nazi-Deutschlands nicht sicher fühlte.[31] Zwar bemühten sich die in den USA lebenden Kinder um Einreisepapiere für ihre Eltern, konnten aber die notwendige hohe Bürgschaft erst nach einiger Zeit aufbringen. So geriet der nur für wenige Monate geplante Pensionsaufenthalt zur zweijährigen Wartezeit. Als im Frühjahr 1941 endlich die Einreisepapiere für die USA eintrafen, waren bis zum Einschiffungshafen Lissabon noch immer Hürden zu nehmen, beispielsweise als sich die Überfahrt noch um ungewisse Wochen verzögerte.[32] Bei der Ankunft in den Vereinigten Staaten waren die physischen, psychischen und materiellen Kräfte der Hayums erschöpft. Durch die Ausplünderung ihres Vermögens (allein die sogenannte Judenvermögensabgabe, Reichsfluchtsteuer und Abgabe für das Umzugsgut verschlang mehr als 75.000 RM) konnten sie in den USA nur noch sehr bescheiden bei ihren Kindern leben.[33] Die Erfahrung des sozialen Abstiegs, die Trauer über den Verlust der schwäbischen Heimat und der Freunde machten aus den beiden über 70jährigen Hayums gebrochene Leute: „Nach den Aufregungen konnte mein Ehemann keine Tätigkeit mehr ausüben. Mein Mann starb in Cleveland [. . .] am 13.8.1948 im Alter von 81 Jahren", berichtete Hermine Hayum.[34]

Deutsche Volksgenossen!
Juda hat Deutschland den Krieg erklärt!

In den Zeitungen des Auslandes, in Wort und Schrift hetzt das Weltjudentum gegen das erwachte Deutschland. Die Schauermärchen des Krieges von abgehackten Kinderhänden, vergewaltigten Frauen und geblendeten Greisen sind wieder auferstanden, um unser Volk und Vaterland vor der Welt in Mißkredit zu bringen. Im Ausland werden deutsche Staatsbürger überfallen.

„In Deutschlands Straßen modern die Leichen der erschlagenen Juden", schreibt eine Stockholmer Judenzeitung.

„Solche Gemeinheiten lassen wir uns nicht gefallen."

Wir rufen zum Widerstand auf! Wir müssen Juda in die Knie zwingen! Um Deutschland zu schützen, fordern wir:

1. Kein deutscher Volksgenosse betritt künftig das Geschäft, das Anwaltsbüro oder die Sprechstunde eines Juden.
2. Kein Landwirt handelt mehr mit einem Juden.
3. Kein Geschäftsmann empfängt mehr einen Reisenden jüdischer Rasse oder jüdischer Firmen.
4. Kein Deutscher liest mehr die jüdische Presse (Frankfurter Zeitung, Berliner Tageblatt, Berliner Illustrierte u. a. m.)
5. Kein Deutscher besucht mehr jüdische Filme!

Wir werden mit aller Schärfe darüber wachen, daß der verhängte Boykott restlos durchgeführt wird. Jeder der ihn bricht, stellt sich in die Front der Gegner unseres Volkes und wird wie diese behandelt.

Ein Volksverräter ist, wer noch ein jüdisches Geschäft betritt! 8291

Es geht um die deutsche Arbeit!

Ausschuß gegen die jüdische Greuelhetze der Ortsgruppe Tübingen der NSDAP.

Helmut Baumert, Kreisleiter.

Aufruf für den Boykott jüdischer Geschäfte und Praxen im April 1933

Entschädigung? Die Erinnerungen von Hayums an Tübingen waren eng mit dem Haus verbunden, in dem sie lange ein glückliches Familienleben geführt hatten. Im Jahr 1948 versuchten sie, es auf gütli-

VOLKSGEMEINSCHAFT UND AUSGRENZUNG

chem Wege von der Stadt zurückzuerhalten. In einem Brief kurz vor seinem Tod appellierte Simon Hayum an den Oberbürgermeister: „Ich tue dies in der Annahme, daß die gegenwärtige Stadtverwaltung nicht den Wunsch hat, sich mit Handlungen früherer Verwaltungen zu identifizieren & dass der Wunsch dort besteht, Unrecht wieder gutzumachen & nicht auf Kosten der Opfer des Hitlersystems bereichert zu bleiben."[35] Seine Hoffnung, daß die Stadtverwaltung den Unrechtscharakter der nationalsozialistischen Herrschaft voll aner-

Elfriede Spiro gelang die Emigration nicht mehr: sie wurde am 20. August 1942 in Tübingen verhaftet, am 23. Januar 1943 starb sie in Auschwitz

kenne, trog. Die Stadt Tübingen machte die Rückgabe des Hauses von der Rückerstattung des damaligen Kaufpreises abhängig und pochte auf Heller und Pfennig mit der Begründung, „weil die Stadt damals von Parteiseite zu dem Erwerb genötigt wurde, um [. . .] einer Parteigliederung eine Unterkunft zu verschaffen." Zur eigenen Entlastung stilisierte sie die frühere Stadtverwaltung zum Opfer der örtlichen NS-Leitung. So wurden die verfolgten Hayums gegenüber der Stadt in die Rolle von Schuldnern gedrängt.

Die Wiedergutmachungskammer des Tübinger Landgerichts allerdings erklärte die Stadt zur „bösgläubig" Handelnden, weil sie Hayums bei der „Zwangsarisierung" des Hauses um 30.000 Reichsmark geprellt hatte. Nach Aufrechnungsprozeduren sprach das Gericht 1949 der Witwe Hayum ihr Haus bedingungslos zu, das sie dann zwei Jahre später an das Land verkaufte.

Hayums im Spiegel der Erinnerung. Bei der Suche nach Spuren von Familie Hayum in Tübingen und ihrer erzwungenen Emigration stießen wir auf Forschungs- und Erinnerungslücken. So wollten sich einige Tübinger, die die NS-Zeit bewußt miterlebt hatten, überhaupt nicht befragen lassen, und diejenigen, die dazu bereit waren, schilderten die Hayums und andere jüdische Familien oft sehr allgemein, wie die folgenden Interviewausschnitte zeigen: „Sie [Hayums] waren in ihrem Denken sehr gut und gerade"[36], „Simon war ein guter Mensch und Hermine war eine liebe Frau"[37], „Ich kann nur sagen, daß es gute Leute waren. [. . .] Arg feine Leute waren das"[38], „Die Juden waren gute Leute, aber ich kann Ihnen nicht mehr dazu sagen."[39]

Handelt es sich bei diesen pauschalen positiven Einschätzungen tatsächlich um Erinnerungslücken der Zeitzeugen und Zeitzeuginnen? Unseres Erachtens scheint das kollektive Erinnern mit seinen beschönigenden Wertungen der Konfrontation mit angstbesetzten Schuldgefühlen auszuweichen.

„Da kann ich dir auch nichts darüber sagen, warum man gleich geduckt hat, warum man gleich vor Angst geschwiegen hat von dem, was man gewußt hat. Ich habe gewußt, daß es KZs gibt, aber ich habe nicht gewußt, daß da Menschen ermordet und vergast werden." (Anna T., Tübingen 1991)

Der Gedenkstein erinnert an ermordete Tübinger und Reutlinger Juden: er wurde auf dem Wankheimer Judenfriedhof von einem Überlebenden gesetzt

„Und dann kommt eines Tages mein Vater nach Hause, wirklich schreckensbleich, und sagt zu meiner Mutter: ‚Pagels müssen weg.' Und da sagt meine Mutter: ‚Das ist doch unmöglich! Herr Pagel ist doch krank und Frl. Pagel, die tut doch niemand etwas!' Der ist auf die Kreisleitung und dann kommt er heim und hat gesagt: ‚Ich kann gar nichts machen, die haben mich einen Judenknecht geheißen, die müssen fort.'" (Ursula B., Tübingen 1992)

1 SAT A 150/1168, Bl.26. 2 Brief des Enkels von Simon Hayum an die Geschichtswerkstatt vom 29.5.1991. 3 LAWS, Restitutionsakte Simon Hayum ET 4754. 4 Interview von Ulrich Eisele-Staib mit H.E. (Jg. 1925) am 4.5.1990. 5 Interview von Eva-Maria Klein und Martin Ulmer mit H.E. (Jg. 1925) am 5.4.1991. 6 LAWS, Restitutionsakte Simon Hayum ET 4754. 7 Zapf 1978, S.133 ff. 8 TC 11.12.1928. 9 Der folgende Einblick in Hayums politisches Wirken beruht auf Gemeinderatsprotokollen von 1919-1925 und 1929-1933. 10 Schönhagen 1991, S.108 ff. und S.128f. 11 SAT A 150/275, 9. 12 SAT A 150/275, Bl.16f. 13 SAT A 150/1168. 14 Nach Interview von Elisabeth Storp und Martin Ulmer mit einer ehemaligen Nachbarin, Frau K. (Jg. 1905) am 22.4.1991. 15 Ebd. 16 Ebd. 17 Richarz 1982, S.32. 18 Interview von Eva-Maria Klein und Martin Ulmer mit Frau S. (Jg. 1923) am 12.8.1991. Die weiteren Informationen zur Familie Hayum stammen aus diesem Interview. 19 Vgl. Interview von Eva-Maria Klein und Martin Ulmer mit Frau K. (Jg. 1905) am 22.4.1991. 20 Bis einschließlich 1936 war knapp die Hälfte der Tübinger Juden emigriert, vgl. Zapf 1978, S.119ff. 21 LAWS, Restitutionsakte Simon Hayum ET 4754 und Julius Katz ET 4755. 22 LAWS, Restitutionsakte Simon Hayum ET 4754, S.202. 23 LAWS, Restitutionsakte Julius Katz ET 4755, S.123. 24 Nach Interview von Elisabeth Storp und Martin Ulmer mit Frau K. (Jg. 1905) am 22.4.1991. 25 Benz 1988, S.282. 26 Nach Interview von Elisabeth Storp und Martin Ulmer mit Frau K. (Jg. 1905) am 22.4.1991. 27 LAWS, Restitutionsakte Simon Hayum ET 4754, S.5. 28 Barkai 1988, S.36. 29 LAWS, Restitutionsakte Julius Katz ET 4755, S.4 und S.90. 30 Nach Interview von Martin Ulmer mit Frau S. (Jg. 1913) am 1.8.1991. 31 Ebd. 32 LAWS, Restitutionakte Simon Hayum ET 4754, S.167. 33 Ebd. S.5f. 34 Ebd. S.5f. 35 SAT A 150/1168. Aus diesen Akten stammen auch die folgenden Informationen zum Wiedergutmachungsverfahren. 36 Interview von Eva-Maria Klein und Martin Ulmer mit Frau S. (Jg. 1923) am 12.8.1991. 37 Interview von Martin Ulmer mit Frau S. (Jg. 1913) am 1.8.1991. 38 Interview von Elisabeth Storp und Martin Ulmer mit Frau K. (Jg. 1905) am 22.4.1991. 39 Interview von Martin Ulmer mit Herrn M. (Jg. 1910) am 17.4.1991.

ARBEITSGRUPPE DES BAF e.V.[1]

Auf der Spurensuche nach dem Frauenalltag in der NS-Zeit: Die Tübinger Frauenarbeitsschule

Im ehemaligen Tübinger Kornhaus wurden nach einem Umbau im Oktober 1938 die Unterrichtsräume der Frauenarbeitsschule eröffnet, eingerichtet mit Waschküche, Bügelsaal, Küche, Vorratsraum, einem Zimmer für die Geschäftsführerin, Lehrsaal und einem Veranstaltungsraum für 200 Personen. Die Kücheneinrichtung war so modern, daß sie laut „Tübinger Chronik" vom 26. Oktober 1938 „alle Hausfrauen mit wahrem Neid erfüllen muß". Mit Neid erfüllte sie wohl auch die NS-Frauenschaft, die für ihre Kurse die Räume ebenfalls beanspruchte. Die Parteiorganisation bot Koch-, Back-, Flick-, Reinigungs- und Erste-Hilfe-Kurse an, um die Frauen im „nationalsozialistischen Geist zu schulen und nach besten Kräften mitzuhelfen im Dienst an unserm Volk".[2] Die Frauenarbeitsschule bereitete in denselben Räumen im Kornhaus die Mädchen auf ihre Rolle als Hausfrau und Mutter vor.

Das „Kornhaus", ein Ort der „Erziehung zur Weiblichkeit": seit 1938 waren dort die Frauenarbeitsschule und die NS-Frauenschaft untergebracht

Die Tübinger Frauenarbeitsschule, Vorgängerin der heutigen Hauswirtschaftlichen Schule, wurde 1875 von Tübinger Bürgerinnen und Bürgern gegründet. Laut Eröffnungsrede war sie für „confirmirte Töchter" und „thätige Jungfrauen" konzipiert und stand prinzipiell allen Tübinger Bürgerinnen offen; das hohe Schulgeld schränkte den Zugang jedoch ein. 1900 übernahm die Stadt die Schule. Für den Unterricht - in Vierteljahreskursen konnten wahlweise die Fächer Weißnähen, Maschinennähen und Kleidernähen/Sticken belegt werden - stand seit 1927 nach mehreren Behelfslösungen schließlich das Gebäude Am Schulberg 10 zur Verfügung.[3]

„Erziehung in deutscher Gesinnung". Bis 1933 orientierte sich die Frauenarbeitsschule relativ uneingeschränkt am traditionellen bürgerlichen Frauenbild, das eher „passive Tugenden" wie Geduld, Fügsamkeit, Bescheidenheit und Zurückhaltung verlangte. Im NS-Staat kamen neue Anforderungen hinzu, die mit den 'alten' Werten teilweise im Widerspruch standen:

Handarbeitsübungen, mit denen Frauen auf die Anforderungen der Hausarbeit vorbereitet wurden

Abzeichen der Nationalsozialistischen Frauenschaft

Nun war auch körperliche Ertüchtigung gefragt, im Sport Aktivität erwünscht, wenn auch eine disziplinierte, kontrollierte. Es wurde Pflicht, „gesund zu leben" - die Körper der Mädchen und Frauen traten gewissermaßen aus der Privatsphäre heraus und wurden zur öffentlichen, staatlichen Verwaltungsangelegenheit.[4]

Seit dem Schuljahr 1934/35 galten dann auch für die Frauenarbeitsschule neue Richtlinien. In die Lehrpläne wurden Fächer aufgenommen, die die Vermittlung hauswirtschaftlicher Fähigkeiten und Kenntnisse garantieren und gleichzeitig die „Erziehung zu deutschen Frauen" im Sinne der nationalsozialistischen Weltanschauung bewirken sollten. Dazu gehörte, daß „1. die Schülerinnen die Bedeutung von Blut und Boden für ihre Verwurzelung im deutschen Volkstum erkennen und 2. sich bewußt werden [sollen], daß auch für die deutsche Frau über dem Recht des eigenen Lebens oder dem Recht der eigenen kleinen Familie die Pflicht und Verantwortung gegenüber der eigenen Volksgemeinschaft steht."[5] Zu diesem Zweck waren „vier Wochenstunden für Deutsch und Heimatkunde, Geschichte und Staatsbürgerkunde, Gesundheitslehre mit Lebenskunde und Rassenpflege sowie Kinderpflege bereit zu stellen".[6] Neben dem hauswirtschaftlichen Unterricht wurden die Fächer Turnen und Singen ebenso zum festen Bestandteil des Lehrplans wie der monatliche Wandertag.

Diese Fächer dienten der Gemeinschaftspflege, die allerdings nur für „erbgesunde Arierinnen" galt. Im Fach „Rassenpflege" lernten die Schülerinnen - ganz im Sinne des Gesetzes „zur Verhütung erbkranken Nachwuchses" -, daß

VOLKSGEMEINSCHAFT UND AUSGRENZUNG

niemand heiraten darf, der an einer Erbkrankheit leidet. Ferner wurden die möglichen Gründe für eine Zwangssterilisation dargelegt. Solchen Sozialisationsinstanzen konnten Frauen sich nur schwer entziehen. Da die Möglichkeit, sich für gewerbliche oder kaufmännische Berufe zu interessieren, für Mädchen stark eingeschränkt wurde, orientierten sie sich in ihren Berufswünschen an Bekanntem und wählten eher Berufe im sozialen und karitativen Bereich.

Viele Frauen fühlten sich erstmals in ihrer Rolle als Hausfrau und Mutter bestätigt und anerkannt - durch den von den Nationalsozialisten inszenierten Mutterkult. Ihre Arbeit schien endlich, auch öffentlich, staatlich gewürdigt zu werden. Doch die damit verbundene Erwartung, daß die „deutschen Mütter" ihre Kinder in erster Linie „dem Führer schenken" sollten, macht deutlich, wie mit der von den Nationalsozialisten betriebenen Heroisierung der („arischen") Mutterschaft gleichzeitig auch die Familie tendenziell in den Staat hinein aufgelöst wurde.

Konflikte. Viele Frauen erlebten die verschärfte Rollenzuweisung auch als diskriminierend und empfanden die NS-Frauenpolitik absolut nicht als „Schritt in die Zukunft". Konflikte entstanden, wenn die neuen gesetzlichen Bestimmungen ihre konkreten Lebensvorstellungen und Berufswünsche zerstörten.

Auch die Lehrerinnen der Tübinger Frauenarbeitsschule standen in einem Konflikt - mußten sie doch ihren Schülerinnen ein völlig anderes Frauenbild vermitteln, als sie es lebten und verkörperten. Die Hinführung der Mädchen

Kursteilnehmerinnen der Frauenarbeitsschule bei einem Ausflug

Verordnetes Leitbild: die frohe Mutter, die dem Vergreisen des deutschen Volkes entgegenwirkt

auf das Idealbild der „deutschen Mutter und Hausfrau" stand im krassen Gegensatz zu ihrer eigenen Berufstätigkeit.

Die Nationalsozialisten zeigten im übrigen kein Interesse, die schlechten Arbeitsbedingungen der Lehrerinnen an der Frauenarbeitsschule zu verbessern. Ihr Status als berufstätige Frauen war ungesichert - laut Arbeitsvertrag und im Zusammenhang mit der sogenannten Doppelverdienerkampagne hatten sie die Pflicht, im Falle einer Heirat selbst zu kündigen. Was die - unverheirateten - Lehrerinnen wohl empfanden, wenn bei öffentlichen Versammlungen akademisch gebildete Frauen als „Intelligenzbestien" diffamiert wurden? Alleinlebende, kinderlose Frauen paßten nicht ins Bild, auch wenn sie gebraucht wurden. Wie schmerzhaft das für manche war, drückt sich unter anderem darin aus, daß sie untereinander kaum darüber sprachen. „Das war wie eine Wunde", erzählte eine ehemalige Lehrerin.

Frauen- und Männerbilder: neue Uniformen und neue Verhaltensregeln

Einschneidende Veränderungen. Nicht nur im Hinblick auf die Berufstätigkeit der Frauen wurde die NS-Politik für die Frauenarbeitsschule sofort spürbar. So wurde zum Beispiel der Frauenortsschulbeirat, eine Verwaltungsinstanz der Schule, im Mai 1933 neu gebildet: Der jüdische und demokratische Gemeinderat und Rechtsanwalt Dr. Hayum, seit 1923 erster Vorsitzender, schied unter dem Druck der Verhältnisse aus seinem Amt aus. An seiner Stelle wurde Studentenpfarrer Pressel gewählt, der bereits seit 1931 NSDAP-Gemeinderat war. Auch die Schülerinnen waren von der einsetzenden Rassenpolitik betroffen, denn 1938 konnte für die gesamten Schulen des Kreises vermeldet werden, sie seien „judenfrei".[7]

„SA-Vater, NS-Frauenschaftsmutter, HJ-Sohn und BDM-Tochter treffen sich nur einmal im Jahr, nämlich beim Nürnberger Parteitag." (Witz aus der NS-Zeit)

Widerständiges. Auffallend am Verhalten der Lehrerinnen in dieser Zeit ist, daß trotz des massiven Drucks, der von den Nationalsozialisten ausgeübt wurde, nur drei von zehn hauptamtlichen Lehrerinnen der Frauenarbeitsschule in die NSDAP eintraten. War es ihre konfessionelle Bindung, die diesen Schritt nicht zuließ, oder sind unter ihnen - neben Julie Majer - noch weitere „politische Widerständlerinnen" zu finden? Julie Majer, Handarbeitslehrerin an der Frauenarbeitsschule, war Mitglied der „Roten Hilfe" (einer Unterorganisation der KPD) und arbeitete in einer antifaschistischen „Arbeitsgemeinschaft oppositioneller Lehrer" mit. 1938 wurde sie aus dem Dienst entlassen, weil sie einen vom NS-Regime Verfolgten versteckt hatte.[8]

VOLKSGEMEINSCHAFT UND AUSGRENZUNG

1. Geschlechtsname: _Mayer_

2. Vorname: _Julie_

3. Amtsbezeichnung: _Gewerbelehrerin (Oberl.)_

4. Geburtstag: _13. Januar 1883_ 5. Konfession: _diss._

6. Geburtsort: _Pfalzgrafenweiler OA. Freudenstadt_

7. verheiratet seit: ——— 8. Kinderzahl: ———

9. Kurzer Bildungsgang mit Zeitangabe: _1890-95 Volkssch. u. privat-_
unt.; 1898-1903 Frauenarb. Schule Reutlingen.
Sept. 1915 - Mai 1917 Oberrealschule Tübingen.
Okt. 1917 - Dez. 1919 stud. med. in Tübingen.

10. Abgelegte Prüfungen mit Zeitangabe und Prüfungsnote: _1. prakt. Prüfung für_
den Handarbeitsunterricht 1901 Note II a
2. prakt. Prüfung für d. Handarb. unt. 1903, Note II a.
Reifeprüfung O.R.S. Tübingen 1917, Note 5 (befr.).

11. Gesellenprüfung als:

12. Meisterprüfung als:

13. Tätigkeit in der Industrie (Arbeitsstellung, Firma, Zeitangabe): _Jan. - April 1905_
Zuschneiderin bei Conrad Merz, Stuttgart. - April - Juli
1909 Volontärin bei Berger Söhne Stuttgart, Juli - Aug.
Strick. Inn., Böblingen. Febr. 1910 - Dez. 1914 in Indien der Unteranstalt
der Basel Mission Weab. Bed. Calcutt, Indien

14. Eintritt in den Berufsschuldienst: _ehrenamtl. September 1904._
definitiv September 1921.

15. Zeitangabe der II. Dienstprüfung mit Zeugnisnote: _siehe 10, 3. Absz._

16. Verwendung im Berufsschuldienst (Ort und Zeit): _1. F.A.S. Reutlingen, Abd. Kurs,_
(Zeiten mit 1/2 Lehrauftrag besonders angeben)
Sept. - Dez. 1904. 2. Haush. u. Kl. bürgersch. Eßlingen - Dez. 1905.
3. Fr.A.S. Heilbronn, Jan. - April 1906. Stadt. F.A.S. Ellwangen
Mai 1906 - Juni 1907 (Halbt.). F.A.S. Tübingen seit
15. Sept. 1921.
Ausgeschieden aus d. Schuldienst durch Erl. v. 10.8.38.

17. Militärdienstzeit im Frieden:

18. Militärdienstzeit während des Krieges

   a) in der Heimat:

   b) an der Front:

Bleibt das mein Leben...?

Gestern war es noch so und es wäre heute und morgen so geblieben. Tag für Tag arbeitete man sich müde in Beruf und Büro. Wäre der Verlobte nicht stellungslos und wünschte man nicht immer wieder vergeblich die Heirat herbei. Der neue Staat hilft tatkräftig durch Ehestandsdarlehen und fördert damit gleichzeitig Volks= und Wirtschaftswohl.

Ein Beispiel von nicht unbedingt politisch motivierter Widerständigkeit war die Umnutzung der Frauenarbeitsschule durch Schülerinnen: Um nicht bei fremden Leuten im Haushalt helfen zu müssen, sondern an schulfreien Nachmittagen im elterlichen Betrieb mitarbeiten zu können, besuchte Frau W. im Anschluß an die Volksschule die einjährige Haushaltungsschule, die 1936 der Frauenarbeitsschule angegliedert worden war. Auf diese Weise konnte sie zudem das „Pflichtjahr" umgehen.[9]

Verdrängung der Frauen aus der Berufsarbeit heim an den Herd: NS-Propaganda gegen Modernisierung und Emanzipation

Vorbereitung auf den Krieg. Bereits 1937 mußten zur Vorbereitung der Kriegswirtschaft auch die Lehrinhalte der Frauenarbeitsschule an die neue Situation angepaßt werden: Ganz im volkswirtschaftlichen Sinne lernten die Schülerinnen das „zweckmäßige volkswirtschaftliche Verarbeiten der Werkstoffe". Unterrichtsinhalte und die sich immer deutlicher abzeichnende Mangelwirtschaft stimmten jedoch nicht immer überein. So wurde beispielsweise noch immer die „Verwendung des Gummi" unterrichtet, obwohl es auf dem öffentlichen Markt schon längst keinen mehr zu kaufen gab.

Weitsichtiger war der Lehrplan im Hinblick auf den geplanten Krieg: „Erziehung zu Wehrwille und Wehrhaftigkeit" wurde fester Bestandteil des Unterrichts, ebenso „Luftschutzunterricht", der unter anderem aus Turnübungen und Gymnastik mit der Gasmaske bestand.

Schon 1933 hatte die Gauleiterin der NS-Frauenschaft (NSF), Anni Haindl, bei

Eine weitere Ursache für den bedrohlichen Geburtenrückgang ist „die berufstätige Frau. Sie bleibt meistens ehelos & somit kinderlos. Sie bilden eine deutliche biologische Auslese. - Ferner nimmt jede Frau dem Mann seine Stellung weg, verhindert also die Gründung von weiteren Familien." (Vorlesungsmitschrift „Rassenhygiene", Prof. Walter Saleck, 1936)

der Veranstaltung „Die deutsche Frau im neuen Staate" in Tübingen verkündet: „Die deutsche Frau leistet ihren Beitrag zur volkswirtschaftlichen Arbeit unter anderem darin, Geld für deutsche Waren auszugeben."[10] Zum neuen volkswirtschaftlichen Denken gehörte aber auch das Sparen. So mußten die Tübinger Hausfrauen zum Beispiel Küchenabfälle für die Schweinemastanlage sammeln, die 1938 in Tübingen im Steinlachtal bei Derendingen errichtet wurde. Das sonntägliche Eintopfessen zugunsten des Winterhilfswerks ist ein anderes Beispiel.

Einübung in Sparsamkeit. Auch in den Heften „Die Frauenarbeitsschule", die sechsmal jährlich erschienen und in Zusammenarbeit mit Lehrerinnen der Frauenarbeitsschule vom Stuttgarter Oberregierungsrat Lederer herausgegeben wurden, finden sich neben Nähanleitungen mit vielen Abbildungen und Beispielen aus der Arbeit der verschiedenen örtlichen Frauenarbeitsschulen, Schnittmusterbögen, Kosmetiktips und Stellenanzeigen auch Appelle an die Sparsamkeit der Mädchen und Frauen. Unter der Überschrift „Wie man Küchenabfälle einschränkt" wird überdies auf die Erleichterung der Hausarbeit durch Handhabung eines Kartoffelschälmessers oder besser noch einer Kartoffelschälmaschine als besonderer Vorteil hingewiesen.

„Die Hausfrau begrüßt sicher jede Gelegenheit zur bequemeren Haushaltsführung, wenn sie zugleich den Forderungen unserer Zeit nach sparsamster Verwendung der Nahrungsgüter nachkommen kann."[11]

„Es wurde zertrennt und wiederzusammengesetzt", heißt es in einem Artikel über Arbeiten für das Winterhilfswerk, „und bald zierte ein bunter Stich eine

Die Regeln des Kriegs an der Heimatfront: die Frau beim Partisanenkampf gegen die Säurebakterien in der Milch

notwendig gewordene Naht, bald deckte eine Falte eine gestopfte Stelle, bald schmückten bunte Patten, Knopfreihen oder Litzen die Ansatzstellen, die zur Verlängerung oder Erweiterung nötig wurden. Die Lehrerinnen unterstützten dieses Arbeiten aus Restchen, Abfällen und getragenen Sachen umso mehr, als die jungen Mädchen an diesen Beispielen ja besser als durch alle Worte auf das Sparen im Sinne des Vierjahresplanes hingewiesen werden konnten."[12] Welch wichtige Rolle der Frauenarbeitsschule hierbei zuteil wurde, erzählten uns ältere Tübingerinnen: Unvergessen sind die Erinnerungen an die Nähkenntnisse der Schwestern, die die Frauenarbeitsschule besucht hatten. Während des Krieges sicherten sie die Bekleidung für die ganze Familie. Frau G. schwärmt heute noch von einem Dirndl, das ihre Schwester aus einem alten Bettuch für sie genäht hatte.[13] Die Lehrerinnen hatten dafür Sorge zu tragen,

Glaube und Schönheit

Ein Weg zur sinnerfüllten deutschen Lebensform der Zukunft · Von Emmi Veil

Fröhlicher Tanz am Bärensee bei Stuttgart

Als Reichsleiter Baldur von Schirach im Januar 1938 die Gründung des BDM.-Werkes „Glaube und Schönheit" verkündete, horchte nicht nur Deutschland, sondern auch das Ausland auf. So schön und tief ist der Name des BDM.-Werkes ist, so sehr wird der Inhalt dieses Namens gerecht. Ist die Hitlerjugend bei den Knaben neben dem Elternhaus und der Schule „Erziehungsfaktor", so fällt uns die Aufgabe zu, aus unseren Mädeln die Frauen von morgen zu erziehen. Vielleicht haben 1933 manche Menschen die Köpfe geschüttelt: „Wie wollte man auch Mädel organisieren und dabei verhindern, daß sie „unweiblich" werden!" Offen gestanden, wenn man in den Uebergangsjahren zusah, so könnte man schon feststellen, daß wir manches getan

Die künftige deutsche Frau soll ihre Kleidung ihrem persönlichen Geschmack entsprechend schneidern können

haben und tun mußten, was nicht unmittelbar in der Linie der Vorbildung einer tüchtigen Hausfrau lag. Aber rückschauend müssen wir doch sagen: „Wir haben diese Zeit gebraucht!" Nun aber sind wir mit dem „Sturm und Drang" fertig und jetzt gilt es Neues aufzubauen.

Mit diesem Gedanken, uns Mädel zu „Glaube und Schönheit" zu erziehen, hat uns Reichsleiter Baldur von Schirach eine hohe völkische und nationale Aufgabe gegeben, nämlich die Heranbildung der künftigen deutschen Frauen und Mütter zu Trägerinnen einer deutschen Lebensform.

Wenn das Mädel vier Jahre im Jungmädelbund und drei Jahre im Mädelbund seinen Dienst getan hat, sich dort einer straffen Disziplin gefügt und gelernt hat, jederzeit einsatzbereit zu sein, dann kommt es im Alter von 17 Jahren in das BDM.-Werk „Glaube und Schönheit". Als Richtschnur der Arbeit im BDM.-Werk gelten die Worte unseres Reichsleiters: „Wir wollen das Mädel im BDM.-Werk zu einer gemeinschaftsgebundenen Persönlichkeit erziehen!"

Zuerst muß uns die Idee „Glaube und Schönheit" klar sein, denn erst wenn man eine Idee kennt, kann man ihr auch dienen. Zu allen Zeiten ist die deutsche Frau die Hüterin des Glaubens gewesen. Unsere Mädel müssen sich ihrer Verantwortung dem deutschen Volk gegenüber immer bewußt sein, nämlich die Glaubensträgerinnen der nationalsozialistischen Weltanschauung zu sein. Wir brauchen Mädel und Frauen, die bedingungslos an Deutschland und seinen Führer glauben. Der Mann

Kochen gehört selbstverständlich mit in den Erziehungsplan
(Bilder Eisenschink, Paschke, Rudolf und Steinbrecher)

kämpft das Reich mit der Waffe in der Hand, wir aber haben es zu erhalten, indem wir den Glauben daran an die Kinder und Kindeskinder weitergeben; dann erst wird der Nationalsozialismus seine höchste Erfüllung finden.

Unter Schönheit verstehen wir neben der Durchbildung des Körpers vor allem die Reinerhaltung unserer Rasse. Um dieses große Ziel zu erreichen, gehen unsere Mädel vier Jahre lang durch die Arbeitsgemeinschaften des BDM.-Werkes.

Im jahrgangsweisen Aufbau kommt das 17jährige Mädchen zuerst in die Arbeitsgemeinschaft „Körperliche Ertüchtigung". Wir haben hier nicht nur die sportlichen Arbeitsgemeinschaften, sondern auch solche, die sich mit den Arbeitsgebieten der Körperpflege, der gesunden Lebensführung, im Gesundheitsdienst und der Ersten Hilfe beschäftigen. — Gerade in der Zeit, in der sich der Körper des Mädchens zu vollenden beginnt, bilden Gymnastik und Tanz einen gesunden und harmonischen Ausgleich. Im Rahmen dieser Arbeitsgemeinschaft gibt es viele Sonderarbeitsgemeinschaften, z. B. Leichtathletik, Schwimmen, Rudern, Segeln, Tennis, Reiten, Rollschuhlaufen, Eislaufen, Handball, Hoden, Skilaufen und Fechten.

Das zweite Jahr bringt in der Stadt die „Hauswirtschaftliche Ertüchtigung", auf dem Land die „Bäuerliche Berufsertüchtigung". Wir führen Koch- und Nähkurse durch, um den Mädeln Gelegenheit zu geben, sich für ihre Aufgabe als Hausfrau vorzubereiten. — Die Arbeitsgemeinschaft „Bäuerliche Berufsertüchtigung" wird in Verbindung mit dem Reichsnährstand durchgeführt. Neben der hauswirtschaftlichen Ausbildung wie Kochen und Ernährungslehre, Nähen, Flicken und Hausarbeit, Gartenbau, Milchwirtschaft und Geflügelhaltung wollen wir versuchen, altes Volksgut wieder zur Geltung und Wertung zu bringen, oder uns Neues zu schöpfen und auf diese Weise in unseren Mädchen die Verpflichtung zur Scholle wieder wachzurufen. Neu hinzugekommen ist dieses Jahr nach der Arbeitsgemeinschaft „Werkarbeit". Hier schaffen die Mädel an Hobelbank und Webstuhl. Aus Resten entstehen Fleckerlteppiche und aus Vorlagen und an der Hobelbank wird schönes und dabei festes Kinderspielzeug angefertigt. Unter Anleitung von handwerklich geschulten Kräften wird gelebt und gebastelt.

Im dritten Jahr kommt die Arbeitsgemeinschaft „Persönliche Lebensgestaltung". Diese Arbeitsgemeinschaft wird dem Sinn des BDM.-Werkes am meisten gerecht, weil sie alles in sich schließt, was ein Mädel anspricht und was es an Schönem ins Leben hineinträgt. Es ist ein fast unerschöpfliches Gebiet, das den Interessen unserer Mädel besonders entgegenkommt. Alle Dinge der geschmackvollen Ausrichtung, von der Körperpflege über Fragen der Mode bis zur Heimgestaltung werden hier erörtert. An formschönen und werkgerechten Möbeln, Kleidern und Schmuckgegenständen wird bei den Mädeln das richtige Gefühl für alles Echte, in dem sich die wahrhafte Kultur eines Volkes ausdrückt, gefördert. Jedes Mädel soll das tun und tragen, was zu ihm paßt, und sich so eine eigene Note schaffen, die seine Entwicklung zur Persönlichkeit unterstreicht.

Innerhalb der „Persönlichen Lebensgestaltung" gibt es Arbeitsgemeinschaften, in denen die Mädchen vertraut gemacht werden mit dem ewigen Kunstwerten unseres Volkes, mit Literatur, Malerei, Baukunst und Bildhauerei. In unserer Arbeitsgemeinschaft „Musik" kann jedes musikbegabte Mädel ein Instrument spielen lernen. Aber nicht nur hier werden die Werke eines Beethoven, Bach, Mozart oder Wagner gespielt, sondern mit dem gleichen Ernst auch Musikgeschichte getrieben. Wir hören vom Leben unserer Tondichter und bekommen einen Einblick in das Ringen um ihre Werke. So wird altes Kulturgut erhalten und gefördert. Parallel da-

Am Webstuhl entsteht manch schönes, gediegenes Stück

zu läuft die Arbeitsgemeinschaft „Spiel und gesellige Kultur", sie soll nicht nur für unsere Mädelorganisation schaffen, sondern soll auch den Mädchen die Anregung geben, Geselligkeit in ihre Familien hineinzutragen.

Für unsere 20jährigen Mädel kommt im vierten Jahr die Arbeitsgemeinschaft „Fragen des politischen Lebens". Den Abschluß der elfjährigen Zugehörigkeit zum BDM. bildet noch ein Jahr politischer Arbeit. Wir wollen unsere Mädel zu Frauen erziehen, die jederzeit wissen, wo ihre Aufgaben ihrem Volk gegenüber liegen. — Wir beschäftigen uns mit der Geschichte und Ueberlieferung der engeren Heimat und des Reiches, mit den rassisch-biologischen Gesetzen, die unser Leben bestimmen und verpflichten. Wir haben noch die Arbeitsgemeinschaften Außenpolitik und Auslandskunde, denn gerade unsere Mädel sollen auch, wenn sie unsere Gemeinschaft verlassen haben, wenn sie im Beruf oder der Familie wirken, wache Sinne für das politische Geschehen in der Welt besitzen.

In der Arbeitsgemeinschaft Auslandskunde beschäftigen sich die Mädel nicht nur mit den politischen Fragen eines Landes, sondern auch mit der geographischen Lage, der Entwicklung, der Sprache und Kultur. Sie sollen einen tiefen Einblick in das Volk und seine Lebensbedingungen tun, um Vergleiche mit dem eigenen Volk ziehen zu können und um ihr Urteilskraft und Weltbild zu bekommen. An diese Arbeitsgemeinschaft schließt sich meist eine Fahrt in das Ausland an.

Damit ist in großen Zügen das BDM.-Werk „Glaube und Schönheit" umrissen. Wir sehen also: wenn unsere Mädel alle Arbeitsgemeinschaften des BDM.-Werkes durchlaufen haben, dann besitzen sie das Rüstzeug, um als wache Menschen in unserem Volk zu stehen. Keine größere und schönere Idee konnte uns geschenkt werden als gerade das Werk „Glaube und Schönheit."

Unsere Reichsreferentin Dr. Jutta Rüdiger sagte: „Wir sind dankbar, daß

Wer Lust und Liebe zur Musik besitzt, kann sich ihr hier widmen

die sittliche Verpflichtung zu geben, daß unser Volk dereinst in Schönheit und Stolz die Fackel des Glaubens und des Kämpfertums tragen wird.

Aus alten Zeitungen

Der Begriff wahrer Volksgemeinschaft ist erst neueren Datums. Sonst könnte nicht vor hundert Jahren ein Bauer den Vorschlag gemacht haben, Butter aus Kartoffeln herzustellen, und zwar, wie er ausdrücklich betont, für das Gesinde und den gemeinen Mann. Sein Rezept ist höchst einfach und lautet: „Die Kartoffeln werden geschält, gekocht, zu Mus zerrieben, ins Buttersalz geschüttet. Drei viertel Stunden gebuttert und Rahmen dazugeschüttet. Wann die Kartoffeln und der Rahmen coaguliret, werden sie in ein Gefäß geschüttet, ausgedruckt und gesalzen. So hat man eine Art Butter, die der ordentlichen fast gleich kommt — für das Gesinde."

Ob er selbst davon gekostet hat, verschweigt uns der Gute. Schade, wir hätten auch gerne erfahren, wie gerne sein Gesinde nach solcher Speise die Arbeit angepackt hätte.

„Es erhalten die Ortsvorsteher die Weisung, strenge darüber zu wachen, daß keine Jochzeit länger als zwei Tage dauere und daß nicht, wie es hin und wieder vorgekommen, Hochzeiten zwei Tage im Wohnorte des Bräutigams und weitere zwei Tage im Geburtsorte der Braut gefeiert werden. Ferner ist der Genuß geistiger Getränke bei der sogenannten Morgensuppe, das Vorangehen von Musik bei dem Zuge in und von der Kirche, sowie das Herumgehen des Brautpaares von Haus zu Haus längst verboten und unter keiner Bedingung zu gestalten."

Im Krieg wurde aus der traditionellen Freizeitbeschäftigung von Frauen eine politische Notwendigkeit

„daß all diese Arbeiten nicht nur technisch einwandfrei ausgeführt, sondern auch zweckentsprechend und hübsch sind."[14]

In der militarisierten Gesellschaft des NS-Systems konnte Mode - schon aus ökonomischen Erwägungen - nicht wirklich als „förderungswürdig" gelten. Hier ging es vielmehr - in absoluter Verkehrung der Konsumgesellschaft mit ihren wechselnden Moden - darum, aus wenig viel zu machen. Gleichzeitig konnte und wollte auch die NS-Gesellschaft auf die Inszenierung von Weiblichkeit - vermittelt durch Mode - nicht verzichten. Die Frauenarbeitsschule half beides zu vereinen. Eine Interviewpartnerin aus Hagelloch, deren Schwester ebenfalls die Frauenarbeitsschule besucht hatte, erinnert sich, daß für sie „aus wenig viel zu machen" bedeutete, „modische Kleidung" tragen zu können.

Die beiden Schwestern K. aus Polen, während des Kriegs Zwangsarbeiterinnen in Tübingen, machten aus der Kleidernot eine Überlebensstrategie: Sie nähten für Tübinger Familien und erhielten dafür Lebensmittel.

> „Es gab ein heiliges Ideal, und das war die Scholtz-Klink mit ihrem Zopf um den Kopf herum. Also Gretchenfrisur war das Nonplusultra." (Margarete H., Tübingen 1991)

Spurensuche. Unsere Arbeitsgruppe „Tübinger Frauenalltag in der Zeit des NS" beschäftigte sich mit der Frauenarbeitsschule, da mit ihr ein Ort beschrieben werden kann, an dem das Zusammenwirken von Ideologie, wirtschaftlichen und Macht-Interessen deutlich wird. Es ist ein Ort der „Erziehung zur Weiblichkeit", der nicht ohne weiteres und nicht ohne Reibungsverluste in der NS-Frauenpolitik aufgeht.

Tübingen im Nationalsozialismus - wir wollten wissen, was das für Frauen bedeutete, quer zu den verschiedenen Lebensbereichen und doch die Trennlinien der nationalsozialistischen Politik beachtend, die die einen einbezog und die anderen ausgrenzte bis hin zur Vernichtung. Nach den Verarbeitungsweisen fragen, nach dem subjektiven Erleben und Erinnern von Frauen, ist ein Unterfangen, das in größerem Umfang erst noch geleistet werden muß.

> „Die [Professoren-Tochter] hatte kurze Haare, die sind fortschrittlich gewesen. Es haben nicht alle wie Scholtz-Klink aussehen müssen." (Hilde S., Tübingen 1991)

„Die Frauenarbeitsschule" veröffentlichte mustergültige Produkte gelegentlich auch aus dem Tübinger Unterricht

Unsere Spurensuche gestaltete sich schwierig. Recherchen im Stadtarchiv fördern Dokumente von Frauen-Alltag lediglich zutage, wenn dieser zum Gegenstand kommunaler Verwaltung oder lokaler Berichterstattung wurde. Wir haben daher - neben Einzelinterviews mit Zeitzeuginnen - auch die Form des Erzählcafés gewählt, in dem sich ältere Frauen, die die Zeit des Nationalsozialismus in Tübingen erlebt haben, mit jüngeren trafen und rückblickend über ihr Erleben sprachen. „Ich habe immer nach einem Ort gesucht, wo meine Erinnerungen Platz haben", kommentierte eine Teilnehmerin diese Erfahrung.[15] Uns interessierten die Strategien der einzelnen Frauen - vom Widerständigen über das „Sich-Durchwurschteln" bis zur begeisterten aktiven Beteiligung am NS-Staat; auch die Gründe für die Faszination, die die nationalsozialistische Ideologie und politische Praxis für Frauen offensichtlich haben konnte. Im scheinbar Nebensächlichen zeigten sich dabei die Machtmechanismen des Systems oft mehr als in den spektakulären Ereignissen.

1 Zur Arbeitsgruppe „Tübinger Frauenalltag in der Zeit des NS" des Bildungszentrums und Archivs zur Frauengeschichte Baden-Württembergs (BAF) e.V. gehören: Iris Alberth, Helga Flamm, Hilde Höppel, Gerrit Kaschuba, Christel Klötzke und Susanne Maurer. **2** „Rottenburger Zeitung", 20.4.1936. **3** Ullmann 1987. Unser Beitrag stützt sich in weiten Teilen auf diesen Artikel. **4** Vgl. Crips 1990. **5** Richtlinien für zu Versuchsschulen erklärte Frauenarbeitsschulen, SAT A 150/4272. **6** Ebd. **7** NS-Heimatkunde, S.206. **8** Ullmann 1988. **9** Interview von Iris Alberth und Hilde Höppel mit Frau W. am 4.5.1991. **10** TC 3.8.1933. **11** Die Frauenarbeitsschule 1938, S.44. **12** Die Frauenarbeitsschule 1939, S.23. **13** Interview von Iris Alberth und Hilde Höppel mit Frau G. am 11.6.1991. **14** Die Frauenarbeitsschule 1939, S.29. **15** Erzählcafé in der Begegnungsstätte für Ältere im Hirsch am 24.5.1991.

HERBERT BAUM

Die Jugend des „Führers": Sinnliche Disziplinierung durch Uniform, Grüßen und Marschieren

Dem Nachgeborenen, der sich im zeitlichen Abstand von nahezu zwei Generationen mit der Jugend in der Nazi-Zeit beschäftigt, fällt - bekommt er Fotos gezeigt - vor allem die Uniformierung der Jugendlichen ins Auge. Im Folgenden soll versucht werden, das umfassende Thema „Jugend im Nationalsozialismus" unter dem einen Aspekt „Kleidung der Jugendlichen" darzustellen.

Zwischen Sakralem und Banalem. Bei Tübingern und Tübingerinnen rief das Anliegen, etwas über das Kleiderverhalten in der Hitlerjugend (HJ) und im Bund Deutscher Mädel (BDM) zu erfahren, unterschiedliche Reaktionen hervor. Zum einen waren es Irritationen, weil Uniformen als Erkenntnisgegenstand nicht wichtig erschienen. „Ich tät' das eigentlich [. . .] ein bißchen läppisch finden, daß Sie mit der Uniform anfangen, wo das doch gar nicht wichtig war",[1] meinte eine Gesprächspartnerin. Manchmal war die Reaktion, Kleidung sei „nebensächlich", „piepe" gewesen, aber auch Vorwand, einem Interview auszuweichen.

Unterscheidet man bei der Rekonstruktion der NS-Vergangenheit die rückblickende und die damalige Zeitebene, so lassen sich diese Reaktionen unterschiedlich deuten. Einerseits mögen sie ein generelles Unbehagen an der NS-Zeit widerspiegeln, das dazu führt, lieber nicht über diese Vergangenheit zu sprechen. Andererseits erscheint einigen das Thema „Uniform" im zeitlichen Rückblick aber auch bedeutungslos angesichts der individuellen Erlebnisse und der Verbrechen des Regimes.

Auch außerhalb der Marschkolonnen: Mädchen in Uniform

Die Reaktionen könnten allerdings auch ein Hinweis auf die damalige Alltäglichkeit der Praxis des Uniform-Tragens sein. So gehörten einzelne Uniformteile, - kurze Hosen bei den Jungen, Bluse bei den Mädchen, die darüber oft einen Pullover trugen - zur Alltagskleidung.[2] Allerdings stand diesem banalen Umgang noch ein anderer gegenüber. So sagte Frau A., die BDM-Uniform sei das „Ehrenkleid' des deutschen Mädchens" gewesen, ja für einige war sie

sogar „etwas Heiliges".[3] Herr M. erzählte, daß er die HJ-Uniform anstelle eines Anzuges bei der Konfirmation getragen habe, da man sie als „Feierkleidung" verstand.[4] Zusammenfassend läßt sich deshalb festhalten, daß die Uniform mit widersprüchlichen Bedeutungen verwoben war. Einerseits hatte sie einen sakralen Schein, andererseits drückte sie den banalen Alltag aus. Dabei spielte auch der Zeitpunkt eine Rolle, wann der oder die Berichtende zur HJ oder zum BDM kam. So berichtete Herr M., daß es während des Krieges nicht mehr „opportun" gewesen sei, sich in Uniform konfirmieren zu lassen, insbesondere nach Stalingrad.[5]

Bekleidungsvorschriften: Das Äußere soll zum Zeichen des Innern werden. Manche der Befragten, die schon vor 1933 in einer Jugendorganisation gewesen waren, erlebten den Wechsel zur HJ nur als geringen Einschnitt. Das mag unter anderem daran gelegen haben, daß die NSDAP mit Halstuch und Knoten sowie kurzer Hose und Kniestrümpfen an die Kleidungstradition der bündischen Jugend anknüpfte und manche Aktivitäten der Wandervögel, wie „Auf-Fahrt-Gehen" mit „Affen" und „Klampfe", Abkochen und Singen am Lagerfeuer, übernahm. So bedeutete für Otto K., der vor 1933 bei der bündischen Jugend gewesen war, das Tragen der HJ-Uniform „keine Belastung", löste aber auch kein Gefühl des Stolzes aus.[6] Ganz anders war dies bei den Jüngeren, die gleich mit zehn Jahren ins Jungvolk bzw. zu den Jungmädeln innerhalb der Hitlerjugend eingetreten waren.

Herr M. erinnert sich, wie er mit dem Eintritt ins Jungvolk im Frühjahr 1936 seine „Eltern darauf gedrängt" habe, ihm eine Uniform zu schenken[7] - ein

„Ich hatte nicht das Gefühl, daß ich da mißbraucht wurde." (Frau N., Tübingen 1991)

„Wir durften ja als Pfadfinder nicht mehr zusammenkommen. Wir haben grasgrüne Hemden angehabt, das hat die HJ alles irgendwoher übernommen, von bündischer Jugend, Wandervogel." (Hilde S., Tübingen 1991)

naheliegender Wunsch in einer Zeit, in der das Bild der Öffentlichkeit von einem militärischen Habitus geprägt war. So ist es auch nicht verwunderlich, wenn er als 10jähriger „Pimpf" „ganz stolz" auf seine Uniform war. Und als 14jähriger HJ-Junge fühlte er sich, mit einer „Führerschnur" ausgestattet, „darauf eingebildet", wie „Graf Rotz".[8]

Diesen Stolz benutzten die Nazis für ihre Zwecke. In ihren Bekleidungsvorschriften appellierten sie an den Stolz und an die „Ehre" der Jugendlichen, um zu erreichen, daß sie in „vorschriftsmäßiger" Uniform zum „ Dienst" erschienen. Für die „Jungmädel" hieß das zum Beispiel, eine „frisch gewaschene Bluse", einen „sauber gebürsteten Rock" und „gut geputzte Schuhe" zu tragen.[9] Korrekte Kleidung galt als Ausdruck des Respekts gegenüber der Uniform und gleichzeitig als Beweis für die Treue gegenüber der NS-Ideologie.

„Ehre die Uniform und du ehrst damit deine Kameraden und deine Idee", heißt es deshalb im Geleitwort Baldur von Schirachs zur Bekleidungsvorschrift von 1934. „Die Uniform ist das Symbol der Gemeinschaft. Wer Uniform trägt, ist nicht mehr ein einzelner, sondern die Verkörperung aller, die seines Glaubens sind. Unsere Uniform ist der Ausdruck eines Willens, der keine Klassen kennt."[10] Als Symbol für die „Volksgemeinschaft" schlechthin sollte sie ein „Sehen von Klassenlosigkeit"[11] bewirken.

Disziplinierung. Bei den Hitlerjungen war die Überprüfung der Uniform Bestandteil von „Ordnungsübungen". Sie sind ein „gutes Mittel, der Disziplin deiner Einheit mal wieder auf den Zahn zu fühlen", mahnte

Kameradschaft, Schlichtheit, Naturverbundenheit: nach dem Verbot konnten ehemalige Bündische auch in der HJ ihre Ziele wiederfinden

„1933 zum Schulanfang gab's damals in Oberndorf Hitlerpüpple. In jedem Schaufenster sind sie gestanden, SA-Uniform oder BDM-Uniform, ich hab mir das sehnlichst gewünscht und natürlich nie gekriegt." (Frau A., Tübingen 1991)

VOLKSGEMEINSCHAFT UND AUSGRENZUNG

die „Reichssturmfahne" im August 1941. „Aber nur so gelegentlich, zuviel benützt, schlägt's ins Gegenteil um. Kontrolliere die Haltung der einzelnen, den Gruß, die Uniform."[12] Einerseits sollten die Jungen so lernen, sich in die Hierarchie der HJ-Abteilung einzuordnen, andererseits sollte dies der Abteilung „inneren Halt und Stolz in ihrem äußeren Auftreten" geben.[13]

Beim BDM trat seit 1936 der militärische Aspekt als Mittel der Disziplinierung zunehmend hinter subtileren Spott zurück,[14] wie die Erinnerung von Frau A. zeigt, die lachend erzählt: „Da haben wir immer gesagt, da kommt die Saubere und jetzt kommt die Dreckige, weil die andere immer keine ganz frischgewaschene Uniform hatte und meine offensichtlich immer sauber war".[15]

Um jederzeit ein einheitliches Bild zu gewährleisten, gab es in den Kleidervorschriften Ge- und Verbote. Selbstverständlich „mußte" die Uniform zu jedem „Dienst" getragen werden. Erwünscht war sie „zu allen Feiertagen des Reichs und der ‚Bewegung' und alle besonderen Familienfeierlichkeiten". Allerdings durfte sie nicht angezogen werden „beim Besuch von Rummelplätzen" und in der Schule, es sei denn, es war speziell von der „Jugendführerin" angeordnet.[16]

Die Erinnerung von Frau V. zeigt, daß es zur Aufführung von Richard Wagners Oper „Der Ring des Nibelungen" in Stuttgart unausgesprochene Konventionen zwischen den HJ/BDM-Jugendlichen gab. Es gehörte zum guten Ton, in Uniform zu erscheinen und nicht im festlichen Kleid. Wer es dennoch tat, wurde von den anderen mit „schiefem Blick" bestraft.[17]

Mit Zöpfen, Halstuch und Abzeichen: erstmals waren auch Mädchen staatlich organisiert

„Reiz und Ruhe im Anblick" - „Je kürzer, desto zackiger". Zur Geschlechtsspezifik der Uniform. Obwohl die Parteijugendorganisation Mädchen einen größeren Aktionsradius eröffnete, unterlag die Gestaltung der Uniform geschlechtsspezifischen Mustern, die enthüllen, wie begrenzt letztendlich die Möglichkeiten für Mädchen waren. Sie schrieb für BDM-Mädchen Röcke vor, lediglich für den Winter und für den Sport waren eine Skihose und ein „Übungsanzug" vorgesehen. Die BDM-Uniform - offiziell hieß sie nie Uniform, sondern „Bundestracht" oder „Dienstkleidung" - versinnbildlichte - nach den Vorstellungen ihrer Entwerfer - in der „strenglinigen Form des Schnittes" und der „stark kontrastierenden Farbzusammenstellung" die „äußere Zucht und Disziplin" im BDM.[18] Das Blau des Rockes entsprach laut BDM-Interpretation in seiner „sinnlich-sittlichen Wirkung" dem „Reiz und der Ruhe im Anblick".[19] Äußere und innere „Zucht" sollten Mitglieder der Partei- bzw. Staatsjugend auch beim Tragen ziviler Kleidung zeigen. Überzeugte BDM-Mädel könnten

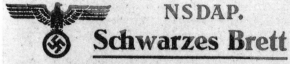

NSDAP.
Schwarzes Brett

Partei-Organisation

NSDAP. Ortsgruppe Tüb.-Lustnau. Alle Volksgenossen, die keine andere Gelegenheit haben, die Rede des Führers in der Reichstagssitzung heute 20 Uhr am Lautsprecher mitzuhören, werden herzlich eingeladen, an dem Gemeinschaftsempfang in der Turnhalle teilzunehmen. — Die Diensträume der Ortsgruppe sind heute abend geschlossen. — Die Volksgenossen, die für heute abend eine Ladung bekommen haben, werden gebeten, kommenden Montag zu gleicher Stunde zu erscheinen.

Partei-Ämter mit betreuten Organisationen

DAF. Ortsgruppe Tübingen-Nord. Samstag, 19. März, abends 8 Uhr findet in der „Seegerei" die nächste Amtswalter-Besprechung statt. Verpflichtet zur Teilnahme sind sämtliche Straßenzellen- und Straßenblockobmänner, Betriebszellen- und Betriebsblockobmänner, KdF-Walter usw.

DAF. Ortswaltung Lustnau. Die Dienststunden für heute abend fallen aus. Die Blockobmänner, welche mit ihrer Abrechnung noch in Verzug sind, wollen dies so nachholen, daß der Zellenobmann am Montag, den 21. März, mit dem Kassenwalter abrechnen kann.

NSLB. Kreiswaltung Tübingen. Die Schulleiter bzw. Schuljugendwalter sämtlicher Schulen des Kreises melden die Ergebnisse des Schul-WHW 37/38 bis spät. 24. März dem Kreis-Sozialreferenten Hauptl. Spieß, in Rottenburg.

NSV-Nähstube. Das Nähen fällt heute aus.

NS-Frauenschaft — Deutsches Frauenwerk. Der Nähabend der NSV fällt heute aus.

NS-Frauenschaft Kusterdingen. Wegen der Führerrede wird der Pflichtabend verschoben.

SA. SAR. SS. NSKK.

NSFK. Fliegersturm 7/101 mit auswärtigen Scharen. Am Sonntag, 20. 3., morgens 6.30 Uhr Antreten Mackensenstraße 2. Flugdienst an der Teck. Der Werkstattdienst fällt heute aus!

NSKK. Motorsturm 42/M 55. Sonntag 7.30 Uhr tritt der gesamte Sturm vor dem Dienstzimmer zum Schießen an. Trupp- und Scharführer sind für pünktliches und vollzähliges Antreten verantwortlich.

SA-Sportabzeichen (Schönbuch). Für die Wiederholung des SA-Sportabzeichens sind die Meldestellen für Standort Herrenberg: Sturmbannführer Rilling, Herrenberg, Horst-Wessel-Str. Gärtringen: Obertruppführer Kimmerle, Gärtringen; Altingen, Kayh und Mönchberg: Truppführer Braitmaier, Kayh; Tailfingen und Gültstein: Oberscharführer Wurster, Gültstein. Ober-, Unterjettingen, Mötzingen und Oeschelbronn: Sturmführer Essele, Unterjettingen; Oberjesingen, Kuppingen und Affstätt: Rottenführer Weidle, Kuppingen. Meldeschluß: 20. März 1938.

HJ. JV. BDM. JM.

Bann 125 „Hohentübingen", Verwaltungsstelle. Die Geldverwalter/innen der Gef., Fähnl., Gruppen-, JM-Gruppen haben sofort auf der Banndienststelle zur Abholung der eingetroffenen Formulare zu erscheinen bzw. die Abholung derselben zu veranlassen.

Bann 125. Spielmannszug der Gef. 1. Der Dienst für heute abend fällt aus! Nächster Dienst am Sonntag.

Bann 125. Gef. 2. Der für heute angesetzte Dienst wird auf Samstag verlegt. Antreten 20 Uhr am Faulen Eck. Schreibzeug!

Bann 125. Gef. 5, Schar 1 (Derendingen). Der Sport fällt heute aus.

Bann 125 Hohentübingen. HJ- u. DJ-Sportstunden fallen heute aus.

Bann 125. Fähnlein 1 „Hohentübingen". 1. Die Fußballmannschaft und Ersatzleute stehen Samstag mittag um 14.30 Uhr mit Sport zum Rückspiel gegen Fähnlein 2/125 auf dem Sportfreunde-Platz (Stauwehr). 2. Am Sonntag tritt das Fähnlein zum Endkampf des Leistungskampfes 37/38 an. (Tadellose Winterdienstuniform mit Abzeichen; Ausweise und Sparbücher mitbringen.)

Kampffähnlein 2 „Tubo". Sonntag morgen 8 Uhr steht das gesamte Kampffähnlein in tadelloser Uniform und mit vollständigem Gepäck, aufgeschnallt Decke und Zeltbahn, wenn nichts eigenes vorhanden ist, so muß es unbedingt geliehen werden, im Schloßhof.

Bann 125. Fähnlein 3 „Tubo". Der gesamte Führerzug des Fähnleins einschließl. aller best. Hordenführer steht heute 18.30 Uhr zu wichtigem Führerdienst vollzählig in Uniform vor dem Heim Schaffhausen Str. 43. — Das gesamte Fähnlein steht am Sonntag um 13.45 Uhr zu wichtigem Dienst mit Sportzeug, Sparbüchern und Fehdebeitrag in dem Hof der Oberrealschule.

Bann 125. Fähnlein 4. Jgz. 3 steht heute 18.25 Haus der Jugend; Jgz. 4 mit Sport um 17 Uhr, Jgz. 2 mit Sport um 17.30 Uhr an der städt. Turnhalle. Diejenigen Jgg. des Jgz. 1, die Handball spielen können, treten mit Jgz. 2 an. Sämtliche Jungzüge treten in kurzer Hose, Jungenschaftsbluse, ohne Mütze an. Sparbücher und die Teilnehmer an der Fehde bringen ihren Fehdebeitrag mit.

Bann 125. Fähnlein 5 „Rammert". Jgz. 1 tritt 18.45 Uhr an der Turnhalle an. Jgz. 2 17.30 Uhr Sport. Fehdegeld mitbringen.

Bann 125. Fähnlein 6. Für die Jungzüge ist heute wie folgt Sport: Jgz. 1 18—19 Uhr Turnhalle; Jgz. 2 17—18 Uhr Turnhalle; Jungenschaft 13 19—20 Uhr Turnhalle; Jungenschaft 14.

Bann 125. Fähnlein 6. Der Führerzug des Fähnleins bis einschl. stellv. Jungenschaftsführer, tritt heute 19.00 Uhr zum Führerdienst am Heim der F'sch, 8 an. Tadellose Uniform! Schreibzeug. Jungenschaftsaufgabe ist mitzubringen!

Bann 125. DJ. Sämtliche Pimpfe tragen in der Woche der Pimpfe vom 19.—26. März tadellose Uniform (kurze Hose evtl. Winterbluse).

Untergau 125. Die Untergauführerin: Der Untergaustab und die JM-Gruppenführerinnen sind heute 19.30 Uhr zu einer kurzen Besprechung im Haus der Jugend.

Untergau 125. Die Untergauführerin: Mit Rücksicht auf den Schulwandertag findet am Samstag kein Jungmädel-Dienst statt.

Jungmädel-Sonderdienstgruppe Schwimmen. Heute 17.50 Uhr Uhlandbad. Badsach und 10 Pfg.

Jungmädelgruppe 2/125. Heute steht die ganze Gruppe 18 Uhr am Uhlanddenkmal. Wer in den Film geht, bringt 20 Pfg. gleich mit!

Jungmädelgruppe 3/125. Alle Führerinnen sind heut 18.30 Uhr am Haus der Jugend. Zivil. Karten vom Schönbuch mitbringen.

Jungmädelgruppe 6/125. Am Samstag steht der ganze Standort Lustnau um 17 Uhr an der Turnhalle zu einem kurzen wichtigen Dienst. Die Bodenturner vom Elternabend bringen Turnzeug, die Mädel vom Singspiel und Volkstanz die dazugehörigen Kleider mit. Restliche Beiträge nicht vergessen!

In „tadelloser Uniform" war zum „Dienst" zu erscheinen: der Terminkalender der Partei- und Staatsjugend, abgedruckt in der Lokalzeitung

nicht „heute als aufgetakelter Modeaff herumlaufen und morgen in der BDM-Tracht marschieren."[20] Sie sollten „Einfachheit" in ihrer Kleidung demonstrieren. Ziel der Jungen war es, eine möglichst kurze Hose zu tragen: „Je kürzer, desto zackiger".[21] Laut Herrn M. war, wer die Hose am kürzesten trug, der „König". Bis in den Herbst hinein trug man sie als Zeichen für seinen sportlichen, abgehärteten Körper.[22] Die geschlechtsspezifischen sinnlichen Wirkungsweisen zeigen den militärischen, zackigen, harten HJ-Jungen, und das ‚reizende', als Ruhepol ‚dienende' BDM-Mädel, für das Zucht und Disziplin ebenfalls wichtig war. Entsprechend der geringeren Bedeutung, die das Militärische bei den Mädchen haben sollte, wurden die militärischen Abzeichen an der BDM-Uniform verniedlicht und kaschiert. Das entsprach gleichzeitig dem eingeschränkten Emanzipationsgewinn, den das Regime Mädchen und Frauen eben nur soweit zugestand, wie es seinen Zielen nützte.

„Zackiges Marschieren" und **„zügiges Grüßen"**. Neben inneren Einstellungen steuerte die Uniform auch Körperhaltungen und -bewegungen. „Und dies Marschieren hatte man sich angewöhnt, weil man dann immer Nagelschuhe später anhatte. Und hatte man normale Kleider an, dann hieß es: ‚Kannst du nicht vernünftig laufen!' Seither hüte ich mich immer, große Schritte zu machen. Man ist zum Trampel geworden dadurch".[23] Die uniformierte Kleidung verlangte eine Gangart, die bei ziviler Kleidung nicht mehr „mädchenhaft" wirkte.[24] Das Marschieren nahm Besitz vom Körper; nur bewußtes, kontrolliertes Gehen schützte vor dem eingedrillten Marschieren. Für die Jugend war Marschieren ein Mittel, um die Ein-Ordnung in die „Volks-

Ein Lernziel der Hitlerjugend:
Marschieren in Reih und Glied

Angetreten zum 1. Mai 1937: HJ und BDM auf dem Marktplatz

"Wir haben [im Jungvolk] folgende Tätigkeiten gehabt: das war einmal Heimabend, auch natürlich Marschieren und Exerzieren, das heißt in dem Sinne, daß man den Gleichschritt beherrscht hat: ,Stillgestanden, die Augen rechts, die Augen links', ja, im Jungvolk ging es doch relativ locker zu." (Horst H., Tübingen 1991)

gemeinschaft" zu exerzieren. "Wenn wir marschieren, so wollen wir dadurch lernen, uns einzufügen, daß wir in künftigen Zeiten nie murren, wenn wir irgendwo hingestellt werden, wo wir liebe Gewohnheiten aufgeben müssen"[25], benannte im Mai 1935 die BDM-Zeitschrift "Unser Weg" das Lernziel des Marschierens. "Das schweigende Hinnehmen"[26], als Manövriermasse des "Führers" behandelt zu werden, war das erklärte Erziehungsideal. Es setzte die "Zustimmung und Selbsttätigkeit der Geführten" voraus. "In dem Moment, in dem wir marschieren, waren wir etwas besonderes, das hat uns, glaube ich, schon Spaß gemacht".[27] Damit sich das erwünschte Gruppengefühl einstellte, mußte sich jeder einzelne im Gleichschritt mit der Gruppe befinden und durfte nicht aus der Reihe tanzen. Nur als Gruppe konnte man sich von anderen Gruppierungen innerhalb der HJ/BDM abgrenzen und miteinander konkurrieren. So wetteiferten die einzelnen HJ-Einheiten untereinander darum, wer am besten marschieren, antreten und grüßen konnte. Die beste Einheit wurde mit einer "Adlerplakette", die an der Uniform getragen wurde, ausgezeichnet.[28] Verlangt wurden "stramme, zackige" Bewegungen, und viele bemühten sich, diese auch zu zeigen, wie Frau A. am Beispiel des Grüßens beschreibt. Sie verabschiedete sich von ihrer Klasse in der Schule: "Und unter der Türe mache ich eine stramme Kehrtwendung und grüße mit ,Heil Hitler' in die Klasse, dann mache ich eine stramme Kehrtwendung und geh wieder raus." Als sie ihren Lehrer auf dem Holzmarkt zackig grüßen wollte, passierte ihr ein Mißgeschick: "Ich hab die Tasche in der rechten Hand und muß kurz vor ihm die Tasche in die linke Hand nehmen, um ihn dann zügig grüßen zu können. Und da krieg ich bloß den einen Henkel und schmeiß den gesamten

Inhalt meiner Schultasche ihm zu Füßen, also fürchterlich."[29] Beide Erinnerungen zeigen, daß das Nacheifern der geforderten Normen ein gewisses Selbstwertgefühl mit sich brachte. Auch wenn dies beim letzten Beispiel durch Ungeschicklichkeit eher ins Gegenteil umschlug, so war doch das Ziel, die Aufmerksamkeit des Lehrers auf sich zu ziehen, zu demonstrieren ‚Hier bin ich'. Etwas von diesem Selbstbewußtsein, vom Sich-größer-machen illustriert auch die Erinnerung von Herrn H. an eine Begegnung mit Goebbels: „Er [Goebbels] wollte schon fast weiterlaufen, aber ich baute mich vor ihm auf. ‚Reichsminister, Ehrenwache der Banngefolgschaft Hohen-Tübingen angetreten'!"[30]

Auch in den Zeltlagern - hier bei St. Johann im Sommer 1935 - wurden die Geschlechterrollen eingeübt

Diskreditierung und Ausgrenzung. Strafen verstärkten die Geschlossenheit der Gruppe. Wer sich nicht der Disziplin beugte, wurde ausgeschlossen. „Ich mußte einmal zur Strafe beim Marschieren nebenhergehen."[31] Die Art der Bestrafung symbolisiert den Ausschluß aus der BDM-Gemeinschaft in eindrücklicher Weise. Schikaniert und gedemütigt wurde auch, wer im „Leistungskampf" nicht die erforderliche „Härte" bewies. „Die Siegernadel bei den Reichsjugendfestspielen bekam man, wenn man eine bestimmte Norm erreichte. Aber es gab immer ein Drittel oder Viertel, das diese Norm nicht erreichte und dann als Minderheit gedemütigt wurde. Das Ding nicht an der Brust hängen zu haben, war eben eine negative Kennzeichnung. Und es gab eben die ganz Unmöglichen, wie ich, die dann vor versammeltem Karree vortanzen mußten und auch extra beschimpft wurden."[32] Entsprechend der Rassenideologie des NS-Staates durften „Nicht-Arier" die HJ-Uniform nicht tragen.[33] Sie waren aus der „Volksgemeinschaft" verbannt.

„Da wurde einer aus der Banngefolgschaft beim Klauen erwischt. Da ist er im ersten Glied gestanden auf dem Schloßhof, wir haben Fackeln dabei gehabt. ‚Wer sich von dieser minderwertigen Kreatur distanziert, der trete zwei Schritte zurück'. Da ist aber der ganze Haufen mit 100 Leuten, zwei Schritte zurückgetreten." (Willy M., Tübingen 1991)

Uniformen als Zeichen der
Gleichheit und Instrumente
der Disziplinierung: die Be-
fehlsordnung des Dazugehö-
rens in Schaubildern aus dem
Organisationshandbuch der
NSDAP

VOLKSGEMEINSCHAFT UND AUSGRENZUNG

Allerdings scheint dieser Ausschluß in Tübingen unterschiedlich praktiziert worden zu sein. Einerseits wird erzählt: „Es gab in Tübingen einen Jungen, Richard hieß der, Jungschaftsführer oder so im Jungvolk, ein prima Kerl. Und von dem hieß es eines Tages, er war eines Tages verschwunden, ja, er sei Halbjude gewesen. [. . .] Sowas spricht sich ja rum. Nun haben wir natürlich nicht aufgeschrien, was! Und unter der Hand haben wir doch gesagt, das war doch ein prima Kerl. Wir haben an die anderen nicht gedacht, die sahen wir nicht, die kannten wir auch nicht."[34] Andererseits gab es auch das Beispiel des Christian Riekert, der - obwohl er von einer jüdischen Mutter abstammte und damit in der nazistischen Rassenlehre als „Halbjude" galt - dennoch die HJ-Uniform trug und in der Schule und der Tanzstunde integriert war.[35]

Die ritualisierte Praxis der „Volksgemeinschaft". Nach dem Willen Hitlers sollte die „Kleidung in den Dienst der Erziehung gestellt werden".[36] Sie sollte den Menschen formen und in die „Volksgemeinschaft" einordnen, was bedeutete, das „Gesollte zu wollen".[37]

Das Unter-Ordnen erfolgte als Selbst-Tätigkeit, vermittelt über das Tragen bestimmter Kleidungsstücke, über Grüßen und Marschieren. Das formierte die Gruppe und rief bei den Einzelnen ein Gefühl des Stolzes hervor, hob das Selbstwertgefühl und ließ ein Machtgefühl erleben. Für einen Betrachter von außen mag sich ein anderes Bild geboten haben. Inge Scholl zum Beispiel beschreibt, wie ihren Bruder Hans auf dem Parteitag in Nürnberg der Eindruck der Uniformierung abgestoßen hatte: „Dort Drill und Uniformierung bis ins persönliche Leben hinein - er aber hätte gewünscht, daß jeder Junge das Besondere aus sich machte, das in ihm steckte. Jeder einzelne Kerl hätte durch seine Phantasie, seine Einfälle und seine Eigenart die Gruppe bereichern helfen sollen. Dort aber in Nürnberg hatte man alles nach einer Schablone ausgerichtet."[38] Erziehung zur „Selbstlosigkeit" war das Ziel der Nazis. Das „Selbst", die Inidividualität sollte aufgehen in der „Volksgemeinschaft". Objektiv betrachtet waren die Individuen

Die Uniform markierte Aufstieg und Selbstbewußtsein in den Rangstufen der Partei-Organisationen

deshalb fremdbestimmt von außen und nicht selbstbestimmt.[39] Nicht die Aktivierung des Verstandes, sondern die „Macht über die Herzen" strebte die Partei an.[40] Sie erreichte dies, indem sie die Sinne der HJ/BDM-Jugend ansprach und nach ihren Werten disziplinierte. Sekundärtugenden wie „Härte", „Kampf", „Sauberkeit", „Ordnung", „Ehre" und „Treue" standen in ihrer Wertehierarchie ganz oben und waren verknüpft mit Symbolen wie HJ/BDM-Uniform, HJ-Fahne, BDM-Wimpel sowie mit Ritualen wie Grüßen und Mar-

Von der HJ führte viele der Weg in den Krieg: hier Tübinger Flakhelfer in Karlsruhe mit Strohschuhen zum Schutz vor der Kälte

schieren. Das Einfügen in die „Volksgemeinschaft" erfolgte in ritualisierter Form. Es organisierte ein „Sehen von Klassenlosigkeit" und implizierte andererseits etwas „Verschwiegenes", „Nichtgesehenes"[41], die Ausgrenzung und Vernichtung des als fremd Empfundenen.

„Es war ja wirklich nicht alles schlecht, möchte ich heute noch behaupten. Grad daß man die Jugend so zusammengefaßt hat und daß da einfach Disziplin herrschen mußte, das ist nichts Schlechtes." (Frau K., Tübingen 1991)

1 Interview von Herbert Baum und Elisabeth Timm mit Frau A. (Jg. 1926) am 5.3.1991. **2** Teile der HJ/BDM-Uniform zur zivilen Kleidung zu tragen, war erlaubt. Vgl. Dienstvorschrift der HJ 1938, S.34. **3** Interview von Herbert Baum mit Frau V. am 23.3.1991. **4** Interview von Herbert Baum mit Herrn M. am 8.1.1991. **5** Ebd. **6** Interview von Herbert Baum mit Herrn K.(Jg. 1903) am 25.1.1991. **7** Interview von Herbert Baum mit Herrn M. am 8.1.1991. **8** Ebd. Die Bezeichnung „Graf Rotz" verweist auf den Blick von heute, zurück in die eigene Vergangenheit und verrät Distanz zum Vergangenen. **9** Dienstvorschrift der HJ 1938, S.25. **10** Dienstvorschrift der HJ 1938, S.2. **11** Haug 1980, S.74. **12** Reichssturmfahne 1941, S.3. **13** Der Ring 1934, S.9. **14** Klaus 1983. Nach 1936 manifestierte sich ein Wandel in der BDM-Erziehung. Weg vom Schwerpunkt der sportlichen Erziehung, hin zur Betonung der hauswirtschaftlichen und kulturellen Arbeit. Ein Resultat dieser Entwicklung war am 19. Januar 1938 die Gründung des BDM-Werkes „Glaube und Schönheit". **15** Interview von Herbert Baum und Elisabeth Timm mit Frau A. (Jg. 1926) am 5.3.1991. **16** Dienstvorschrift der HJ 1938, S.34. **17** Interview von Herbert Baum mit Frau V. am 23.3.1991. **18** Kläre Steidel, in: Unser Weg 1934, S.25. **19** Diese Interpretation wurde von J.W. Goethes Farbenlehre übernommen. Wiedergegeben in: Unser Weg 1935, Heft 19, S.5. **20** Steidel, S.27. **21** Weber-Kellermann 1985, S.197. **22** Interview von Herbert Baum mit Herrn M. am 8.1.1991. **23** Interview von Herbert Baum mit Frau W. am 20.3.1991. **24** Ebd. **25** Unser Weg 1935, S.7. **26** Haug 1986, S.74; vgl. auch S.92-95. **27** Interview von Herbert Baum mit Frau W. am 20.3.1991. **28** Reichssturmfahne 1941, S.7. **29** Interview von Herbert Baum und Elisabeth Timm mit Frau A. (Jg. 1926) am 5.3.1991. **30** Interview von Herbert Baum mit Herrn H. (Jg. 1927) am 12.1.1991. **31** Zit. nach Klaus 1983, S.18. **32** Interview von Benigna Schönhagen mit Martin Schmid am 29.1.1980. **33** Reichsorganisationsbuch 1937, S.437. **34** Interview von Herbert Baum mit Herrn H. am 12.1.1991. **35** Interview von Benigna Schönhagen mit Herrn E. am 14.8.1991. **36** Adolf Hitler, Mein Kampf, zit. nach Weber-Kellermann 1986, S.201. **37** Haug 1986, S.92. **38** Scholl 1983, S.17f. **39** Adolf Hitler über Jugenderziehung, zit. nach Hofer 1982, S.88. **40** Haug 1980, S.74. **41** Vgl. Klaus 1983, der deshalb von einer „Scheinidentität" spricht.

FRANZ BEGOV

Vom „Gut Heil!"
zum „Gut Heil Hitler!":
Die Tübinger Sportvereine
während der NS-Zeit

War's Überzeugung, Loyalität oder nur Anpassung an den NS-Staat, welche die bürgerlichen Sportvereine und -verbände veranlaßte, schon kurz nach der „Machtergreifung" lautstark völkische Weltanschauung zu verbreiten?[1] Auch in Tübingen finden sich Vereinsakten, die voll von politischen Bekenntnissen sind. Man feierte den „großen Schwung" der „nationalen Revolution" und fühlte, wie der „große Geist" weht.[2] Die Vision von der „Volksgemeinschaft" war allgegenwärtig. Turnfeste wurden als Zeichen „deutscher Kraft, deutschen Mutes" und „innigster deutscher Tat- und Volksgemeinschaft" verstanden; das

„Viel Sport hat man gemacht. Da hat man solche Wettbewerbe gemacht, einmal im Jahr, und wer keine Siegernadel gehabt hat, der hat sich dann sehr geniert vor den anderen, gell, sportlich sein, das war damals sehr in." (Anna T., Tübingen 1991)

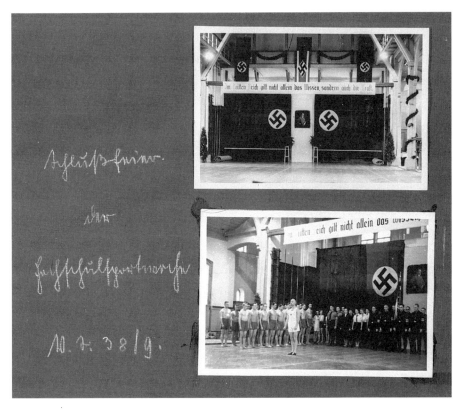

Sport im Zeichen des Hakenkreuzes: Siegerehrung in der Universitätsturnhalle Wintersemester 1938/39

90jährige Vereinsjubiläum der Turngemeinde (TG) 1935 zur „Feier echter Volksgemeinschaft" umgedeutet. Aus der Treue zum Volk und zu seiner nationalen Einheit leiteten Vereine die Verpflichtung ab, voll zum nationalsozialistischen Staat zu stehen und sich in den Dienst seiner Propaganda zu stellen, was konkret zum Beispiel heißen konnte, Wahlwerbung und politische Überzeugungsarbeit zu betreiben. Handfeste Aufgaben erfüllten dabei Turner und

Sportler: Der Ortsführer des Deutschen Reichsbundes für Leibesübungen (DRL) erwartete, daß die „noch nicht restlos für ein Treuebekenntnis" reifen Vereinsangehörigen in Überzeugungsgesprächen von „Mann zu Mann" für die Hitler-Sache gewonnen würden. Teilnahme am Fackelzug am Tag vor der Wahl vom 29. März 1936 war beispielsweise für alle Aktiven und Jugendlichen Pflicht, von den übrigen Mitgliedern wurde sie erwartet. Insbesondere die Turnvereine sahen sich als Vorreiter bzw. Mitstreiter dieses „großen Geschehens", wie die veränderten Grußformeln neben anderen Formen des Führerkults besonders deutlich zeigen. Neben dem alten Turnergruß „Gut Heil" hieß es nun „Sieg Heil" und „Heil Hitler". Schließlich wurde „Gut Heil Hitler!" populär.

Für die weltanschauliche Schulung waren die „Dietwarte" (von mhd. diet = Volk) zuständig. Sie konnten auf eine völkische Erziehung zurückgreifen, wie sie die Turnverbände bereits um die Jahrhundertwende propagiert hatten. Im Mittelpunkt ihres „geistigen Ringens" stand der Kampf gegen alles „Fremdvölkische", vor allem das „Jüdische" und „Slawische". Darüber hinaus ging es ihnen um „Rassereinheit, Volkseinheit, Geistesfreiheit". In „völkischen Aussprachen" mußten bei Turnfesten Nachweise völkischen Wissens erbracht werden, das gleichwertig mit turnerischen Übungen verrechnet wurde. Der Kreisführer des Turnkreises Achalm verfügte 1934, daß alle Vereine binnen eines Jahres „Dietwarte" zu bestellen hätten, denn nur 40 Prozent der Vereine hatten zu diesem Zeitpunkt eine solche Position besetzt.

Ein weiterer Beitrag zur Verwirklichung der „Volksgemeinschaft" sollte durch die vormilitärische Erziehung der Jugend geleistet werden.

AUS AMTLICHEN BEKANNTMACHUNGEN ENTNOMMEN

Aufforderung.

Die **Gläubiger** der aufgelösten Vereine bzw. Verbände

1. **Reichsbanner Schwarz-Rot-Gold, Ortsgr. Tübingen**
2. **Turnerbund e. V. Tübingen**
3. **Arbeitergesangverein „Vorwärts" Tübingen**
4. **Arbeitergesangverein „Frohsinn" e. V. Tübingen**
5. **Arbeiter-Kultur- und Sportkartell Tübingen**
6. **Arbeiter-Sport- und Kulturverein, Tübingen**

werden aufgefordert ihre Ansprüche

bis spätestens 15. November 1933

bei mir anzumelden und nachzuweisen, andernfalls sie bei Befriedigung der Gläubiger nicht berücksichtigt werden.

Tübingen, den 28. Oktober 1933.

Der Liquidator: Bezirksnotar Lutz
Justizgebäude, Zimmer 27.

Die Vereinskultur der Arbeiterbewegung wurde wie ihre Parteien zerschlagen

Nicht nur die Deutsche Turnerschaft, sondern auch der Deutsche Schwimmverband und der Deutsche Fußballbund nahmen Übungen des Wehrsports in ihr Programm auf. Schon 1932 warb die Tübinger TG dafür, betonte aber auch die vorhandenen Möglichkeiten, zu „tollen, turnen und spielen". Nach 1933 wurde die in langer Tradition angelegte Militarisierung mit Marschieren, Keulenwerfen, Lang-, Querfeldein- und Hindernisläufen, Geländespielen sowie Kleinkaliberschießen vorangetrieben. Die 15- bis 18jährigen Turner waren verpflichtet, „restlos" an den Übungsstunden teilzunehmen. Äußeres Zeichen solcher wehrsportlichen Bestrebungen war der Plan der Turner, ihre Mitglieder in Uniform einzukleiden. Das Tragen von „uniformierter Gleichtracht" in stahlblauer Farbe mit militärischen Rangabzeichen wurde jedoch sehr schnell verboten. Vor allem SA und HJ bremsten solche ehrgeizigen Pläne der Turner.

Während des Krieges wurden die ideologischen Bekundungen zurückhaltender. Die „Volksgemeinschaft" verwirklichte sich nun in Solidaritätsakten gegenüber Frontkämpfern, in der Pflege von Verwundeten und bei der Urlaubsbetreuung von Soldaten.

Vereinsführer und Gefolgschaft. Die NSDAP hatte anfangs ein gebrochenes Verhältnis zum Sport. Nach dem Verbot des Arbeitersports und der Selbstauflösung des Deutschen Reichsausschusses für Leibesübungen 1933, in dem die bürgerlichen Vereine zusammengeschlossen waren, wußte niemand, wie es mit dem Sport nach der „Machtergreifung" weitergehen sollte. Bevor die neuen Organisationsstrukturen nach und nach an Kontur gewannen, versuchte man mit sogenannten Sportkommissaren die Geschicke des Sports zu lenken. Eine der ersten Maßnahmen zur Anpassung des Sports an die neuen gesellschaftlichen Strukturen war die Einführung des Führerprinzips. Schon 1933 wurden die Vorstandsämter in der Tübinger TG nach diesem Grundsatz besetzt. Zwar wurde der Vereinsvorsitzende noch gewählt, seine Mitarbeiter berief er jedoch alleine. Ein Jahr später beschränkte eine Satzungsänderung die demokratischen Mitbestimmungsrechte der Mitglieder auf die Änderung des Vereinszwecks und die Auflösung des Vereins. An die Stelle des Vorstands trat nun der „Führerstab". Zu ihm gehörten neben dem „Vereinsführer" der „Diet-, Geld- oder Werbewart". Daneben stand der „Vereinsführerring", in dem die verschiedenen Sparten des Vereins vertreten waren. Die örtlichen Vereine wurden dem „Ortsführerring" des DRL angeschlossen.

Betrachtet man die neuen Organisationsstrukturen genauer, so entdeckt man leicht die alten Satzungsgebilde. Das tatsächlich Neue war, daß nun nach dem Führerprinzip verfahren wurde und Befehlstöne mehr und mehr laut wurden: So wurde „veranlaßt", „angemahnt", „an die Ehre appelliert", „verpflichtet" und

„restlose Erfassung angeordnet". „Strenge Anweisungen" wurden „verfügt", zu Lehrgängen „abgeordnet" und „auf die Einhaltung von Dienstwegen" gepocht. Sogar Drohungen waren zu vernehmen. Alles deutet darauf hin, daß die Sportführer ihre neugewonnene Machtfülle gegenüber ihren Mitgliedern auch in Anspruch nahmen. Von ihnen wurde eine Art von SA-Geist erwartet. Als Gefolgschaft sollten sie bei Veranstaltungen in „geschlossener Linie" erscheinen und „größten Einsatz" für die Vereinsvorhaben zeigen.

Betriebssport bei den Himmelwerken: Anknüpfen an moderne sozialpolitische Maßnahmen der Weimarer Republik, um Höchstleistungen zu erreichen

Auf der Suche nach dem „unbekannten Sportsmann". Der Sport mit seinem Bemühen um Völkerverständigung und internationale Beziehungen paßte ganz und gar nicht in den Denkhorizont der Nationalsozialisten. Er schien ihnen „entartet" und durch das unsoldatische Leistungsbestreben verzerrt, entmännlicht, ohne „völkischen Geist" und nutzlos für die Wehrertüchtigung. Sport hatte deshalb in der Propaganda der „Kampfzeit" keine (große) Rolle gespielt. Erst als Hitler und Goebbels die Bedeutung von Sporterfolgen für die Selbstdarstellung des neuen Deutschland erkannten, begann ein Umschwung. Bereits im März 1933 entdeckte Hitler im Sport „ein unentbehrliches Mittel für die Ertüchtigung der deutschen Jugend" und bekundete aus außenpolitischen Erwägungen ein „lebhaftes Interesse für die Olympischen Spiele". Das löste eine bis dahin nicht vorstellbare Sportbegeisterung aus. Werbe- und Förderungsmaßnahmen wurden eingeleitet; Olympia stellte jedoch „alles in den Schatten", wie es ein Tübinger Sportler ausdrückte. Auf breitester Ebene wurde die Talentfindung und -förderung angegangen. Die Suche nach dem „unbekannten Sportsmann" war eines der Basisprogramme. In Tübingen wurden dabei 1934 Olympiaprüfungswettkämpfe veranstaltet, um Kurz- und Mittelstreckenläufer zu entdecken.

Die Werbemaßnahmen beschränkten sich nicht allein auf den sportpraktischen Bereich. Lichtbildervorträge, Filme, Plakate und Prospekte sollten Begei-

„Die ganze Erziehung damals ging ja dahin, so hart wie Stahl zu sein und so flink wie Windhunde; aber man hat das als richtig empfunden." (Frank K., Tübingen 1991

Tübinger Chronik

Die Welt sieht Tübingen

Unser Stadtbild an der „Via triumphalis" in Berlin

Für 349 deutsche Städte bildet die „Via triumphalis" in Berlin „Unter den Linden" die wirkungsvollste Werbung des 20. Jahrhunderts. Japaner, Chinesen, Neger aus Afrika und Amerika, Australier, Engländer, Franzosen, Italiener und alle die übrigen zehntausende Besucher aus allen Staaten der Welt und aus den deutschen Gauen, die anläßlich der 11. Olympiade in Berlin verweilen, werden auf jeden Fall einen Gang über die „Via triumphalis" machen. 235 deutsche Stadtbanner hängen hier an riesigen Fahnenmasten und an diesen Masten sind jeweils zwei Bilder deutscher Städte angebracht. Deutsche Städte, die in geschichtlicher, wirtschaftlicher, politischer oder landschaftlicher Hinsicht bedeutungsvoll sind. Der 142. Fahnenmast an der „Via triumphalis" zeigt in drei Meter Höhe ein besonders charakteristisches Motiv unserer Stadt. Das 1,5 Meter im Durchmesser große auf eine runde Holztafel gemalte Oelbild wird sicherlich dazu beitragen, den Namen unserer Stadt über die ganze Welt bekannt zu machen und hoffentlich auch zu einem Besuch unserer schönen Stadtgemeinde einladen. Es ist ein Ausschnitt aus dem malerisch schönsten Teil unserer Stadt, der Erinnerungen an Hölderlin wachruft, des Dichters, der zu den größten aller Zeiten zählt, und Tübingen, in dem er im Stift in seinen Jugendjahren und zuletzt im Hause am Neckar in geistiger Umnachtung gelebt hat, unsterblich gemacht hat.

E. Cartobius, Berlin.

Friedliebend, modern und erfolgreich präsentierte sich Deutschland bei den Olympischen Spielen 1936 der Welt auch mit dem Tübinger Postkartenmotiv

sterung für den Austragungsort Berlin wecken, Olympiahefte das Wissen und Verständnis über die olympischen Sportarten vertiefen. Sie sollten im Olympiajahr 1936 „jedem Volksgenossen ein Führer und Begleiter sein". Olympia wurde als „nationale Aufgabe, an der mitzuwirken das ganze Volk verpflichtet ist", herausgestellt. Die Werbung für die Olympischen Spiele wurde zentral gelenkt. Auch in Tübingen verkauften die Vereine Anstecknadeln und die Olympiaglocke in Form einer Sparbüchse. Die Ortsgruppe des DRL veranstaltete Lichtbildervorträge in der Gaststätte „Schlachthaus" und im „Museum", die von Vorführungen, Marsch- und Chormusik umrahmt waren. Die Spielfreunde zeigten eine Körperschule, die Spielvereinigung Ausschnitte aus einem Übungsabend und der TV Lustnau Reckturnen. Die TG gestaltete in „lebenden Bildern" die Themen „Olympia" und „Wir opfern". „Schwäbischer Humor" und ein Singspiel „Zwei lustige Ehemänner" lockerten die Werbeveranstaltung auf. Die „Werbewarte" der Vereine hatten für den „vollzähligen Besuch" der Veranstaltung zu sorgen.

Begeistert von den Olympischen Spielen waren viele Tübinger. Einige hatten sogar die Möglichkeit, direkt am Ort des Geschehens zu sein. Die Sportkreise Tübingen und Reutlingen stellten einen Sonderzug nach Berlin zusammen. Die Sportler, die sich zum Besuch der Spiele meldeten, waren laut Aussage eines Teilnehmers „von gutem ordentlichen Geist beseelt". Die Olympiabegeisterung mußte darüber hinweghelfen, daß sie behelfsmäßig untergebracht waren und für ihre Verpflegung selbst zu sorgen hatten. Nicht nur die spannenden Sportwettkämpfe und der „gazellenhafte Körper" von Jesse Owens sind Zeitzeugen in Erinnerung geblieben, sondern auch dessen Mißachtung durch Hitler. Unauslöschlich war für viele ebenso die Begegnung mit den ausländischen Zuschauern, die man freundlich grüßte, denen man zulächelte, mit denen man sich mittels „Händen und Füßen" verständigte und denen man schließlich kleine Geschenke zukommen ließ.

Sportlich-akrobatische Leistung, Motorisierung und militärische Ausrichtung als Werbung fürs NSKK

Insbesondere die Jugend und deren Führer fühlten sich von den olympischen Ereignissen angesprochen. Wenige Wochen nach Beendigung der Berliner Spiele wurde in Tübingen die „Pimpfen-Olympiade" veranstaltet. Die Hitlerjugend inszenierte eine Reihe von olympischen Wettkämpfen im Universitätsstadion vor annähernd zweitausend Zuschauern.

Noch heute weiß man in Sportlerkreisen, wer Kitei Son, den japanischen Marathonläufer oder wer den Speerwurfsieger Stöck verkörperte. Der nationalsozialistischen Ideologie zum Trotz wurde auch Jesse Owens gewürdigt. Seine schwarze Hautfarbe minderte keineswegs die Begeisterung für diesen ungewöhnlichen Athleten. Im Gegenteil: Ein Tübinger Hitlerjunge ließ sich für diese Rolle sein Gesicht ohne zu zögern mit schwarzer Schuhcreme einfärben!

Olympia war auf sportlichem Gebiet bei weitem nicht alles. Begonnen hatte es im Jahr 1933 mit dem Deutschen Turnfest in Stuttgart. Als ebenso glanzvoll wird das Breslauer Turnfest 1938 beschrieben. Tübinger Teilnehmer erlebten es als politische Veranstaltung, bei der sich vor allem die Parolen der Sudetendeutschen vom „Heim ins Reich" aufdrängten.

Ebenso umfangreich und planmäßig wie für die Olympischen Spiele wurde für den Sport insgesamt geworben. Es begann mit einer Werbewoche der Deutschen Turnerschaft. Eine Reichsschwimmwoche folgte. Radwerbetage, Tübinger Sporttage, Jugend- und Städtewettkämpfe sowie Sportabzeichenabnahmen sollten die Idee vom „Volk in Leibesübungen" verwirklichen. Stadtläufe der Vereine, die der DRL veranstaltete, dienten demselben Zweck. Die Beteiligung des Heeres, der SA, SS, HJ, Studentenschaft und des NSKK sowie des Luftsportverbandes wertete solche Veranstaltungen auf und machte sie zu Demonstrationen der deutschen „Volksgemeinschaft".

(Wehr-)Sport wurde für alle Studierenden zur Pflicht

Der wenig perfekte „Marsch ins Ganze". 1936 gab der DRL die Losung vom „Marsch ins Ganze" aus. Die ehrgeizigen nationalsozialistischen Pläne und den Sportalltag in Tübingen trennten jedoch Welten! Vorab war noch die Zahl der aktiven Mitglieder gering. Der organisatorische Neuaufbau des Sports wurde nicht nur als Fortschritt, sondern vielmehr als Zerschlagung gewachsener Vereinsüberlieferungen empfunden. Ältere Mitglieder distanzierten sich vom Vereinsgeschehen oder traten aus. Manche befürchteten, daß die Vereine in fremde Hände gerieten. Altgediente Funktionäre signalisierten Amtsmüdigkeit. Darüber hinaus wurde fehlender Kameradschaftsgeist beklagt; Streitigkeiten unter Mitgliedern waren nicht zu vertuschen. Auch bei den Frauen der TG war nicht alles in Ordnung. In den Augen der Vereinsführer fehlte es ihnen an Unterordnungsbereitschaft. Die Übungsstunden wurden unregelmäßig besucht. Die Übungsleiterin war kein Vorbild, denn sie kam oft zu spät zu den Sportstunden. Mit verbalen Kampfansagen gegenüber „allem Halben, Lauen und Laxen" bemühte sich die Vereinsspitze um Besserung.

Finanz- und Übungsstättenprobleme sind in der Zeit des „Dritten Reiches" bei den Tübinger Vereinen unübersehbar. Steuerbelastungen drückten, Liquiditätsschwierigkeiten wurden beklagt. Bitten um Zahlungsaufschub sind ebenso auszumachen wie Zahlungsverschleppungen. Angesichts solcher Finanzlage wundert es nicht, von knappem Ballmaterial oder ärmlicher Geräteausstattung zu hören.

Viel besser waren die Konkurrenten der Vereine bestellt. Die NS-Gemeinschaft „Kraft durch Freude" schöpfte aus dem Vollen. Neben einem attraktiven Sportangebot (Reiten, Segeln, Tennis, Erlebnisfahrten zur See etc.) lockte die „Boa constrictor" des Vereinssports - wie ein führender Sportfunktionär die Abwer-

PROGRAMM für das von der gesamten Tübinger Turnerschaft veranstaltete

Winterhilfs-Schauturnen

am Samstag, 2. Hornung (Febr.) 1935, abends ½9 Uhr, im Schillersaal des Museums

1. Marsch	
2. Prolog, Eröffnungsbild	
3. Turnen am Hochbarren	1. Geräteriege
4. Körperschule in Gemeinschaftsform	Schüler
5. Lustiges Freiübungsturnen	Schülerinnen
6. Gemeinschaftsübungen	Turnerinnen
7. Fröhliche Arbeit am Sprungkasten	Turnerjugend
8. Turnen am Pferd	1. Geräteriege
9. Volkstanz	Turnerinnen
10. Springen am Hohen Tisch	Turner
11. „Die beste Medizin für jedermann"	Altersriege
12. Turnen am Hochreck	1. Geräteriege
13. Rhythmische Körperschule	Turnerinnen
14. „Heim zum Reich"	Schlußbild

Deutschland- und Horst-Wessel-Lied   Aenderungen vorbehalten

MITWIRKENDE: Turngemeinde Tübingen 1845 e. V., TV. Lustnau, TV. Derendingen
Standartenkapelle 125, Leitung: Musikzugführer Pg. Wagenhaus

Eintrittspreis 50 Pfennig und Sportgroschen. Vorverkauf bei Hummel, Pfleiderer, Gauß, Schimpf

Die staatlich geförderten sportlichen Aktivitäten der NS-Organisationen stellten den Vereinssport zunehmend in den Schatten

„Glaube und Schönheit":
rhythmische Massenvorfüh-
rung beim Gebietssporttreffen
der HJ 1937

bung von Sportvereinsangehörigen durch die KdF-Organisation bezeichnete -
zahlreiche Sportler mit Bunten Abenden, rheinischen Karnevals- und Silvester-
feiern sowie Märchennachmittagen für Kinder in ihre Reihen.

Ein harter Kampf entbrannte zwischen den Sportorganisationen und der Hitlerjugend um die 10- bis 18jährigen. Die Sportvereine verloren schließlich
1936 auf Anordnung des Reichssportführers und des Reichsjugendführers
diese Auseinandersetzung. Schüler- und Schülerinnengruppen wurden in die
HJ eingegliedert. Den Vereinen blieben nur die Kinderabteilungen.

Einen weiteren Schlag bekamen die Sportvereine durch das BDM-Werk
„Glaube und Schönheit". Es höhlte nach und nach das Frauenturnen aus. Der
BDM-Organisation war es jedoch nicht möglich, eine „Breiten- und Tiefenar-
beit" aufzubauen, vielmehr mußten sich 800 Mädchen in Tübingen mit einem
Übungsabend begnügen.

Während des Krieges verschärften sich die Engpässe in allen Bereichen des
Sports. Die Zuweisung von Renn- und Laufschuhen mußte beispielsweise
beim Landratsamt beantragt werden. Die ohnehin schon knappen Trainings-
möglichkeiten wurden noch mehr eingeschränkt, indem zum Beispiel das Militär die Turnhallen belegte oder die HJ die Übungsstunden der TG an sich
reißen wollte. Verdunkelungsauflagen behinderten zudem den abendlichen
Sportbetrieb.

Das Zeichen der DAF mit Fabrik und Büro als symboli-
schem Hintergrund eines Fuß-
ballers: Mannschafts- und
Kampfsport für die Volksgesundheit

Willige Anpassung an die Zeitenwende. Die bürgerliche
Turn- und Sportbewegung scheint sich - alles in allem - willig der Zeitenwende
angepaßt zu haben. Von Opfern bei der Machtübernahme ist nichts zu hören.
Selbst der Verlust an Mitbestimmungsrechten nach Einführung des Führerprinzips wurde in den bürgerlichen Vereinen widerspruchslos hingenommen. Im
Gegenteil: NS-Grundüberzeugungen wurden verinnerlicht und mit traditionellen (turnerischen, wehrsportlichen) Denkvorstellungen vermengt. Sie wurden
als Fortführung bzw. Erfüllung überkommener nationaler Wertemuster ver-

standen. Dennoch ließen die Beziehungen zur Partei und ihren Formationen keinen Schulterschluß erkennen. Die Akten belegen eine sachbezogene Zusammenarbeit, Übungsstätten oder Geräte wurden zum Beispiel gegenseitig zur Verfügung gestellt. Von direkten Eingriffen der Partei in das Sportleben ist wenig zu spüren. Nur einmal wird in den TG-Akten die Genehmigung eines Kameradschaftsabends durch die NSDAP erwähnt. Gravierender griff die Partei in den Alpenverein ein, dessen Vorstand sie 1934 absetzte. Von Widerstand gegen die nationalsozialistische Durchdringung des Sports ist nichts zu vernehmen - allenfalls könnte die Häufung von Austritten aus der TG dahingehend gedeutet werden. Selbst die Auflösung der konfessionellen Sportgruppen - der CVJM hatte auf dem Schnarrenberg sein eigenes Übungsgelände - wurde geschluckt; ihre Mitglieder schlossen sich meist der TG an. So erstaunt es nicht, wenn ehemalige Sportler die Zeit des „Dritten Reichs" noch heute als eine Aufschwungphase ansehen und von ihren Erlebnissen bei den Deutschen Turnfesten in Stuttgart 1933 oder Breslau 1938 und den Olympischen Spielen von Berlin 1936 schwärmen.

„Ein hartes Geschlecht": auch der (Kampf-)Sport sollte die Jugendlichen aufs Leben und Sterben für Deutschland vorbereiten

„Wer im BDM organisiert ist, soll lernen, daß der neue Staat auch dem Mädchen seine Aufgabe zuweist, Pflichterfüllung und Selbstzucht fordert. Wie der Junge nach Kraft strebt, so strebt das Mädel nach Schönheit [. . .], die in der harmonischen Durchbildung des Körpers liegt." (Baldur von Schirach, 1934)

1 Vgl. Bernett 1981. 2 Alle mit Anführungszeichen gekennzeichneten Textstellen entstammen Tübinger Sportvereinsakten oder beruhen auf Aussagen von Zeitzeugen.

THOMAS VOGEL

Vom proletarischen „Kampftag der Arbeiterklasse" zum „Tag der Volksgemeinschaft" - der 1. Mai in Tübingen

Im Frühjahr 1933 waren die Säuberungs- und Gleichschaltungsaktionen der Nationalsozialisten auch in Tübingen in vollem Gange. Führende Sozialdemokraten und Kommunisten, so der Leiter der antinazistischen „Eisernen Front", das SPD-Mitglied Gottlob Frank, der KPD-Gemeinderat Hugo Benzinger wurden in „Schutzhaft" genommen, die Arbeitervereine aufgelöst. Seit Anfang März mehrten sich die Schikanen gegen die Vereinigten Tübinger Gewerkschaften.[1] Kurz: Zielstrebig tilgten die Nazis nach der Machtübernahme, wie überall im Reich, die Arbeiterorganisationen und machten deren Repräsentanten mundtot. Da muß es auffallen, daß der 1. Mai, also ausgerechnet der Tag, der seit Jahrzehnten weltweit als Fest der sozialistischen Arbeiter begangen wurde, offiziell zum nationalen Feiertag erhoben wurde, und zwar am 20. April 1933 - Hitlers Geburtstag.

„Arbeitermai". Zwei Jahre nach dem Pariser Gründungskongreß der II. Internationale in Brüssel 1891 hatte die sozialistische Arbeiterbewegung den 1. Mai zum alljährlichen „Festtag aller Länder" proklamiert, an dem die Arbeiter die Gemeinsamkeit ihrer Forderungen und ihre Solidarität bekunden sollten. Zum offiziellen Feiertag in Deutschland machte den 1. Mai erst die Weimarer Nationalversammlung. Der Beschluß wurde nach 1919 jedoch durch den Widerstand der Unternehmer de facto außer Kraft gesetzt. Dennoch gab es - auch in Tübingen - in den folgenden Jahren am 1. Mai Aktivitäten von SPD und Gewerkschaften.[2] Die Tübinger KPD ging getrennte Wege und organisierte 1931 einen eigenen „Weltfeiertag des schaffenden Volkes im Zeichen des kapitalistischen Unterganges und des sozialistischen Sieges".

Die Feier 1932 war schon stark durch den heraufziehenden Nazismus sowie die katastrophale Wirtschaftskrise geprägt. Die „Tübinger Chronik" berichtete am 3. Mai über den „würdigen Weltfeiertag der Arbeiterklasse" und zitierte den Redner, den Stuttgarter Gewerkschafter und späteren Widerstandskämpfer Erwin Schöttle, mit dem Wunsch, daß „die Arbeitermassen den Sinn der Zeit endlich erfassen und sich zur wahren Einheitsfront zusammenschließen möchten." Bei der Veranstaltung, die nachmittags im „Löwen" stattfand, san-

SA der NSDAP
Untergruppe Württemberg

Der Unterkommissar für die
Oberämter Stuttgart, Esslingen u. Tübingen.

Briefb. Nr.

Betr.:

Bezug:

Anlagen:

Stuttgart, den 24. III. 1933.
Goethestraße 14/II
Fernsprecher Stuttgart 25936/38
Postfach 799

14 30

f 24. 3. 18 ⌐

Der

Polizei-Direktion Tübingen.

F-6220

Nachstehende Personen im Bereich der Pol.Direkt.Tübingen
sind sofort in Schutzhaft zu nehmen:

Gottlon Frank, Tübingen, Alte Kaserne,
Ernst Krebs,   "   Kornhausstrasse,
Johannes Hils,   "   Schleifmühlenweg,
Ludwig Bader,   "   Burgsteige 8,
Alfred Müller,   "   Herrenbergerstr. 58.
Brüssel, sen.   "   (b.König)Rümelinstrasse,
Leonh. Mess,   "   Paulinenstr.11.
Erlanger, Gerichtsassersor, Tübingen, Steinlachstr.

Der Unterkommissar für die Oberämter
Stuttgart, Esslingen u. Tübingen.

Mag tel. Rückfr. mit
dem Unterkommissar wird
die Inhaftnahme des
Erlanger zunächst zurück-
gestellt.
24.3. 18½ℓ Th.

[Stempel: SA DER N.S.D.A.P. UNTER-GRUPPE WÜRTTEMBERG]

[Unterschrift]

SA-Oberführer.

---

gen zudem die Arbeiterchöre „Vorwärts Tübingen" und „Frohsinn Lustnau". Eine starke antikapitalistische Stoßrichtung hatte der Sprechchor „Die eiserne Kette", womit die Arbeiterjugend „in Wort und Handlung die Nöte der Arbeiterschaft und die Kräfte, die in ihr schlummern", symbolisierte. Anders als noch 1930 verzichteten die Veranstalter jedoch auf einen Demonstrationszug durch die Stadt und damit auf eine größere Öffentlichkeit. Den „Verhältnissen entsprechend" sei der Tag in „einfacher, aber eindrucksvoller Weise" begangen worden.

Für eine zweite Gruppe hatte der 1. Mai Bedeutung: die korporierten Studenten. Ihrem nächtlichen Singen in der Nacht zum 1. Mai auf dem Marktplatz schenkte die bürgerliche Öffentlichkeit - wie übrigens auch die „Chronik" - große Beachtung.

„Schutzhaft" für kommunistische und sozialdemokratische Aktivisten: mit Terror setzten die Nazis die neue Ordnung durch

„Tag der Volksgemeinschaft". Der 1. Mai 1933 bedeutete eine Zäsur, wie schon die wesentlich umfangreichere Berichterstattung zeigte. „Befreit vom Alpdruck marxistischer Fantasten und in freier deutscher Männer Weise", jubelte die „Tübinger Chronik", marschierten 3700 Teilnehmer im „Festzug" durch die Stadt - SA-Leute, hinter dem Oberbürgermeister und dem NSDAP-Kreisleiter sämtliche Nazi-Organisationen, Professoren, Burschenschaften, die Feuerwehr, Handwerksinnungen, die bürgerlichen Vereine und schließlich, „Seite an Seite mit ihren Arbeitgebern", die Arbeiter.

Die Hoffnung der Gewerkschaften, durch ihren Aufruf zur Teilnahme ihre Existenz zu retten, erfüllte sich nicht. Am 2. Mai besetzte die SA das Gewerkschaftsbüro Am Nonnenhaus 6, Wohnungen von Funktionären wurden durchsucht, der Gewerkschaftsvorsitzende und Kassier vom Arbeitsplatz weggeholt und gezwungen, Kassen und Bücher abzuliefern. Schon die offizielle Erläuterung des Gesetzes, das den 1. Mai zum - bezahlten - Feiertag erklärte, ließ keinen Zweifel daran, daß damit „kein Zugeständnis an die Mythologie des Marxismus" geknüpft sei. Vielmehr sei dieser Tag „wie geschaffen zum Feiern", da er „für den nordischen Menschen die Zeit des Frühlingseinzuges" bedeute. Doch für das neue Regime war er mehr.

Verändert hatten sich nicht nur der äußere Rahmen, die Zahl der Teilnehmer und ihre Zusammensetzung aus einem Querschnitt der Bevölkerung, sondern der Charakter des 1. Mai insgesamt. Parallel zur Liquidierung der Arbeiterorganisationen mutierte deren Kampftag zum Staatsfeiertag, den das Regime fortan zu einem der ehrgeizigsten Inszenierungsprojekte organisierte, um seine Herrschaft auch auf nicht-repressiver Grundlage abzusichern. Daß die Vereinnahmung wirksamer sein würde als das auch in den Machtzirkeln der Partei diskutierte

Erstmals in gemeinsamer Aktion: Stadtgemeinde und Partei rufen zum „Tag der nationalen Arbeit" am 1. Mai 1933 auf

Verbot, gab den Ausschlag für den entsprechenden Vorschlag von Propagandaminister Goebbels, mit dem die Verschiebung vom klassenbezogenen Tag der Arbeiterbewegung zum gemeinschaftsbildenden „Tag der nationalen Arbeit" einherging. Wenn schließlich in den folgenden Jahren der 1. Mai auch als „Siegestag der Volksgemeinschaft"[3], als „Tag der Freude, Erholung und Besinnung"[4], als „Tag der Freude und Gemeinschaft"[5] oder kurz als „nationaler Feiertag"[6] firmierte, wird die NS-Strategie schon aus den Überschriften der

„Chronik" deutlich: Erst sollte die Arbeiterschaft, die der NSDAP mehrheitlich fern stand, für den neuen Staat gewonnen werden, indem ihre alte Forderung erfüllt wurde. Nach der Konsolidierung der Macht wurde der Tag dann „entproletarisiert". Die Reminiszenzen an den Arbeitermai, zu denen sich die Partei anfangs aus taktischen Gründen gezwungen sah, traten vollends zurück, weil die Konkurrenzsituation zwischen NSDAP und den verbotenen Arbeiterparteien auch im Alltagsbewußtsein der Massen nicht mehr vorhanden war. Gleichzeitig rückten nun die Beschwörungen der „Volkseinheit", das NS-Leitbild eines „Adels der Arbeit" oder auch folkloristische Aspekte in den Vordergrund. Von 1936 an ist zu beobachten, daß der 1. Mai im Rahmen des NS-Feierzyklus seine einst herausragende Stellung allmählich verlor, was wegen des einmal entfachten Ehrgeizes der lokalen Parteigrößen und -gliederungen auf Tübingen jedoch kaum durchschlug.[7] Im Krieg verschob sich die Bestimmung des 1. Mai nochmals, die politische Aufrüstung wich dem Ziel der privaten häuslichen Erholung.

Das Bedeutungsnetz war schon von Anfang an weit gespannt, wie etwa aus dem Festprogramm zum 1. Mai 1933 in Lustnau hervorgeht, wo ein „Hitler-Brunnen" eingeweiht und dem „Führer" durch die Verleihung der Ehrenbürgerschaft gehuldigt wurde. Die evangelische Kirche war in Form eines gut besuchten Festgottesdienstes beteiligt, in dem „der Pfarrer Gruner treffliche Worte zur Bedeutung des Tages fand".[8] Im Anschluß an alle Gottesdienste in Tübingen gab es einen Umzug (vormals Demonstration!) durch die Straßen, der mit

Statt Klassenkampf nun Volksgemeinschaft im Betrieb: Gefolgschaft und Gefolgschaftsführer, hier der Montanwerke Walter, im Anzug der DAF beim befohlenen Maiumzug

Das Emblem der DAF war dem des Deutschen Metallarbeiterverbandes aus der Weimarer Republik nachgebildet

Erntedankfest 34.

Die Nazis vereinnahmten auch das kirchliche Erntedankfest für ihre Zwecke: der Kampf um die kriegswichtige Autarkie wurde verbunden mit agrarromantischer Blut-und-Boden-Seligkeit

einer Kundgebung auf dem Marktplatz endete. Dort wurden politische Ansprachen gehalten sowie „frische Frühlingslieder" und, angeblich spontan, die Nationalhymne gesungen. In ähnlicher Weise wurde der 1. Mai in vielen kleinen Gemeinden der Umgebung begangen, auch dort, wo es vor 1933 keine Feiern gegeben hatte.

Deren Charakter war also mehrdeutig und vereinigte politische, nationale, religiöse und Brauchtums-Elemente. So kündigte 1935 die „Chronik" an, daß „in jedem Dorf und in jeder Stadt" ein Maibaum aufgerichtet werde. Auch in Tübingen, am Marktplatz „thronte neben dem Marktbrunnen die riesige Maibaumtanne, als das Symbol des wi[e]dererstandenen uralten deutschen Brauches [. . .]".[9] Solche Aktionen gaben vor, an Überlieferungen anzuknüpfen. Zumindest für die Tübinger Gegend jedoch gilt: Das „Brauchtum" war weitgehend Neuschöpfung, es gab hier keine bedeutende Mai-Tradition in diesem Sinne. Deswegen sah sich die „Chronik" immer wieder zu Erklärungen der vermeintlich tradierten Zeichen genötigt, die ganz im Sinne der nazistischen Blut-und-Boden- oder der Ständestaats-Ideologie interpretiert wurden. Auch festliche Elemente spielten keinesfalls eine Nebenrolle. Besonders hervorgehoben wurde in Berichten, wie reichhaltig Tübingen geschmückt war: „Von der Spitze

„Einen Maibaum hatten wir vorher in Unterjesingen nicht gehabt." (Herr K., Unterjesingen 1991)

der Stiftskirche herab bis zur kleinsten Hütte in irgend einer Nebengasse - alles in flatternde Farben der Fahnen des Dritten Reiches getaucht", jubelte die Zeitung.

Eine Bündelung der unterschiedlichen Mai-Versatzstücke ist beim Programm des großen Festzugs von 1938 zu beobachten, der allerdings wegen schlechten Wetters um drei Wochen verschoben werden mußte. Universitätszeichen-

1938 ein historischer Rückblick: der Bolschewismus als weltumspannender Blutsauger im Maifestzug

lehrer Walter Lehner hatte eine „künstlerische Ausgestaltung" aus folkloristischen Motiven wie Stadtgarde und Trachtengruppen sowie Allegorien mit unmittelbaren ideologischen und politischen Bezügen entworfen: So sollten die Festwagen etwa den „völkischen Niedergang", „Gefahren des Bolschewismus" oder den „Vierjahresplan" darstellen.

Die formierte „Volksgemeinschaft". Die mächtigsten Mai-Kundgebungen der Region fanden in Tübingen statt. Jeweils 10.000 sollen die Kundgebungen 1934 und 1935 verfolgt haben. Schon Tage vorher wurde der Ablauf der minutiös geplanten Veranstaltungsfolge in der Zeitung bekanntgegeben. Das Aufstellen des Maibaumes am Vorabend, das morgendliche Wecken durch Spielmannszüge der Hitlerjugend, das Frühkonzert, die Jugendkundgebung, das Sammeln und der Abmarsch der diversen Festzüge sternförmig auf den zentralen Platz zu (seit 1935 der Festplatz bei der Post), die Ansprachen von politischen Führern und musikalische Beiträge (Anweisung für 1935: „Allgemeines Lied ‚Volk ans Gewehr'") und als „Höhepunkt" die Übertragung der Rede Hitlers vom Tempelhofer Feld in Berlin bildeten das Programm.

Die Berliner Veranstaltung gab dabei das Muster ab, das auf Tübingen wie auf jede deutsche Stadt übertragen wurde.[10] An die Stelle des vormaligen Massenauflaufs der proletarischen Kundgebung trat nun die, auch formal anders durchorganisierte, nazistische Massenformierung. Auf den überlieferten Abbil-

„Vorbei sind Klassenhaß und Klassengeist, [. . .] Die deutschen Arbeiter der Stirn und der Faust haben sich wieder lieben und achten gelernt, das ist der größte Erfolg der nationalsozialistischen Volksgemeinschaft." (Kreisleiter Baumert, Maikundgebung 1935, TC 2.5.1935)

Neue Bräuche in der Stadt: der Maibaum mit Ständezeichen als sinnstiftender Mittelpunkt der Maifeier 1937

„Man war auch mißtrauisch seinem Nächsten gegenüber. Wen man nicht arg gut gekannt hat, da hat man gedacht: ,Oh Jesses, da mußt du vorsichtig sein, sonst kommst du auf den Heuberg‘, und dann hat man gedacht, daß man einen da verhaut, aber daß man die umbringt, das habe ich nicht gewußt.“ (Anna T., Tübingen 1991)

dungen sieht man viele Teilnehmer in Berufskleidung oder in der Uniform der diversen Parteigliederungen. Die Arbeiter, nun eine Teilmasse, marschierten nicht mehr als klassenbewußte „Proletarier", sondern als Vertreter eines Berufsstandes mit. Damit verbunden war eine Verschiebung der Identität - das aus „Ständen" statt aus Klassen zusammengesetzte Volk. Diese Neuformierung als „Volksgemeinschaft" und deren Ausrichtung auf die (lokalen) Führer bei der anschließenden Kundgebung ergeben zusammen die spezifische, die neue Qualität der NS-Feiergestaltung.

Die Teilnahme war für die Arbeitnehmer Pflicht. Druckmittel war der drohende Entzug der Lohnfortzahlung. Die dezentralen Morgenfeiern gewährleisteten die Kontrolle über etwaige „Verweigerer". Solche muß es 1933 bei einem Teil der Tübinger Bevölkerung in größerer Zahl gegeben haben, der wohl Berührungsängste vor dieser Art der politischen Auseinandersetzung in Form öffentlicher „Demonstrationen" und auch vor ihrem Publikum hatte.

Betriebsweise marschierten die Werkangehörigen in „geschlossenen Kolonnen" zum Kelternplatz und dann in die Lindenallee zur endgültigen Festzugsaufstellung. An der Spitze des Zuges ritt die Reichswehr mit Kapelle und Offizierskorps, dann folgten die Kreisleitung der NSDAP, SA und SS, die studentischen Korporationen, BDM und HJ, ein Festwagen mit der „Maikönigin", schließlich die Beamten und Angestellten der Stadt, nun das Personal der Industriebetriebe und staatlicher und kirchlicher Institutionen, der „Reichsnährstand", Vertreter von Handwerk, Handel und Gewerbe sowie die Studentenschaft. So marschierte man auf den Marktplatz. In Blockaufstellung, en face zu den Vertretern der Macht, hörte man deren Ansprachen, die sie bis 1934

Nummer 119. 94. Jahrgang   **Tübinger Chronik**   Montag, 23. Mai 1938

Die Spitze des Festzuges
Der Herold auf weißem Pferd, dahinter die Kindergruppen und die Tübinger Weingärtnergruppe

So feierte in der Systemzeit die Kommune den 1. Mai
Der Wagen der Gruppe „Demonstration der Bolschewisten"

Die deutschen Kinder in bester Obhut
Der Wagen der Gruppe 5: „Der NSV-Kindergarten"

Festwagen der Gruppe 9   Foto: Kleinfeld (6)
„Das Schicksal von 75 Millionen ist jedes einzelnen Schicksal"

Bildgewordene Geschichte im Festzug

Trotz Regen 15000 Zuschauer – Der politische Werbegang des deutschen Volkes – Ueber 3000 Personen im Festzug
Ein Maifest von größtem Eindruck und Erleben

= Die Erwartungen, die man in den Tübinger Festzug gesetzt hatte, sind nicht nur erfüllt, sondern weit darüber hinaus übertroffen worden. Er war ein Erlebnis von einer Art, wie es sich die wenigsten gedacht haben. Trotzdem dieser Festzug (der schon zum 1. Mai hätte durchgeführt werden sollen und dann wegen schlechten Wetters abgesagt wurde), am gestrigen Maifest bei einem trüben Regenwetter durchgeführt wurde, hatte er einen ungeahnten Erfolg zu verzeichnen. Rund 15000 Volksgenossen aus nah und fern waren Zeuge dieses in dieser Art noch nirgends durchgeführten Festzuges, bei dem im Aufbau wie in der künstlerischen Gestaltung völlig neue Wege beschritten worden sind. Vor allem war es der in ihm liegende tiefe weltanschauliche und politische Sinn, der die Beschauer zu heller Begeisterung entfachte. Es war die bildgewordene Darstellung des politischen Werdeganges unseres deutschen Volkes, wie es in der Systemzeit in Ohnmacht und Zerrissenheit darniederlag und wie es durch die Tat Adolf Hitlers am 30. Januar wieder zu einer freien, mächtigen und arbeitsamen Nation geworden ist. In einer ganz ausgezeichneten Art brachte der Festzug uns wieder all die vielen Stationen der deutschen Volkwerdung vor Augen, zeigte uns nach den Bildern des Elends und des deutschen Parteienhaders den Aufbau des Reiches, zeigte die weltgeschichtlichen Taten des Führers, die verschiedenen Aktionen wie Vierjahresplan, die deutsche Aufrüstung, zeigte die deutsche Arbeit, die geeinte deutsche Jugend, lenkte zum Schluß richtungweisend in die ferne Zukunft, in der über allen materiellen Kräften die seelischen Kräfte stehen „Das Schicksal von 75 Millionen ist jedes einzelnen Schicksal". Nur aus diesen inneren Kräften heraus, aus der Schicksalsgemeinschaft und ihren Bindungen an Blut und Scholle, wird die Volksgemeinschaft „Ein Volk, ein Reich" geformt. Aus diesen Kräften wird das ewige Reich aller Deutschen gebildet, das nach außen hin geschützt wird durch die neue deutsche Wehrmacht und nach innen gesichert wird durch die nationalsozialistische Bewegung.

In langen arbeitsreichen Wochen ist dieser einzigartige Festzug, bei dem 3300 Personen eingesetzt waren und der über 2 Kilometer lang war, gestaltet und erdacht worden. Idee und Gesamtleitung hatte die Kreispropagandaleitung, an deren Spitze sich Pg. Göhner und Pg. Lehner ausgezeichnet haben. Im ganzen ist der Festzug ein Gemeinschaftswerk von vielen, die leider im Rahmen dieses Berichtes nicht aufgeführt werden können. Es sei den Mitwirkenden, den Mannschaften und Reitern des Inf.-Regt. 35, den Gliederungen und Verbänden der NSDAP, den Kameraden vom Reichsarbeitsdienst, dem Stadtreiterkorps, den Tübinger Weingärtnern, der Werkkapelle der Himmelwerk AG., der Tübinger Fahrwerksinnung sowie den Tübinger Handwerkern auch an dieser Stelle für ihren Einsatz und ihre Mithilfe aufrichtigster Dank gesagt.

In einer Festzugstraße

Kurz nach 16 Uhr, der Regen hatte nicht nachgelassen, setzte sich der rund zwei Kilometer lange Festzug in Bewegung, zog über die Neckarbrücke, die Adolf-Hitler-Straße hinauf, die Wilhelmstraße hinunter, in der sich auf dem freien Platz vor der neuen Aula die Vertreter der Partei, die Gliederungen, der Wehrmacht, Stadt und Behörden, an ihrer Spitze Kreisleiter Rauschnabel und SS-Oberführer von Alvensleben, Oberst Allmendinger, der Führer der Formationen und Verbände aufgestellt hatten. Zu beiden Seiten der Festzugstraßen hatten sich die Volksgenossen, die Betriebe und Innungen aufgestellt.

Ein Herold auf weißem Pferde verkündete das Herannahen des großen Festzuges, bei dessen Kommen man den Regen vergaß. Dem Herold folgten reizende Kindergruppen, eine Gruppe der Tübinger Weingärtner, dann die verschiedenen Gruppen altsüddeutscher Volkstrachten. Der schneidig spielenden Werkkapelle der DAF (Himmelwerk) folgte das schmucke Tübinger Stadtreiterkorps. Nach diesem Vortrupp kam der eigentliche politische Teil des Festzuges, beginnend mit dem Thema „Wie es früher war". Die Gruppen der 30 Systemparteien, unter ihnen das Zentrum durch besondere Gehässigkeit ausgezeichnet, brachten die Zuschauer zum Lachen. Gewiß, heute lachen wir über solch komische Anblicke, aber noch vor 5¼ Jahren war so etwas in Deutschland an der Tagesordnung und dies ist mit ein Hauptverdienst des Festzugs, daß er wieder einmal an gewisse Dinge erinnert hat, die man oft nur allzuleicht vergißt, daß er nämlich wieder einmal den furchtbaren Zerfall und die heillose Zersplitterung des deutschen Volkes vor dem 30. Januar 1933 klar vor Augen geführt hat. Die nachfolgenden Bilder vom Maiumzug im Weimarer Staat brauchen wohl kaum kommentiert zu werden. Aber wer diese roten Revolten einst selbst mitangesehen hat, muß bekennen, daß diese Bilder und Szenen im gestrigen Festzug nicht übertrieben waren, sondern einfige deutsche Wirklichkeit getragen haben. Gegen solche Gegner, die den schlimmsten Terror in die Straßen unserer deutschen Städte getragen haben, mußte sich die SA durchsetzen. Und diese der braunen Kämpfer des Führers mußten dabei ihr Leben lassen, starben unter den Mördermessern dieser kommunistischen Verräter. Gleich das nächste Bild „Die internationale Gefahr des Bolschewismus", zeigte es recht die große Gefahr, in der Deutschland damals geschwebt hat, nämlich in der Gefahr des Überrannwerdens durch den Weltbolschewismus. Hier eine Stimme ihre Fäden nicht nur gegen Spanien, China usw. usw., sondern auch gegen Deutschland. Die nächstfolgende Gruppe zeigte auf, wie aber vom 30. Januar 1933 durch unseren Führer Deutschland sich wieder freimachte und von dieser internationalen Gefahr erlöst wurde, wie es durch die vom Führer geschaffene Wehrmacht wieder festzuhalten beginnt. Die nächsten Gruppen bringen in immer neuer Steigerung den Aufbau Deutschlands, die deutsche Arbeit, die deutsche Jugend, die schon in zartestem Alter in den Kindergärten der NSV betreut wird und die heute durch keine konfessionellen Gartenzäune mehr getrennt ist. Die unter einer Führung geeinte deutsche Jugend marschiert, die Hitlerjugend und der BDM sind die Jugendorganisationen, in denen jeder deutsche Junge und jedes deutsche Mädel marschiert, in einem großen Ziel, das Deutschland heißt. Es kommen die Schlußbilder, die eine immer gewaltigere Steigerung erfahren, sowohl in der Schönheit der Kostüme wie in der Macht ihrer Gestaltung. Die Pferde, die die gewaltigen Festwagen ziehen, tragen wundervolle Schabracken, die Begleiter zu beiden Seiten der Gespanne sind in zeitlos buntfarbige Gewänder gehüllt. In letztmöglicher Steigerung die Festwagen, darstellend „Die Wurzeln unserer Kraft", der Festwagen der Vierjahresplanes mit dem DAF-Gruppen und der Siegerwagen des Reichsberufswettkampfs, der Festwagen „Das Schicksal von 75 Millionen ist jedes einzelnen Schicksal" und zum Schluß die machtvolle Darstellung „Ein Volk, ein Reich"! Es folgten der Musikzug und eine Abordnung des JR 35, der Fahnenblock der Partei und der Marschblock der Formationen, zum Schluß die motorisierten Einheiten des NSKK und der Motorsportschule.

Rund eine halbe Stunde hat der Vorbeizug dieses außergewöhnlichen Festzuges gedauert und die meisten hielten, trotz unaufhörlichen Regens zurück, um an anderer Stelle den Zug noch ein zweites Mal ansehen zu können.

Liedersingen auf dem Marktplatz

Kein warmes Mailüftel wehte, sondern ein naßkaltes, unwirtliches Wetter wehte sich gegen die Tübinger Maifesttage. Aber die Fröhlichkeit hat schon am Vorabend gesiegt, denn die Stimmung der jungen Schar, die das allgemeine Liedersingen am Samstagabend unter dem herrlichen Maibaum auf dem Marktplatz durchführte, ließ sich nichts anhaben. Die herrlichen Weisen der jungen Sänger, aus ganz ausgestrahlt und die vielen Sänger und Sängerinnen, die gerne mit ihren Stimmen die Jungen kräftig unterstützten, zu einer freudigen Gemeinschaft zusammenschlossen. Erneut hat es sich bewiesen, wie gerade unsere Volkslieder in jedem Herzen wurzeln und immer Quellen für eine lebensfrohe Gemeinschaft sind.

vom „Erscheinungsbalkon" des Rathauses, später von der von mächtigen Fahnen hinterfangenen Rednertribüne beim Postgebäude aus hielten. Dabei wurde darauf geachtet, daß der „Höhepunkt" gewahrt blieb: Hitlers reichsweit übertragene Rede.

Nazi-Feiern: Bilder einer ständisch gegliederten Volksgemeinschaft

Inszenatorische und dramaturgische Anleihen aus dem militärischen und kirchlichen Bereich, aber auch die Einpassung in eine architektonische Hierarchie unterstreichen den Befehlscharakter der Situation, die schon ein Vorschein ist auf die mobilisierte Kriegsmasse. Der „Druck zum Konsens"[11] erwirkte einen fließenden Übergang von gezwungener zu freiwilliger Unterordnung. Der möglichen Repressalien und persönlicher Verfolgung war man sich bewußt. Auf der anderen Seite besaßen die neue Ordnung des Faschismus, die in den Mai-Veranstaltungen auch bildlich wie sinnlich erfahrbar wurde, und das enthusiastische Erlebnis einer vermeintlich interessenhomogenen Gemeinschaft, als deren Bestandteil man sich - im Gegensatz zu den Ausgegrenzten, den politisch und bald auch rassisch Verfolgten - wähnen durfte, eine nicht zu unterschätzende Attraktivität. Zu frisch waren noch die Erinnerungen an die Weimarer Republik, mit der viele Chaos, Auflösung und Schwäche verbanden. Das Gefühl des Dazu-Gehörens zu einem Projekt, das Stärke, Geschlossenheit und Aufbau für sich reklamierte, überblendete bei vielen die faktische individuelle Unterwerfung und Entmündigung, die mit den Mai-Feiern rituell arrangiert wurden.

„Daß Deutschland groß wird, da hat jeder eine Freude gehabt." (Anna T., Tübingen 1991)

1 Arbeitertübingen, S.209ff. **2** TC 30.4.1931. **3** TC 30.4.1935. **4** TC 2.5.1935. **5** TC 2.5.1938. **6** TC 2.5.1939. **7** Die „Chronik" rühmt, daß 1939 mit über 30 Metern der „bislang höchst Tübinger Maibaum" aufgestellt wurde (2.5.1939). **8** TC 3.5.1933. **9** TC 2.5.1935. **10** Elfferding 1987, S.19. **11** Ebd., S.32.

VOLKSGEMEINSCHAFT UND AUSGRENZUNG

ALEXANDER LOISTL

Die Silcher-Pflege
in Tübingen
zwischen 1933 und 1945

Eines der wenigen Denkmäler, das die Nationalsozialisten in Tübingen errichteten, galt dem Komponisten und langjährigen Tübinger Universitätsmusikdirektor Friedrich Silcher. Noch heute steht das steinerne Monument in der Platanenallee und legt Zeugnis ab von der widersprüchlichen und ambivalenten Silcher-Pflege im Zeichen der nationalsozialistischen Volksgemeinschaftsideologie.

Ein propagandistisches Großprojekt im Krieg: das Silcherdenkmal vor der Einweihung 1941

Als Friedrich Silcher 1860 in Tübingen starb, blieb neben seinem kompositorischen und musikpädagogischen Erbe eine Biographie, die die nachfolgenden Generationen zur Verklärung und Heroisierung reizte, entsprach sie doch - zumindest oberflächlich - der bürgerlichen Idealvorstellung eines Künstlertums,

das bescheiden und aufopferungsvoll dem Volk und dem Vaterland zu dienen hatte. Der Ideologisierung des silcherschen Werkes waren damit Tür und Tor geöffnet. So begann die politische Vereinnahmung Silchers bereits in den 70er Jahren des vergangenen Jahrhunderts. Zu jener Zeit nämlich hatte Heinrich Köstlin, Vorstandsmitglied der akademischen Liedertafel anläßlich der Einweihung des ersten Tübinger Silcher-Denkmals von 1874[1] die Soldaten- und Vaterlandsgesänge Friedrich Silchers - sie waren in den Revolutionsjahren zwischen 1830 bis 1848 entstanden - zu kulturellen Trägern der Reichsgründung erklärt.

Im Dienste politischer und ideologischer Vereinnahmung stand die Silcher-Rezeption auch und gerade in den Jahren des Nationalsozialismus. Nachdem sich die deutschen Sängerbünde den deutsch-nationalen Kräften im Reich gegenüber als loyal erwiesen

Das Silcherdenkmal von 1874: der schlichte Obelisk war den Nazis nicht mehr zeitgemäß

hatten, war ihre Gleichschaltung im März 1934, das heißt ihre Eingliederung in die Reichsmusikkammer, nur noch ein formaler und somit auch weitgehend „schmerzloser" Akt. Lediglich die Arbeitergesangvereine verloren im Zuge der Gleichschaltung ihre Existenzberechtigung.[2]

Letztes Zeichen eines verbotenen Arbeiter-Gesangvereins: Stempel auf der Beschlagnahmeliste des Vereinsvermögens

Silcher als nationalsozialistischer „Sänger des Volkes". In den gleichgeschalteten Sängerbünden machten sich sehr schnell und auf allen Organisationsebenen nationalsozialistische Kräfte breit, so daß der deutsche Chorgesang und mit ihm auch die Rezeption von Liedkomponisten wie Friedrich Silcher frühzeitig zum Instrument ideologischer Indoktrination werden konnte. Die politische Vereinnahmung Silchers betrieben in Tübingen die örtlichen Parteistellen der NSDAP und vor allem Kreisleiter Hans Rauschnabel, der von 1937 an in Tübingen residierte. Rauschnabel war stellvertretender Bundesführer des Schwäbischen Sängerbundes, hatte in seiner wie auch Silchers Geburtsstadt Schnaidt im Remstal an der Umgestaltung des dortigen Silcher-Museums mitgewirkt und galt allgemein als Kenner und ausgesprochener Verehrer Silchers. Für seine ehrgeizigen Silcher-Pläne in Tübingen konnte er einerseits einflußreiche Sängerbund-Funktionäre, andererseits die Gemeindeverwaltung wie auch die Tübinger Gesangvereine gewinnen. Von 1937 an liefen somit in Tübingen bei der Silcher-Pflege die Fäden bei Hans Rauschnabel zusammen.

Vor 1933 veranstalteten die Tübinger Chöre anläßlich der alljährlichen Todes- und Geburtstage des Komponisten sogenannte Silcher-Gedenkstunden. Am Grab oder am Denkmal des Komponisten wurden seine Lieder gesungen und Gedenkreden gehalten. Je mehr die NSDAP Zugriff auf das gesellschaftliche Leben nahm, desto mehr beeinflußte sie derartige Feierlichkeiten in ihrem Sinne. So schrieb im Jahre 1935 ein Mitarbeiter der mittlerweile gleichgeschalteten „Tübinger Chronik" zum 75. Todestag Friedrich Silchers: „Silcher sammelte Liedweisen, die seine bäuerlichen Nachbarn sangen [und] erhielt uns somit eine Fülle von Volksliedern, die bei dem Vordringen der Großstädte, der Industrie, des Klassenkampfes und anderer unsozialen Kräfte gewiß längst hingeschwunden wären."[3]

Damit waren im Bürgertum weit verbreitete Ängste beschrieben und das Trauma, eine vermeintlich noch bestehende heile Weltordnung preisgeben zu müssen zugunsten einer alles verschlingenden Metropolis mit all ihren todbringenden Auswüchsen wie Industrie und Klassenkampf. Silcher dagegen stand für die gewünschte alte Ordnung, den heiligen Gral, den es zu behüten galt und den die Nationalsozialisten so perfide zu behüten versprochen hatten. Die Figur Silchers diente demnach als Hebel, mit dem die kleinstädtischen Bürgerseligkeiten gelockert und durchlässig gemacht werden sollten für die Ideen und Vorstellungen der neuen Herrscher.

So führte der Autor des Artikels weiter aus: „Er hat uns die volkstümlichen Dichtungen wurzelfester Poeten [. . .] durch seine Sangesweisen so nahe gebracht, daß seine Melodien [. . .] gleichfalls Volksgut wurden. [. . .] Ist das

Hans Rauschnabel zeichnete dieses Porträt Friedrich Silchers, das als Postkarte verbreitet wurde

Wie Silcher wurde Uhland von den Nazis ideologisch vereinnahmt: OB Scheef vor dem Grab Uhlands beim 150. Geburtstag des Dichters 1937

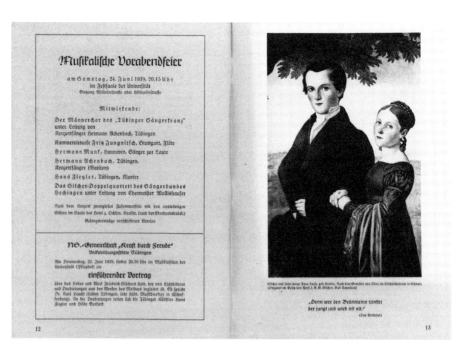

nicht aber höchstes Gut des nationalsozialistischen Menschen, sich so tief in der Volksseele verankert zu wissen, daß man über der Gabe den Geber vergißt? Ist nicht eben der unbekannte Soldat, Dichter, Baumeister [. . .] dort am größten, wo sein Werk ihn und seine Persönlichkeit überlebt?"

Die Volksseele sollte also Schutz bieten vor den zerstörerischen Kräften einer neuen, unseligen Zeit, und Friedrich Silcher, der „Sänger des Volkes", war eine Stimme jener Alma mater, genannt Volk, eine Stimme also, die zu pflegen einen Dienst am Volke selbst bedeutete. Damit war das Programm der NS-Silcher-Pflege eingeleitet und bestimmt.

Rauschnabel und Silcher. Im Jahr 1939 wurde in Tübingen der 150. Geburtstag Friedrich Silchers gefeiert. NSDAP-Kreisleiter Hans Rauschnabel hatte die „Silcher-Gedenkfeiern 1939" nach dem Vorbild großer NSDAP-Veranstaltungen im Detail vorbereitet. Seine Vorgaben reichten bis in die inhaltliche Gestaltung der Konzerte und Gedenkfeiern hinein, wobei man ihm in Tübingen seine Allmacht in Sachen Silcher offenbar widerspruchslos zubilligte.[4] In den Festschriften zu den Silcher-Gedenkfeiern versuchte Rauschnabel musikologisch ambitioniert zu erörtern, ob Silchers Musik für „moderne Ohren" nicht „zu einfach" sei: „Was für die Malerei und für die Dichtung gilt, gilt auch für die Musik: Einfachheit ist der Nährboden für die Größe des Ausdrucks! Man werfe nicht ein, eine Bach'sche Fuge sei doch bestimmt nicht einfach. Sie ist es! [. . .] Jedes Fugenthema muß sich, wenn es sich überhaupt zur Durchführung eignen soll, mit den einfachsten Mitteln in der Kantilene und in der einfachsten musikalischen Gliederung des Satzbaues darstellen." Rauschnabel wollte hier zwei musikalische Phänomene miteinander verknüpfen, die einander grundsätzlich entgegengesetzt sind. Da ist zum einen die polyphone und kontrapunktisch gesetzte Fuge Johann Sebastian Bachs.

Gesang aus deutschen Männerkehlen beim „Fest des deutschen Weins" 1936

Bachs Fugenthemen - darin waren sich auch die Musikologen der NS-Zeit einig - sind zumeist aperiodisch und nicht selten synkopisch betont. Ihre Wirkung ist wegen ihrer häufigen Halbton- oder Septim-Schritte nicht selten eigentümlich dissonant, so daß häufig erst durch den Zusammenklang mit einer Gegenstimme die notwendige Konsonanz erzeugt wird. „Einfach" sind Bachs Fugenthemen allenfalls im Sinne von melodischer Schmucklosigkeit (somit ist auch der Begriff „Kantilene" verfehlt), nicht hingegen im Sinne von melodischer Simplizität. Letztere ist - da irrt Rauschnabel keineswegs - bei den Liedern Friedrich Silchers gegeben. Silchersche Volksweisen sind mit ihren Ganzton- und Terzschritten melodiös und sangbar. Ihre einfache Form und ihr periodischer Aufbau regen den Hörer zum Nachsingen an. Hierin wie in vielen anderen Punkten sind Silchers Lieder mit Kirchenliedern aus der Reformationszeit vergleichbar, die eine ähnliche Funktion hatten wie die Volkslieder: Bei bestimmten gesellschaftlichen Anlässen (Gottesdiensten und Festen etwa) mußten sie zum gemeinsamen und spontanen Musizieren zur Verfügung stehen, das heißt präsent oder schnell erlernbar sein. Silcher hatte viele seiner Lieder mehr-, zumeist vierstimmig, streng homophon ausgesetzt, wobei er sich strikt an die klassischen Harmonieregeln hielt, ohne mit den „romantischen Ausdrucksmöglichkeiten" seiner Epoche zu experimentieren (Es ist schon erstaunlich, mit welchem Gleichmut Silcher an „alten Zöpfen" flocht, während um ihn herum beispielsweise jener aufwühlende Kampf um Brahms und Wagner tobte). Silchers kultivierte Fortführung der Volksliedtradition hätte mühelos den Vergleich mit der Bachschen Choralsatztechnik ertragen; die Fugenthemen Bachs als Paten für Silchers musikalische Legitimität anzuführen, mußte hingegen auf gedankliches Glatteis führen. Rauschnabels Verlangen, seine Bemühungen um Silcher wissenschaflich zu legitimieren, war offenbar groß. Die Peinlichkeiten, die sich allenthalben daraus ergaben, sind symptomatisch für eine Zeit, in der nicht mehr die Adornos, sondern die Goebbels in musikalischen Fragen das Wort führten.

Der wissenschaftliche Anspruch der Tübinger Silcher-Pflege scheiterte nicht zuletzt an der dürftigen Rezeptionsbreite. Die Rezeption war weniger im ideologischen Sinne partiell - gesungen wurde in Tübingen alles vom „Straßburglied" bis zum „Sanctus" -, als daß sie im musikalischen Sinne partiell war: Das gesamte kammermusikalische Werk Silchers sucht man in den Konzertprogrammen der NS-Zeit - wie im übrigen auch späterer Zeit - vergebens.

Grundsteinlegung zum Silcher-Denkmal 1939: die Traditionsfahne des Weingärtner Liederkranzes neben den Fahnen der Partei

Silcher-Denkmal. Am 25. Juni 1939 wurde als Höhepunkt der Silcher-Gedenkfeiern in der Tübinger Platanenallee der Grundstein eines Silcher-Denkmals gelegt, das dann im Frühjahr 1941 errichtet werden sollte. Unter dem Ehrenprotektorat des Gauleiters Wilhelm Murr war im März 1939 ein Wettbewerb ausgeschrieben worden, der die Gestaltung eines Silcher-Denkmals im Kontext eines neu zu schaffenden Ehrenplatzes zum Inhalt hatte.[5] Eine vorwiegend mit Parteigenossen besetzte Jury, der Rauschnabel vorstand, hatte über die Entwürfe zu entscheiden. Dem Entwurf des Rottenburgers Josef Walz wurde ein erster Preis, den Entwürfen der Stuttgarter Julius Frick und Fritz Nuß jeweils ein zweiter Preis zugesprochen. Der Entwurf Julius Fricks wurde als „gute volkstümliche Lösung mit guter Platzgestaltung" zur Ausführung bestimmt, was bedeutete, daß Frick die detaillierten Vorgaben Rauschnabels treuer erfüllt hatte als seine Mitstreiter. So hatte er einem überlebensgroßen, sitzenden Silcher Rückenfiguren angegliedert, die Bezug nehmen sollten auf die Inhalte Silcherscher Lieder, wie beispielsweise den „Guten Kameraden" (Vgl. Kat.-Nr. 120).

Die Rednerliste zur Grundsteinlegung gibt Aufschluß darüber, welche Kräfte den Tübinger Silcher-Pflegern zur Seite standen: Neben Tübingens Oberbürgermeister Ernst Weinmann sprachen Universitätsrektor Hermann Hoffmann sowie Innenminister Jonathan Schmid in seiner Funktion als Vorsitzender des Schwäbischen Sängerbundes.

Letzterer nutzte die Weiheworte zur Grundsteinlegung, um über die „ästhetische Größe" des Nationalsozialismus zu urteilen: „Wenn man da und dort behauptet, daß im Dritten Reich der Geist des Hohen und Schönen gering im Kurs stehe, ein Geist, in dem auch Silcher gelebt hat, und wenn nun für Silcher ein Denkmal erstellt wird, dann soll dieses den Gegenbeweis gegen die böswilligen Behauptungen liefern."[6]

Im Hinblick auf den sich anbahnenden Krieg galt es für den NS-Minister, Silcher „mobil zu machen": „Die Männer, die im Weltkrieg und im Kampf um ein neues nationalsozialistisches Reich immer wieder neue Kraft zum Einsatz aus der Tiefe der deutschen Seele geschöpft haben, haben darum gewußt, wie not es tut, daß ein Volk einen Glauben an ein Hohes und Schönes hat. [. . .] Ein Denkmal an Silcher soll die kommenden Generationen daran erinnern, daß sie ihre stärkste Kraft aus den Tiefen des Volkstums schöpfen müssen, aus denen ein Silcher geschöpft hat, dessen Lieder im Krieg und im Frieden Lieder des deutschen Volkes gewesen sind und bleiben."[7]

Hier ging es keineswegs um die hohe und schöne Kunst, sondern lediglich darum, kulturelle Phänomene den totalitären Zielen des NS-Staates dienstbar zu machen. Silchers Musik war nach Schmids Ansicht „voll kriegsverwendungsfähig".

Inwieweit das Rauschnabels Einstellung zu Silchers Person und Werk entsprach, ist schwer zu beurteilen. Seine langjährigen und intensiven Bemühungen um die Pflege des Komponisten-Erbes legen nahe, daß Silcher Rauschnabel wirklich am Herzen lag und er dessen Reduktion nicht gutheißen konnte. Es liegt auch nahe, daß Rauschnabel nicht Silcher für das Reich, sondern vielmehr das Reich für Silcher „mobilisieren" wollte. Deutlich wurde das in seiner Rede vom 25. August 1940, die er zum 80. Todestag Silchers hielt:

„Man hat in der Zeit der dekadenten Musikauffassung die zarte Harfe Friedrich Silchers nicht mehr hören wollen [. . .] Er genügte der volksfremden Auffassung jüdischer sogenannter Musikkritiker nicht, weil sie mit dem Verstand und nicht

An Friedrich Silcher

Deiner Leier Zaubertöne
weckten neu den Liederborn,
den Germanias Musensöhne
heiligten im „Wunderhorn".

Glückhaft Du und volksgeboren,
töntest wahr und glockenrein,
Sieh', Dein Lied bleibt unverloren:
sangst ins Herz des Volks Dich ein!

Hans Rauschnabel

Der Kreisleiter hatte poetische Ambitionen, hier ein Gedicht im Programmheft der Silcherfeier 1939

mit dem Herzen über sein Werk urteilten. Der deutsche Adler ist auch über diese Skribenten hinweggerauscht und hat sie zum Verstummen gebracht. Mit dem Aufkommen des Großdeutschen Gedankens sammelte sich wieder eine Schar um Silcher, weil sein Ton von der Musik kommt, weil seine Musik in uns ist."[8]

Gesangvereine. Es ist bemerkenswert, daß in sämtlichen zeitgenössischen Darstellungen und Berichten die eigentlichen Träger des Silcherschen Erbes, die Tübinger Gesangvereine neben den parteiamtlichen Silcher-Gedenkrednern immer eine untergeordnete, eher beiläufige Rolle spielen. Der Weingärtner Liederkranz, der in seiner Geschichte Silcher immerhin als Gönner und Förderer aufzuweisen hatte, war von den späten dreißiger Jahren an kaum mehr als das ausführende Organ ehrgeiziger Parteifunktionäre wie Rauschnabel. Bereits von 1934 an blieb den Gesangvereinen neben der Teilnahme an offiziellen Parteiveranstaltungen wie den Heimatabenden der NS-Gemeinschaft „Kraft durch Freude",[9] dem Singen für das Winterhilfswerk,[10] den Sängerfesten im Silchergau und den häufigen Gedenkstunden für Silcher, Uhland und andere nur wenig Zeit, eigene Konzerte vorzubereiten. Kam dennoch ein Konzert zustande, wie zum Beispiel der Familienabend des Weingärtner Liederkranzes im November 1934[11], so lag das Gewicht keineswegs auf dem Werk Silchers. Neben dem obligatorischen „Silcherle" erklangen dann auch Kompositionen des Silchernachfolgers Friedrich Zelter, Kaufmann und anderen, und man kann wohl sagen, daß Silchers Werk in solch eher bescheidenem Rahmen weitaus besser zuhause war als in demagogischen Großveranstaltungen unter seinem Namen.

1 Siehe Taigel 1989. **2** Arbeitertübingen, S.209 ff; Heister, Klein 1984. **3** „Ein Helfer und Pfleger des deutschen Volksliedes", TC 26.8.1935. **4** TC 26.6.1939. **5** Siehe Taigel 1989. **6** TC 26.6.1939. **7** Ebd. **8** TC 26.8.1940. **9** TC 3.2.1936. **10** TC 8.3.1934. **11** TC 5.11.1934.

VOLKSGEMEINSCHAFT UND AUSGRENZUNG

MANFRED HANTKE

Der Philosoph als „Mitläufer" - Theodor Haering: „Es kam ein Führer! Der Führer kam!"

Um den „eigenen Überzeugungen zum Durchbruch zu verhelfen", so der vorübergehend suspendierte Tübinger Philosophie-Professor Theodor Haering unmittelbar nach dem Krieg, habe er es als „Pflicht eines Mannes" empfunden, in die NSDAP einzutreten, auch wenn er „kritisch oder gar feindlich" den „herrschenden Ideen" gegenübergestanden habe.[1] Und in seinem letzten großen Werk, der „Philosophie des Verstehens" (1963) schreibt der Philosoph, er habe einen „Kampf gegen das nationalsozialistische ethische, pädagogische usw. Wertsystem" geführt und sich „vor allem gegen gewisse Einseitigkeiten desselben"[2] gewandt.

Von einem „Kampf" gegen die Nazis kann jedoch ebenso wenig wie von einer „feindlichen Haltung" ihnen gegenüber die Rede sein. Vielmehr hat Theodor Haering das NS-Regime in seinen Vorträgen und in seiner literarischen Tätigkeit gestützt, Adolf Hitler, den lang ersehnten „Führer", in einer verklärenden Weise gefeiert. Der Professor pervertierte mit seinem Engagement die Philosophie zur Magd des Nationalsozialismus.

Deutschnationale Heils-Sehnsucht. Theodor Haering wurde am 22. April 1884 in Stuttgart geboren. In Tübingen, Halle, Genf, Berlin und Bonn studierte er Theologie und Philosophie,

Theodor Haerings Porträt aus seiner Personalakte bei der Universität

wurde Rottenburger Stadtvikar, promovierte 1910 und habilitierte sich 1913. Von 1928 bis zum Ende des Zweiten Weltkrieges war er ordentlicher Professor am Tübinger Philosophischen Seminar, trat am 23. Oktober 1937, rückwirkend zum 1. Mai desselben Jahres, der NSDAP bei und war aktives Mitglied der „Wissenschaftlichen Akademie des NS-Dozentenbundes". Am 25. Oktober 1945 enthob die Französische Militärregierung ihn seines Amtes. Die Universitätsspruchkammer stufte Haering nach der politischen Prüfung am 13. August 1948 als „Mitläufer" ein.

Ein Vergleich der zwischen 1933 und 1945 entstandenen Publikationen Haerings mit seinen politischen und philosophischen Einstellungen in der Zeit vor 1933 - beziehungsweise auch nach 1945 - zeigt, daß sich die Hauptlinien seines Denkens durch die unterschiedlichen politischen Systeme hindurch erhalten haben - mit dem Unterschied, daß der Philosoph der Weimarer Republik sich bemüht, sein System in differenzierteren Gedankengängen wissenschaftlich zu begründen, während die „Wissenschaft" des nationalsozialistischen „Philosophen" zur bloßen Ideologie verflacht und propagandistisch eingesetzt wird.

Zum 1. Mai 1937 wurde Theodor Haering in die NSDAP aufgenommen: Lernschritt eines Unpolitischen

Politisch war Theodor Haering ein entschiedener Gegner der Weimarer Republik, antidemokratisch und extremer Nationalist. Bei den Reichstagswahlen wählte er die konservative Deutsche Volkspartei (DVP) und die rechtsradikale Deutschnationale Volkspartei (DNVP).[3] Philosophisch verband sich sein metaphysischer Idealismus mit einer Heils-Sehnsucht.

Rückwärtsgewandte staatstheoretische Vorstellungen. Beinahe prophetisch blickt Haering bereits 1921 „auf eine Zeit, in welcher [. . .] frei gewählte Ziele von Führern für die Geschichte maßgebend sein werden, bewußt freiwillig ergriffen von den andern Willen, welche sich von jenen führen lassen [. . .]."[4] Sein Staatsideal war ein nach Ständen geordneter Staat, in dem jedem Individuum seine Stellung zum Wohle des organisch gegliederten Ganzen zugewiesen wird und in dem sich sämtliche Gegensätze in einer höheren Einheit aufheben. In seiner Kritik an der Weimarer Republik wurde Hegel zum Zeitzeugen des Tübinger Philosophen: Ein Staat mit wirklicher Souveränität bestehe überhaupt nicht. Er ist „denaturiert, seinem wahren Wesen entfremdet".[5] Um jedoch die „lebendige Einheit eines lebendigen Volks- und Staatslebens"[6] wieder herzustellen, erschien „jedes Mittel recht, auch das gewalttätigste" und „wirksam und erfolgversprechend natürlich nur in der

Hand eines Meisters, eines gottgesandten Führers".[7] Zwar interpretiert Haering die Theorie Hegels, doch wird deutlich, daß es seine eigene Kritik an Weimar und sein Wille als Vorstellung war.

Als die deutsche Wehrmacht nach dem ersten Kriegsjahr militärische Erfolge verbuchen konnte, wußte der Professor auch die Antwort auf das wieder-erstarkte deutsche Wesen und rief begeistert und die Person des Diktators Hitler verklärend aus: „Es kam ein Führer! Der Führer kam!"[8] In seiner Gestalt entdeckte Haering das „hohe Genie" und den „schlichten Arbeiter" in einer einmaligen Synthese.

„Rasse" und „Geist". Auch der „Rassegedanke" ist bereits vor 1933 im Haeringschen Denken vorhanden. So warf er dem konservativen Kulturpessimisten Oswald Spengler vor, er habe bei seiner Theorie der

„[. . .] daß eine Fülle von Genien und diese Universalität der Begabungen, dieser Reichtum an Verheißungen und Möglichkeiten dem deutschen Volk nicht zufällig, sondern durch eine einmalige glückliche Beschaffenheit seines rassischen und stammlichen Erbgutes in die Wiege gelegt worden ist." (Th.Haering in „Verheißungen und Verhängnis der deutschen Art")

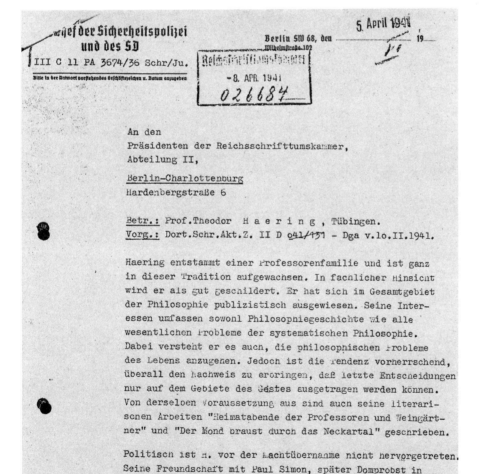

Gutachten aus dem Reichssicherheitshauptamt für die von Haering beantragte Mitgliedschaft in der Reichsschrifttumskammer

„Es blieb hier wie überall bei dem fruchtlosen Versuch, mein, wie ich glaubte, besseres Wissen, in Form einer immanenten Kritik der nationalsozialistischen Ideologie am Maßstab wahren deutschen Geistes zur Geltung zu bringen." (Th. Haering „Meine Stellung zum NS")

Der harmlos-skurrile Forscher am nächtlichen Schreibtisch ein Volkscharakter unter der Lupe des entnazifizierten Gelehrten

kulturellen Entwicklung von Völkern die „Rassen" nicht berücksichtigt. Antisemitische Äußerungen finden sich bei dem Tübinger Philosophen eher selten. Meist löst er die „Judenfrage", indem er das „spezifisch Deutsche" oder „arteigene" Positive herausstellt; was nicht jüdisch sein darf, zum Beispiel die Ursprünge des Christentums, verlegt er einfach zu den „arischen Völkern" im Iran.[9] Vereinzelt vergleicht Haering Gegner des NS-Systems, die ihm gleichzeitig Gegner des Geistes sind, mit Juden oder angeblich jüdischem Verhalten.[10] Ausdrücklich judenfeindlich entlarvte sich der ‚Philosoph' in seiner „Stellung zum NS".[11] Dort ist er „von der Gefahr des jüdischen für den deutschen und europäischen Geist überhaupt und von der verhängnisvollen Rolle, die derselbe bzw. die Unmenge seiner Vertreter vor allem in den Jahren vor 1933 gespielt hat", überzeugt.

Der Tübinger Philosoph wendet sich seit 1935 gegen das „Rasseprinzip" als alleinige Grundlage eines bestimmten Geistestyps. Zum Beweis für die Notwendigkeit des „Geistes" führt er den „Führer" an, den man nicht nötig hätte, wenn eine „von selbst wirkende ‚Natur'"[12] angenommen würde. „Neben dem Rassenprinzip steht das Führerprinzip"[13] nach Haerings fester Überzeugung. Abschreckendes Beispiel für ihn war Karl Marx, der auf „der besten rassischen Grundlage" dennoch „einen schlechten geistigen Überbau"[14] setzte. Die absurde Argumentation diente Haering für die Rettung des „Geistes", dessen glückliche „Vorsehung" sich im „Führer" offenbarte.

Hitler als „Arzt". Längst schon als Philosoph disqualifiziert, ging Haering seit 1936 daran, einen je spezifischen „Volksgeist" herauszuarbeiten und „philosophisch" zu begründen. In der Philosophie, so schreibt er 1938, muß sich „der schwäbische Charakter in seiner Eigenart besonders stark bemerkbar machen".[15] Es folgt die schon in vorhergehenden Reden und Aufsätzen immer wieder erwähnte „Ahnenreihe" zunächst schwäbischer, dann gesamtdeutscher Philosophen von Cusanus bis Hegel, die sämtlich „deutsch", das heißt nie „einseitig", wie die Franzosen und Engländer, sondern stets universal, alle Gegensätze in sich aufnehmend und zur „Einheit" führend, gedacht hätten. Selbst Schopenhauer und Nietzsche preßt der gefallene Philosoph in sein willkürliches System.

Sein „Kampf", den der Tübinger Philosophie-Professor gegen das NS-Regime ausgefochten haben will, erweist sich schließlich als Unterstützung und Förderung der nationalsozialistischen Weltanschauung. Zwar betonte der universale

Einheitsdenker stets auch das Individuelle neben der „Volksgemeinschaft",
während bei anderen Nazis der Einzelne nichts, das Volk aber alles galt, doch

kommt dadurch nur der ‚bessere' Nationalsozialist
zum Vorschein. Einspruch gegen die Politik des
„Dritten Reiches" hat Haering zumindest nie öffentlich erhoben. Zwar sah er die „Einseitigkeiten" - wie
er die Nazi-Diktatur beschönigend charakterisierte -,
entschuldigte und rechtfertigte jedoch zum Beispiel
die Ausschaltung der Kirchen mit einer „propagandi-
stisch-pädagogisch gemeinten Überspitzung", als
„Kampf gegen bestimmte Erscheinungen, etwa
kirchliche Institutionen und Meinungen", der „im
Dienste der Wiederherstellung, etwa der nationalen
Volksgemeinschaft" steht.[16] 1940 wurde Hitler zum
Arzt, der dem „kranken Körper [das deutsche Volk
der Weimarer Republik] zunächst manches verbie-
ten muß, was er vorher im Übermaß genoß".[17] Die
nationalsozialistische Propaganda vom „Volk ohne
Raum" stützt Haering, indem er den mathematischen Raumbegriff in einen expansiven, deutsch-
völkischen umwandelt. So wird der „Raum in Wahrheit also vielmehr [. . .] Ausdruck einer dynamisch-
kämpferischen Beziehung (Spannung) zweier gegen-
sätzlicher Kräfte (Subjekte)", wobei dem „schaffen-
den Subjekt(s)" ein „anderes Etwas" gegenübersteht, „gegen das dieser Raum
zu schaffen, zu erhalten oder zu erweitern ist."[18]

Auch in seinen für das allgemeine Publikum bestimmten Veröffentlichungen
stützt der Philosoph das nationalsozialistische System. Er preist den Heldentod[19] und diffamiert „Unweiber", die die schlechte Versorgungslage während
des Krieges kritisieren, als „Krebsschaden der ganzen Volksgemeinschaft".[20]

Haering hielt seine oft nach-
gedruckte „Weingärtnerrede"
bei dieser Veranstaltung der
NS-Kulturgemeinde und der
NS-Gemeinschaft „Kraft durch
Freude": nationalsozialistische „Volksbildungsarbeit"

Ohne Scham und Unrechtbewußtsein. Bezeichnend für
Haering ist - ähnlich wie bei Heidegger -, daß er nach dem Zweiten Weltkrieg
keinerlei Scham, geschweige denn ein Unrechtsbewußtsein empfand. Nicht
etwa wegen der Millionen Ermordeten und Gefallenen fühlte der Philosoph
„tiefen Schmerz", sondern „über das Unglück meines Vaterlandes, und vor
allem auch darüber, daß es dem Nationalsozialismus so wenig gelang, seine
ursprünglich ideale und ideologisch deutsche Form zu erhalten".[21] Haering ist

Testamentarisch der Stadt für museale und erzieherische Zwecke vermacht und von dieser nach dem Stifter benannt: das Theodor-Haering-Haus in der Neckarhalde

der festen Überzeugung, nur seine „selbstverständliche Pflicht als Deutscher [!] Philosoph erfüllt zu haben" und empfiehlt sich zur „weiteren Mitarbeit an der Zukunft des europäischen Geistes".[22]

Es scheint, als ob der Professor mit der Niederlage des Nationalsozialismus und dem Aufbau der Bundesrepublik lediglich das Hemd gewechselt hat. Der Autor des „Mondbuches" von 1935 ändert für die Ausgabe von 1949 einige Stellen, „entsprechend der neuen Zeit und in Rücksicht auf manche, die sich dadurch gestört fühlen könnten".[23] Statt „Volksgenossen" schreibt Haering in der Ausgabe von 1949 nun „Bürger", statt „eines marschierenden Reichswehr- oder SA-Trupps" nun „eines marschierenden Trupps junger Menschen", statt „Heil Hitler" jetzt „Grüß Gott": „Hitler" und die „Marxistenzeit" sind in der neuen Ausgabe freilich gestrichen. Dem Philosophen, der im „Dritten Reich" 1940 das „Silberne Treudienstabzeichen" und 1942 das „Kriegsverdienstkreuz II. Klasse" erhielt, werden auch im neuen politischen System Ehren zuteil: 1951 wird die „Pensionierung" in eine „Emeritierung" umgewandelt, 1953 zieht er für die Freie Wählervereinigung in den Tübinger Gemeinderat, erhält das Ehrenbürgerrecht, einen Orden von der Universität und 1959 das Große Verdienstkreuz. Der so Geehrte nahm's gelassen und war großzügig: „Er betrachte die hohe Auszeichnung als eine Art homöopathischen Heilmittels für manche Unbill, die ihm nach 1945 widerfahren sei und die damit als ausgelöscht gelten könne."[24]

1 Antrag auf Aufhebung der vorläufigen Amtsenthebung, UAT 149/37. **2** Haering 1963, S.86. **3** Personalakte Theodor Haering, UAT 126a/172. **4** Haering 1921, S.350. **5** Haering 1925-1931, S.7. **6** Ders., Hegels Ansicht über Staatsbeamte in: Haering 1931-1943, S.170. **7** Ebd. S.174. **8** Ders., Verheißung und Verhängnis der deutschen Art, in: Haering 1931-1943, S.11. **9** Haering 1938, S.11. **10** Haering 1935, S.3. **11** Ders., Meine Stellung zum NS, UBT Md 1016/971/28. (Nicht datiert, vermutlich im Zusammenhang seiner Entlassung durch die französischen Militärbehörden geschrieben.) **12** Haering 1935, S.31. **13** Ders., Philosophie und Biologie, in: Haering 1931-1943, S.396. **14** Ders., Betrachtungen zum Tode Oswald Spenglers, in: Haering 1931-1943, S.298. **15** Ders., Schwaben in der Wissenschaft, in: Haering 1931-1943, S.210. **16** Ders., Cusanus - Paracelsus - Böhme, in: Haering 1931-1943, S.22. **17** Ders., Verheißung und Verhängnis der deutschen Art, in: Haering 1931-1943, S.12. **18** Ders., Der Begriff des Raumes im Sinne deutscher Raumforschung, in: Haering 1931-1943, S.329. **19** Haering 1943. **20** Haering 1940, S.74. **21** Ders., Meine Stellung zum NS, UBT Md 1016/971/28. **22** Antrag auf Aufhebung der vorläufigen Amtsenthebung, UAT 149/37. **23** Haering 1935 und Haering 1949, Zum Geleit. **24** Schwäbisches Tagblatt 24.4.1959. Theodor Haering mußte nach 1945 die Dachkammer seines Hauses bewohnen und hatte eine Zeit lang finanzielle Schwierigkeiten. Außerdem waren ihm drei Jahre lang die Bürgerrechte entzogen. In seinem Testament vermachte er sein Haus in der Neckarhalde 31 der Stadt mit der Auflage, es für das langgeplante Heimatmuseum zu verwenden (vgl. Setzler 1982).

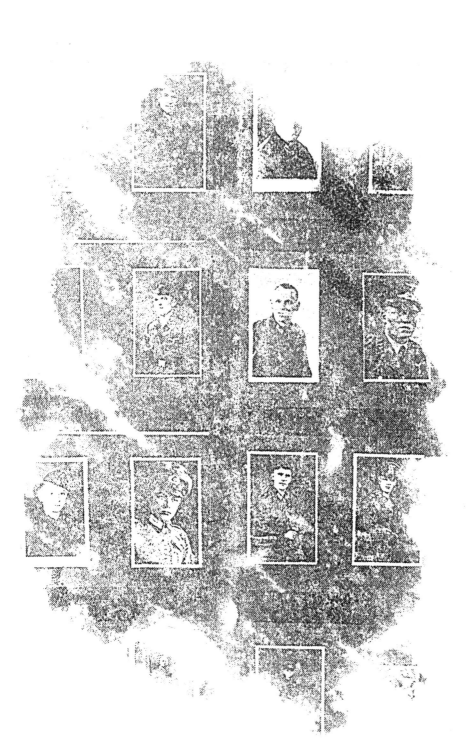

LEBENSRAUM

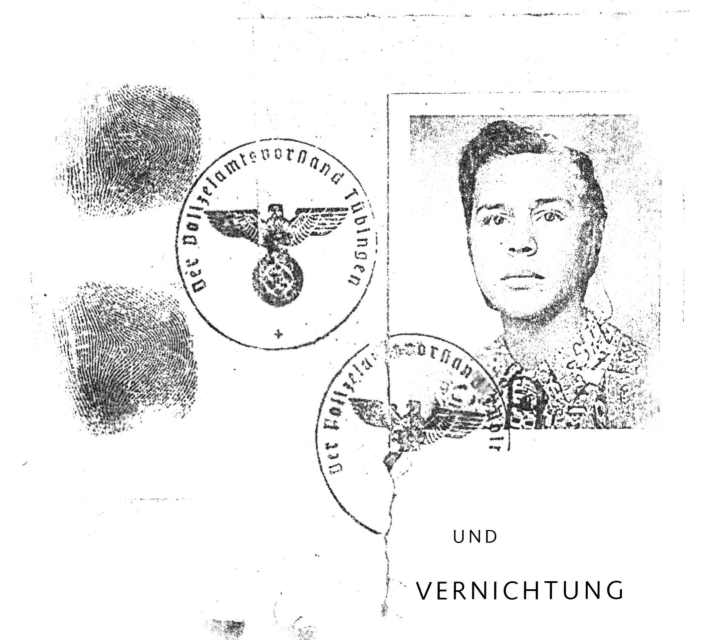

UND

VERNICHTUNG

ELISABETH TIMM

Der Krieg in den Kliniken: Verwundete Soldaten und die „Geburtensiege" der Mütter

Raumnot und Bettenmangel. Der Kriegsbeginn im September 1939 brachte der Tübinger Bevölkerung eine drastische Verschlechterung der medizinischen Versorgung. So wurden beispielsweise in der Chirurgischen Klinik zwei Drittel der 300 Betten zu Lazarettzwecken für die Wehrmacht reserviert.[1] Die Stadt Tübingen wurde verpflichtet, Hilfskrankenhäuser einzurichten, um die medizinische Versorgung sicherzustellen.[2] Über das ganze Stadtgebiet verteilt, wurden bis zum Kriegsende 31 Hilfskrankenhäuser

Im Zuge der Kriegsvorbereitungen begann 1938 der Bau des neuen Standortlazaretts, das 1940 in Betrieb genommen wurde

eingerichtet.[3] Insgesamt gab es in Tübingen bei Kriegsende 38 Lazarette.[4] Die Situation in den Krankenhäusern war durch Mangel an Verbandmaterial und Medikamenten gekennzeichnet. Frau S., die als Schwesternschülerin in verschiedenen Kliniken arbeitete, berichtet: „Da war's dann so knapp, da hat man die ganzen Tupfer gewaschen und hat sie dann immer aufgehängt."[5] Andererseits wurden die Lazarette dank der mit Kriegsbeginn eingeführten Kriegswirtschaft besser versorgt als die übrige Bevölkerung; sie erhielten Sonderzulagen vom Ernährungsamt der Stadt.[6] Nicht nur die Verwundeten erhielten eine bessere Verköstigung, auch das in den Lazarettabteilungen arbeitende Pflegepersonal profitierte von dieser Bevorzugung. Da sich in den Kliniken aber zivile Abteilungen und Lazarettabteilungen nebeneinander befanden, blieb diese Ungleichbehandlung nicht unbemerkt. So wurde 1942 dem Wehrkreisarzt von Konflikten zwischen zivilem und Wehrmachtspersonal berichtet, die eben deshalb entstanden waren, weil das Pflegepersonal der Wehrmacht „an Fleisch, Fett und Brot um ein Mehrfaches reichhaltiger verköstigt wird als das zivile Personal".[7]

„Meine Klinik enthält z.Zt. 110 Betten. Davon sind 60 für das Militärlazarett reserviert, 50 stehen der Zivilbevölkerung zur Verfügung. Die 60 militärischen Betten sind dauernd belegt, die 50 Zivilbetten überbelegt." (Direktor der Universitätsklinik für Hals-, Nasen- und Ohrenkrankheiten an den Rektor der Universität, 1.6.1940)

Zu Lasten der Medizinischen Klinik ging die Bevorzugung von studentischen Mitgliedern der SA: Diese konnten sich nach einer Bestimmung des württembergischen Innenministeriums vom 17. Oktober 1933 dort kostenlos untersuchen lassen. Kostenlos bedeutete in diesem Fall, daß die Klinik den Aufwand für die Untersuchungen (Arbeitszeit der Ärzte, Röntgenmaterial - welches sehr knapp war) selbst tragen mußte.[8]

Ärztemangel. Die schlechte medizinische Versorgung der Zivilbevölkerung resultierte auch aus einem gravierenden Ärztemangel. Zur Verwaltung dieses Mangels erließ die deutsche Regierung zwei Wochen nach Kriegsbeginn eine „Notdienstverordnung". Mit ihrer Hilfe sollten die wegen Einziehungen zur Wehrmacht unbesetzten Arztpraxen in den Dörfern wieder besetzt werden. Zur „Notstandsverhütung" auf dem Land wurden Ärzte aus den Universitätskliniken verpflichtet; allerdings nur aus den Zivilabteilungen der Kliniken, denn - so schrieb der Tübinger Landrat ein halbes Jahr nach Kriegsbeginn an den Rektor der Universität - : „Dass die Belange der Wehrmacht der Notdienstverpflichtung vorgehen, ist selbstverständlich."[9]

Lazarettstadt Tübingen: zum Schutz vor Luftangriffen mit roten Kreuzen kenntlich gemacht

In den Klinikabteilungen zur Versorgung der Zivilbevölkerung arbeiteten vor allem unerfahrene Volontär- und Assistenzärzte. Ausgebildete und erfahrene Fachärzte waren den Lazarettabteilungen vorbehalten. Weil viele Kranke wegen der eingezogenen praktischen Ärzte die Ambulanz der Kliniken aufsuchten, mußten die Kliniken mit immer weniger Ärzten immer mehr Patienten versorgen. Obwohl sich die Kliniken wegen der untragbaren Lage wiederholt beschwerten, wurde die Notdienstverordnung vom 15. September 1939 rücksichtslos durchgesetzt. Auf eine entsprechende Beschwerde der Klinikdirektoren antwortete der zuständige Regierungsrat im Landratsamt: „Von der Reichsärztekammer ist in Aussicht gestellt worden, dass noch weitere Ärzte von den Kliniken angefordert werden. Nach ihrer Stellungnahme werde ich diesen Anträgen nunmehr ohne Rücksicht auf die Einwendungen der Klinikvorstände entsprechen. Inwieweit die Belange der Kliniken dadurch gewahrt bleiben, überlasse ich ihrer Beurteilung."[10] Im emotionslosen Verwaltungsdeutsch wurden lediglich „Belange gewahrt" oder „nicht berücksichtigt", im Alltag bedeutete dies jedoch lange Wartezeiten für die Patienten und unerträglich überlastete Ärzte.

„Im Jahre 1943 war die Zahl der klinischen Aufnahmen um fast 800 höher als im Jahr vorher, ohne dass wir dafür ein Bett mehr gehabt hätten." (Direktor der Frauenklinik an die Deutsche Arbeitsfront, 28.11.1944)

Das nicht absehbare Ende des Ärztemangels erhöhte für Frauen - die auch im medizinischen Bereich als flexibles Arbeitskräftereservoir benutzt wurden - die Chance auf ein Medizinstudium. Nach dem Gesetz „gegen die Überfüllung deutscher Schulen und Hochschulen" vom 25. April 1933 war eine Zulassungssperre geschaffen worden, die den Anteil der weiblichen Studierenden auf zehn Prozent festgesetzt hatte.[11] Diese Einschränkung wurde jedoch 1941

LEBENSRAUM UND VERNICHTUNG

Heimat-Nachrichten

Tübingens Stätten der Genesung

Moderne Kliniken und Lazarette sorgen für Wiedergesundung von Kranken und Verwundeten

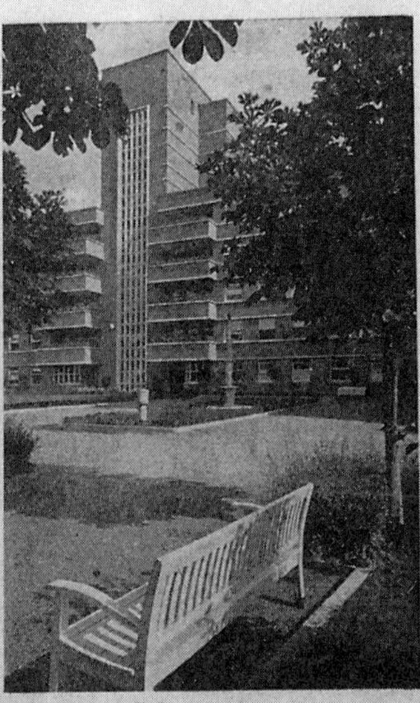

Die neue Chirurgische Klinik.

Am Beispiel der Universitätsstadt Tübingen mit ihren zahlreichen Kliniken und medizinischen Instituten, in denen schon mancher hervorragende Beitrag zur Vervollkommnung der Heilkunst geleistet worden ist, läßt sich das Wachsen der ärztlichen Erkenntnisse und Erfolge im heimatlichen Raume sehr anschaulich verfolgen.

Wenn wir auf die Geschichte der Medizin zurückblicken, so bietet sie ein einzigartiges Bild gewaltiger Fortschritte, das dazu angetan ist, mit Ehrfurcht und Stolz vor dem menschlichen Geiste zu erfüllen. Wir sehen insbesondere im letzten Jahrhundert eine Fülle neuer naturwissenschaftlicher und ärztlicher Erkenntnisse, wie sie in diesem Umfange und in dieser Bedeutung Jahrtausenden der Menschheitsgeschichte vorher niemals beschieden war. Die Gefahr der großen Seuchen ist heute gebannt, die Sterblichkeit allein seit den siebziger Jahren des 19. Jahrhunderts ist um fast zwei Drittel gesunken. Jedes Glied des deutschen Volkes hat heute die Aussicht, länger und gesünder zu leben als seine Großeltern. Gewiß sind Krankheit und vorzeitiger Tod noch nicht völlig ausgeschaltet. Aber bringt nicht jeder Tag neue Verfahren, Krankheiten rechtzeitiger und genauer zu erkennen, werden uns nicht immer neue Mittel und Wege zur Heilung geschenkt? Unermüdlich ist die wissenschaftliche Forschung auch in Tübingen am Werk, setzen zahlreiche und große Zweige der technischen und chemischen Industrie die Gedanken der Forscher in die Praxis um, liefern den Aerzten Mittel über Mittel zum Kampf gegen die Krankheit. Die Ausbildung und Fortbildung der Aerzte wird immer weiter vervollkommnet. Auch der Landdoktor ist ein wissenschaftlich denkender und mit allem Rüstzeug moderner Behandlung vertrauter Arzt geworden. Und wo noch eine Lücke im Kampf um die Gesundheit klafft, da ist der Staat bereit, großzügig und mit der ganzen Wucht seiner moralischen und materiellen Kräfte einzuspringen. Längst beschränkt er sich nicht mehr auf allgemeine Maßnahmen, wie Seuchenabwehr, Impfzwang, Ueberwachung von Wasser, von Nahrungsmitteln, Wohnungen usw., er umgibt vielmehr auch den einzelnen Menschen mit weitgehender Fürsorge.

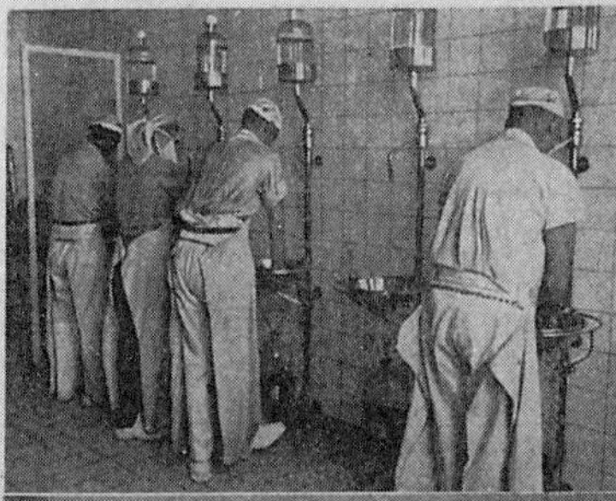

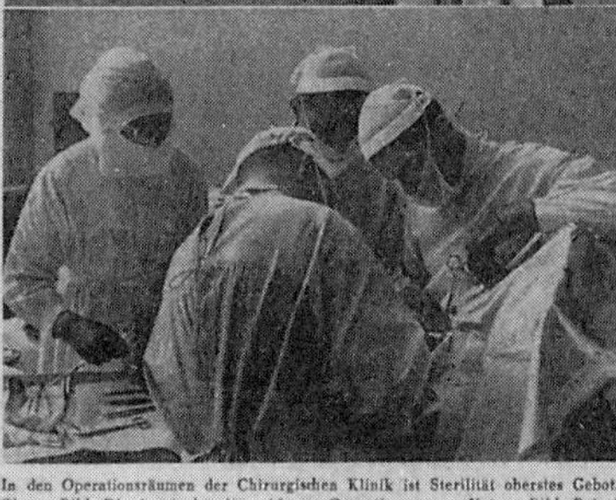

In den Operationsräumen der Chirurgischen Klinik ist Sterilität oberstes Gebot. — Oberes Bild: Die Aerzte bereiten sich zur Operation vor. — Unteres Bild: Bei einer Operation. 3 Fotos: Hommel

Am augenscheinlichsten sind die Fortschritte der Chirurgie, die oft ans Wunderbare grenzen und die an dem ständigen Sinken der Sterblichkeit einen sehr erheblichen Anteil haben. Wie vielen dem Tode verfallener Menschen wurde nicht schon in der Chirurgischen Klinik in Tübingen das Leben gerettet. Allein durch die Frühoperation der Blinddarmentzündung werden jährlich Hunderttausende meist junger Menschenleben dem Tode entrissen. Blättert man in alten chirurgischen Lehrbüchern, wie etwa in der ausgezeichneten Operativen Chirurgie von Dieffenbach aus dem Jahre 1846, so kann man sich nur mit Mühe in die Primitivität der ärztlichen Behandlung jener Zeit zurückversetzen. Die Narkose kannte man damals noch nicht. Bei Leibschnitten preßte man den unglücklichen Kranken, die vor Schmerz schrien, die Eingeweide aus der Wunde hervor. Bezeichnend heißt es in dem erwähnten Lehrbuch: „Zwei Assistenten lassen den Kranken an jedem Arm so lange zur Ader, bis er infolge starken Blutverlustes ohnmächtig und damit gegen Schmerzen unempfindlich wird. Erst jetzt kann die Operation zu Ende geführt werden."

Wo ist heute ferner die Angst geblieben vor den menschenmordenden Kriegsseuchen, vor Pest, Cholera, Malaria, Fleckfieber, Pocken, die in früheren Jahrhunderten ganze Heere vernichteten und die Wehrkraft der Völker lähmten? Die Fortschritte der allgemeinen und persönlichen Hygiene haben diese apokalyptischen Reiter verjagt.

Noch an einem anderen Beispiel offenbart sich der ungeheure Fortschritt der ärztlichen Kunst. Vor dem großen Arzt Ignaz Philipp Semmelweis, dem „Retter der Mütter", der in der Mitte des neunzehnten Jahrhunderts wirkte, kam z. B. in der Geburtsklinik in Jena in einem Zeitraum von vollen drei Jahren nicht eine einzige gebärende Frau mit dem Leben davon. Heute suchen die Frauen in ihrer schweren Stunde voller Zuversicht den sicheren Hort der Klinik auf.

Was für großartige Erfolge wurden ferner in letzter Zeit auf dem Gebiet der Augenheilkunde erzielt. Bekanntlich ist daran Tübingen mit seiner weithin bekannten Augenklinik führend beteiligt. Man denke etwa an die von Professor Stock vorgenommenen erfolgreichen Netzhautübertragungen, durch die Blinde wieder sehend werden.

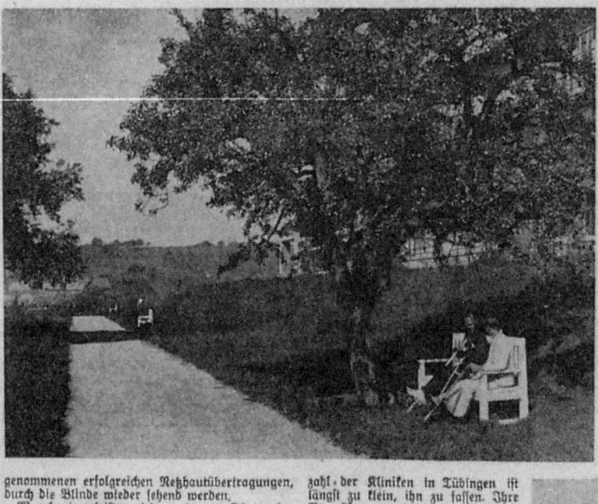

Was heute geleistet wird, macht man sich am besten deutlich, wenn man besieht, welchen Stand früher die Heilkunst eingenommen hat.

Der neuzeitliche Mensch kann sich die Welt ohne Krankenhäuser, Kliniken und Sanatorien kaum noch vorstellen. Und doch haben sich diese Einrichtungen erst den ihnen gebührenden Platz schwer erkämpfen müssen. Zwar besaß auch das Mittelalter seine Spitäler, in den größeren Städten die St. Georgs- und Heilig-Geist-Spitäler, die Gutleuthäuser für die Aussätzigen, aber Krankenhäuser größeren Stils wurden in Deutschland erst später ins Leben gerufen, wie die Charité in Berlin im Jahre 1710 durch König Friedrich I. oder das Allgemeine Krankenhaus in Wien im Jahre 1784 durch Kaiser Josef II.

In Tübingen gab es bis zur Wende des 18. zum 19. Jahrhundert kein Krankenhaus, in dem eine geregelte ärztliche Behandlung vorgesehen war. Die Medizin lag überhaupt ziemlich darnieder. Das Studium der lebenden Kranken war völlig ungenügend. Es bedurfte im Jahre 1652 einer Ermahnung des Herzogs von Württemberg, die Professoren der Medizin sollten ihre Schüler zu „den Kranken führen". Die Mahnung fruchtete: es begann wenigstens ein bescheidener poliklinischer Unterricht in der Wohnung der Professoren und in den engen Häusern der kleinen Stadt. Als aber dann Herzog Karl Eugen der Tübinger Medizinischen Fakultät in seiner Hohen Karlsschule bei Stuttgart eine erfolgreiche Konkurrentin an die Seite stellte, bestand eine Zeitlang die Gefahr, daß in Tübingen der Universitätsbetrieb ganz aufhörte. 1772 hatte Tübingen nur einen Studenten der Medizin. Glücklicherweise löste sich aber die Karlsschule nach dem Tode des Herzogs auf, wodurch Tübingen wieder mehr Zulauf gewann. Es wurde nunmehr der zweite Versuch einer klinischen Einrichtung im Stiftsspital und im Seelhaus gemacht. Am 1. Januar 1793 entstand das erste klinische Institut mit sechs Betten, das aber schon nach einem Jahr seinen Betrieb wieder einstellen mußte. Tübingen war in der Gestaltung seiner medizinischen Institute hinter allen deutschen Hochschulen zurückgeblieben. 1805 erfolgte zwar eine kleine Besserung: das neue Klinikum enthielt in 12 Zimmern 15 Betten; aber der chronische Geldmangel des kleinen Landes hinderte jedes Aufblühen wissenschaftlicher klinischer Arbeit und gründlicher ärztlicher Erfahrung.

Erst wenn man die Zustände jener Zeit kennt, kann man ermessen, welch riesigen Aufschwung die Heilkunde in Tübingen im Laufe des 19. und in den ersten Jahrzehnten des 20. Jahrhunderts genommen hat. Heute zählt es zu den Universitätsstädten, die die vorbildlichsten klinischen Einrichtungen besitzt, deren Ruf weit über die Grenzen Schwabens hinausgedrungen ist. In seinen Kliniken — der Medizinischen Klinik, der Frauenklinik, der Klinik für Gemüts- und Nervenkrankheiten, der Augenklinik, der Klinik für Hals-, Nasen- und Ohrenkrankheiten, der Hautklinik und der Kinderklinik — suchen jährlich Tausende und aber Tausende von Kranken aus nah und fern Heilung. In seiner neuen Chirurgischen Klinik aber, die nach den Ideen des Meisters der ärztlichen Kunst, Prof. Kirschner, erbaut wurde, besitzt Tübingen ein Krankenhaus, das in seiner äußeren Gestalt, in der inneren Anlage und Organisation, soweit es die chirurgischen Belange betrifft, das Beste darstellt, was geschaffen werden konnte.

Die Tübinger Medizinische Fakultät umfaßt alle Lehrgebiete dieser notwendigsten und wichtigsten Wissenschaft, die Fortschritte von außen nicht nur aufnehmend, sondern sie auch durch eigene Forschungsergebnisse sichernd und erweiternd. Es ist daher erklärlich, daß Tübingen seit langem in der medizinischen Welt einen hervorragenden Platz einnimmt, ebenso daß Kranke aus Württemberg, ja aus dem ganzen Reich hier die letzte Rettung aus höchster Not erhoffen. Immer größer wird der Strom der Heilungsuchenden. Die Mehrzahl der Kliniken in Tübingen ist längst zu klein, ihn zu fassen. Ihre Vergrößerung wird daher ein immer dringenderes Gebot.

Neben seinen vorbildlichen Kliniken und dem in herrlicher Höhenlage gelegenen Tropengenesungsheim, das zur Heilung und Kräftigung von Tropenkranken dient und dem ein Genesungsheim für Kinder angeschlossen ist — die Anstalt vermag 70 Erwachsene und 30 Kinder aufzunehmen — beherbergt Tübingen ein weiteres hervorragendes Werk neuzeitlicher Krankenbaukunst: das Standortlazarett auf dem Sand, das in seiner äußeren und inneren Gestaltung vorbildlich ist. Zwei Aufgaben waren hier zu lösen: erstens die Bedürfnisse eines modernen Lazarettes zu erfüllen und zweitens die Baumassen in das Landschafts- und Städtebild harmonisch einzufügen. Beides ist erfreulicherweise voll und ganz gelungen.

Die äußere Gestaltung und die technische Einrichtung des Innern weisen auf den Zweck des großzügigen Bauwerks hin: dem verwundeten oder erkrankten Soldaten nicht nur ärztliche Hilfe zu gewähren, sondern ihm eine Stätte zu bereiten, wo er sich in Obhut genommen und geborgen fühlt. Wenn wir die langen, spiegelblanken Flure durchschreiten, haben wir das Gefühl von Ordnung, Sorgfalt und Zuverlässigkeit. Die Krankenzimmer sind so freundlich wie möglich gestaltet. Eine Fülle von Sonne und Licht, der warme Grundton der Wände, Bilder alter und neuer Meister, dazu eine herrliche Aussicht auf die Stadt und die Berge der Schwäbischen Alb schaffen jene für den Kranken wohltuende Atmosphäre, die auch in den Tages- und Nebenräumen und in den Gemeinschaftsräumen des Personals herrscht. Der Sorgfalt der architektonischen Gestaltung entspricht die ärztliche Fürsorge, der die vollkommensten Hilfsmittel für Untersuchung und Behandlung zur Verfügung stehen. Es ist daher kein Wunder, wenn in einem solch hervorragend eingerichteten Lazarett bei den Verwundeten weder Verzagtheit noch Selbstaufgabe oder Bitterkeit herrscht. Man hat den Eindruck, in einer Pflegeanstalt im besten Sinne des Wortes zu sein, in deren Räumen der frische, sieggewohnte, lebensbejahende Geist der Front herrscht, der selbst die am schwersten heimgesuchten Männer ihr Schicksal zuversichtlich tragen läßt. Wie vergnügt sind die Verwundeten dieses Lazaretts, wenn ihre Schwester auf einen ihrer harmlosen Scherze willig eingeht! Lachen ist ja Medizin für die Verwundeten. Das wissen unsere tapferen Schwestern, und sie vergessen es selbst dann nicht, wenn sie die Bürde ihres schweren Berufs auch noch so sehr drückt. Unsere Soldaten wissen ihre ungeheuren Leistungen zu schätzen. Sie verlieren zwar kein Wort darüber, aber ihr Dank und ihre Anerkennung ist um so größer. Und wenn man das Bild der Eindrücke, das man in dem Tübinger Standortlazarett gewinnt, abrunden will, dann muß man auch dankbar jener Kräfte gedenken, die die ausgezeichnete Krankenkost bereiten, und jener Spender von Tübingen und dem übrigen Kreisgebiet, die diese Kost durch Gebäck, Obst, Zigaretten, Wein, Bücher usw. ergänzen, um dadurch ihren tiefen Dank für die Leistungen der gesamten deutschen Wehrmacht zum Ausdruck zu bringen und ihren Teil an der engen Verbundenheit und der Siegeszuversicht der großen deutschen Volksgemeinschaft beizutragen.

A. Lux

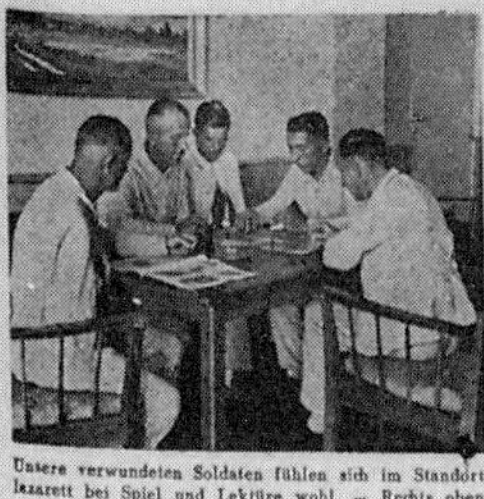

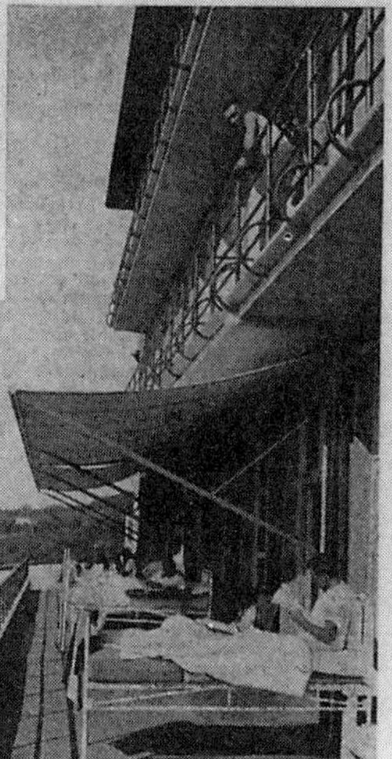

Unsere verwundeten Soldaten fühlen sich im Standortlazarett bei Spiel und Lektüre wohl. — Rechts oben: Gartenweg vor dem Standortlazarett, das ringsum von Feld, Wald und Wiesen umgeben ist. — Bild rechts außen: Auf einer der großen offenen Liegehallen des Standortlazaretts 3 Fotos: Barth

„Viele Tübinger Professorentöchter haben halt Krankenpflege gelernt in der Krankenpflegeschule beim Roten Kreuz. Wenn man in der Krankenpflege war, dann mußte man nicht in einer Rüstungsfabrik arbeiten. Aber irgendeinen Einsatz mußte man machen." (Frauenerzählcafé, 24.5.1991)

wieder aufgehoben.[12] Zwei Jahre später, im September 1943, meldete der Sicherheitsdienst (SD): „An einer Reihe von Universitäten ist die Zahl der Studentinnen größer als die Zahl der Studenten. Einzelne Beispiele: [. . .] Tübingen: 1077 Studenten, 1169 Studentinnen."[13] Diese Informationen veranlaßten den SD zu folgender Empfehlung: „Daß ein verstärktes Frauenstudium erforderlich ist, ergibt sich aus folgenden Tatsachen: 1. In den akademischen Berufen [. . .] besteht ohnehin ein schwerwiegender Nachwuchsmangel, so daß ein erhöhter Einsatz von Frauen zum Ausgleich erforderlich ist. 2. Die Zahl der Gefallenen unter den an den Fronten stehenden Studenten und Abiturienten ist besonders hoch, wobei diese Lücken auch nach dem Kriege mit männlichen Bewerbern nicht zu schließen sind."[14]

Überlastete Krankenschwestern. Die Ausbildung zur Krankenschwester bot Frauen eine der wenigen Möglichkeiten, sich der Verpflichtung zum Kriegsdienst (zum Beispiel als Flakhelferin oder in Rüstungsbetrieben) zu entziehen. Auch für Frau S. war dies ein Grund, 1942 in Tübingen die Ausbildung als Rote-Kreuz-Schwester zu beginnen: „Das Rote Kreuz war sehr begehrt. Da hat man einen dann in Ruhe gelassen." Als Schwesternschülerin hatte sie zusätzlich zum Unterricht das reguläre Arbeitspensum zu leisten. Im Rückblick betrachtet sie die Ausbildungsbedingungen mit Ironie: „In der Freizeit haben wir Unterricht gehabt. Hauptsächlich mittags, wenn man so richtig schön ausgepumpt war, hat man unheimlich viel in den Kopf gekriegt." Die Schwesternschülerinnen arbeiteten ca. 60 Stunden in der Woche für eine Bezahlung, die wohl eher als Trinkgeld zu bezeichnen ist: „Zehn Mark im Monat. [. . .] Da haben wir unheimliche Sprünge machen können." Als weitere Belastung kamen die ständig zunehmenden Fliegeralarme hinzu, die zuwenig Schlaf alltäglich werden ließen: „Denn wir hatten an sich ja sehr wenig Zeit zum Lernen und waren ja chronisch übermüdet."

Brosche für Krankenpflegehelferinnen: Rotes Kreuz und Hakenkreuz

Das NS-Regime hatte auch die Schwesternausbildung unter seinen ideologischen Vorgaben institutionalisiert. Neben dem Roten Kreuz und den Kirchen übernahm der „Nationalsozialistische Reichsbund Deutscher Schwestern" die Ausbildung zur Krankenschwester. Die vom NS-Reichsbund ausgebildeten „NS-Schwestern" oder „Braunen Schwestern" - wie sie im Volksmund hießen - erhielten zusätzlich zur üblichen medizinischen und pflegerischen Ausbildung „Weltanschauungsunterricht". In der Praxis bereitete die Beschäftigung der „braunen" Lernschwestern einige Probleme: „Hinzu kommt noch, daß die Lernschwestern nicht nur durch den Pflegedienst überlastet sind, sondern daß sie außerdem noch durch unabstellbaren, ausgedehnten (von ihrer Organisation vorgeschriebenen weltanschaulichen) Unterricht in Anspruch genommen sind. Sie weisen infolgedessen eine sehr hohe Erkrankungsziffer auf, wodurch die nichterkrankten Lernschwestern, die den Dienst für die Erkrankten mittun mußten, überanstrengt werden."[15]

Pflege im Krieg: ein Beitrag von Frauen zum Krieg

Menschen verschiedener Klassen.

Ärzte waren es, die die wissenschaftlichen Grundlagen für die ungleiche Behandlung von Juden und Nicht-Juden, Behinderten und Nicht-Behinderten schufen und für deren praktische Durchsetzung kämpften. Jüdischen Ärzten war durch die vierte Verordnung zum Reichsbürgergesetz vom Juli 1938 die Approbation entzogen worden. Fortan durften sie lediglich jüdische Patienten behandeln.[16] Offensichtlich bestand über die Praxis und das Ausmaß der Ausgrenzung von Juden vor der in Württemberg im Dezember 1941 beginnenden Deportation Unklarheit, weshalb die „Ärztekammer für das Land Württemberg und die Hohenzollerschen Lande" am 9. Mai 1941 im „Ärzteblatt für Südwestdeutschland" darauf hinwies, daß „den Juden Krankenhausaufnahme und Hilfsleistung bei Notfällen nicht versagt" werden dürfe.[17]

Ausländische Frauen, die zur Zwangsarbeit in Deutschland verpflichtet waren, sollten nach den Vorstellungen der NS-Führung als Menschen zweiter Klasse behandelt werden, auch wenn sie als Patientinnen oder zur Geburt eines Kindes in ein Krankenhaus kamen. So heißt es in einem Rundschreiben des württembergischen Innenministeriums, daß es vermieden werden müsse, „eine über das unbedingt erforderliche Maß hinausgehende Betreuung in der Behandlung und Unterbringung [polnischer und sowjetischer Arbeiter und Arbeiterinnen] zu gewähren. Sie können deshalb auch in solchen Gemeinschaftsräumen untergebracht werden, die nach Art und Einrichtung den für unsere Volksgenossen üblichen Räumen erheblich nachstehen."[18] Erzählungen und Beschwerdebriefe, die sich in den Klinikakten erhalten haben, zeigen, daß diese Einstellung auch in der Bevölkerung verbreitet war. So beschwerten sich beispielsweise Tübinger Frauen bei der „Deutschen Arbeitsfront", daß sie in der Universitätsfrauenklinik zusammen mit Zwangsarbeiterinnen aus dem Osten untergebracht waren. Professor Mayer, der als Direktor der Frauenklinik Stellung zu der Beschwerde nahm, befürwortete jedoch die Aufnahme von Zwangsarbeiterinnen ausdrücklich. Sie könnten den Rückgang in der Zahl der „Hausschwangeren" ausgleichen, den Mayer auf die Gründung eines „NS-Mütterhauses" in Tübingen zurückführte, und damit die gefährdete Ausbildung von Medizinstudenten, Hebammenschülerinnen und Wochenpflegerinnen sicherstellen: „Diese Ostarbeiterinnen sind schon als Hausschwangere sowie bei der Geburt für die Ausbildung der Studierenden und Hebammen ein unschätzbarer Dienst. Im Wochenbett können an ihnen und ihren Säuglingen unsere Wochenbettpflegerinnen sich einüben, bis wir sie zur verantwortungsvolleren Pflege an den Volksgenossinnen und deren Kinder heranlassen."[19] Mit dieser Vorstellung befand sich Mayer in Übereinstimmung mit dem württembergischen Innenministerium, das schwangere Ostarbeiterinnen zur Entbindung bevorzugt in Unterrichtsanstalten für Pflegepersonal einweisen wollte.[20]

„Die Aufnahme der Ostarbeiterinnen kommt also in hervorragendem Maße den Müttern unseres eigenen Volkes zugute." (Direktor der Frauenklinik an die Deutsche Arbeitsfront, 28.11.1944)

Am Eingang zum Standortlazarett: Idealisierung der Kameradenhilfe

Es gab aber auch Menschen, die sich nicht an die rassistischen Vorschriften hielten. Frau T., die aus Polen nach Deutschland verschleppt worden war und in einer Tübinger Klinik arbeiten mußte, erzählt: Als sie nach einem Gefängnisaufenthalt - zu dem sie nach der Beschwerde einer deutschen Patientin verurteilt worden war - abgemagert an ihre Arbeitsstelle zurückkam, päppelte eine Diakonieschwester sie verbotenerweise mit Griesbrei und Apfelmus aus der Klinikküche wieder auf.[21]

Die Auswirkungen des Krieges schlugen sich nicht nur in den Lazarettabteilungen der Kliniken nieder. Der von Goebbels ausgerufene „Totale Krieg" fand -

Lebenszeichen einer Zwangsarbeiterin von ihrem Arbeitsplatz, der Frauenklinik: „Liebes Mütterlein! Ich schreibe Dir bloß ein paar Worte. Wie geht es Euch? Habt Ihr auch so einen Winter? Bei uns ist es bitter kalt. Muttchen, bitte schicke mir den Brief von meinem Freund, um den ich Dich schon mal gebeten habe. Sei mir nicht böse. Bald schreibe ich Euch mehr. Mutti, ein dickes Küßchen von Deiner Tochter Giena."

jedenfalls in der Sicht des Direktors der Tübinger Frauenklinik - auch im Kreißsaal statt: „Die Schlachtensiege unserer Soldaten sind wertlos, wenn ihnen in der Zukunft nicht entsprechende Geburtensiege unserer Mütter folgen. Zu der Erklärung der Verträglichkeit [der gemeinsamen Unterbringung von Zwangsarbeiterinnen und deutschen Frauen in der Frauenklinik] habe ich mir gedacht, daß die Frauen die Geburt als eine Art Schlachtfeld betrachten, auf dem nach Vollendung der Schlacht die Verwundeten der beiden Gegner mehr oder weniger friedlich einander gegenüberstehen, sodass sogar der Leichtverwundete dem schwerverwundeten Gegner hilft."[22] Während die Männer als Soldaten an der Front kämpften, sollten die Frauen an der sogenannten Heimatfront für den Sieg Kinder gebären. Sie waren in die Militarisierung der Gesellschaft einbezogen: Wie ein militärischer Orden wurde ihnen das Mutterkreuz - je nach Kinderzahl - in mehreren Stufen verliehen.

Im Kampfe für Großdeutschland und unseren Führer fiel

Reinhart-Volkmar Walther

Hauptmann und Kompagniechef in einem Panzerregiment

Liese-Lotte Walther geb. André mit Ernst und Ulrich

Die Mutter: Meline Walther geb. Walter

Die erste Tübinger Gefallenenanzeige in der Lokalzeitung, 6. September 1939

1 Bis auf 110 Betten in der Medizinischen Klinik und 112 Betten in der Chirurgischen Klinik sowie die Frauenklinik wurden alle Betten und Universitätskliniken zu Lazarettzwecken für die Wehrmacht reserviert; Lembke 1985, S.16; SAT A 150/4882 und A 150/4884. 2 SAT A 150/4882 und A 150/4884. 3 Schönhagen 1991, S.367. 4 Hoffmann 1985. 5 Alle nicht gekennzeichneten Zitate stammen aus dem Interview von Elisabeth Timm mit Frau S. am 10.9.1991 in Tübingen. 6 UAT 308/17. 7 UAT 308/93. 8 UAT 117c/444. 9 UAT 117/1373. 10 UAT 117/1373. 11 Reichsgesetzblatt I 1933, S.225. 12 Setzler 1977, S.224. 13 Meldungen aus dem Reich 1984, S.5782 (Bericht vom 20. September 1943). 14 Ebd., S.5783. 15 UAT 117/529. 16 Reichsgesetzblatt I,2 1938, S.969. 17 Zit. nach Nachtmann 1989, S.66. 18 Zit. nach König 1989, S.364. 19 UAT 117c/441. 20 Nachtmann 1989, S.68. 21 Interview von Iris Alberth und Hilde Höppel mit Eugenia Szalaty am 14.5.1991 in Tübingen. 22 UAT 117c/441.

DINA STAHN

„Ich habe hier meine Jugend und meine Gesundheit verloren".
Zwangsarbeiter und Zwangsarbeiterinnen in Tübingen

„Ob die anderen Völker in Wohlfahrt leben, ob sie verrecken, verhungern, das interessiert micht nur insoweit, als wir sie als Sklaven für unsere Kultur brauchen." (Heinrich Himmler vor SS-Führern in Posen, 1943)

Ausweisbild einer Zwangsarbeiterin: Polinnen und Polen mußten gut sichtbar auf der Kleidung das violette P tragen

Der „Blitzkrieg" deutscher Truppen löste in Nazi-Deutschland heftige Auseinandersetzungen über die Möglichkeit aus, mit polnischen Kriegsgefangenen und zivilen Arbeitskräften das Defizit der deutschen Kriegswirtschaft an Arbeitskräften auszugleichen. Gegenüber den Ideologen, die den Einsatz slawischer „Untermenschen" aus rassischen Gründen ablehnten, setzten sich schließlich die Pragmatiker durch. In der Hoffnung auf einen schnellen Sieg wurde der „Fremdarbeitereinsatz" als „vorübergehende Notstandsmaßnahme" beschlossen.

Bereits am 26. Oktober 1939 verhängte die deutsche Regierung die Arbeitspflicht für alle Polen der Jahrgänge 1915 bis 1925. Ende Juni 1940 arbeiteten 700.000 polnische Männer und Frauen (inklusive der Kriegsgefangenen) in Deutschland, 90 Prozent davon in der Landwirtschaft.

Nach Beginn des Westfeldzuges kamen im Mai 1940 neue Kriegsgefangene, überwiegend Franzosen, hinzu. Insgesamt arbeiteten im Herbst 1940 über zwei Millionen ausländische Arbeitskräfte im Reich, davon jetzt mehr als ein Viertel in der Industrie.[1]

Doch mit dem Scheitern der Blitzkriegstrategie in Rußland verschärfte sich der Arbeitskräftemangel der deutschen Rüstungs- und Ernährungswirtschaft Ende 1941 erneut. Wieder griff die NS-Regierung auf die „vorhandenen Menschenreserven" in den besetzten Gebieten, besonders der Sowjetunion und Polen zurück. Vom „Fremdarbeitereinsatz" als „vorübergehender Notstandsmaßnahme" konnte nun nicht mehr die Rede sein.

Im August 1944 betrug die Anzahl aller ausländischen Arbeitskräfte im Deutschen Reich 7.615.970, davon waren 5.721.883 Zivilarbeiter/innen, die übrigen Kriegsgefangene. Rund ein Drittel arbeitete in der Landwirtschaft, der Rest

LEBENSRAUM UND VERNICHTUNG

in Industrie und gewerblicher Wirtschaft. Der Großteil der 5,7 Millionen Zivilarbeitskräfte wurde aus dem Osten deportiert: 2,8 Millionen aus der Sowjetunion und 1,7 Millionen aus Polen. Ein Drittel aller Zivilarbeitskräfte waren
Frauen, davon allein 87 Prozent östlicher Herkunft. Der Frauenanteil war
umso höher, je niedriger die einzelnen Nationalitäten in der rassischen und
politischen Hierarchie der Nazis angesiedelt waren.[2]

Zwangsverschleppt nach Tübingen. Rassismus und Unterdrückung beim Einsatz von Zwangsarbeitern[3] wurden unter den Augen der
Bevölkerung praktiziert. Im Unterschied zu den Vernichtungslagern, über die
nur geflüstert wurde, war Zwangsarbeit in jeder Stadt, in jedem Dorf tagtäglich
zu beobachten. Tübingen hatte 27 Zivilarbeitslager, alle innerhalb des Stadtge-
bietes, dazu neun Kriegsgefangenenlager. Firmen wie die Himmelwerke, Zanker und viele andere waren auf Zwangsarbeiter angewiesen, ebenso die Universität, die Kliniken und Privathaushalte. Auch in kleinen Gewerbebetrieben
wie Bäckereien und Metzgereien und in der Landwirtschaft gehörten sie zum
alltäglichen Bild. In Tübingen arbeiteten im April 1945 1610 Zwangsarbeiter,
810 Männer und 800 Frauen.[4] Für den gesamten Kreis schwanken die statisti-
schen Angaben zwischen 5214 und 5990 Zwangsarbeitskräften inklusive der
Kriegsgefangenen.[5] Spätestens im November 1939 kamen die ersten polnischen Kriegsgefangenen nach Tübingen. Das Schicksal der Zwangsarbeiter/
innen in Tübingen soll vorwiegend am Beispiel der polnischen Männer und

Von den fünf Millionen russischen Kriegsgefangenen starben über zwei Millionen noch vor dem Transport zur Zwangsarbeit nach Deutschland

„Die Leute wurden einfach von der Straße weggeholt. Wir haben nur gewußt, daß wir jetzt nach Deutschland weggebracht wurden." (Maria P., Tübingen 1991)

Im Keller des Gebäudes Nauklerstraße 2: Essensdurchreiche zu einem der Lager für Zwangsarbeiter

„Gelingt es nicht, die benötigten Arbeitskräfte auf freiwilliger Grundlage zu gewinnen, so muß unverzüglich zur Aushebung derselben bzw. zur Zwangsverpflichtung geschritten werden." (Führererlaß, 21.3.1942)

Frauen geschildert werden. Einige von ihnen haben im Frühjahr 1991 Tübingen auf Einladung der Stadt besucht und über ihre Zeit als Zwangsarbeiter/innen berichtet.[6]

Seit dem Frühjahr 1940 begannen die Deutschen, polnische Frauen und Männer gewaltsam zu verschleppen. „Meine Mutter hat mich nach Krakau geschickt, damit ich Brot und Zucker kaufe", erzählte Frau N. „Und da hat man mich in Krakau auf der Straße festgenommen. Ich konnte meiner Mutter nicht Bescheid geben, daß man mich verhaftet hat. Also den Menschen, die damals festgenommen worden sind, denen wurde gesagt, also von den Deutschen: ‚Wenn ihr flüchten würdet, dann würde man euch gleich erschießen, also töten.' Das hat man ihnen sehr viele Male gesagt, damit es niemand wagt. Dann hat man die Leute auf Viehwaggons geladen und keiner wußte, wohin. Und mit dem Transport kam ich nach Tübingen."

LEBENSRAUM UND VERNICHTUNG

Nach ihrer Ankunft wurden die Zwangsverschleppten meist noch am selben Tag ihrem zukünftigen Arbeitgeber zugeteilt. Dieser hatte in der Regel an das Arbeitsamt eine Vermittlungsgebühr sowie die Reisekosten zu entrichten. Herr K. berichtete von der Vermittlungsprozedur, die er 1940 über sich ergehen lassen mußte: „Nachmittags wurden wir in Gruppen in einen großen Saal am Bahnhof gebracht, wo die Deutschen schon auf uns warteten. Sie beschauten uns, so wie Pferde auf dem Markt, dann wurde ein ‚Arbeitspferd', ein Pole gekauft. Schließlich kam einer mit einer qualmenden Zigarette zwischen den Lippen, nahm mich am Arm und betastete meine Muskeln. Er kehrte zu dem grünen Tisch zurück, hinter dem uniformierte Kommissare saßen, erledigte die Formalitäten (ich sah, wie er irgendwelches Geld bezahlte), und dann winkte er mich mit der Hand zu sich."[7]

Zwangsarbeit. In Landwirtschaft und Industrie erwartete die Männer und Frauen harte Arbeit bei geringem Lohn ohne Arbeitszeitenschutz oder sonstige Rechte. Die durchschnittliche Wochenarbeitszeit betrug 66 Stunden ohne Grenze nach oben. Es wurden aber auch bis 100 Wochenstunden an 38 aufeinanderfolgenden Tagen gearbeitet. Dies mag ein extremes Beispiel sein, und doch zeigt es, wie skrupellos die Arbeitskraft von Menschen ausgebeutet wurde, die ja unter Zwang, für ein

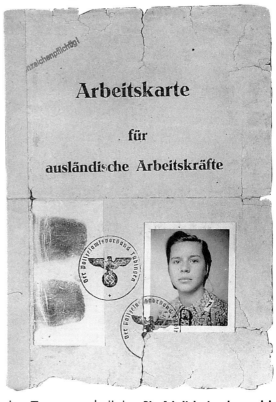

Die Arbeitskarte einer polnischen Zwangsarbeiterin trägt auch ihre Fingerabdrücke

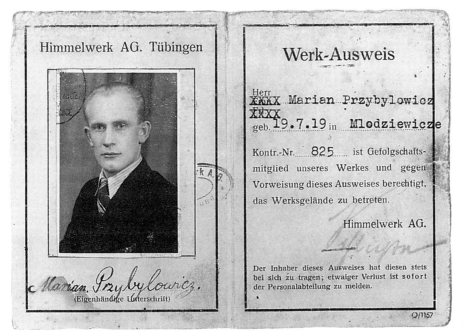

Auch die Himmelwerke beschäftigten Zwangsarbeiter, für die sie an die Stadt „Mieten" bezahlen mußten

Polnische Zwangsarbeiter legen im Sommer 1940 den Lustnauer Landgraben trocken

Minimum an Lohn und auf Kosten ihrer Gesundheit arbeiteten. Helena W., die in der Landwirtschaft beschäftigt war, berichtete: „Ich hab ganz schwer gearbeitet. Von sechs Uhr morgens bis acht Uhr abends. Obwohl ich damals 16 Jahre alt gewesen bin, mußte ich so schwer schaffen wie ein Erwachsener."

Stets war den Zwangsarbeitern und -arbeiterinnen bewußt, daß ihnen bei zu geringer Arbeitsleistung oder gar Arbeitsverweigerung jederzeit harte Sanktionen drohten. Gearbeitet wurde mit der Angst im Nacken, wie Frau M., damals auf dem Hofgut Schwärzloch beschäftigt, erzählte: „Ich mußte hart arbeiten, weil sonst könnte ich ins Lager versetzt werden."

Es bestand überhaupt kein Interesse daran, Facharbeiter entsprechend ihrer Qualifikation einzusetzen, um die Rolle der Polen als untergeordnete Personen aufrechtzuerhalten. „Ich bin 1940 nach Tübingen gekommen, nach ein paar Tagen habe ich angefangen mit Arbeiten im Himmelwerk hier", erzählte Herr P., Elektriker von Beruf. „Zweieinhalb Jahre hatte ich das schon gelernt, und nachher kam ich nach Deutschland, dann konnte ich in meinem Beruf nicht arbeiten, nur Motoren wickeln und schalten."

LEAB 125

MONTANWERKE WALTER
RICHARD R. WALTER
WERK TÜBINGEN

TELEGRAMME: WALTERMONTAN
CODES: A B C, 6th EDITION
STAUDT U. HUNDIUS
FERNSPRECHER 2611 u. 3184

WALTER

BRIEFADRESSE:
MONTANWERKE WALTER TÜBINGEN

Reichsnährstand
Landesbauernschaft Württemberg
No 6907 -1 SEP 42 N.
III

An den
Württ.Wirtschaftsminister
Abt. Landesernährungsamt

Stuttgart

IHRE ZEICHEN | IHRE NACHRICHT VOM | UNSER ZEICHEN (bitte wiederholen) Lohnb./Br./Sp. | TÜBINGEN, DEN 29.August 42.

Betrifft:

Wir beschäftigen nachstehende ausländische Zivilarbeiter:

Prosić,	Tragoyn,	geb.30. 1.28
Meluzin,	Miroslav	" 28.11.24
Prokop,	Jeseph	" 10. 2.24
Prosić,	Milutin	" 24. 5.23
Mauro,	Silvio	" 19. 2.23
Pagnan,	Barnaba	" 27.11.22

Vom Ernährungsamt Tübingen wurden uns für die Betreffenden Lebensmittelkarten für Erwachsene zugeteilt, während jedoch für dieselben Lebensmittelkarten für Jugendliche in Frage kommen.
Wir bitten Sie deshalb, bei dem Ernährungsamt Tübingen Schritte zu unternehmen, damit uns für obengenannte Gefolgschaftsmitglieder Lebensmittelkarten für Jugendliche ausgehändigt werden.

Nr.D.K. 4204
Den 22. Sept.1942.
1.) Schreiben an die
Montanwerke Walter
Tübingen

Heil Hitler!
MONTANWERKE WALTER
WERK TÜBINGEN

Betr.: Ausländische Zivilarbeiter.
0 Anl.

Auf Ihr Schreiben vom 29.August 1942 teile ich Ihnen mit, dass ~~auch~~ für jugendliche ausländische Zivilarbeiter vorerst noch keine besonderen Wochenkarten ausgegeben werden; diese erhalten vielmehr ~~noch einer~~ ./.

GAUDIPLOM FÜR HERVORRAGENDE LEISTUNGEN

Württ. Wirtschaftsministerium
Abteilung für Landwirtschaft
-4 SEP. 1942
Nr. B. K 4204

N/0413 MW 101

„Herrenmenschen und Arbeitsvölker". Um die „Gefährdung des deutschen Volkstums" durch die ausländischen Arbeitskräfte so gering wie möglich zu halten, ersann das Reichssicherheitshauptamt eine Flut von Reglementierungen, die den Kontakt von Ausländern und Deutschen auf das absolute Mindestmaß beschränken sollten.

Besonders schwer waren davon die Polen und die zu „Untermenschen" herabgewürdigten Russen betroffen. Das fing bei den geringsten Kleinigkeiten des Alltags an; beispielsweise war das Essen am gemeinsamen Tisch offiziell untersagt, eine Regel, die besonders auf dem Land häufig auf Unverständnis stieß. So berichtete eine Tübingerin, damals Beauftragte des Rottenburger Landwirtschaftsamtes: „Ich hatte die Aufgabe zu gucken, ob die Franzosen auch extra sitzen zum Essen. Und einmal in einer Gemeinde bin ich auch hingekommen und der hat am Schüttstein gegessen, der Franzos'. Aber 99 Prozent unserer Leute hat gesagt: ,Der schafft mit uns und der ißt mit uns'."

In manchen Fällen scheint auch eine fast familiäre Atmosphäre geherrscht zu haben: „Die Wirtin hat mich wie ein eigenes Kind behandelt. Wir haben alle an einem Tisch gesessen, mit der Familie zusammen. Hungern mußten wir nicht", erzählte Herr G. Solche Handlungsweisen verstießen eigentlich scharf gegen die Regeln und sollten bestraft werden. Und doch scheint sich hier wieder die an gewissen Punkten auftretende Kompromißbereitschaft des NS-Staates abzuzeichnen: Bei Geboten und Verboten, die auf allgemeinen Widerspruch gestoßen wären, wurde mit Rücksicht auf die Volksstimmung hin und wieder ein Auge zugedrückt.

Die in den Industriebetrieben beschäftigten Zwangsarbeiter lebten meist in großen Lagern. Dort waren die Lebensbedingungen weitaus härter, Hunger, Krankheiten und Diskriminierungen durch die Deutschen an der Tagesordnung. Frau O. hat bei den Dußlinger Iruswerken folgende Erfahrung gemacht: „Im Lager war es sehr schlecht, es gab so ein Stück Brot für drei Leute, für den ganzen Tag. Morgens schwarzer Kaffee und eine Bohnensuppe oder anderes Gemüse, und alle waren sehr hungrig, und es waren nur Frauen. Und die Russinnen sind öfters ins Dorf gegangen und haben um Brot gebettelt. Es gab Läuse."

Die Freizeit unterlag strengen Beschränkungen: Weder ins Kino noch ins Theater oder Wirtshaus durften die Zwangsarbeiter und -arbeiterinnen gehen, an keinerlei Veranstaltungen teilnehmen, die Benutzung öffentlicher Verkehrsmit-

Zehn Gebote für den Umgang mit Kriegsgefangenen

Verboten ist:

1. Annäherung und Unterhaltung der Zivilbevölkerung mit Kriegsgefangenen.

2. Schreiben von Briefen an Angehörige von Kriegsgefangenen.

3. Annahme und Weiterleitung (Beförderung) von Briefen und sonstigen Postsachen.

4. Verkauf oder Geschenke von Briefmarken und Schreibpapier an Kriegsgefangene.

5. Verkauf oder Schenkung von alkoholischen Getränken an Kriegsgefangene.

6. Abgabe von deutschem oder anderem kursfähigen Gelde an Kriegsgefangene (der Kriegsgefangene darf nur Lagergeld besitzen).

7. Einkäufe aller Art für Kriegsgefangene. (Das Einkaufen für die Kriegsgefangenen besorgt der Wachmann.)

8. Einladung von Kriegsgefangenen zu Festlichkeiten und in die Wohnung.

9. Gemeinsame Mahlzeiten und gemeinsamer Kirchgang mit Kriegsgefangenen.

10. Gewährung von Familienanschluß an Kriegsgefangene.

Jede Zuwiderhandlung gegen diese Verbote wird schwer bestraft. Unter Umständen wird Anklage wegen Landesverrats erhoben. Die Kriegsgefangenen müssen einen gemeinsamen, gut gesicherten Unterkunftsraum haben, der von Zivilpersonen nicht betreten werden darf. Für einzeln eingesetzte Kriegsgefangene trägt während der Arbeitszeit der Arbeitgeber die Verantwortung für die Kriegsgefangenen.

Mit neuen „Zehn Geboten" sollte jeder menschliche Kontakt zu den Gefangenen unterbunden werden

tel war untersagt, die Bewegungsfreiheit nicht zuletzt durch ständige Angst völlig eingeschränkt. So berichtete Jozefa W.: „Also nach der Arbeit waren wir todmüde, dann haben wir uns ein bißchen erholt und dann gingen wir Äpfel suchen, das war eigentlich der ganze Zeitvertreib. Abends in ein Gasthaus zu gehen, das war undenkbar." Und Maria N. erzählte: „Wenn man am Sonntag diese paar Stunden freie Zeit hatte, dann sind wir Polen nie in die Stadt gegangen, denn dort wurden wir gehänselt von den Leuten und haben uns fremd gefühlt. Wir sind immer weggeflohen von diesen Menschen. Das war nicht nett, unter den Deutschen zu sein." Im Lager galten härtere Ausgangsbestimmungen: „Wir durften nicht alleine rausgehen", erinnerte sich Frau O. „Am Sonntag gab es eine deutsche Aufseherin, die ist manchmal mit uns rausgegangen, nicht weit weg vom Lager, immer unter Aufsicht und dann wieder zurück ins Lager, wir waren fast immer im geschlossenen Raum."

Marjan Tomczak wurde 1942 wegen „Verbotenen Umgangs" mit einer deutschen Frau erhängt, seinen Leichnam sezierte man in der Tübinger Anatomie

Selbst die Möglichkeiten der religiösen Betätigung waren auf ein Minimum beschränkt, wie Herr Z. berichtete: „Es war so, wir Polen konnten uns hier einmal im Monat versammeln in der Johanneskirche, zur Heiligen Messe. So haben wir uns einmal im Monat getroffen, aber nur in der Kirche. Sonst hatten wir keine Erlaubnis, uns miteinander zu treffen, aber wir haben es doch manchmal." Schlechter dran waren die Russen; hier galt offiziell: „Eine religiöse Betreuung der Ostarbeiter kommt in keiner Weise in Frage."[8]

Offiziell war „Kriegsgefangenen, Ostarbeitern und P-Polen der Zutritt zu LS-Bunkern bei Fliegeralarm grundsätzlich untersagt."[9] Doch auch hier gab es Ausnahmen, wie Frau P. zu berichten wußte: „Wir haben das trotzdem gemacht, sind zusammen mit den Deutschen in die Bunker gegangen. Das war nicht verboten. Weil die Hausbesitzerin, die auch mitgelaufen ist, noch extra die Tür aufgehalten hat und ‚Komm, komm!' gesagt hat."

Zwangsarbeiter und Kriegsgefangene aus dem Osten bilden eine große Gruppe von Opfern der NS-Gewaltherrschaft, die über die Tübinger Anatomie ins Gräberfeld X kamen

Bis 1942 schickte man schwangere Zwangsarbeiterinnen in ihre Heimat zurück. Um aus diesem Grunde herbeigeführten Schwangerschaften einen Riegel vorzuschieben und um die Arbeitsfähigkeit der Frauen nicht zu beeinträchtigen, ordnete der NS-Staat Zwangsabtreibungen und -sterilisationen an. Jozefa W. berichtete von Spritzen, die sie und ihre Schwester in der Tübinger Klinik bekommen haben: „Ich mußte mit neun anderen Polinnen hingehen. Wir wurden nackt ausgezogen. Es wurde nicht erklärt, warum diese Spritzen usw. [. . .] Ich wollte [nach der Heimkehr nach Polen] noch Kinder haben und konnte das nicht, und ich bin zum Frauenarzt gegangen, und der sagte: ‚Sie haben also die Frauenfragen gar nicht mehr, das ist alles ausgebrannt, es ist nichts mehr da, deswegen können Sie nicht schwanger werden.' Meine Schwester natürlich auch nicht. Keine Kinder, keine."

Fürs Foto in die Heimat herausgeputzt: Zwangsarbeiter in ihrer Freizeit, an den Jacken das Polen-P

Polnische Zwangsarbeiter beim Baden am Stauwehr. Das offizielle Freibad befand sich weiter flußaufwärts - es war für Nichtdeutsche verboten

Sichtbares Zeichen der Ausgrenzung waren entsprechende Symbole an der Kleidung. Polnische Zivilarbeiter hatten ein gelb-violettes „P" an der Brust zu tragen, Menschen aus der Sowjetunion ein blaues Abzeichen mit dem weiß aufgedruckten „Ost". Die Nichtbeachtung dieses Gebots wurde unter Strafe gestellt. Die solchermaßen Gebrandmarkten waren Demütigungen und Schikanen hilflos ausgesetzt. „Ich sollte eigentlich immer mit ‚P' gehen," erinnerte sich Helena W. „Aber wir gingen auch ohne. Die Kinder, sobald sie einen Polen mit einem ‚P'-Schild gesehen haben, haben gleich geschimpft und geschrien: ‚Polenschwein!'. Wir fühlten uns sehr erniedrigt." Die Arbeitgeberin von Frau M. mußte zehn Mark Strafe bezahlen, weil die Polin ohne Abzeichen gesehen wurde: „Und von da an habe ich das angenäht hier, diesen Buchstaben, und da ging ich überhaupt nicht mehr in die Stadt, weil da hatte ich Angst, mit diesem ‚P' rumzulaufen in der Stadt."

LEBENSRAUM UND VERNICHTUNG

Heiraten durften Zwangsarbeiter in Tübingen erst nach dem Zusammenbruch des NS-Regimes: hier ein polnisches Hochzeitspaar vor der St.-Johannes-Kirche im Sommer 1945

In welchem Maß Propaganda und Angst um die eigene Haut in der Lage waren, Mitgefühl zu ersticken, beweist die Erzählung einer Tübingerin: „Da ist ein Zug gekommen mit gefangenen Russen, und das war so schrecklich, das werd' ich mein Leben lang nicht vergessen. Wir haben also zum Fenster rausgeguckt oben [am Bahnhof], und dann sind die gekommen, die haben kaum laufen können und waren schon zu Skeletten abgemagert, und ich hatte noch mein Vesperbrot, habe aber nicht gewagt, denen das Vesper zu bringen, sonst wär' ich drangekommen."

Auf die Frage, ob sie das nicht nachdenklich gemacht habe, antwortete sie: „Ich muß zu meiner Schande gestehen, nein. Das ist uns ja gesagt worden, daß das ‚Untermenschen' sind, aber wo ich die Leute gesehen hab, da hab ich eigentlich nicht mehr -, aber das plagt mich immer noch mit dem Vesper; aber ich glaub', mich hätten sie abgeführt."

Fast 50 Jahre nach ihrem Zwangsaufenthalt in Tübingen lud die Stadt Überlebende aus Polen zu einem Besuch ein

Für die meisten Deutschen, auch in Tübingen, gilt wohl, wie Ulrich Herbert in seiner grundlegenden Arbeit über Fremdarbeiter feststellt, daß die Art ihres Umgangs mit den zur Arbeit gezwungenen Fremden von einer Gleichgültigkeit gekennzeichnet war, die weder zu brutaler Mißhandlung noch zu Sympathie und Hilfeleistung tendierte.[10]

"Natürlich habe ich anders gelebt als Leute, die sowas nicht erlebt haben. Aber man hat versucht, irgendwie damit fertig zu werden. Meine Kindheit und meine Jugend haben sie zerstört. Die besten Jahre, meine schönste Lebenszeit." (Marian P., Tübingen 1991)

Ein Ende mit Schrecken. Der Einmarsch der Franzosen am Ende des Krieges befreite die Zwangsarbeitskräfte aus ihrem Sklavendasein und brachte doch oft neue Sorgen und Probleme: In den Wirren dieser ersten Besatzungstage kam es auch in Tübingen zu Verwechslungen, bei denen Zwangsarbeiter/innen für Deutsche gehalten wurden: "Als die Franzosen kamen, da haben die alles weggenommen, was ich etwa gespart habe, was ich gekauft habe und das verbrannt", berichtete Frau M.. Es kam sogar zu Vergewaltigungen von Zwangsarbeiterinnen durch französische Soldaten: "Und da kamen Franzosen vorbei und haben mich mißbraucht, mich und meine Schwester, sie haben uns sehr mißbraucht also."

Die Rückreise und Ankunft in der Heimat, überschattet von den Folgen der langen Abwesenheit, schilderte Helena W.: "Eine Woche lang hat die Rückreise gedauert, in diesen schlimmen Kuhwaggons, andere Waggons gab es nicht, also eine Woche, das war furchtbar, die Rückreise. Die Tochter hat mich natürlich nicht erkannt und sagte: ,Eine Dame ist gekommen.' Zweieinhalb war sie alt, als ich weggefahren bin, und als ich kam, da war sie knapp sechs und hatte auch Angst."

„Wiedergutmachung". Was diese Zeit in Deutschland für die überlebenden Zwangsarbeiter bedeutet hat, lassen folgende Äußerungen nur erahnen: „Es war sicher eine verlorene Zeit. Ich bekam kaum Geld und meine Ersparnisse haben mir die Franzosen gestohlen." (Wladyslaw G.) „Also eine lange Zeit war ich sehr verbittert. Ich hab es den Deutschen übel genommen, daß wir da so viel Schlimmes erlebt haben und daß es alles umsonst war und daß so viele Lebensjahre umsonst waren, beziehungsweise verloren gingen. Dann sind noch die kaputten Nerven übriggeblieben. Das kommt von den Bombardierungen." (Helena W.)

Das vielgepriesene Wirtschaftswunder der Nachkriegszeit ermöglichte den Westdeutschen ein Leben im Wohlstand. Viele ehemalige Zwangsarbeiter und -arbeiterinnen aus dem Osten, die heute in schlechten wirtschaftlichen Verhältnissen leben, hadern vielleicht mit dem Schicksal, scheinen doch die Schuldigen auch noch belohnt zu werden und die Unschuldigen doppelt bestraft. Die beschämende Ablehnung vieler Anträge auf Wiedergutmachungszahlungen und die Begründungen dafür müssen wie Hohn in den Ohren der Betroffenen geklungen haben.[11] Erst 1975 bezahlte die Bundesregierung 1,3 Milliarden Mark für Rentenausgleichszahlungen an Polen. 1991, 46 Jahre nach dem Krieg, bewilligte die Bonner Regierung die Summe von 500 Millionen DM für ehemalige polnische Zwangsarbeiter/innen - ein Tropfen auf den heißen Stein und für die meisten viel zu spät.[12]

„Die von dem Antragsteller vorgetragenen Umstände des Arbeitseinsatzes sind nach eingehender Würdigung auf die allgemeinen Verschlechterung der Lebensbedingungen im Verlauf des Krieges zurückzuführen. Der Antrag war daher abzulehnen." (Bescheid des Bundesverwaltungsamts Köln gegen den Wiedergutmachungsantrag eines ehemaligen Ostarbeiters, 1966)

---

1 Herbert 1985, S.88. **2** Ebd., S.271. **3** Im folgenden wird durchgängig der Terminus „Zwangsarbeiter/innen" verwendet, denn von den 7,6 Millionen ausländischer Arbeiter/innen sind laut Sauckel, der für den Einsatz von Zwangsarbeitern zuständig war, „keine 200 000 freiwillig" gekommen. **4** Projektgruppe Fremde Arbeiter 1985, S.42. **5** NS-Heimatkunde, S.363. **6** Die Interviews, die im SS 1992 im Rahmen eines Seminars des Ludwig-Uhland-Instituts unter Leitung von Prof.Dr. U.Jeggle aufgezeichnet wurden, liegen in schriftlicher Form im Stadtarchiv Tübingen. **7** Zit. nach Herrenmensch und Arbeitsvölker 1986, S.115. **8** Merkblatt für die Beauftragten der NSDAP bei der Überwachung fremdvölkischer Arbeitskräfte zur Begegnung volkspolitischer Gefahren, III F 1. und 2., vom 16.11.1942, zit.nach Herrenmensch und Arbeitsvölker 1986, S.137. **9** Der Senator für die innere Verwaltung: Ausschnitt aus dem Tagesbefehl der Schutzpolizei vom 3.1.1944, zit. nach Herrenmensch und Arbeitsvölker 1986, S.139. **10** Herbert 1985, S.258. **11** Ich bin nicht der Meinung, daß durch Geld allein eine „Wiedergutmachung" erreicht werden kann, aber ich halte Entschädigungszahlungen für das mindeste, was getan werden kann. **12** Zeitmagazin 51, 13.12.1991, S.72.

HANS-JOACHIM LANG

Ernst Weinmann: Tübinger Oberbürgermeister und Belgrader Deportations- minister

Nach der Pensionierung von Oberbürgermeister Adolf Scheef - der einstige DDP-Fraktionsvorsitzende im württembergischen Landtag und erklärte Nazigegner hatte sich nach 1933 mit dem NS-Regime arrangiert und dessen Gefolgschaft sich mit ihm - ernannte der Reichsstatthalter den vorherigen Ersten Beigeordneten der Stadt, den erst 32 Jahre alten Zahnarzt Dr. Ernst

Die Nationalsozialistische Rathausfraktion
Foto: Rühle
(ohne Stadtrat Matthaei mit Kreisleiter Baumert)
Von links nach rechts: Schneider, Schurr, Saulter, Weinmann, Höhn, Kreisleiter Baumert, Keck, Stockburger, Frank, Sieß, Kraß, Pressel, Schneck.

Der Mann der ersten Stunde: Fraktionsführer Weinmann zur Rechten des Kreisleiters, 1933

Weinmann, zu dessen Nachfolger. Er war der jüngste Oberbürgermeister, den Tübingen je hatte, gleichwohl zählte er aufgrund seines vorherigen Engagements bereits zur „Alten Garde" der Nazipartei.[1]

Am Abend des 16. April 1943 übermittelte Radio Belgrad einen Gruß aus der Heimat: „Ihrem Oberbürgermeister, dem SS-Sturmbannführer Dr. Ernst Wein-

B E S T Ä T I G U N G .

  Pg.Ernst W e i n m a n n ist am 27.Juli 1927 in
die Partei aufgenommen und hat die Mitgliedsnummer
70 136. Er trat sofort in die SA.ein und hat mit mir
in den Jahren 1927 bis 1930 die Neuaufrichtung der
Partei in Tübingen von 5 auf rund 60 Parteigenossen
erkämpft. Um seine Universitäts-Studien zum Abschluss
zu bringen, wurde er von meinem Nachfolger auf eigenen
Antrag für einige Zeit vom aktiven Parteidienst beur-
laubt. Er kann sich entsprechend seiner Gesinnung,
Schulung und Tätigkeit mit Recht zur "Alten Garde"
zählen.

     (gez.) Unterschrift.
  vom 16.Dez.1927 bis 26.Febr.30 Ortsgruppen-
   und Bezirksleiter Tübingen-Rottenburg

  Mitglied Nr.832 vom 4.3.20
  und 70 135 vom 27.Juli 1927.

Tübingen, den 2.Januar 1935.

    Vorstehende Abschrift beglaubigt,
    Tübingen, den 31.Aug.1939
    Kanzlei des Oberbürgermeisters
     Rechnungsrat

Dr. Ernst Weinmann, ein „Alter Kämpfer" der NSDAP

mann, z.Zt. im Kriegseinsatz in Belgrad, senden herzliche Geburtstagswünsche und schwäbische Heimatgrüße die Universitätsstadt Tübingen, der beauftragte Oberbürgermeister Kercher mit den Ratsherrn und der städt. Gefolgschaft, Kreisleiter Hans Rauschnabel mit seinen Mitarbeitern sowie Professor Pitt Neber."[2] Ein fürwahr seltsames Los hatte die Stadt Tübingen mit diesem Oberbürgermeister gezogen, der bis dahin schon mehr als die Hälfte seiner Amtszeit fernab des heimischen Rathauses verbracht hatte. „Wir sind der sicheren Überzeugung, daß das Schicksal unserer Stadt bei ihm in guten Händen ist", hatte bei Weinmanns Amtseinsetzung sein späterer ehrenamtlicher Stellvertreter Max Stockburger getönt und hinzugesetzt: „Wir haben das feste Vertrauen, daß er seine ganze Kraft und sein ganzes Können für das Wohl unserer Stadt einsetzen und daß er uns als Glied der großen Volksgemeinschaft einer glücklichen Zukunft entgegenführen wird."[3]

„W. ist einer der besten Mitarbeiter des BdS [Befehlshaber der Sicherheitspolizei]. Seine fachlichen Leistungen liegen über dem Durchschnitt. Die ihm gestellten Aufgaben hat er unter schwierigsten Verhältnissen durch seine unermüdliche Einsatzbereitschaft und seine Fähigkeiten gelöst." (Reichssicherheitshauptamt, Beurteilung zur Beförderung Weinmanns, August 1944)

Seine ganze Kraft und das, was sein ganzes Können war, widmete Ernst Weinmann nicht nur nicht dem Wohl der Stadt Tübingen. Von den fünfdreiviertel Jahren, die seit seinem Dienstantritt verstrichen waren, als er im April 1945 vor den anrückenden Franzosen ins Allgäu flüchtete, hatte er nicht mehr als 14 Monate an seinem Schreibtisch im Tübinger Rathaus zugebracht.

Weinmann, seit 1925 in der SA, war im Juni 1938 in die SS übergetreten, die ihn im Rang eines Obersturmführers übernommen hatte. Für den Sicherheitsdienst (SD) der SS arbeitete der Multifunktionär seit 1936 als nebenamtlicher Tübinger Außenstellenleiter. Ungeachtet seiner Position als Oberbürgermeister, in die er 1939 für die Dauer von zwölf Jahren eingesetzt wurde, stellte das Reichssicherheitshauptamt im Herbst 1944 in einer Beurteilung Weinmanns fest: „Er wird seit 1941 als Hauptamtliche Kraft des SD angesehen."[4]

Zwei Stadtvorstände in einer Kutsche: OB Weinmann (2.v.l.) und OB Scheef (r.) beim Fest des deutschen Weins 1936

In Belgrad war der Tübinger Oberbürgermeister am 18. April 1941 eingetroffen. Zwölf Tage vorher hatte, entgegen mehrfach versicherter Absicht, sich aus dem europäischen Südosten herauszuhalten, die Wehrmacht Griechenland und Jugoslawien überfallen. Wie schon im Oktober und November 1940 Ungarn, Rumänien und die Slowakei, sodann im März 1941 Bulgarien, sollte auch Jugoslawien dem von Deutschland, Italien und Japan begründeten „Dreimächtepakt" beitreten. Gegen die Garantie seiner Grenzen mit Italien und die Option auf Saloniki beugte sich dann doch der jugoslawische Kronrat und votierte für den Pakt. Am 25. März unterzeichneten ihn die Diplomaten in Wien - zwei Tage später putschten serbische Offiziere, insgeheim vom britischen Geheimdienst unterstützt, und stürzten die jugoslawische Regierung. Im Gegensatz zu Kroatien, wo dadurch allenfalls Hoffnungen auf einen Zusammenbruch des ungeliebten Staats wach wurden, nahm man den Staatsstreich in Serbien mit großem Enthusiasmus auf. Ohne Ultimatum, ohne Kriegserklärung begann der deutsche Angriff mit der Bombardierung Belgrads - nach Guernica, Warschau, Rotterdam und Coventry nun schon die fünfte Stadt, in der gezielt die Zivilbevölkerung von der deutschen Luftwaffe angegriffen wurde.[5] Am 14. April besetzten deutsche Truppen die jugoslawische Hauptstadt, die jugoslawische Armee kapitulierte am 20. April 1941. Die erklärte Absicht der Okkupanten, das Land als Staatsgebilde zu zerschlagen, ließ sich nicht zuletzt auch deswegen so rasch verwirklichen, weil der seit der Staatsgründung schwelende und seit 1929 offene Konflikt zwischen Serben und

„Niemand kann dem Kampf entgehen, falls er nicht unterliegen will. Die steigende Volkszahl erforderte größeren Lebensraum. Mein Ziel war, ein vernünftiges Verhältnis zwischen Volkszahl und Volksraum herbeizuführen. Hier muß der Kampf einsetzen." (Adolf Hitler, 23.11.1939)

Das erlegte Wildschwein

Wie wir gestern mitgeteilt, konnte Bürgermeister Dr. Weinmann, Pächter der Hagellocher Gemeindejagd, am letzten Samstag mit einem ausgezeichneten Blattschuß einen strammen Keiler zur Strecke bringen. Auf dem Bild: Der glückliche Schütze mit dem erlegten Wild.

Foto: Göhner

14 8 37

erlegt!

Zu Hause und an der Front: Herr über Leben und Tod

Kroaten die jugoslawische Widerstandskraft entscheidend schwächte - zumal als der im italienischen Exil lebende Führer der faschistischen Ustascha-Bewegung am 10. April 1941 den von den Deutschen protegierten „Unabhängigen Staat Kroatien" ausgerufen hatte. Deutschland, Italien, Bulgarien und Ungarn bedienten sich an der übrigen jugoslawischen Konkursmasse. Das Nazireich beispielsweise sicherte sich vom nördlichen Slowenien die Oberkrain und die ehemaligen Kärntner und steirischen Gebiete der österreichisch-ungarischen Donaumonarchie. Serbien in den Grenzen vor dem Balkankrieg unterstand der Verwaltung und Kontrolle des deutschen „Militärbefehlshabers Serbien". In der Funktion eines Verbindungsoffiziers war Ernst Weinmann, der seit seiner Ankunft in Belgrad dem Führungsstab der Einsatzgruppe der Sipo (Sicherheitspolizei) und des SD angehörte, zu ihm der Kontaktmann.[6]

Samstag, 29. Juli 1939

Heimat-Nachrichten

95. Jahrgang · Nr. 175

Einsetzung von Oberbürgermeister Dr. Weinmann

Der Innenminister Dr. Schmid erklärte: „Die Verantwortung ist groß, aber Dr. Weinmann weicht ihr nicht aus – das wissen wir – und ist mutig und tapfer"

Da. Es ist von jeher ein besonderer Tag in der Geschichte einer Gemeinde gewesen, wenn sie einen neuen Leiter ihrer kommunalen Verwaltung erhielt — und je größer ihre Bedeutung war, desto kräftiger und lauter ihr Echo war der Eingriff, der mit einem solchen Akt in den Lauf ihrer Geschichte vollzogen wurde. Daher ist es natürlich, daß auch immer nicht bloß die Einwohnerschaft unserer Universitätsstadt Tübingen zutiefst innerlich beteiligt war, wenn sie einen neuen Oberbürgermeister erhielt, sondern das ganze Land hat stets mit Spannung einem solchen Wechsel zugesehen, weil ja unser Tübingen eben nicht einfach eine Stadt mit 32 000 Einwohnern ist, sondern die Stadt der Universität unserer schwäbischen Heimat, einer Einrichtung also, die weithin nicht bloß den Stand der Wissenschaft und der Kultur in unserem Lande bestimmt, sondern vor allem auch denen das geistige und fachliche Rüstzeug mit auf den Lebensweg gibt, die bestimmt sind, entweder als Beamte oder als Angehörige eines freien Berufes auf irgend einem Teilgebiet des öffentlichen Lebens, auf dem sie eingesetzt werden, in führender Stellung tätig zu sein.

Alleinige Verantwortlichkeit

Wie gesagt, so ist das von jeher gewesen. Es ist aber heute noch stärker ausgeprägt, seit der nationalsozialistische Umbruch durch die neue Gemeindeordnung dem Amt und der Stellung eines Gemeindeoberhauptes eine ganz neue, umfassende Bedeutung gegeben hat; im Zeichen des Führerprinzips ist der Leiter der kommunalen Geschicke einer Gemeinde der Mann, der nach Beratung mit seinen Ratsherren in alleiniger Verantwortlichkeit bestimmt, was zu tun und zu lassen ist, der also die Macht hat, die ganze Zukunft voll im Zeichen seiner Persönlichkeit, seines Wollens und seines Könnens zu gestalten. Welch eine besondere Bedeutung ist in einer Universitätsstadt wie Tübingen, ist klar; denn hier haben, in viereinhalbhundertjähriger Tradition gewachsen, Stadt und Hochschule miteinander eine Verbindung eingegangen, die so stark ist, daß man sagen kann, die Stadt könne nicht ohne Universität und die Universität nicht ohne Stadt. Diese Tatsache und die Folgerungen, die der Leiter der Kommunalverwaltung daraus zieht, sind lebensnotwendig. Daher brauchen sie einen Mann, der es mit kluger Hand und aus einem reifen Können und Wissen heraus versteht, die sich aus diesem Verhältnis ergebenden Probleme zu meistern.

So ist es begreiflich, daß man im Frühjahr bei der Verabschiedung des seitherigen Oberbürgermeisters Scheef überall in Tübingen mit Spannung darauf gewartet hat, wer sein Nachfolger sein werde. [...]

von Gästen, die zu dem feierlichen Akt der Amtseinsetzung geladen waren, stellte sich in rascher Aufeinanderfolge ein, um schließlich den oberen Sitzungssaal bis auf den letzten Platz zu füllen. Das Rathaus war außen und innen festlich geschmückt. Der Bedeutung des Tages entsprach ein Aufgebot der Hauptanlagen der Angehörigen der Polizei und der SS-Posten stand. Sie wurde weiterhin dadurch unterstrichen, daß dem Akt der Amtseinsetzung — außer Oberregierungsrat Dr. Gerhardt, als dem Vertreter der vorgesetzten Dienstbehörde, der Ministerialabteilung für Bezirks- und Körperschaftsverwaltung in Stuttgart — der württembergische Innenminister Dr. J. Schmid und Gaugeschäftsführer Baumert teilnahmen. Weiter war erschienen Kreisleiter Rauchnabel als Beauftragter der Partei, der maßgebend bei der Ernennung des Oberbürgermeisters mitgewirkt. Stümpfig, der Rektor der Universität Prof. Dr. Hoffmann, der Standortälteste Oberst Schmid, als Vertreter des Landrats Regierungsrat Zimmermann und der höchste in Tübingen tätige Reichsbahnbeamte Landoberinspektor [...]

charaktereigenschaften dazu befähigen, ein wahrer Führer der Gemeinde zu sein, deren Geschick ihm anvertraut werde. „Er ist — so stellte Stadtrat Stockburger mit herzlicher Wärme fest — ein alter bewährter Nationalsozialist, zu dem wir das Vertrauen haben können, daß er seine ganze Kraft und sein bestes Können für das Wohl der Stadt einsetzen wird". Stadtrat Stockburger beglückwünschte dann den neuen Oberbürgermeister zu seiner Ernennung und übergab ihm die Ernennungsurkunde.

Die Vereidigung

Darauf nahm Oberregierungsrat Gerhardt als Vertreter der Aufsichtsbehörde die Amtseinsetzung vor, wobei er dem neuen Oberbürgermeister herzliche Worte der Würdigung und Anerkennung für seine bisher schon im Dienst der Tübinger Stadtverwaltung geleistete Arbeit ausdrückte. Durch diese Arbeit sei er der Einwohnerschaft Tübingens kein Fremder mehr; ihr habe es, wie es auch verdankte, daß er die Verwaltung der Stadt bereits in ihren Einzelheiten kenne und wisse, was für Aufgaben in der Zukunft von [...]

wünsche ihm für seine zukünftige Arbeit das Beste, was man überhaupt wünschen könne. Er meinte, die Sorgen werden sicher für den neuen Oberbürgermeister nicht ausbleiben und es werden auch für ihn manche jene Situationen kommen, die die grauen Haare bringen. „Aber — und damit schloß Dr. Schmid — ich weiß, daß Dr. Weinmann der Verantwortung nicht ausweicht und mutig und tapfer ist. Möge er im Sinne des Führers sein Amt verwalten!"

Der Kreisleiter zu den Zukunftsaufgaben Tübingens

Als zweiter Gratulant sprach Kreisleiter Rauchnabel, der seine Freude über die Zustimmung des Reichsstatthalters zu seinem Vorschlag ausdrückte, Dr. Weinmann zum Oberbürgermeister zu ernennen. Der Kreisleiter versicherte, daß ihm mit ihm die ganze Partei auf das herzlichste gratuliere: „Wir alle sind froh und innerlich gehoben, daß Tübingen einen bewährten Parteigenossen zum Oberbürgermeister erhalten hat."

Dann kam der Kreisleiter auf die mancherlei ernsten Probleme zu sprechen, die von der Stadt Tübingen zu lösen sind, wobei er mit nationalsozialistischer Offenheit darauf hin, daß die Partei wünsche, daß man an zuständiger Stelle an Tübingens große Zukunftsaufgaben denke und die Stadt entweder ein bestimmtes Maß von Industriebetrieben verschaffe, das sie brauche, um jene steuerbringenden Quellen zu besitzen, deren Ertrag sie dazu befähige, vor allem die Aufgaben zu lösen, die ihr durch die Universität und durch die Garnison gestellt werden; oder aber komme eine staatliche Beteiligung an den Kosten für bestimmte besondere Ausgaben in Frage. In Bezug auf die Universität stehe ein riesiges Millionenprojekt in Erwägung, das auch für die Stadt eine starke Beanspruchung bedeuten werde. Sie sei gewillt, die Aufgaben zu lösen; aber Voraussetzung dazu sei, daß man hier die nötigen Steuerquellen verschaffe und erschließe. Der Kreisleiter sagte in diesem Zusammenhang ganz offen: „Es hat im übrigen keinen Zweck, Oberbürgermeister zu sein, wenn er aus Mangel an Mitteln nicht in der Lage ist, mehr zu tun, als die Alltagspflicht von ihm verlangt. Er soll schöpferisch tätig sein können. Daß er das vermag, das wissen wir von unserem Pg. Weinmann; daß er diese Fähigkeit habe, das ist der Wunsch,

den wir ihm bei Beginn seiner Arbeit mitgeben. Unsere Hoffnung aber ist, daß die Regierung an [...]

Innenminister Schmid spricht

Links in SS-Uniform Oberbürgermeister Dr. Weinmann und Stadtrat Stockburger, rechts Oberregierungsrat Dr. Gerhardt.
Bild: Kleinfeldt.

Dr. Weinmann, ein Mann für alle Fälle: Pflichtbewußtsein und Mut in der Heimat und an der Front

„Umsiedlungskommissar" beim Militärbefehlshaber in Serbien.

In Nordslowenien zögerten die Nazis nicht, sogleich mit der „Germanisierung" zu beginnen. Vorgesehen war, dort die Gottschee-Deutschen aus der Gegend um Ljubljana (dem neuen Hoheitsgebiet Mussolinis) und die Bessarabien-Deutschen anzusiedeln; dafür sollten, soweit sie keine Deutschen waren, die Ortsansässigen weichen. Ursprünglichen Plänen nach wollten die neuen Machthaber 260.000 Slowenen aus den Gebieten Krain und Untersteiermark nach Serbien verschleppen. Was ihn mit diesem, von ihm selbst jedoch nicht als solches empfundenen verbrecherischen Unternehmen in Verbindung brachte, beschrieb Ernst Weinmann im November 1945 in französischer Gefangenschaft: „Der Militärbefehlshaber Serbien erhielt den Auftrag, einen Offizier zu bestimmen, der die notwendigen Vorbereitungen zur Aufnahme dieser Ausgesiedelten zu treffen hatte. Die Wahl fiel auf mich, vermutlich deshalb, weil ich bei der Umsiedlung der Deutschen aus Bessarabien schon einmal eingesetzt war. Die neue Dienststelle führte die Bezeichnung ‚Umsiedlungskommission beim Militärbefehlshaber Serbien'. Sie bestand bis zum Schluß der Besetzung u. war mein Hauptarbeitsgebiet."[7]

Den politischen Hintergrund für die Umsiedlung der Bessarabien-Deutschen lieferte der Hitler-Stalin-Pakt, mit dem die beiden Diktatoren ihre Interessenszonen abgesteckt hatten. Um die 80.000 Deutsche mußten dafür ihre Heimat verlassen. Für sie und die aussiedelnden Deutschen aus der Dobrudscha wurde im Sommer 1940 in Semlin bei Belgrad ein großes Durchgangslager errichtet. Das erste, was Weinmann im Frühjahr 1942 in seiner neuen Funktion als Umsiedlungskommissar - als der er, wie er noch 1945 stolz anmerkte, „Befugnisse eines Ministers" hatte[8] - unternahm: Er gründete ein „Kommissariat für Umsiedlung und Schutz der Flüchtlinge", das organisatorisch der dem deutschen Militärbefehlshaber unterstellten serbischen Staatsverwaltung zugeordnet wurde, eine Behörde, die für gesamt Serbien zuständig war. Die Umsiedlung einer derart großen Zahl von Slowenen nach Serbien stieß bald nicht nur auf organisatorische Grenzen, auch die Landesgrenze zwischen Slowenien und Kroatien führte zu Schwierigkeiten, weshalb es am 4. Juni 1941 in Agram (Zagreb) zu Verhandlungen zwischen den deutschen Behörden und der kroatischen Ustascha-Regierung kam.[9] An dieser Besprechung nahm auch Umsiedlungskommissar Ernst Weinmann teil. Über die bloße Anwesenheit

Am 7. 4. 1941 meldete die „Tübinger Chronik" den Überfall auf Jugoslawien: Ernst Weinmann folgte als „Umsiedlungskommissar"

„Mit lachendem Gesicht gaben diese deutschen Menschen ihre Höfe auf und ließen ihren oft großen Reichtum zurück, alles nur, um dem Rufe der Heimat zu folgen." (Aus einem Brief Weinmanns, 9.11.1940)

DT. REICH
UNGARN
RUMÄNIEN
ITALIEN
SLOWENIEN
KROATIEN
Kordun Banija
WOJWODINA
Batschka
Banat
Syrmien
Lika
BOSNIEN
SERBIEN
DALMATIEN
ADRIATISCHES
HERZEGOWINA
ITALIEN
MEER
MONTENEGRO
Sandzak
KOSOVO
BULGARIEN
ALBANIEN
MAZEDONIEN
GRIECHENLAND

	Territorium des »Unabhängigen Staates Kroatien«		Von Deutschland annektierte Gebiete
	Gebiet des dt. Militärbefehlshabers in Serbien		Von Italien annektierte Gebiete
	Von Bulgarien annektierte Gebiete		Territorium des geplanten Staates Montenegro (von Italien besetzt)
	Von Ungarn annektierte Gebiete		An Albanien angeschlossene Gebiete (von Italien besetzt)

.... Staatsgrenzen vor der Aufteilung Jugoslawiens

- - - - Grenzlinien nach der Aufteilung

-·-·- Deutsch-italienische Demarkationslinie

Die Aufteilung Jugoslawiens nach dem Aprilkrieg 1941

hinaus wurde ihm später in seinem Todesurteil vorgeworfen, daß er „als Umsiedlungskommissar an der Durchführung aller Beschlüsse der Konferenz vom 4. Juni 1941 beteiligt war, wodurch mehrere zehntausend jugoslawische Staatsbürger aus ihren Heimen vertrieben und beraubt und mit 500 Din und 50 kg Gepäck umgesiedelt wurden."[10]

Slowenen wurden damals nicht nur gen Süden deportiert, sondern auch zu Tausenden als Zwangsarbeiter verschleppt. „Frühmorgens kamen die Lastwagen in die einzelnen Dörfer. Soldaten und Gestapomänner, mit Maschinengewehren und Gewehren bewaffnet, drangen in jedes einzelne Haus ein und forderten die Bewohner auf, ihre Heimstätte unverzüglich zu verlassen und von ihren Sachen nur soviel mitzunehmen, wie jeder selbst tragen konnte. Alle diese unglücklichen Menschen mußten in wenigen Minuten ihre Häuser und ihre ganze Habe verlassen. Mit Lastkraftwagen wurden sie in das katholische Trappistenkloster nach Reichenberg gebracht. Von hier gingen die Transporte ab. Jeder einzelne Transport nahm 600 bis 1200 Personen nach Deutschland mit."[11]

Am 10. Oktober dann befahl der Militärbefehlshaber für Serbien, General Böhme: "In allen Standorten in Serbien sind durch schlagartige Aktionen umgehend alle Kommunisten, als solche verdächtige Einwohner, sämtliche Juden, eine bestimmte Anzahl nationalistischer und demokratisch gesinnter Einwohner als Geisel festzunehmen. Diesen Geiseln und der Bevölkerung ist zu eröffnen, daß bei Angriffen auf deutsche Soldaten oder auf Volksdeutsche die Geiseln erschossen werden." Für jeden toten Deutschen sollten 100, für jeden verwundeten Deutschen 50 Geiseln liquidiert werden. Außerdem bestimmte Böhme: "Ortschaften, die im Kampf genommen werden müssen, sind niederzubrennen, desgleichen Gehöfte, aus denen auf die Truppe geschossen wird."[14] In diesem Zusammenhang wurden zunächst alle männlichen Juden Serbiens - etwa 4000 an der Zahl - festgenommen und in die Lager Sabac und Belgrad eingesperrt.

Eskalation der Gewalt. Mit dem deutschen Angriff auf die Sowjetunion verschärften sich die Spannungen in Jugoslawiens zusehends. Fortan gewannen zum einen die kommunistische Aufstandsbewegung Titos und die nationalserbische der Tschetniks an Gefolgschaft, zum anderen eskalierte die Judenpolitik in einen verheerenden Vernichtungsfeldzug. Die Partisanen versuchten mit nicht geringem Erfolg die Nachrichtenverbindungen der deutschen Besatzer zu unterbrechen, griffen zunehmend auch Wehrmachtsangehörige an. Weil militärische Großeinsätze wegen des unwegsamen Geländes nicht den gewünschten Erfolg brachten, gingen die Besatzungstruppen zunehmend dazu über, Geiseln zu nehmen und diese als Vergeltung für Partisanenaktionen zu erschießen - dies um so mehr, als der neue Militärbefehlshaber auch noch mit umfassenden Vollmachten nach Belgrad gekommen war. Von nun an galt äußerste Brutalität. Dazu gehörte der sogenannte "Geiselnahmebefehl", mit dem das Oberkommando der Wehrmacht anordnete, "daß die Militärbefehlshaber ständig über eine Anzahl von Geiseln der verschiedenen politischen Richtungen [...] zu verfügen hätten und je nach Zugehörigkeit der Täter bei Überfällen Geiseln der entsprechenden Gruppen zu erschießen seien."[12] Anfangs hatte sich die Sicherheitspolizei bei den Geiselnahmen an namhafte kommunistische Funktionäre und Nationalisten gehalten, zunehmend ging sie aber dazu über, ihre Opfer gezielt aus der jüdischen Bevölkerung herauszugreifen. Bereits im April hatten die Besatzer in Serbien durch öffentlichen Plakatanschlag dazu aufgefordert, sich bei den Dienststellen der

"Schlagartig setzten im ganzen Land Sabotage und Terrorakte ein, die sich von Tag zu Tag mehrten." (Ernst Weinmann, 25.11.1945)

Einsatzgruppe der Sicherheitspolizei und des SD registrieren zu lassen. Die Todesstrafe wurde jenen angedroht, die sich weigerten, diese Anordnung zu befolgen. Seit dem 30. Mai 1941 mußten sie gelbe Armbinden als Erkennungszeichen tragen, viele wurden von deutschen Dienststellen zu Zwangsarbeit verpflichtet.[13]

Was mit der jüdischen Bevölkerung geschehen sollte, war anfangs nicht ganz klar. Das Auswärtige Amt in Berlin schickte den Leiter seines Judenreferats, Legationsrat Franz Rademacher, zur Sondierung nach Belgrad. Über seinen Auftrag hatte er sich notiert: „Nach Auskunft Sturmbannführer Eichmann, RSHA IV B 4, Aufenthalt in Rußland und Generalgouvernement unmöglich. Nicht einmal die Juden aus Deutschland können dort untergebracht werden. Eichmann schlägt erschießen vor."[15] Rademacher sollte prüfen, ob „das Problem [. . .] an Ort und Stelle erledigt werden könne".[16]

Als der Legationsrat in Belgrad am 18. Oktober 1941 eintraf, hatten Wehrmachtsangehörige gerade grausamst einen Partisanenüberfall vergolten, bei dem 21 deutsche Soldaten getötet worden waren: Sie hatten 2100 männliche Juden aus den beiden Lagern erschossen.[17] Am 20. Oktober fand beim Chef der Militärverwaltung, Turner, eine Abschlußbesprechung mit Einsatzgruppenführer Fuchs und Turners Verbindungsoffizier Ernst Weinmann statt. Als Ergebnis dieser Besprechung kam in die Akten: „1. Die männlichen Juden sind bis Ende dieser Woche erschossen. [. . .] 2. Der Rest von etwa 20.000 Juden [. . .] sowie rund 1500 Zigeuner, von denen die Männer ebenfalls noch erschossen werden, sollen im Zigeunerviertel der Stadt als Ghetto zusammengefaßt werden. [. . .] Sobald dann im Rahmen der Gesamtlösung der Judenfrage die [. . .] Möglichkeit besteht, werden die Juden [. . .] in die Auffanglager im Osten abgeschoben."[18]

Demgemäß wurden die noch verbliebenen 2000 jüdischen Männer binnen weniger Tage durch Wehrmachtseinheiten bzw. Angehörige der Einsatzgruppen ebenfalls erschossen - auch sie unter dem Vorwand der Vergeltung für die Tötung deutscher Soldaten. Ende Dezember 1941 gab es in Serbien, soweit es unter deutscher Kontrolle stand, keine männlichen Juden mehr.[19]

Schon auf kroatischem Gebiet gelegen, errichtete die Einsatzgruppe in den Gebäuden des Belgrader Ausstellungsgeländes ein Lager, in das vom Dezember 1941 an die jüdischen Kinder, Frauen und Alten gebracht wurden. 20.000 Menschen wurden in einem aus Berlin bestellten Lastwagen, aus dessen Auspuff die Abgase nach innen geleitet werden konnten, nach und nach umgebracht. Unmittelbare Verantwortung für diese Morde hatte Weinmann zwar keine, aber er war darüber unterrichtet.[20] Gegen Ende Mai 1942 war Serbien nach Estland das zweite europäische Land, in dem das gesamte Judentum der blutigen Tätigkeit der Sicherheitspolizei zum Opfer gefallen war.[21]

„Ich erinnere mich noch genau, wie er schilderte, daß eine junge Jüdin sich ihr eigenes Grab schaufeln und sich ausziehen mußte. Sie habe sich vor ihm bittend niedergekniet u. seine Füße umschlungen, aber sie sei doch erschossen worden vor seinen Augen." (A. Kercher, Oberbürgermeister 1942-1944, über E. Weinmann an den ehemaligen Tübinger Polizei-Chef F. Bücheler, 1964)

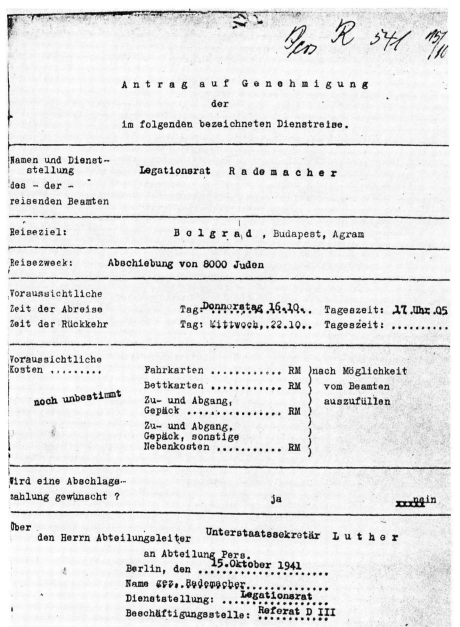

"Es galt, eine [. . .] Republik beträchtlichen Ausmaßes zu zerschlagen. Leider ist dies nicht so gelungen, wie man oben wohl erwartet hatte, denn jeder militärische Einsatz ist zwecklos, wenn nicht hinter der operierenden Truppe ordnende Kräfte der Polizei und der Verwaltung die erkämpfte Ruhe auch aufrechterhalten." (Weinmann am 14.4.1943 aus Serbien an seinen Stellvertreter A. Kercher)

Reisezweck: „Abschiebung von 8000 Juden" - der Tübinger Oberbürgermeister war dabei

Kommando gegen die Partisanen. Zu seinen weiteren Funktionen in Belgrad gab Ernst Weinmann bei seinem militärstaatsanwaltlichen Verhör in Jugoslawien an, daß er Beisitzer des Standgerichts war. Darüber hinaus räumte er ein, in Westserbien bei „drei größeren Aktionen der Wehrmacht" eingesetzt gewesen zu sein.[22] Dabei leitete er Kommandos, die beispielsweise der Aushebung versteckter Radiosender dienten. „Dabei wurden von den Armee- und Polizeieinheiten Häuser niedergebrannt und die Bewohner in Lager verschleppt."[23] Freimütig schrieb Weinmann darüber während seiner Reutlinger Haft: „Die Mitwirkung bei diesen Unternehmen beruhte jeweils auf der Kenntnis von Aufklärungsmaterial, das nur wenigen, vom General besonders genehmigten u. verpflichteten Offizieren zugänglich war."[24]

Diese und noch einige weitere Vertrauensstellungen lassen erkennen, daß Weinmann in Serbien zum kleinen Kreis der Bestinformierten zählte. Er hatte Einblick auch in geheime Entscheidungsvorgänge, kannte die schlimmsten Exzesse gegen die Bevölkerung und nahm diese, wo er nicht selbst auch unmittelbar beteiligt war, zumindest billigend in Kauf. Andernfalls hätte er nämlich ohne weiteres heim nach Tübingen gehen können, wo sich, wie Briefwechsel belegen, die Verwaltung ohnehin nicht länger damit abfinden wollte, daß sein Oberbürgermeister-Schreibtisch verwaist war.[25]

Um den Partisanenkampf zu unterbinden, wurden von der deutschen Wehrmacht Geiseln erschossen

Ein letztes Mal erhielt Weinmann einen Umsiedlungsbefehl im Jahr 1944, als es darum ging, die jugoslawischen Donaudeutschen vor der näherrückenden Roten Armee nach Deutschland zu evakuieren, doch war er, wie Weinmann protokollierte, nicht mehr zu realisieren. Letzte Weisungen folgten: „Als meinen Auftrag übernahm ich die Zurückführung von 100.000 Deutschen aus Kroatien von Esseg nach Sopron. Nach Festlegung der Treckstrasse u. Aufbau der notwendigen Organisation erreichte mich Ende Oktober der Befehl, sofort nach Tübingen zurückzukehren, um mein Amt als Oberbürgermeister wieder selbst zu übernehmen."[26]

Mit der Beförderung zum SS-Obersturmbannführer im November 1944 war Weinmanns Ehrgeiz einstweilen gestillt. Das Reichssicherheitshauptamt war mit seiner Arbeit zufrieden und unterstrich „seine Arbeitserfolge im Südosteinsatz" unter anderem damit: „W. ist einer der besten Mitarbeiter des BdS. Seine fachlichen Leistungen liegen über dem Durchschnitt. Die ihm gestellten Aufgaben hat er unter schwierigsten Verhältnissen durch seine unermüdliche Einsatzbereitschaft und seine Fähigkeiten gelöst. Am Gelingen vieler Unternehmen gegen die DM-Bewegung [das waren die Tschetniks unter Dragoslaw Mihailovic], die in mehreren Korpstagebefehlen des Kdr. Generals ihre Anerkennung gefunden haben, hat er entscheidenden Anteil."[27]

Die Tübinger Rathausverwaltung stand zwischenzeitlich vor der Situation, daß sie nicht nur keinen Oberbürgermeister an ihrer Spitze hatte, sie hatte, weil sie dazu zu sparsam war, auch keinen hauptamtlichen Ersten Beigeordneten.

WAS GILT ES?

Was gilt es in diesem Kriege? Gilt es, was es gegolten hat sonst in den Kriegen, die geführt worden sind, auf dem Gebiet der unermeßlichen Welt? Eine Gemeinschaft gilt es, deren Wurzeln tausendästig, einer Eiche gleich, in den Boden der Zeit eingreifen; deren Wipfel, Tugend und Sittlichkeit überschattend, an den silbernen Saum der Wolken rührt. Eine Gemeinschaft gilt es, die von Leibniz und Gutenberg geboren hat; in welcher

LAUTER LÜGEN, LAUTER LÜGEN!
Der Rekrut: Es ist alles halb so schlimm.
Der Stabsgefreite: Auch ich habe eine große Laufbahn vor mir.
Der Posten: Hier wird einem die Zeit nicht lang.
Der Fahrer: Ich würde viel lieber laufen.
Der Fußlatscher: Die da oben haben's besser.
Der Luftkutscher: Die da unten haben's besser.
Der Schreibstubengefreite: Mir steht der Schweiß auf der Stirn.

Heinrich von Kleist

Der Zahlmeister: Ich war früher auch nicht dicker.
Der Küchenbulle: Ich kann mir auch nicht eine Extrawurst braten.
Der Hauptmann: Früher habe ich viel besser geschossen.
Der Kompaniechef: Ich muß mir auch jeden Mist alleine machen.
Der Kantinier: So ein Geschäft ist auch keine Goldgrube.
Der Spieß: Mir kann keiner etwas vormachen.
Aus „Front und Heimat"

Der Tübinger Oberbürgermeister Dr. Weinmann wieder im Amt
Verabschiedung des mit der kommissarischen Führung der Amtsgeschäfte der Stadt Tübingen Beauftragten Oberbürgermeisters Kercher

led. Nach 4½jährigem Fronteinsatz ist der Tübinger Oberbürgermeister SS-Obersturmbannführer Dr. Weinmann zurückgekommen und hat nun wieder seine Amtsgeschäfte übernommen. Der seit zwei Jahren mit der kommissarischen Führung der Geschäfte Beauftragte Oberbürgermeister Kercher wird wieder die Stadt Kornwestheim übernehmen.

In einer feierlichen Sitzung im geschmückten historischen Sitzungszimmer des Rathauses mit den Beigeordneten und Ratsherren sowie den städtischen Amtsvorständen übernahm gestern abend Oberbürgermeister Dr. Weinmann wieder sein Amt und verabschiedete Bürgermeister Kercher mit herzlichen Worten des Dankes für die in diesen zwei Jahren zum Wohle unserer Universitätsstadt Tübingen geleistete Arbeit.

Bürgermeister Kercher richtete zunächst herzliche Begrüßungsworte an den zurückgekehrten Oberbürgermeister und gab dann einen Rückblick über die von ihm durchgeführten Arbeiten. Seinen Ausführungen war zu entnehmen, daß die Finanzlage der Stadt durchaus geordnet ist und daß trotz der Kriegsverhältnisse unser Universitätsstadt im Zeichen des Fortschritts steht. Unverkennbar war, daß die erhaltenden Funktionen durchaus in günstigem Sinne erfüllt werden konnten, wenn auch die Gestaltungskraft durch die Kriegsverhältnisse zurücktreten mußte. Der scheidende Beauftragte Oberbürgermeister versicherte, daß er der Stadt Tübingen nicht nur mit seiner ganzen Kraft gedient habe, sondern auch mit dem Herzen an die Erfüllung seiner Aufgaben herangegangen sei. Er sagte allen seinen Mitarbeitern, die ihn tatkräftig und freudig unterstützt haben, seinen besonderen Dank.

Oberbürgermeister Dr. Weinmann betonte nach der Amtsübernahme, daß er in der Erkenntnis wieder an die Arbeit gehe, daß heute der Kampf in der Heimat ebenso wichtig ist wie der Kampf an der Front. Pg. Dr. Weinmann verlas ein Schreiben des Württ. Innenministeriums, in dem Innenminister Dr. Schmid dem scheidenden Bürgermeister Kercher für die ausgezeichneten Dienste in Tübingen seinen Dank zum Ausdruck brachte. „Wir sind in den Endkampf um den Sieg eingetreten", so sagte der Oberbürgermeister. „Jetzt gilt es, sich dem Gebot der Stunde unterzuordnen, das heißt, daß wir nur Dinge als wichtig herausgreifen, die wirklich wichtig sind. Wir haben Deutschland zu dienen und in unserem Handeln eine nationalsozialistische und soldatische Haltung zu bewahren. Wir müssen uns die ewigen soldatischen Tugenden voll zu eigen machen: Treue, Disziplin und unbedingten Gehorsam. Der Glaube an die Unbesiegbarkeit des deutschen Volkes muß uns beherrschen, bis wir den Endsieg errungen haben."

Der Treuegruß an den Führer beschloß diese eindrucksvolle Sitzung.

„Was mir so besonders gut gefällt, ist die Kameradschaft hier"
Tübinger Frauen leisten Ehrendienst im totalen Kriegseinsatz des deutschen Volkes

In Tübingen regen sich seit dem Aufruf zum totalen Kriegseinsatz viele fleißige Frauenhände, die im Ehrendienst der deutschen Frau ihr Teil an der großen Arbeitsanstrengung unseres Volkes in diesen schweren und entscheidenden Wochen beitragen. In wenigen Monaten haben diese Frauen, nachdem die ersten Schwierigkeiten der Umschulung überwunden begleitet wird und wo man schreien muß, um sich gegenseitig zu verständigen. Das erfordert schon ein wenig Energie und innere Bereitschaft zum Opferbringen.

Die Frauen des Ehrendienstes werden von der N. S.-Frauenschaft betreut, deren Leiterin vorher genau Einsatzmöglichkeit, persönliche Verhältnisse, man den Frauen bei der Arbeit zusieht — die innere Bereitschaft, mitzuhelfen an der großen Entscheidung dieses Krieges, die lebendige Freude am Einsatz. Erst diese läßt die Hände flinker arbeiten und entfacht den Eifer, der alle diese Frauen beseelt.

Viele könnten ihre Hände in diesem Werk noch

Bemühungen des württembergischen Innenministeriums um eine Rückberufung Weinmanns im Herbst 1942 scheiterten, wie ein Mitarbeiter des Reichssicherheitshauptamts 1942 festgehalten hatte, nicht zuletzt deswegen, weil Weinmann „zunächst noch bei seiner Formation bleiben" wollte, „um noch eine Auszeichnung und einen höheren Dienstgrad zu erlangen".[28]

Die Vertretung war dann vorübergehend dem Kornwestheimer Bürgermeister Alfred Kercher übertragen, dessen Amtszeit vom 1. Dezember 1942 bis zum 28. November 1944 währte.[29] Es dauerte nicht lange, und Weinmann mußte schon wieder vertreten werden. Am 17. April 1945 um 16.30 Uhr entfernte er sich, wie es eine Aktennotiz überliefert, vom Rathaus, „um sich zu der kämpfenden Truppe zu begeben".[30] Die Leitung der Stadtverwaltung hatte er zuvor dem stellvertretenden Leiter des städtischen Liegenschaftsamts, dem aus dem Ruhestand aktivierten Dr. Fritz Haußmann übertragen, der sein Amt noch bis zum Juni bekleidete. Weinmann selbst machte sich zunächst mit Parteigenos-

> Ende November 1944 meldete die Lokalzeitung die Rückkehr des Oberbürgermeisters „nach 4 1/2 jährigem Fronteinsatz"

Truppenparade vor der Tübinger Universität anläßlich des französischen Nationalfeiertages am 14. Juli 1946

sen aus dem Staub, flüchtete ins bayerische Allgäu, kehrte dann aber wieder zurück und stellte sich den Franzosen. Diese verhafteten ihn, internierten ihn in einem Lager in Reutlingen und lieferten ihn schließlich nach Jugoslawien aus, wo er als Kriegsverbrecher gesucht wurde. Das Militärgericht für die Stadt Belgrad verurteilte Ernst Weinmann am 22. Dezember 1946 zum Tod durch Erhängen. Das Urteil wurde im Januar 1947 vollstreckt.

1 Schönhagen 1991, S.43. Der vorliegende Beitrag ist die Kurzfassung eines Aufsatzes der im „Schwäbischen Tagblatt" abgedruckt wurde. Hans-Joachim Lang, Ernst Weinmann - ein „sauberer, anständiger Nationalsozialist", Schwäbisches Tagblatt, 21. und 28.12.1991. 2 SAT A 150/408. 3 SAT A 150/407. 4 BDC, Personalakte Ernst Weinmann. 5 Vogel, S.539. 6 Weinmann 1945, S.5. 7 Ebd., S.3. 8 Ebd. S.8. 9 IMT 1984, S.283f. 10 So einer der Urteilsgründe des Belgrader Standgerichts. Zit. nach Prof. Miodrag Zecevic, Direktor des Jugoslawischen Archivs in Belgrad, in einem Schreiben vom 11.4.1988 an den Verfasser. 11 IMT 1984, S.84. 12 ZSL V 501 AR 1256/61. 13 Ebd. 14 Ebd. 15 Ebd. 16 Ebd., „IV B 4" bezeichnet das Referat im Reichssicherheitshauptamt, das Adolf Eichmann leitete. 17 Serbische Partisanen hatten am 2.10.1941 ein Wehrmachtsregiment überfallen und dabei 21 deutsche Soldaten umgebracht. „Als Repressalie und Sühne", so ein Befehl Böhmes, bestimmte die Einsatzgruppe der Sicherheitspolizei und des SD 2100 Juden aus den ihr unterstehenden Lagern Sabac und Belgrad, die in den folgenden Tagen durch Einheiten der Wehrmacht erschossen wurden. 18 ZSL V 501 AR 1256/61. 19 Ebd. 20 Fritz Müller, Mitarbeiter beim Befehlhaber der Sipo und des SD, am 4.9.1946 vor dem Militärstaatsanwalt der Jugoslawischen Volksarmee: „Über den Gas-LKW erfuhr ich von Dr. Veimann (phonetische Schreibweise, d.Ü.)", ebd. 21 Ebd. 22 Verhör von Ernst Weinmann vor dem Militär-Staatsanwalt der Jugoslawischen Volksarmee am 16.10.1946 in Anwesenheit des Dolmetschers Sebastijan Barbir, (Protokollauszug, Übersetzung aus dem Serbokroatischen) (ZSL V 501 AR 1256/61). 23 Schreiben von Prof. Miodrag Zecevic. 24 Weinmann 1945, S.15. 25 HStAS E 151-90. 26 Weinmann 1945, S. 14. 27 BDC. Reichssicherheitshauptamt im Beförderungsgutachten vom 3.10.1944. 28 Ebd. 29 SAT A 150/411. 30 SAT 150/207.

HANS-JOACHIM LANG

Theodor Dannecker: Ein Tübinger Schreibtischtäter im Reichssicherheitshauptamt

Tatsache war, urteilte Hannah Arendt über Adolf Eichmann nach seiner Hinrichtung, „daß er ‚normal' und keine Ausnahme war und daß unter den Umständen des Dritten Reiches nur ‚Ausnahmen' sich noch so etwas wie ein ‚normales Empfinden' bewahrt hatten."[1] Ihr zufolge war das Böse zur Banalität geworden. Eichmann selber behauptete von sich einmal: „Ich war nichts anderes als ein getreuer, ordentlicher, korrekter, fleißiger Angehöriger der SS und des Reichssicherheitshauptamtes [. . .]. Aus dieser Einstellung heraus tat ich reinen Gewissens und gläubigen Herzens meine mir befohlene Pflicht."[2]

Theodor Dannecker (1913 - 1945): Eichmanns Gehilfe

Eichmann ebenbürtig und acht Jahre lang einer seiner engsten Mitarbeiter, Organisator von Judentransporten aus Frankreich, Bulgarien, Ungarn und Italien in die Vernichtungslager der SS: Theodor Dannecker (1913-1945), geboren und aufgewachsen in der Bursagasse 16, Tübingen. Auch er galt in brauner Zeit als ein Mann mit anerkannten Qualitäten: Sein Auftreten und Benehmen im und außer Dienst wurde als „korrekt und soldatisch" angegeben.[3] Lediglich eine Schwäche fand sich in einem Zeugnis: „Er ist zuweilen aufbrausend."[4]

Seine Eltern besaßen an der Einmündung der Bursa- in die Neckargasse ein Herrenkonfektionsgeschäft, das, nachdem der Vater im November 1918 an den Folgen einer Kriegsverletzung gestorben war, die Mutter alleine weiterführte. Eingeschult wurde der zweitälteste Sohn der Familie 1919, 1922 kam

Theodor Dannecker in die Sexta des Uhland-Gymnasiums.[5] Weit brachte es Dannecker im Uhland-Gymnasium nicht. Schon nach der Quinta mußte er an die benachbarte Realschule wechseln, wo er 1928 die Mittlere Reife ablegte.[6] Danach besuchte er in Reutlingen die Oberschule der Staatlichen Höheren Handelsschule und begann nach der Abschlußprüfung im März 1930 eine Lehre, die er aber bald wieder abbrach. Im Oktober 1932 schließlich ein neuer, diesmal erfolgreicher Anlauf zu einer Lehre, in Stuttgart bei Müller & Schweizer. Eine Beschäftigung im dort erlernten Kaufmannsberuf fand er keine. Nach nur einem Monat als Aushilfsangestellter beim Stuttgarter Finanzamt hatte jedoch seine Bewerbung für eine Laufbahn Erfolg, die ihm offenbar lieber war als alles andere.

Seit dem 20. Juni 1932 bei der SS (Mitgliedsnummer 38114) und seit dem 1. August bei der NSDAP (Mitgliedsnummer 1234220), begann er nun, sein politisches Engagement zu professionalisieren. Am 2. Mai 1934 rückte Theodor Dannecker als Freiwilliger in die Ellwanger Mühlberg-Kaserne ein, die mit „SS-Verfügungstruppen" belegt war, Vorläufern der berüchtigten Waffen-SS im Zweiten Weltkrieg.[7]

Die SS-Wachverbände waren - nach der Ermordung der SA-Spitze im Jahr 1934 - kaum gegründet, schon meldete sich Theodor Dannecker als einer der ersten zur Stelle. Seine ständige Unterkunft in Berlin als Unterscharführer des SS-Wachverbands „Brandenburg" wurde vom 16. Dezember 1934 bis zum 31. Mai 1935 das Columbia-Haus, eine der berüchtigtsten Folterstätten der ersten Nazijahre.[8]

„Nicht der Typ der intellektuellen Theoretiker". Im Herbst 1935 stieß Dannecker in Stuttgart zu zwei jungen, karrierewilligen Nationalsozialisten in einflußreichen Positionen, die sich vermutlich von Tübingen her kannten: Walter Stahlecker und Ernst Weinmann.[9] Dannecker wurde unter Weinmann „Judenreferent beim SD". Diese damals wie in den anderen Oberabschnitten nach dem Vorbild der Berliner Zentrale neu geschaffene Stelle markiert eine neue Phase in der Judenpolitik der Nationalsozialisten, die auf der scheinlegalen Basis der im September 1935 verkündeten „Nürnberger Gesetze" aufbaute.

In einer Expertise des Berliner Hauptamtes des Sicherheitsdienstes heißt es im Dezember 1937: „Die eigentliche Bearbeitung des Gegners Judentum durch die Abteilung II 112 begann etwa Ende 1935. Bis zu diesem Zeitpunkt waren die vorbereiteten Arbeiten soweit fortgeschritten, daß an eine organisatorische Erfassung der Juden in Deutschland herangegangen werden konnte."[10] Exekutivbefugnisse hatte das Sicherheitshauptamt keine.

Zunächst bestand die Abteilung II 112 des Sicherheitshauptamtes aus einer Handvoll Männer, die so etwas wie Grundlagenarbeit verrichteten.[11] Nach und nach ging man beispielsweise daran, eine Zentralkartei „reichswichtiger" Juden zu erstellen, die jüdischen Organisationen systematisch zu erfassen, für

„Der Jude ist schon als Mensch, bewiesen durch den Unterschied seiner Rasse und damit seines Volkstums, 100-prozentiger Gegner des Nationalsozialismus." (Definition des Reichssicherheitshauptamts für „Das Judentum als Gegner des Staates und der Partei")

Schulungen Materialien zu erarbeiten, für die „Judenreferenten" der Ober- und Unterabschnitte Pressespiegel herauszugeben. Furchtbar effektiv und schlagkräftig wurde die Abteilung, als im Frühjahr 1937 der erst 28jährige Prof. Franz Six als Leiter der Zentralabteilung II 1 eingesetzt wurde und der 26jährige Dieter Wisliceny die Abteilung „Judentum" übernahm.

Bei diesem Revirement bekam der 24jährige Theodor Dannecker in der Wisliceny-Abteilung das Referat „Assimilanten", Referatsleiter „Zionisten" war seit dem Sommer 1936 der 31jährige Adolf Eichmann.

Erwartet wurde von einem SD-„Judenreferenten" dies: Er „darf nicht der Typ der intellektuellen Theoretiker sein. Es ist nicht absolut notwendig, daß er Akademiker ist. Er muß wendig und aktiv im Außendienst sein, dabei klar und nüchtern an die Bearbeitung der ihm gestellten Aufgaben herangehen. Männer, die lediglich rein geistig mit dem Problem des Judentums ‚ringen', sind für die Arbeit auf den SD-Oberabschnitten und Unterabschnitten ungeeignet."[12] Wie sehr die nachdrückliche Verdrängung der Juden zeitweise in den Mittelpunkt der SD-Arbeit rückte, zeigen die Aktivitäten nach dem Anschluß Österreichs ans Deutsche Reich.[13] In Wien richtete Eichmann seit April 1938, zeitweise von Dannecker assistiert, eine „Zentralstelle für jüdische

OB Ernst Weinmann

Auswanderung" ein. Im Sommer traf dort ebenfalls Walter Stahlecker ein, er in seiner neuen Funktion als Wiener Inspektor der Sicherheitspolizei und des SD. Im Jahr darauf, vier Monate nach der Besetzung der Tschechoslowakei durch die Deutschen, konnte man in Prag wieder auf diese Seilschaft treffen: Eichmann mit Dannecker, die im Gebäude des jüdischen Gemeinderats eine „Zentralstelle für jüdische Auswanderung" einrichteten, und Stahlecker, der zum Befehlshaber der Sicherheitspolizei und des SD beim Reichsprotektorat Böhmen und Mähren avanciert war.

In der im Wiener Palais de Rothschild untergebrachten „Zentralstelle" mußten alle Juden, die auswandern wollten, ein Ausreisevisum beantragen und dafür eine „Fluchtsteuer" entrichten, die von den Geld- und Sachwerten der Bittsteller nicht mehr viel übrig ließ. All die zahlreichen Stellen, die bis dahin Auswanderungsfragen bearbeiteten, zu einem Amt zusammenzufassen, war Eichmanns Idee gewesen, und Wien hatte er gewissermaßen zum Testfall gemacht. Im menschlichen Umgang repressiv und vom administrativen Ergebnis höchst effektiv, verstand er es, das Auswanderungstempo enorm zu beschleunigen. Fast 150.000 österreichische Juden verließen in weniger als 18 Monaten ihre Heimat.

Massenhaft organisierter Terror setzte in der sogenannten Reichskristallnacht

„Befehlsgemäß war die Sicherheitspolizei entschlossen, die Judenfrage mit allen Mitteln und aller Entschiedenheit zu lösen." (Bericht des Ex-Tübingers Walter Stahlecker über die Einsatzgruppe A in Litauen, 1941)

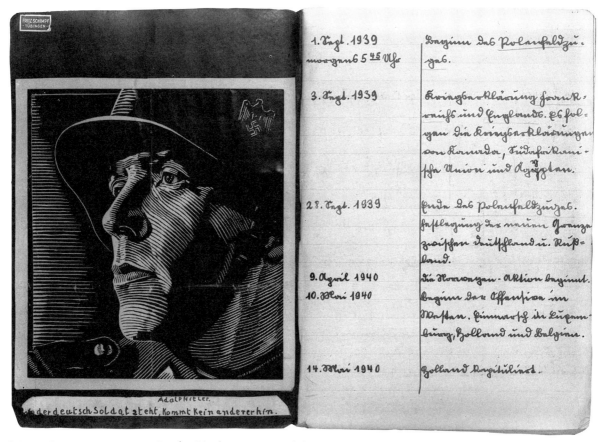

Privates Kriegstagebuch: der siegreiche Eroberungskrieg machte den Weg frei für die Vernichtung der politischen und rassischen Feinde in den besetzten Ländern

ein, der Nacht vom 9. auf den 10. November 1938. Wie beabsichtigt, beugten sich diesem Druck noch mehr Juden, die Zahl der Emigranten stieg weiter an. Als die „Ziele deutscher Judenpolitik" notierte noch am 15. Juni 1939 der SS-Untersturmführer Herbert Hagen: „Mit allen Kräften Auswanderungen fördern. Einwanderung der Juden immer schwieriger. Alle Auswanderungspläne, wohin auch, fördern."[14]

Zweieinhalb Monate später begann sich die Lage für die Juden fundamental zu verändern. Nach fingierten Grenzzwischenfällen überfiel am 1. September 1939 die deutsche Wehrmacht ohne Kriegserklärung Polen, wenige Tage später rückten Einsatzgruppen der Polizei nach, die den militärisch-imperialistischen Machtkampf zum völkisch-rassistischen Unterwerfungsfeldzug ausweiteten. Kein Tag verging, an dem nicht polnische Juden erschossen, erschlagen, erstochen wurden. Bereits fünf Wochen nach dem Überfall hatte sich das Reich die industriell und landwirtschaftlich entwickelteren westpolnischen Gebiete nebst den Regierungsbezirken Kattowitz und Viechenów eingegliedert, das übrige besetzte polnische Territorium vier Tage später als „Generalgouvernement" deutscher Hoheit unterstellt.

Das „Nisko-Projekt" in Polen. Im „Generalgouvernement" glaubte man, einen Platz gefunden zu haben, wohin man in großem Umfang Juden deportieren könne. Speziell handelte es sich um ein etwa tausend Quadratkilometer großes Gebiet östlich von Krakau, nahe Nisko in der

Provinz Lublin. So kam Eichmann zu dem Auftrag, sämtliche Juden aus Danzig, Westpreußen, Posen, Ober- und Niederschlesien in dieses Reservat unweit
der russischen Grenze zu deportieren. Das Terrain hatten Eichmann und Stahlecker im Sumpfgebiet bei Nisko am San ausgekundschaftet.[15] 1960 berichtete
Eichmann bei seinem Verhör: „Ich bekam Befehl, 500, vielleicht waren es auch
1000, jüdische Handwerker - genau weiß ich die Zahl nicht mehr - mit einigen
Güterzügen voll Material nach Nisko zu schicken, dort mal ein Barackendorf
hinzustellen und von dort aus Juden anzusiedeln, in dem Maße, als ausgesie-
delt wird."[16]

Derweil sich andere anschickten, Polen in einen riesigen Verschiebebahnhof
zu verwandeln, hatte der SS-Oberscharführer aus Tübingen Auftrag, sich an
den Vorbereitungen für eine minimale Infrastruktur zu beteiligen. Immerhin
sollten hier in einem ersten Schritt mindestens eine Million Menschen zwangsweise untergebracht werden. Einem „Vorkommando" von Juden aus Wien,
Brünn und Mährisch-Ostrau war die Aufgabe zugedacht, ein Barackendorf „als
Durchgangslager für alle nachfolgenden Transporte"[17] zu errichten. Wie dieser
„Mustertransport"[18] und das Lager organisiert werden sollten, war Gegenstand
einer Besprechung am 9. Oktober 1939 in Mährisch-Ostrau, bei der Dannecker Protokoll führte. Das Lager war alles andere als die Ansichtskartenidylle,
die Eichmann in seinem späteren Verhör ausgemalt hat. Es mangelte an allem:
an Unterkünften, Ernährung, medizinischer Versorgung. Ein vertraulich an
Himmler gerichteter Bericht ging von einer Sterblichkeitsquote von 30 Prozent
aus. Eine Typhusepidemie grassierte, viele erfroren in dem außergewöhnlich
kalten Winter (bis zu 40 Grad Celsius unter Null!), andere überlebten die

**Erschießung polnischer Zivi-
listen durch ein Wehrmachts-
kommando: Wehrmacht, SS
und Gestapo im Einsatz**

**„Die fortschreitende Erobe-
rung und Besetzung der weiten Ostgebiete können m.E.
das Judenproblem in kürzester
Zeit zu einer endgültigen, be-
friedigenden Lösung bringen."
(Der Pariser Legationsrat Zeitschel am 22. August 1941)**

harten Bedingungen in einem Zwangsarbeiterlager nicht. Einige, denen es gelang, nach Osten in die Sowjetunion zu entkommen, wurden umgehend in sibirische Arbeitslager deportiert, wo ebenfalls welche umkamen. Im Frühjahr 1940 ließ man das Nisko-Projekt wieder fallen. Am 13. April 1940 wurde das Lager geschlossen. Dann kam, was die überlebenden böhmischen Juden wohl am wenigsten erwartet hatten: Sie wurden in ihre Heimatorte zurücktransportiert.[19]

Madagaskar: „Eine Überseelösung insularen Charakters". Der unmittelbar Hitler unterstellte Generalgouverneur Hans Frank deutete in einer Ansprache Mitte Juli in Krakau neue Perspektiven an: „Sobald der Überseeverkehr die Möglichkeit des Abtransports der Juden zuläßt, werden die Juden Stück um Stück, Mann um Mann, Frau um Frau, Fräulein um Fräulein, abtransportiert werden."[20] Das Ziel hieß nun Madagaskar. Auf der viertgrößten Insel der Welt wollten verschiedene höhere Dienststellen des Nazistaats nach dem Sieg über Frankreich einen Judenstaat gründen. Alle verfügbaren Kapazitäten wurden auf diesen Plan gelenkt. Eine erste Ausarbeitung bekam das Auswärtige Amt am 15. August 1940 von dem frisch zum SS-Untersturmführer beförderten Theodor Dannecker zugesandt.[21]

Das „Madagaskar-Projekt", auf 14 Schreibmaschinenseiten abgehandelt, ging davon aus, daß vier Millionen Juden deportiert werden sollten. „Eine Überseelösung insularen Charakters", heißt es einleitend verständnisheischend, sei „zur Vermeidung dauernder Berührung anderer Völker mit Juden" jeder anderen vorzuziehen. Von vornherein müsse „jeder Versuch jüdischer Eigenstaatlichkeit" ausgeschlossen, das Mandat stattdessen „als Polizeistaat aufgezogen werden". Offenbar in Anlehnung an das gescheiterte Nisko-Projekt sollten die ersten Transporte „hauptsächlich Landwirte, Baufachleute, Handwerker und Handarbeiterfamilien bis zu 45 Jahren, sowie Ärzte enthalten". Wert wurde auf autarke Wirtschaftsweise gelegt, „damit Verbindungen zwischen den Juden und der übrigen Welt im Rahmen des internationalen Handels ausgeschlossen werden". Kalkuliert wurde mit 120 verfügbaren Schiffen mit einer Passagierzahl von je 1500 Personen. Bei einer errechneten Transferzeit von 60 Tagen kamen die Verfasser auf das Ergebnis: „Die Dauer der Durchführung des gesamten Projektes könnte deshalb auf 4 Jahre festgesetzt werden." Ohne die Flotte der Franzosen blieben diese Planungen indes eine Milchmädchenrechnung.

Dannecker in Frankreich. Vichy-Frankreich im Herbst 1940: „Die Bahnhöfe und die Asyle und selbst die Plätze und Kirchen der Städte voll von Flüchtlingen aus dem Norden, aus dem besetzten Gebiet und der verbotenen Zone und den elsässischen und lothringischen und den Moseldepartements."[22] Erbärmliche Menschenhaufen, Anna Seghers beschrieb sie in ihrem Exil-Roman „Transit".

▶ Mehr als 3000 Juden wurden in Kowno erschossen: verantwortlich war Walter Stahlecker, Führer der Einsatzgruppe A

Vier Nazis am 28. Februar 1941 in der Deutschen Botschaft zu Paris: Otto Abetz, Botschafter; Ernst Achenbach, Leiter der Politischen Abteilung der Botschaft; SS-Sturmbannführer Karl-Theodor Zeitschel, Legationsrat; SS-Obersturmführer Theodor Dannecker, Leiter des „Judenreferats" der Gestapo in Frankreich. Letzterer referierte, laut Protokoll, „was bisher in der Judenfrage in Frankreich schon geschehen sei und die Vorschläge des Botschafters, wer als führende französische Persönlichkeiten für die Durchführung des Judenamtes in Frankreich in Frage kommen würden. Es wurde bei dieser Gelegenheit festgestellt, daß durch die Vorarbeiten des SD unter Führung des Herrn Danneckers, der schon jahrelange Erfahrung in Judenangelegenheiten von Österreich und der Tschechoslowakei her hatte, eine vorbildliche Kartei ihrer Vollendung entgegensieht, in der die gesamten Juden in Paris in vierfacher Weise aufgezeichnet sind. [. . .] Weiterhin machte Herr Dannecker die hochinteressante Erwähnung, daß aufgrund der Judengesetze vom 4. Oktober im unbesetzten Gebiet bereits über 40.000 Juden sich in Konzentrationslagern befinden und weiterhin immer neue festgesetzt werden. [. . .] Immerhin ist die Tatsache von über 40.000 internierten Juden im unbesetzten Gebiet ein Argument, das man neben der Sicherheit der Besatzungsarmee infolge der jüdischen Propaganda ins Feld führen kann, um den Militärbefehlshaber in Frankreich zu veranlassen, mit sofortiger Wirkung dem SD Vollmachten zur Inhaftierung aller Juden zu geben und darüber hinaus bei einem etwa schlagartigen Einsatz für einige Tage entsprechende Truppen zur Verfügung zu stellen."[23]

„Nach dem Krieg, da weiß ich noch, wo ich die erste illustrierte Zeitung über KZs bekommen hab. Man hat ja gedacht, um Gottes Willen, das kann doch nicht sein, und daß man das nicht gemerkt hat."
(Anna T., Tübingen 1991)

Internierungslager Pithiviers für jüdische Emigranten in Frankreich, 1941: eine der Sammelstellen für die Vernichtungslager im Osten

Eine „Richtlinie für die zukünftige Judenarbeit in Frankreich".
Wenige Tage nach Anfang des Kriegs gegen Frankreich hatten auch schon die ersten Repressionen gegen Juden begonnen. Am schlimmsten traf es zunächst die elsässischen und lothringischen Juden, welche die Chefs der Zivilverwaltungen sogleich verhaften und ins unbesetzte Frankreich deportieren ließen.

LEBENSRAUM UND VERNICHTUNG

Gleiches traf die Juden aus der Pfalz und aus Baden, die gegen Ende Oktober 1940 festgenommen und in bereitstehenden Eisenbahnzügen wegtransportiert wurden. Schon stand der Gau Hessen an, die dort lebenden Juden ebenfalls gen Westen zu zwingen, beschlossen war außerdem, „auch die übrigen Juden aus dem Altreich, der Ostmark und dem Protektorat Böhmen und Mähren"[24] ins Vichy-Frankreich abzuschieben. Indes waren diese hochwachsenden Pläne selbst gegen die kollaborierende Pétain-Regierung nicht durchzusetzen. Widerstand regte sich zudem, als Gerüchte zirkulierten, daß sich die

Übergriffe der Deutschen nicht auf die sogenannten fremdstaatlichen Juden beschränken sollten. In einem 70 Seiten umfassenden Papier Danneckers vom 1. Juli 1941 - Titel: „Die Judenverfolgungen in Frankreich" - führte dies den SS-Obersturmführer zu dem Schluß, „daß auch, wenn nicht heute, so doch in absehbarer Zeit, im unbesetzten Frankreich die zwangsläufige Notwendigkeit einer Lösung der Judenfrage und der Antisemitismus durchgesetzt werden" müßten. Und: „Zur Durchführung der endgültigen Ausschaltung des Judentums können aber nur diktatorische Maßnahmen verhelfen, die jede Unterstützung jüdischer Tarnungen unter schärfste Strafen stellen."[25]

Unter Beteiligung von Theodor Dannecker angelegt: Sammellager Drancy für jüdische Bürger

In Paris hatten die Nazis am 14. Mai 1941 zur ersten großen Razzia ausgeholt. An diesem Tag verhaftete die französische Polizei über 3700 Juden, die sie in den Lagern Pithiviers und Beaune-La-Rolande internierte. Weitere 4700 Verhaftungen folgten im August und Dezember 1941. Die Verantwortung für die drei Großrazzien übernahm, wie man seinem am 22. Februar 1942 niedergeschriebenen Resümee entnehmen kann, Theodor Dannecker: „Jedesmal war die hiesige Dienststelle sowohl für die Auswahl der zu verhaftenden Juden, als auch für die gesamte Vorbereitungsarbeit und die technische Durchführung verantwortlich. Bei allen diesen Aktionen bedeutete die oben beschriebene Judenkartei eine wesentliche Erleichterung."[26]

Am 14. Dezember 1941 plakatierten die deutschen Militärbehörden in Paris die Bekanntmachung, es werde „eine große Zahl verbrecherischer jüdisch-bolschewistischer Elemente zu Zwangsarbeiten nach dem Osten deportiert". Dabei handelte es sich zum einen um die 743 Opfer der Razzia zwei Tage zuvor, zum weiteren um 300 Juden, die „in Anwesenheit von Leutnant Dannecker" aus dem Lager Drancy abgeführt wurden.[27]

„Endlösung der Judenfrage". Die Wende vom Deportations- vollends zum Vernichtungsprogramm, wie es die „Wannsee-Konferenz" am 20. Januar 1942 in Berlin festlegte, brachte den Überfall deutscher Truppen auf die Sowjetunion. Unter Heydrichs Leitung koordinierten hier Parteifunktionäre und Ministerialbeamte Maßnahmen zur, wie sie es nannten, „Endlösung der Judenfrage". Einig war man sich darin: „Die evakuierten Juden werden zunächst Zug um Zug in sogenannte Durchgangsghettos verbracht, um von dort aus weiter nach Osten transportiert zu werden."[28]

Durchaus buchstäblich zu verstehen war die Formulierung, daß die Opfer „Zug um Zug" deportiert werden sollten. Am 27. März 1942 verließ der erste Eisen-

Ein Microfiche der Meldekarteikarte ist die letzte Spur der Tübinger Jüdin Blanda Marx: von Héricourt nach Drancy verbracht, wurde sie in ein Vernichtungslager deportiert und ermordet

LEBENSRAUM UND VERNICHTUNG

bahn-Zug um 12 Uhr den Bahnhof Le Bourget-Drancy. 60 Feldgendarmen bewachten den Transport, der erst nach einem Zwischenaufenthalt in Compiégne komplett war: 1146 Juden befanden sich auf dem Weg nach Auschwitz. Die Oberaufsicht hatte Theodor Dannecker - er beging übrigens an diesem Tag seinen 29. Geburtstag - selber übernommen.[29]

Daß sich Dannecker spätestens von diesem Zeitpunkt an klar darüber war, welches Schicksal den Juden bevorstand, die er mitverantwortlich gen Osten deportieren ließ, hat er selber ein Vierteljahr später in einem Protokoll vermerkt, das er nach einer Inspektionsreise durch die Internierungslager im unbesetzten Teil Frankreichs anfertigte. Darin heißt es: Der Leiter des Lagers Les Milles „stellte fest, daß die jüdische Auswanderungsorganisation ‚Hicem' bei vorhandenen Schiffspassagen jede Summe bezahlt, um Juden die Auswanderung zu ermöglichen. Das ist ein Beweis dafür, daß das Weltjudentum sich darüber klar ist, daß die im deutschen Machtbereich befindlichen Juden ihrer restlosen Vernichtung entgegensehen."[30]

Die ersten tausend nach Auschwitz gezwungenen Juden waren noch nicht auf dem Weg, da ersuchte das Reichssicherheitshauptamt schon das Auswärtige Amt, die Abschiebung von zusätzlich 5000 Juden zu genehmigen. Von da an stieg, wie Raul Hilberg lakonisch feststellte, „das Deportationsfieber in den Reihen der deutschen Bürokraten in Paris rapide an".[31] Als Heydrich am 5. Mai 1942 zu einem Besuch in Paris eintraf, fieberte sogar der französische Polizeichef René Bousquet: ob denn nicht gleich die staatenlosen Juden abtransportiert werden könnten, die seit eineinhalb Jahren in der unbesetzten Zone interniert seien?[32]

Es konnte. Lediglich die Frage der Transportkapazitäten stand noch offen. Dafür waren wieder die Organisationsfähigkeiten Theodor Danneckers gut. Am 13. Mai 1942 traf er sich mit Generalleutnant Kohl, dem Chef der Eisenbahntransportabteilung. In einer viertelstündigen Unterredung stellte Dannecker fest, daß Kohl „ein kompromißloser Judengegner ist und einer Endlösung der Judenfrage mit dem Ziel restloser Vernichtung des Gegners 100%ig zustimmt".[33] In Kohl hatte Dannecker ein Alter ego gefunden; zielstrebig sorgte dieser für zügige Amtshilfe. Am 11. Juni 1942 reiste der Pariser „Judenreferent" zusammen mit seinen Kollegen aus Brüssel und Den Haag zu einer Besprechung mit Eichmann nach Berlin. Es wurde vereinbart, „daß aus den Niederlanden 15.000, aus Belgien 10.000 und aus Frankreich einschließlich unbesetztes Gebiet insgesamt 100.000 Juden abgeschoben werden". Unter „Technischer Durchführung" vermerkte Dannecker: „Ab 13.07.1942 sollen die Transporte - wöchentlich ca. 3 - abrollen."[34]

Die von Dannecker zunächst avisierte Deportation von 100.000 Juden aus Frankreich binnen acht Monaten ließ sich indes nicht halten. Mehrfach wurde von den Beteiligten, als handle es sich um Stückgut, das Plansoll revidiert. Um auf eine möglichst hohe Zahl zu kommen, eiferte sich Dannecker dermaßen, daß er sich mit mehreren französischen Stellen anlegte, auf deren Kollaboration die Besatzer jedoch angewiesen waren. Anfang August - gerade rollte Transportzug Nr. 13 mit 1049 Deportierten nach Auschwitz - wurde der SS-Hauptsturmführer abgelöst. Als Vorwand hatte man dessen häufigen Besuche in Pariser Nachtlokalen genommen.[35]

Das Lagertor von Auschwitz in Polen: Synonym für die Vernichtung der europäischen Juden

Am Schluß seines zu dem Zeitpunkt ein Jahr alten Papiers über die Judenverfolgungen in Frankreich hatte Dannecker angefügt: „Ich habe die Ausarbeitung deshalb umfangreicher gestaltet, damit sie vielleicht als kleine Anregung dienen könne für die Arbeit bei anderen Einsätzen. Sie kann aber auch - falls man mich in der Zukunft mit diesen Aufgaben an anderer Stelle Europas betrauen sollte - als Richtlinie für die zukünftige Judenarbeit in Frankreich nützlich sein".[36] Seine Nachfolger führten in Frankreich das Vernichtungsprogramm fort. Insgesamt wurden von dort 73.853 Juden (davon ein Drittel Franzosen, ein Drittel Polen, ein Zehntel Deutsche) großteils nach Auschwitz deportiert, nur 2560 überlebten.[37] Theodor Dannecker wurde unterdessen „an anderen Stellen Europas" mit ähnlichen Aufgaben wie den bisherigen betraut. Zum Beispiel in Bulgarien.

Die Deportationen aus Bulgarien. In Bulgarien lebten, unbehelligt bis zum August 1942, zwischen 30.000 und 50.000 Juden. Seinen Machtbereich hatte das Königreich unter deutscher Patronage im April 1941 auf das jugoslawische Makedonien und das griechische Thrakien erweitert. Ein erstes antijüdisches Gesetz verabschiedete die Sobranje, das bulgarische Parlament, bereits im Januar 1941. Unteren anderem ordnete es Enteignungen jüdischer Betriebe an, jüdische Geschäftsleute wurden in ihren Aktivitäten eingeschränkt. Von Frühjahr 1942 an durften Juden nicht mehr uneingeschränkt reisen, im August richteten die Bulgaren ein „Kommissariat für Judenfragen" ein, beschäftigungslose Juden wurden aufgefordert, Sofia alsbald zu verlassen. Der Judenstern hatte alles zu kennzeichnen, was jüdisch war, nicht nur Men-

Schuhlager in Auschwitz: Überreste industrieller Menschenvernichtung

schen, sondern auch Wohnungen, Läden, Geschäftskorrespondenzen, Rechnungen - sogar Konsumwaren. Im September begann der Gesandte Beckerle ein erstes Mal die bulgarische Regierung zu drängen, sie solle mit den Deportationen beginnen.[38]

Was in Westeuropa schon in vollem Gang war, sollte nun auch hier nach dem Routine-Muster organisiert werden: Konzentration der jüdischen Bürger in wenigen Lagern nahe bei Eisenbahnstationen, sodann Verschleppung in die Vernichtungslager. Zuständig war wie stets das mobile Einsatzkommando aus dem Berliner Reichssicherheitshauptamt. Die Bulgaren indes setzten in ihrer Politik gegen die Juden eigene Akzente. Zum einen überzog man die Juden mit einer Reihe von Repressionen, die noch schärfer gefaßt waren als in Nazi-Deutschland, andererseits wurde der Anschein erweckt, die antijüdischen Schikanen sollten davon ablenken, daß man sich keinesfalls auf das Vernichtungsprogramm einlassen wollte.[39] In der Konsequenz führte Bulgariens Lavieren zu einer Hierarchisierung der in seinen Grenzen lebenden Juden: Die im sogenannten Altreich lebenden versuchte man, letztlich auch erfolgreich, zu retten, die anderen gab man preis. So konzentrierte sich Dannecker - seit Februar 1942 in Sofia auf Posten[40] - zunächst auf die in den besetzten Gebieten lebenden Juden.

Bereits Ende März begannen die Deportationen. 7122 mazedonische Juden wurden von Skopje und Bitola aus mit mehreren Eisenbahnzügen ins KZ Treblinka gebracht. Mit demselben Ziel verließen 4221 Juden im Sammeltransport per Zug Mazedonien zunächst in Richtung Lom.[41] Von dort aus ging die Fahrt in vier Schleppkähnen donauaufwärts. Drei der Kähne erreichten Wien, einer sank unterwegs, wobei mehrere hundert der jüdischen Passagiere ertranken. Von Wien aus ging die Fahrt auf dem Schienenweg weiter. Aus Treblinka kehrte nicht ein einziger wieder zurück.[42]

Danneckers Aktivitäten in der letzten Kriegsphase lassen sich anhand der ausgewerteten Quellen wenig bis gar nicht erschließen. Bekannt ist, daß er unmittelbar nach seinem Aufenthalt in Sofia nach Rom geschickt wurde, wo er im September 1943 eintraf.[43] Und im Frühsommer 1944 hielt er sich in Budapest auf, hier wie zuvor mit dem Auftrag, Judendeportationen vorzubereiten.[44] Gegen Kriegsende quartierten sich Danneckers Ehefrau und die beiden kleinen Söhne bei Lore Schmid in Tübingen ein, ehe sich die Familie nach Bad Tölz ummeldete. Laut Einwohnermeldeamt war dies am 19. April 1945[45] - dem Tag, an dem in Tübingen die französische Armee einmarschierte.

Transport mazedonischer Juden auf einer Barkasse in die Vernichtung

Vom CIC (Counter Intelligence Corps), dem früheren Geheimdienst des US-amerikanischen Heeres, wurde Theodor Dannecker am 9. Dezember 1945 in Bad Tölz verhaftet. Im dortigen Gerichtsgefängnis wies man ihm eine Einzelzelle zu und stellte ihm eine Schreibmaschine nebst Papier zur Verfügung. Am nächsten Morgen nahm man außerdem noch seine Personalien auf. Was am Nachmittag geschah, gab der Bad Tölzer Gefängnisleiter bei seiner späteren Vernehmung wie folgt wieder: „Es kann gegen 13.30 Uhr [. . .] gewesen sein, also einen Tag nach der Einlieferung des Gefangenen, als der damalige Gefängnisarzt Dr. Wiener aus Bad Tölz erschien und zu mir sagte, daß wir doch einen hohen SS-Offizier als Gefangenen hätten. Wir sind dann zusammen raufgegangen, weil der Arzt ihn ansehen wollte. Ich öffnete die Zellentüre und sah Dannecker ganz stramm an der Wand stehen, im gleichen Augenblick gewahrte ich aber auch, daß sich der Gefangene mit einer Schnur, nach meiner Erinnerung mit einer Rucksackschnur, am Fenster aufgehängt hatte. Wir schnitten den Selbstmörder sofort ab und legten ihn auf das Klappbett, wo dann Dr. Wiener Wiederbelebungsversuche unternahm, die jedoch keinen Erfolg mehr hatten."[46]

Tübingen 1945, vom Bombenkrieg nur gestreift: das zerstörte Café Pomona mit dem Warnschild „Wer plündert wird erschossen!"

1 Arendt 1964, S.54. **2** Lang 1984, S.260. **3** Ebd., S.289. **4** BDC, Personalakte Dannecker, Beurteilung vor seiner Beförderung zum SS-Untersturmführer (Datum unleserlich; die Beförderung erfolgte am 10.9.1939.). **5** Ebd. **6** BDC, Personalakte Dannecker. Die Beschreibung folgt einem von Dannecker 1941 niedergeschriebenen Lebenslauf. **7** Schabel 1957, S.49. **8** Schilde, Tuchel 1990. **9** Zu Walter Stahlecker siehe auch Beer 1989. **10** Bericht über den Umbau der Abteilungen bei II 1 im Reichssicherheitshauptamt vom 7.12.1937, BAK R 58/991. **11** Lageberichte der Abteilung II 112 in den Jahren 1936 und 1937, BAK R 58/991. **12** Ebd. **13** Ebd. **14** Hilberg 1990. **15** Lang 1984, S.57. **16** Ebd. **17** Hilberg 1987, S.119. **18** Ebd., S.123. **19** Nellessen 1964, S.79-84. **20** Hilberg 1987, S.221. **21** BAK, Allg. Proz. 6/122. **22** Seghers 1974, S.25. **23** COURO 1959, S.13. **24** Bericht über die Verschickung von Juden deutscher Staatsangehörigkeit nach Südfrankreich vom 30.10.1940, zit. nach Klarsfeld 1989, S.361. **25** COURO 1959, S.30. **26** Ebd., S.49. **27** Klarsfeld 1989, S.34f. **28** Ebd., S.377. **29** Bericht vom 20.7.1942 über eine „Fahrt durch das unbesetzte Gebiet - Besichtigung von Judenlagern", ZSL, 301, Bd. 137. **30** Hilberg 1990, S.669. **31** Ebd., S.670. **32** Hilberg 1987, S.153. **33** COURO 1959, S.65. **34** Klarsfeld 1989, S.133. **35** COURO 1959, S.32. **36** Klarsfeld 1989, S.320. **37** Reitlinger 1983, S.430-436; Hilberg 1990, S.794-811. **38** Ebd. **39** Ebd. **40** Ebd. **41** BAK, Allg. Proz. 6/137, Nr.941. **42** Reitlinger 1983, S.435. **43** Eichmann und die Eichmänner 1961, S.31f. **44** Ebd. **45** Auskunft des Bürgermeisteramts Tübingen vom 24.9.1987. Die Ehefrau Danneckers teilte indes dem Verfasser auf Anfrage am 23.6.1991 mit, sie sei damals von Berlin aus nach Bad Tölz übergesiedelt. **46** Hessisches Hauptstaatsarchiv Wiesbaden, Abt. 631a, Nr. Ks 2/67 (GStA), Verfahren Beckerle, Bl. 27f.

NACH
KRIEG II

STEFAN ZOWISLO

Die Wiedereingliederung ehemaliger Hitler-Jungen oder die Gründung des Internationalen Bundes für Sozialarbeit in Tübingen

Die Gründungsgeschichte des Internationalen Bundes für Sozialarbeit/Jugendsozialwerk (IB), der als „freier Träger der Jugendhilfe und Sozialarbeit" eine der größten Institutionen der beruflichen Bildung in Deutschland ist, führt in das Tübingen der unmittelbaren Nachkriegszeit. Sie spiegelt die soziale und wirtschaftliche Not, die das „Dritte Reich" hinterlassen hatte, und beleuchtet die politischen und gesellschaftlichen Probleme, vor die ein Wiederaufbau und eine demokratische Umgestaltung nach dem - von außen bewirkten - Zusammenbruch Hitlerdeutschlands gestellt waren.

Am Anfang standen ehemalige, führende Mitglieder der Hitler-Jugend (HJ), die nach 1945 eine neue Aufgabe suchten und dafür die Unterstützung von Politikern benötigten. Sie fanden sie vor allem bei Carlo Schmid, der 1946 zum Landesvorsitzenden der neugegründeten SPD in Südwürttemberg-Hohenzollern gewählt wurde und die provisorische Regierung leitete, die ihren Sitz in Tübingen hatte.

> „Ich meinte, einem Führer zu dienen, der unser Volk und die Jugend froh, frei und glücklich machen würde. [. . .] Es ist meine Schuld, daß ich die Jugend erzogen habe für einen Mann, der ein millionenfacher Mörder gewesen ist. [. . .] Die junge Generation ist schuldlos." (Baldur von Schirach 1946 vor dem Militärgericht in Nürnberg)

Das kaum zerstörte Tübingen: für kurze Zeit Zentrum eines Neubeginns

Ein Besuch bei Carlo Schmid. Im März 1946 kommt der frühere HJ-Führer Heinrich Hartmann nach Tübingen. Seit Kriegsende lebt der Maler und Grafiker ohne festen Wohnsitz auf der Landstraße auf der Suche nach seiner verschollenen Familie und unter dem Zwang, sich der drohenden

Verhaftung zu entziehen. Hartmann, bis 1945 Hauptabteilungsleiter für Bildende Kunst in der Reichsjugendführung der HJ, war direkter Mitarbeiter von Arthur Axmann, dem Nachfolger Baldur von Schirachs, der seit 1940 als „Reichsjugendführer der NSDAP" und „Jugendführer des Deutschen Reiches" fungierte. Hartmann bekleidete den Rang eines Hauptbannführers und gehörte zur Führungsmannschaft der HJ - wofür unter anderem Parteimitgliedschaft, Kirchenaustritt, Nachweis arischer Abstammung und einwandfreie nationalsozialistische Haltung die Voraussetzungen waren.[1]

Heimatlose Jugendliche nach dem Krieg: sie holte das Jugendgemeinschaftswerk von der Straße

Bei Kriegsende ist Heinrich Hartmann 30 Jahre alt. Auf den Landstraßen beobachtet er den „schrecklichen Verwahrlosungsprozeß" vieler Jugendlicher. Er sammelt einen Kreis ehemaliger HJ-Führer um sich - „soweit sie noch lebten; viele hatten sich umgebracht"[2] - und teilt ihnen die neue Marschrichtung mit: „Für die Jugend auf der Landstraße müssen wir uns jetzt einsetzen. Immer häufiger sind hier nihilistische Gedankengänge anzutreffen und unter den Augen der Westmächte reift die Saat des Bolschewismus und der Anarchie."[3]

Am Morgen des 25. März 1946 stand Heinrich Hartmann im Tübinger Büro von Carlo Schmid. Beim damaligen Vorsitzenden des Staatssekretariats und Landesdirektor für Justiz sowie für Kultus, Erziehung und Kunst in Südwürttemberg-Hohenzollern hoffte er auf Entgegenkommen zu treffen - schließlich hatte er aus dessen Reden „viel Verständnis für das Problem der Wiedereingliederung der ehemaligen HJ-Führer" herausgehört. Hartmann wollte bessere Lebensbedingungen für die heimat- und obdachlosen ehemalige Hitler-Jungen in Deutschland erreichen und erreichte letztlich darüber hinaus die eigene Rehabilitierung sowie die weiterer ehemaliger HJ-Führer.

Carlo Schmid war gesprächsbereit. Im Manuskript für seine Memoiren schildert er das Anliegen Hartmanns: „Ich möchte mit meinen alten HJ-Kameraden auf die Landstraßen gehen und diese Jugend [dort] einsammeln helfen; sie dorthin bringen, wohin sie gehört, vor allem aber von der Landstraße weholen, auf der sie verkommt."[4]

Ein französischer Deutschland-Freund. Carlo Schmid machte mit und glaubte Hartmann auch, daß dieser „nichts für sich persönlich" erreichen wollte. Rückblickend berichtet Carlo Schmid im Jahr 1974: Heinrich Hartmann „fühlte sich verantwortlich für die Jugendlichen. [. . .] Er hatte ja einmal im guten Glauben zu den Dingen gestanden, die zur Katastrophe geführt hatten, und deswegen meinte er, daß hier eine Möglichkeit bestünde, die Verantwortung mit abtragen zu helfen, die so viele Deutsche auf sich geladen hatten."[5]

„Die Grundsätze und Ziele, die ich der Jugend gab und die für die Gemeinschaft maßgebend wurden, [. . .] waren: opferbereite Vaterlandsliebe, Überwindung von Standesdünkel und Klassenhaß, planmäßige Gesundheitspflege, Ertüchtigung durch Wandern, Spiel und Sport, Förderung der Berufsausbildung." (Baldur von Schirach 1946 vor dem Militärgericht in Nürnberg)

Statt ihn zu verhaften, wozu er nach den Entnazifizierungsbestimmungen verpflichtet gewesen wäre, brachte Schmid den ehemaligen HJ-Führer mit dem Leiter der Abteilung Jugend und Sport in der Militärregierung zusammen. Henri Humblot war im September 1945 nach Tübingen gekommen und nun zuständig für den Aufbau neuer Jugend- und Sportverbände in der französischen Besatzungszone. Eine Nacht lang diskutierte er mit Hartmann über die Zeit des Nationalsozialismus und dessen Vorhaben, die Situation der Jugend in Deutschland verbessern zu helfen und dadurch die Wiedereingliederung ehemaliger HJ-Führer zu erreichen.

Carlo Schmid bei der Einweihung des Ehrenmals für Nazi-Opfer in Schömberg

Humblot wußte um die Gefahr, die durch solche Gespräche für ihn innerhalb der französischen Militärregierung entstehen konnte und verpflichtete Hartmann zur „äußersten Geheimhaltung".[6] Trotz aller Skepsis, die Humblot auch in den zahlreichen folgenden Gesprächen mit Hartmann und dessen Kameraden aus gemeinsamer HJ-Zeit nicht verbarg, war der Franzose ein Glücksfall für Carlo Schmid und Heinrich Hartmann. Nach eigener Einschätzung ein „Deutschland-Freund", sollte Humblot „einen Prozeß der geistigen Verwandlung"[7] hin zu einer demokratischen Erneuerung in Deutschland initiieren. Das Fehlen einer eindeutig festgesetzten Politik und zwingender Direktiven für seinen Aufgabenbereich ermöglichten ihm „eine große Bewegungsfreiheit und ein[en] Freiraum für Versuche" - „nur durften diese nicht an die große Glocke gehängt [...] werden."[8]

Im Falle Heinrich Hartmanns wollte Henri Humblot aber nicht gänzlich ohne den Segen seiner Vorgesetzten bleiben. Noch am 26. März 1946, am Tag nach der ersten Unterredung mit Hartmann, informierte er Guillaume Widmer, den Gouverneur von Württemberg, über einen konkreten Vorschlag des ehemaligen HJ-Führers: Innerhalb des Gebietes der französischen Besatzungszone solle ein „Lager ohne Stacheldraht" errichtet werden, in dem 40 frühere Verantwortliche der HJ an einem Projekt des Wiederaufbaus mitarbeiten könnten.

„Es ging bei meinem ersten Gespräch nur darum, eine letzte Verantwortung gegenüber den einst Geführten zu erfüllen und eine staatliche Stelle über die Not der heimatlosen Jugendlichen zu informieren, die damals zu Tausenden und Abertausenden der Verwahrlosung anheimfielen." (Heinrich Hartmann, 5.3.1992, Laudatio auf Hans-Jürgen Kimmich)

Humblot blieb weiterhin vorsichtig. Er wollte nicht an einer „falschen Versöhnung" beteiligt sein, sondern „Erziehung zur Demokratie" in Gang setzen. Zudem war er sich nicht über die Aufrichtigkeit Hartmanns im klaren.[9] Dennoch unterstützte er die Durchführung eines freiwilligen Arbeitslagers der ehemaligen HJ-Führer. Er verband damit die Hoffnung, daß eine solche Einrichtung den Franzosen die Möglichkeit geben würde, sich von dem „bonne volonté" der „anciens chefs de la Jeunesse Hitlérienne" überzeugen zu können; allerdings mit der Einschränkung, daß der Beitrag zum Wiederaufbau nicht in Deutschland, sondern in Frankreich geleistet werden sollte. Denn dort - so Humblot heute - „hätten es die ehemaligen HJ-Führer schwieriger gehabt [. . .]. Bei einem Lager in Frankreich hätten sie mehr nachdenken müssen." Doch Humblots Vorstellungen ließen sich so nicht verwirklichen; auf französischer Seite wollte keiner die Verantwortung für ein solches Experiment übernehmen. Und auch bis zu der Realisierung eines freiwilligen Arbeitseinsatzes ehemaliger HJ-Führer im Gebiet der französischen Besatzungszone sollten noch zwei Jahre vergehen.

Heinrich Hartmann

„Ich stehe nicht an, zu sagen, daß es unter den Mitgliedern der NSDAP nur Lumpen gegeben hat". Mit Carlo Schmid traf Heinrich Hartmann auf eine Persönlichkeit, zu deren Charakterbild es gehörte, nichts abzuschlagen und „bei jedem Brand aufs Dach [zu müssen], um zu löschen".[10] Von Konrad Adenauer hörte der SPD-Politiker 1948: „Was uns beide unterscheidet, ist nicht nur das Alter, es ist noch etwas anderes: Sie glauben an den Menschen, ich glaube nicht an den Menschen und habe nie an den Menschen geglaubt."[11] Im Tübingen der Nachkriegszeit war Schmid bei vielen französischen Besatzungsoffizieren hoch geachtet - nicht zuletzt, weil er „Französisch sprechen konnte wie die Franzosen".[12] Er wurde „sozusagen der deutsche Renommierpolitiker der französischen Zone".[13]

Wie bei anderen Fragen entwickelte Carlo Schmid auch beim Thema Entnazifizierung schnell ein eigenständiges Profil gegenüber der Besatzungsmacht. Unter seiner Leitung wurde ein System entwickelt, das - nach Ansicht von Klaus-Dietmar Henke - den „Säuberungsansätzen in den übrigen Besatzungszonen überlegen" gewesen ist. Zusammen mit seinen Kollegen in der damaligen Landesverwaltung wollte er eine ernsthafte „politische Säuberung [. . .] durchführen" und den „genuin politischen Gehalt der Entnazifizierung in einem adäquaten Verfahren zur Geltung"[14] bringen. So sprach er schon früh davon, daß „Deutschland nur unter Mithilfe auch der politisch Belasteten wieder aufgebaut" werden könne: „Ich stehe nicht an, zu sagen, daß es unter den Mitgliedern der NSDAP nur Lumpen gegeben hat."[15]

Aus dieser Einstellung heraus nahm sich der SPD-Politiker der Gruppe um Heinrich Hartmann an und wurde damit zum Patron der Gründung des Internationalen Bundes für Sozialarbeit 1949. Sein Engagement für die Wiedereingliederung ehemaliger HJ-Führer war freilich nicht unumstritten. Zehn Jahre nach der Gründung des Bundes zeigte sich Schmid befremdet darüber, daß der Internationale Bund für Sozialarbeit, „diese von mir ins Leben gerufene Organisation", seltsamerweise gerade im von der SPD regierten Hessen „immer wieder auf Anfeindungen stösst". Schmid stand in einem Brief an den SPD-Bundestagsabgeordneten Ludwig Metzger für die alten HJ-Führer beim Internationalen Bund ein: „Die Genossen können sich beruhigen: Ich kenne die Leute, ich habe sie geprüft und habe sie für echt befunden."[16]

Henri Humblot

Einsatz in Bad Teinach. Nachdem Heinrich Hartmann mit Carlo Schmid und Henri Humblot zwei Ansprechpartner für sein Projekt gefunden hatte, machte er sich emsig an die Arbeit. Nach eigener Einschätzung spricht er ab April 1946 mehrere hundert ehemalige HJ-Führer auf eine Mitarbeit an; einige von ihnen versammelt er von da an regelmäßig im sogenannten „Schwalldorfer Kreis", aus dem nach 1949 zahlreiche erste Mitarbeiter des Internationalen Bundes für Sozialarbeit hervorgingen. Mit Carlo Schmid fährt er zu einer Sitzung des SPD-Parteivorstandes nach Hannover, wo er seine Pläne erläutert und die Zustimmung Kurt Schumachers und Fritz Erlers erhält.

Im März 1948 kommt es zu dem geplanten freiwilligen Arbeitslager ehemaliger HJ-Führer. Henri Humblot erhält von seinen Vorgesetzten die Erlaubnis, in Bad Teinach im Schwarzwald einen solchen Einsatz zu organisieren; nach einem Unwetter im Nagoldtal soll die zerstörte Straße zwischen Bad Teinach und Zavelstein wiederhergestellt werden. Unter der Leitung des Straßenbauamtes arbeiten 21 Teilnehmer täglich neun Stunden; offizieller Lagerleiter wird Heinrich Hartmann.

Neben der körperlichen Tätigkeit soll auch „geistig gearbeitet" werden. Man baut eine kleine Bücherei auf. Carlo Schmid, Theodor Eschenburg, der Tübinger Theologieprofessor Ernst Steinbach und Fritz Erler werden zu Referaten eingeladen.

In den Augen aller Beteiligten nimmt der freiwillige Hilfsdienst von Bad Teinach einen positiven Verlauf; ein zweites Lager ist bereits geplant. Doch am Morgen des 8. April 1948 werden alle Teilnehmer des Lagers verhaftet. Humblot, der französische Gewährsmann, wird von dieser Aktion laut eigener Aussage völlig überrascht. Er vermutet ein Unternehmen der Sûreté. Der französische Sicherheitsdienst, offiziell für die Durchführung der Internierungsmaßnahmen ehemaliger Nationalsozialisten zuständig, fühlte sich offenbar übergangen und wollte die wahren Kräfteverhältnisse verdeutlichen.

Plötzlich stand nicht mehr die Vergangenheit der Teilnehmer des freiwilligen Hilfsdienstes im öffentlichen Blickpunkt, sondern deren überraschende Verhaftung durch die Sûreté. Es folgten Verhöre sowie Gespräche mit der französischen Militärregierung und Verwaltung, doch schon wenig später, am 13. April 1948, wurden die Gefangenen wieder entlassen. Die französischen Behörden schienen wie ausgewechselt: Der damalige Chef der Sûreté, Oberst Henri-Paul Eydoux, läßt es sich nicht nehmen, wie Carlo Schmid berichtet, „Heinrich Hartmann in seinem Wagen zu mir [zu] kutschieren und seinen Rucksack nach Schwalldorf, wo er wohnte, zu befördern".[17] Wenige Wochen später empfängt der Leiter der Abteilung für Bildung und Erziehung bei der französischen Militärregierung, General Raymond Schmittlein, die ehemaligen HJ-Führer, bietet ihnen Champagner an und „bewilligt verschiedene für die Entnazifizierungsspruchkammern bestimmte Zeugnisse [. . .] und Papiere für das Arbeitsamt, um ihnen die Einstellung zu erleichtern".[18]

Waldarbeiten in Kälberbronn: die erste Einrichtung des Internationalen Bundes für Jugendsozialarbeit 1949

„Denn was hülfe uns auf die Dauer jeder wirtschaftliche und sonstige Wiederaufbau, wenn er erfolgte ohne sichtbaren Ausdruck dafür, daß Ursachen zu verantworten sind auf der einen Seite und ohne die freudige Bereitschaft, denen, die dies erleiden, in die Zukunft hinein die Hand zu reichen auf der anderen?" (Carlo Schmid, „Weihnacht 1945", Stuttgarter Zeitung 23. 12. 1945)

Ein Verein wird gegründet. Im Sog dieser Entwicklung schlägt Hartmann die Entlassung aller internierten ehemaligen HJ-Führer vor sowie die Entnazifizierung der Teilnehmer des Teinacher Lagers durch Erlaß der Militärregierung. Und schließlich spricht er sich für die Lizensierung des Freiwilligen Hilfsdienstes, wie er in Bad Teinach erstmalig stattgefunden hatte, aus.

Daraufhin kommt es am 11. Januar 1949 im kleinen Senatssaal der Universität Tübingen zur Gründung des Internationalen Bundes für Kultur- und Sozialarbeit. Dieser Geburtsname symbolisiert einen Kompromiß zwischen Humblot und Hartmann: Dem Franzosen ging es im Hinblick auf eine offizielle Vereinsgründung vor allem um eine Institutionalisierung der kulturellen Arbeit und eine Fortführung der von ihm angeregten internationalen Studententreffen, die seit 1946 in Südwürttemberg stattfanden. Hartmann strebte dagegen in erster Linie, so erinnert sich Humblot, „soziale Aktivitäten für die heimatlosen Jungen an, verbunden mit der Wiedereingliederung der ehemaligen HJ-Führer".

Im Nägele-Haus auf der Schwäbischen Alb hatte Humblot den Kreis um Hartmann mit einigen antifaschistischen Studenten aus Tübingen zusammengebracht, um über die Vereinsstatuten zu diskutieren. Diese sehen schließlich eine „Vereinigung" vor, deren Ziel es ist, „ohne Rücksicht auf [die] Zugehörigkeit zu Nationen, Konfessionen, Klassen und Parteien, dem Gedanken der internationalen Begegnung im Geiste gegenseitiger Achtung zu dienen und [. . .] praktische Arbeit auf kulturellem und sozialem Gebiet zu leisten."[19]

Zu der Tübinger Gründungsversammlung des Internationalen Bundes für Sozialarbeit erscheinen zahlreiche Gäste. Vertreter des Kultur- und Innenministeriums von Südwürttemberg-Hohenzollern, der Universität und der französischen Militärregierung sind dabei und verabschieden die Satzung. Präsident wird der evangelische Theologe Ernst Steinbach, sein Stellvertreter Theodor

Eschenburg. Die „Schwarzwälder Post" berichtet darüber am 12. Januar 1949 unter der Überschrift „Nicht mehr über die Visiere der Gewehre!".

Schon bald nach der offiziellen Gründung im Januar 1949 eröffnet der Internationale Bund für Sozialarbeit seine ersten Einrichtungen. In Kälberbronn bei Freudenstadt finden im Rahmen eines Aufforstungsprojektes innerhalb von zwei Jahren 152 Jugendliche Arbeit und Unterkunft; am 1. April 1951 betreibt der Internationale Bund für Sozialarbeit insgesamt 13 Einrichtungen, die bis zu diesem Zeitpunkt von 921 Jugendlichen besucht worden waren. Neben den Jugendgemeinschaftswerken, die nach dem Krieg als eine Art „Soforthilfe für elternlose, heimatlose Jugendliche und für Jugendliche ohne Arbeit und Ausbildung in den drei westlichen Besatzungszonen Deutschlands"[20] entstanden und deren Wirkungsfelder vor allem beim Bau von Straßen, Aufforstungsarbeiten und landwirtschaftlichen Tätigkeiten lagen, unterhielt der Internationale Bund für Sozialarbeit in seinen ersten Jahren zahlreiche Jugendwohnheime. In diesen Einrichtungen konnten sich die Jugendlichen - so ein IB-Werbeprospekt aus dem Jahre 1952 - daran gewöhnen, „in ihrer Gemeinschaft jene Prinzipien zu leben, die Gemeinde und Staat bestimmen."

Scheitern der Kulturarbeit. 1952, nach den ersten drei Jahren der Verbandsarbeit, kommt es zu einer Zäsur in der Entwicklung des Verbandes. Der soziale Zweig entwickelte ein immer größeres Eigenleben,

Die erste Großunternehmung des Jugendgemeinschaftswerks in Tübingen: Wasserleitungsbau auf dem Schnarrenberg 1950

machte selbstbewußt auf die „Jugend in Not" aufmerksam und arbeitete inzwischen mit für damalige Verhältnisse beträchtlichen Summen. Dem kulturellen Sektor dagegen fehlten das geeignete Personal und die Unterstützung der führenden Verbands-Vertreter. Per Vorstandsbeschluß vom 23. Juni 1952 wurde dieser Teil der Verbandsarbeit schließlich aufgelöst, es kam zum Internationalen Bund für Sozialarbeit/Jugendsozialwerk. Zum Bedauern von Henri Humblot ging damit eine dreijährige Entwicklung zu Ende.

„Eine sehr delikate Historie". Außerhalb des Verbandes war die „sehr delikate Historie des Internationalen Bundes für Sozialarbeit" (Henri Humblot) vor allem in den fünfziger Jahren Anlaß für Kritik. Walter Jens, bei den ersten IB-Anfängen im Tübinger Raum mit dem Verband in Kontakt gekommen, fragte bereits im Juli 1949: „Wer ist die vorgesetzte Behörde des Internationalen Bundes? Das südwürttembergisch-hohenzollerische Finanzministerium, die Section Jeunesse et Sports der Militärregierung [. . .] oder die Reichsjugendführung?"[21]

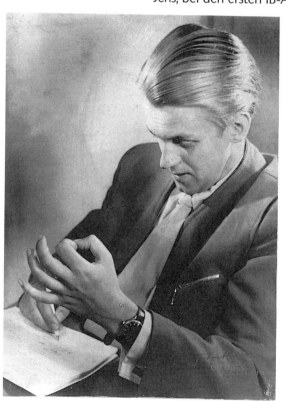

Walter Jens

Am 6. November 1957 erhielt die Landesgeschäftsführung Hessen des Internationalen Bundes für Sozialarbeit Besuch vom Verfassungsschutz. Dort lag eine Anzeige vor, der zufolge die leitenden Verbandspositionen „alle mit ehemaligen HJ-Führern besetzt seien".[22]

Otto Würschinger, Hauptgeschäftsführer des Internationalen Bundes für Sozialarbeit in den 50er Jahren und vor 1945 führend in der Reichsjugendführung der HJ, veröffentlichte 1979 gemeinsam mit Gottfried Griesmayr ein Buch, das sich dieser Zeit erinnert: „Dem Andenken der Jungen und Mädel, der Führer und Führerinnen der Hitler-Jugend gewidmet, die ihr Leben für Deutschland gaben". Würschinger und Griesmayr berichten von den „gewaltigen Leistungen" der HJ, eine Organisation, die „der jungen Generation Freiräume [in] ihrer Entwicklung [gab], die noch keine Jugend innerhalb einer kirchlichen oder einer ideologischen Gemeinschaft besessen" hatte - ein für die Autoren noch nie dagewesenes „Jugend-Wunder".[23] Carlo Schmid aber antwortete 1963 in einem Interview auf die Frage, was er für eine seiner wichtigsten und anhaltendsten Leistung hält: „Was ich getan habe, damit man nach 1945 die Führer der Hitlerjugend nicht in Konzentrationslager sperrte, sondern ihnen die Möglichkeit [gab], ohne zu Kreuze zu kriechen, ein neues Selbstbewußtsein zu erlangen und die jungen Menschen, die durch das Hitlerregime aus der Bahn geworfen worden waren, zu einem Leben der Selbstverantwortung und Freiheit zu erziehen."[24]

„Lernmaterial Geschichte". Was 1949 gelang und mit der Gründung des Internationalen Bundes für Sozialarbeit/Jugendsozialwerk seinen offiziellen Eintrag in die Annalen der Bundesrepublik fand, ist ein Beispiel für den bundesrepublikanischen Neuanfang nach dem Zweiten Weltkrieg. Carlo Schmid, Henri Humblot und Heinrich Hartmann haben gemeinsam ein Stück Zeitgeschichte geschrieben, aus dem einer der führenden Wohlfahrtsverbände im Bereich der beruflichen Bildung entstanden ist, der mit seinen Einrichtungen heute in ganz Deutschland vertreten ist. Seine Gründungsgeschichte gehört, um mit dem Historiker Hans-Ulrich Wehler zu sprechen, zu dem „Lernmaterial Geschichte [. . .], aus dem die Menschen ständig lernen können und auch tatsächlich ständig lernen".[25]

1 Klönne 1984, S.67f. 2 Gespräche mit Heinrich Hartmann am 26. und 28.3.1988 in Reutlingen. Soweit nicht anders vermerkt, stammen auch die weiteren im Text enthaltenen Zitate von Hartmann aus diesen beiden Gesprächen. 3 Heinrich Hartmann, Denkschrift vom April 1946, Archiv des Internationalen Bundes für Sozialarbeit/Jugendsozialwerk in Frankfurt (Archiv des IB). 4 Archiv der sozialen Demokratie, Nachlaß Carlo Schmid, Mappe 389, S.830f. 5 Schmid 1989, S.83. 6 Humblot 1984, S.56. 7 Humblot 1965, S.713. 8 Humblot 1984, S.44. 9 Gespräch Stefan Zowislo mit Henri Humblot am 9. und 10. September 1988 in Guerchy (Frankreich). 10 Schmid, Erinnerungen 1987, S.302. 11 Schmid 1979, S.358. 12 Ebd., S.220. 13 Auerbach 1988, S.635. 14 Henke 1981, S.86ff. 15 Hirscher 1986, S.60f. 16 Archiv des IB, Ordner 1957-1. 17 Carlo Schmid, Unveröffentlichtes Manuskript einer Rede gehalten am 8. September 1974 in Reutlingen zur Eröffnung der Ausstellung „Heinrich Hartmann: Grafik, Temperastudien, Wandbildentwürfe", S.3, Archiv des IB, Ordner 1974-1. 18 Humblot 1984, S.58. 19 Archiv des IB, Ordner 1948-1. 20 Wenzel 1980, S.414. 21 Jens 1949, S.34. 22 Archiv der sozialen Demokratie, Nachlaß Carlo Schmid, Mappe 1584. 23 Griesmayr, Würschinger 1980, S.107, 203, 207. 24 Interview mit Carlo Schmid, Welt am Sonntag 25.8.1963, S.22. 25 Wehler 1988, S.11.

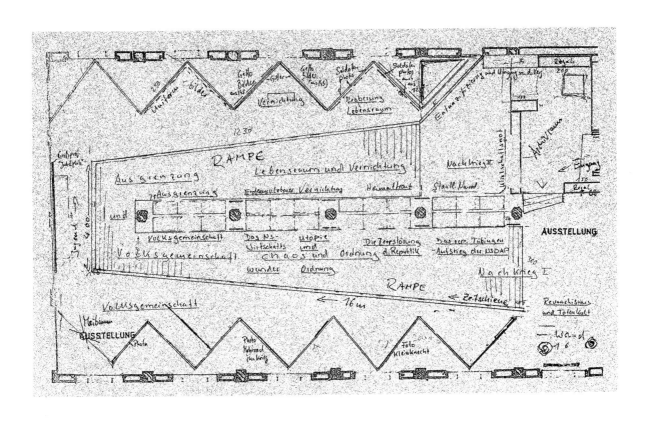

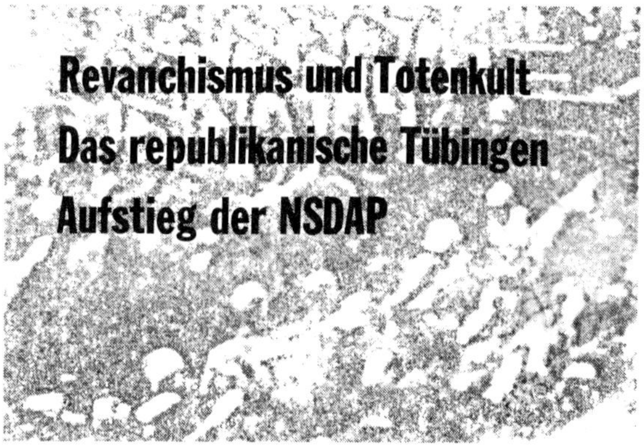

Revanchismus und Totenkult
Das republikanische Tübingen
Aufstieg der NSDAP

KAPITEL 1

NACH
KRIEG I

NACHKRIEG I

Ohne die Niederlage im Ersten Weltkrieg ist die Entwicklung, die zum Nationalsozialismus führte, nicht zu verstehen. Der größte Teil der Bevölkerung glaubte bis zuletzt an einen Sieg-Frieden. Für sie kam der militärische Zusammenbruch 1918 völlig überraschend. Er schien nur durch Verrat erklärbar. So entstand die Legende vom Dolchstoß, den die Revolutionäre in der Heimat der siegreichen Truppe zugefügt hätten. In Verkehrung der historischen Ereignisse wurde nun denjenigen, die das Abschlachten zwischen den Nationen hatten beenden wollen, die Last des Krieges von jenen aufgebürdet, die kein Ende außer einem Sieg akzeptieren wollten.

Revanchismus und Totenkult. Ihre Entstehung aus militärischer Niederlage und Revolution belastete die erste deutsche Republik schwer. Nur ein erneuter Krieg, so suggerierten zahlreiche Kriegerdenkmale, Totenfeiern und Erinnerungsschriften, könne die militärische Niederlage wettmachen und so das zutiefst gestörte Nationalgefühl wieder aufrichten, die „Schmach" des Versailler Friedensvertrages revidieren. Untrennbar damit verbunden war der Wunsch nach einer radikalen innenpolitischen Neuordnung, nach einer Abkehr von den irritierenden demokratischen Verhältnissen. Das NSDAP-Wahlplakat von 1928 verknüpfte diese beiden Ziele zu der Alternative „Nationalsozialist oder umsonst waren die Opfer".

Revanchismus und Totenkult waren bestimmende Elemente der nationalen Kultur während der Weimarer Republik auch in Tübingen. In der Trauer um die Toten war man sich einig. Den Mitgliedern der internationalen Arbeiterbewegung aber wurde die rechte nationale Trauer um die gefallenen Söhne des Vaterlandes schlichtweg abgesprochen. Für den Konsens in der patriotischen Trauer sorgten nicht nur die 13 Kriegervereine und die über 40 Kriegerdenkmale in der Stadt. Nicht die demokratische Verfassung der Republik, sondern der Rückblick auf den Krieg und der Tod fürs Vaterland stellten den nationalen Konsens her. Bei den Wahlen zur Nationalversammlung hatte sich 1919 zwar eine überragende Mehrheit von „Vernunftrepublikanern" für diese entschieden, aber schon ein Jahr später hatte sich dieses Votum schon wieder erheblich zugunsten nationalkonservativer Gegner der Republik dezimiert.

Das republikanische Tübingen. In diesem offen republikfeindlichen Klima, das wesentlich von der Universität bestimmt wurde, hatte das republikanische Tübingen einen schweren Stand. Die Revolution hatte hier kaum stattgefunden. Weiterhin hatte die überwiegend deutschnationale Professorenschaft das Sagen. Die organisierte Arbeiterbewegung war in der Universitätsstadt, in der die Hochschule der größte Arbeitgeber war, nur schwach vertreten. Zudem führte das Arbeitertübingen mit seiner differenzierten Vereinsstruktur ein soziales Eigenleben: Tiefe Gräben trennten es von dem städtischen Mittelstand, Geschäftsleuten, Handwerksmeistern, Beamten und Angestellten.

Ein Gastvortrag des pazifistischen jüdischen Wissenschaftlers Emil Gumbel löste 1925 handgreifliche Auseinandersetzungen zwischen rechten Studenten und linken Arbeitern aus. Diese „Schlacht von Lustnau" war letztlich eine Schlacht um die demokratische Verfassung der Republik.

Eine Stütze des republikanischen Tübingens waren die jüdischen Bürger, denen die Weimarer Verfassung - wie übrigens den Frauen auch - erstmals die volle rechtliche Gleichstellung gebracht hatte. So fungierte der angesehene Rechtsanwalt Dr. Simon Hayum, der die Stadt in Rechtsfragen vertrat, lange Zeit als Fraktionsvorsitzender der linksliberalen Deutschen Demokratischen Partei (DDP) im Gemeinderat. Albert Weil schuf mit der „Tübinger Chronik" ein liberales Forum, verkaufte die Zeitung aber bereits 1930, nach dem sensationellen Erfolg der NSDAP bei der „Erdrutsch"-Wahl im September desselben Jahres und emigrierte in die Schweiz. Auch Siegmund Weil, Inhaber einer der führenden Privatbanken in Württemberg, war ein hochgeachteter Bürger und Geschäftspartner der Stadt, bis er, um einer „schädigenden Diskussion aus dem Wege zu gehen", nach dem Machtwechsel 1933 die Geschäftsbeziehungen löste.

Die Galionsfigur des republikanischen Lagers war der Oberbürgermeister Adolf Scheef, „linker Flügelmann der schwäbischen Demokraten", Landtagsabgeordneter der DDP und Mitglied des Reichsbanners, der republikanischen Schutztruppe der Weimarer Republik. Obwohl der anerkannte Verwaltungsfachmann die aufkommende NS-Bewegung im Landtag bekämpfte, arrangierte er sich nach 1933 als Stadtvorstand mit ihr und blieb, über den Machtwechsel hinaus, Oberbürgermeister bis zum regulären Ende seiner Amtszeit 1939.

Der Aufstieg der NSDAP. Auch in Tübingen verlief der Aufstieg der NSDAP in mehreren Etappen. Als e i n rechtsradikaler Verband unter mehreren anderen konnte sie bereits 1923 Fuß fassen, von der linken Presse kritisch beobachtet, jedoch von der Verwaltung wohlwollend geduldet. Ehemalige Weltkriegsoffiziere wie Dietrich von Jagow - 1933 wurde er württembergischer Gleichschaltungskommissar - stellten die Verbindung zwischen der neuen „Bewegung" und den traditionellen rechtsradikalen Verbänden her. Die erste Tübinger Ortsgruppe fand ihre auffallend jungen Mitglieder vor allem im bürgerlichen Mittelstand.

Zu einer Massenpartei entwickelte sich die NSDAP, die nach dem Münchner Putschversuch Ende 1923 verboten und 1925 neu gegründet wurde, aber auch in Tübingen erst mit der Weltwirtschaftskrise von 1929. Vor allem die Angehörigen des Mittelstandes gerieten in Panik. Nicht wenige von ihnen sahen in der NSDAP den „einzigen Damm gegen Bürgerkrieg und Chaos". Folgerichtig finanzierten deshalb auf dem Höhepunkt der Krise, im Juni 1931, führende Tübinger Geschäftsleute zwei Beilagen des Stuttgarter „NS-Kuriers" unter der Nazi-Parole „Tübingen im Zeichen des Erwachens". B. S.

Revanchismus und Totenkult

1 Aus der nicht eingestandenen Niederlage erwuchs der Gedanke der Revanche, aus der Trauer um die Toten wurde eine Verpflichtung zur Rache

Denkmal des Corps Suevia für die im Ersten Weltkrieg gefallenen Corpsbrüder; Holz, vergoldet; 129 x 83 cm sign. auf der Unterseite der Rahmung: „Prof. Hummel Cassel, 1921."; Einweihung am 29. 7. 1921; Verein Alter Tübinger Schwaben e.V.

*„Furchtlos und treu
starben im Weltkrieg
1914 - 1918
fuer Kaiser und Reich
Koenig und Vaterland
73 Tuebinger Schwaben
Invictis Victi Victuri"*

In das Denkmal ist - en face und im Hochrelief - die Büste eines behelmten nackten Kriegers im clipeus (Schild) eingelassen. Das Ehrenmal fand sich auf dem Dachboden des neuen Verbindungshauses der Suevia. Ursprünglich hing es im Kneipsaal des Schwabenhauses, wo es zum 90. Stiftungsfest 1921 enthüllt wurde. „Unseren tapferen Unbesiegten weihen wir, die Besiegten, dies Ehrenmal mit dem Gelöbnis, daß wir nicht ruhen noch rasten wollen, bis wir den Sieg errungen haben und wir werden siegen." So übersetzte damals der Redner das lateinische Motto „Invictis Victi Victuri", das 1919 für die Trauerfeier der Berliner Universität verfaßt worden war. Anders als der schlichte Spruch „Dem Andenken der im Kriegsjahr 1870-1871 im Felde gestandenen Corpsbrüder" auf einer Marmortafel in der Diele des Schwabenhauses forderten 1921 Festredner wie Denkmal die „aufopfernde Hingabe an das Vaterland": „Kommen wird einst der Tag, da wir die Fesseln des Versailler Schandfriedens sprengen, dazu sollen die Heldentaten unserer gefallenen Corpsbrüder uns voranleuchten!" Für die Republik fiel kein anerkennendes Wort, denn besiegt sah man sich nur durch den „Verrat im eigenen Land". Als Zeichen dieses Versprechens eignete sich besonders der Stahlhelmträger, war er doch seit 1916 das Signet des modernen gleichwohl mit antiken Tugenden verknüpften Kriegshelden schlechthin. Noch am Tag der Denkmalsweihe verfestigte Suevia die Vorstellung, „von Feinden umgeben zu sein" und akzeptierte - wie es das Corps heute sieht - „um wenigstens Einigkeit im übergeordneten Kösener Seniorenkonvent zu bewahren", dessen nicht unumstrittenen Beschluß, Juden von der Aufnahme auszuschließen: „Einmal muß der Schritt getan werden, jeden jüdischen Geist aus dem Kösener auszuschließen." Als 1934 zwei „jüdisch versippte Corpsbrüder" auf Grund einer Anordnung des Nationalsozialistischen Deutschen Studentenbundes aus dem Corpsverband ausgeschlossen werden sollten, weigerte sich Suevia zusammen mit vier anderen von 104 Kösener Corps, dieser Anordnung Folge zu leisten, da sie mit „dem Treuegedanken nicht vereinbar war", und löste sich selber auf, um seinem Ausschluß aus dem Kösener Seniorenkonvent zuvorzukommen. K. H. C.

Corps-Zeitung des Corps Suevia zu Tübingen Nr.4, 1921; Howaldt 1931; Institut für Hochschulkunde Würzburg, Protokoll des H. K. S. C. V. 1921, S. 17 f.; Gaisburg-Schöckingen 1963; Hoffmann 1979.

2 Erinnerungsliteratur verbreitete den Mythos vom unbesiegten deutschen Soldaten

Regimentschronik; Alfred Vischer: Das 10. Württ. Infanterie-Regiment Nr. 180 in der Somme-Schlacht 1916; 20,8 x 14,3 cm; Stuttgart (Uhland'sche Buchdruckerei) 1917; 70 Seiten; Städtische Sammlungen Nr. 5222

Das Buch von Oberstleutnant Alfred Vischer über das von ihm kommandierte Tübinger Regiment deutet bereits im Titelmotiv die Funktion des Textes als Teil der im und nach dem Krieg verbreiteten Erinnerungsliteratur an. Sonnenstrahlen - Zeichen der Erscheinung Gottes oder des Herrschers - hinterfangen verklärend die Ruinen von „Schloss Thiepval" in Nordfrankreich: „Siegen müssen wir und das werden wir auch; denn wir kämpfen für eine gerechte Sache [. . .]!" Daneben gibt das Motiv einen Eindruck von den Auswirkungen des Stellungskrieges, den der Text

schildert: Durch fast pausenlosen Artilleriebeschuß verwandelten sich Dörfer und Felder in eine nahezu gleichförmige Trichterlandschaft. Für den Hausgebrauch ausklappbare Landkarten verdeutlichen die Topographie des Todes; Namen formen diese Welt zur Heimat: Feste Schwaben, Schwaben-Graben, Zollern-Graben, Mordio-Gasse.

Am 23. Juli 1916 hatte das Regiment den Befehl zum Besetzen der Stellung Thiepval bekommen, in der Nacht vom 6. auf den 7. Oktober wurde es abgelöst - dezimiert durch Trommelfeuer, Gaskrieg und Grabenkampf um wenige Kilometer Boden: „Jedermann hatte das stolze Bewußtsein, seine Pflicht in vollem Maße erfüllt und die Waffenehre rein und fleckenlos erhalten zu haben." Das Regimentsdenkmal an der Steinlachallee vermerkt: „Für's Vaterland starben 141 Offiziere und mehr als 3000 Unteroffiziere und Mannschaften." W. H.

3 Der Tod fürs Vaterland wurde als christlicher Opfergang beschrieben

Kriegschronik 1914-1918; „Artillerie-Verein Tübingen"; Christian Speyer für die „Geschäftsstelle Ehrengedenktafel" V. Himmel, Stuttgart; farbige Kreidelithographie, Tusche mit Feder; gerahmt 99 x 121 cm; Druck: Kunstinstitut Kolbe & Schlicht, Dresden; Stuttgart, Dresden, Tübingen undat. um 1929; Städtische Sammlungen Nr. 8701

In Altarform präsentiert das mit professioneller Schönschreibarbeit ergänzte Schmuckblatt die Gefallenen und die in den Weltkrieg gezogenen Mitglieder des Tübinger Artillerievereins. Wenn das gotisierende Rahmensystem auch nicht konsequent durchgeführt ist, so heiligt doch die Analogie zu Werken kirchlicher Kunst den profanen Zweck. St. Michael als Erzengel der Deutschen gibt dem Soldatenauszug gesamtreligiöse Sinnstiftung, während in den schmalen Streifen rechts und links die Totentrauer dargestellt ist: In den oberen Abschnitten sind Student, Bürger und Handwerker vereint, die unteren zeigen Frauen mit einem katholischen und einem evangelischen Pfarrer. Die querliegenden, friesähnlichen Bildfelder verweisen darauf, daß das Blatt von dem auf Militärszenen spezialisierten Stuttgarter Akademie-Zeichenlehrer Christian Speyer (1855-1929) für alle Waffengattungen zu Wasser, zu Lande und in der Luft konzipiert wurde; die Wappen der deutschen Staaten sollten eine reichsweite Verbreitung der Lithographie möglich machen. Obwohl das Blatt die Artillerie nur in Form eines schweren Maschinengewehrs darstellt, konnte es im Gasthaus „Zum Anker" (Belthlestraße 15) die Erinnerung an die heldische Zeit des 1908 gegründeten Vereins und an „Kameradentreue, Opferbereitschaft und Zusammengehörigkeitsgefühl" seiner etwa 80 Mitglieder wachhalten: Zum Bezirkskriegertag am 2. Juli 1933 marschierten die Veteranen zusammen mit der Stadtgarde zu Pferd, der Stahlhelmkapelle und den „nationalen Wehrverbänden" SA und SS durch Tübingen, alten und neuen Militarismus symbolisch verbindend. W. H.

Baum 1913; Löffler 1933.

4 Die NSDAP instrumentalisierte die Trauer um die Toten des Ersten Weltkriegs für ihre Wahlpropaganda

Plakat; „Nationalsozialist oder umsonst waren die Opfer", Aufdruck: „Reichstagswahl 1930, Liste 9"; Streiter Verlag, Fritz Tittmann, Zwickau; Graphiker H. Busch; 59,5 x 42,5 cm; Druckerei Carl Junghaenel, Zwickau; undat. 1928/30; Bayerisches Hauptstaatsarchiv München, Plakatsammlung Nr. 10249 (Foto S. 33)

Das NSDAP-Plakat zur Reichstagswahl 1928, hier in einer etwas kleineren Ausfertigung für die Septemberwahl 1930, greift mit dem Motiv des Stahlhelmträgers die seit dem Ersten Weltkrieg gängige Idealisierung des Soldaten auf. Der Rückgriff auf das „Volksgemeinschaftsgefühl" stiftende Bild schlägt eine Brücke von der kriegerischen Vergangenheit in eine ebensolche Zukunft. Nur ein erneuter Einsatz von Frontkämpfern, ein neuer Krieg, so suggeriert das emotional arbeitende Text-Bildplakat, macht die Niederlage von 1918 ungeschehen, nur die Wahl der Nationalsozialisten verspricht, die toten Soldaten des Ersten Weltkriegs zu rächen.

Mit diesem unmittelbaren Aufruf zur Revanche griff die NSDAP den nationalen Konsens der Weimarer Republik auf, nach dem die gefallenen Soldaten ihr Leben für das Vaterland geopfert hatten. Damit gehört es in den Zusammenhang einer Propaganda, mit welcher die NSDAP die auf einen Ausgleich mit den einstigen Kriegsgegnern angelegte „Erfüllungspolitik" des Weimarer „Systems" bekämpfte. Es unterscheidet sich gleichwohl von den üblichen NSDAP-Wahlplakaten der „Kampfzeit", die sich in ihren von der Arbeiterbewegung abgeschauten Propagandatechniken eher an die Arbeiter wandten, während dieses Plakat mit seiner nationalistischen Polemik vor allem an das national eingestellte Bürgertum gerichtet ist, das erst Ende der 20er Jahre als potentielle Wählergruppe von der Partei entdeckt wurde. B.S.

Paul 1990.

5 Auch die private Kriegserinnerung hielt den Mythos vom im Felde unbesiegten deutschen Heer aufrecht

Kriegs-Chronik 1914-1918;Gefallenen-Erinnerung an Fritz und Karl Kehrer, Lustnau;Farbdruck, Fotografie, farbige Tusche; gerahmt 49 x 62 cm; 1934; Städtische Sammlungen Nr. 8555 g

Das Erinnerungsbild ist eines jener privaten Kriegerdenkmäler, die - auch durch ihren halbindustriellen Charakter - die Bildsprache offiziöser Kriegsverarbeitung als Deutungsraster für die Trauer der Hinterbliebenen anbieten. Es besteht aus drei Elementen: Einem gedruckten Schmuckmotiv, zwei eingeklebten Porträtfotos der Toten und dem in professioneller Schönschreibarbeit hergestellten Text. Die Bildmotivik umfaßt beide Hauptphasen des Ersten Weltkriegs. Denn die in monumentaler Isolation wie auf Sockeln stehenden Soldatenfiguren geben die Charakteristika

der Infanterie vor und während des Stellungskriegs Ende 1916 wieder. Während der links stehende Soldat mit Pickelhaube, Stiefeln und Gewehr den Beginn des Kriegs markiert, steht der andere für die Zeit des Grabenkriegs und die Kriegsführung mit Gasmaske, Handgranate, Bajonett und Stahlhelm. In kleinerem Maßstab - und dadurch die Monumentalität der Figuren unterstreichend - zeigt die dazwischenliegende Szenerie einen Sturmangriff mit begleitendem Sperrfeuer aus einem deutschen Graben. In diesem überpersönlichen Rahmen erscheint die Biografie der Brüder Kehrer als knappes Heldenleben: Fritz Kehrer, Jahrgang 1891, gestorben als Unteroffizier im Infanterieregiment Nr.180 im Tübinger Lazarett, Karl Kehrer, Jahrgang 1896, bei Bapaume in Nordfrankreich gefallen als Gefreiter desselben Tübinger Regiments. Der letzte Satz des Urkundentextes verdeutlicht die spätere Einbindung dieses Heldenkults in nationalsozialistische Militärpolitik: „Die Angehörigen erhielten 1934 das Ehrenkreuz für Kriegshinterbliebene". W. H.

6 Nationalsozialistische Bekundungen der Studentenverbindungen verhinderten deren Verbot nach 1933 nicht

Kriegerdenkmal; Mittelstück des Ehrenmals für das Conventszimmer des Corps Saxonia: „Für Deutschland starben im Weltkrieg"; H. Wirsing-Solln; Flachrelief in Keramik, Glasur dunkelorange, matt glänzend; 59 x 59 x 7 cm; Einweihung am 5. 7. 1934; Städtische Sammlungen Nr. 8663 (Dauerleihgabe AV Saxonia)

Neben dem Korporationshaus hatte die Saxonia 1922 ihren 50 Gefallenen einen Adler als Denkmal gesetzt, beim 60. Stiftungsfest kam 1934 im Innenraum ein zweites hinzu. Das Bildmotiv und, darunter, eine lorbeergeschmückte Platte mit der Mahnung „Exoriare aliquis nostris ex ossibus ultor" (Aus unseren Gebeinen wird ein Rächer sich erheben) war triptychonartig von Namenstafeln umgeben. Dem Schwur gibt das antikisierende Relief Ausdruck: Während ein frontal gegebener nackter Mann, die Rechte mit dem Schwert vors Geschlecht haltend und die Linke zum Eid erhoben, raumgreifend für das soldatische Prinzip steht, wird rollenspezifisch Trauer durch eine verschleierte Frauenfigur ausgedrückt. Das Denkmal zielt auf aktuelle Politik: In einer Situation, in der der Bestand aller Verbindungen akut bedroht war, verwies Saxonia noch einmal auf ihre nationale Einstellung und ihre Opfer.

Denn im Krieg wie gegen die Revolutionäre in Stuttgart, Augsburg und München hatte man „wacker mitgeholfen, die Ordnung wieder herzustellen". Das Zaudern der SPD-Regierung bei der Niederschlagung der Revolution führte dann letztlich - „trotz schwerer innerer Kämpfe" bei manchen - dazu, daß sich Saxonia „zum Nationalsozialismus und vor allem zu dem großen Führer Adolf Hitler bekennen konnte, weil die Entwicklung der Gesamtkorporation von jeher von Gedanken getragen war, die Idealen zustrebten, deren Verwirklichung zu den Grundlagen des Nationalsozialismus gehört." Das Verbot 1936 verhinderten solche Loyalitätsbekundungen nicht. W. H.

Rumpf 1934.

Das republikanische Tübingen

1 „Die ‚Lustnauer Schlacht' war eine Schlacht um die Republik"

Flugblatt; „Zum Vortrag Gumbel"; Otto Koch, Vorsitzender des Ortskartells der Vereinigten Gewerkschaften Tübingen; Druck auf Zeitungspapier; 32 x 18,6 cm; Druckerei Tübinger Chronik; 8. 7. 1925 (?); Universitätsarchiv Tübingen 119/305

Mit dem Flugblatt, das vermutlich am 8. Juli 1925 erschien, nahm der Ortskartellvorsitzende der Tübinger Gewerkschaften, Otto Koch, zu den Vorgängen Stellung, die später als „Lustnauer Schlacht" bekannt wurden. Der Heidelberger Hochschullehrer und Mathematiker Emil Julius Gumbel war von der kleinen Tübinger „Arbeitsgemeinschaft Sozialistischer Akademiker" und dem Gewerkschaftskartell zu einem Vortrag über „Deutschland und Frankreich" eingeladen worden. Die angekündigte Veranstaltung wurde durch mehrere hundert nationalistische Studenten unter Führung des republikfeindlichen „Hochschulrings Deutscher Art" massiv gestört. Nachdem die Ansprache infolge einer Saalschlacht im ursprünglich vorgesehenen Lokal „Hirsch" abgebrochen werden mußte, kam es auch vor der „Krone" in Tübingens Arbeitervorstadt Lustnau, wohin man ausweichen wollte, zu Schlägereien zwischen republikanischen Arbeitern und nationalistischen Studenten. In der Folge wurden die Ereignisse ausführlich in der Presse diskutiert. Die Organisationen der Tübinger Arbeiterbewegung mußten sich mit einer regelrechten Kampagne nationaler Kreise auseinandersetzen. Lediglich die liberale „Tübinger Chronik" und die sozialdemokratische „Schwäbische Tagwacht" stellten die Vorgänge objektiv dar; in der „Tübinger Zeitung" und anderen rechten Blättern wurden die Provokationen der Studenten dagegen mit dem Hinweis auf Gumbels pazifistische Einstellung und seine jüdische Abstammung gerechtfertigt. M. H.

Arbeitertübingen, S. 162ff.

8 Die kleine universitätsstädtische Arbeiterbewegung kämpfte auch mit ihren kulturellen Vereinen für den Sozialismus und gegen die Reaktion

Mokkatasse mit Untertasse; Manufaktur H. Baensch, Lettin bei Halle; Porzellan; Tasse 4 x 6 cm, Untertasse 1,6 x 11,7 cm; Emblem des Deutschen Arbeiter Sängerbunds D.A.S. und Widmung an Frida Schittenhelm in Muffelmalerei; undat. um 1930; Städtische Sammlungen Nr. 8070

Das dünne und in den 20er Jahren teure Porzellan unterscheidet die Mokkatasse mit Untertasse von Gebrauchsgeschirr aus der gleichen Zeit. Als Gegenstand des nicht alltäglichen Gebrauchs ist sie jedoch vor allem durch die in Muffelmalerei aufgebrachten Verzierungen erkennbar. Das in den Farben der Republik aufgebrachte Emblem des Deutschen Arbeiter Sängerbunds mit den Sozialistensternen verweist auf die politischen Ziele des Verbandes als Teil der organisierten Arbeiterklasse. Dem entspricht auch der Name des Tübinger Vereins, der 1927 von „Männergesangverein Frohsinn" in „Arbeitergesangverein" umbenannt worden war - dadurch wurde deutlicher die soziale Stellung ausgedrückt und der Tatsache Rechnung getragen, daß bereits seit 1919 Frauen mitsangen. Es ist unbekannt, wann Frida Schittenhelm - Tochter eines Schuhmachers und Ehefrau eines Metallarbeiters - eintrat. Zwischen 1927 und 1933 muß sie jedoch geehrt worden sein für mehr als 15jährige Mitgliedschaft (Männer bekamen für den gleichen Anlaß verzierte Biergläser).

Die Spaltung der Arbeiterparteien wirkte sich auch hier aus: 1929 traten viele Sozialdemokraten aus dem „Frohsinn" aus, um neben dem - nun durch ihren Mann Ernst Schittenhelm - kommunistisch geführten Verein einen eigenen mit Namen „Vorwärts" zu gründen. W.H.

Arbeitertübingen, S.177-186.

Das abgebildete Bücherverzeichnis zeugt von dem großen Bildungswillen in der Arbeiterbewegung. Einen fast regelmäßigen Tagesordnungspunkt in den Kartellausschußsitzungen der Vereinigten Gewerkschaften bildete der Aufbau einer eigenen Bibliothek. Sie entstand, als Ende 1929 die Büchereien der Einzelverbände in der damaligen Handelsschule (heute Melanchthon-Schule) untergebracht wurden; ein eigenes Gewerkschaftshaus besaß man noch nicht.

Das Bücherverzeichnis, zur Einweihung der Bibliothek am 17. November 1929 in einer Auflage von 1000 Stück erstellt, enthält etwa 800 Titel, unterteilt in die Abschnitte: A. Geschichte, Kulturgeschichte, Philosophie, Lebensbeschreibungen (3 S.); B. Arbeiterbewegung, Volkswirtschaft, Sozialpolitik, Gesetzeskunde (3 1/2 S.); C. Naturwissenschaft und Technik (3 S.); D. Länder- und Völkerkunde, Reisebeschreibungen (1 S.); E. Unterhaltende Literatur, Klassiker usw. (8 1/2 S.).

Die Lesekarte - hier die des langjährigen Schriftführers des Kartells, Heinrich Kost - berechtigte zur Bibliotheksbenutzung. Die auf der Rückseite abgedruckte „Bücherei-Ordnung" regelte die Ausleihe-Modalitäten. M.H.

Arbeitertübingen, S.177-186; Warneken 1988.

9 Die Mitglieder der organisierten Arbeiterbewegung errichteten eine Bibliothek, um die ihnen vorenthaltene Bildung zu erwerben

Bücherverzeichnis der Vereinigten Gewerkschaften Tübingen und Lesekarte Heinrich Kost; Papier; 19,3 x 13,6 cm und 11,7 x 14,8 cm; November 1929; Städtische Sammlungen Nr. 5489

10 Der wirtschaftliche Boykott gegen die Juden begann bereits 1933, als die Stadt Tübingen ihre Verbindungen zur Weilschen Bank löste

Firmenschild; „Kassenstelle der Bankcommandite Siegmund Weil"; Metall, Email; 29,7 x 59,7 x 2,5 cm; undat. um 1925; Städtische Sammlungen Nr. 7331

Dem Schrifttyp nach in den 20er Jahren entstanden, datiert das ausgeflickte Email-Schild aus der Blütezeit der Weilschen Bank, von deren Stammhaus in Hechingen aus 1865 eine Filiale in Tübingen gegründet worden war. Es bezeichnete eine ihrer zwanzig Agenturen, die nach Ankauf der Wilhelmstraße 22 durch Siegmund Weil und Gründung seiner Bankkommandite eröffnet werden konnte. Die Firma wurde eine der führenden Regionalbanken Württemberg-Hohenzollerns, ihrem Inhaber 1918 das Verdienstkreuz für Kriegshilfe verliehen, Ehrenämter als Handelsrichter am Landgericht und im Vorstand des Württembergischen Bankierverbands übertragen. Oberbürgermeister Scheef gratulierte 1931: „Sie haben sich jederzeit bewährt als Bürger von hervorragendem Gemeinsinn und haben zu Ihrem Teil jederzeit dazu beigetragen, das allgemeine Wohl zu fördern." 1933 endete die Zusammenarbeit mit der Stadt: „Nachdem uns bekannt geworden war, dass von Fraktionsseite der N.S.D.A.P. auf eine Lösung der Beziehungen hingewirkt wurde, nehmen wir, um einer uns schädigenden Diskussion aus dem Wege zu gehen, Veranlassung [. . .] die langjährigen Beziehungen mit der Stadtgemeinde, wenn auch mit Bedauern, aufzugeben." Im November 1933 emigrierte Siegmund Weil mit Familie nach Zürich, von dort 1941 in die USA, wo er am 21. Oktober 1941 starb. W. H.

Stadtarchiv Tübingen A 150/1682; Zapf 1978.

11 Erinnerungsstücke an die jüdische Familie Hayum als Arbeitgeber

a Theodor Friedrich: Goethes Märchen; Papier, leinengebunden, bedruckt; 15,2 x 10,2 x 1,2 cm; Reclam-Verlag Leipzig; 1925; Privatbesitz
b Konfektschale; Messing, maschinengepreßt, Henkel gegossen, am Fuß Reste von Versilberung; Höhe 8 cm, Durchmesser 28,7 cm; undat. Ende 19. Jh.; Privatbesitz
c Blumenvase; Milchglas, formgeblasen, mit Abriß, auspoliert; Höhe 16,6 cm, Durchmesser 10,6 cm; undat. Ende 19. Jh.; Privatbesitz

Regelmäßig zu festlichen Anlässen wie Geburtstag und Weihnachten schenkte Hermine Hayum den lesebegeisterten Töchtern ihres ehemaligen Kindermädchens schöne Literatur. Sie bedankte sich damit für die liebevolle und zuverlässige Pflege der fünf Kinder der Familie. Neben orientalischen Märchen wie „Der Fliegende Teppich" fand sich auch einmal der kleine Sammelband „Goethes Märchen" im Geschenkpaket, den die Töchter trotz des schwierigen Inhalts „verschlangen". Die anderen Geschenke hatten eher den Charakter des Ästhetisch-Nützlichen und nahmen Formen des bürgerlichen

Geschmacks in billiger Ausführung auf. Die Messingschale mit naturalistisch als Weinlaub geformten Griffen stand auf einem Buffet und wurde als Brief- und Dokumentenschale benutzt. Heute ist sie noch immer als Wandschmuck in Gebrauch. Ein weiteres Geschenk war eine Vase mit einem wellig gekniffenen Lippenrand und den Resten einer Streublümchenmalerei. Die alltägliche Benutzung der Geschenke hält die Erinnerung an Hayums bis heute wach. E. K.

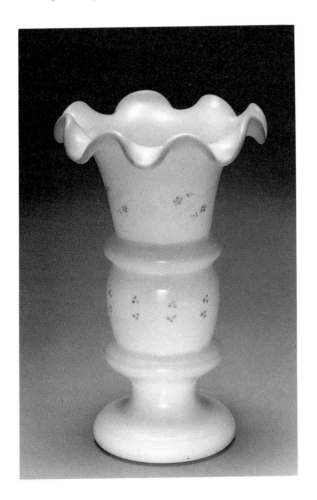

12 Der demokratische Stadtvorstand verkörperte scheinbar unpolitische Verwaltungsarbeit, auch über den Machtwechsel hinweg

Porträt Oberbürgermeister Adolf Scheef; Bernhard Schneider-Blumberg; Öl auf Leinwand; gerahmt 107,5 x 87,5 cm; sign. und dat. u.l. Schneider-Blumberg 1940; Städtische Sammlungen Nr. 1704

Die mit dem Ehrenbürgerrecht verbundene Verabschiedung von Adolf Scheef, der von 1927 bis 1939 Stadtvorstand gewesen war, gab Anlaß, eine Galerie der Amtsträger anzulegen. Hatte sich bis 1940 nur noch ein Bildnis aus dem 19. Jahrhundert erhalten, wurden nun nicht nur Scheefs, sondern auch die Porträts seiner Vorgänger Gös und Hausser von dem auf der Reichenau lebenden Schneider-Blumberg, ehemals Schüler der Akademie Karlsruhe, gemalt - erstere posthum nach Fotografien, Scheefs Bildnis wohl nach dem Leben. Das Ratsprotokoll vom 23. Juni 1941 verweist „auf den neu hergerichteten Sitzungssaal [. . .], der mit dem Bild des Führers und den Ölgemälden der früheren Oberbürgermeister: Bierer, Gös, Dr.h.c. Hausser und Scheef ausgeschmückt wurde."

Adolf Scheef, einst „linker Flügelmann der schwäbischen Demokraten", Landtagsabgeordneter der DDP und Mitglied im Reichsbanner, hatte sein Amt über die Zeit der nationalsozialistischen Machtübernahme und der Konsolidierung des Regimes unangefochten geführt. Als pragmatischer Verwaltungs- und Finanzspezialist hatte er sich auch unter der nach dem Führerprinzip arbeitenden Gemeindeordnung in „gewohnter Sachlichkeit und Sorgfalt" getreu dem Motto „Gemeinnutz geht vor Eigennutz" für die Interessen der Stadt eingesetzt: „Ihr Name wird immer mit der Zeit des grossen Aufbaus, einer Zeit gewaltigster Erfolge verbunden sein", hieß es bei der Ehrung. Zusammen mit den Bildnissen Hitlers im Rathaus und der Beflaggung davor bildete die begonnene Galerie eine sinnfällige Darstellung der staatlichen Ordnung und ihrer widersprüchlichen Kontinuität. W. H.

Schönhagen 1991, S.99ff.

13 Die künstlerische Moderne versuchte, demokratische Kulturformen zu entwickeln und war doch · so sie nicht verboten wurde · anpassungsbereit

Schreibsekretär; Adolf Gustav Schneck; Nußbaumfurnier, Streifenmahagoni; 120 x 80 x 54 (aufgeklappt 96,5) cm; Dresden-Hellerau, Deutsche Werkstätten; 1928; Städtische Sammlungen Nr. 5589

Die beiden Stücke gehören zu dem bei der Werkbundausstellung auf dem Stuttgarter Weissenhof erstmals gezeigten Programm maschinengearbeiteter Möbel, die Schneck 1926 entworfen hatte. Entsprechend den Leitideen des Werkbunds zielte die „Billige Wohnung" auf die sogenannten breiten Bevölkerungsschichten mit ihrem knappen Wohnraum. Die Möbel sollten schlicht und zweckmäßig, leicht zu bewegen, pflegeleicht und von hoher Verarbeitungsqualität sein. Allerdings wurde für den Sekretär als Außenfurnier Nußbaum, für Schubladen, Abstellplatz und Innenwandung Streifenmahagoni gewählt. Die 1927 auf der Weißenhofausstellung gezeigten Möbel dagegen waren aus Kostengründen ganz mit schwarz gebeizter und mattierter Eiche furniert. So kostete das Wohnzimmer in Eiche 831, in Nußbaum jedoch rund 1000 Mark.

Die anvisierten Käufer dieses Mobiliars - etwa ein gelernter Arbeiter mit durchschnittlichem Einkommen von 180 bis 200 Mark - mußten also fünf Monatsgehälter aufbringen, um sich auch nur das Wohnzimmer leisten zu können. Von solcher Abkehr von den modellhaften Vorstellungen des Werkbundes und des Bauhauses legt auch die Geschichte dieser Möbel Zeugnis ab. Die Dresdner Lehrerfamilie Witwer, der Reformpädagogik der 20er Jahre verpflichtet, erwarb 1928 das Wohnzimmer der „Billigen Wohnung". Der Ankauf bedeutete, so sehr er auch gewünscht war und der aufgeschlossenen Haltung seiner Besitzer entsprach, eine hohe finanzielle Belastung durch Ratenzahlung über zehn Jahre hinweg. 1939 zogen die Witwers nach Tübingen um und brachten ihre Schneck-Möbel mit. T. Me.

Metzen 1988.

Aufstieg der NSDAP

14 Die NSDAP war 1923 ein Verband unter anderen rechtsradikalen Verbänden, von den Behörden weitgehend unbehindert

Auszug aus der Zeitungsausschnittsammlung der Presseabteilung des Württembergischen Staatsministeriums; Serie: „Aus der nationalsozialistischen Bewegung in Württemberg"; Schwäbische Tagwacht; Rotationsdruck; Stuttgart 4.-25.5.1923; Hauptstaatsarchiv Stuttgart E 130a Bü 1457

Aus der Nationalsozialistischen Bewegung in Württemberg.

VI.

Nationalsozialisten und Schutzpolizei.

In der von uns veröffentlichten Artikelserie über die nationalsozialistische Bewegung in Württemberg haben wir bereits auf das Bestehen enger Beziehungen zwischen Angehörigen der Schutzpolizei und den Mitgliedern nationalsozialistischer Sturmabteilungen hingewiesen. Nähere Mitteilungen unterblieben unsererseits, um zunächst abzuwarten, was behördlicherseits auf die von uns erfolgten Mitteilungen an zuständiger Stelle zur Klärung der Sache geschieht. Wie nicht anders zu erwarten war, wird auch hierbei wieder nach den alten Methoden zu verfahren versucht. Handelt es sich um Verfehlungen von Offizieren, Mannschaften oder Beamten zugunsten der Rechtsreaktion, werden sie zunächst abgestritten, so lange es geht, ist dies nicht mehr möglich, dann wird alles möglichst für harmlos und unbedeutend erklärt; geht es aber nach links, wird tage-, wochen- und monatelang untersucht, aufgebauscht und rücksichtslos durchgefahren. Da die von uns gemeldeten Vorgänge nicht abgestritten werden können, versucht man sie als möglichst harmlos und vor allem als Einzelerscheinungen hinzustellen. Das zwingt uns, an dieser Stelle in aller Oeffentlichkeit deutlicher zu werden, da wir keine Lust haben, uns mit verbindlichen, aber zu nichts verpflichtenden Redensarten abspeisen zu lassen.

Bei den von uns in der „Tagwacht" gemachten Andeutungen handelt es sich um Vorgänge bei der staatlichen Schutzpolizei in Geislingen und Tübingen. Zunächst soll nur der erste Fall hier behandelt werden. In Geislingen liegt ein Kommando der Schutzpolizei unter Führung eines Leutnants Schneider. Dieser junge, schneidige Herr steht in engster Fühlung zu rechtsgerichteten Kreisen und besonders zu den führenden Personen der Sturmabteilung der Nationalsozialistischen Deutschen Arbeiterpartei. Im Zusammenhang damit wurden auf Veranlassung dieses Herrn Schneider Angehörige des Sturmtrupps in der Handhabung von Schußwaffen ausgebildet, ferner soll nach der uns gewordenen Mitteilung eine Anzahl dieser jungen Herren am Scharfschießen der Mannschaften teilgenommen haben. Da die Mannschaften sich verschiedentlich sträubten, den Befehlen des Herrn Leutnants Folge zu leisten, versuchte er schon damals, der Sache eine möglichst harmlose Deutung zu geben mit der Bemerkung, es handelt sich um junge Leute vom Bismarckbund, die auf Anordnung der Regierung ausgebildet werden sollen in der Absicht, sie im Notfall als Stütze der legalen Polizeitrup-

pen verwenden zu können. Auch wenn diese Begründung richtig sein sollte, kann aus der Tatsache, daß es sich dabei um politisch rechtseingestellte Personen handelt, ohne weiteres geschlossen werden, daß dieser „Notfall" sich nach links richtet. Um dieser „harmlosen" Begründung mit dem „Bismarckbund" und anderem von vornherein zu begegnen, sind wir genötigt, heute schon etwas tiefer in unsere Mappe zu greifen und auf frühere Vorgänge hinzuweisen, die die enge Verbindung des Leutnants Schneider mit den Nationalsozialisten sofort klarstellen.

Anläßlich der Zusammenziehung der nationalsozialistischen Sturmabteilungen in München sollte auch ein Extrazug aus Württemberg die Teilnehmer nach München bringen. Im Zusammenhang damit gab Herr Schneider den Beamten des ihm unterstellten Kommandos bekannt, daß es ihm durch seine Beziehungen möglich sei, Beamten, die Lust hätten, mitzufahren, einen Platz in dem nach München fahrenden Zug zu besorgen.

Die Verbindungen des Herrn Schneider mit den Nationalsozialisten sind aber älteren Datums und die Kenntnis der hier geschilderten Vorgänge geben jenen Ereignissen, die im Zusammenhang mit dem Einfall der Hitlerschen Banditengarde in Göppingen stehen, ein ganz anderes Gesicht. Uns ist schon länger bekannt, daß der Führer des Geislinger Kommandos der Schutzpolizei, das bekanntlich in Göppingen eingesetzt wurde, ein recht eigenartiges Verhalten an den Tag gelegt hat. Damals wurde, wie bekannt, der Münchener Sturmtrupp auffallend entgegenkommend behandelt, man führte auf Umwegen die Hitlergarde zum Bahnsteig und brachte sie, anstatt sie zu entwaffnen und zu verhaften, mit Aufwendung vieler Sorgfalt in den Münchener Schnellzug und ließ diese Gesellschaft so im Besitz aller Waffen, wie eine gleichberechtigte Macht abziehen. Für dieses Verhalten wurde damals die Erklärung abgegeben, daß der Führer der Schutzpolizei erklärt hätte, die ihm zur Verfügung stehende Mannschaft, einschließlich der Göppinger Schutzmannschaft, sei zu einem aktiven Vorgehen gegen die Münchener Sturmabteilung zu schwach. Der Führer der Schutzpolizeitruppe, der Oberamtmann und der Polizeikommissar verlegten sich unter dem Eindruck dieser Erklärung aufs Verhandeln mit den Nationalbolschewisten, die dann auch unter den für die Regierung geradezu beschämenden Bedingungen aus Göppingen abziehen konnten.

Die Lösung für dieses rätselhafte Verhalten des Führers der Polizeitruppe ist leicht gefunden, wenn man sich der Tatsache bewußt wird, daß dieser derselbe Polizeileutnant Schneider ist, der im engsten Verhältnis zu den Nationalsozialisten steht und damals schon gestanden hat.

Wir haben unseren Feststellungen heute nicht mehr viel hinzuzufügen, möchten aber auf eine andere, sehr eng damit zusammenhängende Seite dieser Sache hinweisen. Anläßlich der Göppinger Vorgänge hat durch das Landespolizeiamt eine umfangreiche Untersuchung stattgefunden. Wir gestatten uns die Anfrage, ob diese Untersuchung nicht auch auf die Frage ausgedehnt worden ist, warum man damals die Münchener Sturmabteilung so aus Göppingen herausgelassen hat. Wenn dies der Fall ist, warum hat sich die Polizeiverwaltung und die vorgesetzte Behörde des Polizeileutnants Schneider mit den wenig einleuchtenden Erklärungen Schneiders einfach abgefunden? Ist der Untersuchungsbehörde nicht bekannt geworden, daß dieser Leutnant Schneider beim Eintreffen auf dem „Kriegsschauplatz" in Göppingen seine Mannschaft sofort in Richtung gegen die eigene Landesbevölkerung und nicht gegen die Münchener Banditen in Stellung gehen ließ, und daß im Zusammenhang damit nur durch das Verhalten des städtischen Polizeikommissärs größeres Unglück verhütet worden ist? Ist der Untersuchungsbehörde nicht bekannt geworden, daß der Leutnant Schneider auf der einen Seite die Polizeibeamten aufforderte, rücksichtslos auf die Göppinger Bevölkerung einzuhauen, und daß er andererseits am Bahnsteig in Göppingen sich in der herzlichsten Weise durch Händedruck von den Münchener Nationalbolschewisten verabschiedete? Und wenn ja, wie war es möglich, daß dieser Polizeioffizier auch nur eine Stunde länger im Dienst bleiben konnte?

Bereits ein knappes Jahr nach dem ersten Auftreten der NSDAP in Württemberg warnte die sozialdemokratische „Schwäbische Tagwacht" vor dem staatszersetzenden Charakter der neuen „Bewegung". Im Mai 1923, kurz vor den Reichstagswahlen, informierte sie ihre Leser in acht Folgen differenziert über den militärischen Aufbau, die mittelständische Zusammensetzung und die konservativen, deutschnationalen Geldgeber und Förderer der Partei. Ausdrücklich warnte sie vor einer Unterschätzung der „Bewegung". Insbesondere wies sie auf die Verbindungen zwischen NSDAP und Reichswehr bzw. Polizei hin, deren Mitglieder „wie in Tübingen, unter stillschweigender Zustimmung ihrer Vorgesetzten zum Dienst mit dem Hakenkreuz geschmückt erscheinen dürfen". „Es ist höchste Zeit, diese Vorgänge mehr ins Licht der Öffentlichkeit zu rücken". Die Führer der Tübinger „Rechtsbolschewisten" werden namentlich genannt ebenso die der nationalistischen Parallelorganisationen: Dietrich von Jagow und Gustav Petzold, der als Teilhaber der Buchhandlung Osiander den Kontakt zu den national eingestellten Kreisen des Tübinger Bürgertums herstellte. Die beiden Weltkriegsoffiziere übten eine Art Gelenkfunktion zwischen den traditionellen rechtsradikalen Verbänden wie der Organisation Consul oder der Marinebrigade Ehrhardt und der neuen „Bewegung" aus. Jagow machte als SA-Gruppenführer in Berlin Karriere, 1941 wurde er deutscher Gesandter in Budapest. Petzold bekam 1938 Schwierigkeiten mit der Partei. B. S.

Schönhagen 1991, S. 38ff.

ten, Schüler und Lehrlinge. Kein Mitglied zählte mehr als 50 Jahre. Arbeiter gab es unter den Tübinger Mitgliedern der Nationalsozialistischen Deutschen Arbeiterpartei nur zwei. Mehrere Mitglieder waren wie Gustav Petzold und Dietrich von Jagow - ehemalige Weltkriegsoffiziere und Freikorpskämpfer - auch in anderen rechtsradikalen Verbänden, etwa dem Nationalverband deutscher Offiziere, aktiv. B. S.

Schönhagen 1991, S. 38ff.

15 Von Anfang an rekrutierte die NSDAP in Tübingen ihre Mitglieder überwiegend aus dem bürgerlichen Mittelstand

Verzeichnis der Tübinger Mitglieder der NSDAP; Abschrift; Akten der Polizeidirektion Tübingen; Schreibmaschine auf Papier; DIN A 4; Tübingen 23.11.1923; Stadtarchiv Tübingen E 104-92/1

Auch in Tübingen entwickelte sich die NSDAP erst mit der Weltwirtschaftskrise Ende der 20er Jahre zu einer Massenpartei. Dennoch hatte die bereits im Februar 1923 gegründete Ortsgruppe vor dem Parteiverbot vom November desselben Jahres regen Zulauf. Sie rekrutierte ihre Mitglieder vor allem aus bürgerlichen Kreisen, wie das vorliegende Mitgliederverzeichnis zeigt. Unter den 189 Tübinger Parteimitgliedern dominierte der Mittelstand, insbesondere Angestellte und Beamte neben selbständigen Kaufleuten. Auffallend ist die Zahl von 14 Ärzten sowie das niedrige Alter der Mitglieder, insbesondere Studen-

16 Bereits zwei Jahre vor der Machtübernahme unterstützte die Tübinger Geschäftswelt die Parteipresse der NSDAP

Zeitungsbeilage; „Tübinger Beobachter", Sonderbeilage des „NS-Kurier"; Papier, Druckfarbe; 41 x 28 cm; Stuttgart 20. und 27. 6. 1931; Württembergische Landesbibliothek Stuttgart

„Tübingen im Zeichen des Erwachens!" - unter dieser Schlagzeile, mit Hakenkreuz und dem Stadtwappen versehen, finanzierten über 70 führende Tübinger Firmen und Geschäfte im Juni 1931 - an zwei aufeinanderfolgenden Wochenenden - mit ihren Anzeigen eine vierseitige Sonderbeilage des Stuttgarter NS-Kuriers. Das überregionale Parteiorgan erschien damals gerade seit einem halben Jahr, mit einer Auflage von rund 10.000 Exemplaren.
Die Werbekampagne demonstrierte auf einem Höhepunkt der Wirtschaftskrise - wenige Tage zuvor waren zwei führende deutsche Banken

Tübingen
im Zeichen des Erwachens!

Tübinger an die Front!

Von Hans Reeder

Auch aus entwölkter Höhe
Kann der zündende Donner schlagen;
Darum in deinen glücklichen Tagen
Fürchte des Unglücks tückische Nähe!
Schiller

Etwas abseits vom Weltgetriebe liegt Tübingen, fast noch unberührt von der modernen Zivilisation. Jener romantische Zug, der dem Studentenleben vergangener Tage einen unwiderstehlichen Anreiz verlieh, ist heute noch nicht ganz aus den winkligen Straßen der alten Universitätsstadt, die in ihrer malerischen Lage einen Vergleich mit allen Musenstädten aushalten kann, verbannt. Es ist daher verständlich, daß hier das Korporationsstudententum einen besonders günstigen Boden besitzt. Doch gilt es für den Tübinger Studenten, einerseits nicht die Verbindung zur Tübinger Bevölkerung abreißen zu lassen, sie im Gegenteil fester zu knüpfen, andererseits nicht den Blick zu verlieren für die großen Geschehnisse, die für Deutschlands Schicksal von ausschlaggebender Bedeutung werden können, ja müssen.

Auch bei den Studenten spricht man häufig von Volksgemeinschaft. Bei allen Parteien redet man ja heute davon. Verwirklichung der Volksgemeinschaft ist aber nicht möglich dadurch, daß immer von der Ueberbrückung der Gegensätze gesprochen wird. Die Gegensätze müssen wirklich beseitigt werden. Daß muß auch der deutsche Student begreifen, will er jene Vorurteile beseitigen, die bisher allzu oft Berechtigung gehabt haben. Der deutsche Akademiker soll Arbeiter unter Arbeitern werden. Im wahrhaftigen Arbeiter wird, in der Einheit aller geistig und körperlich schaffenden Deutschen, liegt unsere nationale und sozialistische Zukunft begründet.

Sozialismus hat nichts mit Enteignung zu tun. Er schaltet aber die Elemente aus, die im Eigennutz wurzeln, die das nationale, pflichtbewußte Eigentum rauben zugunsten des internationalen Leihkapitals, das heute den städtischen und bäuerlichen Mittelstand vernichtet, dem Handarbeiter aber die Möglichkeit zum Aufstieg nimmt. Der Gegensatz zwischen ungeheurem Reichtum der Rassenden und völliger Verelendung der Schaffenden (bedingt durch Tribute, Inflation, Steuerballonismus, Zinsknechtschaft u. dgl.)

ist der Fluch von Anschauungen, die das Wohl des einzelnen als die Voraussetzung für das Wohl des vagen Begriffs Menschheit betrachten. „Gemeinnutz vor Eigennutz", dieser Satz, der Ausdruck deutschen Denkens und Fühlens ist, ist Grundlage einer Volksgemeinschaft, die ihre Berechtigung aus Blut und Boden herleitet.

Gerade Tübingen, das noch frei ist von jenem zersetzenden Geist der Mammutstädte, sollte für diese Erneuerung des Volkes einen guten Boden abgeben. Das Schwabenvolk war ein kulturschöpferisches Element im Deutschen Reich. Schwabenzeit und Preußengeist, in ihrem wahrsten Sinn, dürfen keine Gegensätze sein. Stolz auf seine Vergangenheit kann und darf der Württemberger nicht abseits stehen. Wir sind alle Glieder eines Volkes. Man hüte sich deshalb davor, zu glauben, daß Württemberg nicht von irgendwelchen „Luderwirtschaft" betroffen würde, wenn hier von den verschiedensten politischen Regierungen jederzeit gewissenhaft und sachlich verwaltet worden ist (Rede des Tübinger Oberbürgermeisters und Demokraten Scheef im Landtag am 12. Juni). Wenn auch in Württemberg Korruptionsfälle kaum zutage getreten sind, so bleiben doch die unerhörten Vorkommnisse, die seit Jahren die anständigen Deutschen in helle Empörung versetzen, von denen Herr Scheef seiner Rede nach recht wenig bemerkt zu haben scheint, nicht ohne Rückwirkung auf alle deutschen Lande. Parteibuchbeamtentum (Herr Scheef will auch daran nichts wahr haben) wirkt demoralisierend auf das ganze Reich. Allmählich müßte doch jedem die starke Verflechtung von Reichs-, Landes- und Gemeindepolitik (Tribute, Steuerschraube) klar geworden sein. Wenn die Unruhen plündernder Kommunisten weiter forschreiten — und nach Ablehnung der Reichstagseinberufung ist das leider zu befürchten —, wird auch Tübingen es nicht leicht haben, gänzlich verschont zu bleiben. Vielleicht werden dann Herr Scheef und die so oft auf „Ruhe und Ordnung" bedachte Bürger besorgt nach den sonst so verabscheuten Nazis rufen, damit diese das schlimmste verhüten helfen.

Der deutsche Mittelstand, insbesondere auch diejenigen, die aus Berufsrücksichten glauben, heute noch unbedingte Neutralität wahren zu müssen, werden dem Nationalsozialismus eines Tages noch Dank wissen, daß er den einzigen Damm gegen den Bürgerkrieg und das Chaos bildet wird. Können doch die jetzigen kommunistischen Plünderungen und Unruhen leicht den Anfang bilden von Auseinandersetzungen, bei denen der Bauer Haus und Hof, der Mittelständler seine Lebensexistenz, der Arbeiter völlig seine Arbeitsstätte und der Beamte sein Gehalt verliert. Der Nationalsozialismus will verhindern, daß flammende Bauernhöfe, geplünderte kleine Läden, gänzliche Arbeitslosigkeit und offener Straßenterror das Symbol eines sterbenden Deutschlands wird, während die internationale Hochfinanz von überall her Dritter weiter ihre Tresors aus der mitteleuropäischen Sklavenkolonie füllen kann.

Glaube man nicht, daß sich über Württemberg das Gewitter nicht so schnell entladen werde. Schneller schlägt der zündende Blitz ins deutsche Haus, und damit auch in die württembergischen Kammern mit dem friedlichen Tü-

bingen, als man denkt, wenn sich nicht alle Deutschen besinnen. Württembergs Lage mag noch um ein Geringes besser sein als die anderer deutscher Länder, einem allgemeinen Zusammenbruch wird es für sich allein nicht steuern können. Schwaben, ja Tübingen ist mit dem Schicksal des Reichs auf Gedeih und Verderb verbunden. Darum sollte auch die von Geschichte bisher noch unbehelligte Musenstadt sich nicht darauf beschränken, von ihrer gewiß großen und ruhmreichen Vergangenheit zu zehren. Zwar sagt man gerne, in Tübingen würden nicht Deutschlands Geschicke gemeistert. Aber wollte jeder so denken, nie könnte eine Aenderung der jetzigen unhaltbaren Zustände herbeigeführt werden.

Und handeln sollst du so, als hinge
Von dir und deinem Tun allein
Das Schicksal ab der deutschen Dinge,
Und die Verantwortung wär' dein!"

Diese Fichtesche Mahnung möge auch in Tübingen jedem ehrlichen Deutschen, ob Kopf- oder Handarbeiter, zum Bewußtsein bringen, daß er in einer Zeit der größten Entscheidung mitkämpfen muß, sich bedingungslos in die Front des erwachenden Deutschlands einzugliedern hat. Man kann nicht als Wirtschaftspolitiker national, als Kaufmann, Angestellter oder Hochschüler aber neutral sein. „Wer du willst, aber was du bist, das sei ganz!" (Schlageter).

Gräber mahnen, Gräber in Frankreich und Rußland, Gräber in Schlesien und im Baltikum, Gräber an Rhein und Ruhr. Aus dem Vermächtnis der Frontgeneration wuchs eine junge Bewegung; ein wahrhafter Führer schenkte der Nation ein neues Symbol. Blutzeugen bewiesen die Stärke der Idee, die getragen wird von Verantwortungsbewußtsein und Gefolgschaftstreue. Darum auch, ihr Schwaben, die ihr schon vor hundert Jahren Träger neuer Ideen waret, hinein in die Front für nationale Freiheit und soziale Gerechtigkeit. Mutvoll, willensstark, frei von politischen Vergewaltigungen des wirklichen Lebens, aber auch himmelstürmend sie, vor euch der Nationalsozialismus. Tübingen, Uhland, dein Sohn ruft:

„Wohl wieget eines viele Taten auf —
Sie achten drauf —
Das ist um deines Vaterlandes Not
Der Heldentod.
Sieh hin, die Feinde fliehen, blick hinan,
Der Himmel glänzt, dahin ist unsre Bahn."

zusammengebrochen - das Vertrauen, das renommierte Tübinger Geschäftsleute mittlerweile der NSDAP entgegenbrachten. Sämtliche Geschäfte von Juden fehlten allerdings.

Die wenigen Artikel appellierten gezielt an die Angst des Mittelstandes vor „flammenden Bauernhöfen und geplünderten kleinen Läden" und präsentierten den Nationalsozialismus als einzigen „Damm gegen Bürgerkrieg und das Chaos". Neben bekannten Werbeslogans finden sich auch solche, die für „deutsche Erzeugnisse" oder mit der ausliegenden NS-Presse warben. Bonartige Abschnitte mit der Aufschrift „Ich kaufe bei Ihnen, weil Sie im NS-Kurier inserieren!" sollten helfen, die Hitler-Anhänger zu erkennen. Für sie galt das Gebot: „Meide die Warenhäuser und Konsumvereine, die unter Führung internationalen Judengesindels wie Pilze aus dem Boden schießen. Je schlechter es dem deutschen Geschäftsmann geht, um so besser geht es dem Warenhausjuden." B. S.

Schönhagen 1991, S. 52.

17 Prominente NS-Redner wandten sich gezielt ans nationale Bürgertum

Zwei Aufnahmen von August Wilhelm von Preußen bei seiner Ankunft in Tübingen
a Rückseitige Beschriftung: „11. 7. 1932 Prinz August Wilhelm ‚Auwi'"; v.l.n.r.: „S.S.Führer Haußer, Prinz August Wilhelm, Kreisleiter Baumert, hinten: Kassenwart Heber vor d. Tbg. Bahnhof";
6 x 8,6 cm; Tübingen 1932; Privatbesitz

b Rückseitige Beschriftung: „11.7.1932 Tübingen"; v.r.n.l.: „S.S.-Führer Haußer, Prinz August Wilhelm, Kreisleiter Baumert, Studentenbundführer Schumann, Kassenwart Heber vor d. NSDAP-Geschäftsstelle Uhlandstraße"; 5,5 x 8 cm; Tübingen 1932; Privatbesitz

Die beiden Schwarzweißfotografien erinnern an eines der wichtigsten Propaganda-Ereignisse der Tübinger NSDAP in der „Kampfzeit": den Besuch des ehemaligen Kronprinzen August Wilhelm von Preußen. Die abendliche Veranstaltung mit dem prominenten „Reichsredner" im „Museum" bildete für die Tübinger Nazis den Höhepunkt ihres Wahlkampfes für die Reichstagswahl im Juli 1932. Der hohe Eintrittspreis von einer Mark sowie die Herkunft des Redners zeigen, daß vor allem das - überwiegend national denkende - Bürgertum angesprochen wurde. „Im schlichten Braunhemd" betonte „Prinz Auwi" die „Legalität" der NSDAP, versprach das Ende der „parlamentarischen Redebedürfnisanstalten" und forderte seine 4000 Zuhörer auf: „[. . .] ich, der Prinz von Preußen, habe mich freiwillig dem kleinen Gefreiten aus dem Weltkrieg untergeordnet [. . .] Ich bin nicht zu fein, was braucht Ihr dann für Hemmungen zu haben als Bürger".

Die überregionale Presse berichtete: „Begeisterung und eine Siegeszuversicht, wie dies in der früher so verspießerten Demokratenstadt noch nie der Fall gewesen war." Die örtliche Parteileitung war mit der Veranstaltung so zufrieden, daß sie zur Erinnerung Fotografien des Redners vertrieb. Sie zeigen ihn nicht in gestellter Pose, sondern bei der Ankunft auf dem Bahnhofsvorplatz sowie vor der Geschäftsstelle der NSDAP, jeweils im Straßenanzug, während ihn die örtliche Partei- und SS-Spitze in Uniform begleitet. B. S.

Schönhagen 1991, S. 61 u. 386f.

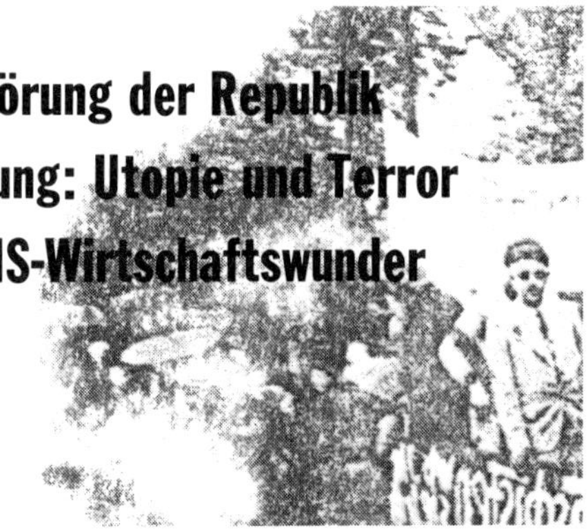

KAPITEL *2*

ORDNUNG

CHAOS UND

CHAOS UND ORDNUNG

Von den „Goldenen Zwanziger Jahren" war in Tübingen wenig zu spüren. Kein Schimmer von großstädtischem Flair, Bubikopf und Charleston, emanzipierten Frauen oder gar kultureller Avantgarde. Im Gegenteil: Der Mythos vom Zerfall der Kultur, ja vom Untergang des Abendlandes beherrschte das Klima.

Chaos und Ordnung, *dieses Begriffspaar markiert formelhaft die beiden einander ausschließenden Pole, zwischen denen die Republik zerrieben wurde. Angst vor dem befürchteten Chaos einer demokratischen Gesellschaft und Hoffnung auf eine autoritäre, neue Ordnung bildeten ein bestimmendes Orientierungs- und Verhaltensmuster während der Weimarer Republik und in den Anfängen der NS-Diktatur. Es resultierte aus der Grunderfahrung von Unsicherheit und Orientierungslosigkeit im Gefolge der Entwicklung Deutschlands von einem Agrarland zu einer modernen Industriegesellschaft. Angst vor einem neuen Bürgerkrieg beherrschte seit der gescheiterten Revolution von 1918/19 das Bürgertum. Unerfahren in den Verfahrensweisen einer parlamentarischen Demokratie, verstanden die meisten Parteienvielfalt und Meinungsstreit als Ausdruck staatlicher Unsicherheit. Vollends als Schwäche wurde der erstmals auszuhandelnde Kompromiß zwischen den sozialen Parteien Kapital und Arbeit gewertet, eine politische Errungenschaft der Weimarer Verfassung.*

Die Zerstörung der Republik. *Die Weltwirtschaftskrise Ende der 20er Jahre verstärkte die antidemokratischen Ressentiments. Mit der krisenhaften Zuspitzung flammte die Angst vor einer Wiederholung der Inflation auf, die 1923 auch in Tübingen viele um ihr Erspartes gebracht und rund ein Drittel der Einwohner von der Fürsorge abhängig gemacht hatte. Auch wenn sich die weltweite Krise zwischen 1929 und 1933 in der Universitätsstadt weniger kraß auswirkte als in den Großstädten der Industriereviere, gab es auch hier eine wachsende Zahl von Arbeitslosen, die von der rigiden Sparpolitik der Regierung Brüning in eine Existenzkrise gestürzt wurden. Gleichwohl fanden auch hier - der wirtschaftlichen Depression zum Trotz - in der Industrie moderne Rationalisierungsbestrebungen vorsichtigen Anklang, wofür exemplarisch der „Schneck-Stuhl" steht.*

Auf die wachsende Verunsicherung reagierten die Wähler mit einer deutlichen Option für jene Parteien, die ihre Sehnsucht nach einer neuen Ordnung zu erfüllen versprachen. In Scharen verließen sie die liberalen Parteien der regierungsnahen Mitte und näherten sich, über verschiedene Interessen- und Splitterparteien, der tatkräftig und entschieden auftretenden NSDAP. Das kündigte sich in Tübingen bereits bei den Kommunalwahlen Ende 1931 an: Die bis dahin führenden liberalen Parteien verloren drei Mandate, die NSDAP gewann im ersten Anlauf vier. Sie hatte sich im Wahlkampf als „saubere Ordnungsmacht" empfohlen, die KPD hatte dagegen mit ihrer Revolutions-Propaganda den verunsicherten Mittelstand geradezu der NSDAP in die Arme getrieben. Nur sie versprach eine radikale Änderung.

1932 gingen die Tübinger fünfmal zur Wahlurne. Im nahezu permanenten Wahlkampf verschärfte sich die politische Auseinandersetzung und wurde auf die Straße getragen. Dabei profitierte die NSDAP von dem „Bürgerkrieg", den sie selber in Szene setzte. Zwar akzeptierten nicht alle Hitleranhänger den Terror der SA protestlos (wie die Erklärung des Tübinger Studentenpfarrers zeigt), doch wurde er von einer rechten Justiz weitgehend gedeckt. Innerhalb von zwei Jahren wuchs der Anteil der NSDAP-Wähler im Reich von 13,8 (September 1930) auf 37,2 Prozent (Juli 1932) an, in Tübingen sogar auf 40 Prozent. Die organisierte Arbeiterschaft wurde dagegen von der Hitlerpartei weitgehend erfolglos umworben. Doch war deren Kraft durch mangelnde politische Einheit geschwächt.

Die demokratischen, republiktragenden Kräfte vermochten dem Rechtstrend nichts entgegenzustellen. Ihr Dilemma offenbarte die Wahl zum Reichspräsidenten im Frühjahr 1932, als sie sich auf keinen anderen gemeinsamen Kandidaten als den ehemaligen Generalfeldmarschall von Hindenburg einigen konnten; ausgerechnet den Mann, den man als Repäsentanten des wilhelminischen Systems immer heftig bekämpft hatte.

Mit zunehmend antirepublikanischem Klima wuchs der latent vorhandene Antisemitismus; schon bevor die Nazis Judenfeindschaft zur Staatsdoktrin erhoben, kam es in Tübingen zu Beschimpfungen jüdischer Bürger, die als Repräsentanten der abgelehnten („Juden"-)Republik doppelten Haß auf sich zogen.

Ordnung: Utopie und Terror. Nach der Machtübernahme enthüllte sich die Ordnung, welche die Nazis für ihre Wähler attraktiv gemacht hatte, als gewalttätige Mischung aus Terror und einem gut Teil Utopie. Im Entwurf der Ordnung als einer Total-Lösung waren Ausgrenzung und - in letzter Konsequenz - Vernichtung alles Andersartigen schon mitgedacht. Das zeigt sich in der Universitätsstadt besonders deutlich im wissenschaftlichen wie kulturellen Bereich. Die künstlerische Moderne wurde als Zeichen von fehlender Ordnung bereits in der Weimarer Zeit abgelehnt. Sie galt als Ausdruck von Krankheit, der eine „gesunde" Kunst gegenübergestellt wurde. Denn der Diskurs der „Entartung" begann nicht erst mit der Machtergreifung der Nazis, wie die Debatte um die Tübinger Kampfbundausstellung vom Januar 1933 zeigt.

Die Architektur, auf die Hitler zur Verkörperung der nazistischen Ordnungsvorstellungen besonderen Wert legte, verweist auf den gewalttätig-totalitären Charakter des NS-Systems. Die monumentalen Umbauprogramme fanden ihren planerischen Niederschlag bis in die - nie verwirklichten - Stadthallenpläne für Tübingen. Doch neben dem Monumentalstil der Repräsentations-

und Führerbauten gab es immer auch Bauten des landschaftsgebundenen Heimatschutzstils, die als Reservate fürs Gemüt und den Rückzug ins Private die furchteinflößenden Großbauten notwendig ergänzten. Die in der Architektur vorgeprägte Formierung der Masse zu gebändigten Marschkolonnen fand im Zuge der Aufrüstung ihre Ergänzung in der Militarisierung des Alltags. Mit Militärparaden demonstrierte das neue Deutschland Ordnung und Macht, beispielsweise am „Heldengedenktag".

Beim Aufbau der neuen Ordnung waren die Tübinger nicht nur passive Befehlsempfänger, sondern einige aktiv beteiligt, wie der Tübinger Bildhauer Richard Knecht mit seinem Entwurf für den Festzug „Zweitausend Jahre deutsche Kultur". Seine Inszenierung Lebender Bilder propagierte 1937 die selektierende Macht der NS-Kulturnation. Was nicht in die nazistische Ordnung paßte, wurde rücksichtslos ausgeschieden.

Zur Klassifizierung und Erfassung seiner „Feinde" bediente sich der NS-Staat wissenschaftlicher Methoden. In der Vorstellung befangen, biologische Erkenntnis auch auf den sozialen Bereich übertragen zu können, wollte er die Menschen „aufarten". Deshalb wurden sie vermessen, wurde ihnen die Elle des „arischen Herrenmenschen" angelegt. Dahinter verbarg sich letztlich die Vorstellung eines total genormten, restlos verfügbaren Untertanen. Wer diesem Ideal nicht entsprach, verfiel einem Terror, den John Heartfield 1934 im Prager Exil anhand eines Tübinger Motivs noch mit mittelalterlicher Folter verglich, der aber im Zuge des Krieges zum industriellen Massenmord gesteigert wurde.

Solange dieser Terror Linke und Demokraten traf und deren Organisationen zerschlug, wurde er von der gleichgeschalteten bürgerlichen Öffentlichkeit als notwendige Säuberung akzeptiert, ja oft mit Genugtuung gesehen. So ist es nicht verwunderlich, daß sich für die gefangenen NS-Gegner im ersten Konzentrationslager der Region, auf dem Heuberg bei Balingen, kaum jemand aus Tübingen einsetzte. Eine Lehrerin der Tübinger Frauenarbeitsschule gehörte zu den wenigen, die sich aktiv mit den politisch Verfolgten solidarisierten. Säuberungen waren zur Etablierung der Nationalsozialisten in Tübingen nur in den wenigsten Fällen nötig, denn schon vor 1933 waren beispielsweise Sozialdemokraten aus führenden Positionen ferngehalten worden.

Das NS-Wirtschaftswunder. Die Wirtschaft erholte sich nach dem Machtwechsel überraschend schnell; Hitlers Versprechen schienen wahr zu werden. Das tatsächliche Abklingen der konjunkturellen Krise, produktive Arbeitsbeschaffungsmaßnahmen und die angeheizte Konjunktur im Zuge der Aufrüstung verschmolzen im Erleben der Zeitgenossen zu einem Wunder, das sie dem „Führer" zuschrieben. Eine wichtige Rolle bei der Krisenüberwindung spielte die „Motorisierung des deutschen Volkes". Das Programm verlieh dem NS-Staat den Anstrich von Modernität und Fortschritt. Tübingen wurde mit der 1934 für das NS-Kraftfahrkorps errichteten Motorsportschule zu einem regionalen

Zentrum dieses „Wehrsports". Hunderte von technikbegeisterten jungen Männern durchliefen die Kurse der Tübinger NSKK-Schule und lernten dort Auto oder Motorrad fahren - Fertigkeiten, die sie letztlich auch auf den Krieg vorbereiteten.

Der Ausbau des Arbeitsdienstes von einer freiwilligen Notstandsmaßnahme der Weimarer Republik für erwerbslose Jugendliche zur Pflichtveranstaltung für alle Jugendlichen half ebenfalls die Erwerbslosen von der Straße zu holen, schuf aber keine neuen Arbeitsplätze. Wichtiger für das Regime war, daß der Reichsarbeitsdienst mit positiven Gemeinschaftserlebnissen, beispielsweise beim Bau des Waldwegs von Tübingen nach Bebenhausen, eine hohe Identifikation mit dem NS-Staat bewirkte. Die Deutsche Arbeitsfront wurde Zwangsersatz für die zerschlagenen Gewerkschaften. Auch sie wurde als Ausdruck der Volksgemeinschaft gefeiert und von vielen auch so erlebt. In Wahrheit diente sie effizient der Erfassung und Kontrolle der Arbeiterschaft. Doch das reale Wachstum des Sozialprodukts, die spürbar verbesserten Lebensbedingungen und der gesteigerte, wenn auch gelenkte Massenkonsum, der im massenhaft produzierten und subventionierten „Volksempfänger" einen Ausdruck fand, trösteten viele Arbeiter über den Verlust ihrer Rechte hinweg.

Motor des „deutschen Wirtschaftswunders" war die hektische Aufrüstung, die im wesentlichen über Kredite finanziert wurde, im Vorgriff auf den Ertrag eines Eroberungskrieges. Angewiesen auf eine rationelle Organisation der Produktion trug sie entscheidend zur Modernisierung der Wirtschaft bei. In Tübingen expandierte beispielsweise die Firma Walter, die Präzisionswerkzeuge herstellte, im Zuge dieser Entwicklung zum größten Tübinger Industriebetrieb. B. S.

Zerstörung der Republik

18 Die Weltwirtschaftskrise weckte Angst vor einer Wiederholung der Inflation

„Stadtkassenscheine" (Notgeld); Stadtkasse Tübingen; Papier; verschiedene Größen; 1923; Stadt Tübingen

Das von der Stadtkasse Tübingen ausgedruckte Notgeld erinnert an die Zeit der großen Geldentwertung nach dem Ersten Weltkrieg. Die Kriegsfinanzierung des Reichs während des Krieges und die Finanzierung der Reparationen setzten eine Inflation in Gang, die schließlich durch die Kosten des Widerstandes gegen die Ruhrbesetzung zur „Hyperinflation" führte. In rasender Geschwindigkeit verlor das Geld an Wert. Im Dezember 1919 kostete ein Kilobrot 80 Pfennig, genau vier Jahre später 399.000.000.000 Mark. Um dem Mangel an umlaufendem Geld abzuhelfen, druckten staatliche Einrichtungen wie die Reichsbahn, Landkreise und Kommunen, aber

auch Firmen, Banken und die Universität eigenes Papier-Notgeld, vielfach ohne Genehmigung. Die in Eile gedruckten Scheine sind einfach, ohne aufwendige Bildmotive gestaltet. Es waren wirkliche Bedarfsscheine. Sie wurden in der Zeit des Umlaufs alle gebraucht und nicht von Sammlern gehortet, wie an den Gebrauchsspuren in dem Bündel von eingelösten Notgeldscheinen zu sehen ist. Waschkörbeweise, so erzählen Tübinger, zahlte die Stadt ihre Löhne und Gehälter aus. Die Erfahrung der Inflation - die Sparer verloren ihr Guthaben, Sachgüter stiegen im Wert - führte zu einer sozialen Deklassierung weiter Kreise des Mittelstandes und trug dazu bei, daß sie sich der Propaganda des Nationalsozialismus öffneten. Bei den folgenden Reichstagswahlen vom Mai 1924 erzielte die Nachfolgepartei der zwischenzeitlich verbotenen NSDAP in Tübingen rund 10 Prozent (874 Stimmen), die Demokratische Partei büßte dagegen mehr als 1000 Stimmen ein. Sie fiel von 27,8 Prozent (1920) auf 19,7 Prozent. B. S.

Meyer 1973; Schönhagen 1991, S. 37ff.

19 Die Inflation als Folge des Krieges trieb trotz „Schweizerhilfe" viele in Armut, der vom sozialen Abstieg bedrohte Mittelstand radikalisierte sich nach rechts

Topfdeckel; Aluminium, gesenkgeschmiedet, punziert, angenieteter Banddeckel; Durchmesser 28,5 cm, Topfgröße 26 cm; 1924 Städtische Sammlungen Nr. 7082

Der Topfdeckel ist durch seine sorgfältig mit Hilfe von Stempeln geschmückte Oberfläche besonders ausgezeichnet: In den Beständen des Bürgerheims überliefert, sollte diese Beschriftung weniger den Eigentümer kennzeichnen und vor Diebstahl oder Zweckentfremdung schützen; sie hat eher den Charakter einer Würdigung, die bei Weiternutzung immer wieder aufgefrischt werden konnte. Er ist ein sichtbares Überbleibsel der „Schweizerhilfe": In der Notzeit nach dem Weltkrieg, die durch die Inflation noch verschärft wurde und auch den Mittelstand ergriff (von 3800 Tübinger Haushalten standen 1923 fast 1200 in Fürsorge), halfen Schweizer karitative Organisationen, wenigstens das schlimmste Elend in verschiedenen deutschen Städten zu lindern. Tübingen wurde vom Schaffhauser „Komi-

tee für deutsche Not" betreut. Am 15. Januar 1924 traf der erste Eisenbahnwaggon mit Lebensmitteln und Kleidern im Gesamtgewicht von 4600 kg ein. Die Verteilung dieser wie der nachfolgenden Sendungen übernahm das städtische Wohlfahrtsamt, unterstützt von einem Bürgerausschuß. Zwischen dem 14. Januar und dem 14. Juni 1924 wurden im „Industriesaal" der Gewerbeschule und im Restaurant „Herzog Ulrich" schließlich 44.886 Portionen Suppe ausgegeben; dazu kam noch die Verteilung von Lebensmitteln und Kleiderspenden. Der Gemeinderat dankte, die Politik der Siegermächte „im Bewußtsein, daß Sklavenketten auf die Dauer keinen rechten Mann und vollends kein rechtes Volk zu fesseln imstande sind." W. H.

Schlichtenmayer 1935.

20 Die staatliche Sozialfürsorge konnte die Folgen der Wirtschaftskrise nicht auffangen

Unterstützungsgesuch („Bettelbrief"); Tinte auf Papier; 17 x 13,5 cm; Tübingen 30.3.1931; Stadtarchiv Tübingen A 150/3993

Bettelbriefe wie der vorliegende markieren die ökonomischen und sozialen Folgen der Wirtschaftskrise, deren Kosten vor allem auf die Arbeitnehmer abgewälzt wurden. Erwerbslosigkeit und Kurzarbeit häuften sich seit 1929/30, die Reallöhne sanken zwischen 1929 und 1932 um ein Drittel. Verelendung war die Folge. Auch wenn sich in Württemberg, insbesondere in der Universitätsstadt Tübingen, die Krise weniger kraß auswirkte, meldete das Arbeitsamt Reutlin-

gen im Januar 1931, zum Zeitpunkt dieses Unterstützungsgesuchs, bereits 8790 Arbeitssuchende für den gesamten Bezirk. Das erst 1927 eingeführte System der pflichtmäßigen Arbeitslosenversicherung war unfähig, die Folgen aufzufangen. Die Unterstützungssätze wurden im Rahmen der Brüningschen Notverordnungs- und Sparpolitik mehrmals reduziert. Schließlich endete die Arbeitslosenunterstützung bereits nach 20 Wochen, und der „Ausgesteuerte" wurde von der städtischen Sozialhilfe abhängig. Was er von dieser erhielt, war zum Leben zu wenig und zum Sterben zu viel. Wer nicht über ein „Gütle" verfügte oder Verwandte auf dem Land hatte, mußte „Almosen" erbetteln wie dieser Briefschreiber, der in seiner Verzweiflung bereits versucht hatte, sich das Leben zu nehmen. B. S.

Schönhagen 1991, S. 50ff.

21 Auf dem Tiefpunkt der wirtschaftlichen Entwicklung hoffte die Tübinger Stuhlfabrik, mit einem Entwurf des Innenarchitekten A.G. Schneck zu expandieren

Pfostenstuhl für Stuhlfabrik Friedrich Schäfer, Tübingen; Adolf Gustav Schneck; Buchenholz; 81 x 42 x 40 cm, Sitzhöhe 47 cm; Typennummer 107; Entwurf 1931; Städtische Sammlungen Nr. 8881

Die Stuhlarchitekten der Zwischenkriegszeit haben ungewöhnliche und bisweilen spektakuläre Lösungen für die Konstruktion des guten Sitzmöbels angeboten. Für viele blieb das Problem dennoch unbefriedigend gelöst. So wählte A.G. Schneck - neben geschreinerten Möbeln aus den Deutschen Werkstätten - für sein Haus in der Stuttgarter Weißenhofsiedlung 1927 bei der Bestuhlung der Küche althergebrachte Bugholzmodelle der Firma Thonet, für die er auch zwei Typen entworfen hatte; selbst sein architektonisches Meisterstück, das „Haus auf der Alb" bei Urach (1930), stattete er mit solchen traditionellen Sitzmöbeln aus. Das Problem des richtig konstruierten Stuhles war er bis dahin auch auf andere Weise angegangen: 1928 organisierte er

die Ausstellung des Württembergischen Landesgewerbeamtes, „Der Stuhl", und schrieb im selben Jahr ein Buch über das Thema, das zu einem Standardwerk für Entwerfer und Handwerker wurde. Zu zwei Grundtypen von Stühlen hatte Schneck also schon eigene Beiträge geliefert, als er wohl 1931 von der Stuhl- und Tischfabrik Tübingen den Auftrag erhielt, einen modernen Typus des Pfostenstuhls zu entwickeln. Dieser Schritt von eigener, handwerklicher Entwurfsarbeit hin zur professionellen Gestaltung ihrer Produkte markierte eine große Veränderung in der Firmenpolitik. Sie spekulierte auf Expansion über den regionalen Markt hinaus. Entsprechend stellt der Verkaufskatalog von 1932 die fünf Varianten von Armlehnsesseln und zwei Typen von Stühlen als Markenartikel neuer Art, als „Original-Schneck-Stühle", vor. Alle wurden in massiver Buche, matt oder anpoliert, angeboten, so auch der Stuhl Nr.107, der 9,50 RM kostete. Außer für Saalbestuhlungen wurde er auch für den häuslichen Bereich propagiert. T. Me.
Gräff 1928; SAT A 150/2254.

22 Die Kommunisten trieben im Kommunalwahlkampf die bürgerlichen Wähler in die Arme der Nazis

Flugblatt (Rückseite); Hugo Benzinger; schwarze Druckfarbe auf weißem Papier; 30 x 21 cm; Druckerei-Genossenschaft, e.G.m.b.H.; Stuttgart Dezember 1931; Stadtarchiv Tübingen A 150/237

„Kommunisten aufs Rathaus! Es gilt auszumisten!", forderte die Tübinger KPD in ihrem Flugblatt zur Kommunalwahl 1931. Die aktuelle Situation als „Bankrott der kapitalistischen Gesellschaftsordnung" interpretierend, versprach sie, „die Korruptionswirtschaft und ,Hintertüren'-politik auf dem Rathaus" zu entlarven. Grafisch kaum aufgelockert, führt das engbedruckte Blatt auf zwei Seiten die Forderungen der Partei auf. Adressaten waren die Erwerbslosen, zu deren Vertreterin sich die KPD zunehmend entwickelte, aber auch der die Arbeitslosigkeit fürchtende Mittelstand. Anders als die NSDAP, die sich mit der Kritik des „Systems" begnügte und diesem höchst allgemeine Programmaussagen entgegensetzte, entwickelte die KPD ein komplettes kom-

Den schärfsten Kampf führen wir Kommunisten gegen Korruptionsvorgänge in den Gemeindeverwaltungen, gegen Mißbrauch der Amtsstellung an Hilfesuchenden wie bei den Kirchen-, Wohlfahrts-, Kulturpflege usw., verlangen rücksichtslose Absetzung ungeeigneter Beamten und Bestrafung derartiger Vorkommnisse in aller Öffentlichkeit, da die Steuerzahler ein Recht darauf haben zu wissen, was in den von ihren Steuergroschen unterhaltenen Amtsstellen vorgeht. Wir protestieren dagegen, daß Beamten Erwerbslose zur Technischen Nothilfe (Streikbrechergarde) abkommandieren.

Beschaffung von Mitteln zur Erfüllung unserer Forderungen:

Die zur Deckung unserer Forderungen notwendigen Mittel können zum Teil durch Abbau der hohen Gehälter auf 6000 M Höchstgehalt aufgebracht werden.

19 städtische hohe Beamte beziehen ein Jahresgehalt von 159 986 M nach dem Etat von 1930, was bei Herabsetzung des Höchstgehaltes auf 6000 M eine Ersparnis von rund 46 000 M ergibt. Obige Beamte sind:

Scheef, Oberbürgermeister (inkl. 5000 M Landtagsbezüge)	20 040 M
Grieshaber, Stiftungs- u. Kirchenpfleger	8580 „
Singer, Stadtpfleger	9580 „
Landenberger, Stadtbaurat	9560 „
Henning, Betriebsdirektor	9420 „
Haug, Stadtbaurat	9320 „
Ritter, Vermessungsrat	9320 „
Schlichtenmayer, Rechnungsrat	8440 „
Schott, Kassier	8110 „
Kirn, Stadtgeometer	7792 „
Ring, Oberrechnungsrat	7460 „
Hames, Stadtgeometer	7072 „
Eichele, Oberbuchhalter	7012 „
Kollmar, Stadtbaumeister	7012 „
Hartter, Ratschreiber	6462 „
Seelos, Steuerratschreiber	6406 „
Bliestle, Stadtkassier	6292 „
Sautter, Stadtbaumeister	6106 „
Beck, Wohnungsbeamter	5982 „
zusammen	159 986 M

Mit dieser Summe müssen 320 Erwerbslose ein ganzes Jahr leben.

Bei den Gehältern der höheren Schulen können bei der Festsetzung einer Höchstgrenze ebenfalls mindestens 140 000 M gespart werden. Bei Beseitigung des Schullastengesetzes vom 15. Juli 1925 der württembergischen Regierung und Übernahme der Erziehungskosten durch den Staat wird der Gemeindeetat um etwa weitere 270 000 M entlastet. Ferner können Geldmittel beschafft werden durch Einführung eines Gemeindezuschlags für alle Einkommen über 6000 M und eine Sondersteuer für alle Barvermögen über 20 000 M, ferner durch Streichung des Zuschusses an die Museumsgesellschaft von 6000 M und durch Streichung des Beitrags an den Staat für die Polizei von rund 85 000 M.

Arbeiter, Werktätige Tübingens, das sind die Forderungen der Kommunisten zur Gemeinderatswahl, Forderungen, die die arbeitende Bevölkerung Tübingens als die ihrigen anerkennen muß.

Die Entscheidung des arbeitenden Volkes in Württemberg muß bei den Gemeinderatswahlen gegen den Kapitalismus und für den Sozialismus fallen.

Das russische Arbeiter- und Bauernvolk hat in 14 Jahren planmäßigen, sozialistischen Aufbaues bewiesen, daß der Tod des Kapitalismus Leben und Freiheit für das Volk und Aufstieg auf allen Gebieten bedeutet.

Schließt mit uns Kommunisten die sieghafte Einheitsfront gegen Hunger, Faschismus und Reaktion. Dann wird auch in Deutschland das werktätige Volk frei sein, nach außen und nach innen.

Es wird Arbeit, Brot, Frieden und Sozialismus haben. Die Fabriken und Bergwerke, der große Grundbesitz, die Banken und Warenhäuser, alle Schätze der Kultur, Wissenschaft und Technik werden dem ganzen Volke gehören.

Die bürgerlichen Parteien von der äußersten Rechten bis zu den Demokraten sind neben den Sozialdemokraten die Hauptverantwortlichen für den Hungerkurs der Gemeinden.

Die Bürgerpartei (Deutschnationale Volkspartei) treibt eine offene faschistische Politik im Interesse der Großkapitalisten.

Die deutsche Volkspartei und das Zentrum sind die hauptsächlichsten Träger der Brüningschen Katastrophenpolitik in den Gemeinden.

Der Christliche Volksdienst steht wie die anderen bürgerlichen Parteien auf dem Standpunkt der Erhaltung der kapitalistischen Ausbeuterwirtschaft.

Die Demokratische Partei ist eine der wichtigsten Stützen der schwerkapitalistischen Politik in den Gemeinden.

Die Sozialdemokratie ist auch in den Gemeinderäten die beste Stütze des kapitalistischen Regimes. Rücksichtslos verraten die sozialdemokratischen Kommunalfunktionäre die Werktätigen.

Die Nationalsozialisten streben mit ihrer Kommunalpolitik dem faschistischen Endziel, der Aufrichtung der offenen Diktatur des deutschen Finanzkapitals, zu. Durch ihre Tätigkeit im Reichstag haben sie trotz der großen Versprechungen und phrasenhaften Ausführungen bewiesen, daß sie im Dienste des Finanzkapitals stehen und jederzeit gegen die Interessen der Werktätigen sind. Den besten Beweis ihrer arbeiterfeindlichen Politik lieferte die ehemalige Frick-Regierung in Thüringen und die Nazi-Klagges-Regierung in Braunschweig, die beide alle Notverordnungsmaßnahmen Brünings sanktionierten und durchführten. Kein einziger Werktätiger gibt dieser arbeiterfeindlichen Partei seine Stimme, ebensowenig den anderen bürgerlichen Parteien, einschließlich der Sozialdemokratie, die alle nur ein Ziel kennen: Ausplünderung der breiten Massen im Interesse der Kapitalisten.

Will die arbeitende Bevölkerung, daß mit diesem bankrotten System Schluß gemacht wird, gibt sie ihre Stimme der einzig antikapitalistischen Partei:

der Kommunistischen Partei

Kommunisten ans Ruder! Es gilt auszumisten! Wählt Kommunisten!

Nieder mit dem kapitalistischen Durcheinander!
Kämpft für Arbeit, Freiheit und Sozialismus!
Durch rote Einheit zur Macht!

Alles wählt darum bei den Gemeinderatswahlen Kommunisten!

Für den Inhalt verantwortlich: Hugo Benzinger, Tübingen. Druck: Druckerei-Genossenschaft, e.G.m.b.H., Stuttgart.

munales Arbeitsbeschaffungsprogramm. Dessen Schwerpunkte lagen deutlich bei den Unterprivilegierten. Eine Umverteilung der Mittel sollte deren Situation bessern. Die aufgelisteten kommunalen Spitzengehälter - „Mit dieser Summe müssen 320 Erwerbslose ein ganzes Jahr leben" - riefen große Erregung hervor. Doch während die NS-Propaganda Korruptionsvorwürfe erhob, um sich selber als neue, „saubere" Ordnungsmacht zu empfehlen, schürte die KPD damit nur die Angst der bürgerlichen Wähler vor Enteignungen und Statusverlust. Der Wahlsieg der NSDAP ging deshalb vor allem auf Kosten der bürgerlichen Parteien, während die Tübinger KPD Zuwachs aus dem Lager der sozialdemokratischen Wähler erhielt und erstmals einen Kandidaten aufs Rathaus brachte. B. S.

23 Die Nazis führten ihren Kommunalwahlkampf mit persönlichen Diffamierungen und Unterstellungen und empfahlen sich als „saubere" Ordnungsmacht

Flugblatt; NSDAP, Ortsgruppe Tübingen; Papier, Druckfarbe; 30 x 21 cm Tübingen, Druckerei Dr. Karl Höhn; Dezember 1931; Stadtarchiv Tübingen A 150/237

Das rote, grafisch durch ein schwarzes Hakenkreuz über einem senkrechten Balken hervorgehobene Flugblatt ist - neben einem der KPD - eines der wenigen Beispiele für Flugblätter, die von einer örtlichen Parteiorganisation vor 1933 im Kommunalwahlkampf verteilt wurden. Die traditionellen Honoratiorenparteien vertrauten auf die Persönlichkeit ihrer Kandidaten und auf deren Bekanntheitsgrad. Deshalb hielten sie sich mit solchen Formen der Massenpropaganda zurück, wandten sich höchstens persönlich an bestimmte Adressatengruppen. Einen solchen Fall - der Spitzenkandidat der Deutschen Demokratischen Partei (DDP) hatte in einem persönlichen Schreiben die Bewohner seines Stadtviertels um seine Wiederwahl gebeten - griff die Tübinger NSDAP im vorliegenden Flugblatt auf, das sie im Verlag der „Tübinger Chronik" (Dr. Karl Höhn) hatte drucken lassen. Die Aktion als „die Ansicht eines erbärmlichen Krämergeistes" geißelnd, versuchte sie sich von den demokratischen „Interessentenhaufen" mit ihrer allgemeinen Parole vom „Gemeinnutz vor Eigennutz" positiv abzuheben und mobilisierte damit die verbreiteten Ressentiments gegenüber der angeblich korrupten, eigennützigen Politik der „Systemparteien" - mit Erfolg, wie der Ausgang der Kommunalwahl zeigt. Der Spitzenkandidat der NSDAP erlangte bei weitem die höchste Stimmenzahl, die NSDAP zog mit vier Vertretern erstmals aufs Rathaus, während die DDP zwei Sitze verlor. B. S.

TC 11.12.1931; Schönhagen 1991, S. 54f.

24 Wahlkämpfe wurden zu Plakatschlachten

Wahlplakat; „Wir Arbeiter sind erwacht - wir wählen Nationalsozialisten", verso, handschriftl.: „10 Exemplare für Lustnau, Pfarrer Schwab"; Verf. und Hg.: Hans Franke, Briennerstraße 45, München; Motiv: Felix Albrecht Vierfarbdruck (?); 122 x 86 cm; Druck: Plakatkunstdruck Eckert, BerlinSchöneberg; 1932; Stadtarchiv Tübingen C 70/478

Für den Reichstagswahlkampf im Juli 1932 hatte die Reichspropagandaleitung der NSDAP „14 Jahre Bankrott" als Thema vorgegeben. Ihr Stargrafiker, Felix Albrecht, entwarf vier große Text-Bildplakate, die neben den Frauen und der

Landbevölkerung gezielt die Arbeiterschaft als Wähler ansprachen.

Vor der von einem Hakenkreuz hinterfangenen Kulisse einer Zechenlandschaft erhebt sich der entschlossene und energiegeladene Arbeiter über die karikierten Vertreter des „Systems": der zum Klassenkampf hetzende Kommunist, der jüdische Intellektuelle, der dem sozialdemokratischen Bonzen in Anzug und Ballonmütze Parolen einflüstert, sowie Reichskanzler Brüning mit dem Hinweis auf den Notverordnungsartikel der Weimarer Verfassung.

Das abgebildete Plakat hat sich in einem Aktenbestand von Lustnau erhalten. In dem „roten" Arbeitervorort hatten es die Nationalsozialisten schwer, Fuß zu fassen. Eine Ortsgruppe konnten sie dort erst 1932 gründen.

Wie der rückwärtige handschriftliche Vermerk belegt, setzten sie in Lustnau die an den Arbeiter gerichtete Wahlpropaganda gezielt ein, allerdings ohne den erhofften Erfolg. Ihre Wählerzahl stieg zwar von 2 auf 442 Stimmen, SPD und KPD zusammen erzielten aber mit 872 Stimmen noch immer das Doppelte. B. S.

Paul 1990, S. 152f.; Arbeitertübingen, S. 206.

25 Im Unterschied zur Universitätsstadt Tübingen spielte im (später eingemeindeten) Dorf Lustnau die sozialistische Arbeiterbewegung eine wichtige Rolle

Plakat für einen „Werbeabend" im „Ochsen", Sozialistische Arbeiter-Jugend, Lustnau; rot und blau auf weißem Grund, mit angeklebtem Veranstaltungszettel; Tusche mit Feder auf Papier; 68 x 34,7 cm; 1932; Stadtarchiv Tübingen C 70/478

Das Schmuckmotiv des Plakates wurde offenbar zentral für die Ortsgruppen der 1919 gegründeten Jugendorganisation der SPD hergestellt. Ergänzt um den sorgfältig mit Feder geschriebenen und angeklebten Text für einen „Werbeabend" der SAJ im stadtnahen Arbeiterdorf Lustnau, dient es mit seiner auffälligen Gestaltung im

Zweifarbdruck als Blickfang, wobei Partien wie die Haare braun erscheinen. Von der roten Sonne als Heiligenschein hinterfangen, bietet sich eine jugendliche Erlöserfigur im Blauhemd mit rotem Schlips als Leitbild für die angesprochenen „Jungarbeiter u. Lehrlinge" an. Die wie geschnitzt gegebene Schulterfigur hat die Lippen zum Gesang geöffnet, stark schematisierte Schlagschatten lassen sie als lichtwärts blickend wirken, was durch das Rot der Gesichtszüge noch unterstrichen wird. Ihre von expressionistischen Vorbildern geprägte Form signalisiert Modernität, das Motiv der Sonne verbindet sie wie die aus dem roten Grund vorwärtsmarschierenden, uniformierten jungen Männer und Frauen mit der sozialistischen Hoffnung auf naturrechtlich begründete Gleichheit und der im gemeinsamen Gesang ausgedrückten Utopie des „Brüder zur Sonne, zur Freiheit, Brüder zum Lichte empor, hell aus dem dunklen Vergangnen leuchtet die Zukunft hervor". Daß solche Siegeszuversicht gerade bei der miserablen wirtschaftlichen Lage nötig war, deutet der Verzicht auf „Trinkzwang" an, was neben der Kostenfrage auch mit den Bestrebungen nach alkoholfreier Lebensführung in der Arbeiterbewegung begründet sein mag. W. H.

26 Flugblätter, Plakate und Demonstrationen trugen den permanenten Wahlkampf des Jahres 1932 auf die Straße

Aufkleber; Papier; verschiedene Größen; Tübingen undat., teilweise März/April 1932; Staatsarchiv Sigmaringen Wü 40/23, Nr.1406

Auf der Straße aufgelesen und bei der Polizei abgegeben, stammen diese Aufkleber aus der Hochphase der politischen Auseinandersetzung am Ende der Weimarer Republik. Zusammen mit Plakaten, Demonstrationen und Massenveranstaltungen schürten sie in dem permanenten Wahlkampfjahr 1932, als die Tübinger fünfmal zur Wahlurne gingen, die politische Hochspannung. Einige geben mit den drei Pfeilen der Eisernen Front, dem Signet der antifaschistischen Abwehrorganisation der SPD und Freien Gewerkschaften, ihre Herkunft zu erkennen, andere bleiben anonym; alle aber wenden sich gegen Hitler. Bezeichnenderweise wurden die Aufkleber überwiegend in der Unterstadt gefun-

den, deren Bewohner sich mehrheitlich als immun gegenüber der Propaganda der NSDAP erwiesen. Einige Exemplare stammen aus dem Wahlkampf um das Reichspräsidentenamt im April 1932. „Wer Goebbels hört und Hitler kennt, sagt: Hindenburg wird Präsident!" Der Spruch enthüllt die Schwäche und das Dilemma der demokratischen, republiktragenden Kräfte zu dieser Zeit: Sie konnten sich auf keinen anderen Kandidaten mehr einigen als den einstigen Generalfeldmarschall, die Leitfigur des konservativen Bürgertums, den sie im Wahlkampf zuvor noch als Vertreter der Reaktion heftig bekämpft hatten. Er erhielt - im notwendig gewordenen zweiten Wahlgang - nahezu 62 Prozent aller Tübinger Stimmen, dabei auffallend viele in typischen Arbeitervierteln. Hitler erzielte als einzig ernsthafter Gegenkandidat über 34 Prozent. B. S.

27 Organisationen, die wie der Deutschnationale Handlungsgehilfen-Verband Juden ausschlossen, hatten großen Zulauf

Schild einer Zahlstelle des DHV; C. H. Erb, Hamburg; Metall, Emaille; 28,4 x 37,7 cm; Städtische Sammlungen Nr. 7489

Der Deutschnationale Handlungsgehilfen-Verband (DHV), 1893 in Hamburg gegründet, war in den 20er Jahren der größte berufsständische Interessenverband für Angestellte. Die Unterbezeichnung „Gewerkschaft" weist dabei auf seine prinzipiell arbeitnehmerorientierten Funktionen hin. Er vertrat aber im Unterschied zu den freien, sozialistischen Angestellten- bzw. Gewerkschaftsverbänden die Idee eines völkisch-sozialen Ständestaates. Der Gedanke der „Volksgemeinschaft", die aus einer „völkischen Wiedergeburt" erwachsen sollte, verband ihn schon früh mit der Ideologie der NSDAP. In der Weimarer Republik gehörte der DHV zu den erklärtermaßen antirepublikanischen und antisemitischen Vereinigungen. Er lehnte die „proletarische Demokratie", als die sich der neue Staat in seinen Augen darstellte, kategorisch ab und schloß Juden von der Aufnahme aus. In Tübingen existierte schon früh eine Ortsgruppe des DHV. Sie hatte 1932 etwa 200 Mitglieder, in der Regel kaufmännisch tätige Bürger der Stadt. Das Vereinslokal befand sich spätestens seit 1928 im Hotel „Krone"; ein eigenes Ortsgruppenheim, in dem auch Schulungsprogramme und allgemeinbildende Vorträge organisiert wurden, besaß man in der Burgsteige 1. Der Ort der Zahlstelle wechselte in den 20er

Jahren mehrmals. 1933 wurde der Verband gleichgeschaltet und löste sich im Jahr darauf mehr oder weniger freiwillig auf. M. H.

28 Schon vor Hitlers Machtantritt kam es zu Beschimpfungen jüdischer Bürger und tätlichen Angriffen

Beschwerdebrief an das Rektorat des Tübinger Uhland-Gymnasiums; Heinz Hayum; DIN A 4; 9.7.1932; Stadtarchiv Tübingen E 103/2/332

Der Sohn des angesehenen Tübinger Rechtsanwalts und Stadtrats, Simon Hayum, beschwerte sich in diesem Brief über antisemitische Beschimpfungen einer Gruppe von Gymnasiasten vor seinem Haus in der Uhlandstraße. Unter den Schreiern befand sich auch der Sohn des Philosophieprofessors Max Wundt, eines Deutschnationalen und Antisemiten. Vor allem im akademischen Tübingen waren antisemitische Tendenzen schon vor 1933 unübersehbar. „Tübingens Universität ist auf dem besten Wege, zur Hochburg der Reaktion in Deutschland zu werden", befand 1929 die „Schwäbische Tagwacht", als Wundt an die Hochschule berufen wurde. 1933 war Tübingen dann diejenige Hochschule, welche am wenigsten jüdische Beamte entlassen mußte - die Professorenschaft hatte schon vorher emsig daran gewirkt, daß die Universität „judenfrei" wurde. U. E.-S.

Universitätsarchiv 1983; Geschichtswerkstatt 1988; Schönhagen 1991, S.33f.

E R K L A E R U N G !

Wir an der diesjährigen in Tübingen stattfindenden Tagung des " Evangelischen Volksbundes" für Württemberg teilnehmenden evangelischen Mitglieder und Wähler der N.S.D.A.P. fühlen uns in unserem Gewissen gedrungen,der Parteileitung gegenüber einige ernste Sorgen und Bedenken vorzutragen:

Nach unserem Eindruck sind weite,der N.S.D.A.P. nahestehende evangelische Kreise schon stark beunruhigt durch Gerüchte über Verhandlungen mit demselben Zentrum,das im letzten Wahlkampf noch aufs schärfste wegen seiner Romhörigkeit als Feind des deutschen Volkes bekämpft wurde.Sie sehen darin ein unheilvolles Abrücken von der erst vor kurzer Zeit zum Ausdruck gebrachten ablehnenden Haltung des Führers.

Aber was noch bedenklicher stimmt und weite evangelische Kreise abstösst,ist die von der Partei und ihrer Presse eingenommene Haltung gegenüber dem in Beuthen zur Aburteilung gekommenen Fall. Wir verwerfen ebenfalls aufs schärfste das gefällte Urteil.Es lässt auch nach unserer Auffassung jedes Verständniss für die begreifliche Erregung der ständig durch den roten Terror bedrohten und sich weiterhin recht- und schutzlos fühlenden S.A.-Männer schmerzlich vermissen. Wir wissen uns aber als evangelische Christen im Gewissen an Gottes Wort und Willen gebunden und müssen von hier aus grundsätzlich jeglichen politischen Mord oder Totschlag verurteilen.Wir hätten erwartet,dass die Partei bei allem berechtigten Eintreten für die S.A. Kameraden doch von der Tat als solcher abgerückt wäre und sie verurteilt hätte.Wir sind der Meinung,dass unsere grosse Bewegung sich befleckt,wenn sie die Methoden der von ihr bekämpften Unterwelt ebenfalls duldet.Wir sind überzeugt,dass wir mit dieser Sorge und Beurteilung voll und ganz auf dem Boden von Punkt 24 des Parteiprogramms stehen.

29 Früher Protest gegen die Gewalt der SA

a Erklärung an die Parteileitung der NSDAP; Schreibmaschine, Papier DIN A 4; Tübingen August 1932; Landeskirchliches Archiv Stuttgart, D1, 29/3
b Begleitschreiben an den württembergischen Kirchenpräsidenten; Wilhelm Pressel; Tinte, Papier; DIN A 5; Tübingen 31.8.1932; Landeskirchliches Archiv Stuttgart, D1 29/3

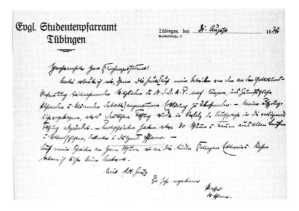

Die „Erklärung" an die Parteileitung der NSDAP, die 30 nationalsozialistische Mitglieder einer Tagung des Evangelischen Volksbundes in Tübingen im Sommer 1932 unterschrieben, belegt die Resonanz, die die NSDAP mit ihrer Betonung eines „positiven Christentums" bei der evangelischen Bevölkerung fand. Gleichzeitig markiert sie den Punkt, an dem Teile der evangelischen Anhänger nicht mehr zu einer kritiklosen Gefolgschaft bereit waren, sondern sich „gedrungen" fühlten, „der Parteileitung gegenüber einige ernste Sorgen und Bedenken vorzutragen".

Anlaß für diesen Protest gab - neben dem Ärger über die Koalitionsverhandlungen der NSDAP mit dem katholischen Zentrum - Hitlers öffentliche Rechtfertigung der Ermordung eines jungen Kommunisten durch SA-Männer im oberschlesischen Potempa. Diese offene Gewalt hatte zumindest einige Hitler-Anhänger alarmiert, die zwar einen entschiedenen, aber keinen gewalttätigen Nationalsozialismus und Antimarxismus wollten und „grundsätzlich jeglichen politischen Mord oder Totschlag verurteilten": „Wir sind der Meinung, dass unsere grosse Bewegung sich befleckt, wenn sie die Methoden der von ihr bekämpften Unterwelt ebenfalls duldet." Initiiert hatte den Protest der Tübinger Studentenpfarrer

Wilhelm Pressel, für den die Erklärung die entscheidende Wende in seiner politischen Entwicklung einleitete. Pressel, der in Tübingen ein wichtiger Werbeträger der Partei gewesen und noch im Mai 1933 als NS-Gemeinderat im Braunhemd aufs Rathaus gezogen war, entwickelte sich nämlich im Zuge der Gleichschaltungen zu einem entschiedenen Gegner der Kirchenpolitik des NS-Staats. Die Partei griff unter anderem auf die Erklärung zum „Fall Potempa" zurück, um den unbequemen Kritiker 1934 in einem Parteiausschlußverfahren loszuwerden. B. S.

Schönhagen 1991, S. 65ff.

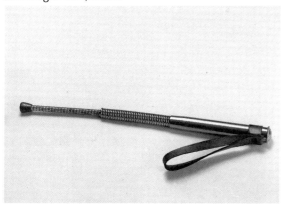

30 Politischer Terror trug die Auseinandersetzung um die Republik auf die Straße

Teleskop-Stahlrute (Totschläger) „SIPO"; Fa. Ludwig Messner, Forchheim; Metall, Leder; 16,5 cm, Gesamtlänge 41,5 cm; undat. um 1933; Städtische Sammlungen Nr.8526 (Dauerleihgabe Privatbesitz)

Die Waffe besteht aus einem hohlen Griff mit angenieteter Lederschlaufe, in dem zwei Spiralen so befestigt sind, daß sie in einer Bewegung ausgefahren werden können. Das Ende der vorderen Spirale ist mit einem konischen Metallstück beschwert, das die Schlaggeschwindigkeit erhöht. Der Einsatz solcher Geräte verursacht Prellungen und perforierende Hautverletzungen, Massierung der Schläge kann zum Tode führen. Die Stahlrute stammt aus dem Nachlaß eines Tübinger SA-Manns, der an dem Überfall auf eine SPD-Versammlung im Poltringer „Bären" am 17. Juli 1932 beteiligt war, bei welchem der SPD-Landtagsabgeordnete Gottlob Frank verletzt wurde. Die nationalsozialistischen Angreifer kamen mit der Mindeststrafe davon. Mit dem Markennamen SIPO auf dem Griff reklamierte der Hersteller die ordnungspolitischen Funktionen der Sicherheitspolizei für sein Gerät, obwohl die Stahlruten nicht zur Ausstattung der Polizei gehörten. Der Vertrieb erfolgte seit den 20er Jahren über Waffen-Großhändler vor allem im norddeutschen Raum, bis 1934/35 die Produktion untersagt und der Terror mit anderen Mitteln fortgesetzt wurde. W. H.

Tripp 1990; Mitteilungen: Kriminaldirektor Manfred Teufel, FH Polizei Baden-Württemberg Tuttlingen, 7.8.1991; Fa. Ludwig Messner, Forchheim, 6.8.1991; Schönhagen 1991, S. 75ff.

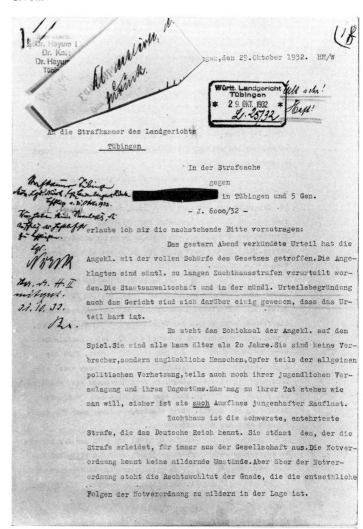

31 Der Terror der Nazis gegen Demokraten, Sozialisten und Kommunisten wurde von einer rechten Justiz weitgehend geschützt

Schreiben an die Strafkammer des Landgerichts Tübingen; Dr. Simon Hayum; Papier, Schreibmaschine; DIN A 4; Tübingen 29.10.1932; Staatsarchiv Sigmaringen Wü 28/3 L25/32 /18

Am 28. Oktober 1932 verhängte die Strafkammer des Tübinger Landgerichts über sechs Mitglieder der SPD bzw. des Reichsbanners Zuchthausstrafen von über einem Jahr. Obwohl der Tathergang - ein Überfall auf Tübinger Nazis in der Bahnhofsunterführung - ähnlich gelagert war wie der auslösende Überfall von NSDAP-Mitgliedern auf eine SPD-Versammlung in Poltringen, bestand die Staatsanwaltschaft darauf, den Vorfall als ein Verbrechen gegen die Verordnung des Reichspräsidenten gegen politischen Terror abzuurteilen und entsprechend harte Zuchthausstrafen zu verhängen. Bei der Poltringer Schlägerei aber wurde die Anklage wegen Landfriedensbruchs ausdrücklich fallengelassen und in Anklagen wegen Beleidigung und/oder gefährlicher Körperverletzung umgewandelt.

Nach der Urteilsverkündung wandte sich Dr. Simon Hayum, der die Reichsbannerleute verteidigt hatte, an die Strafkammer und bat, die harte Strafe in eine Gefängnisstrafe umzuwandeln: „Es steht das Schicksal der Angeklagten auf dem Spiel. Sie sind alle kaum älter als 20 Jahre. Sie sind keine Verbrecher, sondern unglückliche Menschen, Opfer falscher allgemeiner politischer Verhetzung, teils auch noch ihrer jugendlichen Veranlagung und ihres Ungestüms. Man mag zu der Tat stehen, wie man will, sicher ist sie auch Ausfluß jungenhafter Rauflust." Der Einsatz des liberalen Rechtsanwalts war jedoch vergebens - das Gesuch wurde abgelehnt. B. S.

Schönhagen 1991, S.75ff.

Ordnung: Utopie und Terror

32 Anfang 1933 entzündete sich an einer Tübinger Kunstausstellung eine lokale Debatte um die Moderne

Gemälde
a Maria Caspar-Filser; „Rosen und Petunien"; Öl auf Leinwand; 72 x 58,5 cm; 1927; Oeuvreverzeichnis Karl Theodor Köster, Werknummer 2709; Privatbesitz
b Marcel Kammerer; Stilleben; Abbildung aus: Katalog der Großen Deutschen Kunstausstellung, München, 1938; Universitätsbibliothek Tübingen Da 1169.8

Maria Caspar-Filser malte zahlreiche Blumenstilleben wie dieses, dessen Malweise zwischen illusionistischer Wiedergabe konkreter Formen und ihrer Auflösung in abstrakte Farbkompositionen einen spannungsreichen und feindifferenzierten

33 Graevenitz formulierte 1933 bei seiner Arbeit an der Stiftskirche die Hoffnung vieler Bürgerlicher auf nationale Gesundung

Werktagebuch; Fritz von Graevenitz: Bildhauerei in Sonne und Wind; Verlag Julius Hoffmann; Stuttgart 1933; 24 x 16,5 cm; Städtische Sammlungen Nr. 5928

Kontrast aufbaut. Ein vergleichbares Bild hing im Januar 1933 in der Tübinger Ausstellung „Gemälde lebender schwäbischer Künstler". An dieser Ausstellung - einer der ersten mit moderner, zwischen Impressionismus und Expressionismus stehender Malerei in Tübingen - entzündete sich eine lokale Auseinandersetzung um den Kunstwert solcher Tendenzen: Der Vorwurf mangelnder Naturtreue stand gegen die Verteidigung des künstlerischen Experiments. In der Folgezeit durften dann die Positionen der Moderne nicht weiterentwickelt werden. Formauflösungen in der Malerei galten als Ausdruck von Krankheit, der die „gesunde" Kunst etwa in der Art Kammerers entgegengestellt wurde. Seit 1938 regelmäßig in den Großen Deutschen Kunstausstellungen im Haus der Deutschen Kunst vertreten, repräsentiert sein Stilleben aus diesem Jahr den Kanon nationalsozialistischer Kunstauffassung: perspektivische Richtigkeit, fest gebundene Komposition, naturalistische Detailtreue und handwerklichen Fleiß.

Die Arbeiten Caspar-Filsers hingegen wurden im Zuge der Beschlagnahme „entarteter Kunst" aus den öffentlichen Sammlungen in Stuttgart, Ulm und München entfernt. Auf der Schand-Ausstel-

Der Bericht des Stuttgarter Bildhauers Fritz von Graevenitz (1892-1959) über seine „Erfahrungen und Empfindungen bei der Ausführung der vier Evangelistensymbole am Turm der Tübinger Stiftskirche" erschien im Herbst 1933. Graevenitz hatte im Winter 1932/33 damit begonnen, anstelle der abgegangenen Eckfialen die waagrecht auskragenden Figuren am Turm herauszuarbeiten. Der Text und zahlreiche Fotografien dokumentieren und interpretieren Werkprozeß und Ergebnis. Auf dem Titel der Erstausgabe wurde ein Bild des Adlers plaziert, aufgenommen vom Berufsfotografen Walter Schnell. In leichter Untersicht bildet es das Symboltier des

Johannes wie des Deutschen Reichs als Leitmotiv des Buchs ab, deutet fotografisch die Bildhauerarbeit. Die Stellung am Turm ist Programm: Zusammen mit dem Löwen, Staatstier wie er, ist er in der Fassade der Kirche angebracht, Stier und Engel treten zurück. Die Darstellung faßt oben und unten zusammen und formuliert damit Graevenitz' Haltung zu Kunst, Religion, Nation und Politik: Während er als inspirierter Künstler oben auf dem Gerüst an den überzeitlichen Zeichen der Beziehung zwischen Ewigem und Mensch arbeitet, ziehen unten - von ihm selbst aus der Vogelschau fotografiert und ins Buch gebracht - die vertrauten feldgrauen Kolonnen des Stahlhelm und die neuen braunen der SA gemeinsam vorbei, um - gelenkt vom Führer-Deutschland - eine neue Ordnung und neue Geltung zu schaffen: „Ein Strom neuer Willenskräfte ist damit in unser Volk gekommen, alles in Kampf stellend für ein höchstes Ziel." W. H.
Hoffmann-Curtius 1982; Hesse 1983.

34 Auch Tübinger Künstler wurden als „artfremd" verboten

Gemälde; Alfred Georg Stockburger; „Die Not"; Öl auf Leinwand; 91 x 130 cm; undat. um 1930; sign. u. r. „A. St."; Privatbesitz

Als der junge Tübinger Maler Alfred Stockburger, nach Abschluß der Stuttgarter Akademie, in Berlin versuchte, als freier Künstler Fuß zu fassen, entstand das undatierte Bild „Die Not". Es zeigt, vor einer nächtlichen Stadtlandschaft liegend,

eine ältere Frau mit eingefurchtem Gesicht, deren Rechte mit Bettelgestus auf ihre materielle Armut verweist. Die soziale Thematik hatte ihren konkreten Hintergrund in der Weltwirtschaftskrise. Das Motiv belegt zugleich die Bedeutung, die Käthe Kollwitz für Stockburger hatte, der vergeblich versuchte, in ihre Malklasse aufgenommen zu werden. Das Gemälde zeigt aber auch Wahlverwandtschaft zur Bildsprache des von Stockburger verehrten Edvard Munch. Mit den nervösen Linien des Kleides, aber auch dem derben Ausdruck der gespachtelten Partien sucht der Künstler in bildnerischen Mitteln die Verzweiflung des Menschen wiederzugeben. Mit der Machtübernahme durch die Nationalsozialisten, die schon 1933 ein Ausstellungsverbot über ihn verhängten, wurde Stockburgers beruflicher Werdegang jäh abgebrochen. Seine „wilde" Malweise und die freie Interpretation des Wirklichen kollidierten mit den nun erhobenen Ansprüchen einer „deutschen Kunst". Dem deformierten, zerstückelten „expressionistischen" Körper, der nun als „artfremd" dem Verdikt des „Kulturbolschewismus" verfiel, stellten völkische Agitatoren das Ideal des nordisch-heldischen Menschen gegenüber. T. V.

35 Auch in Tübingen gab es Pläne für eine architektonische Umgestaltung zur NS-Stadt

Pläne für Stadthalle Tübingen (Lageplan, Grundriß, Aufriß); Stadtplanungsamt Tübingen; Papier; verschiedene Formate; 1938; Stadtarchiv Tübingen A 150/4448

Das Projekt einer Stadthalle für Tübingen belegt, daß auch kleinere Städte versuchten, mit Neubau- und Umgestaltungsplanungen den groß angelegten staatlichen Programmen nachzueifern. Deutlich orientiert sich der 1938 vom Stadtplanungsamt dem damaligen Bürgermeister Weinmann vorgelegte Entwurf einer Festhalle an den reichsweiten Planungen für die „Gauforen" wie etwa dem - noch heute zu sehenden - in Weimar. Zentrales gestalterisches Element war der riesige Aufmarschplatz für 10.000 bis 12.000 Menschen. War die Stadthalle in früheren Überlegungen für den botanischen Garten vorgesehen, sollte der Bau jetzt, nicht zuletzt mit Rücksicht auf „den städtebaulichen Luftschutz",

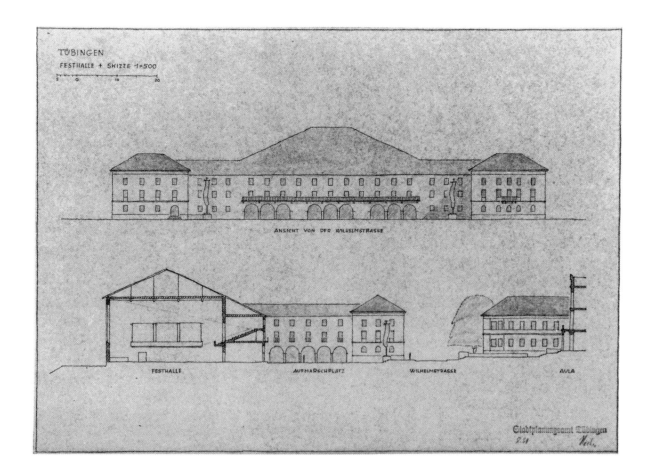

gegenüber der Neuen Aula an der Wilhelmstraße errichtet werden. Der Hauptbau, eine 3000 Personen fassende Halle für kulturelle und politische Veranstaltungen, wurde von zwei zur Wilhelmstraße ausgreifenden Flügelbauten gerahmt, der eine Flügel als Sitz der Parteileitung, der andere mit Platz für ein Heimatmuseum und Räumlichkeiten für wechselnde Kunstausstellungen. Die Fassadengestaltung des mehrgliedrigen Gebäudekomplexes lehnte sich im strengen, lähmend gleichartigen Raster der vorgesehenen Fensteröffnungen an offizielle Parteibauten an. Th. M.

36 In der Selbstdarstellung des NS-Staates kam der Architektur eine wesentliche Rolle zu

Fotografie; unbekannter Fotoamateur; Schaufensterdekoration Buchhandlung Beneke; 9,5 x 13,5 cm; 1937; Privatbesitz

Unter dem Motto „Wir künden deutsche Leistung" führte der in der DAF organisierte deutsche Handel Schaufenster-Wettbewerbe durch: Das Foto zeigt eine Dekorationsarbeit der Tübinger Buchhandlung Beneke zum Thema Deutsche Baukunst, durchgeführt Ende der 30er Jahre. Unter der gezeichneten Darstellung des neu errichteten „Hauses der deutschen Kunst" in München versammelt sich eine Präsentation zeitgenössischer Bücher und Zeitschriften mit Abbildungen der prominentesten Bauten des „Dritten Reichs". Unter anderem sind die Ehrentempel vom Münchner Königsplatz, das Deutsche Haus der Pariser Weltausstellung, das Berliner Olympiastadion und die Reichsautobahn zu sehen, die beispielhaft „vom Wesen der neuen Baukunst" künden sollten. In der Selbst-

darstellung des Nationalsozialismus kam der Architektur eine wesentliche Rolle zu. Groß angelegte Bauprogramme wurden als Aufbauleistung reklamiert. Als „Wort aus Stein" sollten sich die monumentalen Staats- und Parteibauten als Herrschaftszeichen der neuen Machthaber einprägen. In offiziellen Publikationen wie „Die Kunst im Dritten Reich" - herausgegeben seit 1937 - wurden alle wichtigen Repräsentationsbauten vorgestellt, um ein breit angelegtes Umgestaltungsprogramm durchzusetzen. Th. M.

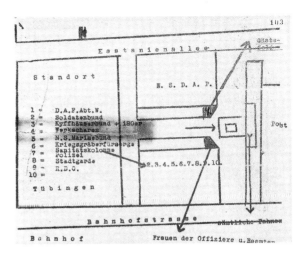

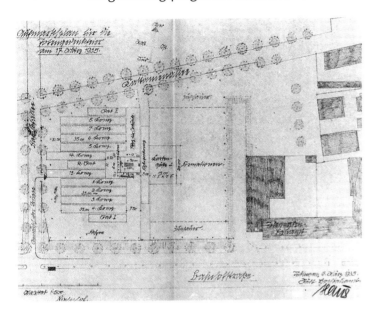

37 Die Aufmarschpläne zeigen die Formierung der Bevölkerung zur „Volksgemeinschaft"

Aufmarschpläne
a Aufmarschplan für die Totengedenkfeier am 17.3.1935; Städtisches Hochbauamt und Heeres-Standortverwaltung; Lichtpause; 24 x 30 cm; Stadtarchiv Tübingen A 150/960 /88
b Aufstellskizze der Gedenkstunde für die Gefallenen am 13.3.1938; Spiritusmatrizendruck; 14,7 x 21 cm; Stadtarchiv Tübingen A 150/960 /103

Unter Zuständigkeit der Militärbehörden waren schon im Kaiserreich Heldengedenkfeiern auf dem nachmaligen Postplatz ausgerichtet, ihre staatstragende Bedeutung durch Kanonen, Fahnen und Pfarrer unterstrichen worden. Das neu errichtete Postgebäude gab nach seiner Erweiterung um einen arkadenunterfangenen Westflügel diesen Zeremonien Hintergrund und axiale Orientierung. Dabei zeichnet sich im Vergleich der Aufstellungspläne von 1935 und 1938 ein

Wandel der Inszenierung ab, der mit neuen Bedeutungen der beteiligten gesellschaftlichen Gruppen zusammenhängt: Während die Feier des Jahres 1935 den schwarz verkleideten Trauerkatafalk zwischen die Blöcke der in Kolonnen angetretenen Militärs und der NSDAP ohne Anbindung an das Postgebäude plaziert, erscheint der Sargaufbau 1938 nahezu symmetrisch vor dessen Arkaden. Nächst dem Aufbau sind - von ihm aus gesehen - rechts des freigelassenen Mittelgangs die Partei, links eine Anzahl von paramilitärischen Organisationen angetreten. Erst hinter diesen beiden Blöcken stehen die Soldaten des Standorts Tübingen. Die gleichgestellte Gemeinschaft der Beteiligten war einer politischen Hierarchisierung gewichen, die die leitende Funktion der Staatspartei und zugleich den sakralen Charakter der Trauerfeier durch den kirchenartigen Grundriß der Aufstellung betonte. W. H.

38 Mit Militärparaden demonstrierte das aufrüstende Deutschland Ordnung und Macht

Fotografie; „Parade am 20.4.37"; Walter Kleinfeldt; Kontaktabzug; 38 Aufnahmen 2,5 x 3,7 cm, glänzendes Fotopapier, auf Karton 25 x 32 cm geklebt; 20.4.1937, Abzugsnummer 263; Privatbesitz

Bei der Parade der Wehrmacht zum Hitlergeburtstag am 20. April 1937 nahm Walter Kleinfeldt vier Filme auf. Die Kontaktabzüge zeigen die wichtigsten Stationen: den Postplatz, die Abnahme der Parade durch Oberst Hilpert vor der Neuen Aula und den Rückmarsch der Trup-

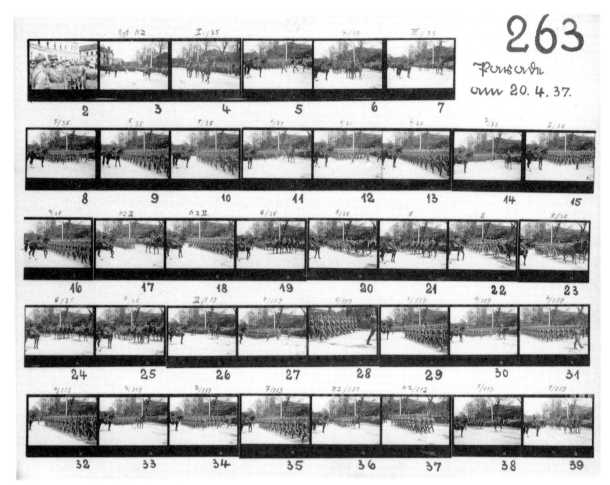

263

Porschn
am 20. 4. 37.

pen über die Neckarbrücke. Das Defilee vor der Neuen Aula bildete den Höhepunkt des Tages und wurde entsprechend durch Fotos von Kleinfeldt und Alfred Göhner in der „Tübinger Chronik" illustriert.

Die Gleichförmigkeit der vorbeiziehenden Soldaten, der statische Bildaufbau mit kaum verändertem Aufnahmestandort, Bildausschnitt und Zuschauerperspektive sowie die fast filmische Aneinanderreihung von Einzelfotos verleihen den Paradeserien eine starre Monotonie. Sie entspricht dem realen Charakter der Inszenierungen, die die Städte überschwemmten und die Zeitungen der Epoche füllten. Das Bestreben NS-Deutschlands, Ordnung und Macht zu demonstrieren, wird deutlich. Die Stereotypie ist Folge davon, daß die Serien auf Verkauf angelegt waren, was die Angaben über den einzelnen Bildern zeigen. Sie halfen dem Fotografen zur schnelleren Identifizierung der Formationen und Personen, die durch die Ladenauslage zum Kauf „ihres" Fotos angeregt werden sollten. Die Häufung ähnlicher Fotoserien in den Jahren 1935 bis

1939 belegt ein gutes Geschäft mit den Soldaten, die vor Kriegsbeginn eine beachtliche soziale Gruppe in der Garnisonsstadt Tübingen bildeten. A. V.

39 Öffentliche Inszenierungen wie der Heldengedenktag 1935 mit der Führerrede als spirituellem Mittelpunkt propagierten die neue Ordnung

Dokumentarfilm; Heldengedenktag am 17.3.1935; Optiker Bensch für Firma Otto Chr. Erbe, Tübingen; 16 mm, Laufzeit 10 min; Ausstellungskopie: VHS-Video, Medienzentrale der Universität Tübingen nach Kopie Super-8, 1982; Stadtarchiv Tübingen, Fotosammlung, F 18

Mit einer Schmalfilmkamera aus dem Besitz der Optikfirma Erbe, die auch mit Fotoapparaten und -zubehör handelte, nahm ein Angestellter die Feiern zum Heldengedenktag 1935 auf. Der Film entstand ohne geschäftliche Interessen, was damit zusammenhängen mag, daß der Firmeninhaber dem Regime ablehnend gegenüberstand.

Deshalb haben die Bilder Beweiskraft dafür, wie selbstverständlich die Regeln öffentlicher Inszenierungen wahrgenommen wurden. So richtet sich die amateurhaft geführte Kamera von wechselnden Standorten auf die Kolonnen von Partei und Militär, erfaßt dabei vor allem ihre Geschlossenheit im Vorbeimarsch, das Einrücken in die auf dem Boden vorgezeichneten Karrees. Deren architektonischer Hintergrund bietet mit seinen Arkaden einen Bezugsrahmen, der noch oft in ähnlichen Zusammenhängen wirken sollte: Der 1928 eingeweihte Erweiterungsbau des Postgebäudes. Entscheidend jedoch ist die Archi-

tektur der Menschen. Besonders deutlich wird diese blockbildende Ordnungsfunktion bei einem farbigen Abschnitt des Films, der den Aufzug des Militärs auf dem Marktplatz aus einer hochgelegenen Position festhält. Der Blick bleibt jedoch aufs Augenscheinliche und Gewohnte gerichtet, auf die durch neue Uniformen nur erweiterten, überlieferten Rituale mit ihrer Verbindung von Thron, Schwert und Altar. Das Moderne entgeht dem Filmdokument. Denn nachdem der Standortkommandant den Zweck der Feier zusammengefaßt hatte mit den Worten: „Wir glauben, daß wir jetzt den Weg gefunden haben, in dem unser Volk Zwist und Hader zu überwinden bemüht, und treu seinem Wegbereiter für Gegenwart und Zukunft, dem Frontsoldaten Adolf Hitler folgt", erschien der Führer selbst körperlos-medial wie überall im Reich auch auf dem Tübinger Postplatz: Seine Radioansprache wurde, durch Lautsprecher verstärkt, übertragen. W. H.

40 Die Militarisierung des Alltags wurde auch von der (Presse-)Fotografie propagiert

Zeitungsausschnitt „So feierte Tübingen Geburtstag"; „Tübinger Chronik" 21.4.1937; Papier, Zeitungsdruck; 46 x 30 cm; Stadtarchiv Tübingen

Am 21. April 1937 berichtete die „Tübinger Chronik" im Lokalteil unter der Überschrift „So feierte Tübingen Geburtstag" über die Veranstaltung zum Hitlergeburtstag am Vortag. Die Fotografien illustrieren den Text - die oberen beiden aus der Kamera des Pressefotografen und Kreispropagandaleiters Alfred Göhner, die untere stammt von Walter Kleinfeldt. Alle drei halten den Höhepunkt der Festlichkeiten, die Abnahme der Militärparade durch den Standortältesten, fest. Während der Artikel die gesamten Ereignisse des Tages und des Vortages kommentiert, zeigen die Fotos nur die Parade der Wehrmacht - Infanterie und Kraftfahrer - vor ihrem Befehlshaber in der Wilhelmstraße in Richtung Stadtmitte. Die abwechslungsreich anmutenden Aufnahmen, deren Bildunterschriften auf unterschiedliche Aspekte wie Begeisterung der Bevölkerung, „soldatische Zucht" und „schneidige Fahrt" aufmerksam machen, entpuppen sich als Pendants derselben Szenerie, aufgenommen mit unterschiedlichen Mitteln: Während die Göhner-Fotos mit weitem Winkel und von schräg oben die „geschlossene Phalanx der Marschierenden" vorführen, zeigt Kleinfeldt aus der Zuschauerperspektive hautnah das Vorfahren der Kraftwagen. Das Schema öffentlicher Paraden ist weder ereignisspezifisch noch zeitgebunden und somit austauschbar, wie die fast identischen Kleinfeldt-Fotos in der „Tübinger Chronik" zum selben Ereignis ein Jahr später belegen. Zu Propagandazwecken ausgewählt, trugen sie zur Militarisierung des Alltags bei. A. V.
Waller 1982.

41 Neben Gruppenbildern ein gutes Geschäft: Ansichten der Universitätsgebäude

Fotografien; Neue Aula; Walter Kleinfeldt; 4 Fotos 8,7 x 11,7 cm, glänzendes Fotopapier, auf Karton 25 x 32 cm geklebt; August 1933; Abzugsnummer 152, 156; Juni 1934 Nr.88; Juli 1935 Nr.157; Privatbesitz

CHAOS UND ORDNUNG

Tübinger Chronik

Geschlossen zum Dankopfer

Ein schönes Geburtstagsgeschenk

Nach einem Appell des Betriebsführers der Firma Ferdinand Gröber, Plüschweberei, ging die gesamte Belegschaft der Firma am gestrigen Geburtstag des Führers geschlossen zur Einzeichnungsstelle für das SA-Dankopfer und trug sich in die Listen ein. Auch die Firma selber spendete einen schönen Betrag.

Für treue Dienste

Verleihung der Medaille der König Karl-Jubiläumsstiftung

Der Herr Ministerpräsident hat am 7. April dem Karl Sinner in Tübingen-Derendingen Versandmeister bei der Fa. Wurster und Dietz, Maschinenfabrik und Eisengießerei in Tübingen-Derendingen; dem Friedrich Laupp, Schleifer daselbst; der Marie Frank, Fabrikarbeiterin in Tübingen-Lustnau beschäftigt bei der Fa. Schirm und Mittler in Reutlingen und der Agnes Kai-

Tübinger Abführpillen 1.-
Hofrat Mayer'sche Apotheke a. Markt

ser, von Kusterdingen Zeitlerin bei der Fa. Schirm und Mittler in Reutlingen; für langjährige, treue und ersprießliche Dienstleistung in einem und demselben Unternehmen die Medaille der König Karl-Jubiläumsstiftung verliehen wird.

Die Medaillen werden den Bedachten am Tag der Nationalen Arbeit ausgehändigt werden.

Vom Kleinrentnerbund

Erste Versammlung 1937 abgehalten

Am letzten Montag fand im Vereinshaus die erste Versammlung im Jahre 1937 statt. Sie galt hauptsächlich dem vor einigen Wochen im 93. Lebensjahr verstorbenen Ehrenvorstand Robert Schneider, der Ortsgruppenleiter verbreitete sich über die Verdienste des lieben Entschlafenen, der durch Gründung der hiesigen Ortsgruppe für die hiesigen Kleinrentner, ja für ganz Württemberg Vorbildliches geleistet habe. Der Ortsgruppenleiter trug sodann die wegen der Erstattung empfangener Unterstützungen und wegen der Vorzugsrenten ergangenen Gesetze vor und schloß damit die eindrucksvoll verlaufene Versammlung.

So feierte Tübingen Geburtstag

Ehrentag des Führers – Parade der Wehrmacht – Vereidigung der Politischen Leiter

⚬ Ein Strom von Begeisterung und Festesfreude erfüllte am gestrigen 48. Geburtstag unseres Führers die Stadt. Schon am Vorabend kündeten die gehißten Fahnen in allen Straßen und Gassen das große Ereignis an. Die Ueberführung von über 250 Jungens und Mädels in die Hitlerjugend und BDM und die Geburtstagsfeier der Partei im Schillersaal waren der machtvolle Auftakt am Montag abend.

Der gestrige Vormittag stand im Zeichen der Feiern der Wehrmacht. Sämtliche Betriebe, die Behörden und Schulen schlossen ihre Räume und alles strömte zum großen Aufmarsch und zur Parade der Tübinger Wehrmacht.

Feiertag und Freude stand auf allen Gesichtern zu lesen, jeder wollte mit dabei sein am Ehrentag des Führers. Liebe und Dankbarkeit bewegte alle auf das tiefste an diesem denkwürdigen 20. April, der noch lange in aller Erinnerung bleiben wird.

Parade der Wehrmacht

Es war nur ein kleiner Teil der Tübinger Bevölkerung aus den Federn gekrochen, als in der Kaiserstunde zwischen der fünften und sechsten Morgenstunde die Flaggenparade der Geburtstagsfeier der Wehrmacht in Tübingen bildete. Als aber das Musikkorps der J.R. 35 gegen 6 Uhr zum Großen Wecken antrat und bald darauf in den Straßen und Gassen die Klänge der Militärmärsche laut wurden, so flogen auch die Fenster und Türen auf und mit freudigen, wenn zum Teil auch noch etwas verschlafenen Gesichtern, grüßten alle die Kapelle und die Spielmannszüge.

In den Betrieben begann der Vormittag größtenteils mit einer schlichten Feierstunde, ebenso in den Schulen. Die große militärische Feier begann vormittags 11 Uhr. In weitem Viereck hatten sich die Soldaten sämtlicher Truppenteile auf dem Postplatz aufgestellt. Dicht gedrängt standen vor allem auf der Straße am Bahnhof die Zuschauer. Kurz vor 11 Uhr hielt das Kommando des Kommandeurs des II. J.R. 35, Major Schulz, über den weiten Platz, der im Anschluß daran dem eintreffenden

Ein Bild der Begeisterung   Foto: Göhner.

Ein schönes Bild: zu Tausenden säumten auf beiden Seiten des Marschweges die Volksgenossen den Vorbeimarsch des Tübinger Standorts.

Standortältesten Oberst Hilpert Meldung machte. Die grauen Soldaten standen mit präsentiertem Gewehr, während der Regimentskommandeur die Fronten abschritt. Im Anschluß daran ehrte

Oberst Hilpert

in einer kurzen Ansprache den Führer. Dabei führte er aus:

„Unser Zeitalter ist erfüllt von Gefahren. Die ganze Welt klirrt von Waffen. Falsche Propheten werden für umstürzlerisches Leben. Brot und Arbeit müssen immer wieder neu erobert und gesichert werden. Niemand vermag das Weltgeschehen auf weite Sicht zu überblicken. An dieser Zeit vermag nur eines vor diesen Schrecknissen und Gefahren zu sichern: eine starke, zielbewußte, einheitliche Führung. Sie liegt in den Händen des Obersten Befehlshabers der Wehrmacht. Auf ihn blicken wir voll Vertrauen. Ihm wollen wir das starke unerschütterliche Instrument seiner Politik sein, die Ehre und Friede heißt. Ihm geloben wir heute an seinem Geburtstage freudigst und rückhaltlos Treue und Gehorsam, indem wir rufen: Unser Oberster Befehlshaber und Führer des Deutschen Reiches Sieg Heil!"

Einem Schwur gleich brauste das dreimalige „Sieg Heil" über den weiten Platz.

Im Anschluß daran marschierten die Truppen zum Parademarsch ab. Dieser glanz- und machtvolle Ausklang der militärischen Feier war das Hauptereignis für die Bevölkerung und für

viele, die aus diesem Anlaß aus den Nachbarorten herbeigeeilt waren. Der große, in weitem Rahmen abgesperrte Platz vor der Universität, wo der Parademarsch abgenommen wurde, und die breite Wilhelmstraße säumten Tausende von Zuschauern. Schon um 10.30 Uhr drängte sich hier die Menge Kopf an Kopf zusammen. Ein Durchkommen war mit großen Schwierigkeiten verbunden. Aber auch die Dächer der Universität und der nachbarlichen Institute, die dort stehenden Räume, waren begehrte Sitzplätze, und die Fensterplätze in den erwähnten Gebäuden waren natürlich ebenso stark belagert.

Vor der Universität hatte neben Oberst Hilpert, der von hier aus hoch zu Pferd den Parademarsch abnahm, Kreisleiter Baumert, die Offiziere der Wehrbezirkskommandos, die Referenzoffiziere, die Vertreter der staatlichen und städtischen Behörden, die SA, der Kyffhäuserbund und der Soldatenbund sowie die Wehrmachtsdargestellten Aufstellung genommen.

Kurz vor 12 Uhr erklang Musik. Das Musikkorps und die Spielmannszüge marschierten von der Universitätsturnhalle her kommend heran und nahmen auf der dem Standortältesten gegenüberliegenden Straßenseite Aufstellung. Mehr als 20 Minuten dauerte dann der Vorbeimarsch sämtlicher Tübinger Truppenteile, der jeden Zuschauer freudig bewegte.

Kaum waren die letzten Truppen am Standortältesten vorbei, da waren die Absperrungen gefallen und die Menge strömte in dichten Haufen auseinander.

504 Politische Leiter angetreten

⊙ Wie im ganzen Reiche, so schloß auch in Tübingen der gestrige Tag des deutschen Treuebekenntnisses zum Führer mit der Vereidigung der Politischen Leiter, Walter und Warte des Kreises. Die im Rot der Hakenkreuzfahne leuchtende Turnhalle der Wildermuth-Schule bot einen würdigen Raum. Freilich, so groß der Saal war, er vermochte die Masse der zur Eidesleistung erschienenen und die große Zahl der Volksgenossen, die gekommen waren, der Feier beizuwohnen, kaum zu fassen.

504 Politische Leiter, Walter und Warte konnte Kreisorganisationsleiter Pg. Diebold Kreisleiter Baumert als angetreten melden. Eine feierliche Stimmung breitete sich über den Saal, als durch ein Spalier der SS die Standarten und Fahnen einmarschierten und sich vor der Bühne postierten, auf der die Standartenkapelle 180 unter Leitung von Musikzugführer Wagenhaus, flankiert von SA, Platz genommen hatte.

In kurzen und markanten Worten wandte sich nun Kreisleiter Baumert an die Versammelten, um noch einmal allen die Bedeutung der Eidesleistung auf den Führer vor Augen zu rücken. Der Eid, so sagte er, wird jeden, der ihn nun leistet, in die Reihen der aktiven Kämpfer der NSDAP aufnehmen. Ich weiß bestimmt, daß der Führer sich auf euch verlassen kann, denn der Eid wird euch, so lange ihr lebt, an die Bewegung binden. Ihr übernehmt eine Verpflichtung, die euch keiner mehr abnehmen kann. Der Eid bedeutet eine unlösbare Bindung an Deutschland. Ihr seid politische Soldaten, die dem Führer ewige Treue schwören. Der Weg vom Adolf Hitler gegangen ist, ist der Weg des deutschen Volkes selber. Seine überragende Größe unter den Staatsmännern aller Völker, ver-

pflichte uns zu Stolz. Seine schlichte Haltung, die Größe seiner Gedanken, haben ihm die große des Volkes eingebracht; und das Volk weiß, daß des Führers ganzes Sinnen und Trachten wieder nur ihm gilt.

Wenn die Bewegung von euch, Kameraden, höchste Bereitschaft erwartet, so tut sie das für Deutschland; denn auch jeden Volksgenossen und auf euch besonders kommt es an, ob wir alle in der Lage sind, diese Nation den Platz zu sichern, der ihr gebührt.

Denken wir daran, daß sich nur die Tapferen im Leben bewähren. Glücklich das Volk, das wie wir, noch die Zukunft vor sich sieht und sie in sich fühlt, seine Geschicke und seine Aufgaben zu meistern. In einem Augenblicke als unsere Zu-

kunft verloren schien, schenkte uns die Vorsehung einen Mann, der aus der Tiefe des Volkes zur höchsten Verantwortung kam. Er ist unser aller Vorbild; ihm nachzustreben sei unser Sinnen und Trachten. In ihm ist Deutschland verkörpert. Ihm schwören wir ewige Treue. Ueberall haben wir der Verpflichtung, die aus einem solchen Vorbilde erwächst, bewußt zu sein.

Was wir mit dem Eide bekräftigen ist der Wille, im Geiste des Führers der Nation zu dienen. Und so erwartet die Nation und die Bewegung von euch Treue, Kameradschaft und Gehorsam. — In diesem Sinne erfolgt die Vereidigung. Unsere Verpflichtung heißt: Wenn

Der Vorbeimarsch   Foto: Göhner.

In straffer, soldatischer Zucht marschierten die Kompanien an ihrem Standortältesten, Oberst Hilpert, vorbei

Parade der Kraftfahrer   Foto: Kleinfeldt.

Eine schneidige Fahrt am Standortältesten vorbei

Die Neue Aula ist eines von zahlreichen Motiven, die Kleinfeldt als Ansichtskarten herausbrachte oder als Dutzend in einem Album „Tübinger Heimatbilder" verkaufte. Auf Karton montiert, erhielten die Abzüge eine den Postkarten entsprechende Nummer. Wurde das Motiv aktualisiert, ersetzte Kleinfeldt das alte Foto durch ein neues, wobei dieselben Licht- und Schatten-Verhältnisse beibehalten wurden. Käufer fand ein so prominentes Motiv wie das Hauptgebäude der Universität vor allem bei Studenten, Universitätsangehörigen und Touristen. Die Vorderseite des 1841-1845 errichteten Gebäudes an der Wilhelmstraße ist auf Distanz und in Schrägansicht fotografiert (Nr.156). Bäume bilden die natürliche Umrahmung der klassischen Komposition. Der rückwärtige Erweiterungsbau mit Ehrenhof und Bronzefiguren von 1928-1931 war jedoch in den 30er Jahren das beliebtere Fotoobjekt (Nr. 88, 152, 257). Scharfe Hell-Dunkel-Kontraste erzeugen eine ambivalente Wirkung: Auf der Sonnenseite läßt der Schatten die Fenster, Türen und Gesimse kantig hervorspringen, während in den Schattenbereichen, einem Negativfilm gleich, helle Fensterkreuze aufleuchten. Das Spiel mit Licht und Schatten und die Ausschnitthaftigkeit heben den Charakter des auf Symmetrie und distanzierte Betrachtungsweise angelegten Gebäudes jedoch teilweise auf.

Der mit dem Erweiterungsbau gleichzeitig geplante Platz vor der Neuen Aula und die Wilhelmstraße dienten wie die drei Kasernen Tübingens und andere öffentliche Plätze militärischen Paraden als angemessene Kulisse, wie zahlreiche Fotos von Kleinfeldt belegen. A. V.

42 Einige Tübinger waren an maßgeblicher Stelle an der nationalsozialistischen Ausgestaltung des Deutschen Reichs beteiligt

Fotografie; Heinrich Hoffmann; Richard Knecht und Hermann Kasper bei der Entwurfsarbeit am Umzug zur Eröffnung des Hauses der Deutschen Kunst München 1936/37; Stempel Bildrückseite: H. Hoffmann; 13 x 18 cm; Städtische Sammlungen (Nachlaß Knecht)

Im Nachlaß des in Tübingen geborenen und in München tätigen Bildhauers Richard Knecht (1887-1966) liegen nur wenige Dokumente mit deutlichem Zeitbezug. Zu den Ausnahmen gehören drei Fotografien aus dem Atelier von Heinrich Hoffmann, dem offiziellen Fotografen Hitlers und der NSDAP. Sie geben Einblicke in eine sachlich und zeitlich eng zusammengehörige Arbeitssituation. In der ersten Aufnahme unterbrechen der Bildhauer und sein Mitarbeiter Hermann Kasper für den Fotografen die Arbeit, schauen gesammelt aus dem Bildfeld, wie um sich gleich wieder ihren Entwürfen zuzuwenden. Bereits weit entwickelt sind die Figurinen und die Abfolge des Festumzugs zur Eröffnung des Hauses der Deutschen Kunst in München zu erkennen. Die für Künstlerporträts durchaus geläufige Präsentation und ihr Kontext werden deutlicher in den beiden anderen Fotografien. Während in der fragmentiert überlieferten Aufnahme Knecht einem auf seiner Linken sitzenden, nun weggeschnittenen Besucher eine Zeichnung erläutert, verdeutlichen die Insignien mit den Namen des Nürnberger Renaissance-Erzgießers Peter Vischer und des Berliner Barock-Bildhauers Andreas Schlüter nicht nur Vorbild-

funktionen für den Steinbildhauer und Model-
leur Knecht, sondern auch einige der von der
NS-Kulturpolitik in den Kanon der Exempel
deutscher Wesensart aufgenommenen Künstler.
Der Einblick in die Zeitumstände wurde nach
dem Krieg erschwert: Auf dem Revers des Bildhauers in der beschnittenen Aufnahme wurde
teilweise die Fotoschicht abgekratzt, wohl um
ein Hakenkreuz unkenntlich zu machen. W. H.
Herz 1988.

43 NS-Staat und -Kultur inszenieren mit dem Festzug „Zweitausend Jahre deutsche Kultur" die neue Ordnung des Deutschen Reiches, entworfen von einem Tübinger

*Zinnfiguren; Entwurf: Richard Knecht, Hermann
Kaspar; Ausführung: Zinngießereiwerkstätten
Ammersee; 21 Zinnfiguren der Spitzengruppe
des Festzuges „Zweitausend Jahre Deutsche Kultur" mit Originalkarton und Begleitheft; Höhe
zwischen 8 und 15 cm; 1937/38; Privatbesitz*

Der „kleine Festzug im Taschenformat" - 1938
mit insgesamt 219 Gußstücken in einer Auflage
von 300 herausgebracht - sollte die lebenden
Bilder zu den nationalsozialistischen Geschichts-
entwürfen, wie sie die 4 km lange Prozession am
Tag der Deutschen Kunst in München zeigte, in
feste Formen gießen und reichsweit unter allen
Altersstufen der Bevölkerung verbreiten. Die ausgestellte Spitzengruppe zeigt - laut offiziellem
Kommentar - in ihrer Gliederung Sinn und
Zweck des gesamten Aufmarsches: „Die Kunst ist
im Kampf um völkische Ehre und Art dem Willen der Staatlichen Macht innig verschworen und
verschwistert."
Die Fahnen der „Bewegung" und der Kunst (drei
rote Wappenschilde auf weißem Grund) führen
den Zug an. Zusammen mit den anschließenden
Reitern in goldener Rüstung, den Plaketten der
Reichsparteitage und dem Wappen der Kunst
verbildlichen sie die nationalsozialistische Einlö-
sung dieser Forderung, überragt von den
„Hoheitsadlern" des Reiches als „Siegeszeichen".
Nach weiteren „Phantasiefahnen" zogen - wie in
einer Fronleichnamsprozession das Allerheiligste
- unter einem roten Baldachin drei Reiterinnen
in Weiß mit den Wappen der Reichskunstkam-
mer (Hoheitsadlern) vorüber. „Das blendende
Schauspiel in Weiß und Gold" der „Göttin der

Kunst" präsentieren weibliche Figuren in Weiß,
Allegorien der Kunst wie der nationalen Einheit
seit der Französischen Revolution.
Rein, feminin und farbenfroh verkörperten diese
Figurinen zu Pferde die Herrschaft der Reichskul-
turkammer, die per Gesetz vom 22. September
1933 gegründet worden war und unter ihrem

Präsidenten Joseph Goebbels zu dem Ord-
nungsinstrument im NS-Kulturbetrieb wurde.
Alle politisch und „rassisch" unliebsamen Personen wurden ausgestoßen. Hier verherrlichte der
Festzug also die selektierende Macht der NS-Kulturnation, die ein paar Stunden vor Beginn des
Festzuges am Sonntag, den 18. Juli 1937, die par-
teikonforme Kunst als eherne Ordnung für die
Ewigkeit propagiert hatte, um einen Tag später
in derselben Stadt die Kunst der Weimarer Zeit
als die unterlegene zu präsentieren und in der
berüchtigten Schau zur „entarteten Kunst" als
Verkörperung des Chaos an den Pranger zu stellen. K. H.-C.

Velhagen und Klasings Monatshefte, 53 (1938) Bd. 1; Programm 1938, Zum Geleit; Horn 1938; Hartmann 1979.

44 Der NS-Staat nutzte naturwissenschaftliche Meß- und Ordnungssysteme zur sozialen Klassifizierung

Anthropometrische Vermessungsgeräte (Anthropometer, Gleitzirkel, Tasterzirkel, Arm eines Beckenzirkels, Segeltuchtasche); Alig & Baumgärtel, Aschaffenburg und weitere, unbekannte Hersteller; Edelstahl verchromt, Textil, Leder; undat. vor 1960; Osteologische Sammlung der Universität Tübingen

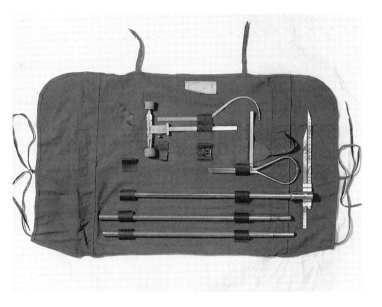

Die Geräte mit ihren Greifzirkeln und Millimeterskalen dienten der geometrischen Vermessung von Menschen unter anderem nach Schädelmaßen, Gesichtsform und Körpergröße, der Länge von Extremitäten oder einzelner Abschnitte wie Oberschenkel oder Unterarm. Aus ihren so quantifizierten Charakteristika und Proportionen schloß man auf die Rassenzugehörigkeit. Die Erb- und Rasseforscher der NS-Zeit gingen jedoch über solche naturwissenschaftliche Klassifikation hinaus. Mit der Einteilung in verschiedene Rassen beurteilten sie auch deren „Wert" als geistige, sittliche und kulturelle Leistungsfähigkeit. Ihnen galt nur die nordische (arische) Rasse als kulturfähig - sie sollte die Führung der Menschheit übernehmen. Mit dieser auf „Auslese" gerichteten Anthropologie sind auch die vorliegenden Instrumente verbunden. Die obere Stange des Anthropometers war - ausweislich der eingeritzten Buchstaben RGA - im Besitz des Reichsgesundheitsamtes in Berlin und kam nach dem Krieg nach Tübingen. Hier hatte zum Beispiel Robert Ritter als Oberarzt und zeit-

weiliger Leiter der Kinderabteilung an der Nervenklinik gewirkt, bis er 1938 ins Reichsgesundheitsamt berufen wurde. Seine theoretischen Vorarbeiten wie auch die folgenden Feldstudien, bei denen er mit seinen Mitarbeitern an die 30.000 Sinti und Roma nach den exakten Rastern der rassistisch geprägten Anthropologie erfaßte, legte die Grundlage zur späteren Vernichtung der „Zigeuner". Seine Mitarbeiterin Sophie Ehrhardt (vgl. Kat. Nr. 73) konnte noch Anfang der 80er Jahre mit dem damals erhobenen Material ungehindert in Tübingen arbeiten. U. M.

Baur u.a. 1936; Mollison 1938; Graf 1939; Projektgruppe Volk und Gesundheit 1982.

45 Terror und Gewalt waren, solange sie gegen Linke gerichtet waren, die weithin akzeptierte Grundlage der NS-Herrschaft

Zeitungsseite; Fotomontage mit der Aufschrift: „Wie im Mittelalter . . . so im Dritten Reich"; John Heartfield; Umschlagrückseite der Arbeiter Illustrierten Zeitung AIZ, Jahrgang XIII, Nr.22, 31.5.1934; Kupfertiefdruck; 38 x 27 cm; Prag; Städtische Sammlungen Nr. 8855

Die von ihm entwickelte Technik der Fotomontage setzte der kommunistische Grafiker und Typograf John Heartfield gezielt im antifaschistischen Kampf ein: „Unsere Montagen waren als Waffen in dieser Zeit des Krieges im Frieden von uns gegen die Naziherrschaft gedacht, und umgekehrt waren sie bezeichnend für den Krieg, den die Nazis im sogenannten Frieden bereits eröffnet hatten." Seine kollagierten Fotoausschnitte brachten das Zeitgeschehen satirisch auf den Punkt, als massenwirksame politische Anklagen waren sie Vorlagen für viele Plakate der KPD. Seit 1930 erschienen Montagen Heartfields nahezu regelmäßig in der AIZ, der von Willi Münzenberg herausgegebenen kommunistischen Zeitschrift mit einer Auflage von 500.000 Exemplaren (1931).

1933 flohen Verlag wie Künstler vor dem Terror der Nazis nach Prag, wo Heartfield weiterhin für die bis 1938 erscheinende AIZ arbeitete. Wiederholt verwendete er in seinen Plakaten das Hakenkreuz als Symbol für Unterdrückung, Terror und Diktatur. So auch in der vorliegenden Montage von 1934: Ein Foto des aufs Rad

WIE IM MITTELALTER . . .

Fotomontage:
John Heartfield

Aufs Rad geflochtener
Mann in einer alten
Stiftskirche in Tübingen.

. . . SO IM DRITTEN REICH

geflochtenen Hl. Georg, wie ihn ein gotisches Maßwerkfenster an der Nordseite der Tübinger Stiftskirche darstellt. Darunter der moderne Märtyrer, ein aufs Hakenkreuz gezwungener nackter Mann, sinnfälliger Ausdruck für den (Vorkriegs-) Terror der Nazis. Die Aufschrift „Wie im Mittelalter . . . so im Dritten Reich" verbalisiert die bildliche Aussage - eine Analyse der NS-Herrschaft, als deren Kern Gewalt und Terror entlarvt wird - zu einem Zeitpunkt, als die Anhänger und bürgerlichen Mitläufer Hitlers vor allem den nationalen Aufschwung und die neue Ordnung wahrnahmen. B. S.

Heartfield 1972.

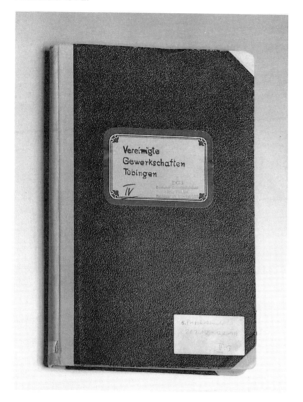

46 Eine Grundvoraussetzung für die Errichtung des NS-Staats war die Zerschlagung der freien Gewerkschaften

Protokollbuch; Ortskartell der Vereinigten Gewerkschaften Tübingens; Bd. V. 33 x 21,5 cm; Zeitraum: 28.7.1929-25.1.1933 (und 12.2./ 10.3.1933, lose Blätter); Universität Tübingen, Ludwig Uhland Institut für Empirische Kulturwissenschaft (Depositum Deutscher Gewerkschaftsbund Tübingen)

Die Protokollbücher des Ortskartells der freien Vereinigten Gewerkschaften Tübingens - hier das letzte - dokumentieren die Aktivitäten der in diesem Rahmen organisatorisch zusammengefaßten Einzelverbände. Das Buch befindet sich in einem erstaunlich guten Zustand, obwohl es der letzte Kartellvorsitzende Heinrich Kost zwölf Jahre vor dem Zugriff der Nazis verstecken mußte. Es bildet zusammen mit den anderen Bänden eine seltene Quelle zur Geschichte der Arbeiterbewegung auf lokaler Ebene; Protokollbücher anderer Ortskartelle sind in den meisten Fällen nicht mehr erhalten, weil sie entweder von oder vor dem Zugriff der Nationalsozialisten vernichtet wurden. Kost, der bis zu seiner Wahl im Februar 1933 Schriftführer des Ortskartells war, hielt den Verlauf und die Ergebnisse der in verschiedenen Tübinger Lokalen stattfindenden Sitzungen fest. Protokolliert wurden außerdem die einmal jährlich stattfindenden Hauptversammlungen, an denen etwa zwischen 100 und 150 Tübinger Gewerkschaftsmitglieder teilnahmen. Die Aufzeichnungen enden am 10. März 1933, nur wenige Tage nach der kommunalen Machtübernahme der Nationalsozialisten. Am 2. Mai wurden die deutschen Gewerkschaften verboten, ihre Organisationen später zwangsweise in die „Deutsche Arbeitsfront" (DAF) überführt. M. H.

Arbeitertübingen, S. 212ff.

47 Nicht alle politisch Organisierten nahmen die Willkür der Nationalsozialisten einspruchslos hin

Brief an das Oberamt Tübingen; Heinrich Kost; Papier, maschinenbeschrieben; DIN A 4; 4.11.1933; Privatbesitz (Foto S. 73)

Am 4. November 1933 richtete Heinrich Kost, der ab 1920 als Drucker bei der „Tübinger Chronik" arbeitete, im Namen des „seitherigen Betriebsrates" diese Anfrage an das Oberamt Tübingen. Im Zuge der Ausschaltung politischer Gegner war am 2. November 1933 - ohne Zutun des Betriebsrates - vom Oberamt ein erst seit kurzer Zeit bei der „Tübinger Chronik" beschäftigter Drucker zum Vorsitzenden des Betriebsrates ernannt worden. Heinrich Kost bat darum, diese Ernennung zu prüfen, da sie gegen das Betriebsrätegesetz verstieß, nach dem Betriebsrat nur werden konnte, wer einem Betrieb mindestens sechs Monate angehörte. Seiner höflichen Bitte wurde nicht entsprochen: Eugen Schneck, der „Kreisbetriebszellen-Obmann" der „National-sozialistischen Betriebszellenorganisation" drohte ihm in seinem Antwortbrief vom 8. November 1933 mit „den schärfsten Mitteln" für den Fall, daß er „in Zukunft von Ihnen und Ihren anderen SPD-Herrschaften etwas hören" würde. Mit massiven Drohungen wie dieser, Einschüchterungs- und Verfolgungsmaßnahmen erreichten die Nationalsozialisten ihr Ziel der Machtsicherung: Protestierende wurden zum Verstummen gebracht. E. T.

Arbeitertübingen, S. 223f.

48 Von der Existenz von Konzentrationslagern erfuhr man aus der Zeitung - anfangs zur Abschreckung, bald aber nur noch geschönt

Zeitungsberichte; Zeitungspapier, Druckfarbe; „Rottenburger Zeitung" vom 15.4.1933; Stadtarchiv Rottenburg

Am 25. März 1933 erschien in der „Tübinger Chronik" die mit einem Foto illustrierte Meldung über die Einrichtung eines Konzentrationslagers auf dem Heuberg bei Stetten am Kalten Markt. Das KZ Heuberg war das erste Lager dieser Art in Württemberg und zeitweise mit bis zu 2000 Häftlingen belegt. Es bestand bis Dezember 1933, danach wurden die Häftlinge in die Kasematten der Ulmer Festung Kuhberg verlegt. Nach dem Machtwechsel am 31. Januar 1933 sollten politische Gegner der Nationalsozialisten ausgeschaltet und gesellschaftlich isoliert werden. Aus Tübingen wurden im Frühjahr 1933 27 Männer in sogenannte Schutzhaft auf den Heuberg gebracht. Diese erste Verhaftungswelle war begleitet vom Terror der SA und SS, die Hilfspolizeifunktionen erhalten hatten. Während die Gefangenen bei ihrer Entlassung schriftlich bestätigen mußten, daß sie nicht von den Umständen ihres Aufenthalts im Lager erzählen würden, erschien in der „Rottenburger Zeitung" am 15. April 1933 ein ganzseitiger, mit drei Zeichnungen bebilderter Artikel über einen „Besuch im Schutzhaftlager Heuberg". In diesem Artikel wird ein geschöntes, die Realität des Lagers (in dem die Häftlinge schikaniert und gefoltert wurden) verharmlosendes Bild vom KZ Heuberg geschaffen. Diese Maßnahmen - mundtot gemachte Häftlinge einerseits und Beruhi-

gung der Öffentlichkeit mit Hilfe scheinbar authentischer Berichte andererseits - halfen den Nationalsozialisten, die Bevölkerung einzuschüchtern und ihre politischen Gegner weitgehend auszuschalten. E. T.

Bundeszentrale für politische Bildung 1988, S. 35f.; NS-Heimatkunde, S. 256ff.; Schönhagen 1991, S. 110ff.

49 Mit der Ausschaltung einer parteiunabhängigen Presse endete die demokratische Öffentlichkeit

Verbotsverfügung; „Tübinger Chronik"; Verlag Dr. Karl Höhn; Zeitungspapier, Druckfarbe; Tübingen 21.8.1933; Stadtarchiv Tübingen

Verbotsverfügungen waren nach 1933 ein beliebtes Mittel, noch nicht gleichgeschaltete Zeitungen in Mißkredit zu bringen und wirtschaftlich zu schädigen. Die „Tübinger Chronik", Amtsblatt für den Oberamtsbezirk, dominierte den lokalen Markt. Weder das nationalsozialistische „Schwäbische Tagblatt", noch die deutschnationale „Tübinger Zeitung" kamen gegen die „Chronik" (1930: 10.000 Exemplare) an. Im Dezember 1930 verkaufte sie ihr jüdischer Besitzer Albert Weil - alarmiert durch den September-Wahlerfolg der NSDAP und der vielen Angriffe auf seine liberale Haltung müde - an den deutschnationalen Ulmer Zeitungsverleger Dr. Karl Höhn. Obwohl die Zeitung daraufhin deutlich nach rechts rückte, war sie insbesondere nach dem Machtwechsel den neuen Machthabern im Weg, die bis dahin weniger als fünf Prozent der gesamten Tagespresse besaßen. Als die „Tübinger Chronik" im August 1933 zu berichten unterließ, daß ihr der mittlerweile gleichgeschaltete Gemeinderat die Veröffentlichung der nicht-amtlichen Bekanntmachungen entzogen hatte, wurde sie für zwei Wochen verboten. Gesetzliche Grundlage bot die Reichstagsbrandverordnung vom 28. Februar 1933, die „zur Abwehr kommunistischer staatsgefährdender Gewaltakte" die wichtigsten Grundrechte „bis auf weiteres" außer Kraft setzte. Das Verbot kündigte das Ende an. Im Dezember 1933 verkaufte der Verleger an die NS-Presse-GmbH Württemberg. Unter altem Namen und mit unveränderter Redaktion gab diese vom 1. Januar 1934 an die „Tübinger Chronik. Neues Tübinger Tagblatt" als einzige Tageszeitung der Universitätsstadt heraus. B. S.

Frei 1986; Schönhagen 1991, S. 85-92.

50 In Tübingen mußte die NSDAP nur in wenigen Fällen „säubern", um ihre Ordnungsvorstellungen durchzusetzen

Protokollbuch der Allgemeinen Ortskrankenkasse (AOK); 34,4 x 22,8 cm; Archiv der AOK

Der Eintrag im Protokollbuch der Allgemeinen Ortskrankenkasse (AOK) dokumentiert einen der wenigen Fälle von politischer Säuberung nach der Machtübernahme durch die Nationalsozialisten: 1933 wurde kurz vor dem Verbot der SPD Arno Vödisch, sozialdemokratischer Funktionär und Gemeinderat bis Mai 1933, als Vorsitzender der AOK entlassen. Den freigewordenen Posten erhielt der Nationalsozialist Walter Schurr. Der „Alte Kämpfer" der NSDAP, seit 1931 NSDAP-Gemeinderat, wurde damit für seinen Einsatz in der sogenannten Kampfzeit belohnt.

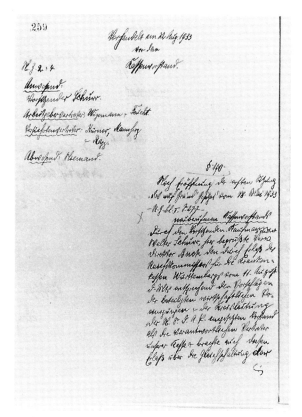

Ende 1933 wurden vier weitere Angestellte der AOK aufgrund des Gesetzes „zur Wiederherstellung des Berufsbeamtentums" entlassen. E. T.
Schönhagen 1991, S.134.

51 Nur wenige wagten, dem Terror des NS-Staats die Stirn zu bieten

Schreiben an die Leiterin der Frauenarbeitsschule Tübingen; Württembergische Ministerialabteilung für die Fachschulen; DIN A 4; Stuttgart 8.5.1937; Archiv des Hauswirtschaftlichen Gymnasiums Tübingen, Personalakte

Das Schreiben ist eines der raren Zeugnisse für aktiven Widerstand in Tübingen. Der Brief vom 8. Mai 1937 setzte die Leiterin der Tübinger Frauenarbeitsschule im Mai 1937 von einer vorläufigen Amtsenthebung an ihrer Schule in Kenntnis. Sie betraf die 56jährige Oberlehrerin Julie Majer, die seit 1921 als Fachlehrerin für Wäschenähen eingestellt war. Der Handarbeitslehrerin, die einst für die Basler Mission in Indien tätig gewesen war, wurde unter anderem vorgeworfen, einen verfolgten KPD-Funktionär aufgenommen und versteckt zu haben. Der Vorfall lag drei Jahre zurück.

Württ. Ministerialabteilung für die Fachschulen

Nr. 4075.
Im Unterschreiben anzugeben.

Stuttgart N, den 8. Mai 1937.
Landesgewerbemuseum, Fernruf 21541

An

die Leiterin der Frauenarbeitsschule

Tübingen.

0 Beil.

E i l t !

Streng vertraulich !

Gegen die Hauptlehrerin Julie M a j e r an der dortigen
Schule hat der Herr Kultminister das gerichtliche Dienststraf-
verfahren eröffnet. Sie ist von ihm auf Grund des Art. 220 BG
vorläufig ihres Dienstes enthoben worden.

Die Lehrerin wird beschuldigt:

1.) seit dem Jahre 1928 Mitglied der Roten Hilfe, einer
Unterorganisation der KPD gewesen zu sein und diese
Mitgliedschaft in dem von ihr am 4. Juni 1933 ausge-
stellten Fragebogen zur Durchführung des Gesetzes zur
Wiederherstellung des Berufsbeamtentums verschwiegen
zu haben,

2.) im Jahr 1934 oder 1935 den kommunistischen Funktionär
Wilhelm Bader, der wegen Hochverrats verfolgt war, in
ihre Wohnung aufgenommen und verpflegt zu haben, um
ihn der Verhaftung und Bestrafung zu entziehen,

Die Lehrerin hat sich mit sofortiger Wirkung jeder dienstlichen Tätigkeit fernzuhalten. Auf Grund von Art. 221 BG

-/-

Im Gefolge des Terrors der nationalsozialistischen Machtübernahme hatte damals Julie
Majer, selbst der kommunistischen Partei nahe-
stehend und Mitglied in der „Interessengemein-
schaft oppositioneller Lehrer", einem wegen
Hochverrats verfolgten Stuttgarter Kommunisten
Unterschlupf gewährt. Geschickt hatte ihn ihre
Nichte Agnes Rösler, Pfarrerstochter und Lehrerin wie sie, als KPD-Mitglied aber mit Berufsver-
bot belegt. Nach einigen Wochen zog der Mann
unerkannt weiter, alles schien gut verlaufen. Erst
als er 1937 beim illegalen Grenzübergang festgenommen wurde und unter der Folter die Namen
seiner Helferinnen preisgab, wurde die solidari-
sche Hilfe der beiden Frauen bekannt. Julie
Majer wurde aus dem Schuldienst entlassen und
mußte seitdem ihren Lebensunterhalt als selbständige Wäscheschneiderin bestreiten. Agnes
Rösler aber, die bereits 1933 wegen illegaler
KPD-Arbeit aktenkundig geworden war, wurde
wegen „Vorbereitung zum Hochverrat" verhaftet
und jahrelang ohne Gerichtsurteil festgehalten.
Schließlich wies sie die Gestapo in das KZ
Ravensbrück ein. Von dort wurde sie nach 22
Monaten Haft dank prominenter Fürsprache
entlassen. B. S.
Ullmann 1988.

Das NS-Wirtschaftswunder

52 Die „Motorisierung des deutschen Volkes" sollte den wirtschaftlichen Aufschwung fördern und die Schlagkraft des Heeres vergrößern

Motorrad mit Seitenwagen; BMW R 71; 213 x 81,5 x 96 cm; undat. 1938-1941; Bayerische Motorenwerke BMW AG München

Die BMW R 71 besaß einen Zweizylinder-Boxer-
Viertaktmotor und einen Hubraum von 745
ccm. Das Motorrad wurde für 1595 RM verkauft,
während der Preis des „Volkswagen" unter 1000
RM blieb. Die Maschine hatte 22 PS und
erreichte mit Seitenwagen eine Höchstgeschwin-
digkeit von 100 km/h. „Motorisierung des deutschen Volkes" lautete ein Teil des Programmes,
mit dem die Nazis die wirtschaftliche Krise
bekämpfen und den ökonomischen Aufschwung
in Deutschland fördern wollten. Die Motorisierung sollte sich auf die breiten Massen er-
strecken; durch die Abschaffung der Steuer für
Pkw und Motorräder sollte der Absatz der Kraft-
fahrzeugindustrie gefördert und die Produktion
in anderen Wirtschaftszweigen angeregt werden.
Die gleichzeitige Motorisierung des Heeres erforderte Soldaten, die mit der Funktionsweise von
Motoren und Kraftfahrzeugen vertraut waren.
Der Vermittlung von solchen Kenntnissen dienten die Lehrgänge an der Tübinger Motorsportschule, wo die BMW R 71 als Ausbildungsfahr-
zeug benutzt wurde. Ziel der Ausbildung war die
Vermittlung von technischem Wissen und die
Fahrschulung junger Männer, um die militärische
Kapazität Deutschlands zu erhöhen. Im Krieg
fand das Motorrad, ausgerüstet mit einem am
Seitenwagen angebrachten MG, vor allem bei
den Nachrichtentruppen Verwendung. L. D.
Blaich 1986, S. 289ff.

53 Das NSKK bildete an der Tübinger Motorsportschule junge Männer für die motorisierten Truppenteile der Wehrmacht aus

Fahrerhelm; Leder über Holz, Innenfutter; 22,5 x 13 cm; undat. 1934-1945; Städtische Sammlungen Nr. 8744

Der schwarze, mit einem Kinnriemen versehene Lederhelm gehörte zur Uniform der Motorradfahrer des Nationalsozialistischen Kraftfahr-Korps (NSKK). Diese Parteiorganisation wurde 1934, nachdem sie zu einer selbständigen Gliederung innerhalb der NSDAP geworden war, mit eigenen Uniformen ausgerüstet. Hauptaufgabe der Organisation war die „Motorisierung des deutschen Volkes". Gemäß der nationalsozialistischen Propaganda sollte das NSKK zur „Jugendertüchtigung" beitragen und bei den Heranwachsenden durch Lehrgänge an den Motorsportschulen die Freude am Kraftfahr- und Geländesport wecken. In der Realität hingegen übernahmen NSKK und Motor-SA die an den Bedürfnissen der Wehrmacht orientierte Ausbildung junger Männer an Motorfahrzeugen. So erklärte der ehemalige Schulwart der Tübinger Motorsportschule rückblickend, die Schulen und die NSKK-Führung seien die Institutionen gewe-

sen, „die die Motorisierung des Heeres auf Befehl des damaligen Führers Adolf Hitler durchzuführen hatten, bzw. durchzutreiben, kann man ruhig sagen". Bis zum Kriegsbeginn durchliefen etwa 200.000 junge Männer die Schulorganisationen des NSKK, um danach in den motorisierten Truppenteilen der Wehrmacht Verwendung zu finden. L. D.

Seidler 1984; Interview Lothar Diehl mit Richard F. am 19.3.1991 in Schorndorf.

54 Tübinger Motorsporttage im September 1937: „Wehrsport im klarsten Sinne des Wortes"

Plakat; „1. Motorsporttage Tübingen 18.-19. September 1937"; Offsetdruck; 83,5 x 59 cm; Union Druckerei Stuttgart; Stuttgart 1937; Stadtarchiv Tübingen A 150/4993

Der Entwurf für das Plakat, das die ersten Tübinger Motorsporttage ankündigt, stammt von dem Tübinger Graphiker Fr. Kunz. Insgesamt wurden von dem Plakat 2080 Exemplare hergestellt. Es zeigt vor dem Hintergrund des Tübinger Schlosses einen Kradfahrer mit NSKK-Helm sowie einen uniformierten Streckenposten und weist damit auf Teilnehmerkreis und Veranstalter des Rennens hin. An der Großveranstaltung nahmen

etwa 300 Parteiaktivisten von NSKK, SA und Motor-HJ teil. Für sie galt, daß Kraftfahrsport als „Wehrsport im klarsten Sinne des Wortes" zu begreifen sei. Die Motorsportler, die um 24 Uhr vom Tübinger Festplatz zu einer Nachtorientierungsfahrt aufbrachen und den Wettkampf am Sonntagmorgen mit einer Geländefahrt fortsetzten, wurden daher nicht nur in ihren Fahrkünsten geprüft, sondern mußten auch im Handgranatenzielwurf ihre Treffsicherheit beweisen.

Kraftfahrsport, hieß es in einem Zeitungsbericht zu den Motorsporttagen, sei „ein Sport, der ganze Männer fordert, Zähigkeit, Mut und Härte, und der jedem, der mitmacht, die Erfahrung bringt, wie man mit einem Fahrzeug umgeht, wenn einem einmal nicht die sauberen, breiten Verkehrsstrassen zur Verfügung stehen." Geländefahrten galten als ein wichtiges Erziehungsmittel zur Heranbildung von „kräftigen, harten, sport- und wehrfreudigen Menschen", als ein Sport, in dem „Menschenwille und Maschine im Dienste der Volksgemeinschaft und des Führerwillens zusammenwachsen" sollten. L. D.

55 Nach 1933 organisierte und kontrollierte die Partei alle motorsportlichen Veranstaltungen

Plakette; „Tübinger Motorsporttage 1937"; Metall 4,5 x 2,8 cm; 1937; Privatbesitz

Die Teilnehmer der Motorsporttage vom 18./19. September 1937 in Tübingen erhielten je nach der erreichten Punktzahl und Plazierung goldene, silberne und eiserne Plaketten verliehen. Auf ihnen ist, wie auch auf dem Plakat der Motorsporttage, ein Motorradfahrer in NSKK-Uniform zu sehen, darunter befindet sich das Zeichen des NSKK, dem Veranstalter der Orientierungs- und Geländefahrt. Die Gestaltung der Plakette weist auf die enge Verbindung von NS-Staat und Motorsport hin. 1933 wurde dem NSKK die „Oberste nationale Sportbehörde für die deutsche Kraftfahrt" unterstellt; seitdem kontrollierte und organisierte das Korps alle motorsportlichen Aktivitäten und war auch für die Ausrichtung der entsprechenden Veranstaltungen verantwortlich. Bei dem Tübinger Rennen beherrschten uniformierte Veranstalter, Zeitnehmer und Streckenposten die Szenerie, Nationalsozialismus und Rennsport verbanden sich im Bild der Öffentlichkeit zu einer Einheit. L. D.

Landesmuseum für Technik und Arbeit 1986, S. 141f.

56 In der Spätphase der Weimarer Republik richtete der „Freiwillige Arbeitsdienst" Arbeitslager für erwerbslose Jugendliche ein

Fotografie; Kameradschaft des Arbeitslagers Münsingen; 9 x 14 cm; Münsingen 1931; Privatbesitz

Der „Freiwillige Arbeitsdienst" war eine soziale Notstandsmaßnahme aus der Spätzeit der Weimarer Republik; im Herbst 1932, auf dem Höhepunkt der Arbeitslosigkeit, nahmen etwa 254.000 Jugendliche daran teil, eine Zahl, die auch nach 1933 vom „Reichsarbeitsdienst" nicht mehr überschritten wurde. Das Bild zeigt die „Kameradschaft" eines Arbeitslagers, das der „Tübinger Studentische Heimatdienst" 1931 in Münsingen veranstaltete. Es stammt aus einem privaten Fotoalbum, in dem das Lagerleben und die tägliche Arbeit dokumentiert sind, und entstand nach Beendigung des ersten Münsinger Lagers.

An diesem und den folgenden Lagern nahmen Studenten wie auch arbeitslose Jugendliche teil; nach den Vorstellungen der studentischen Initiatoren sollten hier in „freier und selbständiger Gestaltung des gemeinschaftlichen Lebens" und durch die direkte menschliche Begegnung Klassenunterschiede eingeebnet werden. Das Arbeitslager sei der Platz, wo sich das Volk „in allen seinen Klassen und Schichten in unserer mechanisierten [. . .] Zeit trifft und [. . .] erfährt." Das zur Begründung des Arbeitsdienstes verwendete Vokabular zeigt die geistige Nähe zur nationalsozialistischen Ideologie: „Volksgenossen" sollen zum „Dienst am Ganzen" erzogen werden, an „Staat und Volk über die Parteien, Konfessionen und Stände hinweg". Für die Tübinger Studenten war „das unverrückbare Ziel" des Arbeitsdienstes die „Erziehung zum Volk", die Lagergemeinschaft war für sie eine „Zelle totaler Volksgemeinschaft".
L. D.

Bezirkskommissar 1932; Kracauer 1932; Päßler 1985.

57 Nach der Machtübernahme ließen sich die Lager des „Freiwilligen Arbeitsdienstes" für den Aufbau des NS-Staates einspannen

Fotografie (Reproduktion); Kameradschaft des Arbeitslagers Bebenhausen; 13 x 18 cm; Tübingen 1933; Stadtarchiv Tübingen A 150/4019

Der Tübinger Gemeinderat beschloß Mitte Februar 1933, bei Bebenhausen ein Arbeitsdienstlager einzurichten und die Leitung dem „Tübinger Bund für Arbeitslager" zu übertragen, der Nachfolgeorganisation des Studentischen Heimatbundes. Die Maßnahme war im Gemeinderat nicht unumstritten: Die Vertreter der Arbeiterbewegung standen dem „Tübinger Bund" und der Arbeitslageridee ablehnend gegenüber, denn nach Ansicht der Linken wurde in den Lagern vor allem ein „nationalistischer Geist" gezüchtet und zum „Militarismus" erzogen. Tatsächlich ließen sich die Lager des „Freiwilligen Arbeitsdienstes" 1933 ohne Probleme ‚gleichschalten'. Der Leiter des Lagers Bebenhausen erklärte, angesichts der „vollständigen Umwälzung" stelle sich für den „Tübinger Bund" die Frage: „[. . .] in welcher Form kämpfen wir weiter für das alte Ziel. Als Führer des Bundes habe ich sie für mich gelöst dadurch, daß ich nach Rücksprache mit Führern der NSDAP der Partei beigetreten bin. Die Lagerführer und Mitarbeiter sind diesem Schritt nahezu geschlossen gefolgt." Die Lager galten von nun an „dem Nationalsozialistischen Aufbau" verpflichtet und sollten „die äußere Form der Wehrverbände" annehmen. Unter dem NS-Regime war der Arbeitsdienst die wichtigste Institution, durch die die klassenlose „Volksgemeinschaft" geschaffen werden sollte. Das Foto stammt aus einer ähnlichen Bildermappe, wie sie im Arbeitslager Münsingen gefertigt wurde; es zeigt die uniformierte „Kameradschaft" als Sinnbild einer „Volksgemeinschaft", deren wesentliches Kennzeichen nicht in der Einebnung der Klassenunterschiede, sondern in der Militarisierung der „Volksgenossen" lag. L. D.

SAT A 150/4019; Köhler 1967.

58 Tübinger Abordnung beim Reichsparteitag 1934: „Das Klima beim Arbeitsdienst war in dieser Zeit gut"

Fotografie; Arbeitsdienstlager im Bühler Tal; 6 x 8,4 cm; Tübingen 1934; Privatbesitz

Das Arbeitsdienstlager in Bühl wurde erst im Juni 1934 eingerichtet und war mit etwa 200 Mann eines der größten in der Gegend. Das Foto zeigt eine Abteilung von Arbeitsmännern, die mit dem Spaten das Antreten und Exerzieren für den Parteitag „Triumph des Willens" 1934 üben. Der Leihgeber erzählte, die Abteilung sei erst zehn Tage vor der Fahrt nach Nürnberg mit Spaten und Uniform ausgerüstet worden und habe bis dahin nie exakte militärische Übungen gemacht. Das Jahr 1934 war für den Arbeitsdienst eine Übergangszeit. Herr K. betonte, daß die meisten seiner Kameraden noch freiwillig zum Arbeitsdienst kamen, wenn auch aus einer sozialen Notlage heraus. „Die Leute haben den Arbeitsdienst anerkannt, sie haben ihn gerne gemacht, das Klima war gut und ein Teil war auch froh, daß er was zu essen bekam. Jeder hat zur gleichen Zeit versucht zu erfahren, wo er nachher unterkommen könnte." Diese Eindrücke aus einer Zeit, in der die Arbeitslosigkeit noch weit verbreitet war, entsprechen der Erzählung eines

Arbeitsdienstführers, der für 1933/34 ebenfalls von einer „guten Stimmung" unter den Teilnehmern zu berichten wußte. Nach Einführung der Arbeitsdienstpflicht im Frühjahr 1935 wurde hingegen die halbjährige Dienstzeit von den „Arbeitsmännern" oftmals als ungeliebter Zwang empfunden. L. D.

Interview Lothar Diehl mit Wolfram M. am 25.7.1991 in Tübingen; Interview Lothar Diehl mit Karl K. am 16.9.1991 in Tübingen.

59 Mit positiven Gemeinschaftserlebnissen versuchte der Reichsarbeitsdienst die innere Zustimmung zum Regime Hitlers zu fördern

Fotoalbum; „Reichsarbeitsdienst Weibliche Jugend"; Karton, Pergaminzwischenblätter, Kunstledereinband, Metall, Wollkordel; 19 x 26,5 x 3 cm; undat. um 1940; Privatbesitz

Das Fotoalbum trägt auf der Vorderseite des Einbandes ein versilbertes Metallemblem mit dem Zeichen des weiblichen Arbeitsdienstes und der Inschrift „Reichsarbeitsdienst Weibliche Jugend". Darunter befindet sich der in silbernen Buchstaben ausgeführte Spruch: „Arbeit für Dein Volk adelt Dich selbst". Das Album erweckt den Eindruck eines kostbaren Gegenstandes, der besonders wertvolle Erinnerungen birgt. Dies entspricht der Zielsetzung des Arbeitsdienstes, der die innere Zustimmung zum Regime Hitlers fördern und die Teilnehmerinnen nach dem Frauenbild des Nationalsozialismus erziehen wollte. Der Inhalt des Fotoalbums zeigt den Alltag der „Arbeitsmaiden": (Früh-)Sport und die Unterbringung in primitiven Schlafbaracken dienten der „Abhärtung" der Teilnehmerinnen, die auf den Fotos festgehaltenen Tätigkeiten im Haushalt, im

Garten und die Mithilfe in bäuerlichen Betrieben entsprachen den nationalsozialistischen Vorstellungen von Frauenarbeit. Für die Leihgeberin war ihr Arbeitsdienst in Kirchheim/Teck vor allem eine Pflicht, die erfüllt werden mußte: „[. . .] ich war eigentlich kein begeistertes Arbeitsdienstmädle [. . .], aber es war eine Zeit, die einen auch mit geformt hat." L.D.

Interview Lothar Diehl mit Erika K. am 23.9.1991 in Tübingen.

60 Junge Frauen sollten im Reichsarbeitsdienst zu Ländlichkeit und Brauchtum erzogen werden, im Krieg mußten sie jedoch in der Rüstungsindustrie arbeiten

Brosche des Reichsarbeitsdienstes für die weibliche Jugend; Metall; 3,3 x 4,5 cm; undat. um 1940; Privatbesitz

Die Brosche gehörte zur Uniform des weiblichen Arbeitsdienstes und wurde bei der Arbeit und anderen dienstlichen Tätigkeiten getragen. Während Uniform und Arbeitskleidung nach Beendigung des Arbeitsdienstes wieder abzugeben waren, durften die Teilnehmerinnen die Brosche als Erinnerungsstück behalten. In der Mitte des fibelähnlichen Schmuckstückes befinden sich Hakenkreuz und Ähre, die Symbole des weiblichen Arbeitsdienstes. Sie verbildlichen agrarromantische Vorstellungen, nach denen die halbjährige Dienstzeit gestaltet wurde: Die Lager, in denen die „Arbeitsmaiden" untergebracht waren, befanden sich in aller Regel auf dem Land, die Tätigkeit der Dienstpflichtigen orientierte sich an dem Ideal der bäuerlichen Hauswirtschaft. Gleichwohl geriet diese rückwärtsgewandte Utopie in den Kriegsjahren immer stärker mit der Realität und den Erfordernissen der Kriegswirtschaft in Konflikt. Mit den Jahren konnte es sich

das Regime immer weniger leisten, zehntausende junger Frauen Hilfsarbeiten in Gärtnereien oder Landwirtschaften verrichten zu lassen; zu dringend war der Bedarf der Rüstungsindustrie. Dennoch gelang es konservativen Parteiideologen, bis 1942 die Verwendung der „Arbeitsmaiden" in der Industrie zu verhindern. Erst 1943 wurden die ersten Dienstpflichtigen bei der Luftwaffe eingesetzt und im Herbst 1944 forderte selbst der Führer des Reichsarbeitsdienstes den verstärkten Einsatz der jungen Frauen in Kriegsindustrie und Wehrmacht. L. D.

Bajohr 1980.

61 Staatliche Zwangsmaßnahmen wie das Arbeitsbuch dienten der Lenkung der Arbeitskräfte zugunsten der Aufrüstung

Arbeitsbuch; Pappe, Papier; 14,7 x 10,4 cm; undat. um 1935; Städtische Sammlungen Nr. 8284 k

Arbeitsbücher wie das vorliegende wurden im Februar 1935 für die meisten Arbeitnehmer im Deutschen Reich zur Pflicht; das Buch war bei Antritt einer neuen Arbeitsstelle dem Arbeitgeber auszuhändigen, der die Art der Tätigkeit und die Beschäftigungsdauer eintrug und es nach Beendigung des Arbeitsverhältnisses zurückgab. Für die NS-Regierung stellte das Arbeitsbuch ein unerläßliches Hilfsmittel dar, um

den Einsatz der Arbeiter in Landwirtschaft, Rüstungs- und Konsumgüterindustrie zu lenken. Die damit verbundenen Aufgaben waren der Reichsanstalt für Arbeit übertragen, die parallel zu jedem Arbeitsbuch eine Karteikarte auf dem Arbeitsamt führte. Diese Karteikarten und eine Reihe gesetzlicher Bestimmungen versetzten die

Arbeitsämter in die Lage, den Einsatz der Arbeiter gemäß den politischen Vorgaben zu regeln. So war seit 1935 mit zunehmender Vollbeschäftigung zunächst für Metallarbeiter, dann auch für andere kriegswichtige Branchen bei einem Wechsel des Arbeitsplatzes die Zustimmung des Arbeitsamtes erforderlich. Bei Kriegsbeginn wurde die Lösung und Begründung eines jeden Arbeitsverhältnisses von dem Einverständnis eines Arbeitsamtes abhängig gemacht. L. D.

Syrup, Neuloh 1957, S.433ff.; Lampert 1986, S.188.

62 Uniformierung in allen Bereichen nährte die Illusion von einer einigen Volksgemeinschaft

DAF-Uniform
a Festanzug der „Deutschen Arbeitsfront"; blauer Wollstoff; undat. 1934-1939; Privatbesitz
b Mütze der „Deutschen Arbeitsfront"; undat. 1934-1939; Privatbesitz

Der dunkelblaue Herrenanzug besteht aus Jacke, Hose und Weste und wurde zusammen mit der Schirmmütze von den Mitgliedern der „Deutschen Arbeitsfront" (DAF) bei feierlichen Anlässen wie etwa den Aufmärschen zum 1. Mai getragen. Das weiße Innenfutter der Weste ist blau gestreift und mit dem Kürzel „DAF" sowie der Ziffer „3" bedruckt. Auf den Knöpfen der Jacke befindet sich das Symbol der DAF, das Hakenkreuz von einem Zahnrad eingefaßt. Die DAF wurde am 10. Mai 1933, wenige Tage nach der Zerschlagung der Gewerkschaften gegründet und entwickelte sich in der Folgezeit zu einer der mitgliederstärksten Organisationen der NSDAP. Während die Regelung von Lohnfragen im NS-Staat den staatlich eingesetzten „Treuhändern der Arbeit" vorbehalten blieb, gehörte die kultu-

relle und soziale Betreuung der Arbeitnehmer zu den zentralen Aufgaben der DAF. Das Gesetz zur Ordnung der nationalen Arbeit von Anfang 1934 hatte das „Führerprinzip" auch auf die privatwirtschaftlichen Betriebe übertragen. Der Arbeitgeber wurde zum „Betriebsführer", die Arbeitnehmer zur „Gefolgschaft", deren einander entgegengesetzte Interessen sollten in der „Betriebsgemeinschaft" aufgehoben werden: „Es wird keinen Unternehmer, Arbeiter und Ange-

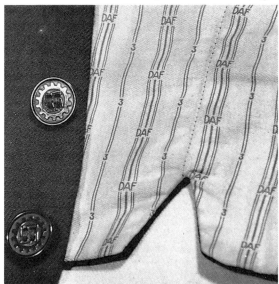

stellten mehr geben, es wird den Begriff des Arbeitsmenschen geben, den deutschen Arbeitsmenschen." In der Praxis bedeutete dies die fast vollständige Abschaffung der Arbeitnehmermitbestimmung im Betrieb. Der DAF fiel die Aufgabe zu, durch innerbetriebliche sozialpolitische Verbesserungen und attraktive Freizeitangebote die Arbeiter mit dem NS-Staat zu versöhnen; sie entwickelte dabei eine eigenständige Sozialpolitik, die zumindest in Teilbereichen reale Verbesserungen für die Arbeiter brachte. L. D.

Broszat 1989; Frei 1989, S.96ff.

63 Der Volksempfänger, ein Symbol des wirtschaftlichen Aufschwungs, war eines der wichtigsten Propagandainstrumente des NS-Staats

Radiogerät; Idealwerke Stuttgart; 15,5 x 28 x 37,5 cm; undat. 1933-1938; Haus der Geschichte Baden-Württemberg Nr. 89/527

Der Volksempfänger VE 301, an seiner Vorderseite mit einem Wellenschalter, einem Stationswähler und einem Rückkoppelungsschalter aus-

64 Der Übergang vom elektrischen Gruppen- zum Einzelantrieb war ein wichtiger Schritt zur Rationalisierung des Produktionsprozesses

Elektromotor; Stahlblech, Isolierfarbe, Kupfer, Kohle, Eisen, Lack, Isolierband; 33 x 64 x 27 cm; Himmelwerk AG; Tübingen-Derendingen 30er Jahre; Städtische Sammlungen Nr. 5607 g

Die Derendinger Firma Himmelwerke AG spezialisierte sich nach dem Ersten Weltkrieg auf die Herstellung von Elektromotoren für Holzbearbeitungsmaschinen. 1930 ging die Firma dazu über, auch für andere Arbeitsvorgänge Elektromotoren zu fertigen. Die Himmelwerke vollzogen dabei einen entscheidenden Schritt bei der Durchsetzung des elektrischen Antriebs in der Fertigungsindustrie: den Übergang vom elektrischen Gruppen- zum Einzelantrieb. Der Elektromotor hatte als Gruppenantrieb von Fertigungsmaschinen schon früh die Dampfmaschine ersetzt; wie bei der Dampfmaschine trieb jedoch bis in die 20er Jahre ein Elektromotor über mechanische Transmission mehrere Maschinen an. Als Einzelantrieb

war der Elektromotor unmittelbar mit der Werkzeug- oder Arbeitsmaschine verbunden; dadurch ließ sich die zur Verfügung stehende Energie an der Arbeitsmaschine besser ausnutzen, Wirtschaftlichkeit und Zweckmäßigkeit des gesamten Arbeitsflusses steigern. Die einzelnen Maschinen konnten einfacher als bisher nach der Reihenfolge der verschiedenen Produktionsschritte angeordnet und so der gesamte Produktionsprozeß im Sinne größerer Rentabilität neu organisiert werden. Auch das NS-Regime förderte diese Rationalisierung und Modernisierung, da ein Krieg nur mit einer nach dem Grundsatz höchst-

gestattet, war seit 1933 auf dem Markt und für 76 RM zu haben. Bereits am ersten Tag wurden von dem Gerät 100.000 Stück verkauft. Die NS-Regierung förderte den Vertrieb des Radios und machte den Volksempfänger, der in der Regel wegen seiner geringen Empfangsstärke nur inländische Sender empfangen konnte, zum Verkaufsschlager ihres „Wirtschaftswunders". 1937 wurde der Preis auf 59 RM ermäßigt, ärmeren Familien wurden die Gebühren erlassen. Während in vielen anderen Bereichen die Versorgung der Bevölkerung mit Konsumgütern oder gar Luxusartikeln höchstens das Niveau der späten 20er Jahre erreichte, besaßen 1939 bereits 70 Prozent der Haushalte ein eigenes Radio. In diesem Jahr hatte Hitlerdeutschland die dichteste Rundfunkversorgung der Welt. Das NS-Regime unterstützte die Verbreitung des Volksempfängers, um die Bevölkerung für die politischen Ziele des Nationalsozialismus zu mobilisieren; Goebbels, der sich als Propagandaminister um die Herabsetzung der Rundfunkgebühren bemühte, betrachtete den Volksempfänger als ein Mittel, mit dem die Bevölkerung auf den Krieg eingestimmt werden sollte. L. D.

Blaich, 1986; Eitner 1991, S. 301f.

möglicher Effektivität organisierten Wirtschaft vorzubereiten war. Die Himmelwerke entwickelten in den 30er Jahren Sonderantriebe für eine große Zahl von Branchen; bei dem in der Ausstellung gezeigten Exemplar handelt es sich um einen „Außenläufermotor", der unter anderem zum Antrieb von Schleif- und Fräsmaschinen diente. L. D.

Entwicklungsgeschichte der Himmelwerk Aktiengesellschaft 1939; Radkau 1989, S. 257f.

65 Der Gewehrlaufbohrer diente 1937 noch zur Fertigung von Schrotflinten, im Krieg stellte die Firma Walter Flugzeugersatzteile her und wurde damit zum größten Tübinger Industrie-Betrieb

Konstruktionszeichnungen; Montanwerke Walter; Tübingen 1936/37; Städtische Sammlungen Nr. 7959

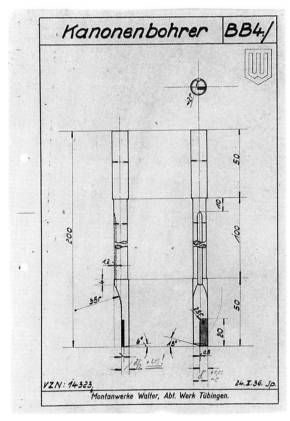

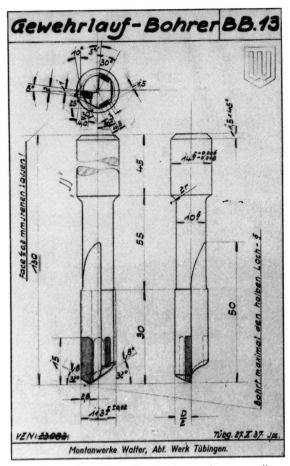

Mit dem „Gewehrlaufbohrer" wurden vor allem Jagdgewehre oder Schrotflinten gefertigt, mit „Kanonenbohrern" nicht zwangsläufig Kriegsgerät hergestellt. Gleichwohl war eine Umstellung der Produktion von zivilem auf militärischen Bedarf ohne große Schwierigkeiten möglich. Schon Mitte der 30er Jahre stellte die Firma Walter Ventile für Flugzeugmotoren her und arbeitete hier unter anderem mit der Leipziger Firma „Junker Flugzeug- und Motorenwerke AG" zusammen. Im Krieg produzierte Walter vornehmlich Flugzeugersatzteile. In dieser Zeit expandierte das Unternehmen beträchtlich. Die Zahl der Beschäftigten stieg von 238 (1939) auf 658 (1945). Gemessen an der Beschäftigtenzahl war die Firma Walter damit Anfang 1945 das größte Tübinger Unternehmen. Auffällig ist hierbei, daß sich der Anteil der weiblichen Beschäftigten außergewöhnlich stark erhöhte, von 9 (1939) auf 271 (1945). Dabei handelte es sich um Fremdarbeiterinnen wie auch um deutsche Frauen, die für die Arbeit in dem Rüstungsbetrieb zwangsverpflichtet worden waren. L. D.

SAT A 150/3666; NS-Heimatkunde, S. 182f.

Die beiden Konstruktionszeichnungen für „Gewehrlauf"- bzw. „Kanonenbohrer" stammen aus den Zeichenbüros der Tübinger Firma Walter. Entgegen dem äußeren Anschein handelt es sich bei diesen Rißzeichnungen nicht um Vorlagen, die direkt der Rüstungsproduktion dienten.

Ausgrenzung
Volksgemeinschaft

KAPITEL **3**

VOLKSGEMEINSCHAFT

UND

AUSGRENZUNG

VOLKSGEMEINSCHAFT
UND AUSGRENZUNG

„Volksgemeinschaft" war ein Schlüsselbegriff der nationalsozialistischen Ideologie. Er versprach die Abschaffung aller Klassenunterschiede und ersetzte sie doch nur durch Rassenunterschiede. Da soziale Unterschiede nicht als von Menschen gemacht, sondern als genetisch verursacht gesehen wurden, erhob der NS-Staat Eugenik (Erbgesundheitslehre) und Rassenhygiene zur Staatsdoktrin, ganz auf der Höhe der Wissenschaft seiner Zeit. Erst die Ausgrenzung der sozial und rassisch nicht Erwünschten ermöglichte das Funktionieren der öffentlich in Szene gesetzten „Volksgemeinschaft", die ihre Konflikte auf diese Weise abspalten und negieren konnte.

Ausgrenzung aus der Volksgemeinschaft. Eine Fülle von didaktischen Lehrmitteln wie Lichtbildreihen, Broschüren und Spiele propagierte in Naturwissenschaft und Kunst diesen sozialen Rassismus, der mit dem Sterilisationsgesetz vom Juli 1933 und dem Gesetz „zum Schutz des deutschen Blutes und der deutschen Ehre" vom September 1935 zur staatlich legalisierten Norm wurde. Ihre Wurzeln hatte die biologische Lösung sozialer Probleme freilich in medizinischen und naturwissenschaftlichen Entwicklungen des 19. Jahrhunderts, die auf die Vorstellung von geschichtlichem Fortschritt übertragen wurden.

Die Tübinger Universität spielte keine unbedeutende Rolle bei der wissenschaftlichen Herleitung und Begründung der neuen Gesellschaftspolitik. Mehrere ihrer Mitglieder waren prominente Vertreter der Rassenbiologie und als wissenschaftliche Berater der NS-Regierung Promotoren der Vernichtungspolitik. Zu ihnen gehörten unter anderen der „Rektor in SA-Uniform" Hermann Hoffmann, der schon 1926 forderte, was nach 1933 offizielle Politik in Nazi-Deutschland wurde, aber auch der Tübinger Nervenarzt Robert Ritter. Mit seinen Tübinger Studien lieferte der „Zigeunerforscher" die wissenschaftliche Begründung für den Völkermord an Sinti und Roma während des Zweiten Weltkriegs.

Zum Inbegriff der nationalsozialistischen Verbrechen wurde die soziale Ausgrenzung und existenzielle Vernichtung der Juden. Schon in den ersten Wochen der NS-Regierung verschlechterte sich die Situation der Tübinger Juden für jeden sichtbar. Auf den Boykott der jüdischen Geschäfte und Betriebe im April 1933 folgte im Mai der Ausschluß vom Freibad. Als im September 1935 die NS-Regierung die sogenannten Blutschutzgesetze verkündete und die Juden damit zu Bürgern minderen Rechts erklärte - beispielsweise Ehen zwischen Juden und Nichtjuden verboten -, war bereits ein Viertel der knapp 100 Tübinger Juden emigriert. Wer blieb, der war einer Stufenleiter der Entrechtung ausgeliefert; wer flüchtete, den brachte die „Arisierung" um sein Vermögen. Auf den Ausschluß aus dem öffentlichen Leben, bei dem in

Tübingen das in nationalen Kreisen beliebte Café Pomona am Neckartor eine Vorreiterrolle übernahm, folgte die Kennzeichnung mit Zwangsvornamen in den Ausweispapieren und schließlich die Zerstörung der Synagoge. Das reichsweit inszenierte Novemberpogrom von 1938, bei dem auch in Tübingen NSDAP-Mitglieder die Synagoge ansteckten, SS-Männer sie plünderten, wurde zum Fanal für die endgültige Vertreibung und Vernichtung der Juden.

Konstruktion der Volksgemeinschaft. *Die Ideologie der Volksgemeinschaft war gleichzeitig Ausdruck und Antwort auf die Krise der 20er Jahre. Sie bestand, entsprechend der gemischten sozialen Basis der nationalsozialistischen Massenbewegung, gleichermaßen aus archaischen Mythen wie dem Sonnenrad und aus modernen Elementen (Autobahn, Volksempfänger, Kino) einer industriegesellschaftlichen Massenkultur. Das Ideenkonglomerat wurde zusammengehalten durch den „Führermythos" und einen nationalen Militarismus. Im Bild, Film oder in der Lautsprecherübertragung, ja sogar im Gruß war der „Führer" allgegenwärtig; auch wenn er nie Tübingen besuchte. Das vorgeschriebene „Heil Hitler" ließ sich allerdings nur mit Druck und offiziellen Geboten durchsetzen. Das traditionelle „Grüß Gott" war hier auf der Straße und in den Geschäften nach 1933 noch weit verbreitet. Wesentliche Aufgabe der NSDAP, die 1933 zur Staatspartei geworden war, war die „Betreuung" der „Volksgenossen", die in „Blocks", „Zellen" und „Ortsgruppen" erfaßt wurden. Der „Blockwart" wurde zum Inbegriff der Bespitzelung und Überwachung; was als „Rat und Hilfe" von der Partei angeboten wurde, war in Wirklichkeit nichts anderes als Kontrolle und Reglementierung.*

Die von den Nationalsozialisten propagierte Volksgemeinschaft war aber nicht n u r Fassadenkunst und schöner Schein. Viele Angebote befriedigten tatsächlich reale Bedürfnisse. So waren die von der NS-Gemeinschaft „Kraft durch Freude" angebotenen Volksbildungsveranstaltungen, Wochenendreisen und Kreuzfahrten (Vorläufer des modernen Massentourismus) außerordentlich beliebt. Sie vermittelten nicht nur den Anschein von Teilhabe an bürgerlicher Kultur und Freizeitverhalten, sondern öffneten diese tatsächlich zum ersten Mal für viele. Auch in den sozialen Einrichtungen der NS-Volkswohlfahrt wie „Ernte-Kindergärten" oder dem „Winterhilfswerk" wurden „Volksgemeinschaft" in Szene gesetzt und Klassenunterschiede überspielt. Nur wenige nahmen daran Anstoß, daß diese Einrichtungen ausschließlich rassisch und politisch akzeptierten „Volksgenossen" zugute kamen. Gerade die WHW-Sammlungen zeigen allerdings auch die ambivalente Aufnahme solcher Sozialmaßnahmen: Wurden sie einerseits als realer Ausdruck der leistungsbereiten Opfergemeinschaft verstanden, so provozierte die erzwungene „Freiwilligkeit" aber auch Widerwillen und Ablehnung. So weigerten sich im Winter 1936 Arbeiterinnen in der Universitäts-Waschanstalt (Brunnenstraße), ihre Spende automatisch vom Gehalt abziehen zu lassen.

Höchst widersprüchlich war die Situation von Frauen. Der NS-Staat knüpfte mit der Propagierung des Hausfrauen-und-Mutter-Ideals an traditionelle Rollenzuweisungen an, denen sich die meisten Frauen selbstbewußt unterstellten. „Da hat es noch Spaß gemacht, Frau zu sein", erzählte eine Tübingerin. Er reorganisierte die Geschlechterverhältnisse und unterwarf Frauen dennoch seinen erbbiologischen Aufartungs-Vorstellungen. Doch in den vielen Posten und Pöstchen der Partei, sei es die NS-Frauenschaft, das Hilfswerk „Mutter und Kind" oder die NSV, sowie in der expandierenden Verwaltung bot er ihnen gleichzeitig einen beschränkten Zuwachs an Handlungsmöglichkeiten in der Öffentlichkeit. Er diffamierte die berufstätige und selbstbestimmte Frau und war doch mit wachsender Aufrüstung auf deren Arbeitskraft angewiesen. Populäre Frauenzeitschriften verbreiteten deswegen nicht nur das zopfige Ideal der „Reichsfrauenführerin" Gertrud Scholtz-Klink, sondern auch den Typ der modernen sportlichen Frau oder der selbstbewußten „Mutter der Nation". Disziplinierte Aktivität war gefragt, Gesundheit und Lebensfreude im Interesse von Gebärfähigkeit und Mutterschaft Pflicht.

Die Jugend zu gewinnen, war der NSDAP besonders wichtig. Nach dem Verbot konkurrierender Jugendorganisationen waren alle institutionalisierten Jugendaktivitäten und Freizeitangebote der Hitler-Jugend unterstellt. Diese entwickelte sich von einer nationalsozialistischen Jugendbewegung zum staatlichen Jugenddienst mit Zwangscharakter. Deswegen unterscheiden sich die Erinnerungen ehemaliger Hitlerjungen und -mädchen wesentlich, je nachdem ob sie anfangs aus Begeisterung mitmachten oder nach 1939 von der „Jugenddienstpflicht" erfaßt wurden. Uniformen und Wanderungen, Fahrten und Lagerfeuer knüpften an die Jugendbewegung an. Doch ging der „geliehene Glanz jugendbewegten Lebens" (Arno Klönne) weiten Teilen der HJ schon bald verloren und wurde durch die militärische Ausrichtung ersetzt. Fahne und Uniform erhöhten die Bedeutung des einzelnen, gaben ihm ein Korsett von Autorität und Gehorsam, unterwarfen ihn aber auch der Disziplinierung und Kontrolle. Mädchen bot der BDM bedingte Emanzipationsmöglichkeiten, und sei es nur, daß der „Dienst" sie aus der Verfügungsgewalt der elterlichen Autorität befreite. Vor allem bei den Jüngeren, den 10- bis 14jährigen „Pimpfen" und „Jungmädeln", überwog die Begeisterung für die ungewohnten Aktionsmöglichkeiten und der Stolz, „nützlich" zu sein. Oppositionelle Jugendgruppen, wie sie mit zunehmender Dauer des Regimes in vielen Großstädten entstanden, scheint es in Tübingen nicht gegeben zu haben.

In der Schule wurde die NS-Ideologie Bestandteil der Reifeprüfung. Allerdings war das Ausmaß der nationalsozialistischen Durchdringung des Unterrichtsstoffes immer von der Haltung des einzelnen Lehrers abhängig. Mit großer Selbstverständlichkeit wurden die Jugendlichen auf den Krieg vorbereitet, im Mathematikunterricht ebenso wie im Sport oder bei den Kriegsspielen der HJ. Erziehung zur Härte sollte gleichzeitig auf den „Lebenskampf" vorbereiten. Im Sport wurde der heroische Einzelkämpfer verherrlicht, der „arische Übermensch", der Vitalität und Disziplin verkörperte und nicht die geringste Schwäche kannte.

Die spezifisch modernen Elemente des Nationalsozialismus, die Kennzeichen einer durchrationalisierten Leistungsgesellschaft, gingen einher mit der rückwärtsgewandten Vision einer ständestaatlich, agrarisch strukturierten Gesellschaft, dem Ideal des erdverbundenen und einfachen Menschen. Sie fand ihren Ausdruck in der Etablierung neuer Volksbräuche ebenso wie im Germanenkult oder in der Verherrlichung angeblicher Volkstümlichkeit, zu der das 1933 gegründete Tübinger Volkskundeinstitut erheblich beitrug. Volkstümelnde Kulisse für die „Volksgemeinschaft" bot auch der Weingärtner Liederkranz mit seiner Tracht. Volkstümlichkeit und Kriegsverherrlichung gehörten in Nazi-Deutschland untrennbar zusammen. Wenige Wochen vor Kriegsbeginn erhielt dieser für das Funktionieren des Regimes wesentliche Zusammenhang im Silcherdenkmal auf der Platanenallee Gestalt.

Das Modell einer „reaktionären Modernität", das der NS-Staat anstrebte, erhielt überwältigende Zustimmung aus allen Schichten. Vergeblich sucht man nach aktivem Widerstand in Tübingen. Opposition entzündete sich lediglich an den Anmaßungen der „kleinen Hitler" und in gesellschaftlichen Teilbereichen, beispielsweise der Religionspolitik, nicht aber an der nationalen Sozial- oder der zunächst so erfolgreichen Außenpolitik. Beide Kirchen bekämpften die religionspolitischen Übergriffe des NS-Staates mehr oder weniger offen, nahmen jedoch am Rassismus oder Nationalismus keinen Anstoß. So war die Wahl des „deutschen" Erzengels für das Gefallenendenkmal der katholischen Kirche mitten in der religionspolitischen Auseinandersetzung ein widersprüchlicher Versuch der Selbstbehauptung.

Wer kritisch eingestellt war, zog sich mit Gleichgesinnten in private Zirkel zurück. Manche trafen sich auch, wie der Kreis um den als Regimegegner bekannten Privatdozenten Carlo Schmid, im Café Völter, um im Schutze der Kaffeehausatmosphäre ihrem Unmut unter Gleichgesinnten freien Lauf zu lassen. B. S.

Ausgrenzung

66 Lehrmittel für den Unterricht, für Vorträge und Schulungsveranstaltungen warnten vor einem biologischen Untergang Deutschlands

Lichtbilderreihe „Bevölkerungspolitik und Rassenhygiene. 1. Teil. Quantitative Bevölkerungspolitik"; Prof. Dr. med. H. Boehm für Lipropa Lichtbildpropaganda Berlin; Herausgeber: Reichsausschuß für Volksgesundheitsdienst beim Reichsministerium des Innern; Stehfilm mit 52 Bildern; Bildformat 1,85 x 32 mm; Berlin undat. 1933-1945; Staatliches Gesundheitsamt Tübingen

Mit ihren Schaubildern, Statistiken und Zitaten erweckt die Reihe von 52 Standbildern für die Diaprojektion den Eindruck fundierter Wissenschaftlichkeit, indem sie scheinbar objektives Zahlenmaterial anschaulich und in einer klar gegliederten Struktur präsentiert. Eine Notiz, die zusammen mit 22 ähnlichen Lehrfilmen aufgefunden wurde, deutet Zielgruppen an: „Für Kin-

dergärtnerinnenvortrag". Der Film beginnt mit Bildern der Baumblüte und der Hirschbrunft, die Fruchtbarkeit und Kampf als natürliche Grundlagen der Auslese zur Höherentwicklung der Arten illustrieren. Dem zugeordnet zeigen drei Porträts im Profil und von vorn - dem üblichen Schema für Polizei-, Psychiatrie- und ethnologische Aufnahmen - die Hierarchie der menschlichen Rassen: nordisch, asiatisch und negroid. Danach folgen ausführliche Darstellungen der zahlenmäßigen Entwicklung des deutschen Volkes: „Bei gleichbleibender Bevölkerungsbewegung wird die Bevölkerungszahl Deutschlands gegen Ende dieses Jahrhunderts unter 50 Millionen sinken." Ein austrocknender See verdeutlicht diese Gefahr, flankiert von Kleinkindern und Grabsteinen als Zeichen für den Generationswechsel. Warum aber sind die Deutschen bei sinkender Bevölkerungszahl dennoch ein „Volk ohne Raum"? Als Antwort verweist der Streifen auf die Bevölkerungsdichte. Sie sei aufgrund der Gebietsverluste durch das „Versailler Diktat" gestiegen, während zugleich die Bedrohung aus dem Osten wachse: ein riesenhaft die Kartenfläche Polens fast sprengender, (noch) am Boden liegender Mann verbildlicht die Gefahr. U. M.

67 Die Kosten für die Versorgung von „Erbkranken" als Argument für deren Vernichtung: Sozialdarwinismus als Staatsdoktrin

Photo-Kosmos Lichtbilderreihe Nr. 141; „Vererbungslehre"; Stehfilm mit 30 Bildern; Bildformat 18,5 x 32 mm; Stuttgart 1933-1945; Staatliches Gesundheitsamt Tübingen

Nach der Machtübernahme wurde „Rassenpflege" zur wichtigsten Aufgabe der Kulturpolitik. Die Lehrpläne der Schulen nahmen Vererbungs-

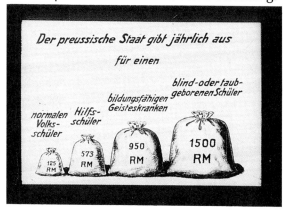

lehre und Rassenkunde auf, Vorträge und Massenmedien informierten die Bevölkerung mit dem Ziel, einen kompromißlosen Sozialdarwinismus in Politik umzusetzen. Der Stehfilm folgt in diesem propagandistischen Zusammenhang einem typischen Argumentationsmuster. Er beginnt mit den Mendelschen Grundregeln der Genetik und demonstriert sie an Löwenmäulchen, Hühnern, Mäusen und Erbsen. Die nächsten Bilder zeigen den Einfluß der Umwelt auf die tatsächliche Form und Gestalt. Im dritten Teil folgen Beispiele für vererbbare körperliche Merkmale beim Menschen, wie Augenfarbe oder Sechsfingrigkeit. Mit gleicher Selbstverständlichkeit werden anschließend angebliche Charaktereigenschaften wie Schulfähigkeiten, Neigung zu Wutausbrüchen oder Schwachsinn für erbbedingt erklärt, ohne etwas vom Einfluß der Umwelt zu zeigen oder die Maßstäbe zu diskutieren. Als Schlußbild veranschaulichen unterschiedlich große Geldsäcke, daß behinderte und psychisch kranke Menschen den Staat große Mengen Geld kosten, die in anderen Bereichen fehlen. Die sich aus solcher Zucht- und Wirtschaftslogik ergebende Forderung lautete: Minderwertige dürfen ihre Krankheiten und negativen Eigenschaften nicht vererben. Die Zwangssterilisierung von „Erbkranken" seit 1933 und die Vergasung von Psychiatriepatienten der späteren Jahre waren die Konsequenz dieses bereits in der Weimarer Republik auch von Tübinger Wissenschaftlern geforderten Ausleseverfahrens. U. M.

68 Auch laienhistorische Freizeitbeschäftigung übte rassistische Ausgrenzung ein

„Das Ahnenschatzkästlein. Anleitung und Vordrucke für völkische Ahnenforschung und ihre Auswertung. Ein Sammel-Kästchen für die eigene Familiengeschichte der Vergangenheit, Gegenwart und Zukunft."; Ausgabe B (Volksausgabe); Verlag Moritz Diesterweg, Frankfurt a.M.; Pappkartonkasten 12 x 16 x 6 cm mit Karteikartenvordrucken; Frankfurt a. M. undat. um 1935; Städtische Sammlungen Nr. 8880

Der NS-Staat förderte das Interesse an den eigenen Vorfahren. In Bewußtsein und Rechtspraxis wurde auch damit eine Ideologie weiter verankert, die schon vor den Vernichtungsaktionen im

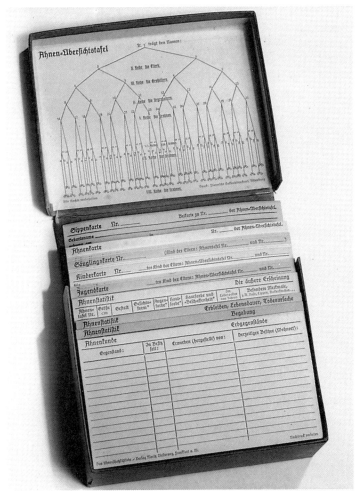

Krieg Zwangssterilisationen „Erbkranker" durchsetzte, mit dem „Blutschutzgesetz" den Geschlechtsverkehr zwischen Juden und Nichtjuden verbot oder Juden aus dem Beamtenstatus entfernte. Das „Ahnenschatzkästlein" ist ein gutes Beispiel für alltagsnahe Aspekte dieser Politik, für spielend forschendes Einüben in ihre Prinzipien: Alle Vorfahren können mit den üblichen genealogischen Angaben auf Ahnenkarten erfaßt werden; eine Spalte ist für ihre Krankheiten vorgesehen, die dann in einer Karte der Ahnenstatistik zusammengeschrieben werden können: Erbleiden, Lebensdauer, Todesursache. In seiner Karteiform scheint dieses Kästchen geeignet, wissenschaftlich-systematische Ordnung in die eigenen „Erblichkeitsverhältnisse" zu bringen; es kann jedoch genauso dazu dienen, rassenhygienische Maßnahmen des NS-Staates zu vereinfachen: Ariernachweise, Erbberatung von Brautpaaren, Erstellung von Ehetauglichkeitszeugnissen bis hin zur Erfassung und Vernichtung von angeblich Erbkranken. U. M.

69 „Das deutsche Mädel muß rein sein"

Merkblatt für Eheschließende; Vordruckverlag GmbH, Karlsruhe; Papier, Farbe; DIN A 5; undat. 1936-1945; Städtische Sammlungen Nr. 8358

„Deutsche Jugend, halte Körper und Geist sauber, sie gehören nicht Dir, sondern Deiner Nation!" Mit diesem „Kernspruch" Nr.12 endet das vom Reichsgesundheitsamt herausgegebene Merkblatt, das von den Standesbeamten allen Ehewilligen vor Anordnung des Aufgebots ausgehändigt werden sollte. Auch in Tübingen mußten junge Frauen diese Sprüche auswendig lernen. Manche können sie noch heute. Beim Aufklappen des einmal gefalteten Blattes findet sich ein zusammenhängender Text, der mit der Verheißung von ehelichem „Glück durch Gesundheit" (nach Kriterien der Rassereinheit) beginnt und mit der Androhung schwerer Strafen bei Nicht-Einhaltung der „Ehegesundheitsgesetze" endet. Wird einerseits die „rechte Gesinnung" in engen Zusammenhang mit der „richtigen Abstammung" gebracht (Kernspruch Nr. 7: „Nur deutsches Blut bedingt [. . .] deutschen Sinn"), so geht aus den Geboten für die Eheschließung doch hervor, daß es hier nicht nur um „biologische Tatsachen" ging: „Wenn einer der Verlobten

[. . .] an einer geistigen Störung leidet, die die Ehe für die Volksgemeinschaft unerwünscht erscheinen läßt" - dieser Passus verweist darauf, wie willkürlich letztlich die Definitionen dessen waren, was als „arisch" oder „nichtarisch" galt, ganz nach dem Motto der NS-Führung: „Wer Jude ist, bestimme ich."

Die nationalsozialistischen Definitionen vom Sinn und Zweck der Ehe bedeuteten zudem für Mann und Frau verschiedenes: So zeigen Scheidungsurteile, daß vor allem Männer von der Möglichkeit Gebrauch machten, sich zum Beispiel wegen des „Erbpotentials der Frau" oder der „großen Wahrscheinlichkeit der Unfruchtbarkeit" scheiden zu lassen. S. M.

Königs 1988.

70 Auch an der Universität hatte der Rassegedanke seit 1933 in allen Fächern Hochkonjunktur

Vorlesungsmitschriften „Rassenkunde" (Prof. Wilhelm Gieseler); eingelegt in ein Quartheft mit Notizen zur Vorlesung „Rassenhygiene" (Prof. Walter Saleck); stud. jur. Franz Bumiller; Tinte auf Papier; DIN A 6; Tübingen WS 1935/36 und SS 1935; Privatbesitz

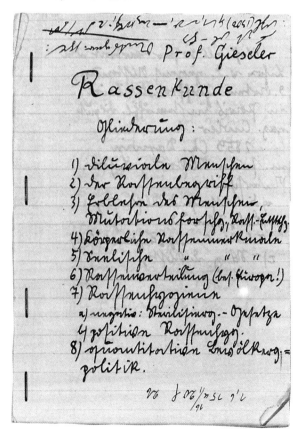

Der Anthropologe Wilhelm Gieseler, der 1934 den neugeschaffenen Lehrstuhl für Rassenkunde an der Universität Tübingen erhielt, sah in der Durchsetzung des Rassegedankens „die kopernikanische Erkenntnis" seiner Zeit. Bereits seit dem Wintersemester 1932/33 bot er seine Standardvorlesung „Rassenkunde des Menschen" an; anfangs vor allem für Lehramtsstudenten, seit 1936 auch für Juristen. Denn der Reichserziehungsminister hatte 1935 angeordnet, daß in den beiden ersten Semestern Juristen „die völkischen Grundlagen der Wissenschaft kennenlernen" sollten: „Vorlesungen über Sippe, Volkskunde und Volksgeschichte gehören an den Anfang eines jeden geisteswissenschaftlichen Studiums."

Die vorliegenden Mitschriften stammen von einer solchen Pflichtvorlesung. In acht Doppelstunden entwickelte der Rassenkundler seine systemkonforme Lehre von den ersten Menschenfunden im Diluvium über die Mendelschen Erbgesetze bis hin zur Rassengesetzgebung des NS-Staates.

Die Mitschriebe sind eingelegt in ein von gleicher Hand stammendes Exzerpt einer „Rassenhygiene"-Vorlesung von Prof. Walter Saleck aus dem Sommersemester 1936. An ihrem Anfang steht der Glaubenssatz der Rassenhygieniker: „Der deutsche Geburtenrückgang ist bedrohlich!", an ihrem Ende die ausführliche Darstellung des Sterilisationsgesetzes. B. S.

Adam 1977, S. 162ff.

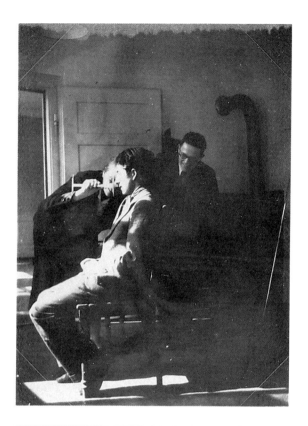

71 Vermessen

3 Fotoreproduktionen; Vermessen eines jungen Sinto; Kriminalpolizeiamt Stuttgart, Rassenhygienische Forschungsstelle in Berlin-Dahlem (Auftraggeber); 10 x 14,6 cm; April 1938; Bundesarchiv Koblenz R 165/59

Die Fotos vom April 1938 zeigen die Krankenschwester Eva Justin und den Anthropologen Dr. Adolf Würth beim Vermessen eines jungen Sinto. Damit wollten die „Zigeunerforscher" um Robert Ritter die Zugehörigkeit zum „Zigeunervolk" wissenschaftlich nachweisen; eine Methode, die unter Anthropologen umstritten war. Allein am Kopf wurden bis zu 44 Details gemessen und 18 weitere am Körper, von der

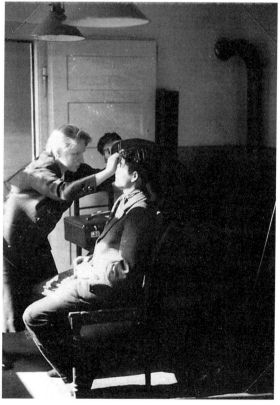

Länge und Breite des Ohrläppchens und der Nase bis zum Augenabstand und von der Körperhöhe über die Beckenbreite bis zur Fußlänge. Die dargestellte anthropologische Untersuchung

fand - wie viele andere auch - im Stuttgarter Kriminalpolizeiamt in der Büchsenstraße statt, wo Würth seit Herbst 1936 sein Büro hatte. I.B.

BAK R 165/201; Gespräch Irmgard Bumiller mit Adolf Würth vom 19.11.1988.

72 Der Tübinger Nervenarzt Dr. Robert Ritter beim genealogischen Verhör - einer Grundlage für den Massenmord an „Zigeunern"

Fotoreproduktion; Genealogisches Verhör; 10 x 14,5 cm; undat. 1938-1945; Bundesarchiv Koblenz R 165/59

Das Foto zeigt den Tübinger Nervenarzt Dr. Robert Ritter beim genealogischen Verhör einer Sintiza in Anwesenheit eines Polizeibeamten. Wie in diesem Fall wurden die Sinti häufig direkt an ihrem Lagerplatz oder Wohnort aufgesucht. Die ältere Sintiza wirkt verängstigt und eingeschüchtert. Dies mag auch an Ritters ungeduldiger und impulsiver Art gelegen haben. Mitarbeiter erzählten, er habe „Zigeuner" geohrfeigt, wenn er den Eindruck hatte, daß sie ihm ausweichen oder ihn anschwindeln wollten. Solche Verhöre gehörten zu den rassenbiologischen Untersuchungen, wie sie der Erlaß „zur Bekämpfung der Zigeunerplage" vom 8. Dezember 1938 unter „polizeilichem Zwang" vorschrieb. Sie dienten neben der Aufstellung riesiger „Sippentafeln" der Auffindung seßhafter und bereits integrierter „Zigeuner"; letztlich waren sie Grundlage für den Massenmord. I. B.

Gespräch Irmgard Bumiller mit Adolf Würth vom 19.11.1988; ZSL 415 AR 314/81 (Zeugenaussage von Gudrun Nell im Verfahren gegen Sophie Ehrhardt und Adolf Würth).

73 Ein Kabinett aus Köpfen

Fotoreproduktionen
a Sophie Ehrhardt beim Abformen eines Sinto-Kopfes im Rassenhygienischen Institut des Reichsgesundheitsamtes im Berlin-Dahlem; 10 x 14,6 cm; undat. 1938-April 1942; Bundesarchiv Koblenz R 165/59
b „Zigeunerkopfmodelle" im Reichsgesundheitsamt Berlin-Dahlem; 12 x 17,5 cm; undat.; Bundesarchiv Koblenz

Das Foto zeigt die promovierte Anthropologin Sophie Ehrhardt, die zuvor als Assistentin des Rassentheoretikers H. F. K. Günther in Berlin gearbeitet hatte, beim Abformen eines Sinto-Kopfes im Reichsgesundheitsamt in Berlin, wo sie sich seit 1938 an Ritters „Zigeunerforschung" beteiligte. Besonders markante Köpfe sollten nach der geplanten Deportation als Anschauungsobjekte dienen. Hierzu wurde den meist polizeilich vorgeführten „Zigeunern" eine schnell erhärtende Masse als warmer Brei direkt auf den Kopf aufgetragen. War dieses Negativ fixiert, wurde daraus eine ca. 4 mm dicke Positivmaske hergestellt. Die bemalten Köpfe wirken erschreckend echt. Man kann jede Pore erkennen.

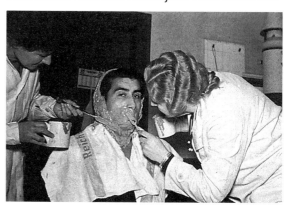

Sophie Ehrhardt, die 1942 von Berlin aus zu Professor Gieseler an das Anthropologische Institut in Tübingen wechselte, konnte sich 1949 problemlos mit einer Arbeit über Vererbung von Hautleistensystemen habilitieren. Die Arbeit basiert auf Unterlagen des „Rassenhygienischen Instituts", die sie bis 1969 in der Tübinger Anthropologie behielt. Bis Anfang der 70er Jahre verfügte sie auch über die „Zigeunerkopfmodelle", an denen sie Polizeischülern das Abdruckverfahren für erkennungsdienstliche Zwecke demonstrierte. 1980 ließ Sophie Ehrhard einen

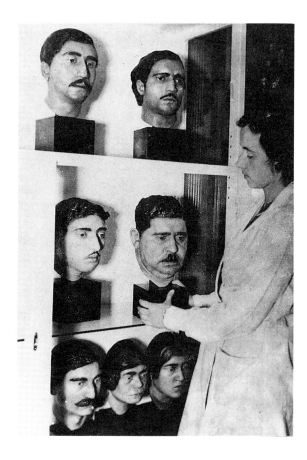

neuer Wissenschaftlertypus im korrekten Abend-
anzug der SA mit dem Partei- und den Dienst-
rangabzeichen eines Sturmhauptführers.

Das Bild entstand wohl brauchgemäß nach Hoffmanns zweijähriger Rektoratszeit. Gemalt hat es
Gustav Essig (1880-1962), der an der Münchner
Akademie unter anderem bei Franz von Stuck
studiert hatte, seit 1930 in Murrhardt ansässig
und vor allem als Porträtist recht erfolgreich war.

Teil der rassenhygienischen Akten des Berliner
Instituts, die sie zwischenzeitlich einem Kollegen
ausgeliehen hatte, nach Tübingen zurückholen.
Erst der öffentliche Protest durch Sinti sorgte
1981 dafür, daß die Akten in das zuständige
Bundesarchiv nach Koblenz kamen. Zwei vom
Zentralrat deutscher Sinti und Roma gegen die
bedenkenlose „Zigeunerforscherin" eingeleitete
Ermittlungsverfahren (1981 und 1982) wurden
im November 1985 eingestellt. I. B.

Schultz 1927; Poller u.a. 1931; Ehrhardt 1949.

74 Der „Rektor in SA-Uniform" forderte schon 1926, was 1933 offizielle Politik wurde: „Ausmerzung" von „Degenerierten-Familien"

*Porträt Hermann Hoffmann; Gustav Essig; Öl auf
Leinwand; 80 x 60,5 cm; sign. u.r. G.Essig; undat.
um 1939; Universität Tübingen, Professorengalerie*

Den Blick auf den Betrachter gerichtet, zeigt sich
Hermann Hoffmann (1891-1944) in seinen
Funktionen: mit der Bildform als traditionsge-
bundener Angehöriger der Universität, mit der
Ordensspange als Weltkriegsteilnehmer, durch
die Amtskette als Rektor der Alma mater und als

Die von der Neuen Sachlichkeit beeinflußten,
großflächig modellierenden Formen unterstreichen die Präsenz des Dargestellten ebenso wie
der leer gehaltene Hintergrund. Dieses Motiv, die
sitzende Haltung der Halbfigur mit zusammen-
gelegten Händen und vor allem das Familien-
wappen weisen auf die Tradition der alten, fast
vollständig überlieferten Tübinger Professorengalerie hin und knüpfen somit an die „altdeutsche"
Malerei früherer Jahrhunderte an. Die Amtskette
steht zu dem hier vorgeführten parteigebunde-
nen Professorentypus nicht im Widerspruch, war
doch das Anlegen derartiger Würdezeichen ausdrücklich erwünscht. Solchem Traditionalismus
entspricht auch die vorschriftsmäßige Benen-
nung der Tübinger SA-Standarte mit der Nr. 180
des Tübinger Weltkriegs-Regiments: „Auf diese
Weise wird durch die SA. die Tradition der
gesamten deutschen Vorkriegsarmee [. . .]
gewahrt." W. H.

Scholl 1927; Reichsorganisationsbuch 1937.

75 Schon vor 1933 gehörten Tübinger Mediziner zu den Propagandisten einer Ausgrenzung und Vernichtung „unwerten" Lebens

Collage; Klaus Exter, Werner Wicht; Scherzbilder auf Tübinger Mediziner (v.l.n.r.: Haffner, Jantzen, Letterer, Bock, Müller, Hoffmann, Strauß, Engelhard, Birk, Borchard, Augenheilkundler N.N., Mayer); 12 Fotografien auf Karton, gerahmt, beschriftet verso: „Fritz Jung (Knax!) (xxx, xxx) s.l. Fuchsenzimmer als Abschiedsgeschenk nach beendetem Staatsexamen. Tübingen, 27. Juli 1943 (Die Zeichnungen von Klaus Exter und die Verse von Werner Wicht wurden anläßlich des Abschlußabends des WS 1941/42 der Marineärztlichen Akademie der Dozenten- und Studentenschaft gezeigt & vorgetragen. Knax!).“; 29 x 48,5 cm; Tübingen 1943; Städtische Sammlungen Nr.8661 (Dauerleihgabe AV Saxonia)

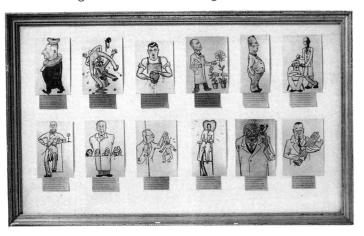

Die als Wandschmuck gerahmten Karikaturen mit Spottversen überliefern in Form und Inhalt das Fortleben studentischer Verbindungen während ihres Verbots: Nachdem die Saxonia am 23. Februar 1936 aufgelöst worden war, konnte sie 1938 als „Kameradschaft Skagerrak" Haus und Kontinuität erhalten. Zahlreiche Studierende der 1941 ins Stift und 1942 auch ins katholische Konvikt verlegten Marineärztlichen Akademie traten bei - offenbar in den alten Formen, wie die Stiftung durch den zweimaligen xxx (= Schriftführer) an die neu Aufgenommenen belegt. Damit ist das Bild auch Zeugnis für die kriegsbedingte und -wirksame Tätigkeit der Akademie in Tübingen: „Die Synthese Arzt-Soldat organisch herzustellen, ist ihre kürzeste Charakterisierung."

Neben der Mehrzahl der autoritätsfixiert-humo-

rigen, teils anzüglichen Verse stellen zwei der aus Zeichnung und Foto montierten Collagen den Reflex einer als alltäglich empfundenen, rassistischen Ausgrenzungs- und Vernichtungsmedizin dar. So wird Hermann Hoffmanns Tätigkeit als Leiter der Nervenklinik beschrieben:

„Professor Hoffmann hält Gericht, / ob wer verrückt ist, oder nicht. / Wer so wie der hier grundlos lacht, / wird in die Heilanstalt gebracht, / wo er sich fröhlich dem vereint, / der, ewig traurig, grundlos weint." Und der Leiter der Frauenklinik, entschlossener Eugeniker und Verfechter von Zwangssterilisationen schon vor 1933, wird charakterisiert: „Er ist im weiten Schwabenland / und selbst noch in Berlin bekannt. / Denn August Mayer bleibt und ist / aus Tübingen der Urfaschist!" W. H.

Bauer 1941, S. 42f.; Projektgruppe Volk und Gesundheit 1982; Wandruszka 1983; Bauer 1988.

76 Antisemitische Propaganda in „Stürmer"-Manier

Fotoreproduktion; „Fastnacht 1937"; Walter Kleinfeldt; neuer Abzug von Film 244/5; 10 x 15 cm; Tübingen 1937; Privatbesitz

Fastnachtsfeiern waren im protestantischen Tübingen nicht üblich, zudem von der NS-Regierung nicht gerne gesehen, fürchtete sie doch die fehlende Kontrolle über die entfesselte Volksgemeinschaft. Wenig ist deshalb über Fastnachtsveranstaltungen während der NS-Zeit bekannt. Auch an den von Walter Kleinfeldt abgelichteten „närrischen Zug" vom Februar 1937 konnten oder wollten sich die befragten Tübinger nicht erinnern. Veranstaltet wurde er von „Mitgliedern des Tübinger Standorts", die sogar die Aufmerksamkeit der Wochenschau-Filmer geweckt hatten. Der Umzug, der aus mehreren Abteilungen und einem Wagen bestand, ist ein Beleg dafür, wie offen und primitiv sich der Antisemitismus 1937 in der Stadt äußerte. „Zurück zu Jordans heiligen Gewässern" stand, in übler „Stürmer"-Manier illustriert, auf dem Schild einer Truppe von Leuten, die mit Pappnasen und Hüten ausstaffiert waren - ein billiger Witz auf Kosten der in die Emigration gezwungenen Tübinger Juden. Die Karikatur fixiert mit überdimensionaler Hakennase, Brille, Pelzkragen und in Schieber-Manier zurückgeschobener Melone alle jene stereotyp rassistischen Attribute, die das Vorurteil vom zwielichtigen, sich unredlich bereichernden Juden ausmachten. B. S.

TC 10.2.1937.

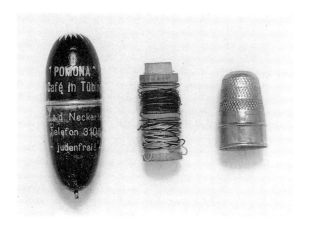

77 Das renommierte Café Pomona schloß Juden vom Besuch aus

Nähzeug (Werbegeschenk); Leichtmetall, Bindfaden, Holz, schwarz gespritzt, schablonierte Aufschrift „Pomona, das Café in Tübingen, direkt a. d. Neckarbrücke, Telefon 3105, - judenfrei! -"; Länge 5,2 cm, Durchmesser 1,6 cm; undat. Herbst 1936; Privatbesitz

Das antisemitische Werbegeschenk zeigt, daß man Mitte der 30er Jahre in Tübingen mit dem Hinweis darauf, daß Juden ausgeschlossen wurden, werben und einträgliche Geschäfte machen konnte. Es stammt aus dem Café Pomona. 1928 hatte eine Stuttgarter Lebensreformerin das Lokal, das seinen Namen der römischen Göttin der Baumfrüchte verdankt, als vegetarisches Restaurant gegründet. 1933 verwandelte es Willi Steinhilber in einen expandierenden Café-Betrieb. Seit 1936 verteilte er das durch ein militärisch anmutendes Design und die Aufschrift „judenfrei!" auffällige Döschen als Präsent zu

Weihnachten bzw. Silvester an Stammgäste. Die demonstrative Geste strammer Nazigesinnung zielte auf den Geschmack der SA-, SS- und Wehrmachtsangehörigen, die bei Festen auch mit ihren Ehefrauen im „Pomona" verkehrten.

Seit Herbst 1936 waren Juden im Café Pomona „unerwünscht"; entsprechende Hinweise hingen an der Eingangstür. In Zeitungen wie dem „Völkischen Beobachter", aber auch in der „Tübinger Chronik" inserierte es mit dem Werbeslogan „judenfreies Café". Damit spielte das Café Pomona in der Tübinger Gastronomie eine Vorreiterrolle. Der Gemeinderat honorierte das „bahnbrechende" Lokalverbot mit der Ausschankerlaubnis für Spirituosen, die noch im September 1936 von der Polizeidirektion und dem NS-Gaststättenverband abgelehnt worden war. Das Geschäft lief einträglich, bis nach einem Bombardierungsschaden im März 1944 das Café geschlossen wurde. M. U.

SAT A 540/254 und 258.

78 „Zwangsarisierungen": Aus der Not der zur Emigration gezwungenen Juden wurde Gewinn geschlagen

Fotografie; SA-Standarte, Uhlandstr. 15; 8,8 x 6 cm; undat. 1939-1945; Privatbesitz

Das Erinnerungsfoto eines SA-Manns zeigt das hakenkreuzbeflaggte Quartier der Tübinger SA-Standarte in der Uhlandstraße 15. Zur Einweihung im März 1939 lobte die „Tübinger Chronik" die Stadtverwaltung, die „durch Überlassung des Dienstgebäudes an die SA ihr großes Verständnis für die Erfordernisse der NSDAP wiederum bewiesen" habe. Sie hatte auf Geheiß der lokalen NSDAP die Notverkäufe emigrierter Juden gewinnbringend abgewickelt. Auch das im klassizistischen Stil erbaute Haus der Familie Hayum, das verkehrsgünstig gelegen war und dessen Verkehrswert 1935 auf 80.000 RM geschätzt worden war, hatte sie für 50.000 Mark, also 40 Prozent unter Wert erworben. Unter Zwang willigten Hayums, die eigentlich ihren Lebensabend dort hatten verbringen wollen, in den Spottpreis ein; den Verkaufserlös mußten sie als „Reichsfluchtsteuer" an die NS-Behörden abtreten. Derweil profitierte die Stadt vom zwangsenteigneten Haus, das sie bis zum Kriegsende an die SA-Standarte vermietete. Nach einem Wiedergutmachungsprozeß gab die Stadtverwaltung 1949 die Immobilie an Hermine Hayum zurück, die sie 1951 ans Land verkaufte. M. U.

SAT A 150/1168.

79 1938 wurden Juden mit Zwangsvornamen gekennzeichnet - die bürokratische Grundlage für den späteren Massenmord

Geburtenbuch des Tübinger Standesamtes;
Band 1912 (Änderungen 1939, 1947); 38 x 27 cm;
Standesamt Tübingen

Das Geburtenbuch ist das wichtigste Dokument eines Standesamtes. In ihm wird jedes in der Stadt geborene Kind urkundlich eingetragen; so auch die 1935 geborene Tochter der Familie Hayum.

Die Seiten mit den genormten Vordrucken lassen eine breite Spalte frei für nachträgliche Zusätze und Verweise auf spätere Eintragungen, etwa eine Eheschließung. Pünktlich und gewissenhaft hat in diese Spalte der Standesbeamte am 18. April 1939 auch die gesetzlich vorgeschriebene Kennzeichnung der Juden durch Zwangsvornamen beurkundet. Rechtliche Grundlage bot das - noch heute gültige - Gesetz „über die Änderung von Familiennamen und Vornamen". Es wurde 1938, also im Jahr des

Novemberpogroms erlassen, und schuf die bürokratische Voraussetzung für den späteren Massenmord, indem es Juden namensrechtlich aussortierbar machte. Die vorgeschriebene Formel „Die Nebenbezeichnete hat zusätzlich den weiteren Vornamen ‚Sara' angenommen" täuscht Freiwilligkeit vor, wo Zwang herrschte, und wahrte gleichzeitig den Eindruck formalrechtlicher Korrektheit. Es war geltendes Recht, das dem Standesbeamten den Eintrag vorschrieb, zu dem die Betroffenen persönlich auf dem Standesamt erscheinen mußten. Derselbe Beamte löschte 1947 den Eintrag „auf Anordnung der Landesdirektion des Innern." B. S.

Reichsgesetzblatt I 1938, S. 1044.

80 Auch in Tübingen brannten Nationalsozialisten auf Befehl des Kreisleiters die Synagoge nieder

Fotografien
a Innenraum der Tübinger Synagoge in der Gartenstraße; Walter Kleinfeldt; undat. um 1930;
14 x 10 cm; Stadtarchiv, Fotosammlung
b Die brennende Tübinger Synagoge; Amateuraufnahme; 9./10. November 1938; 8,6 x 5,8 cm;
Staatsarchiv Sigmaringen Wü 29/3, Acc.3/1973, Nr. 1515

Über fünfzig Jahre lang war die Synagoge religiöser Mittelpunkt der Jüdischen Gemeinde, als „Haus Gottes", „Haus des Gebetes" und „Haus der Versammlung", so der Religionslehrer Friedrich Wochenmark 1932. Mit „Opferwilligkeit" und „großem Eifer" hatte die kleine Tübinger Gemeinde 1882 Spenden für den Bau aufgebracht. In der Nacht vom 9. auf den 10. November 1938 wurde die Synagoge von drei untergeordneten NSDAP-Funktionären auf Geheiß des Kreisleiters angezündet und brannte völlig aus. Ein Nachbar hielt den Brand mit dem Fotoapparat fest. Einige Tübinger Juden (Leopold

Hirsch, Albert Schäfer und andere) wurden im Rahmen des Pogroms in Konzentrationslager verschleppt, mißhandelt und nur unter der Bedingung wieder freigelassen, daß sie sofort auswanderten. Die nichtjüdische Bevölkerung Tübingens reagierte zum Teil erschrocken, zum Teil distanziert auf das von den Nazis inszenierte „Fanal", welches den (von langer Hand vorbereiteten) Übergang von einer Politik der Ausplünderung und Vertreibung zur Vernichtung kennzeichnet. Nach dem Krieg wurden die Tübinger Brandstifter angeklagt. Sie erhielten Haftstrafen von 1 3/4 bzw. 2 1/2 Jahren und wurden bald

begnadigt. Noch jahrelang entzweite ein Streit den Gemeinderat (und die Bürgerschaft), wie den Ereignissen vom 9. November hier „in angemessener Form" zu gedenken sei. U. E.-S.
Schönhagen 1991, S. 293-301.

81 Als Nazi-Gegner in die Emigration getrieben

Kofferanhänger; Leder, Plastik, Papier, Metall; 5,9 x 17 cm; Städtische Sammlungen Nr. 7828

Der Kofferanhänger stammt zusammen mit diversen Gegenständen türkischen Kunstgewerbes und einigen Zeichnungen aus dem Nachlaß des Tübinger Ordinarius für Toxikologie, Paul Pulewka. Er erinnert an die Emigration des Wissenschaftlers, der - als „offener Gegner des Nationalsozialismus zunehmend bedroht", zudem mit einer Jüdin verheiratet - schon bald nach dem Machtantritt der Nazis in Tübingen keine Möglichkeiten mehr sah, frei zu leben und zu arbeiten.
Wie er rückblickend schreibt, hatte er noch 1933 versucht, seine „Kollegen vom Eintritt in die Partei oder die SA zurückzuhalten. In der Vorlesung gab ich bekannt, daß nach einer Verlautba-

rung der NS-Partei der deutsche Mensch nur durch deutsche Heilpflanzen geheilt werde und synthetische Arzneien vom Juden erfunden seien, um den deutschen Menschen zu vergiften. Die Hörer antworteten mit trampelnder Heiterkeit."

Von einem Freund im Reichserziehungsministerium gewarnt, nahm der außerplanmäßige Professor am Pharmakologischen Institut der Tübinger Hochschule 1935 einen Ruf der neugegründeten Universität Ankara an. Die Türkei wurde in jener Zeit für einige bürgerliche Gegner des NS-Regimes, insbesondere für mißliebige Wissenschaftler, zur Zuflucht. So entging Pulewka dem Zugriff der braunen Machthaber.

Im Exil baute Pulewka das Pharmakologische Institut der Universität Ankara auf und war nebenbei als Direktor der Pharmakologischen Abteilung des türkischen Gesundheitsministeriums insbesondere mit der Kontrolle von Arzneimitteln beschäftigt. Aufgrund seiner in der Türkei erworbenen Erfahrungen wurde er später als Experte für Suchtgifte in die Weltgesundheitsorganisation der UNO berufen.

1954 kehrte er mit seiner Familie nach Tübingen zurück, zunächst als Gastprofessor. 1957 wurde er dann - nach beschämenden Querelen um eine Wiedergutmachung - auf das neugegründete Ordinariat für Toxikologie berufen, das erste in Deutschland. Pulewka leitete das Institut bis 1964. Er starb, 93jährig, 1989 in Tübingen.
B. S.

Pulewka 1980; Bock 1989.

82 Partei- und Staatssymbol in einem

Hakenkreuz; Eisen, gebogen, geschnitten, geschweißt; Durchmesser 100 cm; Isinger Dorfmuseum Alte Kelter, Tübingen-Unterjesingen

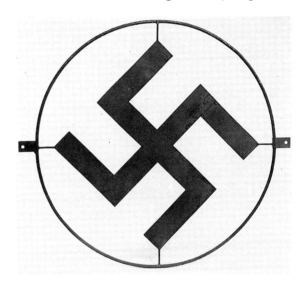

Mit der Wahl des Hakenkreuzes zum „Symbol der Bewegäung" vereinnahmte die NSDAP eine seit Jahrhunderten positive Symboltradition für sich; ist doch das Hakenkreuz seit dem 4. Jahrhundert v. Chr. als Sinnbild der Sonne bekannt und mit Vorstellungen von Frühling, Leben, Wiedergeburt verbunden. Politisch aufgeladen und einseitig von einer Richtung vereinnahmt wurde das mythische Sinnbild der Erneuerung, Lebenskraft und Bewegung um die Jahrhundertwende, als völkische Gruppen es zum „Feldzeichen des Antisemitismus" machten. Hitler übernahm diesen neuen, völkisch-antisemitischen Sinngehalt, vereinheitlichte die Gestaltung des Zeichens und machte es zum beherrschenden Markenzeichen seiner Partei, mit dem die Anhänger die gesamte „Bewegung" verbanden, in dem die Gegner aber ein Symbol für Unterdrückung und Gewalt sahen. Verbunden mit einem auffliegenden Adler war das Hakenkreuz seit 1923 das offizielle Hoheitszeichen der Partei. Nach 1933 veranschaulichte es, unter anderem an nahezu allen öffentlichen Gebäuden angebracht, die immer wieder propagierte Identität der nationalsozialistischen Bewegung mit dem Staat und seiner Öffentlichkeit im Rahmen der deutschen „Volksgemeinschaft". Das hier ausgestellte Hakenkreuz, das wohl von einem örtlichen Handwerker angefertigt worden war, befand sich am Rathaus in Unterjesingen. B. S.

Paul 1990, S. 167-177.

andere Bilder, die keine öffentliche Identifikations- oder Repräsentationsfunktion mehr haben sollten, aus ihnen entfernt. Die Plakette ist unten links bezeichnet mit „Reichsanerkannt", rechts neben dem Porträt befindet sich die Künstlersignatur, wohl ein ligiertes AJB und rechts unten der Gießereistempel mit der Abkürzung JHJ (?) in einem Sechskant-Rahmen. Die Bildunterschrift betont die Identifizierung von Künstler bzw. Betrachter mit dem Abgebildeten. Aus den 30er Jahren sind im Tübinger Stadtarchiv mehrere Prospekte von Firmen vorhanden, die den wachsenden Bilderbedarf der Öffentlichkeit zu decken bemüht waren. M. H.

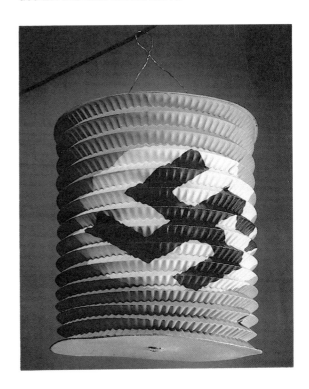

83 Der „Führer" war allgegenwärtig

Hitlerporträt; Eisenguß; 43 x 35 x 3 cm; sign. m.r. AJB, ligiert; Köln (?) 1933/34; Isinger Dorfmuseum Alte Kelter, Tübingen-Unterjesingen

Das Porträt wurde aller Wahrscheinlichkeit nach im März 1934 über die Kölner Firma Zimmermann & Co. vom Bürgermeister Unterjesingens für seine Kanzlei bestellt und zum Preis von 17 RM erworben. Es zeigt den Kopf des „Führers" im Profil, ein beispielsweise auch für Briefmarken verwendeter Darstellungstypus. In den Jahren nach der „Machtergreifung" wurden viele Amtsräume auf ähnliche Weise ausgestattet - und

84 „Nazikitsch" - von Hitleranhängern geliebt, von der NSDAP verboten

Lampions mit Hakenkreuz; Papier, Draht, Kerzenhalter aus Blech; Höhe ca. 16 cm, Durchmesser ca. 21 cm; Privatbesitz

Im weitesten Sinne zur Kategorie „Nazikitsch" lassen sich neben vielen anderen Beispielen auch diese mit Hakenkreuzaufdruck versehenen Lampions rechnen, die wohl Partei- oder andere öffentliche Veranstaltungen ausschmückten. Mit der „Machtergreifung" begann in Deutschland eine regelrechte Kitschwelle: Die Symbole der NSDAP wurden in den groteskesten Zusammenhängen präsentiert. Hakenkreuze erschienen beispielsweise auf Tapeten, Krawatten, Hosenträgern, Trinkgefäßen oder auf Schmuckstücken - sogar als Christbaumschmuck fanden sie Verwendung.

Die neuen Machthaber waren mit dieser Form des Ausdrucks der nationalen Gesinnung allerdings gar nicht einverstanden. Die Kitschwelle drohte in ihren Augen außer Kontrolle zu geraten, da die Embleme der „Bewegung" bzw. des neuen Staates dabei unbeabsichtigt der Lächerlichkeit preisgegeben wurden. Gerade ein Joseph Goebbels, der die Symbolsprache perfekt zu nutzen wußte, mußte einsehen, daß die nationale Begeisterung auch über das Ziel hinausschießen konnte. Deshalb wurde bereits am 19. Mai 1933 ein Gesetz „zum Schutze der nationalen Symbole" in Kraft gesetzt, das die schlimmsten Auswüchse einer inflationären Verwendung von NS-Emblemen in der Öffentlichkeit eindämmen sollte. M. H.

Pachnicke 1984.

Auch dieser Springerlemodel aus einer manufakturellen Massenfertigung galt wohl als „nationaler Kitsch". Das hostienähnliche Einverleiben des Symbols der „Bewegung" bei einem (neuheidnisch geformten) Weihnachtsfest bedrohte wohl ebenso den ernsten Weihecharakter des heiligen Zeichens wie andere, alltäglichere Verwendungen. Die nach dem Gesetz „zum Schutze der nationalen Symbole" beim Landesgewerbeamt Stuttgart eingerichtete Zensurstelle entschied über die Zulässigkeit solcher Waren. 1935 schien das Ziel der Geschmackserziehung und der Monopolisierung des Symbolgebrauchs erreicht, als der „nationale Warenkitsch" nur noch eine unbedeutende Rolle spielte und gegenüber den reichsweit 180 Verbotsfällen von 1933 fast nicht mehr eingegriffen werden mußte - vielleicht auch, weil die Euphorie der Anfangszeit einer größeren Normalität Platz gemacht hatte. W.H.

Pachnicke 1984.

86 Der Hitlergruß ließ sich nur mit Druck und offiziellen Geboten durchsetzen

Blechschildchen
a „Der deutsche Gruß heißt: Heil Hitler"; Eisenblech, Emaille; 8,1 x 12,8 cm; Privatbesitz
b „Heil Hitler"; Eisenblech, Farbe; 8 x 6 cm; Privatbesitz

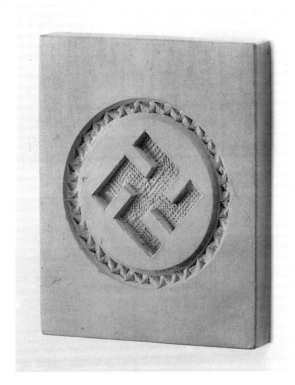

85 Begeisterung über die Machtergreifung und Geschäftssinn führten zu einer Inflation der Symbole

Gebäckmodel; Birnbaumholz; 7,8 x 9,9 x 1,3 cm; undat. um 1933; Städtische Sammlungen Nr. 6253

Die Durchsetzung des „Deutschen Grußes" war für die neuen Machthaber nicht ohne Widerstände möglich. Vor allem alte Gewohnheiten standen einer völlig reibungslosen Einführung dieser neuen Begrüßungsform entgegen.

Diese war Teil einer umfassenden Disziplinierungsstrategie der Nationalsozialisten, mit der sie möglichst weite Bereiche der Gesellschaft einer politischen Kontrolle unterwerfen wollten. Zumindest in der Öffentlichkeit sollte der ausgestreckte rechte Arm, verbunden mit dem „Heil Hitler!", Pflicht für alle „Volksgenossen" sein. Aber auch im privaten Alltag war die neue Begrüßung im Prinzip gefordert; Menschen, die dem Gebot nicht Folge leisteten, konnten sich Ärger einhandeln, je nachdem wem gegenüber sie den Gruß verweigerten. Andererseits war es auf dieser Ebene aber auch möglich, vorsichtig widerständiges oder demonstrativ oppositionelles Verhalten zu proben, aus welchen Gründen auch immer. So haben viele Tübinger erzählt, daß das „Grüß Gott" hier in Geschäften und auf der Straße nach 1933 noch weit verbreitet war. In Amtszimmern und Behörden aber empfahl sich der NS-Gruß, zu dem die hier ausgestellten Schildchen, die vermutlich vor kommunalen und staatlichen Ämtern, insbesondere vor Parteibüros, angebracht waren, den Besucher aufforderten. M. H.

87 Allgegenwärtige Kontrolle und Organisation

Haustafel der NSDAP; Preßpappe, Farbe, Metall; 79,5 x 64,7 cm; undat. 1938-1945; Privatbesitz

Solche Haustafeln sollten nach dem Willen der NSDAP-Führung im Treppenhaus eines jeden Mietshauses „an übersichtlicher Stelle" hängen - für draußen gab es eine emaillierte Ausführung - und die Parteimitglieder über die Aktivitäten ihres „Blocks", der kleinsten Organisationseinheit der NSDAP, zu informieren. Doch was als „Rat und Hilfe" ausgegeben wurde, war nichts anderes als Kontrolle und Reglementierung. Parteirundschreiben und Mitteilungen wurden mit Reißzwecken am unteren Teil der Tafel angeheftet, verbindliche Termine mit weißer Ölfarbe aufgemalt. Zuständig für die „Haustafel" war der „Blockwalter" bzw. „Blockwart", der zum Inbegriff der Bespitzelung und Überwachung in der NS-Diktatur wurde. Viele „kleine Führer" ergriffen die Möglichkeit zum sozialen Aufstieg, die mit diesem Posten verbunden war. 1937 gab es bereits 700.000 solcher Politischer Leiter, im Krieg über 2 Millionen. B. S.

Reichsorganisationsbuch 1937; Thamer 1986, S. 356.

88 „Kraft durch Freude" bot Reisen und organisiertes Freizeitvergnügen statt der versprochenen Einkommens- und Produktionsverbesserungen

Erinnerungsgegenstände an eine KdF-Fahrt nach Madeira
a Fotoalbum; Erich Eitle; Ledereinband, geprägt, schwarzer Fotokarton; 23,5 x 33 cm; Tübingen März 1939; Städtische Sammlungen Nr. 8339
b Prospektmaterial, Eintrittskarten, Rundschreiben und Landkarte mit eingetragener Fahrtroute; undat. 1939-1942; Städtische Sammlungen Nr. 8339

Zum schönen Schein, teilweise auch zum realen Erleben einer „Volksgemeinschaft" ohne Klassenunterschiede gehörten die populären Veranstaltungen der NS-Freizeitorganisation „Kraft durch Freude", die bis in Einzelheiten dem italienischen Vorbild nachgeahmt war. Die KdF-„Ringe" machten Konzerte und Theateraufführungen für alle zugänglich, Luxus-Sportarten wie Reiten oder Tennis waren nicht mehr nur wenigen vorbehalten, Urlaubsfahrten selbst für Arbeiter erschwinglich. Kreuzfahrten mit dem Renommierschiff „Wilhelm Gustloff" blieben dennoch den Besser-

gestellten vorbehalten. Auch unter den neun Tübingern, die im März 1939 an der hier mit Erinnerungsmaterial umfangreich dokumentierten „Frühlingsfahrt" nach Madeira teilnahmen, war kein Arbeiter.

Aus dem dazugehörigen Gutscheinheft für alle DAF-Angebote auf der Fahrt spricht der Zeitgeist: Wiederholt wird positiv auf den italienischen Faschismus hingewiesen; landeskundliche Informationen zu den verschiedenen Landgängen gab ein „Pg."; zum Bordprogramm gehörte eine „Morgenfeier mit der Hitlerjugend". Die Speisekarte bot deutsche Einheitskost: In Madeira gab's Thüringer Bratwurst und Hamburger Gurkenfleisch. SD-Spitzel fungierten als Hilfs-Reiseleiter. Zum Abschluß der Fahrt mahnte die DAF: „Urlaubskameraden! [. . .] Ihr Dank an den Führer sei die Tat!".

In die Zeit der Fahrt fiel die Besetzung der Tschechoslowakei und des Memelgebiets. In dem Album aber überwiegen die touristischen Sehenswürdigkeiten, in den Erinnerungen - bei späteren Treffen in Verse gefaßt - mischen sich die Eindrücke: Spiel und Unterhaltung lenkten wohl von den permanenten weltanschaulichen Anforderungen des Regimes ab, schufen einen scheinbar politikfreien, privaten Raum und waren doch oft Anlaß für ignorante Vergleiche mit dem „besseren" NS-Deutschland. So endet die Beschreibung italienischer Armenviertel mit dem Ausruf „Heil Hitler!", im Judenviertel von Tripolis sah man nur „ekelhaften Schmutz", die Bekleidung der Einheimischen machte einen „schaudern". Am Schluß der Fahrt stand das regimekonforme Fazit: „Es war schön, aber am schönsten ist doch unser Deutschland" / „Heil Deutschland dir für alle Zeit." B. S.

Thamer 1986, S. 499ff.

89 Sammlungen von Geld- und Sachspenden propagierten immer wieder die „Volksgemeinschaft als Opfergemeinschaft"

Sammelbüchse für das WHW; Blech rot lackiert; Höhe 15 cm, Durchmesser 10,3 cm; Haus der Geschichte Baden-Württemberg

Nur durch ein Schild mit der von Reichsadler und Hakenkreuz hinterfangenen Aufschrift „Winter-Hilfswerk des deutschen Volkes" unterschei-

det sich das Ausstellungsstück von anderen Sammelbüchsen. Uniformierte Mitglieder verschiedener NS-Organisationen sammelten damit in Tübingen bei „Reichs- und Gau-Straßensammlungen" Geldspenden.

Das WHW war eine der wichtigsten und wirkungsvollsten sozialpolitischen Einrichtungen des nationalsozialistischen Staates. Auf Vorläufern in der Weimarer Republik beruhend, aber als Schöpfung des „Führers" ausgegeben, wurde die jährlich durchgeführte Aktion erstmals am 13. September 1933 ausgerufen. Formal war das WHW der NS-Volkswohlfahrt angegliedert, die den größten Teil ihrer Mittel aus den WHW-Sammlungen bekam. Der Reichsbeauftragte des WHW allerdings erhielt seine Weisungen direkt vom Reichsminister für Propaganda und Volks aufklärung.

Aus echtem Solidaritätsgefühl, zunehmend aber auch, um dem Druck zu entgehen, der von der WHW-Propaganda erzeugt wurde, spendete die Bevölkerung enorme Summen. Die Einnahmen an Geld- und Sachspenden - der Anteil letzterer ging nach Kriegsbeginn rapide zurück - stiegen von 358 Millionen RM im Jahr 1933/34 auf über 1,2 Milliarden RM im Jahr 1941/42. Mit

zunehmender Kriegsdauer wurden die Gelder aber immer weniger für den propagierten Zweck, nämlich die Unterstützung bedürftiger NSV-Mitglieder, verwendet. C. B.

Behrens 1980; Heine 1988.

90 Einige der beliebten WHW-Abzeichen transportierten politisch-ideologische Inhalte

WHW-Plaketten
a „Hakenkreuzfahnen"; 7 Abzeichen aus verschiedenen Serien; Kunststoff; Höhe ca. 3 cm; verschiedene Sammlungen; Städtische Sammlungen Nr. 4267
b „Germanische Waffen"; 12 Abzeichen aus verschiedenen Serien; Leichtmetall mit Halbedelstein; Größe 3-5 cm; Reichssammlungen Oktober 1939, 1940, 1941; Gesamtauflage 123,5 Millionen; Städtische Sammlungen Nr. 4267

Die WHW-Spender erhielten neben diversen kleinen Gebrauchsgegenständen, Heftchen oder Miniatur-Musikinstrumenten vor allem jene Abzeichen, die bis heute bei Sammlern beliebt sind. In Millionenauflagen, vielfältigsten Motiven und Formen und aus unterschiedlichsten Materialien hergestellt, waren sie freilich nicht nur als Serien zum Sammeln konzipiert. Sie dienten als Spendenquittung und damit als sichtbarer Ausweis der Zugehörigkeit zur „Opfergemeinschaft des deutschen Volkes". Dieser Opfergedanke wurde immer wieder betont. Gleichzeitig transportierten die Plaketten in verniedlichender und verharmlosender Form politisch-ideologische Inhalte.

Die wenigsten Plaketten verwendeten offensichtlich nationalsozialistische Symbolik wie die anspruchslos aus billigem Kunststoff gefertigten Hakenkreuzfahnen, die etwa in Malstunden von Volksschulklassen als Vorlagen verwendet wurden. Die altgermanischen Waffen sollten ebenfalls der Einführung in die Volks- und Kampfgemeinschaft dienen. Schon früh wurden so Kinder über das Spiel in die Ideologie der „Wehrkraft" eingeübt. Einige der ausgestellten Waffen weisen denn auch deutliche Spuren von Spiel auf. Mit zunehmender Kriegsdauer und vollends, als sich die Niederlage abzeichnete, wurde allerdings auf militärische Motive verzichtet. Im Oktober 1944 endete die Abzeichenproduktion. C. B.

91 Die Mehrzahl der WHW-Abzeichen hatte scheinbar unpolitische Themen zum Gegenstand

WHW-Plaketten
a „Köpfe großer deutscher Männer"; 16 Abzeichen aus einer Serie von 20; Glas; Höhe 3,5 cm; Reichssammlung 1./2.3.1941; Auflage 50 Millionen; Städtische Sammlungen Nr. 4267
b „Köpfe großer Württemberger"; 7 Abzeichen; Leichtmetall; Höhe ca. 3 cm; vermutlich Gausammlung Württemberg-Hohenzollern; Städtische Sammlungen Nr. 4267
c „Bäuerliche Arbeit"; Serie von 12 Stück; bemalter Kunststoff; Höhe ca. 3,5 cm; Gausammlung Württemberg-Hohenzollern 18.1.1942; Städtische Sammlungen Nr. 4267

Der überwiegende Teil der Plaketten stellte scheinbar unpolitische Themen und Motive dar. Aber stets bezweckten sie die Bindung an die Ideologie der „Volksgemeinschaft"; wer oder was nicht als deutsch galt, wurde ausgegrenzt. So sollten die Köpfe berühmter Deutscher das nationale Selbstbewußtsein stärken. Sie waren aus dem billigen Rohstoff Glas gefertigt, erhielten aber durch ihre Herstellungstechnik einen kostbaren Charakter: Beim Guß von hinten ausgehöhlt, entsteht beim Betrachten von vorn der Eindruck einer fein ziselierten Arbeit, was durch

den runden Schliff noch verstärkt wird. Zudem stellte die spezifische Porträtikonographie die Plaketten in eine Reihe mit entsprechenden Werken aus Malerei und Plastik, was die Sammelattraktivität zusätzlich gehoben haben dürfte. In ähnlicher Weise appellierten die metallenen, reliefartigen Plaketten mit den Porträts berühmter Württemberger an das Zugehörigkeitsgefühl zur Region (zum „Gau"). Ein ausgewiesener Demokrat wie der Tübinger Ludwig Uhland konnte auf diese Weise zu einem Kronzeugen nationalsozialistischen Denkens umfunktioniert werden.

Gemäß der besonderen ideologischen Bedeutung, die der NS-Staat den Bauern beimaß, finden sich Darstellungen bäuerlicher Arbeit und bäuerlichen Lebens besonders zahlreich. Auch die ausgestellten Plaketten wurden aus preiswertem Material hergestellt; aber die Bemalung - inzwischen wohl durch Gebrauch etwas abgeschabt - verlieh ihnen einen farbenfrohen, idyllischen Charakter, der mit der Realität bäuerlicher Existenz im Nazi-Deutschland kaum etwas gemein hatte. C. B.

92 Auch Widersprüche und Freiräume lassen sich in den WHW-Abzeichen ausmachen

WHW-Plaketten „Wilhelm Busch-Figuren"; 12 Figuren aus 3 verschiedenen Serien; bemalter Ton; Höhe ca. 3 cm; Reichssammlungen 1940; Gesamtauflage 144 Millionen; Städtische Sammlungen Nr. 4267

Bei genauerem Hinsehen lassen sich in den WHW-Plaketten auch ideologische Widersprüche - oder doch zumindest Inkonsequenzen - aufdecken. Unter den als „Volksgut" reklamierten, vor allem bei Kindern sehr beliebten Figürchen aus der Wilhelm-Busch-Serie etwa finden sich Charaktere, die nicht gerade als autoritätshörig bekannt waren. Alle niedliche Gestaltung, alle liebevolle Bemalung konnte nicht darüber hinwegtäuschen, daß zum Beispiel Max und Moritz sich kaum in die geforderte Disziplin der Hitlerjugend eingefügt hätten. Diese Inkongruenz von ideologischen Vorgaben des WHW und tatsächlich angebotenem Sammelobjekt entsprach jedoch durchaus der nationalsozialistischen

Herrschaftsstruktur. Wie in anderen Bereichen boten sich auch hier ideologische Nischen, Freiräume, die das Sich-Einrichten in die ansonsten rigoros geregelte Wirklichkeit des NS-Staates erleichterten. Figuren wie den Wilhelm Busch-Bösewichtern kam auf diese Weise auch eine gewisse Ventilfunktion zu; die enorme Auflagenziffer belegt, wie populär gerade diese Figuren waren. Im übrigen implizierte die Geschichte der zwei bösen Buben auch die Repression und Strafe, die dem radikalen Normbruch des Sich-außerhalb-der-Gemeinschaft-Stellens folgte. C. B.
Gatzka 1981; Mittig 1990.

93 Arbeiterinnen der Universitäts-Waschanstalt versuchten, sich dem Spendenzwang des WHW zu entziehen

Spendenbescheinigung für das WHW 1936/37; blaues Papier, bedruckt, mit Tinte beschrieben, gestempelt; DIN A 5; Tübingen 28.9.1936; Universitätsarchiv Tübingen 117C/438

Eine Methode, mit der das WHW Geldspenden erzwang, war das „freiwillige Opfer" von Lohn und Gehalt. Es betrug zehn Prozent der Lohnsteuer, mindestens aber 25 Reichspfennig. Mittels der Spendenbescheinigung hatten die Gehaltsempfänger ihr Einverständnis mit der Abgabe zu erklären.

Wer nicht spendete, stellte sich außerhalb der NS-Volksgemeinschaft und hatte mit Denunziation, Diffamierung und Strafe zu rechnen. Der ständigen Bedrohung zum Trotz versuchten aber immer wieder einzelne, sich dem Spendenzwang zu entziehen. Auch in Tübingen: Während der WHW-Kampagne 1936/37 verweigerten fast ausnahmslos alle Arbeiterinnen der Universitäts-Waschanstalt die Spende, indem sie die Bescheinigungen durchstrichen und eigenhändig unterschrieben. Die Namen dieser 25 Frauen weisen zum großen Teil in das sozialdemokratisch organisierte Arbeitermilieu der Unterstadt. Hier wurde nicht nur aus finanziellen Gründen das WHW-Opfer abgelehnt. Die Verweigerung war kollektiver Ausdruck politischer Opposition. C. B.

94 Nur „Volksgenossen" profitierten von den sozialen Einrichtungen der Partei

Hinweisschilder
a Richtungspfeil mit Beschriftung „Zum NSV-Kindergarten"; Preßpappe, Ölfarbe; r.u. beschädigt; 28,5 x 88 cm; bez. r.u. Becomail; undat.

1937; Isinger Dorfmuseum Alte Kelter, Tübingen-Unterjesingen

b Hinweisschild „Kindergarten der NSV"; Metall, Emaille; 47,5 x 35 cm; beschädigt; bez. Firma (?) U.W.R.; 1937; Isinger Dorfmuseum Alte Kelter, Tübingen-Unterjesingen

Mit schwarzer Schrift auf vergilbtem Fond wies der Pfeil den Weg zu einem Kindergarten der Nationalsozialistischen Volkswohlfahrt in Unterjesingen. Dort hatte die Gemeinde, vor allem mit Elternbeiträgen finanziert, 1937 einen „Erntekindergarten" eingerichtet. Im Schießhaus des Schützenvereins betreute von Juni bis Oktober eine Kindergärtnerin 35 bis 40 Kinder.

Die altertümelnde Frakturschrift steht in Kontrast zu der modernen sozialen Einrichtung des NS-Staats und ihrem sachlichen Signet, einem blauen, mit den weißen Initialen N S V belegten Sechseck. Nach Ausschaltung der freien und kirchlichen Organisationen verfügte die NSV über das Monopol in der Wohlfahrtspflege, die sie rassenhygienisch ausrichtete und damit ihrer humanitären Ziele beraubte. Nicht die Bedürftigkeit, sondern „der Wert des Hilfsbedürftigen für das Volksganze" bestimmte nun die Hilfe. Ob auch in Unterjesingen Kinder als „unwert" vom Besuch des Kindergartens ausgeschlossen wurden, ist unbekannt.

Neben der Freistellung der Mütter zu außerhäuslicher Arbeit besonders im Krieg dienten die NSV-Kindergärten - in bewußter Konkurrenz zu den kirchlichen - vor allem der nationalsozialistischen Erziehung. Christliche Weihnachtslieder etwa waren verboten. Außer Bewegungsspielen und musischer Beschäftigung wird die „Kindergartentante" - so schrieb die „Tübinger Chronik" 1939 zur Eröffnung eines NSV-Kindergartens in der Stadt - „schon in die kleinen Kinderherzen das Samenkorn legen zum rechten Deutschbewußtsein, zu unserer nationalsozialistischen Weltanschauung". Nach 1945 wurde der Kindergarten, nun als Gemeindeeinrichtung, von der gleichen Kindergärtnerin weitergeführt. B. S.
Althaus 1937; TC 22.11.1939; Lampert 1986.

95 „Der deutschen Mutter"

Orden (Mutterkreuz, 3.Stufe); Metall, Emaille, Baumwollband; Kreuz 4,2 cm, Band 72 cm; 1938; Städtische Sammlungen Nr.8284 a

Das lateinische Kreuz trägt auf dem Schnittpunkt der Arme ein rundes Medaillon mit einem Hakenkreuz, das von der geprägten Umschrift „Der deutschen Mutter" eingerahmt wird. In die Rückseite sind in Kursivschrift das Widmungsdatum „16.12.1938" und die faksimilierte Unterschrift Adolf Hitlers eingraviert. Das Mutterkreuz, 1938 von Hitler gestiftet, gab es in drei Stufen: bronzen für vier bis fünf Kinder, silbern für sechs bis sieben Kinder, vergoldet für acht und mehr Kinder. Die Hitlerjugend mußte vor dem Mutterkreuz salutieren, im Volksmund wurde es jedoch „Kaninchenorden" genannt. Die Kreuzform verweist darauf, daß die Mutter sich und ihre Kinder dem deutschen Volk und dem NS-Staat zu opfern hatte. Aber nicht jedes Kind war erwünscht, nicht jede Mutter wurde heroisiert. Mütter erhielten das Kreuz nur, wenn „beide Eltern der Kinder deutschblütig und erbtüchtig

sind und die Mutter der Auszeichnung würdig ist." 1942 wurde der § 218 des Strafgesetzbuches um einen Zusatz erweitert, nachdem die Abtreibung eines arischen Fötus als Angriff auf „die Lebenskraft des deutschen Volkes" mit dem Tod bestraft wurde. Nach den Selektionsmerkmalen Rasse, Erbtüchtigkeit und Botmäßigkeit gegenüber dem NS-Regime wurde ausgewählt. Manche Mütter wurden zur Mutterschaft gedrängt, andere diffamiert, zwangssterilisiert oder vernichtet. H. F.

Thalmann 1987, S. 153; NS-Heimatkunde, S. 140.

96 Handarbeitsanleitungen zur Einübung in nationalsozialistische Denkmuster

Zeitschrift „Die Frauenarbeitsschule"; In Zusammenarbeit mit den Lehrerinnen an den württembergischen Frauenarbeitsschulen herausgegeben durch Oberregierungsrat Lederer, Stuttgart; 12. Jahrgang, Heft 2/1937 und 13. Jahrgang Hefte 1 bis 6/1938; 7 Hefte in DIN A 5 und Schnittmusterbögen in Sammelmappe aus braunem Pappkarton; Verlag prakt. Werke Oskar Vogel, Böblingen; Erscheinungsweise sechsmal im Jahr; Privatbesitz

Knicke und Eselsohren zeugen von einer regen Benutzung der 50 Jahre alten Hefte, nach denen die Besitzerin und ihre Mutter bis heute handarbeiten. Doch die scheinbare Zeitlosigkeit der

„typischen Frauenlektüre" täuscht - denn neben Handarbeitstechniken, Schnittmusterbögen und Nähwettbewerben vermittelte „Die Frauenarbeitsschule" ideologische Anliegen des NS-Staates, etwa die Verurteilung der „liberalistisch-jüdischen Zeit". Durchgängig hebt sie die Handarbeit als „Kulturarbeit der Frau" positiv von jeder Maschinenarbeit ab und verurteilt die "intellektualisierte Frau", die „die Arbeit der Hand" verachte. Die Verurteilung der „Massenware" und des „Maschinenrauschs" endete allerdings da, wo die aktuelle politische Situation es verlangte. So hob der Hinweis auf die wirtschaftliche Lage „unserer Grenzgebiete im Osten", Hauptorte der Spitzen- und Posamentenindustrie, das negative Urteil über die maschinell hergestellte Spitze plötzlich auf. Und wenn die Artikel zum Kauf von Zellwolle als „deutschem" Textilwerkstoff motivierten und die Einfuhr orientalischer Teppiche verdammten, nahm die Zeitschrift auf die Leserin in der ihr geschlechtsspezifisch zugewiesenen Rolle als Konsumentin Einfluß - auch wenn der einzelnen Frau der Zusammenhang zwischen ihrer Handarbeit und der Autarkiepolitik des NS-Staates kaum bewußt geworden sein wird. G. K.

97 Das Frauenideal populärer Modezeitschriften schwankte zwischen „Schulmädchen" und „Lustiger Witwe"

Zeitschrift „Die junge Dame"; DIN A 4; Berlin, wöchentliche Erscheinungsweise (seit 1933); 5 Exemplare: 28.3.1937, 23.12.1937, 3.5.1938, 13.9.1938, 11.10.1938; Städtische Sammlungen Nr. 6382

Die vielgelesene Frauenzeitschrift wandte sich an modebewußte, jüngere Frauen: „Wir dürfen wieder eine weibliche Linie zeigen, ohne dabei leicht zu übertreiben." Verlangt wurde eine „sportlich feste und durchgebildete Figur", gemäß dem NS-Ideal, daß nichts „Schwaches, Verweichlichtes" an der deutschen Frau sein dürfe. Im Gegenteil: disziplinierte Aktivität war gefragt. Deshalb wurden Mädchen und Frauen zum Sport ermutigt und aufgefordert. Der Frauenkörper und seine Gebärfähigkeit wurden zum ausdrücklichen Gegenstand staatlichen Interesses. Sauberkeit und Hygiene gingen vor Schmuck und Kosmetik - „eine deutsche Frau schminkt sich nicht", wenigstens nicht zu sehr, und dafür gab die Zeitschrift Tips. Eine nicht raffinierte, natürliche Erscheinung war gefragt. Empfohlen wurden als Tageskleid zum Beispiel „Schulmädchenkleider". Abends durfte es dann schon mal die „Lustige Witwe" sein. Hier zeigt sich, daß das Frauenideal der NS-Zeit nicht eindeutig war: Die „deutsche Frau" sollte schließlich auch attraktiv sein, und so steht die Werbung für deutsche Produkte neben Kleinanzeigen für französische Wimperntusche oder Parfums. Reportagen über berufstätige Frauen stehen neben Artikeln über Ehe und Mutterschaft wie im Sonderheft „Die Braut". Berufstätigkeit für Frauen hieß in der

Regel: Sekretärin sein. Auch andere Beispiele orientierten sich am Prinzip des „wesensgemäßen Berufes". So zog sich die strikte Trennung der für Männer und Frauen vorgesehenen Sphären durch alle Bereiche. G. K./S. M.
Crips 1990, S. 228-235.

98 Auch die Sportfotografie propagierte das nationalsozialistische Frauenideal

*Fotografie; „4.7.37 Gebietssportfest der H. J.";
Walter Kleinfeldt; Aufnahme von Kontaktbogen;
Bildformat 2,4 x 3,6 cm; glänzendes Fotopapier,
als Streifen auf Karton geklebt, 25 x 32 cm;
Abzugsnummer: 298/28; Tübingen 4.7.1937; Privatbesitz*

Die „Ballgymnastik der Mädels" des BDM („Tübinger Chronik") lockerte das Gebietssportfest der HJ vom 4. Juli 1937 auf, das größtenteils aus Disziplinen für Männer bestand. Das Bild erschien tags darauf mit drei weiteren Kleinfeldt-Fotos im Lokalteil der „Tübinger Chronik". Die relativ große Anzahl der Fotos unterstrich die Bedeutung des Sportereignisses.

Von der Ecke der Formation aus fotografiert, scheint die Gruppe der Sportlerinnen sich endlos in den Hintergrund zu ziehen. Die Untersicht verstärkt den Flug der Bälle in den Himmel, und die gespannten Körper werden noch länger. Durch die so häufig für Porträts angewendete niedrige Perspektive erzielte der Fotograf auch hier ein wirkungsvolles Bild.
Im Gegensatz zu den kämpferischen, Kraft und Ausdauer demonstrierenden Männersportarten zeigen sich die weiblichen Disziplinen spiele

risch-tänzerisch und anmutig. Die Fotos vermitteln auf ihre Weise das vom NS-Staat propagierte Ideal der deutschen Frau, die Schönheit, Gesundheit und Lebensfreude verkörpern sollte. A. V.

99 Fahnen als einheitsstiftende Symbole auch in der Partei- und Staatsjugend

Fahne des HJ-Fähnleins Hohenberg, Rottenburg; Vorderseite: „Fähnlein Hohenberg" und „S"-Rune der HJ, weiß auf schwarzem Grund, Rückseite: Stadtwappen von Rottenburg, farbig auf schwarzem Grund; Baumwolle, Kunstseide; 110 x 170 cm; Privatbesitz

Anlaß, diese Fahne der Rottenburger Hitler-Jugend anzufertigen, gab nach dem vorübergehenden Verlust der ersten Fähnleinsfahne bei einem Pfingstlager in den ersten Kriegsjahren ein Fahnenwettbewerb in Tübingen, an dem die Gruppe teilnehmen wollte. Der Aufwand lohnte sich: Die vorliegende Fahne, von einem Jungen des Fähnleins entworfen und von taubstummen Erwachsenen im Martinihaus Rottenburg unter Anleitung der dortigen Nonnen genäht und gestickt, erhielt den ersten Preis. Der Fahnenraub

durch eine andere HJ-Gruppe, der Aufwand mit der neuen Fahne, der Wettbewerb konkurrierender HJ-Gliederungen - das alles sind Elemente eines Kults um das zentrale Symbol der Nazis. Als „sichtbar gemachter Wind" symbolisierte die Fahne die NS-Ideale „Ehre, Treue, Kameradschaft, Gehorsam, Opferbereitschaft, Kampfgeist und Tapferkeit"; sie wurde geweiht, besungen und verehrt; die HJ/BDM-Jugend gelobte, für Fahne und Führer „alle Zeit" ihre „Pflicht" zu tun. Es galt als Ehre, die Fahne tragen zu dürfen; Denken, Fühlen und Körperhaltung wurden nach der Fahne ausgerichtet - die Vorschriften verlangten „Freude und Ernst" beim „Grüßen" am Morgen, „Besinnung und Bestätigung" beim „Einholen" am Abend, „innerlich und äußerlich straff". So wurde die Fahne, im Unterbewußtsein verankert, zum Mittelpunkt des Lebens. H. B.
Gamm 1962.

100 Eingebunden in die militärische Ausrichtung der Partei- und Staatsjugend konnten sich Mädchen und Frauen aus traditionellen Rollen emanzipieren

Führerinnenschnur einer BDM-Mädelschafts- oder einer JM-Jungmädelschaftsführerin; Baumwolle, Metall; 42 cm; Privatbesitz

Ausdruck militärähnlicher Hierarchie- und Befehlsverhältnisse in den Jugendorganisationen der NSDAP, die 1936 zur Staatsjugend erklärt wurden, sind Zeichen wie diese Führerinnenschnur, an der sich die Dienststellung ihrer Trägerin erkennen ließ. Sie ist aus zwei roten und zwei weißen Strängen zusammengedreht, ein Ende ist mit einem Karabinerhaken zum Befestigen an der Uniform ausgestattet. Getragen werden konnte die doppelt gelegte Schnur auf zwei Weisen: Trug die Führerin zu festlichen Anlässen ihre weiße Bluse, dann lautete die Vorschrift, die Schnur mit dem Halstuch zusammen über den Kopf und durch den Lederknoten zu ziehen, am Halstuch entlang zur linken Brusttasche zu führen und dort zu befestigen. An der „Kletterweste" für Fahrten und Lager trugen die Mädchen die Schnur von der Knopfleiste zur linken Brusttasche. Verglichen mit den entsprechenden Zeichen an den Uniformen der HJ- und DJ-Führer waren die Schnüre der Mädchenführerinnen dünner und wurden unauffälliger getragen - Ausdruck eines geschlechtsrollenspezifisch weniger ausgeprägten militärischen Auftretens. Solche Ungleichbehandlung entspricht auch der Hierarchie innerhalb der HJ: Die Reichsreferentin des BDM als oberste Ranginhaberin war dem HJ-Reichsjugendführer unterstellt. Ungeachtet solcher Einschränkungen erlebten viele Mädchen und Frauen die offizielle Anerkennung und den realen Zuwachs an Möglichkeiten zu Aktivitäten außerhalb von Schule und Familie als individuellen und gesellschaftlichen Fortschritt. H. B.

Uniform der HJ 1934; Reichsorganisationsbuch 1937.

101 Der Jugendbewegung entlehnt, diente die nationalsozialistisch umgewandelte Uniform von HJ und BDM der inneren Disziplinierung und der äußeren Kontrolle

Halstuch, Tuchknoten; Baumwolle, Leder; 50 x 115 cm, undat.; Städtische Sammlungen Nr. 8365

Aus der Tradition der bündischen Jugend übernahmen die Nazis wesentliche Bestandteile für die Uniformen ihrer Jugendorganisationen: Halstuch und Lederknoten, kurze Hose und Kniestrümpfe. Sie verknüpften HJ und BDM mit der Tradition der antibürgerlichen Reformbewegung der Jahrhundertwende ebenso, wie sie das Erscheinungsbild ihrer Trägerinnen und Träger

vereinheitlichten und Instrumente der inneren Disziplinierung des einzelnen wie der äußeren Kontrolle in der Gruppe waren.

Das dreieckige Halstuch wurde von der Längsseite aus so gefaltet, daß am Ende ein drei Finger breites Dreieck übrigblieb. So wurde es unter dem Kragen der Bluse oder des Hemdes getragen. Der festgelegt richtige Abstand des Dreiecks wurde von den Jugendführerinnen und -führern kontrolliert. Dies entsprach der Bedeutung der Accessoires als Ehrenzeichen und ihrer Einbindung in das Initiationsritual der „Jungmädelprobe". Mit Bestehen der „Probe" - dazu gehörten sportliche Übungen und eine ganztägige Fahrt - galt das „Jungmädel" als vollwertiges Mitglied der „Volksgemeinschaft" und durfte nun Halstuch und Knoten als Ausdruck dieser Zugehörigkeit tragen. Die 10 bis 14 Jahre alten Jungen des Jungvolkes trugen nach Bestehen der „Probe" das Fahrtenmesser. Beim Verstoß gegen Pflichten und Ordnung konnte das Tragen von Halstuch, Knoten und Abzeichen bis zu drei Monate lang untersagt werden. H. B.

Dienstvorschrift der HJ 1938; Pimpf im Dienst 1938; Weber-Kellermann 1985.

102 Die Hitlerjugend verknüpfte attraktive Freizeitangebote mit militärischer Disziplinierung

Lampenrahmen; Holz, Laubsägearbeit, Kerbschnitztechnik, Bemalung; Rahmen ca. 18 x 50 x 50 cm, Pyramiden ca. 5 x 3 x 3 cm, Szenen ca. 14 x 26 cm; undat. 1933-1945 sowie 70er-80er Jahre; Privatbesitz

Der quadratische, für den Blick von unten ornamental verzierte Rahmen ist auch ohne die Aufhängevorrichtung als Hängelampe zu erkennen, wie sie zahlreiche HJ-Heime zierte. Den eigentlichen Blickfang zwischen grünen Holzpyramiden bilden vier bemalte Laubsägearbeiten mit folgenden Szenen: marschierende HJ, Aufschlagen eines Zeltes in freier Natur, Fahnenappell des Jungvolkes. Die vierte Darstellung, Fanfarenbläser des Jungvolkes, wurde erst in den 70er oder 80er Jahren ergänzt. Die Motivauswahl sowie die gesamte Machart weisen die Lampe als Bastelarbeit von Jugendlichen aus, die hier besondere Momente aus ihrem nationalsozialistischen Alltag wiedergaben. Gemeinsam ist

allen Szenen ein militärischer Habitus, wie er den Jugendlichen eingetrimmt wurde: Strammstehen, „zackiges" Grüßen, Marschieren im Gleichschritt und disziplinierte Haltung. Alle Jungen tragen Uniformen mit den jeweiligen Abzeichen von Jungvolk (Siegrune) und HJ (Hakenkreuz) sowie die entsprechenden Fahnen. Selbst der ungezwungen-lockere Aufbau des Zeltes - Inbegriff jugendbündischer Freizeiterfahrung - geschieht in Uniform und unter der Hakenkreuzfahne: So wurde Freizeit zum Dienst, wurden die positiven Erlebnisse mit nationalsozialistischen Idealen verknüpft.

Nach dem Krieg wurden zu einem unbekannten Zeitpunkt die Hakenkreuze retuschiert, während die Siegrunen sowie der gesamte HJ-Kontext offenbar keine negativen Assoziationen weckten und unangetastet blieben. D. S.

103 Mit Stolz und Begeisterung reagierten viele Mädchen auf die ungewohnten Aktionsmöglichkeiten bei den „Jungmädeln"

„Heimbuch der U.-jesinger J.M."; Jungmädel Unterjesingen; Geschäftshandbuch mit handschriftlichen Eintragungen und Zeichnungen; 34 x 22,8 cm; Pfingsten 1941-Januar 1945; Privatbesitz

Das „Heimbuch" dokumentiert, in Schönschrift und mit Zeichnungen und Scherenschnitten versehen, die Begeisterung, mit der die Zehn- bis Vierzehnjährigen bei den „Jungmädeln" waren. Es hält, von der Pfingstfahrt 1941 bis zum letzten Appell des Bannführers 1945, die herausragenden Erlebnisse der Gruppe fest: sportliche Aktivitäten ebenso wie Laubsägearbeiten für das Winterhilfswerk oder eine Weihnachtsfeier für Soldatenkinder. Aus den Berichten spricht neben der Freude an der gemeinsamen, für Mädchen teils ungewohnten Aktivität, ein gesteigertes Selbstbewußtsein. „Wir sind stolz, daß wir dort mithelfen durften", heißt es etwa vom „Kriegseinsatz",

dem Herrichten eines Flüchtlingslagers. Manche Bemerkungen spiegeln das neue Weiblichkeitsideal der tapferen, zupackenden Kameradin wider.

Die Parteijugend gab jeder einzelnen einen Wert, aber nur innerhalb einer militärisch durchorganisierten Gemeinschaft. Sie trugen „Uniformen", „traten in Marschkolonne an", nahmen „Aufstellung" und wurden von der „Führerin zum Einsatz zusammengetrommelt". Gleichzeitig unterwarf sie den kindlichen Idealismus den Zwecken des Systems. Denn die Ziele und Aktivitäten der Gruppe waren nicht selbstbestimmt, sondern „Befehl" und „Dienst". So heißt es in einer Werbung für die „JM": „Unsere Mädel sollten schon vom 10. Lebensjahr an [. . .] die Aufgaben und Pflichten unseres Volkes kennenlernen. Heimatabend, Sport, Fahrt, Lager und Feierstunde ertüchtigen dazu und lernen jedes Jungmädel verstehen, nach welchem Ziele es sein Leben auszurichten hat." B. S.

Rottenburger Zeitung 8.3.1937.

104 Spielzeug trug den Führerkult bis ins Kinderzimmer

Elastolinfiguren; Göring, Hitler, Hindenburg, Soldaten; Kunststoff über Eisendrahtkern, gepreßt, handbemalt; Höhe ca. 7 cm; undat. um 1935; Städtische Sammlungen Nr. 5572, 5573, 5574, 5575 a-k

Unmittelbar nach der Machtübernahme rief das Ministerium für Propaganda und Volksaufklärung dazu auf, „die militärischen Spielfiguren, wie Bleisoldaten, Massesoldaten und so weiter noch mehr in den Dienst der Erziehung zum wehrhaften und vaterländischen Geist zu stellen." Nachdem der Versailler Vertrag die Produktion von

Spielzeugsoldaten zwar verboten hatte, „Elastolin-Soldaten" der Firma Haußer aber schon 1924 wieder „in über 100 Nummern" angeboten wurden, erwartete die Spielwarenindustrie durch Hitler eine spürbare Marktbelebung. Schlagartig setzte 1933 die Herstellung von Spielzeug ein, das die Organisationen, Farben und Persönlichkeiten des „Dritten Reichs" widerspiegelte. Spielzeug, das Persönlichkeiten des NS-Staates verkörperte, mußte allerdings genehmigt werden. Die Grundlage dafür bildete das im Mai 1933 erlassene Gesetz „zum Schutze der nationalen Symbole". Erlaubt und von den Kindern gewünscht waren jedenfalls solche „kleinen" NS-Persönlichkeiten aus Kunststoff, die für 30 Reichspfennig erhältlich waren. Der Weihnachtswunschzettel eines Zehnjährigen aus dem Jahr 1938 kann stellvertretend für viele den Erfolg dieser Staatspädagogik dokumentieren: An erster Stelle steht dort nicht etwa eine Eisenbahn, sondern „der Führer (Lineol)", „Mussolini (Haußer)", aber auch „Flakgeschütz und Panzerspähwagen (Lineol)" und „Sturmsoldaten". W. H.

Hägele 1988.

105 In der Schule wurde der Krieg berechnet

Mathematikaufgaben für einen Preiswettbewerb; Schüler der Kepler-Oberschule Tübingen; Karopapier, gebunden im Format DIN A 4, beschrieben mit Tinte und koloriert mit grünem, blauem und rotem Buntstift; März 1941; Privatbesitz

Sechs Schüler der Kepler-Oberschule lösten für den Preiswettbewerb „Seefahrt ist Not" hundert „Mathematische Aufgaben aus dem Bereich der Kriegs- und Handelsmarine". Die damals siebzehnjährigen Schüler berechneten unter anderem das „Minenlegen im Schutze der Dunkelheit" oder „Schießen auf dem Schiff". Auch der Mathematikunterricht war seit 1933 im Sinne der NS-Ideologie umgestaltet worden. Mit Hilfe der militärischen Inhalte im Mathematikunterricht sollte die Jugend in der Schule zu einer technikfaszinierten Kriegsbegeisterung erzogen werden. Der Krieg wurde in der Berechnung von Geschoßflugbahnen, des Kraftstoffverbrauchs von Torpedobooten und von Standortpeilungen abstrakt und vor allem berechenbar dargestellt.

Da die Rechen- und Mathematikbücher zu einem großen Teil aus Aufgaben militärischen oder rassistischen Inhaltes bestanden, konnten sich Lehrer nur schwer der Verbreitung der NS-Ideologie in der Schule entziehen. An der Kepler-Oberschule war einer der damals bekanntesten Schulmathematiker Württembergs als Oberstudiendirektor tätig: Dr. Kuno Fladt, der 1977 in Tübingen starb, bearbeitete den Band III A des 1939/40 erschienenen „Mathematischen Unterrichtswerks", aus dem auch die meisten Aufgaben für diesen Preiswettbewerb stammen. E. T.

Genuneit 1984.

106 NS-Ideologie als Bestandteil der Reifeprüfung

Deutschaufsätze; Papier, handschriftlich beschrieben mit blauer und roter Tinte; 29,5 x 21 cm; Abiturprüfung 1939 im Uhlandgymnasium Tübingen; Stadtarchiv E 103/2/205 und E 103/23/206

Für das Abitur 1939 wurden aus sechs Vorschlägen folgende drei Themen für den Deutschaufsatz ausgewählt: I. Wie unterscheidet sich der Held vom Abenteurer?, II. Wie verstehen Sie das Wort Adolf Hitlers: „Die großen Völker des Altertums stehen uns ewig nahe"? und III. Was denken Sie darüber, daß der Musik in der Schulerziehung eine bedeutendere Stellung eingeräumt worden ist? Die meisten Abiturienten (19) wählten das Thema I, Thema II wurde dreizehnmal und Thema III zehnmal bearbeitet. Ein Aufsatz zum Thema I, das auf den ersten Blick keinen direkten Bezug zur NS-Ideologie aufweist, beginnt folgendermaßen: „Wir haben zwei Männer vor uns, die beide im Denken und Handeln außerhalb der Volksmasse stehen." Die Abiturienten und Abiturientinnen hatten 1939 sechs Jahre mehr oder weniger nationalsozialistisch geprägten Unterricht hinter sich. In der Reifeprüfung benutzten sie das NS-Vokabular mit großer Selbstverständlichkeit. Begriffe wie „der Daseinskampf", „sittlich minderwertig", „das Arteigene", „die blutsmäßigen Ahnen", „die Zersetzung des Volkskörpers" prägen die Abituraufsätze. Wie in der oben zitierten Passage von der „Volksmasse" grenzen sie Fremdes aus und begründen biologisch die „Volksgemeinschaft" der Deutschen. Die Erziehung der Kinder und Jugendlichen in der Schule war im Zuge der Vorbereitung des Krieges durch Rassismus und Militarismus gekennzeichnet, dem sich nur wenige Lehrer entziehen konnten. So bemängelte der Korrektor an einem mit der Note „4" bewerteten Aufsatz zum Thema I: „Kein Wort vom Krieg." E.T.

NS-Heimatkunde, S.220ff.

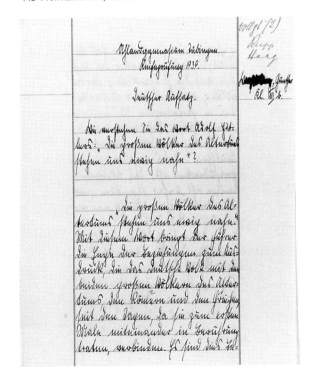

107 Auch das sportliche Training wurde zur Einübung in den Krieg mißbraucht

Übungshandgranaten; Holz, Eisen; Länge 35 cm, Durchmesser 5,6 cm (3 cm Griff); undat. um 1935; Bundeswehr-Kaserne Großengstingen

Die aus Obstholz gedrechselte und an ihrem zylindrischen Ende mit einem Metallring umschlossene Übungshandgranate imitiert in Form und Gewicht die Stielhandgranaten, die in den Grabenkämpfen des Ersten Weltkriegs gebräuchlich waren. Später gehörten sie zu den

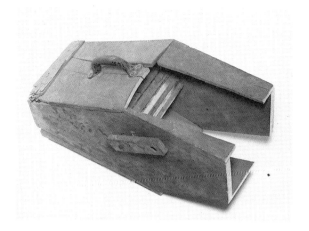

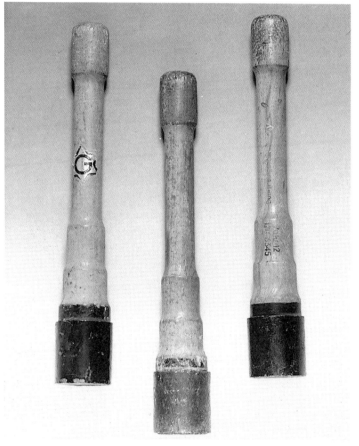

108 Kriegsspiele bei der HJ

Maschinengewehr-Attrappe; Buchenholz, Sperrholz, Metall; 29,5 x 51 x 19 cm; undat. um 1935; Isinger Dorfmuseum Alte Kelter, Tübingen-Unterjesingen

Die hölzerne Attrappe funktioniert nach dem Prinzip einer Rätsche, wie sie in Weinbergen zum Verjagen der Vögel verwendet wird. Das von ihm hervorgerufene Geräusch imitiert die Schußfrequenz eines Maschinengewehrs. Diesem Zweck entsprechend ist der Kasten durch eine Metallachse mit einem Standbrett verbunden, kann gedreht und mit Hilfe eines Griffs getragen werden. Vermutlich wurde es nicht im Ort gefertigt. Darauf verweisen die Reste eines Bahnfrachtzettels auf einem der Seitenteile.

Mindestens drei solcher Geräte wurden von der HJ im Dorf benutzt. Das vorliegende Exemplar ist stark beschädigt, der vordere, wohl mit einem Rohr versehene Teil ist verloren. Eine unfachmännisch ausgeführte Flickstelle aus Sperrholz auf der Oberseite deutet auf starke Beanspruchung bei den paramilitärischen Geländespielen, die - wie Reste von Weinberglehm im Innern zeigen - auch in den Hängen oberhalb des Ortes stattgefunden haben. W. H.

109 Solche Idealisierungen des Mannschaftssportes entsprachen nicht dem Zeitgeist

Siegerurkunde des Deutschen Reichsbundes für Leibesübungen; 4 x 100 Meter-Staffel der Männer; Fest der Leibesübungen 11.9.1938; Verein für Rasensport Mössingen; 1. Sieger Turnverein Lustnau; 32 x 24 cm; sign. L. Ertinger; Turnverein Lustnau

typischen Attributen, mit denen die für den Nahkampf ausgerüsteten Frontsoldaten dargestellt wurden. Solche Tradition des aus dem Männerbund heraus handelnden, jedoch ganz auf eigene Körperkraft und seelische Belastbarkeit angewiesenen Kämpfers spielt als mythischer Hintergrund beim Einsatz solcher Geräte eine ideologisch-emotionale Rolle. Zugleich hatte ihr Einsatz praktische Gründe: er diente dem Einüben von Wurfweite und Zielgenauigkeit bei Wettkämpfen an den Schulen und bei der HJ. W. H.

Erstaunlich ist, daß diese Urkunde noch 1938 im Umlauf war, hatte doch auch die offizielle Sportmalerei und -plastik sich für die statuarisch-monumentale Bildgestaltung entschieden und der aus der Weimarer Zeit stammenden Forderung nach bewegten Bildern eine Absage erteilt. Die Übergabe des Staffelholzes ist nach dem Prinzip der „bewegten Sportplastiken" gestaltet.

schem Sportbetrieb hervor. Im Hintergrund sind Zuschauermassen angedeutet - für ein Sportfest in Mössingen sicher eine etwas übertriebene Wunschvorstellung. Den nationalsozialistischen Zeitgeist unterstreicht am unteren Rand der Urkunde der Millionen von Schulkindern eingebleute Hitlerspruch vom Leben, Kämpfen und Streiten. F. B.

Die aus kurzen Strichen zusammengesetzte Kontur, die schrägen Schraffuren in den Körpern, der helle Hof um sie herum und der Bildausschnitt betonen die Dynamik der sportlichen Bewegung. Zugleich wird wirklichkeitsgetreu versucht, den Augenblick festzuhalten, in dem der Staffelstab von Hand zu Hand wechselt. Die Läufer sind in der damals für Leichtathleten üblichen Sportkleidung abgebildet, deutlich sind die Techniken des anlaufenden und auslaufenden Sprinters zu erkennen. Entsprechend der Absicht vieler Sportfunktionäre, bei Darstellungen „den äußeren und inneren Zustand eines Augenblicks zu fassen", dokumentiert dieses Bild höchste konzentrative und willentliche Anspannung bei dem einen Läufer, beim anderen bereits das Ausklingen nach der Belastung. Die Wahl des Staffellaufs als Bildmotiv hebt Mannschaftstugenden und Kameradschaftsgeist gegenüber individualisti-

110 Die Nationalsozialisten favorisierten den muskelstrotzenden Einzelkämpfer als männliches Schönheitsideal
Siegerurkunde des Deutschen Reichsbundes für Leibesübungen; 4 x 100 Meter-Staffel; Kreissportfest Kusterdingen 28.8.1938; 1.Preis Turnverein Lustnau, Jugendmannschaft; 32 x 24 cm; sign. HSW; Turnverein Lustnau

Die Auszeichnung besteht aus zwei Elementen: Das Bildmotiv mit dem sachlich gehaltenen Schriftzug „Urkunde" und dem Emblem des Deutschen Reichsbundes für Leibesübungen wurde reichsweit vertrieben, während für das Kreissportfest der Dokumentarteil in der altertümelnden Fraktur eingedruckt und entsprechend die Siegernamen mit der Feder eingetragen wurden. Die Schriftzone wird von einer in Kohlemanier gezeichneten, jugendlichen Männerfigur mit nacktem Oberkörper und Kurzhaarschnitt überragt. In der Hand hält der Sportler einen Lorbeerzweig. Siegerlorbeer und entblößter Männerkörper sind nicht naturalistisch gemeint - im Wettkampf und bei der Siegerehrung wurde Sportkleidung getragen. Sie verweisen auf eine „lebendig gewordene Antike", wie sie zum Beispiel in den Filmen von Leni Riefenstahl beschworen wurde. Der nackte und „gestählte" Körper zeigt aber auch ein männliches Schönheitsideal, das in seiner muskulären Ausprägung dem Typ des Mehrkämpfers entspricht - eine verblüffende Ähnlichkeit mit dem Olympiasieger im Zehnkampf, H. H. Sievert, ist nicht zu übersehen. Die Dynamik sportlicher Bewegungen ist in der Siegergeste erstarrt und bestätigt auch hier die Wendung zu einem ideell-symbolischen Darstellungsprinzip, das in den muskelstrotzenden Posen der gigantischen Plastiken eines Thorak oder Breker seinen Höhepunkt fand. F. B.

111 Vitalität und Disziplin als geforderte Lebensprinzipien

Pferdepaar; Lorenz Hutschenreuther, Selb (mit Löwenmarke, LHS); Keramikguß, weiße Glasur; Bavaria Germany, Abteilung für Kunst; 38 x 30 x 15 cm; undat. um 1939; TSG Tübingen

Zweimal hintereinander stiftete die Stadt Tübingen allegorische Pferdestatuetten als Ehrenpreise für die Sportvereine. Die hier abgebildete Statuette für den Sieger des Stadtlaufs am 18. Juni

1939, die Turngemeinde Tübingen, ist eine filigrane, detailgenaue Arbeit. Es sind zwei Pferde dargestellt, von denen das eine sich mit angelegten Ohren und wehender Mähne im Sprung befindet, während das andere bockend seine Vorderbeine vorstemmt und das Hinterteil mit hochgezogenen Hinterbeinen nach oben bringt. Ebenfalls mit wehender Mähne, hat dieses Pferd die Ohren aufgestellt, im offenen Maul sind die Zähne deutlich erkennbar, und auch die Geschlechtsteile werden angedeutet. Die Pferde sind auf einen Sockel gestützt, der ein Hindernis oder Gras darstellen könnte und an dem mit einem Blechkettchen die Widmungsinschrift befestigt ist. Für einen Laufwettbewerb Nippes-Pferde zu wählen, könnte auch heute noch Funktionären oder Verwaltungsbeamten einfallen. Denn das Pferd galt und gilt als eine der vornehmsten Gattungen im Tierreich. Mit seiner Schnelligkeit, seiner Kraft, seinem Mut, seiner Sensibilität und Anhänglichkeit an den Menschen wurde es zum Inbegriff domestizierter Triebhaftigkeit. Solche Eigenschaften wird die Stadtverwaltung wohl vor Augen gehabt haben, als sie 1938/39 solche Statuetten stiftete - vielleicht angeregt durch die vor dem „Haus der Jugend" (HJ-Dienststelle und Jugendherberge in der Gartenstraße) aufgestellte bronzene Reiterfigur des Bildhauers Fritz von Graevenitz, die der Jugend ebenfalls Vitalität und Disziplin als Lebensprinzipien vor Augen führt. F. B.

112 Als neugegründetes Universitätsfach trug das Volkskundeinstitut wesentlich zur Errichtung einer neuen, nationalsozialistischen Wissenschaft bei

Türblatt mit Ornamenten; Eichenholz, geschnitzt; 198 x 87 cm; 1934/35; Universität Tübingen, Ludwig-Uhland-Institut für Empirische Kulturwissenschaft

Das Türblatt gehört zur Erstausstattung des Instituts für Deutsche Volkskunde, das 1933 durch den Kommissar für die Gleichschaltung der Universität, den Germanisten Gustav Bebermeyer, gegründet wurde. Nach kurzzeitiger provisorischer Unterbringung bekam das Institut die Kalte Herberge mit dem Haspelturm auf Schloß Hohentübingen zugewiesen. 1934 und 1935 folgten die Umbaumaßnahmen.

Das Material Eichenholz, die sorgfältige handwerkliche Ausführung und der hakenkreuzhal-
tige ornamentale Schmuck des Türblatts sind
Teil eines umfassenderen Konzepts. Die Eingangssituation des Instituts mit Eckbank und
Kamin, die Nachbildung eines westgermanischen
Grabsteines mit Hakenkreuz über dem Zugang
zu den unteren Stockwerken, die Gestaltung der
Geländer und vor allem der Türlaibungen und -
blätter im Untergeschoß des Haspelturms bezog
sich auf alte ländliche Vorbilder aus ganz
Deutschland. Die Ausstattung verknüpft die spe-
kulative germanenkundliche Symbolforschung
mit dem Versuch, im Industriezeitalter traditionelle Handwerksarbeit zu erhalten und zu fördern. „Im gesunden Wettstreit" der Institutswerk-
statt mit Tübinger Handwerkern entstand so ein
Raumgefüge, das nicht nur den Studierenden,
sondern auch den Besuchern der Ausstellungen
im Haus ästhetische und handwerkliche Leitbilder im Sinn national und „rassisch" orientierter
Wissenschaft vermittelte, denn: „Der Aufgaben-
kreis des Instituts erstreckt sich ja weit über den
engeren Rahmen der Universität hinaus auf die
interessierten Kreise der Öffentlichkeit." W. H.
Hesse, Schröter 1985.

113 Bauern wurden propagandistisch umworben, real aber verloren sie an Einfluß und Bedeutung

*Schulkarte „Der Freiheitskampf des deutschen
Bauerntums"; DVD Heide; Papier, Baumwolle,
Holz; 80 x 150 cm; Heide undat. 1935-1939;
Städtische Sammlungen Nr. 8535*

Die Wandkarte sollte Schülern die nationalsozialistische Interpretation der Entwicklung des deutschen Bauerntums vom Beginn des Mittelalters
bis in die 30er Jahre nahebringen. Den oberen
Teil bildet eine scheinbar präzise „Konjunktur-
kurve", die den Eindruck wissenschaftlich-histori-
scher Fundiertheit vermitteln soll. Im Gegensatz
dazu steht die comic-artige Bebilderung. Der
„Aufstieg" der Bauern wird durch den immer auf-
rechteren Gang der Menschen dargestellt. Die
rechte Gruppe trägt eindeutig die markanten,
eckigen Gesichtszüge, die für die Darstellung im
Nationalsozialismus typisch sind. Die Hakenkreuzfahne wird als Nachfolgerin der Bund-
schuhfahne der Bauernkriege gezeigt, als bäuerliches Symbol. Die Karte veranschaulicht die Blut-
und Bodenideologie der Nationalsozialisten: Der
Bauer wurde zum wichtigsten Stand im Staat
erhöht. Er sollte die wirtschaftliche Autarkie und
Autonomie des Reiches gewährleisten. Darüber
hinaus symbolisiert er den Kampf mit der Natur.
Diese propagandistische Überhöhung sollte die
reale Situation der wirschaftlich immer bedeu-
tungsloser werdenden Bauern kompensieren. In
Tübingen gab es nur noch wenige große Haupt-
erwerbsbauern. Das Erbhofgesetz von 1933, das
die Unveräußerlichkeit und Unbelastbarkeit
eines Hofes bei bestimmter Größe festlegte (7,5-
125 ha), konnte nur auf den Schwärzlocher Hof
angewendet werden. K.F.

SAT A 150/3836; Schmeer 1956.

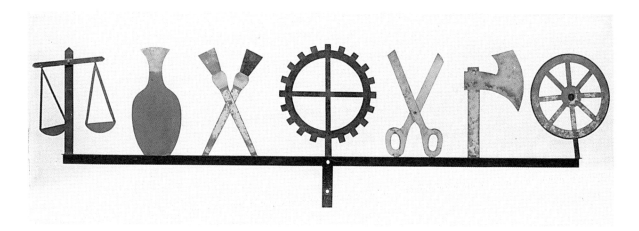

114 Bilder von ständischem Gesellschaftsaufbau und Förderung ländlichen Brauchtums prägten die Vorstellungen von einer befriedeten „Volksgemeinschaft"

Maibaumzeichen; Eisenblech, Winkeleisen, geschnitten, geschweißt, genietet, Ölfarben; Höhe der Ständezeichen ca. 45 cm, Länge der Träger 220, 160, 100 cm; Unterjesingen undat. 1933-1939; Isinger Dorfmuseum Alte Kelter, Tübingen-Unterjesingen

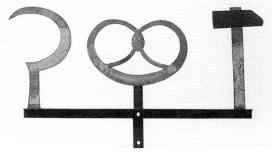

Die Handwerkszeichen wurden fachmännisch aus Eisenblech geschnitten, an Winkeleisen geschweißt und beidseitig mit Ölfarbe bemalt. Am längsten, unteren Träger sind vertreten: Händler, Wirte oder Weinbauern, Maler, Müller, Schneider, Metzger, Wagner. Die mittlere Reihe repräsentiert Maurer, Schreiner, Schuster, Zimmerer; die Zeichen auf dem kurzen, obersten Stück stehen für Schmiede, Bäcker, Bauern. Gefunden wurden die Zeichen auf dem Dachboden des Unterjesinger Rathauses, angebracht waren sie nie. Der einfache Maibaum des Ortes wurde erstmals zum 1. Mai 1933 auf Initiative der NSDAP vor der „Linde" aufgestellt; das Aufrichten des 20 bis 25 Meter hohen Fichtenstammes leitete ein Hochleitungsmonteur und Blockleiter der NSDAP. Die auf dem „deutschen Bauerntum" gegründete „Volksgemeinschaft" bekam

durch diesen neuen Brauch ein Symbol, das mit Rundtänzen, Singen und Ansprachen Teil dörflichen Lebens werden sollte. Die Maifeier der Arbeiterbewegung wurde so abgelöst durch den ständestaatlich-klassenversöhnenden „Tag der Arbeit". Der Baumschmuck nach oberbayerischem Vorbild spart modern-technische Berufe aus. Ausnahme ist die oberste Zone: Der Hammer steht nicht nur für die Schmiede, sondern auch für die Arbeiterbewegung. Seine symmetrische Stellung zur Sichel greift bewußt die Symbolsprache der sozialistisch-kommunistischen Parteien auf, um zu behaupten, daß deren Ziele im nationalsozialistischen Staat aufgehoben seien. Sei es, daß sie als nicht bodenständig kritisiert wurden, sei es wegen des Kriegsbeginns - die Zeichen fanden keine Verwendung, der Brauch insgesamt nach dem Krieg keine Fortsetzung. W. H.

Jourdan 1938 (darin Entwürfe für den 1939 ausgeführten Tübinger Maibaum).

115 Die Bedeutung der Bauern für eine unabhängige (Kriegs-)Wirtschaft des Reichs und die Blut-und-Boden-Ideologie führten zu einer Neubewertung bäuerlicher Arbeit

Bluse, Rock, Mieder und Schurz der Unterjesinger „Tracht"; weiße Baumwolle, schwarzer Samt, grüne und goldene Bänder, schwarzes Zellwoll-Mischgewebe; Unterjesingen 1937; Isinger Dorfmuseum Alte Kelter, Tübingen-Unterjesingen

Zum Winzerfest 1937 kaufte der Unterjesinger Obst- und Weinbauverein Material für Frauen- und Männerkleidung. Daraus wurden einfache weiße Blusen und Schürzen, schwarze Leibchen und mit Streifen besetzte Röcke für die Frauen geschnitten; die Männer bekamen knielange dunkle Hosen und weiße Hemden. Beide Kostüme richteten sich nicht nach heimischen Vorbildern. Im Dorf wurde keine Tracht mehr getragen, und weil man das Besondere des Isinger Winzerfests herausstreichen wollte, konnte beispielsweise diejenige des benachbarten Wurmlingen nicht zum Vorbild genommen werden. Stattdessen lehnte man sich an bayerische Formen an, wobei offenbar das Tragen der Kniehosen (als Kinder- oder HJ-Mode) für die jungen Männer nicht selbstverständlich war.

„Es war ein großes Fest, weil Isingen war schon berühmt mit dem Wein, immer, am meisten von der Umgegend", berichtet eine Beteiligte des Umzugs mit Obstwagen und Kalebstraube, zu dem sich Mitglieder und Kinder von Mitgliedern des Vereins auf der fahnengeschmückten Hauptstraße durch den Ort bewegten, um die Früchte der Landarbeit zu zeigen. Entsprechend waren hauptsächlich Töchter und Söhne aus Bauernhöfen, aber auch einige aus Handwerkerfamilien mit wenig Landwirtschaft dabei. Die Tracht

wurde während der NS-Zeit nur einmal getragen. Sie unterschied sich deutlich von den Uniformen der HJ oder des BDM, war ein Vereinskleid in vage ländlichem Stil. Es setzte sich weder als solches durch - wenn es auch 1957 für einen Heimatfilm und 1986 bei einem Festumzug nochmals vorgeführt wurde -, noch wurde gar ein dauerhafter Brauch installiert. W. H.

116 Der NS-Staat bediente sich zur Inszenierung der „Volksgemeinschaft" auch übernommener Formen und vereinnahmte bürgerliche Traditionsvereine wie den Weingärtner Liederkranz

Zeitungsseite „Tübinger Chronik"; „Erntedankfest im Bild"; Zeitungspapier, Druckfarbe; 43 x 31 cm; Tübingen 2.10.1933; Stadtarchiv Tübingen

Auf der Bildseite sind sieben Fotos zu sehen, die den Verlauf des Erntedankfestes in Tübingen zeigen. Der Erntedank, seit 1773 kirchlicher Feiertag, wurde von den Nationalsozialisten vereinnahmt und zum Staatsfeiertag erklärt. Im Gegensatz zur „Reichsfeier" auf dem Bückeberg begann man 1933/34 in Tübingen mit dem Kirchgang (Bild 1). Aber schon 1935 wurden zur Gottesdienststunde Morgenkonzerte angesetzt; die chrisltliche Bedeutung des Tages und der Einfluß der Kirchen sollten verdrängt werden. Auf den nächsten beiden Bildern ist der Festzug zu sehen, wie er sich durch die Stadt schlängelt, um auf dem Kelternplatz mit einer Kundgebung und der Übertragung der Hitlerrede vom Bückeberg zu enden. Neben verschiedenen Parteiorganisationen, Handwerksinnungen und Schulen marschierten auch viele Vereine mit. Besonders der Weingärtner Liederkranz, im Zentrum der Seite abgebildet, paßte mit seiner bunten Tracht zur propagierten Volks- und Heimatverbundenheit der Nationalsozialisten, weshalb er zur Teilnahme an sämtlichen Veranstaltungen verpflichtet wurde. Die Sänger sahen darin keine politische Vereinnahmung, sie waren stolz auf ihren Verein und machten gerne mit. Die zwei letzten Bilder schließlich zeigen die Festdelegationen der umliegenden Dörfer. Seit 1935 versuchte man, Stadt und Land im Sinne „wahrer Volksgemeinschaft" enger zu verbinden. Das Umland schickte Festwagen nach Tübingen, umgekehrt nahmen städtische Parteivertreter an den Feiern auf den Dörfern teil. 1937 feierte man das letzte Erntedankfest in der NS-Zeit; 1938 fiel es wegen der Sudetenkrise aus, im Krieg hatte man andere Sorgen. K. F.

RGG 1965, Stichwort „Erntedankfest"; Interviews mit Mitgliedern des Weingärtner Liederkranzes.

117 Ländliche Idyllen als Utopien der „Volksgemeinschaft"

Fotografie; Bauern auf dem Feld; Walter Kleinfeldt; Aufnahme von Kontaktbogen; Bildformat 2,4 x 3,6 cm, glänzendes Fotopapier, Streifen auf Karton geklebt, 25 x 32 cm; August 1937, Abzugsnummer 312/11; Privatbesitz

Das Foto eines Bauernmädchens gehört zu einem Negativfilm mit Aufnahmen von Bauern bei der Arbeit auf dem Feld. Dramatische Wolkenbildung, Gegenlicht mit silhouettenartigen Umrissen und eine starke Untersicht charakterisieren den gesamten Film, bei dem es weniger auf die Darstellung der schweren Feldarbeit als auf das Erzeugen von Stimmung ankommt.

Das porträthafte Foto ist in der Art eines „heroischen" Menschenbildes gestaltet: als Büste im Dreiviertelprofil, mit Untersicht, in den hellen Hintergrundshimmel ragendem Kopf und ohne genaue Bestimmung des Feldes im unteren Bildteil. Trotz dieser monumentalisierenden und idealisierenden Kunstgriffe wirkt das Bild wegen des Lächelns belebt und ansprechend.

Das Ideal des glücklichen, erdverbundenen und einfachen Menschen ist eine alte utopische Reaktion auf die Trennung von Individuum und Natur. Die industriezeitliche Redaktion dieses Traums fügte ihm eine nationalistische, fortschrittsfeindliche und antiintellektuelle Stoßrichtung hinzu. So konnte das romantische Bild vom glücklichen Landleben mit der beginnenden Rassendiskriminierung der Nazi-Ideologie von „Blut und Boden" einverleibt werden. A. V.

Hochreiter 1982.

118 Aufnahmen ländlicher Idyllen ergänzen die Dokumentarfotografie

Postkarte; Walter Kleinfeldt; Ansichtskarte 10 x 14,5 cm; mattes Fotopapier, verso: Postkartendruck; mit Fotoecken auf grauen Karton montiert in Postkartenalbum mit Stadtansichten und Landschaften zu Tübingen und Umgebung, brauner Ledereinband, genagelt; 26 x 36 cm; u.r. Monogramm WK/T, Negativ der Postkarte vom 15.7.1933, um 19 Uhr 15; Privatbesitz

Die Landschaftsaufnahme mit Baum und Regenbogen befindet sich in einem Muster-Postkartenalbum neben fünf ähnlichen Motiven. Die Postkarten des zwischen 1928 und 1939 angelegten und ständig aktualisierten Albums zeigen Motive aus Tübingen und Umgebung, vorwiegend Stadtansichten und Landschaften. Die Händler konnten anhand der auf den geschnittenen Büttenrand geklebten Nummer die gewünschte Postkarte in größerer Anzahl bestellen. Neben

der Nummer befindet sich das Monogramm des Fotografen WK/T (Walter Kleinfeldt/Tübingen).
Kontrastreich grenzen sich der hell beleuchtete Baum und die Wiese mit Ähren im Vordergrund gegen den dunklen Wolkenhimmel ab. Die Aufnahme lebt durch die flimmernden Glanzlichter der vorderen Bildebene bei vorherrschenden Grautönen im gesamten Bild. Das Foto vermittelt Frische und klare Luft nach einem kurzen und heftigen Gewitterregen abends kurz nach 19 Uhr.
Als Zuflucht vor dem Chaos in eine heile Welt konnten solche stimmungsvollen Aufnahmen dienen und ablenken von der im Umbruch begriffenen Wirklichkeit. A. V.

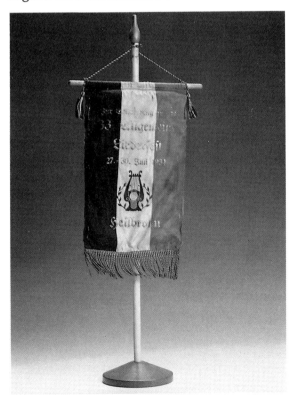

119 Ein traditioneller Verein zwischen Vereinnahmung und Abgrenzung

Erinnerungsstücke
a Tischwimpel; Holz, Textil; 49 x 19 cm; Juli 1934; Weingärtner Liederkranz Tübingen
b Teilnahmeurkunde; Papier, Holz, Druckfarbe; 56,5 x 38 cm; Juli 1934; Weingärtner Liederkranz Tübingen

Tischwimpel und Urkunde sind Erinnerungsstücke des Weingärtner Liederkranzes an das 33. Allgemeine Liederfest in Heilbronn vom Juli 1934, das vom Schwäbischen Sängerbund ausgerichtet wurde. Sie zeigen, wie sich Vereinnah-

mung und Abgrenzung nahezu die Waage hielten. Der Tischwimpel ist in den Farben des Kaiserreichs Schwarz-Weiß-Rot gehalten. Statt des zu erwartenden Hakenkreuzes zeigt er eine antikisierende Lyra mit Lorbeer, obwohl sich der Sängerbund schon 1933 zur Zusammenarbeit mit den Nationalsozialisten bereit erklärt hatte. Auf der weißen Rückseite des Wimpels steht in schwarzer Frakturschrift der alte, stets gleichgebliebene Sängerspruch: „Grüß Gott mit hellem Klang. Heil Deutschem Wort und Klang." Auf der

Urkunde, die der Weingärtner Liederkranz für das gute Ergebnis beim Wertungssingen im „einfachen Volksgesang" bekam, ist das Hakenkreuz vorhanden, allerdings in einer Lyra versteckt, die von den Württembergischen Hirschen umrahmt wird. Darunter sind die Namen der Sänger aufgeführt.

Der Weingärtner Liederkranz wurde nicht wie die Arbeitergesangsvereine aufgelöst; sein sozialdemokratischer Vorstand Johannes Kost mußte aber 1933 gehen. Da die Partei großen Wert auf „historische Legitimation" und Herkunft legte, spannte sie den traditionsreichen Verein für ihre Zwecke ein. Die malerische Tracht der Weingärtner spielte dabei eine große Rolle. K. F.

Künneke 1978.

120 Volkstümlichkeit und Kriegsverherrlichung - wenige Wochen vor Beginn des Zweiten Weltkriegs erhält dieser für das NS-Regime konstitutive Zusammenhang in Tübingen Denkmalsgestalt

Denkmalsmodell; „1789-1860 Ph. Friedrich Silcher"; Wilhelm Julius Frick (?); Gips, weiße Ölfarbe; 46 x 24 x 21 cm; beschädigt, rechte obere Ecke des Notenblattes fehlt, Stift gebrochen; Stuttgart (?) undat. 1939; Silcherbund Tübingen

Das Modell des Stuttgarter Künstlers Julius Frick, der sich durch zahlreiche Kriegerdenkmale einen Namen gemacht hatte, setzte mit seiner naturalistisch-monumentalen Gestaltung am weitesten die Vorgaben des Tübinger NSDAP-Kreisleiters Rauschnabel um, der 1939 zum 150. Geburtstag Friedrich Silchers einen Denkmalswettbewerb ausgeschrieben hatte. Deshalb kam dieser Entwurf zur Ausführung, obwohl ihn die Jury erst an zweiter Stelle plaziert hatte.

Die „gute volkstümliche Lösung" mit der „besten Platzgestaltung" (geplant war eine „Thingstätte") zeigt den Komponisten in der Tradition bürgerlicher Künstler- und Gelehrtendarstellungen, zur Geniegestalt erhöht, auf einem (Natur-)Sockel, wie er „seine Beobachtungen und Einfälle in Musik übertragend niederschreibt". Auf der Rückseite deuten volkstümliche Figuren die Silcherschen Liedthemen an: ein Abschied nehmendes Paar, ein Putto sowie zwei Soldaten mit Stahlhelm, von denen der eine getroffen niedersinkt, während der andere das Gewehr durchlädt, um weiter zu kämpfen. („Ich hatt' einen Kameraden"). Volksliedton und Kriegsgeschrei - wenige Wochen vor Beginn des Zweiten Weltkriegs setzte dieser Entwurf die nationalsozialistische Vereinnahmung Silchers in Szene.

Das Denkmal mahne, so der württembergische Innenminister bei der Grundsteinlegung, an den Glauben der „Männer, die im Weltkrieg und im Kampf um ein neues nationalsozialistisches Reich immer wieder neue Kraft zum Einsatz aus der Tiefe der deutschen Seele geschöpft haben." Zugleich biete es Gelegenheit, jene „böswilligen Behauptungen" zum Schweigen zu bringen, „daß im Dritten Reich der Geist des Hohen und Schönen gering im Kurs stehe".

Unumstritten war dieses Monument nationalsozialistischen Zeitgeistes, den man nach 1945 wiederholt durch Abriß oder „Entfernen der aufgesessenen Infanterie" loswerden wollte, schon während der NS-Zeit nicht. Der Lächerlichkeit preis gab es vor allem das „Attentat" von Mitgliedern der Marineärztlichen Akademie, die im Mai 1941 dem gerade fertiggestellten Denkmal eine rote Nase verpaßten - Regimekritik, verpackt in die harmlose Form eines Studentenulks. B. S.

Rieth 1973; Taigel 1989; Schönhagen 1991, S. 225f.

Unser Michaels-Altar

Abgelehnter Entwurf — *Vorläufiger Entwurf* — *Endgültiger Entwurf*

121 Mitten in der Auseinandersetzung um die Rolle der Kirchen im NS-Staat wählte die katholische Kirchengemeinde den Erzengel Michael für ihr Kriegerdenkmal: ein nationales Bekenntnis der Selbstbehauptung

Modellfotografien; Gefallenendenkmal der katholischen Theologen der Diözese Rottenburg-Stuttgart in St. Johannes Tübingen (Michaelsaltar) von Karl Rieber, München; 3 Fotografien auf Karton; 21,8 x 30 cm; 1936/1937; Archiv Wilhelmsstift D 14.2d-5

1935 begannen katholische Theologen für ein Gefallenendenkmal der Priester und Seminaristen der Diözese zu sammeln. Von Anfang an war klar, „daß es ein öffentliches Denkmal sein soll". Entsprechend bezogen die Überlegungen neben „Heldensinn und Opfermut" der Weltkriegsteilnehmer auch die politische Lage mit ein. Ideen zum Motiv (Pietà) und zum Aufstellungsort (Garten des Stifts) wurden deshalb zugunsten eines Michaelsaltars vorn rechts in der Kirche St. Johannes verworfen. Der Erzengel Michael war als soldatischer Kämpfer gegen das Böse ein traditionelles nationales Motiv für Kriegerdenkmäler, aber er ließ sich auch unschwer auf die Gegenwart beziehen. Nachdem der Bischof die Idee einer liegenden Soldatenfigur an der Mensa des Altars aus theologischen Gründen abgelehnt hatte, ging der Bildhauer an die Ausführung des Drachenkämpfers aus Muschelkalk über dem sarkophargähnlichen Altar. Währenddessen spitzte sich die kirchenpolitische Situation zu: Die NS-Führung versuchte mit verschärften Mitteln, den Einfluß der katholischen Kirche und ihrer Verbände zu brechen. Auf diese Situation bezog sich denn auch die Predigt der „Heldengedenkfeier" zur Einweihung des Altars durch Bischof Sproll am Buß- und Bettag 1937: „Nun gehen wir, die ehemaligen Frontkämpfer von diesem Altar weg an die neue Front, an die wir Priester unserer Zeit gestellt sind [. . .], wo es um den wahren Gottesglauben in unserem Volke geht [. . .] Den Sankt Michael hat unser gläubiges, deutsches Volk zu seinem Engel erkoren, zum Zeichen ‚erst gehör ich meinem Gott, ihm zunächst der Heimaterde'." W. H.

122 Die bürgerliche Öffentlichkeit bot Oppositionellen kleine Freiräume für ihr Nichteinverständnis

Caféhaustisch für Café Völter; Dekorations- und Möbelwerkstätten Karl Stickel, Tübingen; roter Veroneser Marmor, Buchenholz, Linoleum; 77 x 105,5 x 65 cm; Tübingen 1926; Städtische Sammlungen, Konvolut Café Völter

1926 beauftragte der Konditor Wilhelm Völter den Tübinger Architekten Hermann Brillinger mit dem Umbau und der Neumöblierung seines Cafés bzw. seiner Konditorei in der Neuen Straße 12. Die gerade für die Nach-Inflationszeit aufwendige Innenausstattung ließ der Architekt von den Dekorations- und Möbelwerkstätten Karl Stickel, Karlstraße 11, ausführen. Deren Arbeit orientierte sich - wie die Fassadengestaltung - an großstädtischen, vom Art deco beeinflußten Mustern: Die Marmorplatte des Tischs aus schwarz gebeizter Buche wird von zwei achtfach facettierten Säulen getragen, die in eine Fußplatte aus zwei oblongen, querverbundenen Achtecken eingelassen sind; sie steht auf 14 kleinen Kugelfüßen und ist mit braunem Linoleum belegt. Das derart aufwendig eingerichtete Café konnte sich in der entwickelten Caféhauskultur der Universitätsstadt sehen lassen - und die Kreise des gehobenen Bürgertums sich in ihm. Auch während der NS-Zeit bot sich die öffentliche, gleichwohl auch intime Situation des Caféhauses zum relativ offenen Gespräch an. Unter dem Namen „Agora" (der gebildet-humanistischen Bezeichnung für die Volksversammlung wie auch den Marktplatz der altgriechischen Polis) trafen sich Gegner des NS-Regimes - darunter Carlo Schmid, Gerth Biese, Gustav Adolf Rieth, Woldemar Graf von Uexküll - hier regelmäßig und bestätigten sich mit Anekdoten und Kommentaren zur Lage in ihrer Oppositionshaltung. 1945 wurde das Café Völter von der französischen Armee requiriert und für drei Jahre Club-Café der Soldaten. T. Me.

Eroberung von Lebensraum
Vernichtung als letztes Ziel
Heimatfront

KAPITEL **4**

LEBENSRAUM

UND

VERNICHTUNG

LEBENSRAUM UND VERNICHTUNG

Zwei Ziele hat Hitler von Anfang an deutlich vertreten: die Eroberung von „Lebensraum im Osten" und die „Vernichtung der jüdischen Rasse in Europa". Sie waren für ihn untrennbar miteinander verknüpft. So hatte er Anfang 1939 im Reichstag „prophezeit": „Wenn es dem internationalen Finanzjudentum in und außerhalb Europas gelingen sollte, die Völker noch einmal in einen Weltkrieg zu stürzen, dann würde das Ergebnis nicht die Bolschewisierung der Erde und damit der Sieg des Judentums sein, sondern die Vernichtung der jüdischen Rasse." Allerdings wurden Hitlers rassistische Ziele eine Zeitlang von seinen außenpolitischen Revisionsplänen verdeckt, für die er die Zustimmung der überwiegenden Mehrheit der Deutschen erhielt - auch dann noch, als der Kriegsalltag den Unterschied zwischen Front und „Heimatfront" aufgelöst hatte, wovon das industriearme Tübingen aber weitgehend verschont blieb.

Eroberung von Lebensraum. *Das Schlagwort vom „Volk ohne Raum", 1926 in Romanform popularisiert, entfaltete große Wirkungskraft. Die Wiedereinführung der allgemeinen Wehrpflicht fand deshalb 1935 breite Anerkennung. Die Begeisterung für alles Militärische reichte bis ins Kinderzimmer. „Daß Deutschland groß wird, da hat ja jeder eine Freude dran gehabt", erzählt eine Tübingerin. Der mutwillig vom Zaun gebrochene zweite Weltkrieg löste dennoch keine Begeisterung aus. Erst mit den „Blitzsiegen" schlug die Stimmung um. Jubelnd empfingen die Tübinger im September 1940 ihr siegreich aus Frankreich heimkehrendes Regiment. Nun wurde der Krieg als nationale Aufgabe empfunden.*

Von den Lasten des Krieges bekam die Bevölkerung lange nichts zu spüren, denn die Kosten bürdete das Regime den unterworfenen Nationen auf, die vor allem im Osten rücksichtslos ausgebeutet wurden. Die privat gepflegten Soldaten-Erinnerungen überliefern eine friedliche Seite des Krieges, vermeiden den Blick auf die Eskalation des Terrors, an der auch Tübinger Soldaten in diesem Eroberungs- und Vernichtungskrieg beteiligt waren. Die wachsende Zahl der Kriegstoten konfrontierte dennoch mit der zerstörerischen Realität des Krieges. Allerdings wurden die eigenen „Opfer" als notwendig im Kampf gegen den Bolschewismus verklärt. Mit solchen nationalen Sinnstiftungsangeboten versuchte die Partei die private Trauer einzudämmen - „gefallen für Großdeutschland". Doch die Formeln, die die toten Soldaten zu Helden im „Kampf um die Freiheit Großdeutschlands" machten, verloren zunehmend ihre Wirkung. Nur eine Minderheit empfand bei Kriegsende noch immer „stolze Trauer" über den Tod eines gefallenen Familienmitgliedes.

Vernichtung als letztes Ziel. *Der deutsche Angriffskrieg hatte von Anfang an die rassistische Unterjochung Europas zum Ziel. Das begann schon in den ersten*

Septembertagen 1939 in Polen mit der Ausrottung unerwünschter Bevölkerungsgruppen. Im „Kommissar-Befehl", der völkerrechtswidrig die Erschießung „aller jüdischen und bolschewistischen Kommissare" vorschrieb, wurde dieses Ziel auch zur offenen Handlungsgrundlage der Wehrmacht. SS-Einsatzgruppen erschossen allein im ersten Jahr des Rußlandfeldzuges über eine Million „unerwünschter Elemente", mit Billigung und teilweise auch Unterstützung der Mehrheit in der Wehrmachtsführung.

Der Eroberungs- und Vernichtungskrieg im Osten bedeutete den Hungertod der Bevölkerung in den besetzten Gebieten und die „Vernichtung" Hunderttausender Kriegsgefangener und Zwangsarbeiter „durch Arbeit". Er wurde vorbereitet und begleitet von der Tötung von mehr als 80.000 zu „unwertem Leben" erklärten Kranken. Und er gipfelte in dem bürokratisch organisierten und fabrikmäßig betriebenen Massenmord an Tausenden von sozial Unangepaßten und politisch Unerwünschten, an über 200.000 Sinti und Roma und an über fünf Millionen europäischen Juden.

Die Einführung des Judensterns im September 1941, einige Wochen nach dem Überfall auf die Sowjetunion, markierte auch für die 20 zu diesem Zeitpunkt noch in Tübingen lebenden Juden den endgültigen Ausschluß aus der „Volksgemeinschaft". Langsam zog sich die Schlinge zu: Schikanen und Verbote schränkten die Bewegungsfreiheit auf ein Minimum ein. Schließlich folgten die Deportationen, funktional abgewickelt von einer fraglos funktionierenden Verwaltung. Die Transportliste vom August 1942 kennzeichnet das Ende der Tübinger Judengemeinde. Keiner von den fünf Tübinger Juden, die als letzte in das württembergische Sammellager auf dem Stuttgarter Killesberg gebracht und von dort nach Theresienstadt deportiert wurden, überlebte. Ahnungen von dem, was sie in dem angeblichen Vorzugslager erwartete, vermittelt das Fotoalbum eines Tübinger Soldaten, der im Ghetto von Biala Podlaska fotografierte: Hunger, Grauen und Tod. Und doch war Theresienstadt für die meisten nur eine Durchgangsstation auf dem Weg in die Gaskammern von Auschwitz.

Die unfaßbare Realität des industriell betriebenen Massenmordes im Osten enthüllte sich nur für wenige. Doch Entrechtung, Isolation, Ausgrenzung und der Abtransport in den Osten aber geschahen unter den Augen aller. Nicht wenige mochten mit der Version vom Abtransport in ein Arbeitslager einverstanden gewesen sein. So erzählte eine Tübingerin, die als junges Mädchen von einer deportierten Tübinger Jüdin eine Brosche geschenkt bekam - indoktriniert durch die allgegenwärtige Propaganda und verblendet durch einen tief verwurzelten Antisemitismus: „Ich hab gedacht, na ja, jetzt muß sie halt schaffen gehen. Es war ja immerhin schon der Krieg fortgeschritten, und überall haben Arbeitskräfte gefehlt. Und ich dachte, jetzt müssen die halt auch mal schaffen, die Juden, das muß halt sein."

Ahnungen über die Vernichtung - schließlich hörte man nie wieder etwas von den ehemaligen Nachbarn - wurden ausgeblendet. Selbst da, wo aus geflüstertem Entsetzen langsam Gewißheit wurde, sorgte ein allgegenwärtiger Unterdrückungsapparat dafür, daß keine Einwände laut wurden. Das kollektive Schweigen spiegelt sowohl Ohnmacht und Resignation als auch moralische Abstumpfung und Verdrängung und die gelungene Taktik der schrittweisen Ausgrenzung.

„Lichter im Dunkeln" des Wegsehens gab es nur wenige für die verfolgten Juden. Zu diesen wenigen gehört der ehemalige Tübinger Stiftskirchenorganist Richard Gölz, der als Pfarrer in Wankheim zusammen mit seiner Familie Juden aufnahm und versteckte, die vor der Deportation untergetaucht waren. Von Nachbarn denunziert, mußte er seine Hilfe mit dem Konzentrationslager büßen. Doch die Vernichtung fand nicht nur weit weg im Osten statt, sondern auch in nächster Nähe, wie die große Zahl von Gewaltopfern zeigt, die nach ihrem Tod in der Tübinger Anatomie als „Leichenmaterial" verwertet wurden: wegen nichtiger Vergehen Hingerichtete, Fahnenflüchtige und in Lagern und Anstalten Zugrundegerichtete. Insbesondere Kriegsgefangene und Zwangsarbeiter aus dem Osten, die zur Aufrechterhaltung der deutschen Kriegswirtschaft hierher verschleppt worden waren, waren einer rücksichtslosen Ausbeutung und politischen Zweckjustiz wehrlos ausgesetzt. Das erfolgte unter den Augen der deutschen Bevölkerung und oft mit ihrer Zustimmung oder es wurde von ihr als „kriegsbedingt" entschuldigt.

„Heimatfront". Frauen organisierten den Kriegsalltag mit den ihnen anerzogenen Fertigkeiten und Tugenden: Sie hielten die zerissenen Familien zusammen und übernahmen die Plätze der Männer in den (Rüstungs-)Betrieben, sie organisierten den Mangel und räumten nach den Luftangriffen wieder auf. Sie schufen Ausgleich für die zerstörerische Politik, indem sie den tröstlichen Schein von Humanität aufrecht erhielten. Sie waren der Garant für die „Normalität" im verbrecherischen Krieg. Ihr, wenn auch nicht immer freiwilliges Funktionieren trug zur langen Dauer des „totalen Krieges" bei.

In den Bombennächten waren auch sie den bitteren Folgen einer illusionären Kriegsführung hilflos ausgesetzt. Luftschutzmaßnahmen hatte der NS-Staat zwar lange vor Kriegsbeginn propagiert, war dabei aber mehr auf die Wirkung trügerischer Sicherheit, als auf tatsächlichen Schutz bedacht. Gegen die Megatonnen Sprengkraft, die sich bei einem Großangriff über der Bevölkerung entluden, nutzten weder die Gasmasken noch die nur für erste Hilfsmaßnahmen ausgestatteten Luftschutzapotheken etwas. Löschsandtüten und Feuerpatschen waren gegenüber einem Flächenbrand wirkungslos. Der einzig wirksame Schutz war nur begrenzt vorhanden; noch 1943 boten die öffentlichen Luftschutzräume in Tübingen lediglich 800 Personen Platz. Nicht illusionären Schutzmaßnahmen, sondern allein der Tatsache, daß die industriearme Stadt nie ernsthaft bombardiert wurde, verdankt Tübingen die geringe Zahl an Toten und Verletzten. Erst in den letzten Kriegsmonaten häuften sich die

Angriffe, 44 Menschen kamen dabei ums Leben, nur 1,6 Prozent der Gebäude wurden total zerstört.

Die roten Kreuze auf den Dächern der vielen Lazarette und Hilfskrankenhäuser bewahrten die Stadt vor Verheerungen, wie sie zuerst Rotterdam, Warschau und Coventry, dann Köln, Hamburg, Stuttgart und Pforzheim in Schutt und Asche gelegt haben. Dennoch war Tübingen, auch oder gerade als Lazarettstadt, in den Krieg eingebunden.

Zuverlässige Informationen über die Situation an den Fronten enthielt die deutsche Regierung der Bevölkerung vor. Die aufklärerischen Flugblätter der Alliierten waren deshalb eine begehrte Informationsquelle und wurden, trotz ausdrücklichen Verbots, oft gesammelt. Einige hörten auch die verbotenen Radiosender des Auslands.

Im Zentrum der deutschen Propaganda stand das Durchhalten an der „Heimatfront". Bis in die Schulhefte hinein wurde es Thema, auch wenn die Bevölkerung sich zunehmend in Zerstreuung und Ablenkung flüchtete und langsam gegen das hohle Pathos der NS-Propaganda immun wurde. Der Krieg wurde noch immer als nationale Aufgabe verstanden, doch die Volksgemeinschaftsutopie hatte ihre verführerische Kraft verloren, als der nackte Kampf ums Überleben in den Vordergrund trat. Das Leben im dauernden Ausnahmezustand, auch wenn er in Tübingen vergleichsweise „idyllisch" ausfiel, stumpfte ab gegen nicht selbst erlebte Not und fremdes Leid. Geltende Normen des Zusammenlebens lösten sich langsam auf. Selbst die Furcht vor dem allmächtigen Terrorapparat der SS verfing nicht mehr bei jedem. Als beim letzten Luftangriff auf die Stadt, zwei Tage vor dem Einmarsch französischer Truppen, der Güterbahnhof zerstört wurde, ließen sich Einheimische wie fremde Arbeiter trotz aller Verbote nicht vom Plündern abhalten. Den letzten Zerstörungsbefehlen der Regierung, die nur verbrannte Erde zurücklassen wollte, widersetzten sich vernüftige Männer um den Standortarzt Theodor Dobler. Sie fuhren der heranrückenden französischen Truppe entgegen und erwirkten die kampflose Übergabe der Stadt. B. S.

Eroberung von Lebensraum

123 Das Schlagwort vom „Volk ohne Raum" formulierte den Anspruch auf einen Eroberungskrieg

Roman; Hans Grimm: Volk ohne Raum; München (Langen/Müller) 1926; ausgestelltes Exemplar undat. um 1935; 19,8 x 13,1 cm; Städtische Sammlungen Nr. 6381

Eines der einflußreichsten Bücher der nationalen und völkischen Literatur der Weimarer Republik war Hans Grimms Roman, der 1926 im Münchner Verlag Langen/Müller herauskam. Der vorliegende Band vermerkt als „Gesamtauflage 455.000" und erschien um 1935 - ein Erfolg, dessen inhaltliche Leitlinien im Schutzumschlag von

Hans Aschenborn angedeutet werden: Während sich auf der Titelseite Menschenmassen ameisengleich unter rauchenden Schloten drängen, steht dem auf der Rückseite die Weite einer südafrikanischen Landschaft gegenüber, die ein einsamer Reiter - Blick gegen die Sonne, das Gewehr über den Knien - zu ermessen sucht. Der Buchrücken weist mit einer nackten Männer-Figur die Richtung: aufbegehrend, sich befreiend erhebt sie die Arme - ein verbreitetes Motiv der nationalen Kunst der Zeit.

Die „Tübinger Chronik" hatte im Winter 1931 einen Vortrag über Grimm, der 13 Jahre lang als Kaufmann in der südafrikanischen Kapprovinz gelebt und 1918 seinen Wohnsitz wieder im Reich genommen hatte, mit Begriffen besprochen, die kaiserzeitliche Kolonial- und Volksgemeinschaftsfantasien aufgreifen. Fast als würde der Buchumschlag beschrieben, heißt es da: „Er sieht Deutschland von ferne, seine Landesgrenzen verschwimmen, es gibt keine Stämme und keine Parteien mehr, es gibt nur noch Deutsche. In der Heimat dagegen sehen wir nicht über unsern Kirchturm. Was ist schuld? Raumnot, die qualvolle Enge, die keinen von uns die Arme strecken läßt. So gibt es für ihn nur eine Aufgabe: dem deutschen Volke Raum zu verschaffen."
W. H.

124 Die paramilitärische Erziehung begann im Kindergarten: Der „Führer" brauchte Soldaten

Spielzeug; „Der neue Wehrmachts-Baukasten"; Holz, Karton, Farbe, Papier; 3 x 29 x 20 cm; undat. um 1936; Städtische Sammlungen Nr.8563 c

Der Hersteller präsentiert das Kinderspielzeug aus 61 Holzbausteinen und einem geprägten roten Dach aus Pappe in einem flachen, hölzernen Kasten mit Schiebedeckel. Den Deckel ziert ein aufgeklebter Farbdruck, der unter einem Soldatenprofil mit Stahlhelm im runden Medaillon verschiedene Kombinationsmöglichkeiten der Spielsteine zeigt. In Rot, Grün, Blau, Braun und Schwarz linear oder flächig bedruckt, bieten diese unter anderem zwei gedrehte Säulen, zwei Wachhäuschen mit Posten, zwei Uhrtürme sowie einen Giebel für den Eingang mit der Aufschrift „Wehrmacht-Kaserne", die vom Wappen

gearbeitet und fest verbunden werden nach einer genau durchdachten Konstruktion, die es mit Hilfe einer starken Feder möglich macht, Geschosse aus Leichtmetall fast zwei Meter weit zu schleudern. Zudem ist das auf einer Aluminiumplattform montierte Geschütz dreh- und kippbar, bietet also sehr realistische Spielmöglichkeiten. Der konstruktive, materielle und zeitliche Aufwand ist erheblich gewesen, so daß anzunehmen ist, daß ein Kind das Spielzeug zu einem wichtigen Ereignis geschenkt bekam. Die Bastelarbeit gehörte wohl zu einer Spielzeugeisenbahn, ist doch das Gelände um das Geschütz

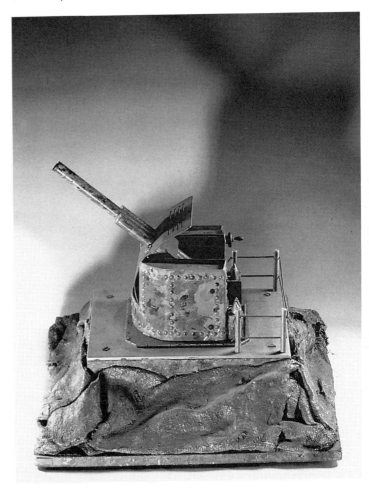

mit den Reichsfarben Schwarz-Weiß-Rot und einem zweiten mit Hoheitsadler und Hakenkreuz flankiert wird. Hinzu kommen zwei Blöcke mit Kavallerie und einer mit marschierender Infanterie. Elemente von Backsteinmauern, Fachwerk und das Ziegeldach verleihen den Architekturen trotz aller zur Verfügung gestellten repräsentativen Formen einen regional-ländlich gebundenen, dem Heimatstil verwandten Ausdruck. Bemerkenswert ist die vormaschinelle Erscheinungsweise der baulichen Anlage wie der figürlichen Darstellungen. Der auf dem Deckel abgebildete Soldatenkopf bringt das Spielzeug mit den Grabenkämpfern des Ersten Weltkriegs in Verbindung. W. H.

125 Technikbegeisterung und Hochschätzung alles Militärischen verbanden sich im Spielzeug für Knaben zur Einübung in den Krieg

Geschütz für Spielzeugeisenbahn (?); unbekannter Bastler; Holz, Aluminium, Eisen, Sackleinen, Ölfarbe; undat. 1935-1945; 29 x 40 x 40 cm; Städtische Sammlungen Nr. 8675

Es muß ein im Umgang mit Metallen erfahrener Bastler gewesen sein, der dieses Spielzeug gefertigt hat. Metallteile mußten besorgt, auf Maß

in Art der Landschaftsgestaltung solcher Anlagen gebildet: Über einem hölzernen Gerüst wurde Sackleinen befestigt und mit so viel Ölfarbe getränkt, daß die Falten ein relativ stabiles, hügeliges Terrain bilden. Im Kinderzimmer konnten beispielsweise Küstenbatterien auf diese Weise imitiert, Kriegsgeschehen begeistert nachvollzogen werden - eine technische und opferlose Einübung in die Wirklichkeit. W. H.

126 Die Wiedereinführung der allgemeinen Wehrpflicht war ein wesentlicher Schritt hin zum Eroberungskrieg

Wehrdiensturkunde für Albert Schäfer, Tübingen; sign. Hans Friedmann (Kunstverlag Andelfinger, München); Vierfarbdruck, Feder, Tusche, Stempel; 41,5 x 29,5 cm; Tübingen 12.7.1935; Städtische Sammlungen Nr. 6052

Eines der Leitmotive nationaler wie nationalsozialistischer (Bild-)Propaganda war es, eine Klammer zwischen dem verlorenen Ersten Weltkrieg und der angekündigten Rache zu bilden. Dies führt die Wehrdiensturkunde, die nur wenige Tage nach der Wiedereinführung der allgemeinen Wehrpflicht ausgestellt wurde, exemplarisch vor. Sie bescheinigt dem 1911 in Derendingen geborenen Albert Schäfer seine Ausbildung zum Soldaten. Durch einen gemeinsamen schmalen Rahmen sind zwei selbständige Darstellungen aufeinander bezogen: Das untere Feld zitiert mit seiner ornamentalen Umgrenzung die Schriftkartusche eines Denkmalssockels; das obere Feld gehört einer historisch-symbolischen Sphäre an. Das Aquarell, in der lebhaften Manier von professionellen Kriegszeichnern gemalt und im Farbdruck wiedergegeben, zeigt eine kleinfigurig bevölkerte Ebene, zerwühlt und voll zerborste-

nem Gerät im Moment eines Sturmangriffs aus einem deutschen Graben. Ihre Bewegungsrichtung ist westwärts, meint siegreich. Die Stahlhelme der Soldaten geben einen Zeitpunkt nach 1916 an. Aus den Rauchschwaden und Dreckfontänen des Hintergrunds erheben sich naturhaft - in monumentaler Doppelung, mit verstählten Gesichtern - die Schulterporträts eines jugendlichen und eines älteren Soldaten in der Uniform der neuen Wehrmacht, hinterfangen von den kaiserlichen Farben Schwarz-Weiß-Rot und der Parteifahne der NSDAP: Die alte und die neue Heldengeneration erkämpfen die nationale Ehre der Aufrüstung gegen den „Erbfeind" Frankreich. W. H.

127 Mit den „Blitzsiegen" wuchs die Begeisterung über den anfangs mit Skepsis aufgenommenen Krieg

Fotografien; „Siegesparade 1940"; Gebr. Metz, Tübingen; Kontaktabzug vom Glasnegativ; 16 x 24 cm; bez. am linken Bildrand: 16608; Tübingen September 1940; Stadtarchiv Tübingen, Fotosammlung

Die Fotografien stammten aus einer Serie von Aufnahmen, die das aus Frankreich rückkehrende Tübinger Regiment zeigt. Das Ereignis brachte im September 1940 viele Tübinger auf die Beine. „Sieg Heil dem tapferen Regiment", grüßte die Stadt auf einer Art Triumphbogen die Soldaten, die aus der Mühlstraße (damals „Adolf-Hitler-Straße") kommend über die Neckarbrücke in Richtung Bahnhof marschierten. Auf einem zweiten kann man gerade noch lesen: „Euer Sieg und Opfer ist unsere Freiheit." Der Blick des unbekannten Fotografen galt nicht speziell den Soldaten, sondern dem gesamten Propagandaereignis: der mit Hakenkreuzwimpeln und -fahnen jeder Größe dekorierten Stadt, den die Straße säumenden Zuschauern, den blumenschwenkenden BDM-Mädchen und Hitlerjungen in Uniform, kurz: der Feier des Sieges. Denn dieser unerwartet rasche Sieg in Frankreich hatte das Blitzkriegkonzept aufgehen lassen und das Ansehen der Kriegsführung enorm gesteigert. Hitlers Soldaten war gelungen, woran die deutschen Truppen im Ersten Weltkrieg gescheitert waren. Die Skepsis, die den Kriegsbeginn begleitet hatte, schlug nun auch in Tübingen in Begeisterung um. B. S.

128 Luxus - im Eroberungskrieg beschafft oder erbeutet

Damen-Handtasche; Leder, Metall; 16 x 20 cm;
Paris, Frankreich; undat. um 1940; Privatbesitz

Elegant, aus kostbarem roten Nappaleder und
saffiangefüttert, war die zierliche Bügelhandta-
sche nach Kriegsbeginn ein in Deutschland
nahezu unerreichbarer Traum. In der Regel war
zwar das Geld für solchen Luxus vorhanden, er
fand sich aber nicht in den Geschäften. Denn
Konsumverzicht und eine gebremste Entwicklung des Lebensstandards gehörten zu den Mitteln, mit denen der NS-Staat seine Rüstung
finanzierte. Die Warenbewirtschaftung der
Kriegswirtschaft, also die Einführung von Bezugs-
scheinen für alle wesentlichen Dinge des täglichen Lebens, reduzierte das Angebot zusätzlich
und hielt die Bevölkerung dazu an, das ersparte
Geld auf die Bank zu tragen. Daß sie mit dem
„Eisernen Sparen" oder der monatlichen Summe
für den Volkswagen nach dem Sieg den Krieg
finanzierten, durchschauten wohl nur die wenigsten. Luxus erhielt man unter diesen Bedingungen lediglich auf dem schwarzen Markt oder in
den besetzten Gebieten. Von dort stammt auch
die abgebildete Lederhandtasche. Die Leihgeberin bekam sie 1942 zur Konfirmation geschenkt von einem Onkel, der bei der Besetzung
von Paris dabei gewesen war. Er hatte sie, wie sie
ausdrücklich erwähnte, ordnungsgemäß gekauft.
Aber das „Requirieren" gehörte zum Eroberungs-

krieg. Unzählige Pelzmäntel, vollständige Porzel-
lanservice, kostbare Lederwaren, sogar kom-
plette Wohnungseinrichtungen wechselten als
Beuteware ihren Besitzer. B. S.
Herbst 1982.

129 Tübinger an den Fronten des Krieges

Kriegsteilnehmeralbum; Weingärtner Lieder-
kranz; dunkelgrüner, genarbter Kunstlederein-
band, braune Kartonseiten mit Pergamin-Zwi-
schenblättern; 24,5 x 35 cm; Tübingen undat.
um 1940; Weingärtner Liederkranz

Das Album bewahrt 20 Porträtfotografien, von
denen jeweils zwei mit Fotoecken auf den Seiten
befestigt sind. Sie zeigen männliche Mitglieder
des Weingärtner Liederkranzes, die in den Krieg
gezogen waren. Es wurde nach dem Krieg angelegt, jedoch nicht beschriftet. 18 Aufnahmen sind
postkartengroße Atelierporträts in Uniform, zwei
sind Amateurfotos im Freien. 13 Abzüge tragen
Herstellervermerke. Von den Tübinger Ateliers
sind drei vertreten: Zwei Bilder stammen von
Jäggle in der Wilhelmstraße, eins von Gröger in
der Mühl- bzw. Adolf-Hitler-Straße und -
bezeichnend für die Unterstadtbewohner, aus
denen sich der Verein zusammensetzt - sechs
Aufnahmen von Rühle am Haagtorplatz. Zum
zeitgeschichtlichen Dokument macht das Album,
daß je eines der Porträts an verschiedenen
Kriegs- bzw. Etappenplätzen aufgenommen
wurde: In „Schlan, Juli 1940" von Kahler-Slany in
der Tschechoslowakei, vom Atelier „Deertz, Jom-
frustlen 11, Haderslev" in Süddänemark, von M.
Paulus in Epernay in Frankreich sowie von den
„Gordon Studios" Amsterdam/Rotterdam/Den
Haag in den Niederlanden. W. H.

130 Zwischen Kriegsbegeisterung und Ernüchterung

„Gefolgschaftsbriefe"
a Feldpostkarte; „Glück auf 1940"; Rückseite mit
Datumsstempel vom 19.12.1939; 8 x 13 cm;
Stadtarchiv Tübingen A 150/469
b Gedicht mit farbiger Handzeichnung vom
Tübinger Schloß; Schreibmaschine, Buntstift auf
Papier; DIN A 4; Stadtarchiv Tübingen A 150/469

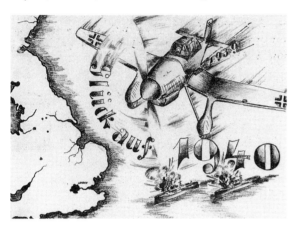

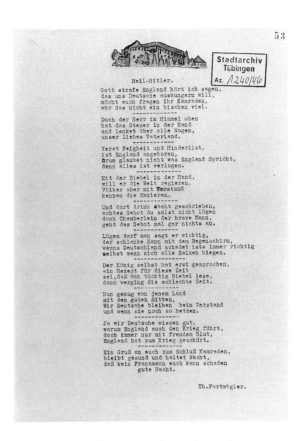

Postkarte und Gedicht stammen aus einer Sammlung von „Gefolgschaftsbriefen", einem Briefwechsel zwischen eingezogenen und unabkömmlich, sprich u.k. gestellten Mitarbeitern der Stadtverwaltung.

Während mit zunehmender Dauer des Krieges die Wünsche nach einer baldigen Beendigung der Kampfhandlungen in den gesammelten Briefen drängender werden, zeigen die Briefe, über deren halböffentlichen Charakter sich die Schreiber im klaren waren, insbesondere seit dem „Blitzsieg" in Polen noch das erwartete forsche Draufgängertum und ungebrochenen Kampfwillen. Die Beklommenheit der Bevölkerung zu Kriegsbeginn war in neue Zuversicht umgeschlagen: „Denn England ist der wahre Teufel/ den es gibt auf dieser Welt,/ sein Besitz besteht aus Frevel/ oder er kaufts mit gestohlenem Geld." Die unbeholfen auftrumpfenden Verse wie das aggressive Motiv der Bildpostkarte, auf der zwei Zerstörer und ein Stuka (Sturzkampfbomber) auf die britische Insel zielen, zeigen den Hauptfeind der ersten Kriegsjahre. „Wir fahren gegen Engelland", hieß das Motto, noch ganz in der überkommenen Vorstellung eines europäischen Krieges, quasi als Fortsetzung des letzten Weltkriegs.

Und obwohl - bezeichnenderweise in der Hei-

mat - der Wille, „niemals zu kapitulieren", im zweiten Brief bereits beschworen wird, ist vom Charakter des Eroberungs- und Vernichtungskrieges, den spätestens der Angriff auf die Sowjetunion entlarvte, zu diesem Zeitpunkt in den Briefen von der Westfront noch nichts zu spüren. B. S.

131 Fast private Blicke aufs Lagerleben überliefern eine friedliche Seite des Kriegs

Dokumentarfilm; Wolfgang Erbe; 16 mm, Laufzeit ca. 15 min.; Frankreich, Rumänien 1943/44; Ausstellungskopie; Stadtarchiv Tübingen; Fotosammlung F 26

Wolfgang Erbe, Sohn einer Tübinger Optikerfamilie und selbst in diesem Beruf ausgebildet, wurde zu den in Böblingen stationierten Panzertruppen eingezogen und 1943 ins besetzte Frankreich verlegt. Von dort vor allem stammen die Bilder, die er mit einer Bauer-Schmalfilmkamera aufnahm. Das belichtete Material brachte er im Urlaub mit oder schickte es nach Hause, von wo es ins Kopierwerk eingeliefert wurde. Auf diese Weise konnte er seine Erinnerung im Familienkreis in ganz anderer Weise mitteilen, als dies den vielen fotografierenden Soldaten möglich

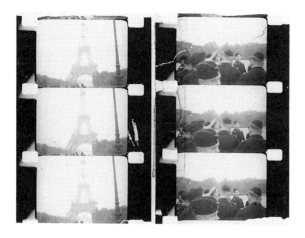

war. Dennoch unterscheiden sich seine Motive nicht von deren Aufnahmen. Der Blickwinkel und die Kameraführung sind ebenfalls unprofessionell. Der Eiffelturm ist eine der wenigen zivilen Ansichten, die übrigen zeigen militärischen Alltag außerhalb der Kampfzeiten: das Bad im Fluß, Schlachten und Kochen eines Kaninchens, getarnte Panzer im Laubwerk, gelegentliche Fahrten auf einem Tank. Nur ausnahmsweise wurde ein Manöver mit schießenden Panzern und Flugzeugen festgehalten. Die Schlußsequenz des Films entstand auf dem Transport seiner Einheit nach Rumänien. Diese Bilder hat Wolfgang Erbe, Jahrgang 1924, nicht mehr gesehen. Nach der Kapitulation Rumäniens zur Sicherung von Brückenköpfen vor der einrückenden Roten Armee befohlen, wird er seit 1944 vermißt. Die Nachforschungen seiner Angehörigen über die Suchdienste der Nachkriegszeit blieben ohne Ergebnis. W. H.

132 „Gefallen für Grossdeutschland"

Feldpostbrief; Hans-Dieter Eitle; gelber, ungefütterter Briefumschlag; Tinte, handschriftlich, roter Stempel; 11,2 x 14,3 cm; Paris (?) 16.12.1942; Privatbesitz

Selten wurde so viel geschrieben und so sehr auf Post gewartet wie während des Zweiten Weltkriegs. Feldpostbriefe waren meist die einzige Verbindung zwischen der Front und der Heimat, aber auch zwischen den (deutschen) Fronten. Rund 40 Milliarden Feldpostbriefe sind auf deutscher Seite abgeschickt worden. Die Partei organisierte den Briefverkehr, zensierte aber auch die Briefe.

Feldpost brachte Lebenszeichen, sie konnte aber auch, wie der abgebildete Brief, die erste Nachricht vom Tod eines Soldaten bringen - noch vor der offiziellen Benachrichtigung. „Gefallen für Grossdeutschland", lautete die amtliche Formel im Eroberungskrieg, die - mit roter Farbe aufgestempelt - den Brief zurück an den ahnungslosen Absender verwies. Der war in Frankreich stationiert und hatte seine Grüße an den Freund im Kaukasus Mitte Dezember 1942 noch mit „Heil und Sieg!" unterschrieben. „Denn wir haben's ja trotz allem hier wie im Frieden, während Du bei großen Entscheidungen und Schlachten mit dabei sein darfst, eher mußt." Die wichtigste Entscheidung war zu diesem Zeitpunkt schon gefallen. Der als „Blitzkrieg" geplante Überfall auf die Sowjetunion war schon im Herbst 1941 wenige Kilometer vor Moskau aufgehalten worden. Im Sommer 1942 hatten deutsche Truppen zwar noch die Kaukasushöhen erreicht, die begehrten Ölfelder aber nicht erobern können. Die Mitte November 1942 gestartete sowjetische Gegenoffensive, die zur Einkesselung der 6. Armee bei Stalingrad führte, leitete die endgültige deutsche Niederlage ein. B. S.

Ziegler 1989; Rürup 1991.

133 „In stolzer Trauer"

Schriftstücke
a Benachrichtigungsschreiben (Abschrift); SS-Obersturm- und Kompanie-Führer; mschr.; DIN A 4; Ungarn (?) 28.1.1945; Privatbesitz
b Trauerkarte; Familie Franz S.; Druck auf Papier; DIN A 4; Tübingen 13.3.1945; Privatbesitz

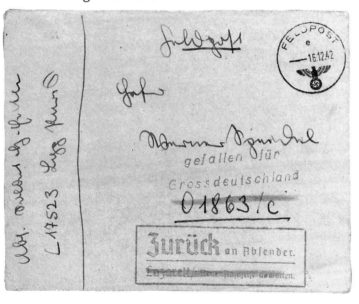

Im Verlauf des Krieges wurde der Tod alltäglich. Rund 55 Millionen Menschen starben während des Zweiten Weltkriegs. Zeitenweise sind ganze Seiten der „Tübinger Chronik" eng bedruckt mit Todesanzeigen. Die verwendeten Trauerformeln „In stolzer Trauer" oder „Gefallen für Führer, Volk und Vaterland" spiegeln den Versuch, die private Trauer einzudämmen, im Sinne des Regimes zu kanalisieren.

Das abgebildete Benachrichtigungsschreiben des Kompanieführers an die Eltern des 18jährigen SS-Grenadiers zeigt das immer gleiche Schema:

Der Sohn ist tot, aber der „Held" lebt weiter: „In der festen Überzeugung, daß sein Opfer nicht umsonst ist, trauern wir mit Stolz um ihn. In uns lebt er weiter." B. S.

Jeggle 1986.

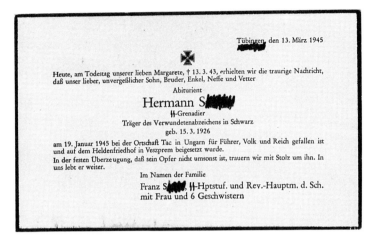

134 Kriegserinnerungen zivilen Charakters ergänzen die Bilder von soldatischer Härte

Kinderspielzeug; Hase mit Wagen; Josef Graf; Holz, Eisendraht, Farbe; 13 x 36,5 cm (Gesamtlänge); Rußland undat.; Privatbesitz

Das Spielzeug besteht aus zwei Teilen, einem auf Rollen gesetzten Hasen und einem ebenfalls fahrbaren Anhänger, die mit Hilfe einer weit vorgezogenen Drahtschlaufe verbunden werden können. Die Einzelteile dieses Spielzeug-Hasen sind aus Brettchen gefertigt, die von Drahtschlingen zusammengehalten werden. Einzig die Räder sind mit Schrauben auf die Achsen gebracht, wobei die Räder unter der Hasenfigur exzentrisch befestigt wurden, so daß beim Schieben eine Auf- und Abwärtsbewegung entsteht, die das Hoppeln imitiert.

Die Grausamkeit des kriegerischen Sterbens wird umgedeutet in einen Heldentod: „in vorderster Linie", „im Kampf um die Freiheit Großdeutschlands", „getreu seinem Fahneneid für Führer, Volk und Vaterland" heißen die Topoi soldatischer Vorbildlichkeit, zu denen auch gehört, daß der Gefallene nicht leiden mußte. Der Verlust wird zum Opfer umgedeutet: Der Soldat gab sein Leben „für die Größe und Zukunft unseres ewigen deutschen Volkes".

Nicht immer demonstrieren die privaten Traueranzeigen die Übernahme der angebotenen Sinnstiftung derart ungebrochen wie auf dieser Karte, wenige Wochen vor Kriegsende formuliert.

Hergestellt wurde das Spielzeug vom Vater der Leihgeberin während seiner Dienstzeit als Sanitätssoldat in Rußland. Daraus erklärt sich sowohl das Material als auch die Konstruktion: die Brettchen sind aus Resten von Munitionskisten gefertigt, Schrauben oder Nägel standen nicht zur Verfügung. Auch der Name des Hasen erinnert an den Entstehungsort: Er hieß „Krolik", was auf russisch Kaninchen bedeutet. W. H.

135 Erinnerung an friedliche Momente überlagern die verbrecherischen Seiten dieses Krieges

Schmuckschachtel; Josef Graf; Holz, Farbe, Klebstoff, Stroh; 6,3 x 22,2 x 14,1 cm; Rußland (Minsk) 1943; Privatbesitz

Unterteil und Deckel des industriell gefertigten Kästchens aus Fichtenholz sind mit zwei angenagelten Lederstückchen als Scharnieren verbunden. Ein Sanitätssoldat schmückte es als Geschenk an seine Tochter, der auch die Widmung gilt, die mit Bleistift auf die Innenseite des Deckels in deutscher Schrift geschrieben wurde: „Der lieben, kleinen Monika von Papa".
Auf eine sparsam aufgetragene Grundierung aus schwarzer Farbe sind Streifen aus gebügeltem Stroh geklebt - eine Technik der etwa im Schulunterricht geübten „Volkskunst", der die flächige Gestaltung entspricht. Die früher kolorierte, jetzt verblichene Verzierung bedeckt die vier Seiten des Kästchens und des Deckels. Während diese ornamental mit vierstrahligen Sternen im Zen-

trum geschmückt sind, ist die Deckeloberseite mit einem aufwendig gestalteten Motiv versehen: Ein kleines, offenbar russisches Holzhaus auf gemauertem Sockel mit einem Eingangsvorbau wird flankiert von zwei schematisch angedeuteten Bäumen vor oder hinter einem Stakentenzaun, der von einem Gartentor unterbrochen wird. In der Himmelsfläche eine Sonne, die über Wolken steht. Der „Grus aus Russland 1943" gibt ein idyllisches Bild wohl aus der Umgebung von Minsk, wo der Hersteller zu dieser Zeit stationiert war und in dieser Phase des Krieges Zeit und Muße für eine solch aufwendige Arbeit fand. So spiegelt das Kästchen nicht nur eine verharmlosend-kindgerechte Gute-Nacht-Geschichte im naiven Erzählton der Bastelarbeit, sondern ist auch Reflex einer zurückgezogenen Haltung, einer in die Heimat gerichteten friedlichen Vision. W. H.

136 Selbst das Lazarett bot, auch nach der Wende von Stalingrad, einen Rückzugsort vor den Grauen des Krieges

Relief; Kriegslazarett 4/626 (mot); Gipsguß, lackiert; 12,4 x 21,6 cm; Monogramm l.u. VV (?) ligiert; verso mschr. Zettel: „Obergefr. Graf/Einheit: Kriegs-Lazarett 4/626 (mot)/Feldp.Nr.: 44 855/Ort: Borrissow/Vers.Abschnitt: Minsk-Bor.-Mol"; Borrissow, UdSSR 1943; Privatbesitz

Der mit keramikimitierender, beigegrünlicher Ölfarbe bestrichene Gipsguß ist - erkennbar an einem rückseitig eingegossenen Drahthaken - als Wandschmuck gefertigt und diente zur Erinnerung an einen durch die rückseitige Beschriftung definierten Kriegs-Abschnitt. Minsk lag 1943 etwa 300 km hinter der Front, bis der Sowjetarmee „ab dem Sommer 1943 so tiefe Vorstöße in die rückwärtigen Räume gelangen, daß auch die weit zurückliegenden Kriegslazarette geräumt werden mußten." Wohl gefertigt von einem dort stationierten Soldaten, verbindet die Tafel in ihrer Zeichensprache verschiedene Ebenen: Die Heraldik des Reichsadlers auf dem hakenkreuzumschließenden Eichenkranz, flankiert vom Äskulapstab und dem ebenfalls in einem Hakenkreuzmotiv endenden germanischen Schwert steht für die kriegsnotwendige Sanitätsfunktion. Das heraldisch auf der wichtigeren rechten Seite daneben plazierte Zeichen des Roten Kreuzes

verweist auf den allgemeinen Kontext der Genfer Konvention über die Versorgung von Verwundeten, während auf der gegenüberliegenden Seite mit einem stilisierten Eisenbahnwaggon mit Kreuz und darunterstehender Einheits-Nummer der mobile Kriegseinsatz des Sanitätsdienstes in der offiziellen Form des taktischen Zeichens verbildlicht wird. In deutlichem Kontrast zu dieser Emblematik vermittelt der über den Bildelementen stehende Denkspruch rein private Sinnstiftung: „Sonnenschein und Regen sind im Menschenleben die treibende Kraft. Sorge dass Beides, Liebes und Leides Gutes nur schafft." W. H. Guth 1990.

Vernichtung als letztes Ziel

137 Der „Judenstern" markierte die Ausgrenzung von „Rassefremden" aus der nationalsozialistischen Volksgemeinschaft

„Judenstern"; Baumwolle, genäht, bedruckt; 9,5 x 8 cm; Stuttgart (?) 1941; Heimatmuseum Reutlingen

Seit September 1941 mußte der sechszackige gelbe Stern als stigmatisierendes Symbol von allen, welche nach den „Nürnberger Rassegesetzen" als „Juden" galten, gut sichtbar in Herzhöhe an der Kleidung getragen werden. Die Aufschrift imitiert hebräische Buchstaben. Die Kennzeichnung war die Voraussetzung für die späteren Deportationen, durften die Juden doch nach Einführung des Sterns den Wohnort nur noch mit

Erlaubnis der Polizei verlassen. In Tübingen mußten ihn elf Personen tragen, die nicht rechtzeitig emigriert waren.

Ein damals 14jähriger Zeitzeuge erinnert sich: „Eigentlich richtig bewußt zur Kenntnis genommen hab' ich das erst, als die anfingen, mit dem Judenstern herumzulaufen. Und da hat man sich zum Teil gewundert, daß sich so ein netter Herr plötzlich als Jude entpuppt. Dieser feine Herr, der immer aus dem Steinlach-Viertel herüberkam, also wo ich den das erste Mal mit dem Judenstern gesehen habe, war ich perplex."

Auch in Tübingen tat der Stern seine Wirkung. Nur wenige setzten sich über das Kontaktverbot hinweg, wie zum Beispiel eine Unterstädterin, die zwei in der Kelternstraße lebende ältere Menschen bis zu deren Deportation am 22. August 1942 mit Lebensmitteln versorgte. M. U.

138 Nach dem Scheitern der Emigrationspläne 1941 zog sich für die letzten Tübinger Juden die Schlinge langsam zu

Brief; Max Löwenstein an Siegfried Löwenstein, USA, vom 26.6.1941; Luftpostpapier, mschr.; DIN A 4; aus dem Briefwechsel der Familie Löwenstein 1939-1941 (insgesamt 15 Briefe); Privatbesitz

Max und Sofie Löwenstein gehörten zur Zeit des Briefwechsels zu den wenigen Juden, die Tübingen noch nicht verlassen hatten. Nahezu 30 Jahre lang hatte Max Löwenstein einen Viehhandel betrieben, zuletzt in der Hechingerstraße 9. 1938 mußte er ihn aufgeben.

Der Brief hat die gescheiterten Emigrationsbemühungen der Eltern Löwenstein zum Inhalt, denn seit dem 20. Mai 1941 wurde die Auswanderung nur noch in Sonderfällen gestattet. Auf den entspechenden Erlaß nimmt der Brief - einen Monat später geschrieben - wohl Bezug, da die in den vorhergehenden Briefen immer wieder geäußerte Hoffnung, doch die notwendigen Auswanderungspapiere zu erhalten, endgültig verflogen ist. Drei der vier Kinder Löwensteins waren zu diesem Zeitpunkt schon emigriert: der Empfänger des Briefes, Siegfried Löwenstein, 1936 in die USA, Walter und Elfriede 1934 bzw. 1938 nach Palästina. Der gesamte Briefwechsel zeigt die Bemühungen der Kinder, die Eltern aus

Tübingen herauszuholen und die Anteilnahme der Eltern am Schicksal ihrer Kinder in der Emigration.

In Tübingen war die Lage immer schwieriger geworden. Zu den Existenzsorgen kam die Einschränkung der alltäglichen Bewegungsfreiheit, zum Beispiel das Ausgangsverbot nach 20 Uhr; auch der Besitz eines Radios war verboten. Was Max Löwenstein blieb, waren Spaziergänge und die Erledigung der täglichen Einkäufe.

Die Schlinge zog sich langsam zu. Am 22. August 1942 wurden Löwensteins vom Stuttgarter Killesberg aus nach Theresienstadt deportiert. Max Löwenstein wurde dort 1944 ermordet, Sofie Löwenstein 1944 in Auschwitz. U. B.

139 Abschiedsgeschenk einer Tübinger Jüdin vor dem Weg in den Tod

Brosche; 800er Silber, grüner Achat (Chrysopras); 5,5 x 3,5 x 0,3 cm; undat. um 1920; Privatbesitz

Die Brosche schenkte Charlotte Pagel im August 1942 der Tochter ihrer Hausbewohner, die ihr beim Packen half, zum Abschied vor der Deportation nach Theresienstadt, „damit Du mich nicht vergißt." Auf den Einwand „Wenn Sie wieder zurückkommen nach dem Krieg, dann gebe ich Sie Ihnen wieder" erhielt das Kind zur Antwort: „Nein, nein, Urselchen, ich komm' nicht mehr zurück." Charlotte Pagel, die im Frühjahr 1942 schon einmal auf einer Transportliste gestanden hatte, dank eines amtsärztlichen Attestes aber von der Deportation verschont worden war, wußte wohl, was sie erwartete, als sie und ihr gebrechlicher Bruder, der Privatgelehrte Dr. Albert Pagel, Mitte August den Deportationsbe-

3207 3 ✓ 5746 13 Mein lieber Sigger !

Hoffe Dich wohlauf, kann Dir G.s.D. von uns gleiches berichten. Unsern
Brief vom 18.ds. wirst Du wohl inzwischen erhalten haben, oder vielleicht
treffen beide zur gleichen Zeit bei Dir ein, nun das wäre ja nicht schlimm
wenn nur beide ankommen. Dass sich bezüglich der Auswanderung in den letz
ten Tagen vieles sich zu unseren Ungunsten geändert hat, wirst Du wohl
auch erfahren haben, nun ist also unsere Hoffnung zu Nichts geworden ,
wir können leider nichts daran ändern und müssen es annehmen wie es kommt
das bedauerliche ist noch, dass Du Dir so viele Mühe gegeben hast und das
Geld das Du und wir darauf verwendet haben durch Telegramme u.s.w. ist
nun alles umsonst. Das Konsulat oder vielmehr die USA Konsulate sind seit
10 Tagen so viel wie geschlossen, es werden also keine Visum mehr ausgegeben, man spricht davon, dass diejenigen die ihr Visum schon haben, die
Möglichkeit hätten noch fortzukommen, wie weit diese Möglichkeit aber bestehen bleibt, muss erst noch abgewartet werden. Wir dürfen die Sache
nicht so tragisch nehmen, denn man weiss nie was gut ist, ich habe gross-
es Gottvertrauen und will das beste hoffen, um die Nerven im Zaum zu behalten. Es tut mir sehr leid, Dir dies mitteilen zu müssen, aber ich neh-
me an, dass Du über alles diesbezügliche genau orjentirt bist, oder etwa
nicht ? Man kann nie wissen wie lange wir noch unseren Briefwechsel fort
setzen können und deshalb schreiben wir heute gleich wieder. An 10. Walter & Elfriede schrieben wir auch übers rote Kreuz, es wird wohl wie immer
er längere Zeit dauern bis die Briefe ankommen und die Antwort darauf.
Heute früh schrieb uns Tante Berta i Karte, auch sie sitzt noch fest
und hat wenig Hoffnung dass es ihr noch gelingt fortzukommen. Berta hat
uns mitgeteilt, dass Frau Sühskind geschr. habe, dass ihr Sohn Dir seine
Möbel seiner Junggesellen Wohnung geschenkt hat, nun das ist sehr schön.
Ilse ist seit 7 Uhr im Geschäft , sie arbeitet mit einem Eifer und mit
einem Willen, der ihr zur Ehre gereicht, wir freuen uns sehr , dass sie
gesundheitlich der Arbeit gewachsen ist und sie vergisst sich eher und
empfindet die Zeit nicht so sehr. Die lb. Mutter hat immer viel Arbeit
damit zerstreut sie sich am besten und ich helfe mit wo es Not tut, im
übrigen versehe ich den Einkauf, was heute sehr viel Zeit in Anspruch nimmt
Dein avisirtes Paket erwarten wir mit grosser Sehnsucht, zaudere nicht,
denn Ilse entwickelt einen guten Appetit---------------- man muss ihr
zusetzen, das erfordert Ihre Gesundheit das brauche ich Dir ja nicht zu
sagen, in der Hauptsache soll sie viel Fett essen. Nun über die letzte
Untersuchung durch den Professor hat sie Dir ja bereits berichtet, wir
sind über die Auskunft sehr glücklich und froh.
Wegen der bewussten Vollmachten bin ich immer noch in Erwartung. Nach
neuesten Verordnungen xxxxxx und derzeitigen Verhältnissen wäre es end-
natürlich sehr wünschenswert wenn diese Vollmachten bald eintreffen würden, denn es könnte der Fall sonst eintreten, dass ich nie mehr in die
Lage komme den Erben ihren Erbteil zu kommen lassen zu können, wo doch
manche so sehnsüchtig darauf warten, warum ? weil sie es nötig brauchen
könnten, auch ich habe incl. meiner Gebühren und Auslagen cirka Rm. 600.
zu bekommen, ich möchte nicht haben, dass sie mir kabut wären. Also sei
so gut und mache es Onkel Sigmund plausibel, um was es sich handelt. Leider muss ich Dich immer wieder damit beauftragen, weil Sigmund gar nicht
darauf eingeht mit mir über diese Sache zu sprechen oder vielmehr zu cor-
respondiren. Es ist ja eine Schande , dass diese Erben nicht mehr Interesse dafür aufbringen, um endlich einmal diese Erbschaft zur Verteilung
bringen zu können. Also entschuldige wenn ich heute schon wieder mit der
Sache an Dich herantrete. Nun genug davon.
Dass es bei Dir dort schon recht heiss ist kann ich mir denken, haben ja
wir seit 8 Tagen sehr heisse Tage bis 27 Grad wie muss es erst bei Dir
sein. Bist Du mit D. Wagen viel unterwegs ? Dort wirst Du wohl nicht ohne
Kopfbedeckung ausgehen können od. doch ? tue dies nicht. Ohne mehr für h
heute , lass bald wieder gutes von Dir hören sei Du und alle Deine Bek-
anten herzlich gegrüsst von Deinem Dichliebenden Vater

fehl erhielten. Der Polizeiamtsvorstand hatte sich vergeblich darum bemüht, das Geschwisterpaar vor dem Transport zu bewahren: „Es wäre eben das Wünschenswerteste, wenn sämtliche restlichen Juden aus Tübingen vollends verschwinden würden durch Umsiedlung in eine württembergische Judengemeinde." Zusammen mit dem Ehepaar Löwenstein und Elfriede Spiro wurden Charlotte und Albert Pagel am 22. August 1942 nach Theresienstadt, in das angebliche Alters- und Vorzugsghetto, deportiert und von dort am 23. Januar 1943 in das Vernichtungslager Auschwitz, aus dem beide nicht zurückkehrten.

Die Beschenkte erzählt: „Ich hab' gedacht, na ja, jetzt muß sie halt schaffen gehen. Es war ja immerhin schon der Krieg fortgeschritten, und überall haben Arbeitskräfte gefehlt. Und ich dachte, jetzt müssen die halt auch mal schaffen, die Juden, das muß halt sein. Das war so für mich. Ich kann mich nicht entschuldigen, es war einfach so." B. S.

Zapf 1978, S.214ff.; Interview Benigna Schönhagen mit Ursula B. am 6.1.1992.

140 Arbeitsgrundlage einer Verwaltung, die zu allem bereit war: der Schreibtisch des Kreisleiters

Schreibtisch; Eiche, dunkel gebeizt; 6 Schübe je 45,5 cm, Mittelschublade 92,5 cm, Buche/ Limba, Tischplatte mit grünem Linoleum belegt; 77,5 x 198 x 99 cm; undat. 1930-1940; Städtische Sammlungen Nr. 7247

Zur Herausbildung eines eigenen nationalsozialistischen Stils für Wohnung und Büro der breiten Bevölkerungsschichten fehlten unter anderem die ökonomische Grundlage, eine soziale Trägerschaft und eine stilbildende Schule. So behalfen sich die damit betrauten Organisationen - das Amt „Schönheit der Arbeit" und das „Reichsheimstättenamt" der DAF - mit einer maßgerechten Auswahl aus der Produktion der 20er und frühen 30er Jahre und etikettierten zum Beispiel herausragende Produkte aus Bauhaus und Werkbund schlicht um. Front wurde nur gegen ausgesprochen modische Extravaganzen, gleich welcher Stilrichtung, gemacht. Man gab sich gemäßigt modern. Dieser konservativ gewendete Funktionalismus erhebt Schlichtheit, Zweckmäßigkeit und Werkgerechtigkeit zum ästhetischen Programm. Das gilt auch für die damals neu anzuschaffenden Büromöbel der mittleren und niederen Funktionsträger der neuen Administration. Auch der Schreibtisch des Tübinger NSDAP-Kreisleiters Rauschnabel, der als offizieller „Beauftragter der Partei" für die „Sicherung des Einklangs der Gemeindeverwaltung mit der Partei" zuständig war, ist ein betont sachliches, massiv wirkendes Möbel ohne jeden Zierat, eine reine Industriezweckform. Solide gebaut und klar gegliedert, entsprach das Möbel seiner bürokratischen Funktion: dem Ablegen, Ordnen und Abwickeln von Verwaltungsvorgängen. Somit steht der Schreibtisch in seiner Funktionalität als Symbol für eine meisterlich und gewissenhaft funktionierende Verwaltung, die die Olympischen Spiele genauso perfekt organisierte wie die Deportationen, auch wenn über diesen Schreibtisch die Transportlisten nicht notwendig gehen mußten. T. Me.

Schönhagen 1991, S. 186f.

141 Die „Transportliste" markiert das Ende der Tübinger Judengemeinde

„Transportliste der abzuschiebenden Juden der Stadt Tübingen"; Kriminalpolizei Tübingen; Papier, mschr. mit grünen handschr. Ergänzungen; DIN A 4; Tübingen August 1942; Stadtarchiv Tübingen E 104/ Pol.Dir. 237

Listen wie diese - gezwungenermaßen von der Jüdischen Kultusvereinigung für die Gestapo erstellt und von der Polizei an Finanz- und Arbeitsämter, Bahn, Banken und Kommunen weitergegeben - dokumentieren den bürokrati-

Transportliste
der abzuschiebenden Juden der Stadt Tübingen.

Lfd. Nr.	Personalien:	Wohnung:	Bemerkungen:
1.	Löwenstein, Max, verh. früherer Viehhändler, geb. 10.11.1874 zu Rexingen, Kreis Horb.	Tübingen, Hechinger- straße 9	Besitzt Vermögen
2.	Löwenstein, Sofie, geb. Liebmann, geb. 25.5.1879 zu Wankheim, Kreis Tübingen, Hausfrau.	Tübingen, Hechinger- straße 9	" "
3.	Dr. Pagel, Albert, led. früherer Privatlehrer, geb. 3.12.1885 zu Berlin.	Tübingen, Keltern- straße 8	" "
4.	Pagel, Charlotte, led. Haustochter, geb. 29.9.1894 zu Berlin.	Tübingen, Keltern- straße 8	" "
5.	Spiro, Elfriede, led. Haustochter, geb. 21.4.1894 zu Bad Dürkheim.	Tübingen, Hechinger- straße 9	" "

Die ebenfalls zur Abschiebung vorgesehene verw. Klara Wallen- steiner, geb. 18.10.1869 zu Hohenems, Vorarlberg, hat am 19.8.1942 Selbstmord verübt.

Aufgestellt durch:

Kriminalobersekretär.

schen Vollzug der nationalsozialistischen Vernichtungspolitik. In ihrer Form unterscheiden sie sich in nichts von anderen bürokratischen Vorgängen, und doch listen sie auf, wer in den Osten „abzuschieben", zur „Vernichtung freigegeben" war. Lediglich die in grüner Schrift vom Behördenchef nachgetragenen Zusätze „Sarah" und „Israel" mögen erkennen lassen, daß dem aufstellenden Kriminalobersekretär die diffamierenden Zwangsvornamen noch nicht selbstverständlich waren.

Die „Transportliste" vom August 1942 markiert das Ende der Tübinger Judengemeinde. Bei den zwei seit Dezember 1941 vorausgegangenen Transporten war es den Benachrichtigten jedesmal gelungen, sich dank eines Attestes von der Liste streichen zu lassen. Doch diesmal hatte die Gestapo-Leitstelle Stuttgart ein „Ausscheiden aus irgendeinem Grunde, Krankheit, Gebrechlichkeit usw." ausdrücklich verboten. Neben dem betagten Ehepaar Löwenstein traf es deshalb erstmals auch den Privatgelehrten Dr. Albert Pagel, den sein Status als „Frontkämpfer" bislang geschützt hatte. Die 73jährige Klara Wallensteiner, für die sich der Tübinger Polizeichef Friedrich Bücheler bis dahin erfolgreich eingesetzt hatte, entzog sich der Verschleppung durch Freitod.

Von den fünf Tübingern, die am 20. August 1942 in das Stuttgarter Sammellager Killesberg gebracht und von dort weiter nach Theresienstadt deportiert wurden, überlebte niemand. B. S.
Schönhagen 1991, S. 335-347.

142 Der Propagandastreifen vom Sammellager auf dem Killesberg kann das Elend der Deportierten nicht verbergen

Dokumentarfilm; „Sammellager Killesberg"; 16 mm, Laufzeit 6 min.; Stuttgart undat. Dezember 1941; Ausstellungskopie: VHS-Video Landesbildstelle Württemberg; Stadtarchiv Tübingen, Fotosammlung Videokopie Nr. 21

Den Film ließ die Stadt Stuttgart 1941 drehen. Er zeigt das provisorische Sammellager auf dem Killesberg, dem Gelände der Reichsgartenschau von 1939, wo seit Ende 1941 die aus ganz Württemberg zur Deportation vorgesehenen Juden gesammelt wurden. Er sollte eine reibungslose Organisation der Deportation belegen. Der sechs Minuten lange Streifen besteht im großen und ganzen nur aus zwei Passagen: der Essensausgabe und dem Einladen des Gepäcks in Möbelwagen Stuttgarter Firmen. Die in Reisekleidung um eine Tasse Suppe anstehenden Menschen suggerieren gute Versorgung - mitten im Krieg. Die sorgsam verstauten Koffer und Gepäckstücke - sie tragen das vorgeschriebene Kennzeichen „J" - bestärken im Betrachter die Vorstellung von einer Umsiedlung, als welche der „Evakuierungtransport" offiziell ausgegeben wurde. Doch das Gepäck, darunter Baugerät, Hausrat und Bettzeug, kam niemals an. Victor Marx, einer der wenigen Tübinger, die die Vernichtungslager überlebten, berichtete von „unbeschreiblichem Elend" im Sammellager. Schon vor der Abfahrt in die Vernichtungslager starben Alte und Kranke, einige verloren den Verstand.

Trotz des propagandistisch ausgerichteten Blicks der Kamera kann man die drangvolle Enge und auf den Gesichtern der Menschen die Not und Unsicherheit erkennen, in die sie gestürzt worden waren. Den Auftraggebern war der Film dann wohl auch nicht positiv genug geraten, denn es gibt keinen Beleg dafür, daß er je in Propaganda-Veranstaltungen eingesetzt worden ist. B. S.
Müller 1988, S. 405.

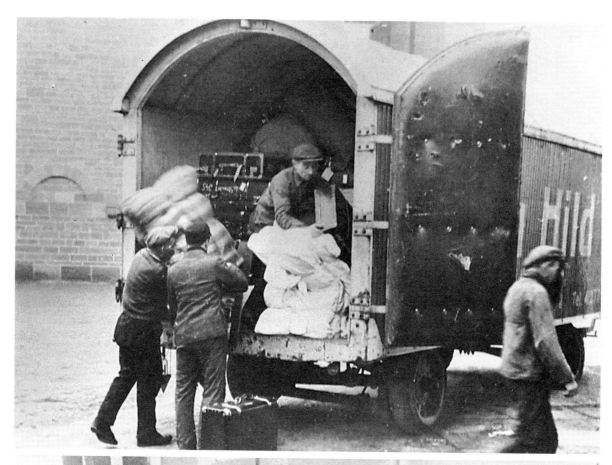

LEBENSRAUM UND VERNICHTUNG

Die Postkarte handwriting (Theresienstadt 27.9.1943):

Liebe Julie, die Eltern und ich sowie mein l. Mann denken oft an Dich, es geht uns ordentlich und sind froh, beieinander zu sein.
Wir danken herzlich für Dein Paket, dessen Inhalt, besonders das Fett, wir recht gut verwerten konnten, da wir Hochzeigenheit haben.
Wir wünschen Dich gesund und hoffen recht bald wieder von Dir und Herrn Dürr zu hören.
Herzlichste Grüsse
Deine
Ilse Bloch-Löwenstein

143 Ein Hilferuf aus Theresienstadt

Postkarte; Ilse Bloch-Löwenstein; Bleistift auf Papier; DIN A 6; Theresienstadt 27.9.1943; Archiv des Landkreises Tübingen KA 91-43

Die Postkarte ist das letzte bekannte Lebenszeichen der Tübingerin Ilse Bloch-Löwenstein aus dem Konzentrationslager Theresienstadt, wohin sie mit ihrem Mann am 18. Juni 1943 von Stuttgart aus deportiert worden war. Ihr Name stand schon eineinhalb Jahre zuvor auf der Deportationsliste, nach der am 1. Dezember 1942 die ersten 1000 württembergischen Juden von Stuttgart aus nach Riga verschleppt wurden. Sie hatte bereits ihre Lebensmittelkarten abgegeben, die vorgeschriebene Vermögenserklärung der Polizei abgeliefert und war am Morgen des 28. November unter Begleitung eines Tübinger Polizeisekretärs zusammen mit einer Rottenburgerin nach Stuttgart gebracht worden, wo sie erkrankte und deshalb zurückgestellt wurde. So kehrte sie Ende 1941 vom Sammellager auf dem Killesberg zurück, heiratete den Stuttgarter Oskar Bloch und stellte sich mit ihm der jüdischen Gemeinde zur Verfügung. Im August 1942 mußte sie die Deportation ihrer Eltern, Max und Sofie Löwenstein, erleben, die sie dann nach ihrer Ankunft in Theresienstadt wiederfand.

Ihre Karte vom Herbst 1943, die sie an eine befreundete Dußlingerin richtete, ist ein Hilferuf. Nur als Dank für ein nie erhaltenes Lebensmittelpaket konnte die Bitte um lebensnotwendige Nahrungsmittel, insbesondere Fett, die Zensur des Konzentrationslagers passieren. Hilfe brachte sie allerdings nicht in die katastrophale Lagersituation, der ihr Vater schon bald nicht mehr gewachsen war. Ilse Bloch verschleppten die

Nationalsozialisten zusammen mit ihrem Mann und ihrer Mutter ein Jahr nach diesem Hilferuf weiter nach Auschwitz, wo sie am 23. Oktober 1944 in die Gaskammern getrieben wurden. B. S.
Sannwald 1991; Schönhagen 1991, S. 335.

144 Propaganda für den Vernichtungskrieg

Bilderseiten der „Tübinger Chronik"
a „Juden in den U.S.A"; „Schwäbische Sonntagspost, Illustrierte Wochenzeitung der NS-Presse Württemberg" 5.10.1941; Stadtarchiv Tübingen
b „Der Untermensch"; „Schwäbische Sonntagspost, Illustrierte Wochenzeitung der NS-Presse Württemberg" 26.4.1942; Stadtarchiv Tübingen

Die Propaganda hatte im Krieg vor allem die Aufgabe, die „Heimatfront" mit den jeweiligen Feindbildern zu versorgen und die Vernichtungspolitik als einzige Möglichkeit nahezulegen. Die abgebildeten Bilderseiten aus einer illustrierten Wochenbeilage der „Tübinger Chronik" zeigen die dabei übliche demagogische Mixtur aus Vorurteilen, Information und Unterstellungen, der die zusammenhanglosen Fotos Beweiskraft verleihen sollten. Anfang Oktober 1941, zu einem

Zeitpunkt also, als die ersten Deportationszüge zusammengestellt wurden und wenige Wochen vor der Kriegserklärung Deutschlands an die USA, verdichtete der Artikel „Juden in U.S.A." - ein Auszug aus einer „dokumentarischen Aufklärungsschrift" der NSDAP - alle bekannten antisemitischen Klischees zu der kriegsnotwendigen Schlußfolgerung: „Wir wissen, daß das internationale Judentum Amerika in den Krieg hineintreiben will." Auch der Überfall auf die Sowjetunion wurde auf diese Art vorbereitet und begleitet. So lasen die Tübinger im April 1942, als der geplante „Blitzkrieg" im Osten längst gescheitert war und der Rußlandfeldzug seinen Charakter als Rasse- und Vernichtungskrieg enthüllt hatte, unter der Überschrift „Der Untermensch" die entsprechend illustrierte Propaganda-Begründung für „Europas Abwehrkampf" gegen den „ewigen Feind aller Kultur": „Schlitzäugig, verkniffen, hinterhältig, lauernd, feig und brutal [. . .] so ist uns der Sibire begegnet [. . .]. Unausgeformte Kreatur, Unmensch, Urwaldtier." Und auch dieses Schreckgemälde, das nur Greueltaten „bolschewistischer Horden" kennt, endet mit der Rechtfertigung der deutschen Kriegsführung: „Nur das rechtzeitige Zupacken des Führers und der Einsatz unseres Heeres können die Deutschen" vor diesen Greueln bewahren. B. S.

145 Lichter im Dunkeln: Die Wankheimer Pfarrersfamilie Gölz bot verfolgten Juden Zuflucht

Fotografie; Ehepaar Gölz mit Sohn vor dem Pfarrhaus in Wankheim; 5,2 x 6,3 cm; Wankheim März 1942; Privatbesitz

Das kleine Foto zeigt das Pfarrerehepaar Richard und Hildegard Gölz zusammen mit einem ihrer Söhne 1943 vor dem Wankheimer Pfarrhaus, das seit Januar 1943 verfolgten Juden Zuflucht bot. Der ehemalige Tübinger Kirchenmusikdirektor - vielen wegen seines 1934 herausgegebenen Choralbuchs („der Gölz") ein Begriff - hatte 1935 aus Entsetzen über die willfährige Haltung der Kirche gegenüber dem Terror-Regime die Stiftsorgel gegen die Wankheimer Dorfkirche getauscht: „Die rechte Predigt tut jetzt not."

Als zur Jahreswende 1942/43 die Bekennende Kirche in Berlin-Dahlem begann, Hilfe für Juden zu organisieren, die vor der drohenden Deportation untergetaucht waren und nun neben Lebensmitteln vor allem Unterkünfte brauchten, gehörte das Wankheimer Pfarrhaus zu den wenigen Überlebensstationen auf dem sogenannten Pfarrer-Nothilfeweg in Württemberg. Die Gäste wurden als Mitglieder der weitläufigen Verwandtschaft bzw. als „Ausgebombte" ausgegeben. Doch als sich nach dem 20. Juli 1944 wieder ein neues Gesicht im Dorf zeigte, glaubte ein Lehrer den gesuchten Carl Goerdeler zu erkennen und denunzierte Richard Gölz bei der Gestapo. Der untergetauchte Berliner Arzt Dr. Pineas konnte gerade noch zum nächsten Unterschlupf weitergereicht werden; der Wankheimer Pfarrer aber wurde, nach einer weiteren Denunziation als „Judenfreund", Weihnachten 1944 verhaftet und in das Gestapogefängnis nach Welzheim gebracht. Von dort kam er erst bei Kriegsende frei. B. S.

Krakauer 1947; Oesterle 1991; Schönhagen 1991, S. 126, 350.

146 Ein Hauptziel Hitlers im Krieg: Die Vernichtung der Juden im Reich und in den besetzten Ländern Europas

Fotoalbum; Aufnahmen aus einem Kriegsgefangenenlager und einem Ghetto in Polen; 52 Abzüge, ca. 6 x 9 cm, auf 14 Tafeln montiert, brauner Karton, 23,8 x 31,2 cm, Fadenbindung; Polen undat. Anfang 1941; Stadtarchiv Tübingen, Fotosammlung

Das Album umfaßt zwei Serien von Amateuraufnahmen, dem Umfang nach jeweils etwa ein Film. Die Angaben auf den Bildrückseiten aus der Aufnahmezeit wurden bei Anlage des

Albums nicht übertragen. So wurden sie zwar aufbewahrt, ihre Bedeutung aber halb verborgen. Der Fotograf der meisten Bilder wie auch der Schenker waren Tübinger und im Sanitäts- bzw. Versorgungswesen tätig.

Während die erste Serie Szenen aus einem Lager und einem Lazarett für russische Kriegsgefangene in Polen zeigt, ist die zweite im Warschauer Ghetto entstanden. Sie gibt Eindrücke von der Vernichtungspolitik des Deutschen Reichs, vom Hunger und Tod in den von der Wehrmacht besetzten Gebieten. Die Einzelbilder sind Zeugnisse ähnlicher Blickweise, beide Reihen sind nach einer ähnlichen Dramaturgie angeordnet: Auf Gesamtansichten des Lagers oder den Eingang zum Ghetto folgen einzelne Verrichtungen

der Eingesperrten, dazwischen einige Porträts in Halbfigur. Die Beobachtungen sind zumeist in aller Ruhe gemacht, gelegentlich auch mit einer gewissen Nähe zu den Beobachteten, die sich den Fotografen direkt und frontal präsentieren. Daß es jedoch ein klassifizierender Blick ist, der ihnen gilt, belegen die Aufnahmen, für die die Gefangenen ins Profil gewandt wurden - einem der charakteristischen Sammler-Blicke der Völker- und Rassekundler. Dazu passen rückseitige Beschriftungen wie „ein jüdisches Prachtexemplar". Gelegentlich geben die Bilder aber, wie bei einem Toten, der im Ghetto unbeachtet von den Passanten auf dem Gehweg liegt, auch hastige, offenbar verbotene Ansichten. W. H.

Keller 1987.

147 Die Anatomie Tübingen - verwickelt in die Vernichtungspolitik des NS-Regimes

Leichenbuch; Anatomisches Institut der Universität Tübingen; 30,2 x 22 cm; Tübingen 1943-1968; Universitätsarchiv Tübingen 174/37

Die Eintragungen in dem Leichenbuch der Tübinger Anatomie belegen deren Verwicklung in die Vernichtungspolitik des NS-Regimes. Widerspruchslos profitierten die Anatomen von einer Politik, die massenhaft Menschen als „Volksschädlinge" hinrichtete, als „lebensunwert" in Anstalten zugrundegehen ließ oder als Zwangsarbeiter der „Vernichtung durch Arbeit" preisgab. Mehr als zwei Drittel der Toten, die während des Zweiten Weltkriegs im Leichenwagen der Anatomie auf den Österberg gebracht wurden, starben keines natürlichen Todes, sondern wurden Opfer staatlicher Gewalt. Weil sie Zweifel am „Endsieg" geäußert oder sich nicht der neuen Ordnung gefügt hatten, weil sie nicht die erwarteten Leistungen erbracht oder gegen die Rassenordnung verstoßen hatten, mußten sie

mit ihrem Leben den Preis für den Versuch der Nazis zahlen, ihre rigide neue Ordnung zu erzwingen.

Neben den seit 1939 sprunghaft vermehrten Hinrichtungen fallen besonders die massenhaft verzeichneten toten sowjetischen und polnischen Kriegsgefangenen auf. Oft sind sie ohne alle vorgeschriebenen Angaben, selbst ohne die amtlich beglaubigte Todesursache eingetragen. Sie vermehrten das Forschungs- und Lehrmaterial der Anatomen seit Kriegsbeginn um das Doppelte, ja Dreifache - noch 1989 wurde mit solchen Präparaten an der Universität Tübingen gearbeitet (vgl. Kat.-Nr. 208) - und befreiten diese damit von der Sorge um ausreichenden Leichennachschub. Diese „kriegsmäßig abnormen" Möglichkeiten, die Robert Wetzel, Institutsdirektor und Leiter des örtlichen NS-Dozentenbundes ausdrücklich begrüßte, machten Tübingen während des Zweiten Weltkriegs zu einer Endstation der nationalsozialistischen Vernichtungspolitik. B. S.

Schönhagen 1987.

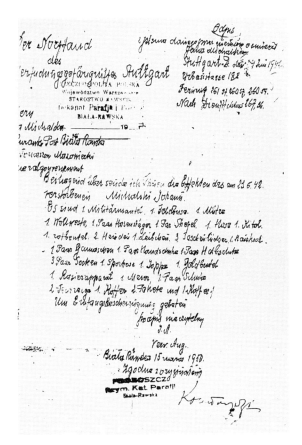

148 Fremdarbeiter, vor allem aus dem Osten, waren einer rassistischen Zweckjustiz wehrlos ausgeliefert

Dokumente
a Effektenliste (Fotokopie der Abschrift); Vorstand des Untersuchungsgefängnisses Stuttgart; DIN A 4; Stuttgart 24.6.1942; Glowna Komisja Badania Zbrodni Hitlerowskich W Polsce Instytut Pamieci Narodowej, Okregowa Komisja W Koszalinie

b Abschiedsbrief (Kopie); Jan Michalski; Briefkopf „Untersuchungsanstalt Stuttgart, Urbanstraße 18"; DIN A 4; Stuttgart 22.6.1942; Glowna Komisja Badania Zbrodni Hitlerowskich W Polsce Instytut Pamieci Narodowej, Okregowa Komisja W Koszalinie

„Ich schicke Dir alles, was ich habe: Hose, Schuhe, Socken, 10 Mark. Meine Liebe, tue nicht weinen, weil jeder sterben muß; heute oder morgen", schrieb Jan Michalski 1942 aus dem Stuttgarter Untersuchungsgefängnis an seine Frau Zofia nach Polen. Es war sein letzter Brief. Wenige Wochen zuvor hatte das Sondergericht Stuttgart, eines der berüchtigtsten der NS-Zeit, unter seinem Vorsitzenden Hermann Cuhorst

den 27jährigen polnischen Fremdarbeiter aufgrund der „Polenstrafrechtsverordnung" zum Tode verurteilt. Dieses 1941 erlassene rassistische Sonderrecht markiert den Höhepunkt des nazistischen Ausrottungsstrafrechts. Es ahndete kleinste Vergehen mit Höchststrafen. So auch bei Jan Michalski, der „wegen Herabsetzung des Ansehens des deutschen Volkes" zum Tode verurteilt wurde. Der Grund: Er hatte „trotz wiederholter ausdrücklicher Warnung längere Zeit intime Beziehungen zu einer deutschen Frau unterhalten."

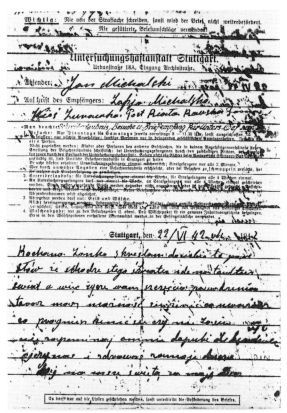

Am 23. Juni 1942 wurde Jan Michalski im Lichthof des Stuttgarter Justizgebäudes hingerichtet. Anschließend brachte ein Wagen der Tübinger Anatomie den Toten in die Österbergstraße, wo sein Körper für die Ausbildung von Medizinstudenten verwendet wurde. Was von ihm übrig blieb, wurde anschließend im Gräberfeld X des Tübinger Stadtfriedhofs beigesetzt. Zofia Michalski erhielt, einen Tag nach der Hinrichtung, von der bürokratisch korrekten Gefängnisverwaltung den Nachlaß zugeschickt: Kleidungsstücke, Rasierapparat, Koffer - „Um Empfangsbescheinigung wird gebeten." B. S.

Schönhagen 1987.

Heimatfront

149 Für das Funktionieren der „Heimatfront" mußten vor allem die Frauen sorgen

Lebensmittelkartenheft; graumeliertes Pappheft mit eingehefteten Fächern aus Papier und Lebensmittelmarken; Besitzervermerk: „Prof. Albrecht, Schillerstr.6, Tübingen"; in Gebrauch bis 1950; Städtische Sammlungen Nr. 8340

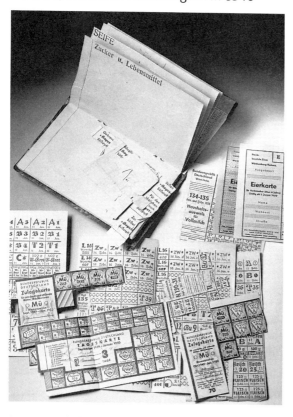

Dieses Heftchen diente zum Ordnen und Aufbewahren von Bezugsmarken für Lebensmittel. Die eingehefteten Fächer sind mit blauen Stempeln bezeichnet: „Milch", „Brot u. Mehl", „Fette", „Fleisch", „Zucker und Lebensmittel" und „Seife". Bereits mit Kriegsbeginn wurde ein Markensystem eingeführt, um die Lebensmittelversorgung

der Bevölkerung zu sichern. Die Versorgung funktionierte dank der Ausbeutung der besetzten Gebiete relativ gut. Erst am Ende des Krieges - im Zuge der allgemeinen Desorganisation und als der Nachschub aus den besetzten Gebieten nicht mehr floß - reichte die Kalorienzuteilung der Lebensmittelkarten allein zur Ernährung nicht aus. Der Kaloriengehalt der Rationen für „Normalverbraucher" lag in der 73. Zuteilungsperiode im März und April 1945 mit 1602 Kilokalorien deutlich unter dem Existenzminimum.

Die Organisation des Alltags war auch im Krieg den Frauen als „Soldaten der Heimatfront" überlassen. Zur komplizierten Rechnerei mit dem Markensystem und dem zeitaufwendigen Anstehen in Geschäften kamen anstrengende Hamsterfahrten aufs Land, die schwierige Beschaffung von Brennmaterial und oft noch, zur Aufstockung der Ernährung, der Gartenbau auf einem eigenen kleinen „Gütle". Die Hartnäckigkeit der Frauen beim Organisieren von Lebensmitteln und ihr Improvisationsvermögen entschieden darüber, wieviel auf den Eßtisch kam und wie abwechslungsreich der Speisezettel war. E. T.

Schönhagen 1991, S. 370.

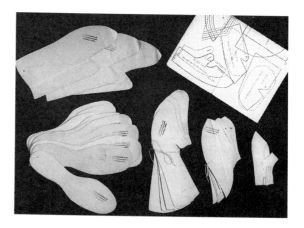

150 Frauen wurden im Umgang mit dem Mangel geschult

Arbeitsmappe mit Schnittmusterschablonen und Schnittmusterbögen für Handschuhe, Hausschuhe, Strumpfsohlen und Stofftiere sowie drei Hefte mit Nähanleitungen; Karton, Papier, Zeitungspapier; meist blau gestempelt: „Landwirtschaftsschule und Wirtschaftsberatungsstelle Rottenburg a. Neckar"; verschiedene Größen; Rottenburg ab 1941; Privatbesitz

Die Arbeitsmappe enthält hundert Schnittmusterschablonen, die aus Karton oder aus (Zeitungs-)Papier ausgeschnitten sind. Alle Schablonen sind durch häufige Benutzung abgegriffen. Mit diesen Materialien unterrichtete Frau S. an der Winterschule in Rottenburg. Sie veranstaltete in den Dörfern der Umgebung von Rottenburg und Tübingen unter anderem Nähkurse, um Frauen dabei zu helfen, Notbehelfe zu schaffen. Besonders begehrt bei den Kursbesucherinnen waren die Schablonen für Strumpfsohlen, wie sich eine für Schuhgröße 41 in der Mappe befindet. Das hing damit zusammen, daß wegen des Rohstoffmangels für Schuhe oft Holzsohlen verwendet wurden, auf denen sich Strümpfe schneller abnutzten als auf Ledersohlen. Um die Strümpfe vor frühzeitiger Abnutzung zu schützen, verstärkten die Frauen die Lauffläche der Strümpfe von unten mit Stoff. So zog eine Behelfslösung die nächste Improvisation nach sich.

Die 1939 eingeführte Kriegswirtschaft stellte sich für die Zivilbevölkerung bald als Mangelwirtschaft heraus. Die Arbeitsbelastung der Frauen wurde immer größer, da Gegenstände des täglichen Bedarfs mit großem Zeitaufwand selbst hergestellt werden mußten. E. T.

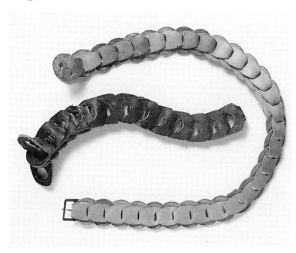

151 Not macht erfinderisch

2 Lederbänder; Leder, gestanzt; 42 x 2 x 3 cm (hellbraun); 20 x 2 x 7 cm (dunkelbraun); Rottenburg undat. 1940-1945; Privatbesitz

Solche Lederbänder wurden vor allem zu Hosenträgern verarbeitet. Sie sind aus einzelnen, ausgestanzten Lederstücken so zusammengeknüpft, daß sie elastisch sind. Sie wurden von der Leihgeberin und ihrer Schwester nachmittags in Heimarbeit angefertigt und dienten als Ersatz für Gummi, das es im Krieg nicht mehr zu kaufen gab.

Der Vater, der in der Region mit Textilien handelte, konnte zu Kriegsbeginn zwar noch vereinzelt die Buttermarken, die er von seinen Geschäftspartnern auf dem Land erhielt, gegen Gummi eintauschen. Doch bald war auch dies nicht mehr möglich, und so bestellte er „einen ganzen Lastwagen voller Lederreste", wie eine der Schwestern berichtete. H. H.

152 Bei der Schuhversorgung wurden die Versorgungsengpässe offensichtlich

Kinderschuhe; Kunststoff, Kunstleder, Pappe, Holz, Eisen, Gummi, Farbe, Leim; 8,3 x 20,5 x 7,5 cm; undat. um 1945; Städtische Sammlungen Nr. 7332

Die blauen Stoffschuhe sind an der Spitze, an der Ferse und an den Schnürsenkellöchern mit Kunstleder verstärkt; auch die Lauffläche besteht aus Kunstleder. Zum Schutz vor Abnutzung sind daran vorne dreigeteilte Holzsohlen (die ein minimales Abrollen des Fußes beim Gehen ermöglichen) und hinten Holzabsätze festgenagelt. Im Rahmen der „Kriegswirtschaft" sollten Gegenstände des täglichen Bedarfs für die Zivilbevölkerung bevorzugt aus „Ersatzstoffen" gefertigt werden. So wurde für diese Kinderschuhe kein Leder verwendet - eine Reaktion der Industrie auf die nationalsozialistischen Autarkiebestrebungen. Die Versorgung der Bevölkerung mit Schuhen bereitete große Probleme. 1940 machte das Tübingen zugeteilte Monatskontingent an Straßen- und Arbeitsschuhen gerade ein Fünftel des tatsächlichen Bedarfs aus. So schrieb 1940 der Oberbürgermeister an das Wehrbezirkskommando: „Gewiss legt sich die Bevölkerung willig Einschränkungen auf. Aber von der Art und Weise, wie sie mit Schuhreparaturen bedient wird, hängt weithin die Stimmung ab. [. . .] Wenn die Verbraucher einerseits wochenlang warten müssen, bis sie einen Bezugsschein erhalten, weil das Kontingent eine frühere Bescheidung nicht zuläßt, und andererseits Schuhreparaturen ebenfalls wochenlang nicht ausgeführt bekommen, macht sich diese letztere Tatsache in einer unguten Stimmung bemerkbar, die unter allen Umständen vermieden werden sollte." Mit einer Schuhtauschstelle, die sie 1939 im Kornhaus eingerichtet hatte, versuchte die NS-Frauenschaft dem Mangel abzuhelfen. E. T.

ZZSAT A 150/5119.

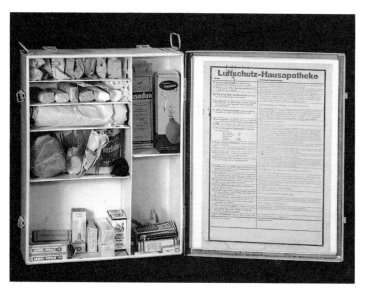

153 Luftschutzmaßnahmen täuschten Sicherheit vor

Luftschutzhausapotheke; Eisenblech, Filz, Papier, Farbe, Medikamente, Verbandsmaterial; 46 x 37 x 14 cm; blauer Stempel rechts unten an der Innenseite der Rückwand: „Vertrieb gemäß § 8 des Luftschutzgesetzes unter Kenn. Nr. RL 5–39/4"; C. Hermann Gross, Grünhain i. Sa.; undat. um 1935; Städtische Sammlungen Nr. 5484

Dem weiß lackierten Apothekenschränkchen, zum Aufhängen vorgesehen, aber auch mit zwei einklappbaren Tragegriffen versehen, wurden auf die Innenseite der Türe eine Liste mit dem Inhalt und die Gebrauchsanweisung aufgeklebt. Es ist innen in sieben verschieden große Fächer aufgeteilt. Der Originalinhalt wurde weitgehend durch neue Medikamente ersetzt. Solche serienmäßig produzierten Luftschutzhausapotheken gehörten seit 1935 neben Handfeuerspritze, Wassereimer, Feuerpatsche, Löschsand, Schaufeln und Einreißhaken zur gesetzlich vorgeschriebenen Ausstattung jeder „Luftschutzgemeinschaft", zu der alle Bewohner eines Hauses zusammengefaßt wurden. 1937 war bereits ein Viertel der Einwohner Tübingens Mitglied im Reichsluftschutzbund, über den die Luftschutzmaßnahmen für die Zivilbevölkerung organisiert wurden. Bis zum September 1944, als halb Stuttgart in Schutt und Asche sank und offensichtlich wurde, daß es an ausreichendem Schutz fehlte, fühlte sich die Bevölkerung im Industrieraum Tübingen relativ sicher. Aber bis dahin waren schon allein die Luftalarme - in der Stadt wurde im Krieg 550mal Luftalarm gegeben - eine große Belastung gewesen. Nicht illusionären Schutzvorkehrungen, sondern allein der Tatsache, daß Tübingen vom Luftkrieg nur gestreift wurde, ist es zu verdanken, daß die Zahl der Luftkriegstoten (44 Personen) in der Stadt relativ gering blieb. E. T.

Schönhagen 1988.

154 Verspätete und ungenügende Luftschutzmaßnahmen in der Stadt

Kinder-Gasjäckchen; hellgrünes Leinen (gummiert), durchsichtiger und schwarzer Kunststoff, Draht, weißes Nähgarn, grüne Baumwollkordeln; 51 x 45 cm (mit Ärmeln 79 cm breit); undat. um 1939; Städtische Sammlungen Nr. 7468

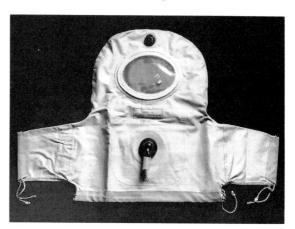

Neben Gasmasken wurde dieses Gasjäckchen für Luftschutzzwecke serienmäßig hergestellt. Die große Zahl der eigens für den Luftschutz produzierten Gegenstände (unter anderem Gasmasken, Gasjäckchen, Löschsandtüten, Luftschutzhausapotheken) konnte nicht darüber hinwegtäuschen, daß die Schutzmaßnahmen für die Zivilbevölkerung nicht ausreichten. Die staatlichen Aktivitäten standen hinter den privaten Initiativen zurück: Der Luftschutz wurde als „Selbstschutz" organisiert. Trotz der Propagierung von Luftschutzmaßnahmen und trotz zahlreicher Luftschutzübungen schon im Frieden herrschte im Krieg Mangel an Luftschutzräumen. 1943, also im vierten Kriegsjahr, fanden in Tübingen gerade 800 Personen in öffentlichen Luftschutzräumen Platz. Unter der Altstadt wurden erst 1944 Fluchtwege zwischen den Kellern benachbarter oder gegenüberliegender Häuser gegraben, die es ermöglichen sollten, trotz verschüttetem Kellereingang ins Freie zu gelangen. Vor dieser Wirklichkeit mutet der Titel einer im Krieg auch in Tübingen verteilten Broschüre geradezu zynisch an: „Luftschutz ist Selbstbehauptungswille". E. T.

Schönhagen 1988.

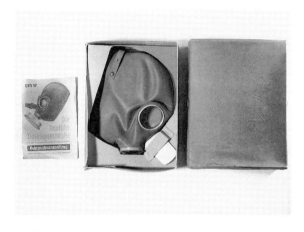

155 Die Schutzmaßnahmen (gegen Gasangriffe) orientierten sich an Erfahrungen aus dem Ersten Weltkrieg

2 „Volksgasmasken" mit Aufbewahrungskarton und Gebrauchsanweisung; Gummi, Plastik, Aluminium, Blech, Pappe, Papier, Schnur; Kartons 7,5 x 30 x 23 cm, Masken 19 x 22 cm; Blindprägung auf dem Kartondeckel: „VM/F/RL1-38/47 Vertrieb gemäß 8/Luftschutzgesetz genehmigt"; undat. um 1938; Städtische Sammlungen Nr. 8513

Die sogenannte Volksgasmaske „VM 37" wurde in drei Größen hergestellt: „M" (Männergröße), „F" (Frauengröße) und „K" (Kindergröße). Die ausgestellten Gasmasken, bestehend aus Filter und Maskenteil, sind Frauenmasken, die der beiliegenden Gebrauchsanweisung gemäß über eine Pappschablone gespannt und im Originalkarton aufbewahrt wurden. Die gesamte Bevölkerung mußte sich im Rahmen des „Selbstschutzes" diese Gasmaske für 5 RM kaufen.

Beide Gasmasken wurden nie benutzt. Sie lagen originalverpackt bis heute auf dem Dachboden der Hals-Nasen-Ohren-Klinik. E. T.

156 Mit Sandtüten gegen die „Brandkatastrophe"

6 Tüten mit Löschsand; Packpapier, Leim, Farbe, Sand und feiner Kies; 46 x 20 x 11 cm; undat. um 1939; Städtische Sammlungen Nr. 8284 y

Diese Löschsandtüten überdauerten den Zweiten Weltkrieg unbenutzt. Sie standen bis vor kurzem auf dem Dachboden der Hals-Nasen-Ohren-Klinik. Die Tüten aus hellbraunem, doppelt verarbeitetem Packpapier sind 22 cm hoch mit Sand und feinem Kies gefüllt. Unter der roten Strichmarkierung für die Füllhöhe ist mit roten Druckbuchstaben die Gebrauchsanweisung aufgedruckt: „Löschsand für Luftschutz/

Trocken einfüllen!/ Vor Feuchtigkeit schützen!/ Verwendung für Luftschutzzwecke mit Zustimmung der/ Reichsanstalt der Luftwaffe für Luftschutz". In einer Broschüre informierte der Reichsluftschutzbund die Bevölkerung über die Gefahren eines möglichen Krieges: „Infolge des leichten Gewichtes von 0,2 kg an und des dadurch ermöglichten Masseneinsatzes werden die Brandbomben eine der gefährlichsten Waffen eines Krieges sein. Ihr Einsatz verspricht durch die Schaffung unzähliger Brandherde das Zusammenwachsen des Feuers zu einer Brandkatastrophe." E. T.

157 Beziehungsarbeit im Krieg - Aufmunterung von der Heimatfront

Feldpostutensilien
a Feldpost-Schachtel; Papier, Metall, Karton, gefalzt, geheftet, mit Etikett beklebt; 4 x 18,5 x 12,5 cm; undat. 1939-1945; Städtische Sammlungen Nr. 8284 w
b Feldpostbrief-Vordrucke (Briefpapier); Papier, Farbe, mit gummierter Klebefläche und perforiertem Rand; 19,6 x 14 cm; undat. 1939-1945; Städtische Sammlungen Nr. 5351

Die unscheinbare braune Schachtel hat den Zweiten Weltkrieg unbenutzt überdauert und diente seitdem als Aufbewahrungsort für ein Mutterkreuz samt Verleihungsurkunde, eine Metallspendenbescheinigung und drei schwarze (Trauer-?)Bänder.
Die drei ebenfalls unbenutzten, leicht vergilbten Briefbögen bieten nicht viel Platz für Text, ist doch die obere Hälfte der Vorderseite gleichzeitig Absender- und Adreßfeld. Deshalb wurden für die „eigenen" Soldaten im Feld - solange der

Papiermangel noch nicht so gravierend war - andere Briefbögen und Umschläge benutzt. Das vorgefertigte Feldpostpapier diente in erster Linie organisierten Briefschreibe-Aktionen an unbekannte Soldaten. „Das hat man im BDM gemacht, da hat man sich in der Schaffhausenstraße getroffen", berichtete eine Tübingerin. Wurden Ohrwärmer für die deutschen Soldaten gestrickt, legte man schon mal ein Briefchen mit gereimten Versen bei - als Gruß der „weiblichen deutschen Jugend" an die „Kameraden im Feld". Es sollte jenen das Gefühl vermitteln, zumindest „daheim im Reich" sei die Welt noch in Ordnung, existiere ein Ort der Menschlichkeit, während „draußen", in der Welt des Krieges, andere Regeln galten. S. M.

158 „Ihr an der Front, wir in der Heimat" - Krieg in der Schule, Schule im Krieg

Schulheft; liniert, braun marmorierter, fester Umschlag; DIN A 5; Tübingen 1944; Privatbesitz

Das Schulheft, auf dessen aufwendige Aufmachung seine Besitzerin stolz war, diente Anfang 1944 als Klassenarbeitsheft. Es zeigt, wie neben Rechtschreibung und Schönschrift nationalsozialistische Ideologie sowie epochenübergreifende geschlechtsspezifische Rollenmuster im Unterricht eingeübt wurden: „Ihr an der Front, wir in der Heimat, wir alle setzen unsere Kraft für den Endsieg ein", heißt es da etwa in einem Brief an ihren Vetter Hans. In dem Aufsatz „Was ich von der N.S.V. weiß" lobte die Schülerin: „Die N.S.V. hat sich besonders jetzt im Krieg bewährt, indem sie berufstätigen Müttern die Kinder abnimmt." Von einer Gleichberechtigung der Frauen in puncto Beruf, wie sie der Krieg erzwungen hatte, ist allerdings nichts zu finden. Das Frauenbild von der pflegenden und verpflegenden Frau wird aufrecht erhalten wie in der offiziellen Ideologie.

Für den Aufsatz „Was ich aus der Jugendzeit Adolf Hitlers weiß" verwendete die Vierzehnjährige auswendiggelernte Bilder und Formulierungen. Da heißt es unter Hinweis auf die Anfänge des „Führers" als Gelegenheitsarbeiter: „Erst das machte ihn eigentlich zu dem, was er heute als Führer des großdeutschen Reiches ist." Der Lehrer korrigierte: „Großdeutsches Reich wie: Die Schwäbische Alb". Der didaktische Vergleich mit Vertrautem verharmloste unmerklich die Expansionspolitik des NS-Staats. G. K.

159 Ein Abzeichen markierte die polnischen Arbeitskräfte im Sinne der NS-Idelogie als „Untermenschen"

„Polen-Kennzeichen"; Stoff, Farbe; 5,8 x 5,8 cm; Tübingen; undat. um 1941; Privatbesitz

Der „Blitzkrieg" gegen Polen hatte der deutschen Kriegswirtschaft in dem besetzten Gebiet die dringend benötigten neuen Arbeitskräfte beschafft. Gleich nach Kriegsbeginn setzte der „Massenimport" von Kriegsgefangenen als billige ausländische Arbeitskräfte ein. Gleichzeitig wurden zivile Arbeiter und Arbeiterinnen angeworben; nachdem sich freiwillig nicht genug bereit fanden, bald schon mit Zwang. Von der Straße weg wurden die Polen, darunter Kinder von 14 Jahren, zur Arbeit nach Deutschland verschleppt. Auch in Tübingen machte das gelbviolette Abzeichen, das jeder polnische „Zivilarbeiter" auf der rechten Brust fest verbunden mit der Kleidung „stets sichtbar" tragen mußte, für jeden erkennbar, wer nach dem Willen der NS-Führung als „Untermensch" und bloße Arbeitskraft

zu behandeln war. Zusammen mit den „Ostarbeitern" aus der Sowjetunion, die ebenfalls ein Abzeichen tragen mußten, waren die Polen damit unter den ausländischen Arbeitern an das unterste Ende der vom NS-Staat eingeführten Rassenordnung verwiesen.

In Tübingen arbeiteten Polen in allen Bereichen der Wirtschaft und bei Privatpersonen. Die „Polen-Erlasse" vom März 1940 und die „Polenstrafrechtsverordnung" vom Dezember 1941 unterwarfen sie härtester Disziplin. Allerdings gab es auch Arbeitgeber, die „ihrem" Polen menschlich und mit Verständnis begegneten. „Die Wirtin hat mich wie ein eigenes Kind behandelt", erzählte ein Pole, der 1940 auf den Schwärzlocher Hof kam. Dennoch bedeuteten die entbehrungsvollen und fremdbestimmten Jahre in Tübingen „eine verlorene Jugend". B. S.
Herbert 1985.

160 Auch die Tübinger Kliniken waren auf polnische Zwangsarbeiterinnen angewiesen

Fotografie; polnische Klinikarbeiterinnen; 6,2 x 9,2 cm; Tübingen undat. 1940-1942/43; Stadtarchiv Tübingen, Fotosammlung

Zum Gruppenfoto aufgestellt präsentieren sich sieben junge Frauen dem Fotografen. Ihre weiße Kleidung und Hauben weisen auf den Klinikbereich als Arbeitsplatz, der Wandelgang im Bildmittelgrund gehört zur Tübinger Chirurgie, hinter der die heute verschwundene Ziegelei am Eingang des Käsenbachtals lag. Die Szenerie entspricht üblichen Knipser-Arrangements, führt enge Zusammengehörigkeit vor. Der Name einer der Frauen ist bekannt. Es ist Eugenia Szalaty, die im Juni 1940 in ihrem Geburtsort bei Krakau als Siebzehnjährige bei einer Razzia eingefangen und ins Reich deportiert wurde, um hier wie Millionen Kriegsgefangene, zwangsweise oder freiwillig verpflichtete Ausländer unter oft unmenschlichen Bedingungen die Kriegswirtschaft aufrecht zu erhalten. Ihr Kind mußte sie zurücklassen. Über Ulm kam sie nach Tübingen, das

Arbeitsamt wies ihr eine Stelle in der Chirurgischen Klinik zu, wo sie mit anderen Frauen, streng kontrolliert und von den deutschen Kolleginnen getrennt, auch wohnte. 1942 oder 1943 floh sie nach Polen, wurde wieder aufgegriffen, zu sechs schrecklichen Wochen Straflager verurteilt, dann zur Arbeit in die Poliklinik geschickt. Gegen Ende des Kriegs wurde sie krank und erlebte die Befreiung in der Frauenklinik. Kurz danach heiratete sie ihren ebenfalls aus Polen stammenden Mann, den sie hier kennengelernt hatte; 1946 kehrte sie wie die meisten der mehr als 1600 Ausländer in Tübingen in die Heimat zurück. Beim Besuch einer Gruppe ehemaliger polnischer Zwangsarbeiter 1991 schenkte sie diese Aufnahme und einige Postkarten der städtischen Fotosammlung, die sie mit ihren beiden Klinik-Arbeitsplätzen als Motiv nach Hause geschrieben hatte und deren Hitler-Briefmarken an die Zeit bildlich erinnern. W. H.

Projektgruppe Fremde Arbeiter 1985; Interview Hilde Höppel und Iris Alberth mit Frau Szalaty am 14.5.1991 in Tübingen.

161 Tübingen blieb als Universitätsstadt vom Luftkrieg weitgehend verschont und war doch durch die Lazarette aktiv in den Krieg eingebunden

10 Luftaufnahmen von Tübingen; britisches Aufklärungsflugzeug; Reproduktionen 18 x 24 cm; Tübingen, London 25.12.1944; (Genehmigung Ministry of Defence); Stadtarchiv Tübingen, Fotosammlung

Weihnachten 1944 überflog ein britisches Aufklärungsflugzeug Tübingen. Von Westen kommend drehte es über Lustnau und kehrte wieder nach Westen zurück. Dabei nahm die automatische Bordkamera eine Bildserie auf. Die Beschriftung auf den Negativen hält die technischen Daten fest: Sorty (Einsatz)-Nr.106 G.3925 am 25. Dezember 1944, aufgenommen mit Brennweite f/20" (=20 Zoll) von der 544. Squadron (Staffel) in der durch den Pfeil angegebenen Flugrichtung. Die Aufnahmen wurden von Spezialisten ausgewertet, die auf ihnen militärische Einrichtungen und die Ergebnisse eigener Bombertätigkeit erkennen konnten.

In den Blick der Beobachter geriet Tübingen vor allem als Lazarettstadt: Die Dächer der Kliniken, des Standortlazaretts, der als Reservelazarette genutzten Großbauten wie Wilhelmsstift und Wildermuthschule tragen Rote Kreuze auf weißem Grund. Als heller Fleck kenntlich ist der Platz, auf dem das Uhland-Haus am Eingang zur Gartenstraße bis zur Nacht vom 14. auf den 15. März 1944 gestanden hatte, als ein Angriff der RAF mit 60 Sprengbomben, 400 Phosphorbrand- und 15.000 Stabbrandbomben die Stadt traf. Ebenfalls gut sichtbar sind die Kasernen und Industriebetriebe: Gegenüber der Hindenburgkaserne verbirgt ein Tarnanstrich drei Magazingebäude nicht; der rauchende Schlot des Bahnausbesserungswerks, die Sheddächer der Montanwerke Walter an der Derendinger Straße belegen - wie die Lazarette - die kriegswichtige Rolle der Universitätsstadt.

Es kann davon ausgegangen werden, daß diese Aufnahmeserie Teil der Vorbereitungen des zweiten Angriffs auf Tübingen waren, der im Frühjahr 1945 den Eisenbahnanlagen galt und den Güterbahnhof sowie eine Reihe von Wohnhäusern in der Schaffhausenstraße traf und schwer beschädigte. W. H.

LEBENSRAUM UND VERNICHTUNG

106G.3925.25DEC 44.F/20"//549SQDN.

3259

162 Verbote zum Umgang mit „dem Feind" wurden immer wieder mißachtet

2 Fotografien; abgeschossener Flieger beim Pfaffenberg zwischen Wurmlingen und Pfäffingen; Anton Fuhrer; 4,5 x 9,5 cm; Wurmlingen 17.3.1944; Privatbesitz

Die beiden kleinen, aber in gutem Zustand erhaltenen Abzüge stammen aus einer privaten Fotosammlung. Sie entstanden einen Tag nach dem Abschuß von mehreren britischen Flugzeugen um Tübingen, die im Rahmen des großen 860-Bomber-Angriffs der Royal Air Force auf Stuttgart

in der Nacht vom 14. auf den 15. März 1944 eingesetzt waren. Ein Teil der Bomberflotte war vom geplanten Weg abgekommen und hatte seine Bombenlast - zum Teil als „Notabwürfe" - auch im Gebiet Reutlingen/Tübingen abgeladen. Kusterdingen traf es dabei besonders schwer; in Tübingen wurde unter anderem das Uhland-Haus schwer beschädigt. Große Trümmerteile der am Pfaffenberg brennend abgestürzten Halifax LW 542 waren auf drei Stellen verteilt, von denen eine bereits abgesperrt war, als Fuhrer - er befand sich gerade auf Heimaturlaub - eine Tragfläche mit Motor und ein Rumpfteil aufnehmen konnte, was offiziell verboten war. Auf dem ersten Foto sind daneben unter anderem die Schwester des Fotografen mit ihren Kindern zu sehen. Der weiße Schatten in der linken Bildhälfte stammt vermutlich von Fuhrers Daumen. Im Hintergrund ist die Wurmlinger Kapelle zu erkennen.

Einen schwerverletzten Überlebenden des Absturzes, dem beide Beine abgetrennt worden

waren, trugen Männer der „Luftwacht Unterjesingen" ins Dorf. Die Reaktionen der Bevölkerung dort waren gespalten: Manche forderten, den englischen Bordfunker „vollends totzuschlagen", wie sich Augenzeugen erinnern, andere hatten eher Mitleid. Eine couragierte Ärztin fuhr ihn in die Tübinger Klinik, wo er versorgt wurde. M.H.
Emrich 1984.

163 Amerikanische Flugblätter für die deutsche Zivilbevölkerung

Flugblatt; Papier, Kupfertiefdruck mit blauer, roter und schwarzer Farbe; 13,5 x 21,5 cm; USA; Codezeichen „USG8"; abgeworfen zwischen August und November 1943; Städtische Sammlungen Nr. 7962

Auf der farbig bedruckten, illustrierten Vorderseite des Flugblattes wird auf die Luftkriegsaktivitäten der Amerikaner hingewiesen. Der Text auf der Rückseite erinnert an den Kriegseintritt der USA Ende 1941. Dieses Flugblatt wurde in der Schaffhausenstraße in Tübingen gefunden. Es gehört zur Serie USG aus den Jahren 1943 und

1944, die 53 verschiedene Flugblätter umfaßte. Die Flugblätter wurden von der Propagandaabteilung der Regierung der USA, dem „Office of War Information" (OWI) produziert. Das OWI wollte keine „schwarze Propaganda" betreiben (deren Herkunft mit Absicht verschleiert oder getarnt wurde), die amerikanische Regierung sollte auf allen Flugblättern genannt werden, in jedem Fall aber durch das aufgedruckte Codezeichen für die deutsche Bevölkerung als Herausgeberin sofort erkennbar sein. „US" bedeutet, daß das Flugblatt aus den USA stammt, „G" steht für Germany als Abwurfsziel, danach folgt die Seriennummer. Strategische Propagandaflugblätter wie dieses waren an die deutsche Zivilbevölkerung gerichtet und auf langfristige Wirkung angelegt. Mit vernunftbegründeten Argumenten und der Mitteilung von überprüfbaren Tatsachen (zum Beispiel Angaben über die militärische und wirtschaftliche Stärke der Kriegsteilnehmer) sollte die deutsche Zivilbevölkerung zur Abwendung von Hitler und vom Nationalsozialismus bewegt werden. E.T.

Kirchner, Flugblattpropaganda 1974, Bd. 6.

164 Alliierte Flugblätter fürchtete das NS-Regime wie Bomben

4 Flugblätter; Papier, Kupfertiefdruck mit schwarzer, roter, grüner und gelber Farbe; 13,5 x 21,5 cm; Großbritannien; Codezeichen G.57, G.63, G.64 und G.73; abgeworfen 1942 (G.57, G.63 und G.64) und zwischen September und Dezember 1943 (G.73); Städtische Sammlungen Nr.7962

Das Format der Flugblätter ist nach englischem Standard genormt. Auch diese vier Flugblätter wurden in der Schaffhausenstraße gefunden und

- trotz aller Verbote - nicht bei der Polizei abgeliefert. Zur Verbreitung von Flugblättern setzten die Engländer Flugzeuge und ungelenkte Gasballons ein. Die für Flugblattpropaganda zuständige Abteilung „Psychological Warfare Division" (P.W.D., also Abteilung für Psychologische Kriegsführung) wurde als Geheimabteilung des britischen Außenministeriums schon vor 1939 eingerichtet. Neben offiziellen Flugblättern und Rundfunksendungen benutzte die P.W.D. auch getarnte Radiosender und Flugblätter, deren Herkunft bewußt verschleiert wurde, als „schwarze Propaganda" zur Beeinflussung der deutschen Bevölkerung.

Die „Feindpropaganda" der Alliierten bereitete dem NS-Regime große Probleme, da es zur Führung des Krieges auf die Unterstützung durch die Zivilbevölkerung angewiesen war. Es wurde befürchtet, daß die Flugblattpropaganda die Haltung der Zivilbevölkerung zum Krieg negativ beeinflußt. So nennt eine auch in Tübingen verteilte Broschüre für den zivilen Luftschutz neben „Sprengbomben", „Brandbomen" und „Chemischen Kampfstoffen" auch den „Flugzettel" als „Angriffsmittel". E. T.

Kirchner, Flugblattpropaganda 1974, Bde. 4,5; Kirchner, Flugblätter 1974.

165 Bei der deutschen Zivilbevölkerung waren alliierte Flugblätter eine begehrte Informationsquelle

Flugblatt (gefälschte Lebensmittelkarte); Papier, Kupfertiefdruck mit schwarzer Farbe; 22 x 26 cm; Großbritannien; aufgesammelt im März 1943; Privatbesitz

Obwohl es verboten war, feindliche Flugblätter zu behalten, sammelte der Leihgeber, der dieses Flugblatt in Öschingen fand, als Jugendlicher Flugblätter und versteckte sie auf dem Dachboden seines Elternhauses in der Neckarhalde. Neben dem Reiz, etwas Verbotenes zu tun, brachte die Sammeltätigkeit auch Informationen, an die man durch die zensierte Presse und den kontrollierten Rundfunk des totalitären NS-Regimes nicht herankam. In seiner Sammlung befand sich auch diese gefälschte „Reichskarte

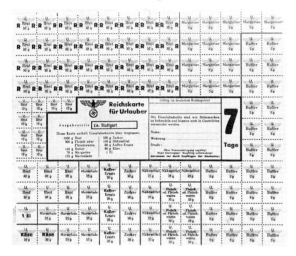

für Urlauber". Diese unterscheidet sich vom Original nur durch den Aufdruck „EA: Stuttgart" (Bis auf das Ernährungsamt Berlin, das über fertige Vordrucke verfügte, mußten alle Ernährungsämter die Ausgabestelle einstempeln). Solche gefälschten Dokumente wurden von den Engländern zu Sabotagezwecken abgeworfen. Dieser Versuch scheint erfolgreich gewesen zu sein: Wie der Finder berichtete, ließen sich solche Karten (von denen er damals mehrere aufgesammelt hatte) problemlos einlösen. E. T.

Kirchner, Flugblattpropaganda 1974, Bde. 4-6; Kirchner, Flugblätter 1974.

166 Im Chaos der letzten Kriegsmonate konnten auch Verbote und Appelle an die „Volksgemeinschaft" Plünderungen nicht mehr verhindern

Plakat; „Wer plündert wird erschossen!"; dünner brauner Karton, bedruckt mit roter Farbe, oben zwei eingenietete Aufhängelöcher aus Metall; r.u. „Bestellnummer 25263"; linker Rand abgerissen, Tuscheflecken; 30 x 64,5 cm; undat. um 1945; Städtische Sammlungen Nr. 7228

Beim letzten Luftangriff auf die Stadt, am 17. April 1945, wurde der Güterbahnhof völlig zerstört. Die auf den Gleisen abgestellten Waggons wurden geplündert, obwohl man vermutete, daß ihr Inhalt für Lazarette bestimmt war: „Dann sind wir runter mit dem Leiterwägele und das war so toll! Das war einfach so toll, weil das wie eine Wundertüte war, wie ein Wunder. Man hat Hunger gehabt, das war auch so ein bißchen abenteuerlich und dann ist man heimgefahren und dann hat man geguckt, was drin ist, und dann hat man auf einmal Zucker gehabt und Mehl und Butterschmalz." Im Wirrwarr der letzten Kriegstage konnte weitgehend ungehindert geplündert werden, bis die französische Militärregierung, die selbst nach der Besetzung die Stadt für drei Tage freigegeben hatte, das Plündern durch dieses, noch aus deutschen Beständen stammende, vorgefertigte Plakat am 22. April beendete. E. T.

Werner 1986, S. 27ff.

167 Die zerstörte Mühlstraße

Fotografie; „Adolf-Hitler-Straße"; Walter Kleinfeldt; mattes Fotopapier, Schrift u.l. in schwarzer Tusche; verso mit Postkartendruck, Stempel „Aufn. Foto Kleinfeldt Tübingen" und „Fliegerangriff Tübingen 15./16.III, 1944"; 10 x 14 cm; beschriftet vor 1945; Stadtarchiv Tübingen, Fotosammlung

Das Foto mit den in Trümmern liegenden Häusern bei der Neckarbrücke gehört zu einer Serie von Aufnahmen der zerstörten Mühlstraße nach dem Bombenangriff in der Nacht vom 14. auf den 15. März 1944. Der auf dem Abzug in Schönschrift am unteren Bildrand mit Feder und Tusche aufgetragene Titel lautet „Adolf Hitler-

Adolf Hitlerstrasse

strasse", entsprechend der Umbenennung der Mühlstraße zwischen 1933 und 1945.

Möglicherweise wurde das Foto von der Stadt angefordert, um die Zerstörung der Mühlstraße zu dokumentieren. Aus diesem Grund durfte Kleinfeldt offensichtlich Kriegsschäden in Tübingen fotografieren.

Die Fotos zählen zu den wenigen Bildern Kleinfeldts seit Kriegsbeginn und zeigen zum ersten Mal die negativen Auswirkungen des Krieges in Tübingen. Neben dem dokumentarischen Charakter steht die eigene Betroffenheit und Erinnerung der Kleinfeldts, die in der Mühlstraße wohnten und arbeiteten und deren Haus durch die Druckwelle des Einschlags beschädigt worden war. A. V.

168 Mit dem Ventil-Erbostat wurden im Kriegslazarett in der Jugendherberge bei verletzten Soldaten Lähmungen behandelt

Ventil-Erbostat; Fa. Erbe Elektromedizin; Holz, Metall, Glas, Plastik; 15 x 48 x 53 cm; Tübingen 1935; Fa. Erbe Elektromedizin, Tübingen

Der Ventil-Erbostat ist ein „Universalgerät" mit verschiedenen Funktionen. Als Reizstromgerät wurde es zur Therapie von Lähmungen verwendet, ein auf der Unterseite angebrachter Anschluß für Licht diente zur Endoskopie (Untersuchung von Körperhöhlen). Außerdem besitzt das Gerät einen Anschluß für die „Glühkaustik", ein Verfahren, bei dem Gewebe mit einer glühenden Platinschlinge durchtrennt wurde. Mit den auf der Oberseite der Platte befindlichen Reglern läßt sich die benötigte Stromstärke einstellen.

Das Gerät befindet sich in einem Koffer, war dadurch leicht zu transportieren und konnte vom Arzt zur ambulanten Behandlung des Patienten mitgenommen werden. Im Krieg verwendeten die Mediziner den Ventil-Erbostat unter anderem in Lazaretten, um Lähmungen zu behandeln, die von Schußverletzungen herrührten. In dieser Funktion kam der Apparat auch im Lazarett für Hirnverletzte in der Tübinger Jugendherberge zum Einsatz, wo er in Zusammenarbeit mit Prof. Hirschmann, Oberarzt in der Nervenklinik, weiterentwickelt wurde. L. D.

*Verwandten, Freunden u. Bekannten sen-
den wir zum Weihnachtsfest herzliche
Grüße u. zum Jahreswechsel die besten
Wünsche. Vor allen Dingen wünschen
wir, daß wir alle im Jahre 1941 einen
Deutschen Frieden feiern dürfen.
Dr. A. W. ▄▄▄▄ mit Frau,
u. Carl, Ado, Walter.
Tübingen, den 24. 12. 1940.*

*Verwandten, Freunden und Be-
kannten senden wir zum
Weihnachtsfest herzliche Grüße und
zum Jahreswechsel die besten
Wünsche.
Wenn wir auch im Jahr 1942
schwere Opfer bringen mußten, so
sehen wir doch voll Zuversicht und
Hoffnung auf das kommende Jahr.
Dr. med. A. W. ▄▄▄ mit Frau
und Carl, Adolf, Walter.
Tübingen, 24.12.1942.*

169 „Allen Gewalten zum Trutz sich erhalten", die Familie als feste Burg - Kontinuitäten über den Zusammenbruch hinweg

*7 Fotopostkarten; Vorderseite jeweils hand-
schriftl., einmal mschr. beschrieben; 14 x 9 cm;
Tübingen 24.12.1939, 1940, 1942, 1943, 1945,
1946, 1949; Stadtarchiv Tübingen, Fotosammlung*

Über zehn Jahre hinweg zu Weihnachten an „Verwandte, Freunde und Bekannte" verschickt, stellen die sieben Bildpostkarten (von denen hier sechs abgebildet sind) mit den meist im häuslichen Rahmen arrangierten Aufnahmen einer kinderreichen Tübinger Familie bürgerliches Wohlergehen und familiäre Kontinuität zur Schau. Das vielfach reproduzierte Familienglück war, auch wenn nur die Luftwaffenuniform einen expliziten Zeitbezug herstellte und NS-Attribute wie Parteiabzeichen oder „Führer"-Porträt fehlen, Abbild des nationalsozialistischen Familienideals und Ausdruck der herrschenden geschlechtsspezifischen Rollenverteilung: die Mutter im Zentrum, umgeben von der ständig wachsenden Kinderschar, das Familienoberhaupt beschützend über dem Ganzen. Einzig die Aufnahme im Freien weicht von dem traditionellen Schema ab. Erst die Kommentare unter den Aufnahmen machen diese privaten Zeugnisse nationalkonservativer Gesinnung zu einem politischen Bekenntnis, das freilich jede Eloge auf das Regime vermeidet, auch wenn es in vielen Zügen Übereinstimmung nahelegt: Aus den „frohen Wünschen zum neuen Jahr" bei Kriegsbeginn wurde ein Jahr später der Wunsch nach einem „deutschen Frieden". 1942 heißt es dann: „Wenn wir auch [. . .] schwere Opfer bringen mußten, so sehen wir doch voll Zuversicht und Hoffnung auf das kommende Jahr"; selbst nach Stalingrad wird weiterhin „vertrauensvoll" in die Zukunft geschaut. 1945 schweißt der Zusammenbruch die mittlerweile siebenköpfige Familie zusammen: „Allen Gewalten zum Trutz [sich erhalten]", hieß nun das Motto, das auch der Leitspruch von Sophie und Hans Scholl war. Die heile Familie wird im verunsichernden Wiederaufbau zur festen Burg: „Und wenn die Welt voll Teufel wär . . ." (1946); sie sieht und versteht sich angesichts der neu gegründeten Bundesrepublik als Abbild von „Deutschland" (1949). B. S.

Wir sehen vertrauensvoll in
die Zukunft u. wünschen Verwandten, Freunden u. Bekannten zum Weihnachtsfest wie
zum neuen Jahr alles Gute
Dr. A. W. P▮▮▮▮ u. Frau u.
Carl, Ado, Walter, Clara-Ursula,
Tübingen d. 24. 12. 1943.

Und wenn die Welt voll Teufel wär...

Allen Gewalten zum Trutz....

"Deutschland"

Wirtschaftsnot
Staatliche Neuordnung und Wiederaufbau
Entnazifizierung und Umgang mit der Vergangenheit

KAPITEL 5

NACH KRIEG II

NACHKRIEG II

Der Einmarsch der Franzosen am 19. April 1945 beendete den Zweiten Weltkrieg für Tübingen, die Kapitulation am 8. Mai brachte das offizielle Ende der NS-Diktatur. Mit dem Zusammenbruch des „Tausendjährigen Reiches" brach auch der Mythos „Führer" zusammen. Grundüberzeugungen wie beispielsweise der Antikommunismus, deren sich der Nationalsozialismus bedient hatte, hatten aber unangefochten weiter Bestand, ja wurden zu Zeiten des Kalten Krieges zur integrierenden Kraft, zum nationalen Konsens der Bundesrepublik. Ebenso gab es Prozesse, deren Folgen über den Zusammenbruch hinaus anhielten, wie die zwar säkulare Modernisierung, die vom Nationalsozialismus ungewollt beschleunigt und verstärkt worden waren. Die „Stunde Null" gab es nicht.

Die Alliierten legten mit ihren Abkommen Strukturen fest, die zur Teilung Deutschlands führten und die weitere Entwicklung des Landes entscheidend beeinflußten. Mit dem Fall der Mauer 1989 hielten viele die Nachkriegszeit für endgültig beendet. Und doch löste die Vereinigung Deutschlands eine Debatte über die „doppelte Vergangenheit" aus. Denn die Ursachen für die unterschiedliche Entwicklung in den beiden deutschen Staaten zwischen 1945 und 1989 liegen in der gemeinsamen deutschen Vergangenheit: im Nationalsozialismus.

Wirtschaftsnot. Die herausragende Erfahrung der ersten Nachkriegszeit war die der wirtschaftlichen Not. Als der Nachschub an Lebensmitteln und Rohstoffen aus den besetzten Gebieten abriß, begann das Hungern. Auch in Tübingen, wenngleich viele Tübinger über Beziehungen aufs Land oder selber über ein „Gütle" verfügten. Zudem halfen die begehrten Care-Pakete aus Amerika. Flüchtlinge aber hatten es in der fremden Umgebung, ohne Beziehungen, schwer; und die unzerstörte Stadt quoll über von Flüchtlingen. In den sechs Kriegsjahren war die Einwohnerzahl von 30.000 auf über 35.000 gestiegen. Wohnraumnot war deshalb das gravierendste Problem, zumal die französische Militärregierung zusätzlich Wohnraum beschlagnahmt hatte. Erfindungsreichtum war gefragt, um mit dem Mangel zurecht zu kommen. Es wurde geflickt und repariert, Reste wurden verwertet, Notbehelfe erfunden und militärische Utensilien zivil umgenutzt.

Staatliche Neuordnung und Wiederaufbau. Das unzerstörte Tübingen, das in der französischen Besatzungszone lag, wurde im Oktober 1945 Sitz einer provisorischen Regierung, dem von Carlo Schmid geleiteten „Staatssekretariat". Um den Aufbau einer neuen, entnazifizierten kommunalen Verwaltung machte sich die „Demokratische Vereinigung" verdient. Sie bestand aus ehemaligen Nazigegnern aller Richtungen und stellte mit dem sozialdemokratischen

Drucker Adolf Hartmeyer, nach Viktor Renner, den zweiten Nachkriegsober-
bürgermeister.

Für kurze Zeit wurde das Tübingen, wo Ende 1945 die Universität bereits wieder den Betrieb aufnahm, ein lebendiges Kulturzentrum. Nationale Größen
von Theater und Film fanden hier ihr erstes Nachkriegsengagement. Die vom
Nazismus verfemte Moderne wurde nun zum Symbol des demokratischen
Neubeginns. Die „Gesellschaft der Freunde des Kunstgebäudes" bemühte sich,
der Bevölkerung an Kunst zu zeigen, was unter den Nazis verfemt und verboten war. Doch die Versuche waren umstritten, viele lehnten die schwer zugänglichen, irritierenden Werke der Moderne ab, weil sie die Wirklichkeit nicht
illusionär abbildeten. Ein Renner dagegen wurde eine Kunstausstellung mit
den nach Württemberg ausgelagerten Werken großer deutscher Kunstmu-
seen. Die „Alten Meister" befriedigten die Suche nach festen, unumstößlichen
Werten mitten im Umbruch. Der Rückzug aus der Politik war angesagt. Der
Refrain des beliebten Trizonesiensongs „Die alten Zeiten sind vorbei, die Welt
geht weiter, eins, zwei, drei" wurde zu d e m Schlager, der die allgemeine Aufbaustimmung widerspiegelt. Der Wiederaufbau der zerstörten oder demon-
tierten Fabriken sowie die Umstellung von der Rüstungsproduktion auf zivile
Produkte lenkten den Blick nach vorn.

Entnazifizierung und Umgang mit der Vergangenheit. Das Ende der NS-Herrschaft wurde
unterschiedlich erlebt. Für manche brach eine Welt zusammen, und es
dauerte lange, bis sie den Zusammenbruch auch als Befreiung verstehen
konnten. Andere versuchten, rasch zu vergessen: „Wer will schon zugeben, wie
er sich an der Nase herumführen lassen hat durch die Politik. Wer will zugeben, daß er schuldig geworden ist?", beschreibt ein Tübinger diese Haltung. So
beschränkte sich die Abkehr vom Nationalsozialismus oft auf die oberflächli-
che Entfernung seiner Herrschaftssymbole, die rasch weggeschmissen, über-
tüncht, umgenutzt oder ausgekratzt wurden. Die kollektive Verarbeitung, das
offizielle Gedenken griff - wieder - auf die christliche Opfertod-Tradition
zurück. Ugge Bärtles Entwurf für ein städtisches Gefallenendenkmal, der als
Zeichen individueller Not Mit-Leid auch mit den Opfern ermöglicht hätte,
wurde 1958 zugunsten christlicher Hoffnungszeichen verworfen: auch ein Zeichen für den „großen Frieden mit den Tätern".

Die fehlgeschlagene Entnazifizierung hat viel zur kollektiven Verdrängung
beigetragen. Statt der politischen Säuberung erfolgte die Massenrehabilitation, statt des antifaschistischen Neubeginns brach bald schon im Zeichen
alter Feindbilder der Kalte Krieg aus. Ausdruck für den lange Zeit vorherrschenden Umgang mit der Vergangenheit ist die Ausblendung der Erfahrung
der Opfer. Mit einer Todesanzeige im Amtsblatt machten die Witwen der in
Auschwitz umgekommenen Brüder Spiro auf das Schicksal ihrer Angehörigen
aufmerksam. Das erste Erinnerungsmal für die ermordeten Tübinger Juden
wird 1945 von einem Überlebenden gesetzt. Erst 1978 beschloß der Gemein-

derat, nach langen Diskussionen, bei dem Grundstück der einstigen Synagoge einen Gedenkstein zu gestalten. Die Inschrift, die weder Opfer noch Täter nennt, war heftig umstritten und wurde ein Jahr später ergänzt. Aber bis heute fehlt der Hinweis auf die nationalsozialistischen Täter.

Das Gedenken an die Opfer und das Bewußtwerden der Verbrechen wurden überlagert von den Erinnerungen an eigene Not und persönliches Leid; an die Fronterfahrungen bei den Männern und die Bombennächte bei den Frauen. Erst in den 60er Jahren begann eine lange öffentliche Debatte, sich um eine Aufarbeitung der verdrängten Vergangenheit zu bemühen. In diesem Zusammenhang sind von Tübingen auch Anstöße für eine Bearbeitung der NS-Vergangenheit ausgegangen: Die studentische Dokumentation „Ungesühnte Nazijustiz" von 1960 wies erstmals auf die NS-Vergangenheit damals noch immer tätiger Richter und Staatsanwälte hin, auch wenn Standessolidarität und der Kalte Krieg die Aufklärung behinderten. Sie gab den Anstoß für eine Gruppe von Studenten, sich in den „notizen" mit der NS-Vergangenheit Tübinger Professoren zu befassen. Ihre Folge war die rasch organisierte Ringvorlesung „Deutsches Geistesleben und Nationalsozialismus", die erste Ringvorlesung in der Bundesrepublik zu diesem Thema, wenn auch vielfach von „hilflosem Antifaschismus" geprägt.

Die kommunale Aufklärung setzte sich nur langsam durch. Eine erste Grundlage bot Lilli Zapf 1974 mit ihrer Dokumentation über die Tübinger Juden. Allerdings verbindet sich der Name Tübingens auch mit dem Grabert-Verlag, der Erinnerungen alter Nazis publiziert und die „Auschwitz-Lüge" verbreitet. 1989 schließlich wurde die Universität Tübingen erneut von ihrer Vergangenheit eingeholt, als aufgedeckt wurde, daß am Anatomischen Institut noch immer mit Präparaten gearbeitet wurde, die von Opfern der NS-Gewaltherrschaft stammten. Als diese endlich aus der Sammlung ausgeschieden und bestattet wurden, dauerte es nur eine Woche, bis der bei dieser Gelegenheit gesetzte Gedenkstein zerstört, die Namenstafel mit antisemitischen Schmierereien beschmutzt wurden:

Nationalsozialismus in Tübingen - vorbei und vergessen? B. S.

170 Die Not der Nachkriegszeit zwang zur Umnutzung militärischer Gegenstände für den Alltag

Granatenkorb; Weidengeflecht; Höhe 75 cm, Durchmesser 19 cm; Isinger Dorfmuseum Alte Kelter, Tübingen-Unterjesingen

Ein typisches Beispiel für die Umnutzung von militärischen Gebrauchsgegenständen für einen nicht kriegerischen Alltag bildet der Granatenkorb, den eine Unterjesinger Bauernfamilie nach dem Krieg über eine Reutlinger Firma erworben hat. Im Sinne seines ursprünglichen Zwecks als Transport- und Lagerbehälter für Granaten ist der Korb wohl nie verwendet worden. Die neuen Besitzer benutzten ihn nach dem Krieg lange Zeit als Behälter für ihre Steckzwiebeln. M. H.

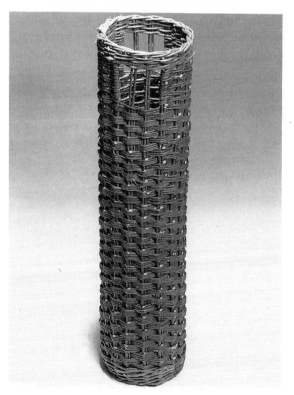

171 Private amerikanische Spenden milderten die Not auch in der französischen Besatzungszone

Care-Tonne; Karton, Eisen, Farbe; Höhe 70,5 cm, Durchmesser 58 cm; Bezeichnung mit schwarzen Buchstaben: „Roller Process Runfact/ Dry Milk Solids/ Jersey Milk & Cream Co. Ka Fargeville, N.Y./ MFGD May 1949/ C.C. 1140301"; daneben technische Angaben: „Gross 244/ Tare 19/ Net 223/ LOT 36/ Cont"; übrige Aufschrift unleserlich; USA 1949; Städtische Sammlungen Nr.8393

In dieser Tonne lieferte die private amerikanische Hilfsorganisation Cooperative for American Remittances to Europe (Care) seit 1946 Milchpulver für Schulspeisungen; in kleineren „Care-Paketen" waren Lebensmittel und Stoffe für Privatpersonen verpackt. Da die französische Militärregierung ihre Zone als große Reparation

betrachtete und aus ihr - ebenso wie die Deutschen während der Besetzung Frankreichs - so viel wie möglich herausholen wollte, war die Bevölkerung für die Unterstützung der Amerikaner dankbar, die über das von ihnen besetzte Gebiet hinaus ihre Sendungen verteilten. Insgesamt kamen Spenden im Wert von mehr als 300 Millionen DM nach Deutschland, um die wirtschaftliche Not der Nachkriegszeit zu mildern.

Nachdem die Tonne nicht mehr für ihren eigentlichen Zweck gebraucht wurde, benutzte sie die Familie der Leihgeberin zum Einmotten von Winterkleidung. E.T.

Schnabel 1986.

172 Flüchtlinge hatten es auch in Tübingen schwer

2 Tagebücher; Schulhefte, liniert und blanko, mit eingelegten und eingeklebten Zeitungsausschnitten und Konzert- bzw. Theaterprogrammen; DIN A 5; Tübingen 4.6.1945-August 1945 und Januar 1946/Dezember 1946; Privatbesitz

Die Autorin der Tagebücher kam im März 1945 nach Tübingen, nachdem ihre Familie in Königsberg ausgebombt worden war. Die fünfköpfige Familie lebte hier bis November 1946 in einem 23 qm großen Zimmer. In ihren Tagebüchern zeigt sich die Sorge von Frau B. um ihren vermißten Sohn. Sie beschrieb ihre Wohnungsprobleme, notierte Kochrezepte und hielt die tägliche Sorge um den Einkauf fest. Wenige Einträge beziehen sich auf den Nationalsozialismus, den verlorenen Krieg, den Heimatverlust und die Konzentrationslager. Frau B. litt unter dem Mißtrauen und der Ablehnung, die ihr oft als Flüchtlingsfrau in Tübingen entgegenschlugen. Am 11. Juli 1946 schreibt sie: „Wir wissen nicht mehr, wie wir uns Früchte beschaffen sollen, denn es ist schwer und peinlich, sich ein Rad zu borgen." E. T.

173 Die Wohnungsnot in der Stadt traf Flüchtlinge besonders hart

Waschtisch mit Emailschüssel; Holz, Eisenblech, Plastik, Lack, Klebstoff; 79,5 x 110 x 69,5 cm; undat. um 1950; Städtische Sammlungen Nr. 7246

Das Serienmöbel mit ausziehbarem Gestell zum Einhängen von zwei Waschschüsseln war schon vor dem Krieg weit verbreitet. Wie die frühere Besitzerin, Frau A., erzählte, wurde der Tisch für verschiedene Zwecke benutzt: Auf der Platte konnte ein Kocher aufgestellt werden, der ausziehbare Teil diente als Spültisch, als Waschbecken und zum Wäschewaschen. Frau A. war 1945 gemeinsam mit ihrer Schwester aus Danzig geflohen und kam 1948 nach Tübingen. Dank ihrer Französischkenntnisse fand sie hier eine Arbeitsstelle. Weitaus schwieriger jedoch war es, eine Unterkunft zu bekommen. Zwar waren nur wenige Gebäude durch Bombenangriffe zerstört worden, dennoch herrschte große Wohnungsnot. Die Stadt hatte 1944 durch Umquartierte und Flüchtlinge 15 Prozent mehr Einwohner als bei Kriegsbeginn. Nach Kriegsende mußte die Tübinger Bevölkerung nochmals enger zusammenrücken. Die französische Militärregierung beschlagnahmte 1600 Zimmer und 450 Wohnungen. Frau A. und ihre Schwester bekamen schließlich vom Wohnungsamt ein gemeinsames Zimmer in der Uhlandstraße zugewiesen. Wie viele andere Flüchtlinge auch durften sie die Küche der Vermieter nicht benutzen. Dank des Waschtischs wurde ihr Wohn- und Schlafzimmer zu einer „vollständigen" Wohnung mit Küche, Eß- und Badezimmer. E.T.

174 Sparherde waren auf die Holzknappheit der Nachkriegszeit zugeschnitten

Sparherd; Eisen, Schamottsteine, Ziegelsteine, Hartplastik, Holz; 72,5 x 41 x 61 cm; Firmenschild v.l. Wilhelm Zwanger, Schlossermeister; Tübingen undat. 1945-1948; Privatbesitz

Da kein neues Rohmaterial zur Verfügung stand, verwendete der Schlosser Wilhelm Zwanger für diesen Sparherd mit Backofen, den er selbst konstruiert hat, Abfallmaterial der Tübinger Firma Hermann Zanker. Das zugehörige Ofenrohr bezog er von der Firma Möck.

Die Holzknappheit zwang zur „Erfindung" solcher provisorischen Kochstellen, die ihren Namen ihrem sparsamen Verbrauch an Brennmaterial verdankten. Mit weniger Brennholz konnte in ihnen dieselbe Temperatur wie in einem großen Herd erzeugt werden. Ein großer Herd aber konnte nicht mit einer kleineren Holzmenge als eigentlich vorgesehen befeuert werden, weil er sonst nicht mehr zog.

Solche Sparherde waren begehrt Nach dem Krieg verkaufte die Schlosserei Zwanger ca. fünfzehn Exemplare dieses Typs mit zwei Kochplatten und Backofen für jeweils 60 RM; oft wurde mit Naturalien bezahlt. E. T.

175 Flickwerk und Ersatzstoffe

3 Socken; gestrickt aus Wolle, verstärkt mit Woll- und Baumwollstoff; weißes Etikett mit Initialen „U.B."; verschiedene Größen; Kiebingen (?) undat. um 1945; Städtische Sammlungen Nr. 8383 a,b

Diese Socken wurden in den für die Nachkriegszeit typischen, oft selbstgemachten Schuhen aus Holz und Stoff getragen. Solche Schuhe waren sehr unbequem und scheuerten beim Gehen am Fuß. Um diesem Nachteil etwas abzuhelfen, wurden die grünen Wollsocken innen über der Ferse mit kariertem Baumwollstoff gepolstert. Außerdem sind die Socken, die aus der Wolle

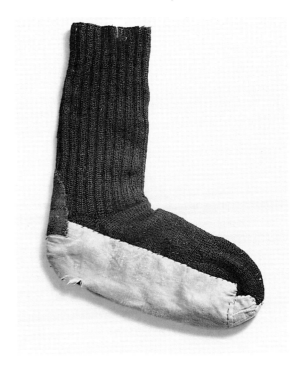

eines aufgeribbelten Pullovers gestrickt wurden, an der Spitze und an der Ferse durch zusätzlich eingestrickte blaue und graue Wolle verstärkt. Schuhe mit Sohlen aus Holz waren nicht nur sehr unbequem, die Socken nutzten sich darin auch viel schneller ab als in Lederschuhen, weshalb die schwarzen Socken an der Sohle und an der Ferse mit Stoffstücken nicht geflickt, sondern verstärkt sind. E. T.

176 Notwendige Resteverwertung

3 Tüten für Löschsand; Packpapier, Leim, Farbe; 43,5 x 28 cm; bez. „Hergestellt von Karl Trautwein, Bruchsal"; undat. um 1940; Städtische Sammlungen Nr. 6303

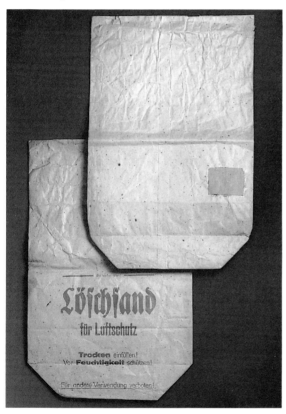

Auf der Vorderseite der Tüten aus hellbraunem, doppelt verarbeitetem Packpapier ist unter einem Strich zur Markierung der Füllhöhe mit roten Buchstaben die Gebrauchsanweisung aufgedruckt: „Löschsand/ für Luftschutz/ Trocken einfüllen!/ Vor Feuchtigkeit schützen!/ Für andere Verwendung verboten!". Alle drei Tüten sind stark zerknittert, eine der Tüten ist an der Rückseite mit einem aufgeklebten, braunen Stück Karton (4,5 x 6 cm) geflickt. Gebrauchsspuren

und Materialreste in den Tüten lassen darauf schließen, daß sie nach Kriegsende zum Transport von Holz, Reisig oder Heu verwendet wurden. In der Nachkriegszeit waren Behältnisse aller Art Mangelware; besonders der Transport von Holz stellte vor allem diejenigen vor große Probleme, die weder ein Fahrrad noch einen Leiterwagen besaßen. Die Tatsache, daß eine der Tüten repariert wurde, zeigt, wie kostbar und unersetzlich sie damals für ihre Besitzerin oder ihren Besitzer waren. E. T.

177 „Ein Leiterwagen aber war der Mercedes unter den Handwagen"

Handwagen; Holz, Eisen; Ladefläche 85 x 50 cm, Deichsel 112 cm, Durchmesser der Räder 6 cm; Maschinenfabrik Mann, Waldshut; undat. um 1945; Städtische Sammlungen Nr. 8385

Dieser kleine Wagen wurde nach der Herstellerfirma „Mann-Rutscherle" genannt. Die Waldshuter Firma Mann produzierte vor 1939 Maschinen für die Textilindustrie. Im Zweiten Weltkrieg stellte sie ihre Produktion wegen mangelnder Nachfrage auf Haushaltsgegenstände um, nach dem Krieg stellte sie von 1946 bis 1948 diese kleinen Handwägen her. Zur Befestigung der

Deichsel an der Vorderachse wurde ein durchbohrtes Zehnpfennigstück („Deutsches Reich 1939") als Unterlegscheibe benutzt. Das „Rutscherle" war vor allem zum Transport von Kohle und als Wagen zum Hamstern unentbehrlich. E. T.

178 Notbehelfe überbrückten den Mangel

Tabakschneider; Eisen, Holz; ca. 14 x 10 x 39 cm; undat. um 1945; Isinger Dorfmuseum Alte Kelter, Tübingen-Unterjesingen

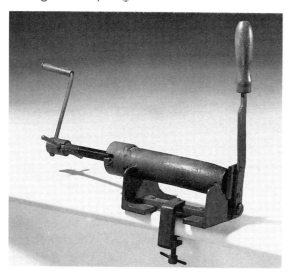

Für die Selbstversorgung mit Tabak im Ort hergestellt, ist der zentrale Bestandteil der Konstruktion eine Granathülse, in die vom hinteren Ende das Schnittgut eingefüllt und von einem Gewinde mittels einer Kurbel nach vorn geschoben wird, wo ein angenietetes Messer mit Stiel und Holzgriff zum Feinschnitt der im Kanal zusammengepreßten Blätter dient. Mit einer angeschweißten Halterung kann das Gerät zum Beispiel an einem Tisch festgeschraubt werden. Auch dieses Element ist wie die anderen Teile eigens für den Gebrauch durch Kleinanbauer von Tabak für den eigenen Bedarf fachmännisch hergestellt, wobei vorgefundene Teile wegen der Materialknappheit der Nachkriegszeit dem neuen Zweck durch Umarbeiten angepaßt wurden. W. H.

Staatliche Neuordnung und Wiederaufbau

179 Die Besetzung durch französische Truppen brachte für Tübingen das Ende des Zweiten Weltkriegs und des NS-Regimes

Zigarettenetui; Eisenblech, rote, weiße und grüne Farbe; 8 x 11 x 1,5 cm; undat. um 1948; Städtische Sammlungen Nr. 5044

Auf den Deckel des Etuis, das Platz für 20 Zigaretten bietet, ist ein Kartenausschnitt eingeprägt. Die rot eingezeichnete französische Besatzungszone umfaßte die Länder Südwürttemberg-Hohenzollern, Südbaden sowie das neugebildete Land Rheinland-Pfalz und erstreckte sich über eine Fläche von 43.000 Quadratkilometern. Als kleinste der vier Besatzungszonen hatte sie 5,9 Millionen Einwohner. Frankreich, das nach der Sowjetunion und Polen im Krieg wirtschaftlich besonders schwer geschädigt worden war, versuchte durch Reparationen, die Annexion des Saargebietes (das auf dem Kartenausschnitt schwarz schraffiert ist) sowie durch Abgaben aus der laufenden Produktion einen Ausgleich für die erlittenen Verluste zu erzielen. Während die Besatzungskosten 1946 in der amerikanischen Zone 95 RM und in der britischen Zone 112 RM je Einwohner betrugen, belastete die französische

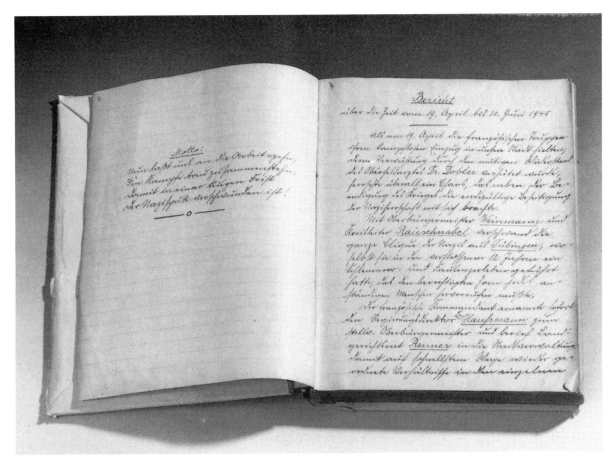

Militärregierung die Bevölkerung mit 200 RM je Einwohner. Frankreich erzielte als einzige der drei Westmächte aus der Bewirtschaftung seiner Besatzungszone bis 1948 Überschüsse.

Noch heute finden sich Spuren, die an die Besetzung durch die Franzosen erinnern: Das Sendegebiet des Südwestfunks entspricht der Ausdehnung der französischen Besatzungszone, wie sie auf diesem Zigarettenetui eingezeichnet ist. E. T.

Schmid 1987.

180 Bei Kriegsende organisierten sich Nazigegner unterschiedlicher politischer Richtungen, um beim Wiederaufbau zu helfen und die Stadtverwaltung zu entnazifizieren

Protokollbuch der Demokratischen Vereinigung Tübingen; 21 x 16 x 2,5 cm; Tübingen 19.4.1945-26.4.1946; Stadtarchiv Tübingen E 10/N 11

Das Protokollbuch der aus einem „Antifaschistischen Block" bereits in den letzten Kriegstagen hervorgegangenen „Demokratischen Vereinigung Tübingen" (DV) dokumentiert die Aktivitäten dieser ersten demokratischen politischen Grup-

pierung nach der NS-Zeit, die vor allem zum Neuaufbau von Versorgung, Wirtschaftsleben und Kommunalverwaltung beitragen wollte. Ein wichtiges Ziel war die umfassende Entnazifizierung der Tübinger Verwaltung, wie das vorangestellte Motto zeigt: „So laßt uns an die Arbeit geh'n,/im Kampfe treu zusammensteh'n,/damit in einer kurzen Frist/der Nazispuk verschwunden ist!"

Nahezu ein Jahr lang trafen sich die Teilnehmer der meist wöchentlichen Sitzungen im Altstadtlokal „Pflug". Mitglieder des überparteilichen Kreises, dem keine Frau angehörte, waren vor allem Angehörige der seit 1933 verbotenen SPD und KPD, aber auch Liberale und Zentrumsleute. Zu ihnen gehörten mehrere später über den lokalen Rahmen hinaus bekannt gewordene Persönlichkeiten, so die nachmaligen Oberbürgermeister Viktor Renner und Adolf Hartmeyer, Theodor Dobler (der „Retter unserer Stadt", wie es im Protokollbuch stolz heißt) und „unser alter Freund" Carlo Schmid. Ende April 1946 löste sich die DV auch auf Druck der französischen Militärbehörden auf. M. H.

181 Tübingen wird Sitz einer provisorischen Regierung

Behördenschild; „Staatssekretariat für das franz.
bes. Gebiet Würtembergs u. Hohenzollern";
Stahlblech, beidseitig lackiert mit weißer und
schwarzer Farbe; 30,5 x 43,5 cm; undat. 1945-
1946; Städtische Sammlungen Nr. 6284

Bis zu den ersten direkten Landtagswahlen am
18. Mai 1947 wurden der französisch besetzte
Süden Württembergs und Hohenzollern von
einer provisorischen Regierung verwaltet, die am
16. Oktober 1945 in Tübingen eingerichtet
wurde.

Leiter des im Landgerichtsgebäude in der Kaiserstraße untergebrachten „Staatssekretariats" war
der sozialdemokratische Staatsrechtler Carlo
Schmid. Die Kaiserstraße wurde am 18. August
1945 zu Ehren von Theodor Dobler, der als
Standortarzt die kampflose Übergabe der Stadt
maßgeblich organisiert hatte, in Doblerstraße
umbenannt. Nach den Landtagswahlen vom 18.

Mai 1947 wurde das Staatssekretariat von einer
neuen Landesregierung abgelöst, die allerdings
zunächst nicht viel mehr Rechte gegenüber der
französischen Besatzungsmacht besaß als die
provisorische. E. T.

Schmid 1979; Schnabel 1986.

182 Für kurze Zeit wurden Antifaschisten aus der Arbei-
terbewegung zur Organisation des politischen Neubeginns
gebraucht

Porträt Oberbürgermeister Adolf Hartmeyer;
Valeska Biese; Öl auf Leinwand; 80,5 x 70 cm;
1971; Städtische Sammlungen Nr. 3805

Posthum in städtischem Auftrag gemalt, um die
von den Nazis begonnene Galerie der Oberbürgermeister fortzusetzen, präsentiert das Porträt
den Politiker in einer innehaltenden Pose, wie
von der Arbeit am Schreibtisch zu einem Besucher aufblickend, der mit einem Anliegen vor
ihm steht. Erinnert wird so an einen Mann, der
seit Mai 1945 als Sozialamtsleiter, von Anfang
Januar 1946 bis Ende 1948 als Oberbürgermeister „den ‚verfahrenen Karren aus dem Dreck
gezogen' [hatte], ohne juristische Spezialausbil-
dung, ohne besondere Sprachkenntnisse, ganz
einfach mit seinem gesunden Menschenverstand
und dem guten Herz eines schlichten Mannes,
der seine Erfahrung und sein Wissen aus einem
harten, arbeitsreichen Leben bezogen hatte", wie
es in einem Nachruf hieß.

Nach der Ausbildung bei der Tübinger Druckerei
Laupp und der Staatlichen Akademie für Buch-
gewerbe und Graphik in Leipzig war Hartmeyer
bis 1933 führend für sozialdemokratische Zeitungen in Leipzig, Nürnberg und Karlsruhe tätig, bis
er - wohl um politischer Verfolgung zu entgehen
und seinen Lebensunterhalt zu sichern - nach
Tübingen zurückkehrte. Als Mitglied der antifaschistischen „Demokratischen Vereinigung" (vgl.
Kat.-Nr. 180) gehörte er nach Kriegsende zu den
wenigen, auf die sich die Besatzungsmacht beim
Aufbau einer politisch unbelasteten Verwaltung
stützen konnte. Landesweit war er im Landtag

und als Präsident des Gemeindetags von Württemberg-Hohenzollern tätig. W. H.

Stotz 1953, S. 51f.

183 „Die alten Zeiten sind vorbei [. . .] die Welt geht weiter, eins, zwei, drei [. . .] Heidi-tschimmela-tschimmela-tschimmela-tschimmelabumm!"

Schallplatte; „Wir sind die Eingeborenen von Trizonesien"; Aufnahme Karl Berbuer mit Orchesterbegleitung, Leitung Theo Knobel; Schellack; Durchmesser 25 cm; Firma Polydor; Köln 1948; Städtische Sammlungen Nr. 8528 d

Der von Karl Berbuer getextete und komponierte „Trizonesien-Song" war der Karnevalsschlager des Jahres 1947. Er durchlief die alliierte Zensur und durfte mit der Lizenznummer N 72 48 veröffentlicht werden. Der Text des dreistrophigen Liedes ist typisch für die schon bald nach Kriegsende einsetzende Aufbaustimmung: Zwei Jahre nach dem Zusammenbruch des „Dritten Reichs" versuchte man zu vergessen und sich - ohne Rückblick auf die Vergangenheit - auf die Zukunft zu konzentrieren. So heißt es in der ersten Strophe: „Mein lieber Freund, mein lieber Freund,/ die alten Zeiten sind vorbei,/ ob man da lacht, ob man da weint,/ die Welt geht weiter, eins zwei, drei." Als Besiegte fühlte sich die deutsche Bevölkerung den (West-)Alliierten, die ihre Besatzungsgebiete ab 1947 als „Trizone" verwalteten, machtlos ausgeliefert: „Ein kleines Häufchen Diplomaten/ macht heut die große Politik,/ sie schaffen Zonen, ändern Staaten./ Und was ist hier mit uns im Augenblick?" Der Liedtext zeigt, wie die jüngste Vergangenheit verdrängt wurde. Stattdessen erinnerte man sich (hier in der dritten Strophe) an Goethe und Beethoven, so daß man schon 1947 sagen konnte: „[. . .] darum sind wir auch stolz auf unser Land." Mit der Namensgebung „Trizonesien" begegnete man der Ungewißheit über die politische Situation und die Zukunft des besiegten Deutschlands. Die Identifizierung mit diesem Namen ging so weit, daß das Lied 1949 beim Ersten Internationalen Steherrennen in Köln während der Ehrenrunde des deutschen Teilnehmers als Ersatznationalhymne gespielt wurde. E. T.

Mezger 1975; Sperr 1978.

184 Im Nachkriegs-Tübingen wurde die verfemte Moderne Symbol des Neubeginns

Katalog; „Moderne deutsche Kunst Tübingen"; Gesellschaft der Freunde des Tübinger Kunstgebäudes; 20 x 14,5 cm; Tübingen (H. Laupp) 1947; Privatbesitz; (Foto S. 44)

Unterstützt vom Staatssekretariat für das besetzte Gebiet Württembergs und Hohenzollern, begannen im Winter 1945/46 die ersten Kunstausstellungen in Tübingen. Neben den nach Tübingen ausgelagerten Beständen großer Museen aus Köln oder Stuttgart war den zur Gesellschaft der „Freunde des Kunstgebäudes" zusammengeschlossenen Kunstfreunden vor allem eine Ausstellung moderner Kunst wichtig als Teil des demokratischen Neubeginns: „Mit den hier gezeigten Kunstwerken wollten wir vor allem die junge Generation, die Studenten ansprechen [. . .]. Vieles wurde abgelehnt. Aber es gab wenigstens lebendige Diskussionen [. . .] und am Schluß waren es 11.500 Besucher, darunter mancher, der bis dahin die vielgeschmähte, ‚entartete' Kunst nur aus der gelenkten Presse des dritten Reiches gekannt hatte." Die Gestalter der Ausstellung „Moderne deutsche Kunst", die 1947 in Tübingen gezeigt wurde, wählten für das Titelbild des Katalogs Gerhard Marcks' Holzschnitt „Die Hoffnung" aus dem Jahr 1944. So setzt es sich ab vom kämpferischen Ausdruck des Katalogumschlags der „Großen deutschen Kunstausstellungen": Der behelmte Kopf Athenes als wehrhafte Schirmherrin der Wissenschaften und Künste wird durch die christliche Tugendallegorie der „Hoffnung" ersetzt. Wiederum ist die bedeutungsgeladene Figur eine Frau, die traditionelle Projektionsfläche der Künstler und Kunstbetrachter. Die so personifizierte „Hoffnung" ist jedoch, abweichend von der traditionellen Ikonografie, nicht als aufwärtsblickende Frau mit erhobenen Händen oder mit dem Anker als Zeichen der Zuversicht gezeigt, sondern als eine mit geschlossenen Augen am Boden kauernde weibliche Gestalt. Ihre Haltung erinnert an die Ausdrucksgeste der Melancholie. Wie ein Käfig umgibt das Gerüst eines Hauses die Figur, die fast nur durch die Umrißzeichnung gegeben ist. Gegenüber dem dunklen, unregelmäßig schraffierten Hintergrund erscheint sie als Negativform und erhält so eine immaterielle Strahlkraft. Das weiße, antikisierende Gewand weist die Trägerin als rein und unschuldig aus. Fast jeglicher Körperlichkeit beraubt, wird sie zum Symbol antikriegerischer Hoffnung im vorletzten Kriegsjahr. Durch die Verwendung der Grafik zur Kataloggestaltung wird die Botschaft näher bestimmt: Die Kunst erhält die Funktion als Hoffnungsträger einer durch Leid gereinigten Nachkriegsgesellschaft zugewiesen. Ba. Sch.

Rieth 1952, S. 28-30.

185 Kriegsbedingte Auslagerungen von Betrieben formten die Nachkriegsgeschichte mit

Radiogerät „Zauberflöte"; LTP; Sperrholz, Metall, Kunststoffe, Textil; 28,7 x 39,2 x 24 cm; Tübingen undat. um 1950; Städtische Sammlungen Nr. 7484

Der Radioapparat der Marke „Zauberflöte" dokumentiert ein Stück Tübinger Nachkriegs-(-Technik-)geschichte, die in Berlin begann. Mit zunehmenden Luftangriffen wurden immer mehr Betriebe aus der Reichshauptstadt in die Provinz ausgelagert, darunter auch das in Berlin-Charlottenburg ansässige Labor für Technische Physik (LTP) der beiden Ingenieure Herbert Lennartz und Heinz Bouke. Spätestens 1944 bezogen sie eine Etage im Gebäude der stillgelegten Jope-Textilfabrik an der Lustnauer Adlerkreuzung. Hier bauten drei Dutzend (Fach-)Arbeiter, darunter auch dienstabgestellte Wehrmachtsangehörige, vor allem an elektrischen Meßgeräten, wie sie für die Rüstungsindustrie gebracht wurden. 1945 wurde der Betrieb von der Besatzungsmacht geschlossen. Mit ‚gerettetem' Mate-

rial richtete man sich schließlich in dem Schnaidtschen Gebäude an der Blauen Brücke ein. Entsprechend den alliierten Auflagen wurde die Produktion auf den Bau von Radiogeräten und damit auf eine zivile Branche umgestellt, die höchste Wachstumsraten versprach. Spätestens zur Währungsreform im Juni 1948 standen die ersten „Zauberflöten" in den Schaufenstern. Für kurze Zeit konnten sich kleinere Firmen wie LTP mit seinen bald mehreren hundert Beschäftigten behaupten. Der Konkurrenzdruck der kapitalstarken und mit hohen Stückzahlen wieder auf den Markt drängenden Branchenriesen wurde jedoch zunehmend zum Problem. Im Frühjahr 1950 mußte LTP Konkurs anmelden. C. S.

Entnazifizierung und Umgang mit der Vergangenheit

186 Der Zusammenbruch des NS-Regimes wurde unterschiedlich erlebt

Tagebuch; Tinte auf Papier; 20,7 x 16,6cm;
Unterjesingen 17.4.1945-28.5.1945, Nachtrag
Sommer 1991; Privatbesitz

Das Tagebuch, nachträglich in Reinschrift übertragen, dokumentiert das Kriegsende aus der Sicht einer Jungmädelführerin. Es beginnt zwei Tage vor dem Einmarsch französischer Truppen und endet mit einer nachträglichen „Rückschau" vom Sommer 1991.

„Alles auf Erden ist zu bessern/ Jede Niederlage kann zum Vater eines späteren Sieges werden". Als Motto vorangestellt, verdeutlicht der idealistische Spruch J.G. Fichtes den verzweifelten Willen der Autorin, gegen besseres Wissen weiterhin an den Sieg zu glauben. Aus Angst vor den französischen Besatzern folgte sie mit der Mutter am 18. April 1945 dem „Marschbefehl" der Gauleitung in Richtung „Alpenfestung". Von Jagdbomber-Angriffen unterbrochen, kamen die Flüchtenden nur bis Zwiefaltendorf. Die dort einmarschierenden Marokkaner und die Nachrichten von Vergewaltigungen verbreiteten Schrecken. Verwundert stellte die Schreiberin aber nach der ersten Begegnung fest: „Es passierte nichts besonderes, aber das Fremde erfüllt uns mit Schrecken."

Mit der Rückkehr „in eine Art Normalleben" setzte sich die Erkenntnis durch, „daß das Leben auch nach einem Zusammenbruch Deutschlands irgendwie weitergehen kann". Mit Schrecken verspürte sie, das „Deutsche Mädel", Spaß beim Baden mit einem Franzosen. Allmählich setzte der Prozeß des Umdenkens ein. „Schon längere Zeit" war „in unseren Gedanken herangereift, daß dies unnötiges Blutvergießen sei."

Wut oder Enttäuschung über den „Führer" spielten keine Rolle. Mit der erlernten Disziplin und Tapferkeit machte sie sich, zurückgekehrt nach Unterjesingen, ans Aufräumen. B. S.

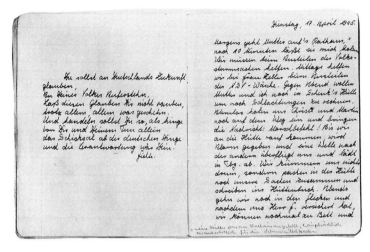

187 „Wir vergessen nicht"

Briefumschlag mit 3 kleingefalteten Zetteln
(Drohbriefe); verschiedene Größen; anonym;
Bleistift auf Papier; Tübingen 23.4.1945; Privat-
besitz

Der militärische Zusammenbruch brachte nicht automatisch das Ende aller vom NS-Staat geprägten Argumentations- und Verhaltensmuster. Rassismus, Fremdenhaß und ein sexistischer Umgang mit Frauen waren tief verwurzelt, wie diese Denunziationsschreiben belegen; das anonyme Anschwärzen, Bedrohen und Bespitzeln, für das Funktionieren des nationalsozialistischen Herrschaftssystems notwendig, war manchen zur zweiten Natur geworden. So erschien es dem anonymen Schreiber offensichtlich unwahrscheinlich, daß kurz nach der Besetzung

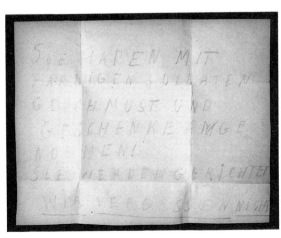

durch französische Truppen ein Gespräch zwischen einer Tübingerin und zwei marokkanischen Soldaten harmlos-freundlich verlaufen konnte. Als die Soldaten auch noch zurückkehrten, um für „Monsieur le Papa" eine Kiste Zigarren abzugeben, stand für den heimlichen Beobachter fest, daß da etwas nicht mit rechten Dingen vor sich gegangen sein konnte. Je nachdem, an wen er den Brief adressierte, variierte er seine wohl auch aus Neid formulierte Anklage: „Sie haben mit farbigen Soldaten geschmust", „Ihre Schwiegertochter hat als deutsche Offiziersfrau mit farbigen Soldaten Tauschgeschäfte gemacht", „Ihre ältere Tochter hat von farbigen Soldaten Geschenke angenommen. Sie wird gerichtet. Wir vergessen nicht." B. S.

![Horst Wessel-Straße / Hindenburg-Straße Straßenschilder]

188 Spuren der nicht mehr genehmen Vergangenheit wurden hastig entfernt

Straßenschilder; „Hindenburg-Straße" und „Horst Wessel-Straße"; Metall, Emaille; 12 x 78 cm und 12 x 82 cm; Firma Rudolf Roller, Herrenberg (?); Isinger Dorfmuseum Alte Kelter, Tübingen-Unterjesingen

Die Straßenschilder „Hindenburg-Straße" und „Horst Wessel-Straße", 1934 auf Gemeinderatsbeschluß in Unterjesingen angebracht, wurden wahrscheinlich kurz vor dem Einrücken französischer Truppen in den Ort entfernt. Offensichtlich hatte man es beim Abmontieren des Schildes „Horst Wessel-Straße" besonders eilig, so daß man eine Schraube der Befestigung kurzerhand aus der Wand herausriß und die Emaillierung des Schildes beschädigte. Das weniger problematisch erscheinende Schild der „Hindenburg-Straße" weist dagegen keine größeren Beschädigungen auf; es wurde wohl für wiederverwertbar gehalten. „Ersatzkaiser" Hindenburg war, trotz eindeutig antidemokratischer Grundeinstellung, zumindest Repräsentant der ersten deutschen Republik gewesen. Horst Wessel dagegen, eine

der Märtyrerfiguren der NS-Bewegung schon vor 1933, hatte nach dem Zusammenbruch als Namensgeber für Straßen ausgedient. M. H.

189 Beim Einmarsch der Franzosen verschwanden zwar die Hakenkreuze - eine Befreiung war die Niederlage dennoch nur für wenige

Fahnentuch; roter Baumwollstoff; 230 x 107 cm; abgeändert 1945; Städtische Sammlungen Nr. 8596 c

Fast auf den Tag genau läßt sich der überlieferte Zustand dieses Fahnentuchs datieren: Am 19. April 1945 ab 6.50 Uhr besetzten französische Truppen Tübingen. In unmittelbarem Zusammenhang damit werden von der Hakenkreuzfahne die nun kompromittierenden vorder- und rückseitigen weißen Scheiben mit der schwarzen Swastika abgetrennt worden sein. Ihre ehemaligen Flächen heben sich durch das intensivere Rot von der während des häufig angeordneten Gebrauchs leicht verblichenen Umgebung ab, und auch die in ihm verbliebenen Steppfäden zeigen nicht nur deutlich das kreisrunde Mittelfeld, sondern auch die Eile, mit der es entfernt und vermutlich verbrannt wurde. Die Verwandlung des immer wieder beschworenen heiligen Zeichens zum textilen Material markiert den Pragmatismus des Kriegsendes und der unmittelbaren Nachkriegszeit: Das Stück roten Stoffs wurde aufbewahrt, um bei Bedarf zu Nützlichem verarbeitet zu werden. Die Pfarrersfamilie, deren Vater zunächst als SA-Mann und Mitglied der Deutschen Christen aktiv die Nazis unterstützt hatte, dann aber vor 1937 aus beiden Organisationen wieder ausgetreten war, stellte sich - wie die meisten - auf diese Weise nach jahrelangem loyalen Mitmachen auf die neuen Anforderungen ein. Ein Augenzeuge berichtet: „Aus den Fenstern der Häuser entlang des Neckars, es sah aus wie ein Konfettiregen, fielen die Fotos der Nazigrößen." W. H.

Werner 1986.

190 Der notwendige Pragmatismus des Wiederaufbaus verführte dazu, vieles zu übernehmen

Fruchtsack der Heeresverpflegung mit übermaltem Hakenkreuz; Grobleinen; 110 x 66 cm; 1941/um 1945; Isinger Dorfmuseum Alte Kelter, Tübingen-Unterjesingen

Bis Ende der 50er Jahre war es in vielen Dörfern Brauch, die zum Transport von Getreide und Feldfrüchten verwendeten Säcke mit Beschriftungen - meist der Name des Eigentümers - zu versehen. So wurde sozialer Status gezeigt und das Mahlgut gekennzeichnet. Auch der vorliegende Sack, der 1941 von der Heeresverpflegung für die Versorgung der Front verwandt wurde, ist bezeichnet. Entsprechend seiner Funktion trug er neben dem Organisationskürzel H.Vpfl. den Hoheitsadler des Deutschen Reichs mit dem Hakenkreuz, zusätzlich sicherten zwei eingewebte blaue Streifen das Stück gegen Diebstahl. Nach dem Ende der NS-Herrschaft wurden solche Säcke weiterbenutzt. Sie waren wegen ihrer guten Qualität sehr geschätzt und wurden deshalb auch immer wieder geflickt; die nicht auswaschbare Kennzeichnung mit NS-Emblemen jedoch schränkte die öffentliche Nutzung stark ein, wenn auch - wie hier - die Zeichen staatlicher Macht soweit übermalt worden waren, wie es unbedingt notwendig erschien. W. H.

Haas 1979; Haas o.J.

191 Die Abkehr vom Nationalsozialismus beschränkte sich oft auf die Entfernung seiner Herrschaftssymbole

Fotografien
a Schwarzwälder Trachtenverein; Kontaktabzug vom Glasnegativ; nachträglich bearbeitet; 17 x 24 cm; Gebrüder Metz; Tübingen; undat. 1933-1945; Stadtarchiv Tübingen, Fotosammlung
b Soldaten vor der Burgholz-(Hindenburg-) Kaserne; Kontaktabzug vom Glasnegativ; nachträglich bearbeitet; 17 x 24 cm; Gebrüder Metz; Tübingen undat. 1935-1945; Stadtarchiv Tübingen, Fotosammlung

Die Aufnahmen stammen aus einem gesondert überlieferten Bestand der Tübinger Firma Gebr. Metz. Die rund 120 Glasplatten, die ein Mitarbeiter in den 50er Jahren ausgesondert hat, zeigen überwiegend Tübinger Motive aus der NS-Zeit - meist Vorlagen für Postkarten. In ihrer Abfolge summieren sie sich zu einer lokalen Erfolgsbilanz des NS-Staates. Sie spiegeln die propagandistische Selbstdarstellung des Regimes, den schönen Schein des „Dritten Reichs": Neben den großen Neubauten wie der NSKK-

Motorsportschule (1934), der Reichs-SA-Sanitätsschule (1936) oder der „Hindenburg"-Kaserne (1935) finden sich vor allem Propaganda-Ereignisse, etwa die Grundsteinlegung für das Silcher-Monument (1939), Massenaufmärsche, marschierende Arbeitsdienst-Männer oder die abgebildete Trachtengruppe, die bei einem Erntedankfest aufgenommen sein könnte. Nach 1945 wurden bei den meisten Aufnahmen die nun inkriminierten Herrschaftssymbole des NS-Staats unkenntlich gemacht, bei der Trachten-Aufnahme sogar die gesamte Rednertribüne mit uniformierten NS-Funktionären übermalt, vermutlich um eine weitere gewerbliche Verwendung zu ermöglichen. Die nachträgliche Bearbeitung verleiht den Aufnahmen über das abgebildete Ereignis hinaus den Charakter eines zeitgeschichtlichen Dokuments: Sie belegt einen Umgang mit der Vergangenheit, der sich mit einer oberflächlich entnazifizierten Fassade begnügte, zentrale Elemente der nationalsozialistischen Realität aber, wie den im Fahnenträger zu Stein gewordenen Militarismus oder die Indienstnahme scheinbar überzeitlicher Folklore-Veranstaltungen, unbedacht übernahm. B. S.

192 Der Tübinger Bildhauer Ugge Bärtle hielt seine Erfahrungen als Kriegsgefangener in sechs kleinen Federzeichnungen fest

Zeichnungen aus der Kriegsgefangenschaft; Ugge Bärtle; Feder, Bleistift auf Papier; verschiedene Formate unter Passepartout; Frankreich 1946; Städtische Sammlungen Nr. 4881

Die sechs kleinen Federzeichnungen, zum Teil Fragmente größerer Zettel und vom Künstler unter einem Passepartout montiert, verbinden das Herstellungsjahr, die Thematik und ihr Gestus existentieller Not: „Ugge Bärtle wurde zum Wehrdienst eingezogen und kam nach Frankreich. In St. Nazaire stationiert, erlebte er hier das Kriegsende und mußte anschließend in französische Kriegsgefangenschaft. Schwer herzkrank kehrte der Künstler aus Gefangenschaft und Einzelhaft zurück."

Während die Selbstporträts - auf den forschenden Blick im ausgemergelten Gesicht konzentriert - die direkte Beschäftigung des Künstlers mit seinem Selbst festhalten, kreisen die anderen Skizzen allgemeiner um die bedrohte Situation der physischen und psychischen Existenz: Zwei

Tübinger Bergfriedhof. Mit der Nacktheit als Zeichen kreatürlichen Daseins, der Körperhaltung, dem Verzicht auf die Ausbildung von Händen, Füßen und Gesicht, der Rückführung der Gliedmaßen auf ihre Grundformen, der Längung des Halses und der schrundigen Oberflächenbehandlung konzentriert die Figur ganz auf den

von ihr umschriebenen Raum und den Vorgang des Stürzens, der in der (noch) erhobenen Linken als Prozeß gefaßt ist.

Wohl wegen ihrer Nacktheit und der antinaturalistischen Verknappung wurde die Plastik nicht angekauft, obwohl der Gestus Mit-Leid heischt. Aufgestellt wurden stattdessen drei Steinkreuze in der nationalen und christlichen Opfertod-Tradition des Reichsbunds Deutsche Kriegsgräberfürsorge. W. H.

Lipps-Kant 1982.

194 Die Soldatenmütze hielt die Erinnerung an die russische Kriegsgefangenschaft wach

Soldatenmütze; Filz, Fell, Textil; ca. 28 x 18 x 18 cm; UdSSR undat. 1941-1945; Privatbesitz

Bei der Fellmütze handelt es sich um eine russische Feldmütze für Mannschaften, wie sie im Zweiten Weltkrieg getragen wurde. Sie ist aus sieben Teilen dicken grauen Filzstoffs genäht mit Nackenschutz, Ohrenklappen und einem Stirnteil. Die angenähten Teile der Mütze können herunter- oder hochgeklappt, die Ohrenstücke mit zwei Bändeln zusammengebunden werden, je nach Witterung. Während diese Teile mit grauem Lammfell gefüttert sind, ist das Innere

sind Formulierungen von „Hunger", eine von „Trostlosigkeit", wobei das Motiv der nackten, wohl männlichen Gestalt, die sich auf allen Vieren fortschleppt, zweimal erscheint. Hier bereits zeichnet sich besondere Bedeutung und spätere bildhauerische Bearbeitung ab. Denn während eine Fassung landschaftliches Ambiente angibt, konzentriert die andere ganz auf das Motiv der Figur. W. H.

Rieth 1967; Lipps-Kant 1982.

193 Diese Skulptur, Ausdruck existentieller Not, wurde als Entwurf für ein städtisches Gefallenendenkmal zugunsten christlicher Hoffnungzeichen verworfen

Skulptur; „Stürzender III"; Ugge Bärtle; Bronze; 57 x 103 x 95 cm; Oeuvreverzeichnis Nr. 90; Privatbesitz

Ausgehend von Skizzen, die das Motiv als Zeichen existentieller Not vorformuliert hatten (vgl. Kat.-Nr. 192), schuf der Bildhauer den „Stürzenden" in annähernder Lebensgröße 1958 als Wettbewerbsbeitrag für das Ehrenmal auf dem

des Kopfstücks mit aufgestepptem Stoff ausgearbeitet. Wie die äußere Form entspricht die Absteppart des Innenfutters (die bis heute in den Fellmützen der Roten Armee üblich ist) der zeitlichen Zuweisung. Der Kappendeckel trägt innen einen durch Gebrauch stark verwischten Eindruck mit kyrillischen Buchstaben, vermutlich Angaben über den Hersteller und die Größe des Kleidungsstücks. Spuren von Hoheitszeichen finden sich auf der Mütze nicht, da sie an den Vater der Leihgeberin in russischer Kriegsgefangenschaft bei Minsk ausgegeben wurde. Bald an die Briten überstellt, kam er 1946 wieder nach Deutschland und 1947 zur Familie zurück, wo die Fellmütze in den strengen Nachkriegswintern als Kindermütze genutzt wurde. W. H.

195 Fragebögen, Grundlage der Entnazifizierung, ersetzten die politische Aufarbeitung durch formale Kriterien

Fragebogen; Gouvernement Militaire en Allemagne; Papier, Druck, Tinte; DIN A 4; 3 Seiten doppelt bedruckt; Tübingen-Lustnau 17.5.1946; Archiv des Hauswirtschaftlichen Gymnasiums Tübingen, Personalakte

Die Siegermächte des Zweiten Weltkriegs waren sich im Februar 1945 auf der Konferenz von Jalta darin einig, nach der Kapitulation eine umfassende politische Säuberung der deutschen Gesellschaft einzuleiten. Doch in der Masse der Bagatellfälle, die zu behandeln das Gesetz vom 6. März 1946 „zur Befreiung vom Nationalsozialismus und Militarismus" schließlich vorschrieb, ging der politische Säuberungswille bald unter.

Die gerichtsähnlichen Spruchkammern, die auf der Basis von minutiösen Fragebögen jeden Deutschen über 18 Jahren als Hauptschuldigen, Belasteten, Minderbelasteten, Mitläufer oder Entlasteten einzustufen hatten, wurden zur „Mitläuferfabrik". Ein „Persilschein" zur Entlastung war leicht zu bekommen. Aus der Massensäuberung wurde eine Massenrehabilitation. Die Entnazifizierung war gescheitert, sie ist zum Inbegriff einer willkürlichen und von oben verordneten Säuberung geworden. Daran änderte auch die Tatsache nichts, daß die provisorische Regierung Südwürttemberg-Hohenzollern zwischen Oktober 1945 und Mitte 1947 ein Modell praktizieren konnte, das immerhin eine einheitliche Behandlung ähnlich gelagerter Fälle sicherstellte. Bis Ende Juni 1947 waren hier 41,7 Prozent der Angehörigen des öffentlichen Dienstes von Säuberungsmaßnahmen betroffen, 9 Prozent wurden ohne Bezüge entlassen. Vom abrupten Ende des Verfahrens profitierten schließlich nicht die Mitläufer, sondern die schwer belasteten NS-Aktivisten, deren Fälle noch nicht verhandelt worden waren. B. S.

Vollnhals 1991.

196 Die „Entnazifizierung" erfaßte alle Deutschen, ein antifaschistischer Neubeginn jedoch fand nicht statt

Zeichnung; Im Internierungslager Balingen; Robert Schneider; Feder und Aquarell; 31,2 x 42,6 cm; sign. l.u. „Balingen 10.2.46 R.Schnei der"; Stadtmuseum Balingen

In leichter Manier aquarelliert, hält das Blatt eine vordergründig gemütliche Szenerie fest: Drei Männer sitzen auf Bänken an einem groben Tisch. Sie sind mit Handarbeiten beschäftigt, der halbfertige Korb des einen bildet den Bildmittelpunkt. Die Idylle wird erkennbar als Raum mit dreistöckigen Bettkojen - das Innere einer Baracke des Internierungslagers in Balingen, dem kleinsten der sieben französischen Camps in Württemberg. Hier warteten zwischen dem 20. April 1945 und Ende 1948 schwer belastete Nazis auf ihre Urteile (unter anderem der „Rassenkundler" und Anthropologe Wilhelm Gieseler). Allerdings hatten zum Beispiel von den 800 im Jahr 1947 Inhaftierten lediglich 12 auf Gauebene gewirkt, weshalb die meisten von den beiden Spruchkammern im Lager als Minderbelastete oder Mitläufer eingestuft wurden.

Das Aquarell bestätigt den Eindruck einer Delegation des Tübinger Gemeinderats im November 1946, von der Ferdinand Zeeb (KPD) dem Gremium berichtete: „Insgesamt habe das Lager den Eindruck gemacht, daß es geradezu ein Erholungsheim sei gegenüber den Lagern des 3. Reiches", und früher vorgekommene Mißhandlungen hätten nun aufgehört. Aber: „Nur zum geringsten Teil seien die Gefangenen zur Einsicht gekommen, die meisten hätten sich bisher noch in keiner Weise gebessert." W. H.

Gemeinderatsprotokoll 18.11.1946; Quarthal 1981; Werner 1986; Steinhart 1991.

197 Viele Nazis sahen nach der Niederlage keinen Grund, Verbrechen oder Irrtümer einzugestehen: Die „Reichsfrauenführerin" erhielt in Bebenhausen Unterkunft

Porträt Reichsfrauenführerin Gertrud Scholtz-Klink; M. Schneider; Bronze; Höhe ca. 28cm; sign. Sockelrückseite M. Schneider; undat. um 1935; Städtische Sammlungen Nr. 8294

Das Porträt mit geglätteten Zügen, pupillenlosen Augen und der durch Schrägstellung des Kopfes kaum belebten Symmetrie gehört zwar nicht zur höchsten Ebene künstlerischer Repräsentation des NS-Staats, stand aber - Regenspuren, Montagelöcher und abgeplatteter Dutt zeigen es - auf einem Wandpodest vor einem Dienstgebäude, und zwar in Berlin. Es ist ein offizielles Bildnis der seit 1934 hochrangigsten Frau des Reiches, die für die ideologische Erfassung und Indienstnahme der Frauen verantwortlich war. 1945 entfernte man die Bronze so vehement, daß die vordere Ecke des Sockels hochgebogen wurde.

Im Herbst 1945 kam Gertrud Scholtz-Klink mit ihrem Mann unter falschem Namen nach Bebenhausen. Für die Zuzugsberechtigung verbürgte sich die Fürstin zu Wied, Tochter des letzten Königs von Württemberg. Am 29. Februar 1948 wurde das Ehepaar verhaftet. Kurz darauf behandelte der Landtag in Bebenhausen die Anfrage der KPD, wie „derart prominente Nazis fast drei Jahre ungehemmt hier leben konnten."

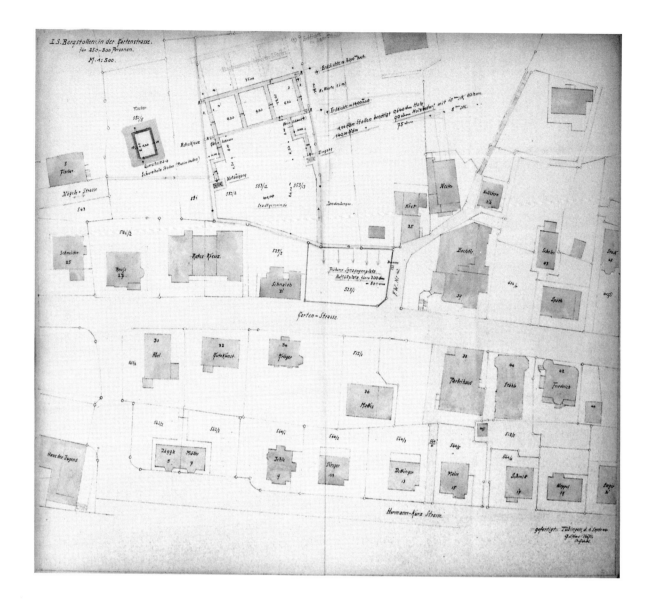

Verantwortlich dafür sei, daß „unsere höchsten Verwaltungsstellen [. . .] durchsetzt seien von Leuten, deren politische Herkunft mehr als zweifelhaft ist." Innenminister Renner wies schuldhaftes Versagen der Behörden zurück. Sie seien getäuscht worden, „weil wir gegen die Ausgewiesenen nicht bürokratisch, sondern etwas großzügig verfahren sind [. . .], da ja sehr viele überhaupt nicht im Besitz von Papieren waren." In der Folge wurde das Ehepaar wegen Falschangabe von einem Militärgericht zu eineinhalb Jahren Haft verurteilt, ein Urteil der Tübinger Spruchkammer vom 4. Mai 1950 zu zweieinhalb Jahren Internierungshaft kraft Gnadenerweis des Staatspräsidenten ausgesetzt. W. H.

Verhandlungen des Landtags 1948, S. 309f; N.N. 1948; Scholtz-Klink 1978; Lang 1979.

198 Zuschütten und Erinnern

Plan für einen Luftschutzstollen; Gustav Stähle; Blaupause auf Papier, aquarelliert, mit Tinte beschriftet, handkoloriert mit gelbem, blauem, grünem und rotem Buntstift; 43,5 x 39,5 cm; sign. r.u. „gefertigt: Tübingen, d.1.Sept.44/ Gustav Stähle / Architekt."; Tiefbauamt der Stadt Tübingen, Nr. T 133a/17

Dieser Plan für einen „L.S. Bergstollen in der Gartenstrasse für 250-300 Personen" zeigt einen Ausschnitt aus dem Straßennetz im Maßstab 1:500, in den von Hand der Luftschutzstollen „Felsenkeller" eingezeichnet ist, der im vorletzten Kriegsjahr in den Südhang des Österberges gebaut wurde. Das Abraummaterial wurde auf das mit „Früherer Synagogenplatz" bezeichnete

Grundstück mit der Nummer 525/1 geschüttet, das Max Löwenstein als Bevollmächtigter der Israelitischen Gemeinde am 20. Dezember 1940 gezwungenermaßen an die Stadt verkauft hatte. Die Erinnerung an die niedergebrannte Synagoge wurde nicht nur durch den Verkauf des Grundstückes im Jahre 1951 und dessen anschließende Bebauung mit einem Einfamilienhaus erschwert, das die Lücke in der Häuserzeile wieder schloß. 1958 wurde in der Lokalzeitung die Brandstiftung von 1938 mit Auszügen aus der „Tübinger Chronik" dokumentiert, außerdem bedauerten Studenten des Evangelischen Stifts, daß an die Zerstörung der Tübinger Synagoge nicht öffentlich erinnert wird. Lilli Zapf, die 1978 eine Dokumentation über die Tübinger Juden veröffentlichte, hatte erstmals im Februar 1966 eine Anfrage an den damaligen Oberbürgermeister Gmelin gerichtet mit dem Vorschlag, in der Gartenstraße eine Tafel zur Erinnerung an die zerstörte Synagoge anzubringen. Erst zwölf Jahre später beschloß der Verwaltungsausschuß des Gemeinderates auf erneute Anregung einer Bürgerinitiative und einzelner Personen, den Trog des Brunnens an der Ecke Garten-/Nägelestraße durch das Anbringen einer Erinnerungstafel zum Gedenkstein umzugestalten. Um die Inschrift der Gedenktafel entspann sich eine heftige Debatte im Gemeinderat und in der Lokalzeitung, weil die Formulierung „Hier stand die Synagoge der Tübinger Jüdischen Gemeinde. Sie wurde in der Nacht vom 9./10. November wie viele andere in Deutschland niedergebrannt" weder Opfer noch Täter nannte. Daraufhin wurde ein Jahr später die Inschrift mit dem Hinweis „Zum Gedenken an die Verfolgung und Ermordung jüdischer Mitbürger in den Jahren 1933 - 1945" ergänzt, Nationalsozialisten als Täter aber bleiben weiterhin ungenannt. E.T.

Zapf 1978.

199 1945 machte die Familie Spiro mit einer Todesanzeige öffentlich auf die Ermordung dreier Verwandter im Konzentrationslager aufmerksam

Todesanzeige im „Amtsblatt für den Kreis Tübingen"; Verlag Tübinger Chronik; Zeitungsdruck; 32 x 23,5 cm; Ausgabe Nr.2 vom 24.11.1945; Städtische Sammlungen Nr. 7441

Die erste Nummer des Amtsblattes für den Kreis Tübingen erschien am 21. November 1945. Es löste als Mitteilungsorgan das „Nachrichtenblatt der Militärregierung und Behörden für den Kreis Tübingen" ab. Das Amtsblatt enthielt neben amtlichen Bekanntmachungen, Veranstaltungs- und Gottesdienstterminen auch Todesanzeigen, die in der ausgestellten Ausgabe die gesamte letzte Seite füllen. Für das Jahr 1945 typisch sind

die 19 Todesanzeigen für im Krieg gestorbene Soldaten, die für ihre Angehörigen bis dahin als vermißt gegolten hatten. Die oberste Todesanzeige in der ersten Spalte von links unterscheidet sich in der Anfangsformel nicht von den anderen Anzeigen: „Es wurde uns jetzt zur Gewißheit". Die Betrauerten waren drei Tübinger Juden, die in „Konzentrationslagern ihr Leben lassen mußten". Ein halbes Jahr nach Kriegsende gaben dies die Angehörigen der Ermordeten bekannt. Die Witwen von Hans und Edwin Spiro hatten die Nachricht vom Tod ihrer Ehemänner bereits im März 1943 erhalten. Es ist unklar, ob sie sich mit der Anfangsformel lediglich an die Formulierung der anderen Todesanzeigen anlehnten oder

ob sie die 1943 erhaltene Benachrichtigung vom Tod ihrer Verwandten, die als Todesursache „Herzmuskelschwäche" bzw. „Lungenentzündung" nannte, damals nicht glauben konnten.

Mit der Todesanzeige erinnerten die Witwen Spiro in einer Zeit, in der der Schrecken in der deutschen Bevölkerung über die nationalsozialistischen Verbrechen noch nicht von der fieberhaften Aufbautätigkeit abgelöst worden war, an die Toten der nationalsozialistischen Vernichtungspolitik. E. T.

Sauer 1969; Zapf 1978; Schönhagen 1991.

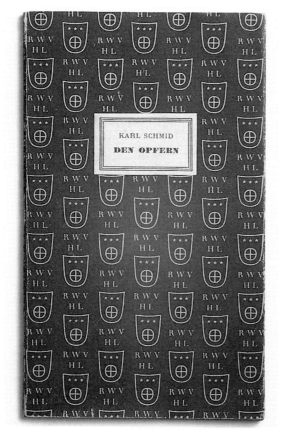

200 Die Opfer-Metapher machte die Konfrontation mit der Vergangenheit erträglicher, weil sie alle Beteiligten entlastete

Gedenkrede; „Den Opfern"; Karl (Carlo) Schmid; gedruckte Fassung einer Rede, gehalten am 20.1.1946 in Tübingen im Rahmen einer „Feier zu Ehren der Opfer des Nationalsozialismus"; 19 x 11,5 cm; Tübingen (Rainer Wunderlich Verlag) 1946; Städtische Sammmlungen Nr. 8724

Die in der Lokalzeitung wohlwollend kommentierte Rede von Karl (Carlo) Schmid wurde in Buchform noch im selben Jahr im Rainer Wun-

derlich Verlag, der nach 1945 die erste Verlagslizenz der französisch besetzten Zone erhalten hatte, veröffentlicht. In seiner Rede zählte Schmid verschiedene Gruppen auf, die „der Herrschaft des Nationalsozialismus zum Opfer fielen". Er zählte dazu die Gefallenen, die Toten des Bombenkriegs, die Vertriebenen, die Witwen, Kriegsgefangenen und die Kriegsversehrten, weist aber immer auf die Verantwortung der Deutschen hin, „daß nicht blinde Gewalten am Unglück Deutschlands schuld sind, sondern daß Menschen [. . .] mit Vorbedacht und Vorsatz diesen Krieg entfesselt haben und daß darum alles, was dieser Krieg gebracht hat, im Letzten dieser Menschen Werk ist!" So resümiert er: „Sie alle, die ich nannte, sind Opfer des Nationalsozialismus. Wir alle sind es, die paar Nutznießer abgesehen", fragt aber auch wieder: „Und wäre dieses Mordwesen möglich gewesen, wenn wir nicht zugelassen hätten, daß von vielen Stellen her der Boden bereitet wurde". Besonders gedenkt er jenen, die „Opfer in einem besonderen Maße" geworden sind, nämlich alle politisch und rassisch Vefolgten und Ermordeten. Unter ihnen erwähnt er namentlich die Tübinger Geschwister Spiro und den in Tübingen geborenen Obersten Cäsar von Hofacker. Er bezieht sein Gelöbnis „Nie wieder!" auf die Toten: „Und dann erst werden wir die Opfer der verruchten Jahre in der Weise geehrt haben, die sie von uns fordern." Obwohl Schmid die einzelnen immer wieder auf ihre Verantwortung für das „Dritte Reich" hinweist, entlastet er sie aber auch, weil er sie alle in der vertrauten Metapher des Opfers in ein „heilloses Schicksal" einbindet. E. T.

Cancik-Lindemaier 1988.

201 Notbehelfe konnten auch Erinnerungsstücke sein

Kleine Dose; Blech, rote, weiße und grüne Farbe, Holz, Papier; Höhe 4,5 cm, Durchmesser 13,2 cm; undat. um 1945; Städtische Sammlungen Nr.7490

Die Dose, die wohl zur Aufbewahrung von kleinen Gegenständen oder Schmuck genutzt wurde, ist aus dem Filter einer Volksgasmaske hergestellt. Als Griff wurde auf dem Deckel ein Holzknäufchen angebracht. In der Dose liegt über den Filterlöchern ein Blatt Papier, auf dem

mit Bleistift „2.95" notiert steht. Ob sie fachmännisch gebastelt oder für den Verkauf produziert wurde, ist unsicher. Die gut erkennbaren Filterlöcher erinnern trotz aller liebevollen Bemalung an den ursprünglichen, militärischen Verwendungszweck. War es ein Notbehelf oder ein bewußtes Erinnerungsstück? E. T.

202 Männer-Andenken an den Krieg

Souvenirs
a Aschenbecher; gedrehter Stahl, Messing, grüne und rote Farbreste; Höhe 5,4 cm, Durchmesser 7,5 cm; undat. um 1945; Städtische Sammlungen Nr. 8570
b 2 Armreifen; Messing; Durchmesser 6,9 und 7,7 cm; undat. um 1945; Städtische Sammlungen Nr. 8569

Dieser Aschenbecher wurde aus dem Bodenstück einer Granate hergestellt. Das Geschoßteil wurde hierzu nicht aus Mangel an anderem Material benutzt - für einen selbstgebastelten Notbehelf hätte der Stahl zu viel Bearbeitungsaufwand gefordert. Zum Aschenbecher umgearbeitet, wird es ein Souvenir, das die Grausamkeit des Krieges verdeckt, die in der Erinnerung oft verklärten Kameradschaftserlebnissen Platz machen mußte. Auch die beiden Armreifen sind aus Teilen einer Granate hergestellt. Die umgearbeiteten Geschoßteile waren für die Beschenkte Schmuckstücke, die ihr auf eine befremdende Weise die Kriegserfahrung von Männern nahebrachte. E. T.

203 Frauen-Andenken an den Krieg

Socke und ein Stück Seife; maschinengestrickt aus braun-beige melierter Wolle, geflickt und verstärkt mit Wolle und Baumwollstrickstoff; undat. um 1945, ergänzt 1972; Städtische Sammlungen Nr. 8600 und Nr. 8477

Die dünne Wollsocke ist mehrfach gestopft, geflickt und erneuert worden. Für ihre Besitzerin war sie ein wichtiges Erinnerungsstück: Zusammen mit einem Stück Seife, gekennzeichnet mit einem Zettel, der die Aufschrift „Seife aus dem 2. Weltkrieg" trägt, bewahrte sie es als kleines, persönliches Denkmal auf. Mit einer Notiz versehen, gab sie 1972 beide Sachen an ihre Tochter weiter. Der handschriftlich mit Bleistift in deutscher Schrift auf die Rückseite eines Kalenderblättchens geschriebene Text erinnert mahnend an ihre Erfahrungen in Zeiten materieller Not: „Vergiß nie die Zeiten, in denen man so flicken mußte. (geflickt von Tante Urschel)". E. T.

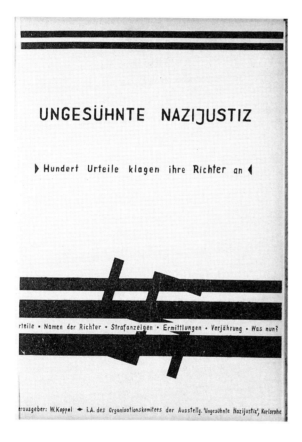

204 Die NS-Belastung von Staatsanwälten und Richtern der BRD hatte politische Brisanz: Standessolidarität und der Kalte Krieg behinderten die Aufklärung der verbrecherischen Rolle der Justiz

Dokumentation; „Ungesühnte Nazijustiz. Hundert Urteile klagen ihre Richter an."; Hg.: Organisationskomitee; Wachsmatrizendruck, Umschlag Offsetdruck; DIN A 4, 112 Seiten; Karlsruhe August 1960; Universitätsbibliothek Tübingen Ec 144.4

Von Balken überschnitten, verschwindet das Hakenkreuz auf dem Titel dennoch nicht. Mit einfachsten Mitteln symbolisierten die dem Sozialistischen Deutschen Studentenbund (SDS) angehörenden Herausgeber die Präsenz des Naziregimes. Eingeleitet von Zitaten führender NS-Funktionäre und abgeschlossen mit der humanistischen Gegenposition Albert Schweitzers, veröffentlichte die Broschüre das brisante Material einer Berliner Dokumentation, die nach Karlsruhe vom 11. bis 15. Juli 1960 im Tübinger Studentenklubhaus gezeigt wurde. Veranstalter waren der SDS, der Liberale Studentenverband und der AStA der Universität, unterstützt von einigen Professoren. Die Ausstellung war umstritten, weil ihr Material überwiegend aus DDR-Archiven stammte und Richter von Volksgerichtshof und Sondergerichten beim Namen nannte: Auch Liberale befürchteten die „Propaganda Pankows", da es „der Ostzonenregierung offensichtlich darauf [ankomme], besonders die an den damaligen Verfahren beteiligten Richter, soweit sie etwa heute noch in Westdeutschland als Richter oder Staatsanwälte tätig sein sollten, zu diffamieren und einer Verfolgung auszusetzen." Deren Rolle könne und dürfe jedoch nur im Einzelfall entschieden werden. Aufgabe der Ausstellung hingegen sei, „die gemeinsame Schuld aller, die durch mangelnde Wachsamkeit ein solches System geduldet haben [. . .], auch der nächsten, daran nicht mehr unmittelbar beteiligten Generation zu zeigen". Deshalb wurden in Tübingen die Namen und gegenwärtige Dienststellung der vor allem im Osten blutig tätig gewesenen Richter nicht genannt und auch der ursprüngliche Titel, der zur Abrechnung aufforderte, zum neutralen „Dokumente der NS-Justiz" entschärft. W. H.

UAT 169/13; Barth 1960, S. 34-35; Pesch 1960, S. 4-5; N.N. 1960.

205 Angestoßen von der Studentenzeitung „notizen", befaßte sich die Universität Tübingen als erste Hochschule mit der Rolle der Wissenschaften im Nationalsozialismus

Studentenzeitung „notizen"; 8. Jg., H. 53, Februar 1964; 34 x 24 cm; Städtische Sammlungen Nr. 5819 a

S. Magnifizenz
SA-Sturmhauptführer
Prof. Dr. Hoffmann

notizen
Tübinger Studentenzeitung
Februar 1964
Verlagsort Tübingen
4 P 21465 F

53

Mit „S.Magnifizenz SA-Sturmhauptführer Prof.Dr. Hoffmann" (vgl. Kat.-Nr. 74) als Titelbild setzte die vom AStA finanzierte Zeitung die Auseinandersetzung um die braune Universität fort, die bereits 1960 mit der Ausstellung „Ungesühnte Nazijustiz" (vgl. Kat.-Nr. 204) eingeleitet worden war. Das Porträt diente dabei als Belegstück enger Verbundenheit der meisten Wissenschaftler mit dem Nationalsozialismus in einer Debatte, zu deren Entwicklung Chefredakteur Hermann L. Gremliza in seinem Editorial schrieb: „Wohlgemerkt, Anstoß wurde genommen - nicht etwa Stellung! Und zwar hauptsächlich daran, [daß die „notizen"] begannen, die Zustände an unserer Universität ein wenig genauer unter die Lupe zu nehmen und, horribile dictu, die Herrn Professoren aus diesen Betrachtungen nicht auszuklammern." Konkrete Beispiele: die Professoren Bebermeyer und Eißer (dazu der amtsenthobene Dr.habil. Grabert, vgl. Kat.-Nr. 207). Neben der „Tatsache, daß sie auch heute wieder akademische Jugend lehren dürfen, und sich niemand dagegen zu erheben wagt", setzte sich die Zeitung in der selben Nummer - auch hier Vorbote der Studentenbewegung - mit den Befreiungskämpfen in der Dritten Welt und dem Sexual-

strafrechtsentwurf von 1962 auseinander. Dies alles rührte an festgefügte Tabus, was - zudem mitten im Kalten Krieg - Brisanz der Kritik wie Schärfe der Gegenreaktionen erklärt. Konkrete Folge der heftig umstrittenen „notizen"-Affäre war die rasch organisierte Ringvorlesung „Deutsches Geistesleben und Nationalsozialismus", in der eine Reihe von Wissenschaftlern sich erstmals öffentlich mit der Rolle ihrer Disziplinen im NS-Staat befaßte, wenn auch vielfach von „hilflosem Antifaschismus" geprägt. W. H.

Bitzer, Die Ringvorlesung 1965, S. 40-41; Bitzer, Deutsches Geistesleben 1965, S. 28-31; Flitner 1965; Haug 1967.

206 Lilli Zapf durchbrach mit ihrem Buch über die Tübinger Juden als erste die Mauer des Schweigens

Buch; Lilli Zapf: Die Tübinger Juden. Eine Dokumentation; 21 x 14 cm; Tübingen (Katzmann Verlag) 1974; Städtisches Kulturamt Tübingen D 126

Es dauerte lange, bis 1974 eine erste umfassende Darstellung des Schicksals der Tübinger Juden während der NS-Zeit erschien. Es war, wie andernorts auch, kein Historiker, der sich dieses Themas erstmals im konkreten lokalen Rahmen

Die Tübinger Juden

Lilli Zapf

annahm, sondern eine „Einzelkämpferin": Lilli Zapf.

1935 war die geborene Nördlingerin wegen ihrer Hilfe für verfolgte Juden in die Niederlande emigriert. Nach dem Krieg ließ sie sich in Tübingen nieder und begann in den 60er Jahren in mühevoller Kleinarbeit, im wesentlichen gestützt auf eine jahrelange Privatkorrespondenz mit den Überlebenden, die Ereignisse zu rekonstruieren, von den Anfängen der ersten Tübinger Judengemeinde bis zur Emigration und den Deportationen nach Riga, Auschwitz und Theresienstadt.

Auf ihre Forschungen aufbauend, lud die Stadt Tübingen 1981 die überlebenden Tübinger Juden zu einem Besuch ein. Im selben Jahr erschien Lilli Zapfs Buch in dritter Auflage. Ein Jahr später erhielt sie in Anerkennung ihrer Verdienste die Bürgermedaille verliehen.

„Sie hat für sich die Sperre der Wahrnehmung, das allgemeine Nicht-Wissen und Nicht-Wahrhaben-Wollen, die verbreitete Abneigung gegen das Konkrete und das Detail, sie hat ‚jene Mauer des Schweigens' durchbrochen", würdigte der Tübinger Oberbürgermeister die Heimatforscherin, als sie wenige Monate später starb. In ihrem Buch und Lebenswerk sah er „ein Zeugnis für jenen erfüllbaren moralischen Anspruch an ein deutsches Leben nach dem Krieg und ‚nach Auschwitz'." B. S.

207 Traditionen: „Ich bin kein Nationalsozialist oder Neonazi. Ich bin Patriot."

Bücher
a David L.Hoggan: Der erzwungene Krieg; Leineneinband, Schutzumschlag; 23 x 15,5 cm; Tübingen; Verlag der deutschen Hochschullehrer-Zeitung Tübingen (Grabert-Verlag) 1961; Städtische Sammlungen Nr. 5468
b Wilhelm Stäglich: Der Auschwitz-Mythos. Legende oder Wirklichkeit? Eine kritische Bestandsaufnahme; Leineneinband, Schutzumschlag; 23 x 14,5 cm; Tübingen (Grabert-Verlag) 1979; Städtische Sammlungen Nr. 5467

„Der erzwungene Krieg" ist seit 1961 eine Stütze des Verlags, den Herbert Grabert, nach 1933 Propagandist der völkisch-neuheidnischen „Deutschen Glaubensbewegung" und 1945 aus der Universität „amtsverdrängt", gegründet hatte.

Der Band, dem „das deutsche Volk die Befreiung von der niederdrückenden Last der Kriegsschuldlüge zu verdanken hat", wurde in 20 Jahren 100.000mal verkauft. 1970 übernahm der Sohn die Geschäfte und führt sie seitdem im nationalistischen Sinn weiter: So brachte man nach den Memoiren der ehemaligen Reichsfrauenführerin Gertrud Scholtz-Klink Wilhelm Stäglichs „Der Auschwitz-Mythos. Legende oder Wirklichkeit?" heraus. 1982/83 wurde Stäglichs Geschichtsrevision wegen Volksverhetzung und Aufstachelung zum Rassenhaß verboten: „In diesem Buch werden Juden als parasitär bezeichnet, wird der Antisemitismus aufrechterhalten, wird behauptet, die Zeugen des Judenmassakers seien entweder bestochen oder hätten Meineide geschworen, nur um dem jüdischen Staat eine saftige bundesdeutsche Wiedergutmachungssumme zukommen zu lassen" - eine Sichtweise der Anklage, die Grabert auch nach der Ausstrahlung der TV-Serie „Holocaust" bestätigte: „34 Jahre nach der totalen Demontage des Deutschen Reiches soll nun der letzte Widerstandswille in unserem Volk gebrochen werden." Der Verleger selbst sieht sich „in der vordersten Front des geistigen Kampfes um die geschichtliche

Wahrheit und gegen die Überfremdung Deutschlands", ein Kampf, auf den mit Prozessen (zuletzt 1990), Aufnahme in den Verfassungsschutzbericht und 1986 mit Brandanschlägen auf Firmenwagen reagiert wurde. W. H.

Hornbogen 1980.

208 „Vorbei, vergessen . . ."

Bruchstücke einer Gedenkplatte vom Gräberfeld X auf dem Tübinger Stadtfriedhof; Kunststein; Inschrift: „Verschleppt geknechtet geschunden/ Opfer der Willkür oder verblendeten Rechts/ fanden Menschen Ruhe erst hier/ von ihrem Leib noch/ forderte Nutzen eine Wissenschaft/ die Rechte und Würde des Menschen nicht achtete / Mahnung sei dieser Stein den Lebenden/ Eberhard-Karls-Universität Tübingen 1990";
61 x 82 cm; Tübingen; Einweihung am 8.7.1990; Universität Tübingen

Wie schwer es fällt, die NS-Zeit als einen Teil der eigenen Geschichte zu begreifen, zeigen die Bruchstücke einer Gedenkplatte auf dem Stadtfriedhof gleich mehrfach.

Die Platte erinnert - ohne das Anatomische Institut zu erwähnen - daran, daß noch 40 Jahre nach Kriegsende in der hiesigen Anatomie Studenten an Präparaten ausgebildet wurden, die von NS-Gewaltopfern stammten (vgl. Kat.-Nr. 147). Es bedurfte erst eines internationalen Skandals, bevor man das Verdrängen aufgab und sich um das Erinnern bemühte. Noch bevor eine externe Expertenkommission die Präparatesammlung überprüft hatte, stand für den Anatomiedirektor, der „so schnell wie möglich die Angelegenheit ins reine bringen" wollte, fest,

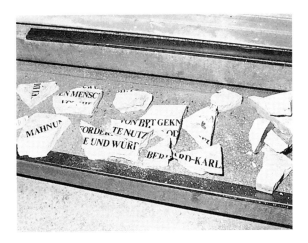

„daß weder die Tübinger Anatomen noch die Anatomie als Fach noch die Universität eine Schuld auf sich geladen haben oder ins Zwielicht geraten sind: Es hat uns nur unsere Vergangenheit eingeholt." Die Überprüfung freilich ergab sowohl in der anatomischen als auch in anderen Sammlungen tatsächlich Präparate, die von Toten der NS-Gewaltherrschaft stammten bzw. bei denen ein entsprechender Verdacht nicht ausgeschlossen werden konnte. Sie alle wurden 1990 auf dem Stadtfriedhof beigesetzt: „Den Lebenden zur Mahnung", wie auf der Gedenkplatte zu lesen war.

Doch kaum war diese symbolische Verneigung vor den Opfern der NS-Gewalt getan, wurden sie erneut geschändet. Nur eine Woche danach verwüsteten Rechtsradikale das frisch gesetzte Mahnmal, kippten Bruchstücke vor die Geschäftsräume der Lokalzeitung und beschmierten mit Hakenkreuzen die sechs Bronzetafeln, die Namen von NS-Opfern tragen, deren Körper nach ihrem Tod in der Anatomie zur Forschung und Lehre verwendet wurden. Für das Gericht, das die drei Täter, die auch wegen der Beschädigung anderer jüdischer Friedhöfe angeklagt waren, im Januar 1992 unter anderem wegen Volksverhetzung, gemeinschaftlicher Sachbeschädigung und Störung der Totenruhe verurteilte, war das Zerstörungswerk ein Beispiel dafür, „wie wenig die Auseinandersetzung gelungen ist." B. S.

Lang 1992.

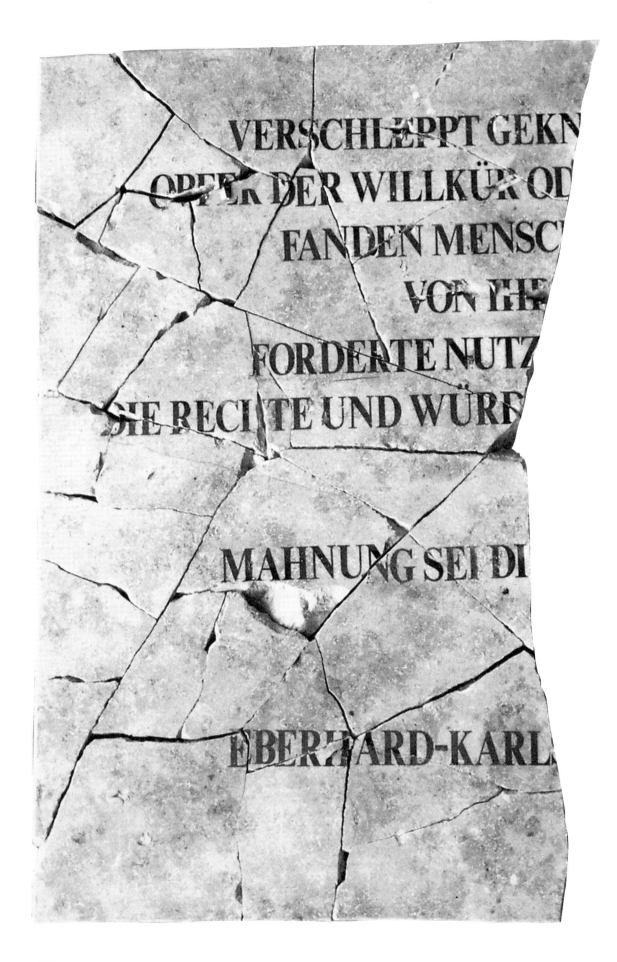

Anhang

Abelshauser, Werner, u.a., Deutsche Sozialgeschichte 1914-1945. Ein historisches Lesebuch, München 1985. Abelshauser u.a. 1985

Abt. I der Reichsjugendführung der NSDAP (Hg.), Uniform der HJ. Vorschrift und Vorbild für die Bekleidung und Ausrüstung der Hitler-Jugend, des Deutschen Jungvolks in der HJ, des Bundes Deutscher Mädel und der Jungmädel in der HJ. Amtliche Uniformtafeln der Reichsjugendführung der NSDAP. Mit einem Geleitwort des Reichsjugendführers Baldur von Schirach. Zeichnungen von Herbert Knötel d.J., Paul Dietsch, Claus Eder, Hamburg (2. Aufl.) 1934. Uniform der HJ 1934

Adam, Uwe Dietrich, Hochschule und Nationalsozialismus, Die Universität Tübingen im Dritten Reich. (= Contubernium 23), Tübingen 1977. Adam 1977

Almanach zu den Kunstwochen Tübingen-Reutlingen 1946, Tübingen 1946. Kunstwochen Almanach 1946

Althaus, Hermann, Nationalsozialistische Volkswohlfahrt - Wesen, Aufgaben und Aufbau, Berlin 1937. Althaus 1937

Arbeitertübingen. Zur Geschichte der Arbeiterbewegung in einer Universitätsstadt, hg. vom DGB Kreis Tübingen, Tübingen 1980. Arbeitertübingen

Arendt, Hannah, Eichmann in Jerusalem. Ein Bericht von der Banalität des Bösen, München 1964. Arendt 1964

Auerbach, Hellmuth, Die politischen Anfänge Carlo Schmids. Kooperation und Konfrontation mit der französischen Besatzungsmacht 1945-1948, in: Vierteljahreshefte für Zeitgeschichte 36 (1988), S.595-648. Auerbach 1988

Ayaß, Wolfgang, u.a., Feinderklärung und Prävention. Kriminalbiologie, Zigeunerforschung und Asozialenpolitik. (=Beiträge zur nationalsozialistischen Gesundheits- und Sozialpolitik 6), Berlin 1988. Ayaß u.a. 1988

Bajohr, Stefan, Die Hälfte der Fabrik. Geschichte der Frauenarbeit in Deutschland 1914-1945, Marburg 1979. Bajohr 1979

Bajohr, Stefan, Weiblicher Arbeitsdienst im „Dritten Reich". Ein Konflikt zwischen Ideologie und Ökonomie, in: Vierteljahreshefte für Zeitgeschichte 28 (1980), S.331-357. Bajohr 1980

Barkai, Avraham, Vom Boykott zur „Entjudung". Der wirtschaftliche Existenzkampf der Juden im Dritten Reich 1933-1943, Frankfurt a.M. 1988. Barkai 1988

Bartetzko, Dieter, Zwischen Flucht und Ekstase. Zur Theatralik von NS-Architektur, Berlin 1985. Bartetzko 1985

Barth, Dieter, Mit Freibier und Gelächter, in: Notizen Nr. 28, 5 (1960). Barth 1960

Bauer, Werner, Erste Erfahrungen mit der Anwendung des Sterilisationsgesetzes bei Geisteskranken, Diss. Tübingen 1936. Bauer 1936

Bauer, Werner, Marine am Neckar, in: TBl. 32 (1941), S.42f. Bauer 1941

Bauer, Werner, Die Marineärztliche Akademie im Evangelischen Stift, in: Siegfried Hermle u.a. (Hg.), Im Dienst an Volk und Kirche! Theologiestudium im Nationalsozialismus. Erinnerungen, Darstellungen, Dokumente und Reflexionen zum Tübinger Stift 1930 bis 1950, Stuttgart 1988, S.102-108. Bauer 1988

Baum, Julius, Die Stuttgarter Kunst der Gegenwart, Stuttgart 1913. Baum 1913

Baur, Erwin, u.a., Menschliche Erblehre und Rassenhygiene, München (4. Aufl.) 1936. Baur u.a. 1936

Beer, Mathias, Walter Stahlecker, in: Stuttgart im Zweiten Weltkrieg 1989, S.186. Beer 1989

Behrens, Manfred, Faschismus und Ideologie 2. Projekt Ideologie - Theorie. (= Argument-Sonderband 62), Berlin 1980, S.199-226. Behrens 1980

Benz, Wolfgang (Hg.), Die Juden in Deutschland 1933-1945. Leben unter nationalsozialistischer Herrschaft, München 1988. Benz 1988

Bernett, Hajo, Der deutsche Sport im Jahre 1933, in: Stadion. Internationale Zeitschrift für Geschichte des Sports und der Körperkultur VII, 2 (1981). S.225-283. Bernett 1981

Bezirkskommissar für den freiwilligen Arbeitsdienst im Bezirk des Landesarbeitsamtes Südwestdeutschland (Hg.), Arbeitsdienst in Südwestdeutschland, o.O. 1932. Bezirkskommissar 1932

Biese, Gerth, 1901-1980. Gemälde. Holzschnitte. Katalog. Hg. von der Galerie Schlichtenmaier, 1988. Biese 1988

Bitzer, Manfred, Deutsches Geistesleben und Nationalsozialismus. Resümee der Tübinger Ringvorlesung, in: Attempto 17/18 (1965), S.28-31. Bitzer, Deutsches Geistesleben 1965

Bitzer, Manfred, Die Ringvorlesung „Das deutsche Geistesleben und der Nationalsozialismus", in: Attempto 15 (1965), S.406. Bitzer, Die Ringvorlesung 1965

Blaich, Fritz, Wirtschaft und Rüstung in Deutschland 1933-1939, in: Bracher u.a. 1986, S.285-316. Blaich 1986

Blaich, Fritz, Wirtschaft und Rüstung im Dritten Reich. (= Historisches Seminar 1), Düsseldorf 1987. Blaich 1987

Bock, Karl Walter, Nachruf auf Paul Pulewka, Schwäbisches Tagblatt/Südwestpresse 28.10.1989. Bock 1989

Bracher, Karl Dietrich, u.a. (Hg.), Nationalsozialistische Diktatur 1933-1945. Eine Bilanz, Bonn 1986, S.285-316. Bracher u.a. 1986

Brenner, Hildegard, Die Kunstpolitik des Nationalsozialismus, Hamburg 1963. Brenner 1963

Broszat, Martin, Der Staat Hitlers. Grundlegung und Entwicklung seiner inneren Verfassung, München (2. Aufl.) 1988. Broszat 1988

Bundeszentrale für politische Bildung (Hg.), Gedenkstätten für die Opfer des Nationalsozialismus. Eine Dokumentation, Bonn 1988. Bundeszentrale für politische Bildung 1988

Cancik-Lindemaier, Hildegard, Opfer. Zur Nutzbarkeit eines religiösen Ausdrucks, in: Hans-Joachim Althaus u.a. (Hg.), Der Krieg in den Köpfen, Tübingen 1988, S.109-120. Cancik-Lindemaier 1988

Central Office United Restitution Organization (Hg.), Dokumente über die Verantwortlichkeit des Reiches für die Judenmaßnahmen im besetzten und unbesetzten Frankreich, insbesondere auch in Algerien, Marokko, Tunis, Frankfurt a.M. 1959. COURO 1959

Crips, Liliane, Modeschöpfung und Frauenbild am Beispiel von zwei nationalsozialistischen Zeitschriften. ‚Deutsche Mutter' versus ‚Dame von Welt', in: Leonore Siegele-Wenschkewitz, Gerda Stuchlitz (Hg.), Frauen und Faschismus in Europa. Der faschistische Körper, Pfaffenweiler 1990, S.228-235. Crips 1990

Der Prozeß gegen die Hauptkriegsverbrecher vor dem Internationalen Militärgerichtshof, Bd. 8, München, Zürich 1984. IMT 1984

Donauschwäbische Kulturstiftung (Hg.), Leidensweg der Deutschen im kommunistischen Jugoslawien, Bd. I, München, Sindelfingen 1991. Donauschwäbische Kulturstiftung 1991

Ehrhardt, Sophie, Morphologisch-Genetische Untersuchungen am Hautleistensystem der Hand, unveröff. Habil., Tübingen 1949. Erhardt 1949

Eichmann und die Eichmänner. Dokumentarische Hinweise auf den Personenkreis der Helfer und Helfershelfer bei der „Endlösung", Frankfurt a.M. 1961. Eichmann und die Eichmänner 1961

Eitner, Hans-Jürgen, Hitlers Deutsche. Das Ende eines Tabus, Gernsbach (2. Aufl.) 1991. Eitner 1991

Elfferding, Wieland, Von der proletarischen Masse zum Kriegsvolk. Massenaufmarsch und Öffentlichkeit im deutschen Faschismus am Beispiel des 1. Mai 1933, in: Inszenierung der Macht. Ästhetische Faszination im Faschismus, hg. von der Neuen Gesellschaft für Bildende Kunst, Berlin 1987, S.17-50. Elfferding 1987

Emrich, Ralf, Ein Jahr KZ für zwei Spiegeleier, Schwäbisches Tagblatt/Südwestpresse 16.3.1984. Emrich 1984

Entwicklungsgeschichte der Himmelwerk Aktiengesellschaft. Mit Bildern aus den Werkstätten und von den schaffenden Menschen, Tübingen o.J. 1939.

Flitner, Andreas (Hg.), Deutsches Geistesleben und Nationalsozialismus. Eine Vortragsreihe der Universität Tübingen, Tübingen 1965. Flitner 1965

Frei, Norbert, Nationalsozialistische Presse und Propaganda, in: Martin Broszat; Horst Möller (Hg.), Das Dritte Reich. Herrschaftsstruktur und Geschichte, München (2. Aufl.) 1986, S.152-175. Frei 1986

Frei, Norbert, Der Führerstaat. Nationalsozialistische Herrschaft 1933 bis 1945, München (2. Aufl.) 1989. Frei 1989

Freund, Gisèle, Photographie und Gesellschaft, Hamburg 1989. Freund 1989

Frey, Franz-Xaver, Geschichte des Corps Rhenania - Tübingen 1827-1917, o.O. o.J. Tübingen 1927. Frey 1927

Gaisburg-Schöckingen, Georg Freiherr von, Das Corps Suevia zu Tübingen 1831, in: TBl. 50 (1963), S.50-56. Gaisburg-Schöckingen 1963

Gamm, Hans-Joachim, Der braune Kult. Das Dritte Reich und seine Ersatzreligion, Hamburg 1962. Gamm 1962

Gatzka, Wolfgang, WHW-Abzeichen, hg. von Ulrich Klever, München 1981. Gatzka 1981

Genuneit, Jürgen, „Mein Rechen-Kampf". Mathematik an Württembergs Schulen im Dienst des Nationalsozialismus, in: Projekt Zeitgeschichte 1984, S.205-236. Genuneit 1984

Gerstenberger Heide; Schmidt, Dorothea (Hg.), Normalität oder Normalisierung? Geschichtswerkstätten und Faschismusanalyse, Münster 1987. Gerstenberger, Schmidt 1987

Geschäftsbericht der Kreissparkasse Tübingen 1935.

Geschichtswerkstatt Tübingen, Ausstellungstexte der Ausstellung „Spuren jüdischen Lebens in Tübingen", mschr., Tübingen 1988. Geschichtswerkstatt 1988

Gilbert, Martin, Endlösung. Die Vertreibung und Vernichtung der Juden. Ein Atlas, Reinbek 1982. Gilbert 1982

Giordano, Ralph, Die zweite Schuld oder Von der Last Deutscher zu sein, Hamburg 1987. Giordano 1987

Giordano, Ralph (Hg.), „Wie kann diese Generation eigentlich noch atmen?" Briefe zu dem Buch Die Zweite Schuld oder Von der Last Deutscher zu sein, Hamburg 1990. Giordano 1990

Goerlich, Helmut (Hg.), Mitteilungsblatt des Studentenführers, Sonderausgabe, Dritter Tübinger Studententag 29. Juni - 2. Juli 1939. Goerlich 1939

Gräff, Werner, Innenräume. Räume und Inneneinrichtungsgegenstände aus der Werkbundausstellung „Die Wohnung", insbesondere aus den Bauten der städtischen Weißenhofsiedlung in Stuttgart, Stuttgart 1928. Gräff 1928

Graf, Jakob, Vererbungslehre, Rassenkunde und Erbgesundheitspflege, München, Berlin 1939. Graf 1939

Gravenhorst, Lerke; Tatschmurat, Carmen (Hg.), Töchter fragen. NS-Frauengeschichte, Freiburg i.Br. 1990. Gravenhorst, Tatschmurat 1990

Greiffenhagen, Martin, Jahrgang 1928. Die Sozialisation der Flakhelfer-Generation, in: Stuttgart im Zweiten Weltkrieg 1989, S.447-450. Greiffenhagen 1989

Griesmayr, Gottfried; Würschinger, Otto, Idee und Gestalt der Hitler-Jugend, Leoni (3. Aufl.) 1980. Griesmayr, Würschinger 1980

Große Anfrage der Abgeordneten Acker und Genossen an das Staatsministerium betr. den Fall Scholtz-Klink-Heissmeyer, in: Verhandlungen des Landtags für Württemberg-Hohenzollern, 22. Sitzung, 23.3.1948, S.309f. Verhandlungen des Landtags 1948

Guardini, Romano, Kunst und Absicht, in: Kunstwochen Almanach 1946, S.36. Guardini 1946

Guth, Ekkehart, Der Sanitätsdienst der Wehrmacht im Zweiten Weltkrieg. Ein Überblick, in: ders. (Hg.), Sanitätswesen im Zweiten Weltkrieg. (= Vorträge zur Militärgeschichte 11), Herford, Bonn 1990. Guth 1990

Haas, Hans-Werner, Bedruckte Säcke, in: Sammlung zur Volkskunde in Hessen 15. Der bäuerliche Alltag II, Spinnen, färben, drucken, Otzberg 1979. Haas 1979

Haas, Hans-Werner, Packtuchbeschriftungen, o.O. o.J. Haas o.J.

Hägele, Ulrich, Neu in den Städtischen Sammlungen, Schwäbisches Tagblatt/Südwestpresse 2.8.1988. Hägele 1988

Haering, Theodor, Die Struktur der Weltgeschichte. Philosophische Grundlegung zu einer jeden Geschichtsphilosophie (in Form einer Kritik Oswald Spenglers), Tübingen 1921. Haering 1921

Haering, Theodor, Kleinere Schriften 10-17, Nr. 13, o.O. 1925-1931. Haering 1925-1931

Haering, Theodor, Kleinere Schriften 19-41, Nr. 13, 19, 25, 26, 27, 30, 34, 40, o.O. 1931-1943. Haering 1931-1943

Haering, Theodor, Der Mond braust durch das Neckartal, Tübingen 1935. Haering 1935

Haering, Theodor, Vorwort zu Ernst Müller (Hg.), Stiftsköpfe, Heilbronn 1938. Haering 1938

Haering, Theodor, Das Lächeln des Herrn Liebeneiner, Heilbronn 1940. Haering 1940

Haering, Theodor, Der Tod und das Mädchen. Novelle, Leipzig 1943. Haering 1943

Haering, Theodor, Der Mond braust durch das Neckartal, Tübingen 1949. Haering 1949

Haering, Theodor, Philosophie des Verstehens, Tübingen 1963. Haering 1963

Hammer, Karl, Deutsche Kriegstheologie 1870-1918, München 1974. Hammer 1974

Hardach, Gerd, Deutschland in der Weltwirtschaft 1870-1970. Eine Einführung in die Sozial- und Wirtschaftsgeschichte, Frankfurt a.M., New York 1977. Hardach 1977

Hartmann, Heinrich, Henri Humblot, in: Tübinger Brief 1/2 (1989), hg. vom Internationalen Bund für Sozialarbeit/Jugendsozialwerk e.V., S.14. Hartmann 1989

Hartmann, Wolfgang, Der historische Festzug zum „Tag der deutschen Kunst", in: Hinz u.a. 1979, S.87-99. Hartmann 1979

Hattenhauer, Hans, Deutsche Nationalsymbole. Zeichen und Bedeutung, München 1984. Hattenhauer 1984

Haug, Wolfgang Fritz, Der hilflose Antifaschismus. Zur Kritik der Vorlesungsreihen über Wissenschaft und NS an deutschen Universitäten, Frankfurt a.M. 1967. Haug 1967

Haug, Wolfgang Fritz, Annäherung an die faschistische Modalität des Ideologischen, in: Manfred Behrens u.a. (Hg.), Faschismus und Ideologie 1. Projekt Ideologie - Theorie. (= Argument-Sonderband 60), Berlin 1980, S.44-80. Haug 1980

Haug, Wolfgang Fritz, Die Faschisierung des bürgerlichen Subjekts. Die Ideologie der gesunden Normalität und die Ausrottungspolitiken im deutschen Faschismus. Materialanalysen. (= Argument-Sonderband 80), Berlin 1986. Haug 1986

Heartfield, John, Krieg im Frieden. Fotomontagen zur Zeit 1930-1938, München 1972. Heartfield 1972

Heine, Fritz, Die Nationalsozialistische Volkswohlfahrt, hg. vom Bundesverband der Arbeiterwohlfahrt e.V., Bonn 1988. Heine 1988

Heister, Hanns-Werner; Klein, Hans-Günther, Musik und Musikpolitik im faschistischen Deutschland, Frankfurt a.M. 1984. Heister, Klein 1984

Henke, Klaus-Dietmar, Politische Säuberung unter französischer Besatzung. Die Entnazifizierung in Württemberg-Hohenzollern, Stuttgart 1981. Henke 1981

Herbert, Ulrich, Fremdarbeiter. Politik und Praxis des „Ausländereinsatzes" in der Kriegswirtschaft des Dritten Reichs, Berlin, Bonn 1985. Herbert 1985

Herbst, Ludolf, Der totale Krieg und die Ordnung der Wirtschaft, Stuttgart 1982. Herbst 1982

Herkommer, Hans, Das neue Standortlazarett in Tübingen, in: TBl. 31 (1940), S.43-45. Herkommer 1940

Herrenmensch und Arbeitsvölker. Ausländische Arbeiter und Deutsche 1939-1945. (= Beiträge zur nationalsozialistischen Gesundheits- und Sozialpolitik 3), Berlin 1986. Herrenmensch und Arbeitsvölker 1986

Herz, Rudolf, Heinrich Hoffmann - eine Fotografenkarriere, in: Rudolf Herz; Dirk Halfbrodt, Revolution und Fotografie, München 1918/19, Berlin 1988, S.277-288. Herz 1988

Hesse, Wolfgang, Arbeitsmittel und Bedeutungsträger. Zur Rolle der Fotografie in einem Werk des Bildhauers Fritz von Graevenitz, in: Fotogeschichte 8, 3 (1983), S.53-64. Hesse 1983

Hesse, Wolfgang; Schröter, Christian, Sammeln als Wissenschaft - Fotografie und Film im „Institut für deutsche Volkskunde Tübingen" 1933-1945, in: Zeitschrift für Volkskunde 1 (1985), S.51-75. Hesse, Schröter 1985

Hilberg, Raul, Sonderzüge nach Auschwitz, Frankfurt a.M., Berlin 1987. Hilberg 1987

Hilberg, Raul, Die Vernichtung der europäischen Juden. Frankfurt a.M. (Neuaufl. als Taschenbuch) 1990. Hilberg 1990

Hille, Karoline, Der Kampfbund für deutsche Kultur, in: 1933 - Wege zur Diktatur, Berlin 1983, S.167-168. Hille 1983

Hinz, Berthold, Die Malerei im deutschen Faschismus. Kunst und Konterrevolution, München 1974. Hinz 1974

Hinz, Berthold, u.a. (Hg.), Die Dekoration der Gewalt, Gießen 1979. Hinz u.a. 1979

Hirscher, Gerhard, Carlo Schmid und die Gründung der Bundesrepublik. Eine politische Biographie, Bochum 1986. Hirscher 1986

Hochreiter, Otto, Bäuerliches Leben in fotografischen Bildern, in: Fotogeschichte 5, 2 (1982), S.45 ff. Hochreiter 1982

Hofer, Walter (Hg.), Der Nationalsozialismus. Dokumente 1933-1945. Frankfurt a.M. 1982. Hofer 1982

Hoffmann, Detlef, Der Mann mit dem Stahlhelm vor Verdun. Fritz Erlers Plakat zur sechsten deutschen Kriegsanleihe 1917, in: Hinz u.a. 1979, S.101-114. Hoffmann 1979

Hoffmann, Detlef, Private Fotos als Geschichtsquelle, in: Fotogeschichte 2 (1982), S.49-58. Hoffmann 1982

Hoffmann, Frank, Vom Kriege nur gestreift, Schwäbisches Tagblatt/Südwestpresse 27.4.1985. Hoffmann 1985

Hoffmann, Hermann F., Vererbung geistiger und seelischer Anlagen, in: Zeitschrift für Volksaufartung und Erbkunde 1 (1926), S.121-123. Hoffmann 1926

Hoffmann, Hermann F., Die erbbiologische Persönlichkeitsforschung und ihre Bedeutung in der Kriminalbiologie, in: Blätter für Gefängniskunde 58 (1927), S.308-321. Hoffmann 1927

Hoffmann, Hermann F., Charakter und Umwelt, Berlin 1928. Hoffmann 1928

Hoffmann, Hermann F., Der Psychiater und die neue Zeit, in: Zeitschrift für psychische Hygiene 6 (1933), S.161-167. Hoffmann 1933

Hoffmann, Hermann F.; Wetzel, Robert (Hg.), Wissenschaftliche Akademie Tübingen des NSD-Dozentenbundes. Bd. 1 (1937 ff.), Tübingen 1940. Hoffmann, Wetzel 1940

Hoffmann, Hermann F., Das Meine, 1941 (UAT 550/28). Hoffmann 1941

Hoffmann-Curtius, Kathrin, Bildhauerei in Sonne und Wind, apokalyptische Zeichen deutscher Tugenden, in: Zeitschrift für Kunstpädagogik 6 (1982), S.48-53. Hoffmann-Curtius 1982

Hoffmann-Curtius, Kathrin, Die Kampagne „Entartete Kunst". Die Nationalsozialisten und die moderne Kunst, in: Moderne Kunst. Das Funkkolleg zum Verständnis der Gegenwartskunst, hg. von Monika Wagner, Reinbek bei Hamburg 1991, S.467-490. Hoffmann-Curtius 1991

Hohmann, Joachim S., Robert Ritter und die Erben der Kriminalbiologie: „Zigeunerforschung" im Nationalsozialismus und in Westdeutschland im Zeichen des Rassismus. (= Studien zur Tsiganologie und Folkloristik 4), Frankfurt a.M. u.a. 1991. Hohmann 1991

Horn, Effi, „Zweitausend Jahre deutsche Kultur" im Festzug, in: Das Bayerland 49 (1938), S.637-672. Horn 1938

Hornbogen, Helmut, Gegenpol zu allerlei Geschichtslügen. Redaktionsgespräch mit Wigbert Grabert, Schwäbisches Tagblatt/Südwestpresse 22.11.1980. Hornbogen 1980

Horstmann, Ernst, Die eugenischen Sterilisierungen an der Frauenklinik Tübingen, Diss. Tübingen 1938. Horstmann 1938

Howaldt, Heinz (Hg.), Suevia Tübingen, 1831-1931. Bd. 1: Corpsgeschichte, Tübingen 1931. Howaldt 1931

Humblot, Henri, Der ewige Kampf, in: Die neue Gesellschaft 12 (1965), S.711-722. Humblot 1965

Humblot, Henri, Kontrolle und Anregung der Jugendbewegung in Süd-Württemberg. Ein Erlebnisbericht aus den Jahren 1945 bis 1949, in: Französische Kulturpolitik in Deutschland 1945 bis 1949. Berichte und Dokumente, hg. von Jérôme Vaillant, Konstanz 1984, S.43-60. Humblot 1984

Jeggle, Utz, In stolzer Trauer. Umgangsformen mit dem Kriegstod während des 2. Weltkriegs, in: ders. u.a. (Hg.), Tübinger Beiträge zur Volkskultur, Tübingen 1986, S.242-262. Jeggle 1986

Jens, Walter, in: Teinach. Zeitschrift für internationale Kultur- und Sozialarbeit 7/8, Juli/August 1949, S.34. Jens 1949

Jourdan, Gustav, Der deutsche Maibaum - eine Handwerkerarbeit. 12 Entwürfe von Prof. Gustav Jourdan, Kunstgewerbeschule Stuttgart, in: Das Deutsche Malerblatt 6 (1938), S.82-88. Jourdan 1938

Kater, Michael H., Die nationalsozialistische Machtergreifung an den deutschen Hochschulen. Zum politischen Verhalten akademischer Lehrer bis 1939, in: Hans Jochen Vogel u.a. (Hg.), Die Freiheit des Anderen. Festschrift für Martin Hirsch, Baden-Baden 1981, S.49-51. Kater 1979

Kater, Michael H., Hitlerjugend und Schule im Dritten Reich, in: Historische Zeitschrift 228 (1979), S.609-610. Kater, Hitlerjugend 1979

Keller, Ulrich (Hg.), Fotografien aus dem Warschauer Ghetto. (= Foto-Taschenbuch 9), Berlin 1987. Keller 1987

Kershaw, Ian, Der Hitler-Mythos. Volksmeinung und Propaganda im Dritten Reich, Stuttgart 1980. Kershaw 1980

Kirchner, Klaus, Flugblätter. Psychologische Kriegsführung im Zweiten Weltkrieg in Europa, München 1974. Kirchner, Flugblätter 1974

Kirchner, Klaus, Flugblattpropaganda im 2. Weltkrieg, Bde. 4-6, Erlangen 1974. Kirchner, Flugblattpropaganda 1974

Klarsfeld, Serge, Vichy - Auschwitz. Die Zusammenarbeit der deutschen und französischen Behörden bei der „Endlösung der Judenfrage", Hamburg 1989. Klarsfeld 1989

Klaus, Martin, Mädchen im Dritten Reich. Der Bund Deutscher Mädel, Köln 1983. Klaus 1983

Klee, Ernst, Mit Fragen traktiert. NS-Opfer müssen sich noch heute „entnazifizieren" lassen, Die Zeit Nr. 36, 30.8.1991. Klee 1991

Klönne, Arno, Jugend im Dritten Reich. Die Hitler-Jugend und ihre Gegner. Dokumente und Analysen, Düsseldorf, Köln 1984. Klönne 1984

Köhler, Henning, Arbeitsdienst in Deutschland. Pläne und Verwirklichungsformen bis zur Einführung der Arbeitsdienstpflicht im Jahre 1935, Berlin 1967. Köhler 1967

König, Peter, Kriegsgefangene und FremdarbeiterInnen in Stuttgart, in: Stuttgart im Zweiten Weltkrieg 1989, S.353-368. König 1989

Königs, Cosima, Die Frau im Recht des Nationalsozialismus - Eine Analyse ihrer familien-, erb- und arbeitsrechtlichen Stellung, Frankfurt a.M. 1988. Königs 1988

Kracauer, Siegfried, Über Arbeitslager, Frankfurter Zeitung 1.10.1932. Kracauer 1932

Kracauer, Siegfried, in: Detlev J. Peukert, die Weimarer Republik. Krisenjahre der Klassischen Moderne, Frankfurt a.M. 1987, S.170. Kracauer 1987

Krakauer, Max, Lichter im Dunkel. Flucht und Rettung eines jüdischen Ehepaars im Dritten Reich, Stuttgart 1947. Krakauer 1947

Künnecke, Burkhart, Der Deutsche Sängerbund: Entstehung, Entwicklung und Stellung in der heutigen Gesellschaft, Frankfurt a.M. 1978. Künnecke 1978

Kunstwochen Tübingen-Reutlingen, Sommerausstellung 1946, Kunstgebäude Tübingen 1946. Kunstwochen 1946

Lampert, Heinz, Staatliche Sozialpolitik im Dritten Reich, in: Bracher u.a. 1986, S.177-205. Lampert 1986

Landesmuseum für Technik und Arbeit (Hg.), Räder, Autos und Traktoren. Erfindungen aus Mannheim - Wegbereiter der modernen Gesellschaft, Mannheim 1986. Landesmuseum für Technik und Arbeit 1986

Lang, Hans-Joachim, Gertrud Scholtz-Klink: Designerin des Nazi-Terrors. Von Agnes Miegel besungene Reichsfrauenführerin schrieb ihre Memoiren, Schwäbisches Tagblatt/Südwestpresse 7.4.1979. Lang 1979

Lang, Hans-Joachim, Zwangssterilisation und Massenmord, Schwäbisches Tagblatt/Südwestpresse 25.5.1985. Lang 1985

Lang, Hans-Joachim, Ernst Weinmann - ein „sauberer, anständiger Nationalsozialist", Schwäbisches Tagblatt/Südwestpresse 21./28.12.1991. Lang 1991

Lang, Hans-Joachim, Sie konnten mit der Wahrheit nicht leben, Schwäbisches Tagblatt/Südwestpresse 28.1.1992. Lang 1992

Lang, Jochen von, Das Eichmann-Protokoll. Tonbandaufzeichnungen der israelischen Verhöre, Berlin 1984. Lang 1984

Lembke, Detlev, Fünfzig Jahre Chirurgische Universitätsklinik Tübingen, in: TBl. 72 (1985), S.16-21. Lembke 1985

Lipps-Kant, Barbara, Ugge Bärtle. Das bildhauerische Werk, Tübingen 1982. Lipps-Kant 1982

Löffler, Paul, Die Geschichte des Artillerievereins Tübingen, Tübinger Chronik 1.7.1933. Löffler 1933

Lüttichau, Mario Andreas von, Rekonstruktion der Ausstellung „Entartete Kunst", München 19.7.-30.11.1937, in: Die „Kunststadt München 1937", Nationalsozialismus und „Entartete Kunst", Bayerische Staatsgemäldesammlung München 1987, S.122-181. Lüttichau 1987

Lurz, Meinhold, Kriegerdenkmäler in Deutschland. Bd. 4: Weimarer Republik, Heidelberg 1985. Lurz 1985

Mason, Timothy W., Innere Krisen und Angriffskrieg 1938/39, in: Friedrich Forstmeier; Hans-Erich Volkmann (Hg.), Wirtschaft und Rüstung am Vorabend des Zweiten Weltkrieges, Düsseldorf 1975, S.158-188. Mason 1975

Mathiez, Albert, Les Origines des cultes révolutionnaires 1789-1792, Paris 1904/05. Mathiez 1904/05

Meldungen aus dem Reich. Die geheimen Lageberichte des Sicherheitsdienstes der SS 1938-1945. Bd. 15: SD-Berichte zu Inlandsfragen, hg. von Heinz Boberach, Herrsching 1984. Meldungen aus dem Reich 1984

Metzen, Thomas, Neu in den Städtischen Sammlungen, Schwäbisches Tagblatt/Südwestpresse 28.9.1988. Metzen 1988

Meyer, Hans, Das Papiernotgeld von Württemberg 1914-1924. (= Schriftenreihe Die Münze 25), Berlin 1973. Meyer 1973

Mezger, Werner, Schlager, Tübingen 1975. Mezger 1975

Mittig, Hans-Ernst, Kunsthandwerkdesign für kleine Leute: Abzeichen des Winterhilfswerks 1933-1944, in: Sabine Weißler (Hg.), Design in Deutschland 1933-1945. Ästhetik und Organisation des Deutschen Werkbundes im Dritten Reich. (= Werkbund Archiv 20), Gießen 1990, S.98-123. Mittig 1990

Moderne Deutsche Kunst, Kunstgebäude Tübingen, Tübingen 1947. Moderne Deutsche Kunst 1947

Mollison, Theodor, Spezielle Methoden anthropologischer Messung, in: Emil Abderhalden (Hg.), Handbuch der biologischen Arbeitsmethoden. Abt. VII, Teil 2: Methoden der vergleichenden morphologischen Forschung, Berlin, Wien 1938, S.523-682. Mollison 1938

Mommsen, Hans, Die deutschen Eliten und der Mythos des nationalen Aufbruchs von 1933, in: Merkur 38 (1984), S.97-102. Mommsen 1984

Mommsen, Hans, Was haben die Deutschen vom Völkermord an den Juden gewußt?, in: Walter H. Pehle, Der Judenpogrom 1938. Von der „Reichskristallnacht" zum Völkermord, Frankfurt a.M. 1988, S.176-200. Mommsen 1988

Mooser, Josef, Arbeiterleben in Deutschland 1900-1970. Klassenlagen, Kultur und Politik, Frankfurt a.M. 1984. Mooser 1984

Müller, Roland, Stuttgart im Dritten Reich, Stuttgart 1988. Müller 1988

Müller-Hill, Benno, Tödliche Wissenschaft. Die Aussonderung von Juden, Zigeunern und Geisteskranken 1933 bis 1945, Hamburg 1984. Müller-Hill 1984

Nachtmann, Walter, Die medizinische Versorgung der Stuttgarter Bevölkerung im Zweiten Weltkrieg, in: Stuttgart im Zweiten Weltkrieg 1989, S.63-70. Nachtmann 1989

Nellessen, Bernd, Der Prozeß von Jerusalem. Ein Dokument, Düsseldorf, Wien 1964. Nellessen 1964

Nestler, Ludwig (Hg.), Die faschistische Okkupationspolitik in Frankreich (1940-1944), Berlin 1990. Nestler 1990

N.N., Frau Scholtz-Klink in Bebenhausen verhaftet, Schwäbisches Tagblatt/Südwestpresse 2.3.1948. N.N.1948

N.N., Ein Beitrag zur Zeitgeschichte: „Dokumente zur NS-Justiz". Anklage nicht gegen einzelne Richter, sondern gegen das System, Schwäbisches Tagblatt/Südwestpresse 12.7.1960. N.N. 1960

Oesterle, Kurt, Ein Wankheimer Licht im deutschen Dunkel, Schwäbisches Tagblatt/Südwestpresse 14./21./22.3.1991. Oesterle 1991

Organisationsamt der Reichsjugendführung (Hg.), Dienstvorschrift der Hitler-Jugend. Der Jungmädeldienst. Übersicht über Wesen, Form und Arbeit des Jungmädelbundes in der HJ, München 1938. Dienstvorschrift der HJ 1938

Pachnicke, Claudine, Der Führer grüßt vom Sofakissen, in: Projekt Zeitgeschichte 1984, S.297-315. Pachnicke 1984

Päßler, Peter, Zur kulturellen Praxis in männlichen FAD-Lagern der Region Reutlingen/Tübingen 1931-33, Magisterarbeit Ludwig-Uhland-Institut für empirische Kulturwissenschaft Tübingen 1985. Päßler 1985

Paul, Gerhard, Aufstand der Bilder. Die NS-Propaganda vor 1933, Bonn 1990. Paul 1990

Pesch, Im Namen des deutschen Volkes, in: notizen Nr. 25, 5 (1960), S.4-5. Pesch 1960

Peukert, Detlev J., Alltag und Barbarei. Zur Normalität des Dritten Reichs, in: Dan Diner (Hg.), Ist der Nationalsozialismus Geschichte? Zu Historisierung und Historikerstreit, Frankfurt a.M. 1987, S.51-61. Peukert 1987

Planert, Ute, u.a., Verübt, verdrängt, vergessen. Der Fall Hoffmann oder: Wie die Universität von ihrer Vergangenheit eingeholt wurde, in: TBl. 77 (1990/91), S.61-65. Planert u.a. 1990/91

Pohl, Hans, u.a., Die Daimler-Benz AG in den Jahren 1933 bis 1945. Eine Dokumentation, Stuttgart 1986. Pohl u.a. 1986

Poliakov, Léon; Wulf, Josef, Das Dritte Reich und seine Diener. Dokumente, Berlin 1956. Poliakov, Wulf 1956

Poller, Alphons, u.a., Das Pollersche Verfahren zum Abformen, Berlin, Wien 1931. Poller u.a. 1931

Preiß, Achim, Nazikunst und Kunstmuseum. Museumsentwürfe und -konzepte im „Dritten Reich" als Beitrag zu einer aktuellen Diskussion, in: Kritische Berichte 2, 17 (1989). S.76-90. Preiß 1989

Programm der Kunstwochen Tübingen-Reutlingen 1946, Tübingen 1946. Kunstwochen Programm 1946

Programm 1938 zum Festzug in München, Zum Geleit, in: Wolfgang Hartmann, Der historische Festzug. Seine Entstehung und Entwicklung im 19. und 20. Jahrhundert, München 1976, S.210. Programm 1938, Zum Geleit

Projekt Zeitgeschichte (Hg.), Stuttgart im Dritten Reich. Bd. 4: Anpassung, Widerstand, Verfolgung. Die Jahre von 1933-1939, Stuttgart 1984. Projekt Zeitgeschichte 1984

Projektgruppe „Fremde Arbeiter" am Ludwig-Uhland-Institut für empirische Kulturwissenschaft der Universität Tübingen, Fremde Arbeiter in Tübingen 1939-1945, Tübingen 1985. Projektgruppe Fremde Arbeiter 1985

Projektgruppe „Heimatkunde des Nationalsozialismus" am Ludwig-Uhland-Institut für empirische Kulturwissenschaft der Universität Tübingen (Hg.), Nationalsozialismus im Landkreis Tübingen. Eine Heimatkunde, Tübingen (2. Aufl.) 1989. NS-Heimatkunde

Projektgruppe „Volk und Gesundheit" am Ludwig-Uhland-Institut für empirische Kulturwissenschaft der Universität Tübingen (Hg.), Volk und Gesundheit. Heilen und Vernichten im Nationalsozialismus, Tübingen 1982. Projektgruppe Volk und Gesundheit 1982

Pulewka, Paul, Seit 56 Jahren Arzt und Forscher, in: Therapie der Gegenwart. Monatsschrift für praktische Medizin, H. 2, 119 (1980), S.1-12. Pulewka 1980

Quarthal, Susanne, Die Stadt Tübingen in den Jahren 1945 und 1946. Politische, wirtschaftliche und soziale Aspekte der frühen Nachkriegszeit, Zulassungsarbeit Institut für geschichtliche Landeskunde Tübingen 1981. Quarthal 1981

Radkau, Joachim, Technik in Deutschland. Vom 18. Jahrhundert bis zur Gegenwart, Frankfurt a.M. 1989. Radkau 1989

Reichsgesetzblatt I, 1933, und I, 2, 1938.

Reichsjugendführung der HJ (Hg.), Pimpf im Dienst. Ein Handbuch für das deutsche Jungvolk in der HJ, Berlin 1938. Pimpf im Dienst 1938

Reichsjugendführung (Hg.), Reichssturmfahne. Führerdienst der Schwäbischen HJ, Berlin 1941. Reichssturmfahne 1941

Reichsorganisationsleiter der NSDAP, Dr. Robert Ley (Hg.), Organisationsbuch der NSDAP, München (4. Aufl.), 1937. Organisationsbuch 1937

Reitlinger, Gerald, Die Endlösung. Hitlers Versuch der Ausrottung der Juden Europas 1939-1945. Berlin (6. Aufl.) 1983. Reitlinger 1983

Ribbe, Wolfgang, Flaggenstreit und Heiliger Hain, in: Dietrich Kurze (Hg.), Aus Theorie und Praxis der Geschichtswissenschaft. Festschrift für Hans Herzfeld, Berlin u.a. 1972, S.175-188. Ribbe 1972

Richarz, Monika (Hg.), Jüdisches Leben in Deutschland, Bd. 3. Selbstzeugnisse von 1918-1945, Stuttgart 1982. Richarz 1982

Rieth, Gustav Adolf, Ein Bericht zur Lage, mschr. Manuskript o.O. o.J. Rieth o. J.

Rieth, Gustav Adolf, Die Zeit der großen Tübinger Kunstausstellungen, in: TBl. 39 (1952), S.28-30. Rieth 1952

Rieth, Gustav Adolf, Denkmal ohne Pathos, Tübingen 1967. Rieth 1967

Rieth, Gustav Adolf, Das Attentat. Das Silcher-Denkmal und warum es immer noch steht, in: TBl. 60 (1973), S.32-34. Rieth 1973

Ritter, Robert, Vortrag auf dem Internationalen Kongreß für Bevölkerungswissenschaft 1935 in Berlin, in: Hans Harmsen; Franz Lohse (Hg.), Bevölkerungsfragen Bd. 7, München 1936, S.713-718. Ritter 1936

Ritter, Robert, Ein Menschenschlag. Erbärztliche und erbgeschichtliche Untersuchungen über die - durch 10 Geschlechterfolgen erforschten - Nachkommen von Vagabunden, Gaunern und Räubern, Habil. Leipzig 1937. Ritter 1937

Rosenberg, Alfred, Der Mythus des 20. Jahrhunderts, München 1930. Rosenberg 1930

Rosenstrauch, Hazel (Hg.), Aus Nachbarn wurden Juden. Ausgrenzung und Selbstbehauptung 1933-1942, Berlin 1988. Rosenstrauch 1988

Rürup, Reinhard (Hg.), Topographie des Terrors. Gestapo, SS und Reichssicherheitshauptamt auf dem „Prinz-Albrecht-Gelände". Eine Dokumentation, Berlin 1987. Rürup 1987

Rürup, Reinhard (Hg.), Der Krieg gegen die Sowjetunion 1941-1945. Eine Dokumentation, Berlin 1991. Rürup 1991

Rumpf, Hermann, Geschichte des Corps Saxonia - Tübingen, in: Sachsenzeitung Nr. 139, Juni-Oktober 1934, S.276. Rumpf 1934

Sachsse, Rolf, Das Einzelerlebnis als Volkserlebnis. Zur Photographie im Dritten Reich, in: Projekt Zeitgeschichte 1984, S.132-139. Sachsse 1984

Sannwald, Wolfgang, Post aus dem Vorzeige-KZ, Schwäbisches Tagblatt/Südwestpresse 16.11.1991. Sannwald 1991

Sauer, Paul, Die Schicksale der jüdischen Bürger während der nationalsozialistischen Verfolgungszeit 1933-1945, Stuttgart 1969. Sauer 1969

Schabel, Wilhelm, Stadt und Garnison Ellwangen (Jagst), Frankfurt a.M. 1957. Schabel 1957

Schäfer, Wolfram, „Bis endlich der langersehnte Umschwung kam...". Die Karriere des Werner Villinger, in: „Bis endlich der langersehnte Umschwung kam...". Von der Verantwortung der Medizin unter dem Nationalsozialismus, hg. von der Fachschaft Medizin der Phillips Universität Marburg, Marburg 1991, S.178-232. Schäfer 1991

Schilde, Kurt; Tuchel, Johannes, Columbia-Haus. Berliner Konzentrationslager 1933-1936, Berlin 1990. Schilde, Tuchel 1990

Schlichtenmayer, Gustav, Die Schweizerhilfe in Tübingen, in: TBl. 26 (1935), S.49-54. Schlichtenmayer 1935

Schmeer, Karlheinz, Die Regie des öffentlichen Lebens im Dritten Reich, München 1956. Schmeer 1956

Schmid, Carlo, Erinnerungen, Bern u.a. 1979. Schmid 1979

Schmid, Carlo, Verantwortung und Vertrauen. Rede zum 25jährigen Bestehen des IB 1974, wieder abgedruckt in: 40 Jahre Internationaler Bund für Sozialarbeit/Jugendsozialwerk e.V. 1949-1989, hg. vom Internationalen Bund für Sozialarbeit/Jugendsozialwerk e.V., Reutlingen 1989, S.83-86. Schmid 1989

Schmid, Manfred, Neu in den Städtischen Sammlungen, Schwäbisches Tagblatt/Südwestpresse 25.7.1987. Schmid 1987

Schmid, Martin, Erinnerungen, in: Frankreichs Kulturpolitik in Deutschland. Ein Tübinger Symposium, 19. und 20. September 1985, hg. von Franz Knipping u.a., Tübingen 1987, S.301-310. Schmid, Erinnerungen 1987

Schnabel, Thomas, Württemberg zwischen Weimar und Bonn 1928-1945/46. (= Schriften zur Landeskunde Baden-Württembergs 13), Stuttgart 1986. Schnabel 1986

Schoenbaum, David, Die braune Revolution. Eine Sozialgeschichte des Dritten Reiches, Köln, Berlin 1968. Schoenbaum 1968

Schönhagen, Benigna, Das Gräberfeld X. Eine Dokumentation über NS-Opfer auf dem Tübinger Stadtfriedhof. (= Kleine Tübinger Schriften 11), Tübingen 1987. Schönhagen 1987

Schönhagen, Benigna, Neu in den Städtischen Sammlungen, Schwäbisches Tagblatt/Südwestpresse 20.9.1988. Schönhagen 1988

Schönhagen, Benigna, Tübingen unterm Hakenkreuz. Eine Universitätsstadt in der Zeit des Nationalsozialismus. (= Beiträge zur Tübinger Geschichte 4), Stuttgart 1991.

Scholl, Inge, Die weiße Rose, Frankfurt a.M. 1983. Scholl 1983

Scholl, Reinhold, Die Bildnissammlung der Universität Tübingen 1477 bis 1927. (= Schriften des Vereins für Württembergische Familienkunde 2), Stuttgart 1927. Scholl 1927

Scholtz-Klink, Gertrud, Die Frau im Dritten Reich: Eine Dokumentation, Tübingen 1978. Scholtz-Klink 1978

Schultz, Bruno Kurt, Ein neues Abformverfahren im Dienst der Anthropologie, in: Mitteilungen der Anthropologischen Gesellschaft Wien LVII (1927). Sitzungsberichte, S.32-36. Schultz 1927

Seghers, Anna, Transit. Roman, Reinbek bei Hamburg 1974 (span. 1944, dt. 1948). Seghers 1974

Seidler, Franz W., Das Nationalsozialistische Kraftfahrerkorps und die Organisation Todt im Zweiten Weltkrieg, in: Vierteljahreshefte für Zeitgeschichte 32 (1984), S.625-636. Seidler 1984

Seidler, Horst; Rett, Andreas, Rassenhygiene. Ein Weg in den Nationalsozialismus, Wien, München 1987. Seidler, Rett 1987

Setzler, Wilfried, Die Tübinger Hochschulfrequenz im Dritten Reich, in: Adam 1977, S.215-227. Setzler 1977

Setzler, Wilfried, Museumspläne und (k)ein Ende, in: TBl. 69 (1982), S.16-21. Setzler 1982

Setzler, Wilfried, Theodor Haering. Zum 100jährigen Gedenken seines Geburtstages, in: TBl. 71 (1984), S.108. Setzler 1984

Siemen, Hans-Ludwig, Das Grauen ist vorprogrammiert, Gießen 1982. Siemen 1982

Sperr, Monika, Schlager 1890 bis heute, München 1978. Sperr 1978

Spranger, Eduard, Bericht über den Vortrag „Kulturpathologie", Schwäbisches Tagblatt/Südwestpresse 30.4.1947. Spranger 1947

Stäbler, Ferdinand, Luginsländer Blätter Tübingen, 1.10.1915. Stäbler 1915

Statistik Deutsches Reich, Bd. 405, Berlin 1928; Bd. 456, Berlin 1936; Bd. 557/26, Berlin 1942.

Steinhart, Margarete, Balingen 1918-1948 - Kleinstadt im Wandel. (= Veröffentlichungen des Stadtarchivs Balingen 3), Balingen 1991. Steinhart 1991

Stephan, Hans, Die Baukunst im Dritten Reich, insbesondere die Umgestaltung der Reichshauptstadt, Berlin 1939. Stephan 1939

Stockburger, Alfred, Katalog der Gedächtnis-Ausstellung im Rathaus Kusterdingen, 25.11.-11.12.1988, Kusterdingen 1988. Stockburger 1988

Stotz, Milli, Nachruf auf Adolf Hartmeyer, in: TBl. 40 (1953), S.51f. Stotz 1953

Stuttgart im Zweiten Weltkrieg, hg. von Marlene P. Hiller, Gerlingen 1989. Stuttgart im Zweiten Weltkrieg 1989

Syrup, Friedrich; Neuloh, Otto, Hundert Jahre staatliche Sozialpolitik 1839-1939, Stuttgart 1957. Syrup, Neuloh 1957

Taigel, Annette, Die Tübinger Silcherdenkmäler 1874-1941, in: Friedrich Silcher 1789-1860. Studien zu Leben und Nachleben, hg. von Manfred Hermann Schmid. (= Beiträge zur Tübinger Geschichte 3), Tübingen 1989, S.132-135. Taigel 1989

Thalmann, Rita, Frausein im Dritten Reich, Berlin 1987. Thalmann 1987

Thamer, Hans-Ulrich, Verführung und Gewalt. Deutschland 1933-1945, Berlin (2. Aufl.) 1986. Thamer 1986

Tripp, Rainer, Der Polizei-Schlagstock, in: Internationales Waffenmagazin 7/8 (1990), S.486f. Tripp 1990

Troost, Gerdy (Hg.), Das Bauen im Neuen Reich, Bayreuth (2., erw. Aufl.) 1939. Troost 1939

Tübinger Hochschulführer 1933/34, Tübingen 1934. Tübinger Hochschulführer 1933/34

Ullmann, Peter, Mustergültiger Unterricht für Töchter, Schwäbisches Tagblatt/Südwestpresse 14.2.1987. Ullmann 1987

Ullmann, Peter, Sie riskierten ihr eigenes Leben, Schwäbisches Tagblatt/Südwestpresse 19.11.1988. Ullmann 1988

Universität Tübingen, Bd. 34, Tübingen 1937, S.23-30. Universität Tübingen 1937

Universitätsarchiv Tübingen (Hg.), „... treu und fest hinter dem Führer" - Die Anfänge des Nationalsozialismus an der Universität Tübingen, Tübingen 1983. Universitätsarchiv Tübingen 1983

Velhagen und Klasings Monatshefte 53 (1938), Bd. 1.

Vogel, Detlef, Deutschland und Südosteuropa. Von politisch-wirtschaftlicher Einflußnahme zur offenen Gewaltanwendung und Unterdrückung, in: Wolfgang Michalka, Der Zweite Weltkrieg. Analysen, Grundzüge, Forschungsbilanz, München 1989, S.532-550. Vogel 1989

Voigt, Wolfgang, Die Stuttgarter Bauschule und die Alltagsarchitektur des Dritten Reiches, in: Hartmut Frank (Hg.), Faschistische Architekturen. Planen und Bauen in Europa 1930-1945, Hamburg 1985, S.234-250. Voigt 1985

Vollnhals, Clemens (Hg.), Entnazifizierung. Politische Säuberung und Rehabilitierung in den vier Besatzungszonen 1945-1949, München 1991. Vollnhals 1991

Waller, Klaus, Fotografie und Zeitung. Die alltägliche Manipulation, Düsseldorf 1982. Waller 1982

Wandel, Uwe Jens, u.a., „...helfen zu graben den Brunnen des Lebens". Katalog zur historischen Jubiläumsausstellung des Universitätsarchivs Tübingen, Tübingen 1977. Wandel u.a. 1977

Wandruszka, Nikolai, Das Archiv der Verbindung Saxonia in Tübingen, Tübingen 1983. Wandruszka 1983

Warneken, Bernd-Jürgen, Neu in den Städtischen Sammlungen, Schwäbisches Tagblatt 22.7.1988. Warneken 1988

Weber-Kellermann, Ingeborg, Der Kinder neue Kleider. 200 Jahre deutsche Kindermoden in ihrer sozialen Zeichensetzung, Frankfurt a.M. 1985. Weber-Kellermann 1985

Wehler, Hans Ulrich, Aus der Geschichte lernen? Essays, München 1988. Wehler 1988

Weinmann, Ernst, Meine eigene Tätigkeit in Belgrad. Handschr. Manuskript, Reutlingen 25.11.1945. Weinmann 1945

Wendt, Bernd-Jürgen, Großdeutschland. Außenpolitik und Kriegsvorbereitung des Hitler-Regimes, München 1987. Wendt 1987

Wenzel, Hans, Jugendgemeinschaftswerke, in: Fachlexikon der sozialen Arbeit, hg. vom Deutschen Verein für öffentliche und private Fürsorge anläßlich seines 100jährigen Bestehens, Frankfurt a.M. 1980, S.414f. Wenzel 1980

Werner, Hermann, Tübingen 1945, hg. von Manfred Schmid. (= Beiträge zur Tübinger Geschichte 1), Tübingen 1986. Werner 1986

Westenrieder, Norbert, „Deutsche Frauen und Mädchen!". Vom Alltagsleben 1933-1945, Düsseldorf 1984. Westenrieder 1984

Winter, Matthias, Die Ermordung der Sinti und Roma, Schwäbisches Tagblatt 10.12.1988. Winter 1988

Winter, Matthias, Von Robert Ritter zu Hermann Arnold - Zur Kontinuität rassistischer Ideologie in der deutschen „Zigeunerforschung" und „Zigeunerpolitik", Magisterarbeit Institut für Völkerkunde Tübingen 1991. Winter 1991

Wirth, Günther, Verbotene Kunst 1933-1945. Verfolgte Künstler im deutschen Südwesten, Stuttgart 1987. Wirth 1987

Wunderlich, E., Erntedankfest, in: Die Religion in Geschichte und Gegenwart, Bd. 2, hg. von Kurt Galling, Tübingen (3. Aufl.) 1965, S.602. RGG 1965

Wuttke, Walter, Zur NS-Rassenpolitik - Rassenmorde zur Kostendämpfung, in: Projekt Zeitgeschichte 1984, S.468-479. Wuttke 1984

Wuttke, Walter, Medizin, Ärzte, Gesundheitspolitik, in: Otto Borst (Hg.), Das Dritte Reich in Baden und Württemberg, Stuttgart 1988, S.233-235. Wuttke 1988

Zapf, Lilli, Die Tübinger Juden. Eine Dokumentation, Tübingen (2. Aufl.) 1978. Zapf 1978

Ziegler, Karl, Erinnerungen an die Feldpost im Kriege 1939-1945. Rundbrief 20 der Arbeitsgemeinschaft Feldpost, Mai 1980, S.551, zit. nach Joachim Scherrieble; Silke Schweizer, Feldpostbriefe von der Ostfront, in: Stuttgart im Zweiten Weltkrieg 1989, S.462. Ziegler 1989

Zuschlag, Christoph, Nationalsozialistische Ausstellungsstrategien. Die Vorläufer und die Stationen der Ausstellung „Entartete Kunst" 1933-1941, Diss. Heidelberg 1991. Zuschlag 1991

Archive, Sammlungen, Bibliotheken

Archiv der sozialen Demokratie, Bonn
Archiv des Internationalen Bundes für Sozialarbeit/ Jugendsozialwerk in Frankfurt
Archiv Ernst Klee, Frankfurt a.M.
Archiv Walter Kleinfeldt
Bayerische Motorenwerke München, Historisches Archiv
Bayerisches Hauptstaatsarchiv
Berlin Document Center (BDC)
Bibliothek für Zeitgeschichte, Stuttgart
Bundesarchiv Koblenz (BAK)
Deutsches Institut für Ärztliche Mission
DGB-Archiv, Düsseldorf
Gebr. Metz, Tübingen
Gemeindearchiv Tübingen-Hagelloch
Hauptstaatsarchiv Stuttgart (HStAS)
Heimatmuseum Reutlingen
Hessisches Hauptstaatsarchiv Wiesbaden
Institut für Zeitgeschichte München
Krankenblattarchiv der Nervenklinik Tübingen
Kreisarchiv Tübingen
Kunsthistorisches Institut Tübingen
Landesamt für Wiedergutmachung Stuttgart (LAWS)
Landesbildstelle Württemberg Stuttgart
Mathilde-Weber-Schule, Archiv
Ministry of Defence, London
Montanwerke Walter Tübingen, Archiv
Polizeidirektion Tübingen
Staatsarchiv Ludwigsburg (StAL)
Stadtarchiv Tübingen (SAT)
Stadtmuseum Balingen
Städtisches Kulturamt Tübingen, Postkartensammlung
Städtische Sammlungen Tübingen
Universitätsarchiv Tübingen (UAT)
Universitätsbibliothek Tübingen (UBT)
Universitätsnervenklinik Tübingen, Bibliothek
Wilhelm Stift Tübingen, Archiv
Zentrale Stelle der Landesjustizverwaltungen Ludwigsburg zur Verfolgung nationalsozialistischer Gewaltverbrechen (ZSL)

Zeitungen, Zeitschriften

Corps-Zeitung des Corps Suevia zu Tübingen
Der Ring. Führerblatt des Gebietes 20 (Württemberg) der Hitler-Jugend
Der Stürmer
Die Frauenarbeitsschule. Fachzeitschrift für Kleider, Wäsche, einfache und feine Handarbeiten aller Art

Kladderadatsch
Neues Tübinger Tagblatt
Neues Volk. Blätter des Aufklärungsamtes für Bevölkerungs-
politik und Rassenpflege
NS-Kurier
Reichssturmfahne. Führerdienst der Schwäbischen HJ
Rottenburger Zeitung
Tübinger Blätter (TBl.)
Tübinger Chronik (TC)
Tübinger Zeitung (TZ)
Schwäbisches Tagblatt/Südwestpresse
Unser Weg. Führerinnenblatt des Bundes Deutscher Mädel
in der HJ, Obergau Württemberg
Volk und Rasse. Illustrierte Monatsschrift für deutsches
Volkstum

Interviews, Mitteilungen, schriftliche Auskünfte

Herbert Baum mit Herrn M., 8.1.1991; mit Herrn H.,
12.1.1991; mit Herrn K., 25.1.1991; mit Frau W., 20.3.1991;
mit Frau V., (alle Tübingen), 23.3.1991
Herbert Baum, Elisabeth Timm mit Frau A., Tübingen,
5.3.1991
Irmgard Bumiller mit Adolf Würth, Stuttgart, 19.11.1988
Lothar Diehl mit Richard F., Schorndorf, 19.3.1991; mit
Wolfram M., Tübingen, 25.7.1991; mit Karl K., Tübingen,
16.9.1991; mit Erika K., Tübingen, 23.9.1991
Ulrich Eisele-Staib mit Herrn E., Stuttgart (Interview in
Tübingen), 4.5.1990
Kathrin Fastnacht mit Mitgliedern des Weingärtner Lieder-
kranzes, Tübingen Juni 1991
Hilde Höppel, Iris Alberth mit Frau W. am 4.5.1991; mit
Eugenia Szalaty, Zabrze (Polen) (Interview in Tübingen),
14.5.1991; mit Frau G. am 11.6.1991
Eva-Maria Klein, Martin Ulmer mit Herrn E., Stuttgart (Inter-
view in Tübingen), 25.4.1991; mit Frau S., Tübingen,
12.8.1991
Benigna Schönhagen mit Martin Schmid, Tübingen,
29.1.1980; mit Hedwig Rieth, Tübingen, 19.12.1990; mit
Franco Mambretti, Tübingen, 24.4.1991; mit Frau K., Unter-
jesingen, 8.8.1991; mit Hans-Dieter Eitle, Tübingen,
14.8.1991; mit Ursula B., Tübingen, 6.1.1992,
Seminar Prof.Dr. Utz Jeggle, Ludwig-Uhland-Institut, mit
ehemaligen polnischen Zwangsarbeiter/innen, Sommer-
semester 1992
Elisabeth Storp, Martin Ulmer mit Frau K., Tübingen,
22.4.1991
Elisabeth Timm mit Frau S., Tübingen, 10.9.1991
Martin Ulmer mit Herrn M., Tübingen, 17.4.1991; mit
Frau S., Wurmlingen (Interview in Tübingen), 1.8.1991
Stefan Zowislo mit Heinrich Hartmann, 26./28.3.1988,
Reutlingen; mit Henri Humblot, 9./10.1988, Guerchy
(Frankreich)

Brief von Dr. Reynold Koppel, Lancaster (USA), 29.5.1991,
an die Geschichtswerkstatt Tübingen
Brief von Prof. Miodrag Zecevic, Direktor des Jugoslawischen Archivs Belgrad, 11.4.1988, an Hans-Joachim Lang

Erzählcafé in der Begegnungsstätte für Ältere im Hirsch,
24.5.1991

Mitteilung von Kriminaldirektor Teufel, FH Polizei Baden-
Württemberg Tuttlingen, 7.8.1991
Mitteilung der Fa. Ludwig Messner, Forchheim, 6.8.1991
Mitteilung von Frau Dannecker, 23.6.1991

Ortsregister

Aachen 74,103
Aalen 106
Agram 213
Ammersee 291
Amsterdam 358
Ankara 321
Aschaffenburg 292
Augsburg 27, 257
Auschwitz 5, 10, 107, 130, 230-233, 351, 364, 366, 369,
392f., 416

Bad Berka 27
Bad Cannstatt 123
Bad Teinach 243, 244
Bad Tölz 234
Balern 281
Balingen 127, 270, 409, 411,
Bapaume 257
Beaune-La-Rolande 229
Bebenhausen 62, 271, 300, 411
Belgrad 208, 210f., 215-217, 220
Berlin 24f., 49, 103, 105ff., 118, 157f., 161, 167, 179, 216,
222, 230f., 254, 276, 284f., 292, 312, 315, 331, 370, 384,
402, 409
Biala Podlaska 351, 371
Bitola 233
Böblingen 331, 359
Bonn 179
Borrissow 362
Brandenburg 222
Breslau 158, 161
Bruchsal 397
Brünn 225
Brüssel 161, 231
Buchenwald 106
Budapest 234
Bückeberg 347f.
Bühl 301

Cleveland 128
Columbia 222
Compiègne 230
Coventry 211, 352

Dachau 107
Danzig 74, 224, 395
Den Haag 231, 359
Derendingen 55, 77, 99, 137, 304, 356, 375
Drancy 228f.
Dresden 63, 255

Dresden-Hellerau 262
Düsseldorf 28
Dußlingen 202

Eichberg 101
Ellwangen 222
Epernay 358
Esseg 218

Forchheim 281
Frankfurt a.M. 100, 313
Freudenstadt 247

Genf 179, 363
Gießen 114, 117
Grafeneck 105
Grünhain 376
Guernica 211, 352

Haderslev 358
Hagelloch 139
Halle 179
Hamburg 278f., 352
Hannover 243
Hechingen 123, 127, 260
Heide 341
Heidelberg 74, 103
Heilbronn 345
Herrenberg 127, 404
Héricourt 230

Jalta 408

Kälberbronn 245
Karlsruhe 53, 152, 314, 400, 414
Kattowitz 224
Kiebingen 396
Kirchheim/Teck 303
Koblenz 315ff.
Köln 207, 323, 352, 401
Königsberg 395
Kornwestheim 219
Krain 212
Krakau 198, 224, 226, 380
Kusterdingen 339, 382

Leer 112
Le Bourgot-Drancy 230
Leipzig 260, 305, 400
Les Milles 231
Linz 49
Lissabon 128
Ljubljana 212
Lodz 107
Lom 233
London 380
Lublin 230
Lustnau 46, 55, 68f., 71, 81, 99, 158, 165, 200, 253, 257,
259, 276f., 338f., 380, 409

Madeira 325f.
Mährisch-Ostrau 225

Marburg 103
Mariaberg 109f.
Metzingen 127
Minsk 362, 408
Mössingen 338f.
Moskau 360
München 27, 41-43, 46, 49f., 52, 54, 107, 253, 257, 276,
282f., 285, 290f., 297, 347, 354, 356
Münsingen 299f.
Mulfingen 107
Murrhardt 317

Nagold 127
Nisko 224ff.
Nürnberg 25, 54, 151, 239f., 301, 400
Nürtingen 112

Öschingen 384
Oslo 103

Pankow 414
Paris 27, 103, 162, 226, 228-231, 285, 358
Pfäffingen 382
Pfaffenberg 382
Pforzheim 352
Pithiviers 228f.
Poltringen 281f.
Posen 224
Potempa 280
Prag 223, 270, 292

Ravensbrück 10, 107, 297
Reichberg 215
Renningen 108f.
Reutlingen 40, 74, 127, 158, 217, 220, 222, 273
Riga 369, 416
Rom 234
Rottenburg 96, 98, 127, 176, 179, 295, 333, 374f.
Rotterdam 211, 352, 358

Sabac 215
Sachsenhausen 106f.
Saloniki 210
Skopje 232
Schlan 258
Schloßberg 106
Schnaidt 176
Schwärzloch 199
Schwalldorf 244
Selb 340
Semlin 113
Sigmaringen 279, 283, 321
Sofia 232f.
Sopron 218
Stalingrad 360f., 390
St. Johann 149
St. Nazaire 405
Stuttgart 30, 45, 49, 52, 62, 96f., 106, 110, 158, 161, 176,
179, 222, 253, 255, 257, 263f., 274, 280, 283, 287, 296,
299, 303, 312, 315f., 324, 331, 346, 351f., 367, 369, 373,
376, 382, 384, 401

Tailfingen 123
Tannenberg 28
Theresienstadt 351, 364, 366f., 369, 416
Thiepval 255
Treblinka 234
Tripolis 326

Ulm 96, 283, 380
Unterjesingen 85, 166, 322f., 330, 335, 337f., 341ff., 394, 398, 402-405
Urach 274

Versailles 252
Vichy 226, 229
Viechenów 224

Waldshut 397
Wankheim 130, 230, 351, 370
Warschau 211, 371
Weimar 118, 252f., 268, 284
Welzheim 370
Wien 211, 223, 225, 234
Wurmlingen 343, 382

Zagreb 213
Zavelstein 243
Zürich 103, 128, 260
Zwickau 256
Zwiefaltendorf 403

Personenregister

Adam, Uwe Dietrich 6
Abetz, Otto 226
Adenauer, Konrad 242
Adorno, Theodor W. 175
Albrecht, Felix 276
Albrecht, Walter 374
Alig & Baumgärtel, Firma 392
Andelfinger, Kunstverlag 356
Arendt, Hannah 223
Arnim, Gabriele von 5
Aschenbach, Ernst 226
Aschenborn, Hans 354
Axmann, Arthur 240

Bach, Johann Sebastian 174
Baensch, Manufaktur 258
Bärtle, Ugge 392, 406f.
Baumert, Helmut 125, 265
Bayerische Motorenwerke AG 297
Bebermeyer, Gustav 340, 415
Beck, Bildhauer 46
Beckerle, Gesandter 232
Becomail, Firma 329
Beethoven, Ludwig van 401
Bejerano, Esther 10
Beneke, Buchhandlung 285
Bensch, Optiker 287

Benzinger, Hugo 162, 274
Berbuer, Karl 397
Berger, Gottlob 86
Bierer, Ernst Wilhelm 261
Biese, Gerth 47, 51ff., 348
Biese, Valeska 396
Birk, Walter 318
Bloch, Oskar 269
Bloch-Löwenstein, Ilse 369
Block, Martin 109
Blume, Wilhelm von 28
Bock, Hans-Erhard 318
Boehm, Prof.Dr. H. 312
Böhme, General 115
Bonatz, Paul 30
Borgard, Mediziner 318
Bouke, Heinz 402
Bousquet, René 231
Braeuning, Firma 75
Brahms, Johannes 175
Braque, Georges 53
Brasser, Alfred 98
Breitling, Ernst 44
Breker, Arno 44, 340
Brillinger, Hermann 148
Bromeis, Heinz 37
Brüning, Heinrich 268, 273, 275
Buchta-Retzbach, Wilhelm 47
Bücheler, Friedrich 220, 367
Bumiller, Franz 314
Busch, H., Grafiker 256
Busch, Wilhelm 329

Cammisar, Rudolf 50
Caspar-Filser, Maria 338
Correns, Carl Erich 113
Cuhorst, Hermann 373
Cusanus, Nicolaus 182

Dammann, Anna 52
Dannecker, Theodor 217, 221ff., 225f., 228-232, 234f.
Deertz, Atelier 358
Diesterweg, Verlag Moritz 307
Dix, Otto 52
Dobler, Theodor 353, 397f.

Eckert, Plakatkunst 272
Eichmann, Adolf 216, 221, 223ff., 231
Ehrhardt, Sophie 107, 110f., 292, 316
Eißer, Prof. 415
Eitle, Erich 325
Eitle, Hans-Dieter 360
Engelhard, Willy 318
Erb, Firma C.H. 278
Erbe, Firma Otto Chr. 287
Erbe, Wolfgang 359f.
Erbe, Firma Elektromedizin 385
Erler, Fritz 243
Ertinger, L., Grafiker 338

Eschenburg, Theodor 243, 245
Essig, Gustav 317
Exter, Klaus 318
Eydoux, Henri-Paul 244

Faber, Hermann 29
Fehrle, Jakob Wilhelm 46
Fezer, Karl 76
Fichte, Johann Gottlob 385
Fladt, Kuno 337
Flickenschildt, Elisabeth 52
Fortner, Wolfgang 49
Frank, Gottlob 162, 281
Frank, Hans 226, 276
Frick, Julius 176, 346
Friedrich, Theodor 260
Fuchs, Wilhelm 116
Fuhrer, Anton 382

Garvens, Karikaturist 24
Gaupp, Robert 94, 99, 105f., 112ff., 116f.
Gieseler, Wilhelm 314ff., 409
Gmelin, Hans 411
Gminder, Firma 62
Goebbels, Joseph
79, 149, 156, 164, 175, 194, 291, 304, 324
Göhner, Alfred 62, 223, 286, 288
Göring, Hermann 28, 88, 336
Gölz, Hildegard 370
Gölz, Richard 350, 370
Goerdeler, Carl 370
Goethe, Johann, Wolfgang von 401
Gös, Julius 261
Göz, Senatspräsident Dr. 100
Grabert, Herbert 415f.
Grabert-Verlag 393, 416
Graevenitz, Fritz von 46f., 283f., 340
Graf, Josef 361f.
Gremliza, Hermann L. 415
Griesmayr, Gottfried 246
Grimm, Hans 354
Gröber, Firma 81
Gröger, Arthur 358
Gross, Hermann C. 376
Gruner, Pfarrer 165
Guardini, Romano 43
Günther, Hans Friedrich Karl 316
Gumbel, Emil Julius 252, 258

Haffner, Felix 318
Haering, Theodor 179-184
Hagen, Robert 224
Haindl, Anni 136
Hannikel, Räuberhauptmann 105
Hartmeyer, Adolf 391, 399f.
Hasse, Karl 37
Hartmann, Heinrich 239-244, 247
Haug, Karl 55
Hausser, Hermann 261
Haußer, SS-Führer 265

Haußer, Firma 336
Haußmann, Fritz 119
Hayum, Edith 123
Hayum, Dorothee 123
Hayum, Familie 121f., 125f., 128f., 261, 320
Hayum, Heinz 121, 123, 125ff., 279
Hayum, Hermine 121, 125f., 128f., 260, 320
Hayum, Julius 123
Hayum, Margarete 123
Hayum, Simon 121, 123, 125ff., 129, 136, 253, 280ff.
Heartfield, John 270, 292
Heber, Kassenwart 265
Hegel, Georg Wilhelm Friedrich 180ff.
Heidegger, Martin 183
Henke, Klaus-Dietmar 242
Herbert, Ulrich 206
Heydrich, Reinhard 230f.
Hieber, Johannes 29
Hilberg, Raul 231
Hilpert, Karl 286
Himmler, Heinrich 86, 102, 225
Himmelwerke AG 71, 156, 197, 199f., 304
Hindenburg, Paul von 24, 28, 55, 118, 269, 278, 336, 404
Hirsch, Leopold 321
Hirschmann, Oberarzt Prof. 385
Höhn, Karl 276, 295
Hölderlin, Friedrich 178
Hofacker, Cäsar von 412
Hoffmann, Heinrich 290
Hoffmann, Hermann 94, 112-118, 120, 176, 308, 317f., 415
Hoffmann, Julius 283
Hoggan, David L. 416
Hügel, Max von 125
Humblot, Henri 241-244, 246f.
Hummel, Prof. 254
Hutschenreuther, Firma Lorenz 340

Idealwerke Stuttgart 303
Iruswerke 202
Jäggle, Atelier 358
Jagow, Dietrich von 253, 264
Jantzen, Julius 318
Jens, Walter 246
Jünger, Ernst 32
Jung, Fritz 318
Junghaenel, Druckerei Carl 256
Junker Flugzeug- und Motorenwerke AG 305
Justin, Eva 106f., 110, 315

Kahler-Slany, Atelier 358
Kammerer, Marcel 282f.
Kant, Immanuel 37
Kaspar, Hermann 290f.
Katz, Julius 126ff.
Katz, Erich 37
Katzmann, Verlag 415
Kauffmann, Emil 178
Kehrer, Fritz 256f.
Kehrer, Karl 256f.

Kercher, Alfred 109, 219f.
Kimmich, Hans-Jürgen 241
Kleinfeldt, Walter
62-66, 79, 286ff., 290, 318, 321, 332, 344f., 384f.
Kleinfeldt, Fotogeschäft 86, 384
Klönne, Arno 310
Knecht, Richard 23, 32, 51, 270, 290, 391
Knobel, Theo 401
Koch, Otto 258
Köster, Karl-Theodor 282
Köstlin, Heinrich 172
Kohl, Generalleutnant 231
Kolbe & Schlicht, Kunstinstitut 255
Kollwitz, Käthe 49, 284
Kost, Heinrich 260, 294
Kost, Johannes 346
Krauss, Heinrich 46
Kretschmer, Ernst 94, 114, 117

Landerer, Ernst 47
Langen/Müller, Verlag 350
Laupp, Druckerei und Verlag 400f.
Lechler, Karl Ludwig 100
Lederer, Oberregierungsrat 137, 332
Lehner, Walter 167
Lennartz, Herbert 401
Letterer, Erich 318
Linck, Generalleutnant a.D. von 30
Lion, Inge 126
Löwenstein, Elfriede 364
Löwenstein, Familie 127
Löwenstein, Hugo 127
Löwenstein, Max 364, 366, 369, 411
Löwenstein, Siegfried 364
Löwenstein, Sofie 364, 366, 369,
Löwenstein, Walter 364
Loos, Theodor 52
Luckner, Theodor 52

Majer, Julie 134, 296f.
Mann, Maschinenfabrik 397
Mahn, Hermann 39
Marcks, Gerhard 42, 401
Marx, Blanda 230
Marx, Karl 182
Marx, Victor 367
Mauthe, Otto 100
Mayer, August 96, 194, 318
Mayer, Gottlob 60
Mehl, Architekt 30
Mendel, Gregor 113
Mergenthaler, Christian 56
Messner, Firma Ludwig 281
Metz, Firma Gebr. 356, 405
Metzger, Ludwig 243
Meyer, Garnisonspfarrer Dr. 28
Michalski, Jan 375
Michalski, Zofia 375
Mihailovic, Dragoslaw 219

Möck, Firma 395
Moraller. Franz Karl Theodor 45. 47
Müller, Otfried 318
Müller & Schweizer, Firma 222
Münzenberg, Willi 292
Munch, Edvard 284
Murr, Wilhelm 176
Mussolini, Benito 212, 336

Nebe, Arthur 107
Neber, Pitt 209
Nietzsche, Friedrich 182
Nuß, Fritz 176

Oppenheim, Familie 126
Osiander, Buchhandlung 264
Otnima, Firma 77
Owens, Jesse 158

Pagel, Albert 364, 366f.
Pagel, Charlotte 364, 366
Pankok, Bernhard 28
Paulus, Atelier M. 359
Peiner, Werner 44
Petzold, Gustav 264
Pfahler, Gerhard 27
Pétain, Henri Philippe 231
Pineas, Hermann 370
Picasso, Pablo 40, 53
Polydor, Firma 403
Pomona, Café 237, 308, 319
Pressel, Wilhelm 134, 280f.
Preußen, August Wilhelm von 265
Pulewka, Paul 321f.

Rademacher, Franz 216
Rauschnabel, Hans 88, 172-178, 209, 346, 366
Reclam-Verlag 260
Redslob, Edwin 27
Renner, Viktor 391, 399, 410
Rieber, Karl 347
Rieckert, Christian 149
Riefenstahl, Leni 51, 340
Rieth, Gustav Adolf 43, 348
Rilke, Alice 83
Ritter, Robert 94, 103-111, 292, 308, 315f.
Rösler, Agnes 297
Roller, Firma Rudolf 404
Rosenberg, Alfred 32, 37, 39, 48
Rühle, Eugen 358

Sauter, Franz 360
Saleck, Walter 314f.
Schäfer, Albert 321, 356, 375
Schäfer, Friedrich 274
Scheef, Adolf 67, 121, 125, 173, 208, 210, 261f.
Schinkel, Karl Friedrich 28
Schirach, Baldur von 143, 239f.
Schittenhelm, Ernst 259
Schittenhelm, Frida 258f.
Schlageter, Albert Leo 28

Schlüter, Andreas 290
Schmid, Jonathan 174, 176f.
Schmid, Lore 134
Schmid, Carlo 184, 239-244, 246f., 311, 348, 391, 400f., 412
Schmid, Jonathan
Schmitthenner, Paul 57f., 60
Schmittlein, Raymond 244
Schmoll gen. Eisenwerth, Karl 29
Schneck, Adolf Gustav 262, 268, 274
Schneck, Eugen 294
Schneider, Gerhard 39
Schneider, M., Bildhauer/in 409
Schneider, Robert 409
Schneider-Blumberg, Bernhard 261
Schnell, Walter 283
Schöttle, Erwin 162
Scholl, Hans 151
Scholl, Inge 151
Scholtz-Klink, Gertrud 82, 139, 310, 409
Schopenhauer, Arthur 182
Schrade, Hubert 28
Schultze-Naumburg, Paul 37-40, 60
Schumacher, Kurt 243
Schumann, Gerhard 39, 265
Schurr, Walter 296
Schwab, Karl 276
Schweitzer, Albert 414
Seeckt, Hans von 23
Seghers, Anna 226
Sievert, H.H., Olympiasieger 330
Silcher, Friedrich 171-178, 346
Six, Franz 223
Son, Kitei 158
Spengler, Oswald 181
Speyer, Christian 256
Spiro, Brüder 392
Spiro, Edwin 411
Spiro, Elfriede 129, 366
Spiro, Familie 411
Spiro, Geschwister 412
Spiro, Hans 411
Spiro, Witwen 392, 412
Sproll, Joannes Baptista 347
Stäglich, Wilhelm 416
Stähle, Gustav 410
Stahlecker, Walter 222ff.
Stalin, Josef 113
Steinbach, Ernst 245
Steinbüchel, Theodor 243
Steinhilber, Willi 319
Stickel, Firma Karl 348
Stockburger, Alfred Georg 49f., 283
Stockburger, Max 209
Stöck, Speerwerfer 158
Strauß 318
Stresemann, Gustav 118
Stuck, Franz von 317
Syrup, Friedrich 196

Szalaty, Eugenia 380

Thorak, Josef 44, 340
Thonet, Firma 274
Tito, Josip Broz 215
Tittmann, Fritz 256
Tomczak, Marjan 103
Trautwein, Karl 397
Tschermak, Erich 113
Turner, Harold 216

Uexküll, Woldemar Graf von 348
Uhland, Ludwig 173, 178, 222, 328
Uhland'sche Buchdruckerei 255
Union Druckerei 299

Villinger, Werner 94
Vischer, Alfred 255
Vischer, Peter 290
Vödisch, Arno 296
Völter, Wilhelm 348
Vogel, Verlag Oskar 331
Vordruckverlag GmbH 314
Vries, Hugo de 113

Wagner, Richard 145, 175
Wägenbaur, Heinrich 48
Wägenbaur, Karl 57f., 60f.
Wallensteiner, Klara 367
Walter, Montanwerke 47, 71, 77, 270, 305, 380
Walz, Josef 176f.
Wehler, Hans-Ulrich 247
Weidle, Karl 39, 57
Weil, Albert 253, 295
Weil, Hermine 123
Weil, Siegmund 123, 253, 260
Weinmann, Ernst 202-223, 284
Weise, Georg 39
Werner, Oskar 52
Wessel, Horst 404
Wetzel, Robert 118, 372
Wicht, Werner 318
Widmer, Guillaume 241
Wied, Fürstin zu 409
Wiener, Gefängnisarzt Dr. 236
Wirsing-Solln, Bildhauer 257
Wisliceny, Dieter 223
Witwer, Familie 262
Wochenmark, Friedrich 321
Wolff, Eugen 47
Wolff, Siegmund 109
Würschinger, Otto 246
Würth, Adolf 106, 315
Wunderlich, Verlag Rainer 412
Wundt, Max 280

Zanker, Firma Hermann 197, 395
Zapf, Lilli 393, 411, 415f.
Zeeb, Ferdinand 409
Zeitschel, Karl-Theodor 225, 228

Zelter, Friedrich 178
Ziegler, Adolf 44
Zimmermann & Co., Firma 333
Zwanger, Schlosserei 396
Zwanger, Wilhelm 396

Bildnachweis

Archiv Ernst Klee, Frankfurt a.M.: 101, 227
Ausstellungsprojekt Stuttgart im 2. Weltkrieg: 190
Ayaß u.a. 1988: 110
Bayerisches Hauptstaatsarchiv München: 31
Berlin Document Center: 180
Bibliothek für Zeitgeschichte Stuttgart: 232, 233
Biese 1989: 51
Bundesarchiv Koblenz: R 165/59, 103; R 165/191, 107;
R 165/59, 108, 109
Deutsches Institut für Ärztliche Mission, Tübingen: 192
DGB-Archiv, Düsseldorf: 73
Donauschwäbische Kulturstiftung 1991: 214
Frey 1927: 27
Gemeindearchiv Tübingen-Hagelloch: 211
Gilbert 1982: 234
Goerlich 1939: 63
Hartmann 1989: 240, 242-245, 247
Hauptstaatsarchiv Stuttgart: E 397 Bü 66, 201
Hessisches Hauptstaatsarchiv: 631 a Ks 2/67, 221
Himmelwerk AG 1939: 156
Hohmann 1991: Kat.Nr. 73b
Kladderadatsch 1926: 24
Kunsthistorisches Institut Tübingen: 28, 41
Montanwerke Walter Tübingen, Archiv: 47, 71
Nestler 1990, 228, 229
Neues Tübinger Tagblatt: 4.10.1933, 80
Neues Volk: 1933, 93, 100, 133; 1934, 136
Organisationshandbuch der NSDAP: 82, 150, 165
Poliakov, Wulf 1956: 217
Privatbesitz: 25, 26, 54, 70, 71, 75, 83, 85, 98, 99, 129, 133,
141, 143, 145, 147, 151, 152, 153, 155, 159, 160, 166,
183, 192, 203, 224
Projektgruppe Fremde Arbeiter: 198, 200,
Rürup 1987: 218
Rürup 1991: 225
Stadtarchiv Tübingen: C 70/478, 24; A 150/1276, 57;
Einwohnerbuch 1934, 65; E 104 Pol.Dir.68, 67;
A 150/4857, 105; GRP 15.5.1933, 124; A 150/4528, 95,
98, 163; A 150/2404, 173, 174, 178; Einwohnermelde-
kartei, 230
Stadtarchiv Tübingen, Bibliothek: 46
Stadtarchiv Tübingen, Fotosammlung: 28, 29, 30, 52, 56,
59, 61, 68, 76, 94, 113, 121, 126, 130, 131, 170, 171, 172,
173, 176, 177, 184, 195, 196, 199, 204, 205, 206, 220,
223, 235, 239, 241, 246
Städtische Sammlungen Tübingen: 23, 42, 80, 96, 114, 132,
140
Städtisches Kulturamt Tübingen, Handbibliothek: 182
Städtisches Kulturamt Tübingen, Postkartensammlung:
33, 55, 81, 97, 112, 125, 189
Stockburger 1988: 49
Stuttgart im Zweiten Weltkrieg 1989: 197
Tübinger Blätter: 1932, 39; 1928, 56; 1932, 57; 1930, 58;
1973, 178; 1940, 194
Tübinger Chronik: 11.5.1932, 37; 12.9.1937, 38;
20.7.1937, 40; 8.8.1937, 44; 22.2.1936, 48, 48;
30.8.1941, 50; 15.4.1933, 66; 30.10.1933, 68; 27.12.1941,
89; 6.7.1943, 84; 19.11.1928, 94; 24.11.1936, 119;
27.7.1939, 122; 29.9.1933, 122; 1.9.1933, 127;
28.3.1933, 128; 30.11.1941, 138; 17.3.1938, 146;
30.10.1933, 154; 22.7.1936, 157; 28.3.1933, 164;
23.5.1938, 169; 27.11.1934, 183; 27.9.1941, 191;
6.9.1939, 195; 13.3.1940, 202; 6.5.1933, 208;
29.7.1939, 212; 7.4.1941, 213; 29.11.1944, 219
Universitätsarchiv Tübingen: 179
Universitätsbibliothek Tübingen: 37
Universitätsnervenklinik Tübingen, Bibliothek: 104, 106,
116, 117
Volk und Rasse: 1942, 111; 1933, 118
Westenrieder 1984: 88
Zapf 1978: 123, 127

Fotografennachweis

Alle Sachaufnahmen und Reproduktionen Peter Neumann,
Ammerbuch-Entringen, außer:

Hermann Bauer, Tübingen: 172
Bayerische Motorenwerke München, Historisches Archiv:
Kat.Nr. 52
Bundesarchiv Koblenz: Kat.Nr. 71, 72, 73a
Anton Fuhrer, Rottenburg-Wurmlingen: Kat.Nr. 162
Alfred Göhner, Tübingen: 68, 223
Atelier Gröger, Tübingen: 129, 246
Manfred Grohe, Kirchentellinsfurt: 130
Ulrich Hägele, Tübingen: 198
Hauptstaatsarchiv Stuttgart, Bildstelle: Kat.Nr. 14, 26, 29,
31, 80b
Heimatmuseum Reutlingen: Kat.Nr. 137
Heinrich Hoffmann, München: Kat.Nr. 42
Eva Justin, Berlin: 107
Walter Kleinfeldt, Tübingen: 26, 32, 37, 45, 60, 62, 64, 65,
69, 70, 72, 74, 75, 77, 78, 79, 81, 84, 86, 87, 125, 132, 139,
142, 144, 148, 149, 158, 160, 161, 165, 167, 168, 175,
178, 193, 210; Kat.Nr. 39, 41, 76, 80a, 98. 117, 118, 127, 167
Kreisarchiv Tübingen: Kat.Nr. 143
Atelier Krimmel-Seeger, Ebingen: 241
Landesbildstelle Württemberg, Stuttgart: Kat.Nr. 74
Landespolizeidirektion Tübingen: Kat.Nr. 208
Gebr. Metz, Tübingen: 56, 59, 176; Kat.Nr. 127, 191a
Ulrich Metz, Tübingen: 206
Ministry of Defence, London: Kat.Nr. 161
Wolf-Dieter Nill, Tübingen: 29
Agentur Rotophot: 220
Walter Schnell, Tübingen: 17, 126
Ute Schulz, Stuttgart: 28
Stadtarchiv Stuttgart: 367
Stadtmuseum Balingen: Kat.Nr. 196
Württembergische Landesbibliothek Stuttgart, Bildstelle:
Kat.Nr. 16

Danksagung

Für Hilfe und Unterstützung beim Zustandekommen der Ausstellung und des Kataloges bedanken wir uns bei folgenden Personen und Institutionen:

Hilde Ambacher, Unterjesingen
AOK Tübingen
Helmut Armbruster, Kirchentellinsfurt
Archiv der Diözese Rottenburg-Stuttgart, Rottenburg
Archiv der Evangelischen Landeskirche, Stuttgart
Archiv der Mathilde-Weber-Schule, Tübingen
Archiv des Schwäbischen Tagblatts, Tübingen
Archiv des Wilhelmsstifts, Tübingen, Eugen Fesseler
Rainer Assmann, Kassel
Monika Barnett, Kirchentellinsfurt
Katharina Bärtle, Tübingen
Bayerisches Hauptstaatsarchiv München
Bayerische Motorenwerke AG
Begegnungsstätte für Ältere im Hirsch, Erzählcafé
Michael Behal, Tübingen
Berlin Document Center
Wolfgang Beutter, Tübingen
Bibliothek der Universitäts-Nervenklinik, Tübingen
Brigitta Birkner, Tübingen
Prof. Dr. Karl Walter Bock, Tübingen
Ursula Borst, Tübingen
Irmgard Bumiller, Tübingen
Bundesarchiv, Abteilung Potsdam
Bundesarchiv Koblenz
Karl Compe, Stuttgart
Corps Suevia/Verein alter Tübinger Schwaben, Tübingen
DGB Tübingen
DGB-Archiv, Düsseldorf
Deutsches Institut für Ärztliche Mission Tübingen,
Dr. Christoffer Grundmann
Eberhard-Karls-Universität Tübingen
Herbert Eberle, Gaggenau
Helga Eckle, Tübingen
Hermann Efferenn, Tübingen
Hans-Dieter Eitle, Tübingen
Sigrid Emmert, Nürtingen
Helmut Erbe, Tübingen
Richard Fischer, Schorndorf
Förderverein Isinger Dorfmuseum Alte Kelter, Unterjesingen
Rahel Fritz, Hagelloch
Anton Fuhrer, Wurmlingen
Geschichtswerkstatt Tübingen
Glowna Komisja Badania Zbrodni Hitlerowskich W Polsce
Instytut Pamieci Narodowej, Okregowa Komisja
W Koszalinie
Marianne Gneithing, Rottenburg
Heiner Gölz, Reutlingen
Heiderose Joacks, Oberndorf a.N.
Otto Hablizel, Tübingen
Horst Hämmerle, Tübingen
Margret Hämmerle, Tübingen
Dr. Liesel Härle, Tübingen

Angela Hammer-Würmlin, Tübingen
Heinrich Hartmann, Reutlingen
Hauptstaatsarchiv Stuttgart
Haus der Geschichte Baden-Württemberg, Stuttgart
Heimatmuseum Reutlingen, Dr. Werner Ströbele
Rudolf Herz, München
Christoph Hölscher, Staatsanwaltschaft Stuttgart
Institut für Hochschulkunde, Würzburg
Institut für Zeitgeschichte, Universität Tübingen
Prof. Dr. Utz Jeggle, Tübingen
Elisabeth Jung, Tübingen
Nori Kaiser, Unterjesingen
Prof. Dr. Wolfgang Kaschuba, Tübingen
Otto Kentner, Tübingen
Ernst Klee, Frankfurt a.M.
Volkmar Kleinfeldt, Tübingen
Luise Kömpf, Tübingen
Erika König, Tübingen
Dr. Hansgünter König, Tübingen
Karl König, Tübingen
Felicitas Köster-Caspar, Brannenburg/Inn
Krankenblattarchiv der Nervenklinik Tübingen
Kreisarchiv Tübingen, Wolfgang Sannwald
Kunsthistorisches Institut, Universität Tübingen
Landesarchivdirektion Baden-Württemberg, Stuttgart
Landesbildstelle Württemberg, Stuttgart
Landeskriminalamt Baden-Württemberg
Albert Latus, Hirschau
Ivo Lavetti, Tübingen
Otto Link, Tübingen
Dr. Barbara Lipps-Kant, Tübingen
Mechthild Litterscheid, Tübingen
Hilde Löwenstein, Givatayim (Israel)
Ludwig-Uhland-Institut für empirische Kulturwissenschaft,
Universität Tübingen
Armgard Lust, Tübingen
Johannes Maier, Tübingen
Richard Mall, Tübingen
Wolfram Mallebrein, Tübingen
Franco Mambretti, Bebenhausen
Willy O. Marschall, Tübingen
Medienabteilung, Universität Tübingen
Dr. Gaby Mentges, Waldenbuch
Herta Messemer, Tübingen
Firma Ludwig Messner, Forchheim
Dr. Anette Michels, Tübingen
Erika Mönch, Unterjesingen
Heinz Mück, Tübingen
Konrad Niethammer, Mühltal
Maria Ohlmeyer, Tübingen
Osteologische Sammlung der Universität Tübingen,
Dr. Alfred Czarnetzki
Dr. Gerhard Paul, Wennigsen
Wolfgang Pflug, Tübingen

Projektgruppe „Zwangsarbeiter in Tübingen" am Ludwig-Uhland-Institut für empirische Kulturwissenschaft der Universität Tübingen (Interviews mit ehemaligen polnischen Zwangsarbeitern und Zwangsarbeiterinnen bei deren Besuch in Tübingen im Mai 1991)
Dr. Brigitte Reinhard, Ulm
Walter Riehle, Tübingen
Willi Riester, Tübingen
Hedwig Rieth, Tübingen
Dr. Susanne Rothenhäusler, Tübingen
Sabine Rumpel-Nienstedt, Tübingen
Nobert Scheel, Tübingen
Willi Schillhammer, Tübingen
Gerlinde Schleidt, Tübingen
Richard Schmid, Unterjesingen
Marianne, Elisabeth und Hilde Schmidgall, Tübingen
Friedrich Schmidt, Tübingen
Dr. Thomas Schnabel, Stuttgart
Ludwig Schnaidt, Unterjesingen
Dr. Barbara Scholkmann, Bebenhausen
Albert Schramm, Tübingen
Eberhard Schramm, Tübingen
Maria Schreiber, Wurmlingen
Luise Schreiner, Tübingen
Margarete Schwarzenhölzer, Pfrondorf
Joachim W. Siener, Stuttgart
Helmut Silber, Unterjesingen
Silcherbund Tübingen
Staatliches Gesundheitsamt Tübingen
Staatsarchiv Sigmaringen, Dr. Becker
Stadtarchiv Balingen, Dr. Hans Schimpf-Reinhard
Stadtarchiv Rottenburg, Karlheinz Geppert
Stadtarchiv Stuttgart
Standesamt Tübingen, Heinz Stenz
Standortverwaltung Tübingen, Oberstleutnant Krause
Stiftung Studienbibliothek zur Geschichte der Arbeiterbewegung, Zürich (Schweiz), Brigitte Walz-Richter
Margarete Steinhart, Markgröningen
Katrin Stockburger, Tübingen
Ursula Stöffler, Bebenhausen
Elisabeth Storp, Tübingen
Manfred Teufel, Tuttlingen
Tiefbauamt der Stadt Tübingen
Albrecht Timm, Weilheim
Rainer Tripp, Laatzen
TSG Tübingen
TSV Lustnau
Dr. Peter Ullmann, Tübingen
Universitätsarchiv Tübingen, Dr. Volker Schäfer
Universitätsbibliothek Tübingen
Verlag Langewiesche-Brandt, Ebenhausen
Hildegard Vetter, Tübingen
Klara Vetter, Tübingen
Uschi Vogel, Tübingen
Elisabeth Vollmer, Rottenburg
Sophie Walter, Tübingen
Dr. Bernd-Jürgen Warneken, Tübingen

Wehrgeschichtliches Museum Rastatt, Dipl.Ing. Uwe-Peter Böhm
Weingärtner Liederkranz, Tübingen
Margot Wiesener, Tübingen
Württembergische Landesbibliothek Stuttgart
Wladyslaw Zientarski, Gniezno (Polen)
Wilhelm Zwanger, Tübingen

Autoren

Arbeitsgruppe des BAF e.V.: Bildungszentrum und Archiv zur Frauengeschichte in Baden-Württemberg e.V., Iris Alberth, Helga Flamm, Hilde Höppel, Gerrit Kaschuba, Christel Klötzke, Susanne Maurer

Herbert Baum, 1961, Student der Empirischen Kulturwissenschaft und Neueren Geschichte (H.B.)

Ulrike Baumgärtner, 1953, Staatsexamen Geschichte und Anglistik, Redakteurin beim Diakonischen Werk Stuttgart (U.B.)

Dr. Franz Begov, 1935, Studium der Sportwissenschaft und Geschichte, Akademischer Direktor im Institut für Sportwissenschaft der Universität Tübingen (F.B.)

Christopher Blum M.A., 1961, Studium der Geschichte, Germanistik und Anglistik, Angestellter des Kulturamtes der Universitätsstadt Tübingen (C.B.)

Irmgard Bumiller, 1954, Doktorandin der Ethnologie, (I.B.)

Lothar Diehl M.A., 1959, Studium der Empirischen Kulturwissenschaft, Religionswissenschaft und Neueren Geschichte, wissenschaftlicher Angestellter der Stadt Wildberg (L.D.)

Ulrich Eisele-Staib M.A., 1956, Studium der Empirischen Kulturwissenschaft und Philosophie, freier Journalist (U.E.-S.)

Kathrin Fastnacht, 1968, Studentin der Empirischen Kulturwissenschaft und Geschichte (K.F.)

Helga Flamm M.A., 1955, Studium der Germanistik und Geschichte, tätig in der Erwachsenenbildung Tübingen (INFÖ) (H.F.)

Manfred Hantke M.A., 1957, Studium der Philosophie, Politikwissenschaft und Soziologie, Bildungsreferent beim Landesverband Baden-Württemberg „Die Falken"

Wolfgang Hesse M.A., 1949, Studium der Kunstgeschichte und Empirischen Kulturwissenschaft, Angestellter am Stadtmuseum Tübingen (W.H.)

Dr. Kathrin Hoffmann-Curtius, 1937, Studium der Kunstgeschichte, Geschichte, Volkskunde und Archäologie, z.Z. Vertretungsprofessur am kunstgeschichtlichen Seminar der Universität Hamburg (K.H.-C.)

Hilde Höppel, 1959, Studentin der Diplom-Pädagogik (H.H.)

Matthias Holl M.A., 1962, Studium der Neueren Geschichte, Kunstgeschichte und Politikwissenschaft, z.Z. Ausbildung zum Diplombibliothekar in Stuttgart (M.H.)

Gerrit Kaschuba, Dipl.-Päd., 1959, wissenschaftliche Mitarbeiterin in einem Forschungsprojekt zu Lebensentwürfen und Bildungsinteressen von Frauen im ländlichen Raum (G.K.)

Eva-Maria Klein, 1961, Studentin der Neueren Geschichte, Empirischen Kulturwissenschaft und Kunstgeschichte (E.K.)

Dr. Hans-Joachim Lang, 1951, Studium der Germanistik, Empirischen Kulturwissenschaft und Politik, Redakteur beim Schwäbischen Tagblatt in Tübingen

Martin Leonhardt, 1961, Studium der Medizin, Geschichte und Soziologie, Arzt an der medizinischen Universitätsklinik Tübingen

Alexander Loistl, 1965, Student der Rechte und Musikwissenschaft

Thomas Mauch M.A., 1960, Studium der Kunstgeschichte, Empirischen Kulturwissenschaft und Politikwissenschaft (Th.M.)

Susanne Maurer, Dipl.-Päd., 1958, wissenschaftliche Mitarbeiterin am Institut für Erziehungswissenschaften der Universität Tübingen (S.M.)

Thomas Metzen, 1955, Antiquitätenhändler in Tübingen (T.Me.)

Ulrich Morlock, 1965, Student der Medizin in Tübingen (U.M.)

Dr. Benigna Schönhagen, 1952, Studium der Geschichte, Germanistik und Geographie, Leiterin des Ausstellungsprojekts (B.S.)

Barbara Schrödl, 1965, Studentin der Kunstgeschichte, Soziologie und Geschichte der Naturwissenschaft und Technik (Ba.Sch.)

Christian Schröter M.A., 1958, Studium der Germanistik, Empirischen Kulturwissenschaft und Soziologie, Redakteur beim Südwestfunk Baden-Baden (C.S.)

Dina Stahn, 1962, Studentin der Empirischen Kulturwissenschaft und Vor- und Frühgeschichte, Mitarbeit am Ausstellungsprojekt seit März 1991 (D.S.)

Elisabeth Timm, 1969, Studentin der Empirischen Kulturwissenschaft und Ethnologie, Mitarbeit am Ausstellungsprojekt seit Dezember 1990 (E.T.)

Martin Ulmer, 1961, Student der Geschichte, Empirischen Kulturwissenschaft und osteuropäischen Geschichte (M.U.)

Thomas Vogel M.A., 1961, Studium Kunstgeschichte und Politikwissenschaft (T.V.)

Andrea Volz M.A., 1963, Studium der Kunstgeschichte, Klassischen Archäologie und Romanischen Philologie/Spanisch, Wissenschaftliche Mitarbeiterin am Kunsthistorischen Institut der Universität Tübingen (A.V.)

Stefan Zowislo M.A., 1963, Studium der Politikwissenschaft, katholischen Theologie und Soziologie, wissenschaftlicher Mitarbeiter beim Deutschen Bundestag

Abkürzungen

AIZ	Arbeiter Illustrierte Zeitung
AOK	Allgemeine Ortskrankenkasse
AStA	Allgemeiner Studentenausschuß
BDM	Bund Deutscher Mädel
bez.	bezeichnet
CHdDtPol.	Chef der Deutschen Polizei
CIC	Counter Intelligence Corps
DAF	Deutsche Arbeitsfront
D.A.S.	Deutscher Arbeiter Sängerbund
dat.	datiert
ders.	derselbe
Diss.	Dissertation
DDP	Deutsche Demokratische Partei
DFG	Deutsche Forschungsgemeinschaft
DHV	Deutschnationaler Handlungsgehilfen-Verband
DJ	Deutsches Jungvolk
DNVP	Deutschnationale Volkspartei
DRL	Deutscher Reichsbund für Leibesübungen
DV	Demokratische Vereinigung
DVP	Deutsche Volkspartei
EA	Ernährungsamt
EGG	Erbgesundheitsgericht
erw.	erweiterte
Gestapo	Geheime Staatspolizei
GRP	Gemeinderatsprotokoll
GzVeN	Gesetz zur Verhütung erbkranken Nachwuchses
H.	Heft
Habil.	Habilitationsschrift
HJ	Hitlerjugend
H.Vpfl.	Heeresverpflegung
IB	Internationaler Bund für Sozialarbeit/Jugendsozialwerk
Jg.	Jahrgang
JM	Jungmädel
KdF	Kraft durch Freude
Kdr.	Kommandierender
KPD	Kommunistische Partei Deutschlands
KZ	Konzentrationslager
LS	Luftschutz
LTP	Labor für Technische Physik Berlin
MÄA	Marineärztliche Akademie
MG	Maschinengewehr
m.r.	Mitte rechts
mschr.	maschinenschriftlich
NS	Nationalsozialismus, nationalsozialistisch
NSDAP	Nationalsozialistische Deutsche Arbeiterpartei
NSF	Nationalsozialistische Frauenschaft

NSKK	Nationalsozialistisches Kraftfahr(er)korps
NSV	Nationalsozialistische Volkswohlfahrt
OB	Oberbürgermeister
o.J.	ohne Jahr
o.O.	ohne Ort
OWI	Office of War Information
Pg.	Parteigenosse
P.W.D	Psychological Warfare Division
RAD	Reichsarbeitsdienst
RAF	Royal Air Force
RdErl.	Runderlaß
RFSS	Reichsführer SS
RGA	Reichsgesundheitsamt
RKPA	Reichskriminalpolizeiamt
RM	Reichsmark
RMdI	Reichsministerium des Inneren
RSHA	Reichssicherheitshauptamt
SA	Sturmabteilung
SAJ	Sozialistische Arbeiterjugend
SD	Sicherheitsdienst
SDS	Sozialistischer Deutscher Studentenbund
Sipo	Sicherheitspolizei
SPD	Sozialdemokratische Partei Deutschlands
SS	Schutzstaffel
Tbg.	Tübingen
TG	Turngemeinde
u.a.	und andere
u.k.	unabkömmlich
u.l.	unten links
u.r.	unten rechts
undat.	undatiert
unveröff.	unveröffentlicht
USPD	Unabhängige Sozialdemokratische Partei Deutschlands
VE	Volksempfänger
v.l.	vorne links
v.l.n.r.	von links nach rechts
v.r.n.l.	von rechts nach links
WHW	Winterhilfswerk
WS	Wintersemester